D1663174

Europas Aufstieg und Verrat

Wie Gott Geschichte macht

Hansjürg Stückelberger

Europas Aufstieg und Verrat

Wie Gott Geschichte macht

3. erweiterte
Auflage mit Bildteil

EDITION PJI

Europas Aufstieg und Verrat
Wie Gott Geschichte macht
Hansjürg Stückelberger
Adelberg, Edition PJI,
3. erweiterte Auflage, August 2019

Eine Publikation der Agentur PJI UG
Grabenweg 20, D-73099 Adelberg
info@agentur-pji.com • http://shop.agentur-pji.com
Titelfoto: Paul Badde
Bildseiten: gemeinfrei aus Wikipedia

Printed in Germany

ISBN: 978-3-944764-24-5

Teil 1: Der Aufstieg

I. Voraussetzungen der Freiheit

1. Wer erklärt die Geschichte

2. Nicht-biblische Religionen verhindern Freiheit

3. Das christliche Gottesbild – Quelle der Freiheit

III. Früchte der Freiheit

IV. Abwehr nichtmuslimischer Eroberer 211

Was die Seele für den Leib,
das ist Gott für den Staat.
Wenn die Seele aus dem Leib weicht,
zerfällt er.
Wenn Gott aus dem Staat vertrieben wird,
ist er dem Untergang geweiht.

Niklaus von Flüe 1417-1487

Die Furcht des Herrn
ist der Anfang der Weisheit;
einsichtig handelt,
wer darnach tut.

Psalm 111, 10

Für meine liebe Christa

Für dieses Buch habe ich unzähligen Gesprächspartnern aus vielen Rassen, Religionen und Gesellschaftssystemen in 35 Ländern in allen Kontinenten zu danken. Anlässlich beruflicher Reisen haben sie mir bei persönlichen Gesprächen oder als Referenten bei Konferenzen Einblicke in ihre Weltsicht gewährt, aus denen sich meist ungewollt Antworten „auf meine" Fragen ergeben haben oder ich gelernt habe weiter zu denken. Besonders danke ich für Korrekturen, ergänzende Anregungen und Vorschläge u. a. Dr. Ingo Resch, Prof. Dr. Armin Sierszyn, Max Peter Stüssi, Christian Hochstrasser, Pfr. Christoph Meister und Pfr. Jakob Wahlen.

Am meisten habe ich meiner lieben Christa zu danken, die mich immer in Liebe begleitet und unterstützt hat.

Alle Übersetzungen stammen vom Autor.

Einführung: Nairobi stellt eine Frage

 it diesem Buch wende ich mich an Christen in allen Kontinenten und aus allen Konfessionen, die mehr vom Wirken Gottes in der Geschichte wissen möchten. Und ich hoffe, dass sie durch das Buch in ihrem Glauben gestärkt und mit Freude über das wunderbare Wirken Gottes in der Geschichte erfüllt werden. Im ersten Teil zeige ich, wie Gott dafür gesorgt hat, dass Europa zum Zentrum des Christentums geworden ist, von wo das Evangelium von Jesus Christus in alle Welt hinausgetragen wurde. Zusätzlich werde ich zeigen, wie Gott im Westen eine einzigartige Kultur der Freiheit entstehen ließ mit einer die Welt beherrschenden Technik und Zivilisation, die ihrerseits einen nie geahnten Reichtum hervorgebracht hat. Der Aufstieg Europas ist kein blinder Zufall der Geschichte. Er ist von Gott gewollt, um der Welt durch die staatlichen Strukturen der Demokratie Wege zu zeigen für den uralten Traum nach Freiheit in Frieden und Wohlstand in einer solidarischen Gesellschaft.

Im zweiten Teil schildere ich, wie man in Europa die menschliche Vernunft zum Gott erhoben und schrittweise den Abschied vom Glauben propagiert hat. Er zeigt allzu deutlich, was für Leiden und Abgründe Völkern drohen, wenn sie Gott verlassen.

Es war im Sommer 1978. Ich war zum ersten Mal in Nairobi und sah mit eigenen Augen Menschen in Not und Armut. Ich roch den Geruch ihrer Lehmhütten, konnte mit ihnen reden und ihnen die Hand geben. Es waren Flüchtlinge aus Uganda, die sich vor den entsetzlichen Grausamkeiten des Diktators Idi Amin hierher gerettet hatten. Als Präsident der Menschenrechtsorganisation Christian Solidarity International (CSI) sollte ich abklären, wie wir mit unseren bescheidenen Mitteln am besten helfen konnten. Mit dem Taxi fuhren mein schwarzer Begleiter und ich an den Stadtrand zu den Slums. Bald betraten wir eine Lehmhütte. Die Luft war zum Schneiden. Im Halbdunkel sah ich mehrere schwarze Frauen dicht gedrängt auf der Erde sitzen. Sie füllten aromatisiertes Zuckerwasser in kleine Plasticschläuche. Diese wurden vorne und hinten verschlossen, in einem Eisschrank gefroren und dann von den Kindern auf der Straße als Erfrischung verkauft. Ich war erschüttert. Dabei gehörten diese Frauen zu jenen, die „es geschafft" hatten. An einem anderen Ort gab es Bretterverschläge, in denen jeweils eine jüngere Frau sexuelle Dienste anbot. Ich war von dieser Not so aufgewühlt, dass ich nicht wusste, wie ich mit diesen Menschen reden sollte. Es verschlug mir buchstäblich die Sprache.

Eine dieser Frauen drückte meine Hand fest an ihren Bauch. Ich war peinlich berührt. Dann merkte ich, dass sie schwanger war und mich so um Hilfe bat. Anschließend besuchten wir eine Familie von acht oder neun Köpfen, Eltern und erwachsene Kinder, die alle in einem engen Zelt hausten. Es gab kein Bett und keinen Tisch. Eine elektrische Birne beleuchtete gespenstisch die Szene. Am Boden lag ein junger Mann, auf Zeitungen gebettet. Man bedeutete mir, dass er schwer krank sei und hohes Fieber habe. Von meinem Vorstand hatte ich die Weisung erhalten, keine Verpflichtungen einzugehen, sondern zu berichten. Also tat ich nichts. Von dem Anblick wie betäubt fuhr ich mit dem Taxi zurück in mein klimatisiertes Hotelzimmer. Wir leisteten dann Hilfe, so gut wir es damals verstanden. Diese wurde später äußerst effizient. Aber zunächst stand die Frage unabwendbar vor mir, groß, wie ein Vorwurf, der mich ängstigte: Warum sind wir Schweizer reich? Warum sind diese Menschen so arm?

Am nächsten Abend hatten Freunde in einem feinen Restaurant ein Essen mit angesehenen Schwarzen und Weißen organisiert. Ich sollte Gelegenheit haben, unsere Arbeit vorzustellen und sollte auch die Ansichten der Gäste kennen lernen. Ein Schwarzer kommentierte meine Ausführungen, indem er bemerkte, dass es in Nairobi viel Armut gebe, während wir in der Schweiz viele Banken hätten; sie wären arm, und wir wären reich, und warum wir unseren Reichtum mit dem Bankgeheimnis schützen würden. Ich war auf die Frage nicht vorbereitet und gab eine ausweichende Antwort. Zurück blieb der Eindruck – und der verstärkte sich später bei solchen Reisen – dass viele Menschen in diesen Ländern der Ansicht sind, Reichtum und Armut seien wie das Wetter. Die einen haben gutes, die anderen schlechtes. So sind die einen reich, die anderen arm. Es ist ein blindes Schicksal, das man nicht hinterfragen kann. Ich hatte das unbestimmte Gefühl, dass die Antwort nach dem Warum von Armut und Reichtum nicht so einfach sein könne, hatte aber auch keine befriedigende Erklärung zur Hand. So stand nach diesen Begegnungen erneut die Frage vor mir: Warum sind Armut und Reichtum so verteilt? Warum leben wir Europäer im Überfluss, während afrikanische Mütter zusehen müssen, wie ihre Kinder verhungern? Und warum gibt es so viele, die unter Verfolgung und Terror leiden, während wir in Europa nicht nur reich, sondern auch frei sind?

In den rund dreißig Jahren seit dieser ersten Erfahrung in Nairobi hat mich diese Frage nicht mehr losgelassen. Später kamen viele Fragen ungeordnet dazu: Warum ist Peru von der Korruption so gegeißelt, die Hälfte der Bevölkerung trotz Demokratie durch ungerechte Strukturen so unterdrückt, dass die Revolutionäre des Leuchtenden Pfades (Sendero Luminoso) meinen, nur die Zerstörung der jetzigen Gesellschaft könne Abhilfe und Gerechtigkeit schaffen? Warum ermordeten sie einfache Dorfbewohner, mit Vorliebe evangelische Prediger, Priester und Katecheten? Und warum verübte das Militär im Kampfe gegen die Aufständischen ebenfalls grausame Massaker an unschuldigen, mittellosen Campesinos? Warum gibt es im Sudan heute noch Sklaven? Warum ist Englisch die Weltsprache? Warum nicht Mandarin, Hindi oder Arabisch? Warum kann man in fast allen Ländern das lateinische Alphabet lesen, nicht aber die arabischen oder chinesischen Schriftzeichen? Warum ist das arabische Zahlensystem durch Europäer und nicht durch Araber auf der ganzen Welt zum einzigen verwendeten Rechensystem geworden? Warum wurde der Computer im Westen erfunden? Warum arbeitet die ganze Welt im biblischen Wochenrhythmus? Wer hat bestimmt, dass Amerika im Westen liegt und Japan im Osten? Warum wird Musik auf der ganzen Welt mit europäischen Notenzeichen geschrieben? Warum werden Kompositionen von Bach, Mozart und Beethoven auch in China, Korea, Indien und Japan aufgeführt? Warum befinden sich die berühmtesten Museen der Welt, der Louvre, das Centre Pompidou, das British Museum, die Tate Gallery und das Metropolitan Museum of Art, welche jährlich über 30 Millionen Besucher zählen, im Westen? Warum sind es westliche Sportarten, Fußball, Tennis, Sommer- und Winterolympiade, welche weltweit Milliarden von Menschen faszinieren? Warum ist Europa und mit ihm die westliche Welt so reich? Woher stammen eigentlich die Menschenrechte? Und immer wieder: Warum ist Europa frei, demokratisch, rechtsstaatlich mit Schutz von Minderheiten, während in vielen Ländern die Religionsfreiheit unterdrückt und Christen und andere Andersdenkende verfolgt werden?

Später kamen weitere Fragen hinzu: Warum befindet sich Europa in einer solchen Krise? Warum sinkt die Geburtenrate so dramatisch? Was bedeutet es für die Weitergabe der Kultur eines Volkes, wenn 40 % der Akademikerinnen keine Kinder haben? Warum haben sich die 1956 in den Westen geflohenen Ungarn problemlos integriert, während die Türken in Deutschland Parallelgesellschaften bilden? Warum konnten die über Jahrhunderte verfeindeten Länder Frankreich und Deutschland echten Frieden schließen? Warum konnte sich nach den Schrecken des 2. Weltkrieges eine Europäische Union bilden, die einen Krieg unter den Mitgliedstaaten unmöglich macht, während in anderen Weltregionen Versuche zu großen Zusammenschlüssen nicht über Anfangsdeklarationen hinausgekommen sind? Und schließlich: Wie kann man die Geschichte verstehen, durch die Europa geworden ist?

Als wir uns in CSI nach etlichen Jahren etwas etabliert hatten, erstellten wir in mühsamer Kleinarbeit die erste Weltkarte über die Unterdrückung der Religionsfreiheit. Die Intensität der Unterdrückung machten wir mit verschiedenen Farben deutlich. Diese machten zwei Erkenntnisse unabweisbar. Einmal: Es gibt eine direkte Beziehung zwischen Freiheit und Reichtum. Die freien Länder sind die demokratischen, und sie gehören zu der Gruppe der reichen. Und auch der Umkehrschluss stimmt: Es gibt eine Beziehung zwischen Unterdrückung der Freiheit und Armut. In repressiven Gesellschaften gibt es wesentlich mehr Arme mit den Nöten und Lastern, die in allen Slums die Menschen zusätzlich zu Grunde richten. Damit stellte sich die Frage nach dem Reichtum und der Freiheit neu. Was steht am Anfang? Bewirkt die Freiheit den Reichtum, oder ist es umgekehrt: Kann sich nur eine reiche Gesellschaft den Luxus der Freiheit leisten?

Die Farben der Weltkarte bewiesen aber eine weitere Tatsache: Es gibt eine direkte Beziehung zwischen Freiheit und Reichtum einerseits und dem Christentum andererseits. Die freien und reichen Länder sind jene, in denen das westliche Christentum die Völker prägt. Damit gewann meine Grundfrage noch an Dringlichkeit: Hat das Christentum etwas zu tun mit dem Reichtum und der Freiheit? Beginnt der Aufstieg einer Gesellschaft mit der Freiheit, mit dem Reichtum oder mit dem Christentum? Ist also das Christentum eine zufällige Begleiterscheinung einer Kultur oder ist es gar der entscheidende Faktor bei der Entwicklung eines Kontinents? Warum sind alte

Hochkulturen wie die von Japan, China, Indien oder Ägypten nicht zur Weltbeherrschung aufgestiegen?

Und schließlich tauchte am Horizont meines Denkens noch eine Frage auf: Wenn es also eine Beziehung gibt zwischen Freiheit, Reichtum und Christentum, warum habe ich in der Schule nie davon gehört? Ich habe ein evangelisches Gymnasium besucht. Warum hat man uns über einen möglichen Einfluss des Christentums auf die Weltgeschichte, abgesehen von der Reformation, wenig oder nichts gesagt? Warum wurde ich weder im Gymnasium noch im Theologiestudium auf diese Zusammenhänge aufmerksam gemacht? Warum habe ich höchstens von der marxistischen Geschichtsdeutung gehört? Hat man uns vielleicht absichtlich wichtige Aspekte der Weltgeschichte verschwiegen, weil sie nicht ins gewünschte Bild passten? Wer interpretiert denn die Weltgeschichte? Wer sagt, welchen Sinn sie hat? Und welche Kriterien werden bei der Deutung der Geschichte angewendet?

Für mich als Pfarrer war die Frage nach dem Sinn der Geschichte besonders brisant. Wenn denn mein Glaube stimmt und Gott der Herr der Welt und der Geschichte ist, dann müsste man auch konkrete Hinweise für die Gottesherrschaft finden. Aber was, wenn meine Befragung der Geschichte meinen Glauben nicht bestätigt? Wenn dabei herauskommt, dass man zwar an Gottes Weltherrschaft festhalten, aber dafür keine Hinweise finden kann? Ist dann mein Glaube eine schöne Illusion?

Ich habe mich dann auf den Weg gemacht, Antworten auf folgende Fragen zu finden: Warum ist Europa bzw. die westliche Welt reich und frei? Und welche Rolle spielt dabei das Christentum? Je weiter ich auf dieser Reise fortschritt, desto spannender wurde sie. In dem vorliegenden Buch habe ich den Versuch unternommen, diese Antworten zu einer Gesamtsicht zusammenzufassen und zu verdichten. Und ich hoffe, dass die Leser mich auf dieser Reise begleiten.

Einige mögen sich vielleicht wundern, dass ich als Pfarrer es wage, militärtaktische Überlegungen anzustellen. Ich fühle mich jedoch auf Grund meiner militärischen Ausbildung dazu berechtigt. Die Kapitel und Abschnitte sind in der Regel chronologisch geordnet. Verschiedentlich schien mir jedoch eine thematische Anordnung angemessener. Der informierte Leser wird manches vermissen. Aber es ist unumgänglich, die Geschichte Europas mit sehr langen Schritten zu durchmessen, um die großen Linien herauszustellen. Manche werden lernen, Bekanntes in anderem Licht zu sehen.

Teil 1

Der Aufstieg

I Voraussetzungen der Freiheit

1. Wer erklärt die Geschichte?

m Folgenden befragen wir einige herausragende Historiker nach ihrer Geschichtsdeutung. Lässt die Geschichte der Völker so etwas wie einen roten Faden erkennen? Kann man in dem unablässigen Auf und Ab der Großreiche Kräfte ausmachen, welche für den Aufstieg einer Kultur entscheidend waren und auch deren Niedergang erklären? Ist es die geographische Lage? Oder die Wirtschaft? Oder die Kultur? Oder die Religion? Oder sind es einzelne Persönlichkeiten? Oder ist die Geschichte blindes Schicksal? Mit der Französischen Revolution, Karl Marx und Adolf Hitler werden wir uns später beschäftigen.

Jacob Burckhardt (1818-1897)

Von dem berühmten Basler Professor für Kulturgeschichte Jacob Burckhardt soll das Wort stammen: „Die Geschichte lehrt, dass sie nichts lehrt." Als lebenslanger Forscher und Gelehrter hielt er jahrzehntelang Ausschau nach einer alle Geschichte bestimmenden Kraft. Vergeblich. Es klingt etwas Wehmut in seiner Schlussfolgerung, die er in schmerzlicher Selbstbeschränkung so festhält: „Die Lehre vom Verfall und Tod der Nationen müssen wir uns versagen zu behandeln."[1] Mit anderen Worten: Er findet kein allgemeingültiges Gesetz, das den Aufstieg und Niedergang von Kulturen regelt. Wenn es dennoch Impulse und Kräfte gibt, welche die Völker in die Höhe führen oder in Abgründe stürzen, dann sind, nach seiner Sicht, überragende Individuen dafür verantwortlich. Es sind die großen Männer, die außergewöhnlichen Persönlichkeiten, welche die Geschichte machen. Doch was sie zu ihren Entscheidungen bewegt, lässt sich nicht wirklich ergründen oder erklären, sondern diese historischen Personen setzen sich selber Ziele und verwirklichen sie. Warum sie sich solchen Zielen zuwenden, ist letztlich nicht erklärbar. Es ist vielmehr die freie, schöpferische Tat eines Einzelnen. Burckhardt spricht von dem „frei sich selbst seine Aufgabe setzenden Individuum."[2] Diese Individuen sind die Kulturschöpfer und Kulturträger. Wer Geschichte verstehen will, muss sich mit ihnen beschäftigen. Und wenn in einer großen Krise, in die ein Volk hineingerät, solche Persönlichkeiten fehlen, dann kommt schicksalshaft Unheil über das Volk. Darum kann Burckhardt auch vom Glück und Unglück in der Weltgeschichte reden.[3] Für beides gibt es keine Erklärung, die in der Geschichte ein Ziel, einen Sinn oder eine Gesetzmäßigkeit erkennen ließe.

Oswald Spengler (1880-1936)

In seinem berühmten Buch „Untergang des Abendlandes" zeigt sich Oswald Spengler vor allem beeindruckt von der gewaltigen Menge an Daten und Fakten der Menschheitsgeschichte. Er kritisiert jene Geschichtsforscher, welche einfache Deutungen für das Verständnis dieser verwirrenden Ereignisfülle liefern, denn, so meint er, das seien Vereinfachungen, bei denen man große Teile der Geschichte einfach weglässt, weil sie nicht in das vorgeschlagene Schema passen. „Jeder nicht ganz blinde Historiker weiß und fühlt das."[4] Spengler deutet Geschichte aus seiner philosophisch begründeten Gesamtschau der Welt. „Ich sehe statt jenes Bildes einer linienförmigen Weltgeschichte, das man nur aufrechterhält, wenn man vor der überwiegenden Menge der Tatsachen das Auge verschließt, das Schauspiel einer Vielzahl mächtiger Kulturen, die mit urweltlicher Kraft aus dem Schosse einer mütterlichen Landschaft, an die jede im Verlauf ihres Daseins streng gebunden ist, aufblühen, von denen jede ihre eigene Idee, ihre eigenen Leidenschaften, ihr eigenes Leben, Wollen, Fühlen, ihren eigenen Tod hat."[5] So spielen die Geographie, d.h. die Landschaft, in der eine Kultur entsteht, eine wichtige Rolle.

Eine Kultur ist für Spengler ein Organismus.[6] Sie wächst auf wie eine Eiche, die vielleicht tausend Jahre braucht, um sich voll zu entfalten. Oder wie eine Raupe, die verschiedene Stadien der Entwicklung durchläuft, die aber doch vom inneren Gesetz, der Idee der Raupe, gesteuert wird, bis sie wie auch die Eiche wieder stirbt. Darum kann Spengler sagen: „Die „Menschheit" hat kein Ziel, keinen Plan, so wenig wie die Gattung der Schmetterlinge oder der Orchideen ein Ziel hat. „Die Menschheit" ist ein zoologischer Begriff. So distanziert sich Spengler von den übrigen Geschichtsforschern und urteilt ziemlich abschätzig: „Der zünftige Historiker sieht sie (die Geschichte) in der Gestalt eines Bandwurms, der unermüdlich Epochen „ansetzt". Ich hingegen sehe in der Weltgeschichte das Bild einer ewigen Gestaltung und Umgestaltung, eines wunderbaren Werdens und Vergehens organischer Formen."[7] Das schließt nicht aus, dass eine göttliche Kraft die Welt mit ihrem Werden und Vergehen in Gang gesetzt hat. Doch dieser Gott greift nicht in das weitere Geschehen ein. Er überlässt es seiner eigenen, einmal programmierten Bestimmung. Was dabei geschieht, interessiert oder bewegt ihn nicht. Spengler erklärt die Geschichte, indem er sie mit einer Pflanze oder einer Raupe vergleicht. Aber im Grunde erklärt er damit nichts. Er müsste denn sagen, welche Kraft die Eiche oder Raupe wachsen lässt.

Joseph David Unwin (1895-1936)

Eine völlig andere, wenig beachtete aber meiner Ansicht nach hoch interessante Sicht über Entstehen und Vergehen von Kulturen präsentiert der englische Ethnologe Joseph D. Unwin[8]. Auf Grund seiner ethnologischen Studien von 80 vergangenen Kulturen vermutete er einen Zusammenhang zwischen dem Sexualverhalten und der Kultur der Völker. Dabei stellte er zu seinem großen Erstaunen fest, dass es hier einen direkten Bezug gibt. Alle Gesellschaften mit sexueller Freiheit befanden sich auf einer niederen Ebene. Je größer die sexuelle Freiheit, desto niedriger das kulturelle Niveau. Der Aufbau einer höheren Kultur setzt die Beherrschung der Sexualität voraus. Dadurch entsteht das, was Unwin die „soziale Energie" nennt. Sexuelle Impulse werden in kulturelle Leistungen umgesetzt, oder, wie Sigmund Freud sagt, sublimiert. Zivilisation setzt solche Sublimierung voraus.

Die Hochkulturen der Vergangenheit zeichnen sich dadurch aus, dass sie am Anfang ihres kulturellen Aufstiegs neben der vorehelichen Keuschheit auch auf einer absoluten Monogamie bestanden. Der durch die Sublimierung der sexuellen Energie bewirkte kulturelle Aufstieg setzte expansive soziale Kräfte frei, d.h. die Kultur erweiterte sich territorial, indem sie fremde Länder einnahm, Kolonien gründete und einen ausgeprägten Handel betrieb. Ihre kulturelle Leistung machte sie stärker als die umgebenden Völker und ermöglichte ihnen, diese zu erobern und zu beherrschen. Damit bringt Unwin den Faktor Moral in die Betrachtung von Aufstieg und Niedergang der Völker in die Diskussion. Nicht, dass dieser Faktor bei geschichtlichen Untersuchungen von anderen Geschichtsforschern immer übersehen worden wäre. Verschiedentlich hat man z.B. als Hauptursache für den Untergang des römischen Reiches den Zerfall der Sitten bezeichnet. Aber in den von mir zusammengefassten Werken großer Historiker der jüngeren Zeit spielen weder Religion noch Moral eine wesentliche Rolle für die Erklärung der geschichtlichen Abläufe. Unwin hingegen fand durch seine Studien in der Sexualmoral den einzigen Faktor, welcher den Aufstieg oder Niedergang einer Kultur begründet. Er hielt fest: „Das einzig Außergewöhnliche an dem Ganzen ist die absolut gleichförmige Wiederholung."[9] Ohne sexuelle Disziplin keine Hochkultur.

Unwin stellt weiter fest, dass sich bei den Hochkulturen die Tendenz abzeichnet, mit der Zeit die absolute Monogamie und die Forderung der vorehelichen Keuschheit fallen zu lassen. Daraus folgt dann auch ein Abstieg der betreffenden Gesellschaft. „Es kommt zu einem kulturellen Niedergang dieser Hochkultur und in den meisten Fällen auch zu einer Eroberung durch andere Völker."[10]. Allerdings erfolgt der Abstieg mit zeitlicher Verzögerung. So Unwin: „Jede menschliche Gesellschaft hat die Freiheit sich zu entscheiden, ob sie eine hohe soziale Energie oder sexuelle Freizügigkeit will. Die Fakten zeigen, dass beides gleichzeitig nicht länger als eine Generation möglich ist."[11]

Arnold Toynbee (1889-1975)

Wieder anders Arnold Toynbee. Er nennt sein 1976 veröffentlichtes Hauptwerk „Menschheit und Mutter Erde" mit dem Untertitel „Die Geschichte der großen Zivilisationen". Wie Spengler versteht auch er die Kulturen ähnlich wie Pflanzen. Dabei schließt er sich Darwins Evolutionstheorie an. Kulturen wachsen, blühen und sterben. Das geschieht über lange Zeiträume durch Zufall und Selektion der Tüchtigen. Diese Sicht der geschichtlichen

Ereignisse lässt keinen Raum für einen Weltenschöpfer, der nach einem sinnvollen Plan das Universum gestaltet und leitet.[12]

Entscheidend für seinen Ansatz in „Menschheit und Mutter Erde" ist, dass die Erde eine Biosphäre hat, also von Luft umhüllt ist, die in Jahrmillionen entstanden ist und das millionenfache Leben auf der Erde, eben die Biosphäre, möglich macht. Vielleicht gibt es unter den unzähligen Galaxien weitere Planeten mit Biosphären. Vielleicht ist auch unsere Erde die einzige dieser Art. Für Toynbee beginnt die Geschichte der Menschheit mit der Biosphäre. Darum ist eine Weltgeschichte aus dem Blickwinkel der europäischen Dominanz der Völker falsch, denn auch sie wird vorübergehen wie viele vor ihr. Toynbee schildert alle menschlichen Kulturen als gleichwertig. Nur wenn man alle Kulturen als gleichwertig einstuft, wird man den großen Kulturen, etwa der Sumerer oder der Inka, gerecht. Sie dürfen nicht vernachlässigt werden, nur weil sie untergegangen sind.

Das entscheidende Ereignis der Weltgeschichte ist die technische Revolution, die in der zweiten Hälfte des 18. Jahrhunderts eingesetzt hat. Durch Dampfmaschinen, Elektrizität, Benzinmotoren etc. sind die Menschen in Stand gesetzt worden, die Biosphäre, die in Jahrmilliarden geworden ist, zu zerstören und sich damit selber den Untergang zu bereiten. Wünschbar wäre, dass die Menschheit sich ähnlich wie ein Insektenstaat organisieren würde.[13] Eine Weltorganisation müsste den Menschen für ihr Leben, Arbeiten und für ihr gesellschaftliches System klare Vorschriften machen, damit die Biosphäre nicht weiter zerstört wird, sonst hört die Geschichte der Menschheit auf. Darum stellt Toynbee, lange bevor Global Warming zum allbekannten Schlagwort wurde, am Schluss seines Werkes die Frage: „Wird der Mensch die Mutter Erde ermorden oder erlösen? …Dies ist das Rätsel, vor dem der Mensch steht."[14]

Diese Reduktion der Geschichtsdeutung erstaunt. Immerhin hatte Toynbee in seinem Buch „Das Christentum und die Weltreligionen" von 1959 dem Christentum eine zwar beschränkte aber doch wichtige Rolle bei der Gestaltung der Weltgeschichte eingeräumt und braucht den Vergleich mit der Hebamme.[15] Ohne die Hilfe der christlichen Kirche hätte die westliche Zivilisation nicht entstehen können.[16] Dennoch schreibt er schon damals dem Christentum keine geschichtsprägende Kraft zu.

Michael Stürmer (geb. 1938)

In seinem Buch „Welt ohne Weltordnung" ist Michael Stürmer mit Bezug auf die Deutung der Weltgeschichte äußerst zurückhaltend. Dies zeigt sich schon darin, dass er sich lediglich mit der Zeit nach dem Zweiten Weltkrieg beschäftigt. Seine Hauptfrage lautet: Wer wird die Erde beerben? Gemeint ist offensichtlich: Wer wird die Erde besitzen, oder welches Land oder welcher Kontinent wird in Zukunft zur Weltmacht aufsteigen, der sich die anderen mehr oder weniger zu fügen haben? In Frage kommen neben den USA auch Europa, China, Indien und die muslimischen Staaten. Bei der Beurteilung der Machtverhältnisse denkt Stürmer ähnlich wie Kennedy (siehe unten): Die wirtschaftliche Entwicklung bestimmt die Überlegenheit bei den Waffensystemen. Für eine rasche wirtschaftliche Förderung ist vor allem Freiheit nötig. Diese ist in demokratischen Staaten am ehesten gegeben. Aber neben der Freiheit braucht es auch Sicherheit, die oft nur durch Einschränkungen von Freiheit vom Staat garantiert werden kann. „Freiheit bedarf der Sicherheit, sonst wird sie sich selbst zerstören. Sicherheit bedarf der Freiheit, sonst wird sie zum Selbstzweck. Im einen Fall verlieren wir unsere Seele, im anderen unser Leben."[17]

Welcher großen Gesellschaft dieser Balanceakt langfristig am besten gelingt, hängt u. a. von den Ressourcen ab. Darum liefert Stürmer ausführliche Übersichten über Vorkommen von Eisenerz, Öl und Erdgas, über vorhandene Atomkraftwerke, Internetanschlüsse etc., über welche die verschiedenen Weltregionen verfügen. Neu im Blick des weltpolitischen Kräftespiels ist auch die Demographie. Also nicht nur die Waffen, sondern auch die Zahl der Geburten wird in Zukunft für den Aufstieg oder Niedergang eines Kulturkreises eine Rolle spielen. „Nebst den Brüchen und Teilungen infolge Globalisierung enthält keine der globalen Asymmetrien mehr Sprengkraft als das ungleichmäßige Wachstum der Menschenzahl in den einzelnen Weltregionen."[18] Der zukünftige Ausgang dieses Kräftemessens ist gegenwärtig unsicher. Darum gibt Stürmer auf die Frage, wer die Erde erben wird, die Antwort: „Die Jury ist, wie die Amerikaner sagen, noch in Beratung."[19] Kann man bei dieser Schilderung überhaupt von einer Deutung der Geschichte sprechen? Ich meine, es ist eher ein bewusster Verzicht auf jede Deutung verbunden mit einer Warnung, dass Europa wegen seiner sinkenden Geburtenraten den internationalen Machtkampf verlieren könnte.

Paul Kennedy (geb. 1945)

Paul Kennedy gibt in „The Rise and Fall of The Great Powers" zwar eine Deutung, aber er schränkt sie in mehrfacher Hinsicht ein. Einmal umfasst sein Buch nur den Zeitraum von 1500 bis 2000. Zugleich will er gar nicht die Kulturen der Welt beschreiben, sondern nur die Geschichte der großen Mächte, welche die Kriege bestimmen. Für Kennedy sind die geschichtlichen Ereignisse vor allem von der wirtschaftlichen Stärke der am politischen Machtkampf beteiligten Länder im Verhältnis zu ihren jeweiligen Konkurrenten abhängig. Damit wird indirekt ein Gesetz der Völkergeschichte aufgestellt, nämlich dass alle Völker sich in einem ständigen Machtkampf befinden, der die geschichtlichen Ereignisse bestimmt. Die wirtschaftliche Entwicklung ist Voraussetzung für die Erfindung und Herstellung von überlegenen Waffen. Und Waffen sind wiederum wichtig zum Schutz von Wirtschaft und Reichtum.[20] Da sich die Gesellschaften ständig verändern, verändert sich auch das Machtgefüge. Um das Jahr 1500 war zunächst nicht klar, ob die vom Islam geprägten Völker des Nahen Ostens, China unter der Ming-Dynastie, das aufstrebende Moskau oder Europa die Zukunft bestimmen würden. Die folgenden Jahrhunderte waren aber eine europäische Zeit. Der Grund dafür lag darin, dass Europa aufgeteilt war in eine Vielzahl von König- und Fürstentümern. Darum gab es auch keine Macht, welche die Entwicklung in Europa zentral bestimmte. So entstand jener Freiraum, der für Forschung, Entwicklung und Veränderung unabdingbar ist.[21]

Dabei bewegen sich Aufstieg und Fall einer Macht nicht direkt parallel zu ihrer wirtschaftlichen Entwicklung, sondern die Ereignisse treten mit Verzögerung ein. Aber wenn sich ein Konflikt über mehrere Jahre hinzieht, liegt der Sieg in der Regel bei dem, der "den letzten Escudo hat"[22], um neue Waffen zu entwickeln und zu produzieren. Darum kann auch ein gut funktionierendes Bankensystem wesentlich zum Sieg beitragen, wie eben in Englands Kampf gegen Napoleon. Kennedy schildert die Entwicklung Europas seit 1500 in wesentlichen Aspekten einleuchtend. Doch er beantwortet nicht die Frage, warum in Europa um 1500 die Bedingungen für eine freiheitliche Entwicklung und den Aufstieg zum weltbeherrschenden Kontinent günstiger waren als andernorts. Genau das jedoch müsste man wissen, will man eine Antwort auf die Frage nach den die Geschichte bestimmenden Kräften erhalten. Paul Kennedy gibt uns also hilfreiche Teileinsichten. Die Frage nach dem Sinn der Geschichte lässt er offen.

Samuel P. Huntington 1927-2008

Abschließen möchte ich diese unvollständige Übersicht über verschiedene mögliche Ansätze der Geschichtsdeutung mit Samuel P. Huntington, weil er die Diskussion um die die Geschichte prägenden Kräfte in den letzten Jahren am meisten beeinflusst hat. Er veröffentlichte 1993 in der Zeitschrift Foreign Affairs einen Artikel, dessen Grundthese er 1996 in dem berühmt gewordenen Buch „The Clash of Civilizations and the Remaking of World Order" (Deutsch: Kampf der Kulturen) ausgeführt hat. Er beschäftigt sich nicht mit der Vergangenheit, sondern mit der Gegenwart und der Zukunft. Für sein Geschichtsverständnis, – und das ist das Neue – spielt die Kultur die entscheidende Rolle. In Zukunft geht es bei politischen und kriegerischen Auseinandersetzungen nicht mehr um wirtschaftliche Interessen, Landnahme, Beherrschung von Meeren oder um Bodenschätze. Im Vordergrund steht die Frage, welche Kultur sich durchsetzen kann. Kultur und Zivilisation aber sind von Religionen bestimmt. Was für eine Rolle die Religionen bei der Entstehung oder Entwicklung von Kulturen spielen, wird von Huntington jedoch nicht untersucht. Es ist also seine These, dass in Zukunft die entscheidenden Ursachen von Konflikten nicht in erster Linie ökonomische sein werden. Die großen Spaltungen innerhalb der Menschheit und die beherrschende Ursache von Konflikten werden kulturelle sein. Die Nationalstaaten werden die wichtigsten Akteure der Auseinandersetzungen sein, die grundsätzlichen Konflikte der Weltpolitik aber werden sich zwischen Nationen und Gruppen unterschiedlicher Kulturen abspielen. Der Kampf der Kulturen wird die Weltpolitik beherrschen. Huntington hat durch seinen Begriff „Clash of Civilizations" in einmaliger Weise zum Verständnis der gegenwärtigen und zukünftigen Weltkonflikte beigetragen. Die Frage hingegen, welche Kräfte in der Vergangenheit die Geschichte geprägt haben und warum die christliche Kultur des Westens so dominant geworden ist, konnte oder wollte er nicht beantworten.

Geschichtsdeutung macht Politik

Wir finden also viel Widersprüchliches, wenn wir verschiedene Historiker nach ihrem Geschichtsverständnis befragen. Selbstverständlich spielen die Geographie, das Klima und herausragende Persönlichkeiten für geschichtliche Entwicklungen eine Rolle. Aber wir haben gesehen, dass jeder Wissenschaftler aus dem philosophischen oder ideologischen Gedankengut urteilt, dem er oder seine Zeit sich verpflichtet wissen. Es gibt keine allgemein verbindliche oder allgemein anerkannte Deutung der Geschichte. Neuere Historiker versuchen diesem Dilemma auszuweichen, indem sie auf eine Deutung mit weltanschaulichem Hintergrund verzichten und sich auf die Darstellung der Machtverhältnisse beschränken. Aber damit wird nur eine neue Verlegenheit geschaffen. Wenn der mächtig wird, der „den letzten Escudo" hat, dann wird die Frage nicht beantwortet, warum die eine Zivilisation mehr Finanzen erwirtschaften kann als andere. Ich sehe in diesem Verzicht auf eine Deutung der Geschichte eine große Gefahr. Ohne Deutung wird die Geschichte irrelevant. Sie ist aber für unser Selbstverständnis unverzichtbar. Denn aus der Geschichte beziehen wir alle, Einzelne, Völker und Kontinente, unsere Identität. Wenn wir unsere Geschichte nicht kennen, dann wissen wir auch nicht, wer wir sind. Wer keine Identität hat, verliert den Sinn seines Lebens. Geschichtslosigkeit macht orientierungslos. Die Orientierungslosigkeit Europas hat viel mit dem Verlust seiner Geschichte zu tun.

Zu dieser Orientierungslosigkeit hat das Europäische Parlament einen entscheidenden Beitrag geleistet. Es hat einen Verfassungsentwurf gutgeheißen, der auf jeden Bezug zur christlichen Vergangenheit Europas verzichtet. Damit will die EU sich nicht nur von ihrer Herkunft trennen. Sie hat damit auch die größte geschichtliche Lüge in die Welt gesetzt. Denn es ist schlicht unmöglich, die Rolle des Christentums in der europäischen Geschichte zu leugnen. Aber offenbar soll Europa von seiner Vergangenheit getrennt werden. Denn mit Geschichte macht man Politik, auch mit Geschichtsfälschungen. Und die Mehrheit des Europäischen Parlamentes will offensichtlich nicht, dass die christliche Vergangenheit unseres Kontinentes in die Zukunft hineinwirkt. Doch wer seine Wurzeln abschneidet, woher soll er die Kräfte beziehen, um in Zukunft Früchte zu tragen? Wenn das Fundament zerstört wird, worauf soll man bauen? Wenn wir in Europa nicht haltlos wie auf einer schiefen Ebene immer weiter in einen Abgrund rutschen wollen, dann müssen wir uns auf unsere Herkunft besinnen. Ohne Herkunft keine Zukunft. Ohne geschichtliche Identität ist Europa auf dem Weg in die Bedeutungslosigkeit.

Der Kult bestimmt die Geschichte

Da es keine allgemein anerkannte Deutung der Geschichte gibt, fühlte ich mich ermutigt und berechtigt, meine eigene Weltsicht vorzulegen und zu begründen, und die heißt: Am Anfang jeder Kultur steht die Religion, also der Kult. Der Kult bestimmt den Aufstieg oder Niedergang eines Volkes. Jede Religion vermittelt ihren Anhängern eine Weltsicht und daraus abgeleitet ein Selbstverständnis. Ob Urwaldindianer oder Bewohner einer Weltstadt, alle Menschen verhalten sich so, wie es ihrem Welt- und Selbstverständnis entspricht. Daraus leiten sich Sinn und Programm ihrer Lebensgestaltung ab. Nicht der Verstand steht am Anfang einer Kultur. Denn alle Menschen sind mit Verstand begabt, und alle benützen ihre Fähigkeit zu denken. Aber sie tun dies innerhalb ihrer Weltsicht, d.h. ihre Weltsicht bestimmt die Anwendung des Verstandes. Wenn ein Naturvolk glaubt, dass die Fruchtbarkeit der Felder und der Sieg über die Nachbarn von rachgierigen Göttern abhängig sind, die Blutopfer fordern, dann handeln diese Menschen durchaus rational, wenn sie Tiere oder Menschen opfern. Wenn aber wie im alten China ein Volk glaubt, dass die Sterne sein Schicksal bestimmen, dann benützt es seinen Verstand, um Methoden zur Beobachtung der Himmelskörper zu entwickeln und um daraus eine Ethik abzuleiten, die ihm erlaubt, die Harmonie mit den himmlischen Mächten zu sichern. Und wenn eine Gesellschaft wie große Teile Europas der Ansicht ist, das Fragen nach einem Gott sei sinnlos, weil es keinen Gott gibt, dann verwendet sie ihr Denken darauf, aus dem Leben möglichst viel Spaß heraus zu holen.

Darum lautet meine Sicht der Geschichte: Am Anfang einer Kultur steht die Religion. Der Kult bringt die Kultur hervor. Aus der Kultur entsteht die Zivilisation, wachsen Wissenschaft, Wirtschaft, Kriegstechnik und jede Art von Kunst. Natürlich gibt es Eigenheiten, geographische und klimatische Faktoren im Leben eines Volkes, welche die Entstehung einer Hochkultur begünstigen oder hindern. So war selbstverständlich der Nil Voraussetzung für die verschiedenen kulturellen Höhepunkte in der ägyptischen Vergangenheit. Doch das Vorhandensein eines grossen Flusslaufes ist kein regelmäßiger Faktor für das Entstehen einer Hochkultur. Die oft vertretene Meinung, bei Religion und Kultur handle es sich um zwei von einander unabhängige Phänomene, die nicht zwingend auf einander bezogen sind und also auch unabhängig voneinander betrachtet werden können, halte ich für ein Missverständnis von beiden. Und wenn an die Stelle einer Religion eine Ideologie tritt, wie im Kommunismus oder Nationalsozialismus, wird nur bestätigt, dass ein Volk sich die Gesellschaft aufbaut, welche seinen echten oder diktierten Grundüberzeugungen entspricht: Beide Ideologien haben ihre je besondere Kultur gepflegt. Unsere heutige westliche Welt vernachlässigt die Religion, baut dafür Paläste für Banken und Vergnügungstempel, denn ihre Götter sind Geld und Genuss. Auch da wird der Zusammenhang von Kult und Kultur bekräftigt. Wir gehen also für unsere weiteren Überlegungen und für die Deutung der Geschichte Europas davon aus, dass am Anfang der Geschichte eines Volkes und eines Kontinentes das Gottesbild und der Glaube stehen. Damit ist zugleich die Frage nach Gott gestellt.

Die Gottesfrage

Ist der Glaube an Gott für moderne Menschen noch zumutbar? Begibt man sich nicht ins angeblich finstere Mittelalter, wenn man von Gott redet? Hat nicht Darwin schlüssig bewiesen, dass die Evolution einen Schöpfergott ausschließt? Und haben nicht Sigmund Freud und andere die Vorstellung eines Gottes als ein Produkt des menschlichen Geistes, also als Illusion oder eine Art der Autosuggestion entlarvt? Gibt es nicht Hirnforscher, welche im menschlichen Hirn ein Zentrum lokalisiert haben, das für Religion zuständig ist, wie andere Hirnzentren für Sprache oder Gefühle? Und hat nicht Richard Dawkins in seinem Buch „Der Gotteswahn" endgültig mit den Religionen abgerechnet und den christlichen Glauben als ein schreckliches Unheil bezeichnet? Wie kann man angesichts von Naturkatastrophen, denen Tausende Menschen zum Opfer fallen, noch an einen Gott glauben, geschweige denn an einen gütigen himmlischen Vater, der die Menschen liebt und ihre Geschichte lenkt?

Nun ganz so einfach liegen die Dinge doch nicht. Zwar hat der wohl berühmteste Astrophysiker unserer Zeit, Stephen Hawking, in seinem Buch „The Grand Design" erklärt, das Weltall sei keine göttliche Schöpfung. Doch ganz sicher ist er seiner Sache nicht. Denn in seinem Buch „A Brief History of Time" sieht er in Gott noch den, „der die Uhr aufzieht". (S.149) Eindeutiger äußert sich Max Plank, Nobelpreisträger für Physik: „Es ist der stetig fortgesetzte Kampf … gegen Unglaube und gegen Aberglaube … den Religion und Naturwissenschaft gemeinsam führen, und das richtungweisende Wort in diesem Kampf lautet von jeher und in alle Zukunft: Hin zu Gott." (E. Ostermann: S. 64) Und Albert Einstein schrieb: „Wissenschaft ohne Religion ist lahm, Religion ohne Wissenschaft ist blind." (Collins S. 228) Mit Bezug auf den menschlichen Geist schrieb Nobelpreisträger John C. Eccles: „Da materialistische Lösungen darin versagen, unsere erfahrene Einzigartigkeit zu erklären, bin ich gezwungen, die Einzigartigkeit des Selbst oder der Seele auf eine übernatürliche, spirituelle Schöpfung zurückzuführen." (E. Ostermann S. 106) Es ist also keineswegs so, dass jeder Glaube an Gott der Naturwissenschaft widerspricht. Im Gegenteil. In jüngerer Zeit sind es Mikrobiologen wie Michael J. Behe (The Edge of Evolution) und andere, welche auf Grund ihrer Forschungen die Grenzen der darwinistischen Naturerklärung aufzeigen. Bestimmte Funktionen innerhalb der Zellen widersprechen klar der darwinistischen Lehre von der zufälligen Entwicklung aller Dinge. Sie können nur verstanden werden, wenn man einen intelligenten, schöpferischen Geist als Urheber annimmt. Francis Collins, der durch das unter seiner Leitung weitgehend entschlüsselte menschliche Genom weltberühmt wurde und die höchste zivile Auszeichnung in den USA, die Presidential Medal of Freedom, erhalten hat, äußert sich über den Atheismus wie folgt:: „Von allen möglichen Erklärungen der Welt ist der Atheismus die am wenigsten rationale." (F. Collins S. 231)

Christliches Geschichtsverständnis

Christliches Geschichtsverständnis unterscheidet sich fundamental von allen anderen Geschichtsdeutungen, auch von den Geschichtsschreibern in biblischen Zeiten. Das wird am deutlichsten in der Bibel. Die Pharaonen Ägyptens und die Herrscher der vergangenen Kulturen im Orient haben

Schreibkundige beschäftigt, die ihre Großtaten für die Nachwelt festhielten. Sie notierten die wichtigen Ereignisse, welche im ersten, zweiten, dritten etc. Jahr der Regierung des Herrschers sich zutrugen. Sie verherrlichen ihre Herrscher, ohne dass sich dabei ein übergreifender Zusammenhang ergibt.

Die Bibel erzählt vom Sinn der Geschichte, wie Gott die Welt erschuf, wie er Abraham erwählte, ihn zu einem grossen Volk machte und schließlich im Messias seinen Sohn zur Erlösung der Menschen sandte. In allem, was Israel erlebt, wird Gottes Handeln erkannt. Darum finden wir in der Bibel nicht eine Aneinanderreihung von Fakten, sondern eine zusammenhängende Geschichte auf ein letztes Ziel hin. Sie gibt Zeugnis von Gottes Liebe zu den Menschen, und wie er seinen Heilswillen trotz des vielfachen Ungehorsams der Juden und trotz aller Widerstände von Seiten der Heiden erreicht. So wird die Bibel zum Bericht, wie Gott sich den Menschen offenbart. Aus seiner göttlichen ewigen Welt bricht er ein in unsere irdische und vergängliche Welt. Aus dem Jenseits redet er zu seinen Geschöpfen im Diesseits. Und er offenbart sich nicht als ein unbestimmtes höchstes Wesen, sondern als göttliche Person und Herr aller Dinge. Ausführlich beschäftigen wir uns später mit Gottes Selbstoffenbarung.

Mit Blick auf die Deutung der Geschichte stellt sich die Frage, wie sich denn das Wirken Gottes zum Tun der Menschen verhält. Wenn Gott der Herr aller Dinge ist, allmächtig und allwissend, wo bleibt dann die Freiheit des Menschen? Bestimmt Gott alles? Was ist dann mit dem Gewissen und der Verantwortlichkeit des Menschen? Wenn der Mensch eigenverantwortliche Entscheide trifft, wird dann nicht Gottes Allmacht eingeschränkt? Zudem schließt Gottes Allmacht sein Allwissen ein. Er weiß also auch in alle Zukunft, wie sich jeder Mensch entscheiden wird. Wo bleibt da noch Raum für eigenverantwortliches Planen durch Menschen? Nehmen wir Judas und seinen Verrat an Jesus. Bekanntlich wusste Jesus, dass man ihn kreuzigen würde. Er war dazu bereit, um Gottes Willen zur Erlösung der Menschen zu erfüllen. Judas hat Jesus verraten und so seine Kreuzigung mindestens erleichtert und beschleunigt. War nun Judas ein willenloses Werkzeug Gottes und also nicht verantwortlich und auch nicht schuldig? Oder hat er eigenständig in seinem Gewissen den Entscheid zum Verrat gefällt und sich so auch schuldig gemacht? Oder denken wir an Karl den Grossen. Er hat bekanntlich den Grund für den Aufstieg Europas gelegt und wird auch als der „Vater Europas" bezeichnet. Hat Gott seine Gedanken programmiert, wie wir heute Computerprogramme einrichten, oder hat er selber die Vision Europa entwickelt und umgesetzt? Wenn nichts geschieht ohne Gottes Willen, ist dann nicht das Reden vom freien Willen des Menschen eine Farce? Öffnet sich hier nicht ein unlösbares Dilemma, weil Gottes Allmacht und die freie Entscheidung des Menschen sich gegenseitig ausschließen?

Für menschliches Denken bleibt hier tatsächlich ein unlösbarer Widerspruch. Nicht so für Gott. Das Schlüsselwort zur Lösung des Dilemmas heißt Beziehung. Der Gott der Bibel ist zwar allmächtig und Herr über alles. Aber er offenbart sich als Liebe. (1. Joh. 4,8) Liebe zwingt nicht, sie schenkt Freiheit. Als liebender Vater schafft Gott die Menschen als seine Ebenbilder, denen er die Freiheit zu eigener Entscheidung anvertraut. Gott will keine willenlosen Marionetten. Er will mit den Menschen als eigenständigen Personen und Partnern eine Liebesbeziehung pflegen. Deshalb herrscht er nicht nur, er hört auch auf seine Partner und reagiert auf ihre Bitten und auf ihr Tun.

Die Geschichte Gottes mit den Menschen ist also ein Wechselspiel. In Psalm 91,14 f sagt Gott: „Er (der Beter) ruft mich an, und ich erhöre ihn." Gott lässt sich durch das Reden des Gläubigen zu einer Aktion bewegen. In Psalm 30,5ff rechnet der Beter sogar Gott vor, dass es ihm nichts nützt, wenn er ihn sterben lässt, darum soll er ihn retten. Und tatsächlich, Gott lässt sich bewegen und rettet ihn. In dieser Beziehung Gottes mit den Menschen wird die Allmacht Gottes nicht eingeschränkt durch den freien Willen des Menschen, weil Gott in seiner Liebe die Freiheit des Menschen will. Auch Jesus sieht die Menschen in dieser Beziehung und Wechselwirkung mit Gott. Darum kann er sagen: „Bittet, so wird euch gegeben." (Matth. 7,7) Wie Jesus bereit ist, sein Verhältnis zu den Menschen als echte, fast partnerschaftliche Beziehung verstehen, zeigt die Geschichte von der Heilung der Tochter der syrophönizischen Frau. Sie bittet Jesus, er möge ihre Tochter heilen. Doch Jesus weist sie ab mit der Begründung, zuerst müssten die Kinder satt werden, dann erst die Hunde. Die Frau versteht den Vergleich. Mit den Kindern sind die Juden gemeint, mit den Hunden die Heiden, zu denen sie selber gehört. Doch sie gibt nicht auf und macht Jesus darauf aufmerksam, dass auch die Hunde nur von den Brosamen der Kinder satt werden können. M. a. W. nur durch das, was von Jesus kommt, kann ihre Tochter gesund werden. Durch dieses Vertrauen lässt sich Jesus umstimmen und heilt die Tochter. (Mk. 7, 24ff)

Der Apostel Paulus fasst die Beziehung zwischen dem allmächtigen Gott und dem eigenverantwortlichen Menschen in seinem Brief an die Gemeinde in Philippi mit geradezu provozierender Unlogik zusammen: „… so mühet euch... um euer Heil mit Furcht und Zittern! Denn Gott ist es, der in euch sowohl das Wollen als das Vollbringen wirkt." (Phil. 2,12f) Stärker könnte der Widerspruch nicht gefasst werden. Die Gläubigen sollen sich selber um ihr Heil bemühen, und zwar mit Furcht und Zittern. Und als Begründung weist Paulus darauf hin, dass Gott ohnehin alles wirkt, auch das Wollen und Vollbringen. Für normales Denken tut sich hier ein unlösbarer Widerspruch auf, nicht so für Gott und den Gläubigen. Denn Gottes Weisheit ist höher als jede Vernunft. Die Liebe Christi übersteigt unser Erkennen. (Eph. 3,19) Als Menschen müssen wir anerkennen, dass Gottes Logik auch anders sein kann als menschliche Logik. Gott kann den Menschen Freiheit gewähren und sie zu verantwortlichem Tun auffordern und doch der Allmächtige bleiben. Das entspricht der Logik seines Willens zur Beziehung.

Besonders anschaulich wird diese Wechselwirkung in der Beziehung Gottes mit seinen Kindern in der Geschichte von Josef und seinen Brüdern. Gott lässt den Brüdern ihren Willen und lenkt doch alles: Jakob hatte zwölf Söhne. Weil er Josef bevorzugte und dieser sich den Brüdern gegenüber hochmütig verhielt, wurden diese so wütend, dass sie beschlossen, ihn zu töten, als er sie auf der Weide besuchte. „Zufällig" aber kam eine Karawane auf ihrem Weg nach Ägypten vorbei, und die Brüder verkauften Josef als Sklaven. Dem Vater logen sie vor, ein wildes Tier habe ihn zerrissen. In Ägypten geriet Josef in das Haus Potiphars, des Obersten der Leibwache des Pharao. Da er sich als tüchtig erwies, wurde er rasch dessen Leibdiener. Als die Frau Potiphars ihn verführen wollte, weigerte er sich und ließ auf der Flucht sein Gewand zurück. Um ihren Ruf zu schützen beschuldigte die beleidigte Frau Josef, er hätte sie vergewaltigen wollen. Potiphar durchschaute das Manöver, aber er ließ Josef ins Gefängnis werfen. Da Josef Träume deuten konnte, machte ihn schließlich der Pharao zum obersten Verwalter des Landes, um Ägypten auf die kommende Hungersnot vorzubereiten. Da auch Jakob, seine Söhne und ihre Familien Hunger litten, zogen die elf Söhne nach Ägypten, um Korn zu kaufen, wo Josef sie erkannte. Durch eine List fand er heraus, dass seine Brüder sich gewandelt hatten, denn sie liessen, Benjamin, ihren Jüngsten nicht im Stich. Darauf gab sich Josef zu erkennen. Die Brüder waren entsetzt, denn sie wurden plötzlich mit ihrer Schuld konfrontiert und fürchteten Josefs Rache. Doch Josef behandelte sie sehr liebevoll. Schließlich zog Vater Jakob mit Familie und all seiner Habe nach Ägypten, wo er seinen tot geglaubten Sohn wieder in die Arme schließen konnte. Es ist also eine Geschichte von ungerechter Vaterliebe, Hochmut, Neid, Hass, Mordplänen, Sex, Lügen und Unrecht, alles Dinge, für welche die jeweiligen Personen voll verantwortlich sind, während Gott scheinbar abwesend ist. Erst am Schluss zeigt sich, wie wunderbar Gott in diesem Wechselspiel mit den Menschen sein Ziel erreicht. Er hindert die Brüder nicht an ihrem bösen Tun und bleibt dennoch der Allmächtige. Alle diese Bosheiten mussten dazu dienen, Josef nach Ägypten und in hohe Position zu bringen. Gerade so wurde Gottes Wille erfüllt, ohne dass die Beteiligten etwas davon ahnten. Denn Gott wollte Jakob und seine Familie vor der Hungernot retten und seine Familie zu einem großen Volke machen. (1, Mose 37, und 39 bis 50) Darum konnte Josef alles zusammenfassen, indem er zu den Brüdern sagte: "Ihr zwar gedachtet, mir Böses zu tun, aber Gott hat es zum Guten gewendet." (1. Mose 50,20)

Dieses Wechselspiel prägt die ganze Geschichte Gottes mit den Juden. So wird auch bei den Propheten deutlich, wie Gott auf sein Volk reagiert, es warnt, aus Liebe mit der Strafe zögert, aber in allem doch der Herr bleibt. Die Weissagungen seiner Boten erfüllen sich, oft nach Jahrhunderten. Überhaupt zeigt sich im Schicksal der Juden beispielhaft und in weltgeschichtlich einmaliger Weise, wie Gott im Zusammenwirken mit den Menschen die Geschicke der Völker lenkt und seine Ziele erreicht. Die Geschichte der Juden ist kein Gottesbeweis, aber sie ist ein Hinweis darauf, dass Gott der Herr aller Geschichte ist, der nur schwer zu widerlegen ist. Denn die wichtigsten Fakten sind Teil der Welt- und Völkergeschichte. Wir beschränken uns hier auf eine kurze Schilderung, wie Gott seine Landverheißung an das Volk der Juden über 4000 Jahre gehalten und eingelöst hat.

Diese Geschichte beginnt mit Abraham, der in Ur in Chaldäa, im Norden des heutigen Irak wohnte. Eine genaue historische Zeitangabe der Berufung Abrahams ist nicht möglich. Viele vermuten, dass sie zu Beginn des zweiten Jahrtausends v. Chr. geschah. Gott offenbarte sich Abraham und gab ihm ein Versprechen, das wir genau anschauen wollen: „Ziehe hinweg aus deinem Vaterlande und aus deiner Verwandtschaft und aus deines Vaters Hause in das Land, das ich dir zeigen werde; so will ich dich zu einem großen Volke machen und dich segnen und deinen Namen berühmt machen, dass er zum Segensworte wird. Segnen will ich, die dich segnen, und wer dir flucht, den will ich verfluchen; und mit deinem Namen werden sich Segen wünschen alle Geschlechter der Erde. (1. Mose 12, 1-3) Diese Worte enthalten Unmögliches: Was Gott von Abraham fordert, ist eine unmögliche Zumutung. Was er ihm verspricht, ist menschlich gesehen völlig unmöglich:

1. Abraham geht es gut. Er ist reicher Herdenbesitzer und 75 Jahre alt. Warum soll er mit seinem ganzen Haus seine Heimat verlassen und das mühsame Leben eines Nomaden auf sich nehmen?
2. Wie kann Abraham darauf vertrauen, dass der Gott, der jetzt zu ihm redet, ihm ein Land geben wird, wo Abraham zunächst noch nicht einmal weiß, in welches Land er denn ausziehen soll?
3. Abrahams Frau Sarah ist in die Jahre gekommen. Sie war schon früher unfruchtbar gewesen. Wie soll jetzt aus dem Paar ein grosses Volk werden?
4. Gott will Abrahams Namen berühmt machen, dass er zum Segenswort wird. Was, bitte, soll sich Abraham darunter vorstellen?
5. Doch Gott verheißt ihm noch mehr. Mit seinem Namen sollen sich die ganze Welt Segen wünschen? Ist das nicht, gelinge gesagt, ziemlich übertrieben? Was soll der Alte mit seiner unfruchtbaren Frau mit diesem ganzen Versprechen anfangen?

Doch Abraham zog aus und kam schließlich in das heutige Land Israel. Dort ließ Gott ihn warten. Noch immer hatte er keinen Sohn. Abraham wurde von Zweifeln geplagt. War alles umsonst? nur eine Einbildung? Vertrauen auf einen falschen Gott? Als Gott ihm erneut Grosses versprach, antwortete er: „O Herr, mein Gott, was wolltest du mir geben? Muss ich doch von hinnen gehen ohne Kinder, und Erbe meines Hauses wird Elieser von Damaskus" (1. Mose 15,2) Da bestätigte Gott sein Versprechen, und dann heißt es, „Abraham glaubte dem Herrn, und das rechnete er ihm als Gerechtigkeit an." (1. Mose 15,6) So begann die Beziehungsgeschichte Gottes mit den Juden. Gott offenbarte sich Abraham und teilte ihm seinen grossen Plan für die Juden und für die ganze Welt mit. Und Abraham verließ sich darauf, dass Gott Wort hält und richtete sein Leben danach. Gott hielt sein Wort. Aus Abraham wurde ein grosses Volk.

Nach der Zerstörung Jerusalems durch den römischen Feldherrn und späteren Kaiser Titus im Jahre 70 n. Chr. zerstreuten sich die Juden mit der Zeit in alle Kontinente. Im Laufe der Jahrhunderte verliessen viele ihren Glauben. Aber ein großer Teil hielt trotz vieler Verfolgungen am Glauben der Väter fest. Zwar rückte die Hoffnung auf eine Rückkehr nach Jerusalem mit jeder Generation in immer weitere Ferne. Auch die meisten christlichen Theologen hielten eine Rückkehr der Juden in das Land, das Gott dem Abraham versprochen hatte, für unmöglich und schlossen daraus, dass diese Verheißung für die Juden nicht mehr gelte, weil sie den Messias abgelehnt hatten. Die Christen hätten, so wurde gelehrt, die Juden als erwähltes Volk Gottes abgelöst, und daher sei Gott auch nicht mehr an sein Versprechen gegenüber Abraham und den Juden gebunden. Eine Rückkehr der Juden in das Land, das Gott dem Abraham versprochen hatte, sei daher nicht zu erwarten! Heute nennt man dies die Ersatztheologie, die jedoch dem widerspricht, was Paulus in Römer 9-11 über die Juden schreibt.

Menschlich gesehen war die Gründung eines Staates Israel tatsächlich reines Wunschdenken. Aber gegen Ende des 19. Jahrhunderts wuchs in immer mehr Juden der Wunsch und Wille, wieder in das Land ihrer Väter zurückzukehren, um, wie Theodor Herzl 1896 schrieb, einen „Judenstaat" zu errichten. Und nach der gründlichsten Judenvernichtung aller Zeiten durch Hitler im Zweiten Weltkrieg geschah das Unglaubliche: 1948 proklamierte Ben Gurion den Staat Israel in dem Land, das Gott dem Abraham und seinen Nachkommen versprochen hatte. Entgegen allen Befürchtungen hat die Uno diese Staatsgründung anerkannt, und die vielfach überlegenen Heere der arabischen Feinde konnten dem jungen Staat nichts anhaben. Gott hielt seinen Bund mit dem Volk der Juden über 4000 Jahre und erfüllte die Landverheißung an Abraham. Er hat sein Volk vielfach bestraft, aber er blieb und bleibt ihm treu.

Blick hinter die Kulissen

Damit komme ich zu meinem in der Bibel begründeten Verständnis der Geschichte, wobei Europa im Focus steht. Viele Historiker haben wesentliche Aspekte der Völkergeschichte herausgearbeitet. Gewiss spielen geographische und klimatische Bedingungen, überragende Herrscher und kühne Heerführer und das Verhalten von Nachbarvölkern wichtige Rollen. So haben die Babylonier Jerusalem erobert, weil sie mit einem grossen Heer die Stadt belagerten. Sie waren in der Übermacht, weil ihre Heimat, das Zweistromland fruchtbarer ist als die Region um Jerusalem. Und der römische Feldherr Titus zerstörte im Jahre 70 n. Chr. Jerusalem, weil die Juden einen Aufstand gemacht hatten, und weil Rom sich eine aufwändige Belagerung leisten konnte. Man kann sich mit diesen Aussagen zur Erklärung der Geschichte zufrieden geben. Aber damit wird nur Vordergründiges ausgesagt. Nach der Bibel ist Gott der Herr aller Dinge, also auch der Geschichte. Die Bibel lädt uns ein, hinter die Kulissen zu blicken, nach dem Wirken Gottes in der Geschichte Ausschau zu halten, in der wirren Vielfalt der Ereignisse den roten Faden zu entdecken, der Gottes Wirken erkennen lässt. So können wir den Gesamtzusammenhang der Geschichte mindestens in Teilen verstehen.

Mit dem Kommen Jesu hat Gott auch die Nicht-Juden in seine Heilsgeschichte mit einbezogen. Darum hat auch der Evangelist Lukas besonderen Wert darauf gelegt, den Zusammenhang der Geschichte der Offenbarung Gottes durch Jesus Christus mit der Weltgeschichte hervorzuheben. Deshalb datiert er die Ankündigung der Geburt Jesu „in den Tagen des Herodes, des Königs des jüdischen Landes" (Luk. 1,5). Die Geburt selber geschieht in Bethlehem, weil der römische Kaiser Augustus zur Zeit als Quirinius Statthalter in Syrien war eine Steuerschätzung befohlen hatte und dazu jedermann sich in seinen Heimatort begeben musste. (Luk. 2,1f) Durch diesen säkularen Befehl erfüllte sich die geistliche Weissagung des Propheten Micha, der vorausgesagt hatte, dass die Geburt des Messias in Bethlehem geschehen werde. (Micha 5,2) Dann folgt, ebenfalls von Lukas, die Apostelgeschichte, die ebenfalls als Geschichte der Kirche deutlich mit der Weltgeschichte verzahnt ist. Sie schildert, wie sich die Botschaft von Jesus Christus ausbreitete und auch Rom, das Zentrum des Weltreiches erreichte. Paulus war von den Juden unter Vorwänden angeklagt worden. Da er ein ungerechtes Urteil fürchtete, machte er von seinem römischen Bürgerrecht Gebrauch und forderte, vom Kaiser beurteilt zu werden. So gelangte er mit einem Gefangenentransport nach Rom. Sicher ist, dass er dort längere Zeit auf sein Urteil warten musste und predigen durfte. Es ist durchaus möglich, dass er sogar vor dem Kaiser das Evangelium bezeugt hat. Von „aussen" gesehen konnte sich Paulus nur durch die Berufung auf den Kaiser vor einem ungerechten Urteil retten. Wir blicken jedoch hinter die Kulissen und erkennen, dass Gott die falsche Anklage der Juden und das römische Rechtssystem dazu benützt hat, die Ausbreitung des Evangeliums vom Zentrum des Römischen Reiches aus zu fördern. (Apg. Kap. 21-28)

Gott wählte Europa

Ich werde also die Geschichte Europas als die Fortsetzung der Geschichte Gottes mit Israel und als Fortsetzung der Geschichte der christlichen Gemeinde darstellen, die Lukas in der Apostelgeschichte begonnen hat. Wir werden feststellen, wie diese Geschichte mit der Bibel und dem biblischen Weltbild übereinstimmt und sich wieder in der Wechselwirkung zwischen dem allmächtigen Gott und den eigenverantwortlichen Menschen und Völkern abspielt. Wir werden sehen, dass Europa einerseits durch das christliche Gottes- und Menschenbild geworden ist, das sich im Laufe der Jahrhunderte durchgesetzt und Gesellschaft und Politik geformt hat. Andererseits hat Gott verschiedentlich in den Lauf der Geschichte eingegriffen und sichergestellt, dass sein Ziel, das christliche Abendland, auch realisiert wurde. Hinter dem Aufstieg Europas zur Weltmacht steht Gott selber. Gott wollte Europa. Er hat Europa ausgewählt, um für die Ausbreitung des Evangeliums auf der ganzen Welt die bestmöglichen Voraussetzungen zu schaffen. Damit wir uns richtig verstehen. Dies ist meine Deutung der Geschichte Europas. Wie bekannte Historiker von ihrem jeweiligen Weltbild aus ihre Ansichten begründen, so deute ich die Geschichte aus meinem Glauben. Ich meine aber, dafür im Folgenden gute Gründe anführen zu können.

Schon die Apostelgeschichte weist auf einen Plan Gottes für Europa hin. Der Apostel Paulus war nicht der erste, der als Christ nach Westeuropa und nach Rom kam. Aber mit ihm begann eine systematische Missionierung Europas. Dabei war dies zunächst gar nicht seine Absicht. Lukas berichtet, wie Paulus mit seinen Begleitern im Sinne hatte, von Lystra aus in weiteren Städten der heutigen Türkei zu missionieren, aber „der Geist ließ es ihnen nicht zu". „Und es erschien dem Paulus während der Nacht ein Gesicht: Ein mazedonischer Mann stand da und bat ihn und sprach: Komm herüber nach Mazedonien und hilf uns!" (Apg. 16,9) Darauf fuhren Paulus und seine Begleiter um das Jahr 50 n. Chr. umgehend nach Griechenland. Sie betraten europäischen Boden auf Grund einer göttlichen Erscheinung. Gott wollte Europa zum Zentrum der Christenheit machen, um von Europa aus die Botschaft des Evangeliums in die ganze Welt hinauszutragen. Die europäischen Völker haben sich dieser Wahl Gottes nicht immer als würdig erweisen, und widergöttliche Mächte versuchten, das Werden des christlichen Abendlandes zu verhindern. Doch durch die von Gott gelenkte Geschichte wurde Europa schließlich befähigt, mit Hilfe von Tausenden von Missionaren und Missionarinnen die Botschaft von Gottes Heil in Jesus Christus in alle Erdteile zu tragen. Zusätzlich hat er Europa ausgewählt, um für Milliarden von Menschen Nothilfe zu leisten, ihre Unfreiheit, Armut, Hunger und Krankheit zu reduzieren, und um sie auf diese Weise an ihn zu erinnern. Durch europäische Mission und Nothilfe in allen Kontinenten hat Gott angefangen, den letzten Teil der Verheißung an Abraham zu erfüllen, dass sich „mit seinem Namen Segen wünschen alle Geschlechter der Erde".

Wie Europa zum christlichen Abendland wurde, werden wir bald sehen. Vorher beschäftigt uns eine andere Frage: Warum sind nicht andere Weltregionen durch ihre Hochkulturen zu Weltmächten geworden? Offenbar hat Christentum in Europa jene Voraussetzungen geschaffen, welche diesen Aufstieg möglich machten. Aus dem Kult wächst die Kultur. Also muss es in den nicht christlichen Religionen Gründe geben, welche die Entwicklung der Wissenschaft, Technik und Wirtschaft gebremst oder verhindert haben. Tatsächlich ist, wie wir gleich erfahren werden, der Entwicklungsrückstand anderer Weltregionen gegenüber der westlichen Welt durch den Einfluss der jeweiligen Religion erklärbar.

2. Nicht-biblische Religionen verhindern Freiheit

Naturreligionen

Die stärkste Behinderung in der Entfaltung ihrer Fähigkeiten erfahren die Anhänger von Naturreligionen. Einmal bildet die ständige Wiederkehr der Tages- und Jahreszeiten den Rahmen, in den sie ihr Leben einfügen müssen und den sie nicht stören dürfen. Zugleich ist die Natur in ihrem Verständnis von zahllosen Göttern und Geistern belebt. So sehr sich diese in den verschiedenen Kulturen unterscheiden, so sehr gleichen sie sich. Sie sind oft grausam, jagen Angst ein und lauern darauf, den Menschen zu schaden. Diese müssen sich vor ihnen fürchten, und ihren Zorn durch Opfer und Rituale besänftigen. Nicht selten verlangen diese Götter Menschenopfer. Sie haben allerdings auch einen Vorteil. Wenn ein Zauberer es „richtig" macht, kann er die Macht der Geister für eigene Ziele benützen.

Ein Missionar berichtete mir vom Schicksal der Eingeborenen in einem der Urwälder auf einer indonesischen Insel. Alle zwei Jahre mussten sie ihre Behausungen aufgeben, in eine andere Gegend ziehen und dort erneut den Urwald roden, Häuser errichten und Felder bebauen. Grund: Der Urwald gehört den Geistern. Wenn die Menschen zu lange an einem Platz bleiben und den Urwald benutzen, erregen sie den Zorn der Geister, welche sich dann rächen. Es versteht sich, dass auf diese Weise an der Aufbau einer Wirtschaft unmöglich ist. – Ein südafrikanischer Pfarrer erzählte mir, wie einem schwarzen Bauern eine ausnahmsweise gute Ernte von Tomaten gelang. Doch kurz vor der Ernte schlug der die meisten reifen Früchte auf den Boden und zertrat sie. Er hatte Angst, die Götter könnten neidisch auf ihn werden, und er fürchtete deren Rache.

Solche Beispiele liessen sich beliebig vermehren. David Signer verbrachte im Auftrag des Schweizerischen Nationalfonds zur Förderung der wissenschaftlichen Forschung mehrere Jahre in Afrika im Busch, um das Phänomen des Geisterglaubens zu untersuchen. Sein Buch hat den bezeichnenden Titel: „Die Ökonomie der Hexerei oder Warum es in Afrika keine Wolkenkratzer gibt." Er kommt zum Schluss, dass wohl Scharlatane die Gutgläubigkeit der Menschen ausnützen mögen, um an deren Geld zu kommen. Aber hinter der Hexerei stehen auch reale Mächte. Signer hat sich alle erdenkliche Mühe gegeben, jeden Betrug aufzudecken. Dennoch bleiben für ihn einige Ereignisse nicht rational erklärbar, wie z. B. das folgende. In einem afrikanischen Dorf war ein Zauberer bereit, europäischen Besuchern eine Probe seiner Macht zu geben, zu der sich auch Dorfbewohner einfanden. Signer schreibt: „Darauf begann der Alte sein Glöckchen zu läuten, um die Geister anzulocken. Der Sohn leerte etwas Gin in ein anderes Glas, mischte ein Pulver hinein (das seinen Worten tödliche Kraft gibt, wie man uns später sagte) und nahm einen Schlauch. Dann ergriff er das Huhn, das bislang mit zusammengebundenen Füßen in einer Ecke gelegen hatte, an den Beinen, hielt es Kopf voran über den Fetisch und murmelte auf Lobi (eine Eingeborenensprache) etwas, das man uns sinngemäß so übersetzte: „Geister, ich bringe euch vor den Fremden, die in unser Dorf gekommen sind, um eure Macht zu sehen, dieses Huhn dar; ihr könnt kommen und seine Seele und sein Blut nehmen." Diesen Spruch wiederholte er etwa eine Minute lang, währenddessen der Alte sein Glöckchen läutete, dann ließ er das Huhn vor den Fetisch fallen. Es war tot. Das Gebimmel hörte auf." Die Geister haben das Opfer angenommen", sagte man uns, sie haben die Seele bereits gegessen.[23]

Wie auch immer man zu solchen Berichten stehen mag, sicher ist, dass Zauberei in der afrikanischen Gesellschaft eine wichtige Rolle spielt und dass dahinter handfeste Gründe stehen. Sie wird offensichtlich häufig dazu benützt, erfolgreiche Verwandte und Bekannte durch die Androhung von Hexerei zur „Wohltätigkeit" gegenüber den ärmeren Verwandten zu zwingen. Das wieder führt dazu, dass viele es vermeiden, Erfolg überhaupt anzustreben. Für westliches Denken klingt das so absurd, dass ich dazu Signer noch einmal aus einem Gespräch mit einem jungen Mann von der Elfenbeinküste zitiere: „Hexerei ist das größte Hindernis für Entwicklung in Afrika... Hexerei ist eine Realität. Immer wenn jemand aufsteigt, Erfolg hat, überdurchschnittlich ist, riskiert er, verhext zu werden. Der Neid ist so allgegenwärtig. Hexer essen (gemeint ist das „Essen" der Seele) am liebsten Erfolgreiche, Diplomierte, Studenten, junge hoffnungsvolle Talente.[24]... Immer will jemand etwas von dir, und wenn du es ausschlägst, machen sie dir das Leben zur Hölle... Der Faule ist schlauer als der Fleißige, denn beide bringen es gleich wenig weit, bloß, dass der eine ein leichteres Leben hat als der andere."[25] Es ist nur logisch, dass in diesem Klima von Angst und Unfreiheit wirtschaftlicher Erfolg sich nicht einstellen kann. Auch Geschichte im eigentlichen Sinne des Wortes ereignet sich nicht, weil kaum Kräfte zum Aufbau eines gut funktionierenden Staatswesens vorhanden sind, das Geschichte machen könnte. Experten sprechen in diesem Zusammenhang von einer „non competitive society". In einer Gesellschaft ohne Wettbewerb darf sich nichts verändern, keiner darf mehr haben oder sein als die anderen.

Hinduismus

Im Hinduismus sammeln sich sehr unterschiedliche sowohl religiöse als auch philosophische Vorstellungen, die für westliches Denken nicht miteinander vereinbar sind und sich teilweise widersprechen. Aber im hinduistischen Denken finden sie sich zu einer großen, fast alle denkbaren religiösen Ansichten und Praktiken umfassenden Einheit, wo nichts das andere ausschließt. Für alle hinduistischen Lehren konstitutiv ist die Lehre von der Wiedergeburt, „Samsara" genannt. Sie meint das Gesetz vom ewigen Kreislauf von Tod und Wiedergeburt, der ewigen Verstrickung des Menschen in seine egozentrischen Triebe und Begierden, durch die sein Karma bestimmt wird. Es ist die Summe der in früheren Leben aufgehäuften Schuld, durch die der Mensch an seine vorgeburtliche Vergangenheit gebunden ist. Nur wenn es dem Menschen gelingt, sein Karma durch „rechte Lebensweise" vollständig abzubauen, kann er sich aus dem ewigen Kreislauf befreien. Das Glück der Erlösung besteht dann in einer „völligen ewigen Weltent-rücktheit". Sein Selbst verschwindet und löst sich im Nirvana auf. Einen persönlichen Gott kennt der Hinduismus nicht. Die Welt ist einem Ei ver-gleichbar. Es gibt unendlich viele Welteier, „die alle keinen Anfang und kein Ende haben". Sie durchlaufen „bestimmte Äonen, vergehen und entstehen wieder."[26] Daneben gibt es aber auch viele Naturgeister und lokale Götter. Auch sie sind dem Samsara unterworfen, können im ewigen Kreislauf ihrem Karma entsprechend höhere Götter werden oder zu niedrigeren absteigen. Menschen können Götter und dann wieder Menschen werden. Je nach Got-tesvorstellung betrachtet der Hindu die Entstehung der Welt unterschiedlich als Emanation, indem die Welt aus dem Wesen Gottes herausströmt, oder als Evolution oder auch als Schöpfung.[27]

In all den vielschichtigen religiösen Vorstellungen und den fast unendlich mannigfaltigen Formen religiöser Praxis ist das beherrschende Thema der erwähnte Kreislauf von Geburt, Tod und neuer Geburt. Dabei entscheidet das Karma, in welcher sozialen Stufe oder Kaste ein Mensch wiedergeboren wird. Die höhere oder niederere Kaste ist Lohn oder Strafe für die in den frü-heren Leben begangenen guten oder schlechten Taten. Dieses Schicksal ist unabänderlich. Sinnvolle Lebensaufgabe ist es daher, die gegenwärtige Kaste und ihre sozialen Verpflichtungen zu akzeptieren, Gutes zu tun und auf bal-dige Wiedergeburt in einer höheren Kaste zu hoffen. Man könnte sagen, der Hindu lebt in einem geschlossenen religiösen System, dem er nicht entrin-nen kann, es sei denn, er steigt nach unzähligen Geburten auf ins Nirvana.

Zwar entstanden auf Grund dieses Kultes in Indien beeindruckende Tempel und Stätten für religiöse Riten. Sie haben den Zweck, die Men-schen auf ihrem leidvollen Weg bis zur nächsten Wiedergeburt zu stützen. Aber es gibt keinen Kulturauftrag vergleichbar dem römischen Reich mit sei-ner Verwaltung, seinem Heereswesen, Straßen, Aquädukten und Theatern. Da regt sich auch kein Wunsch nach Selbstverewigung durch den Bau von Pyramiden. Kein Missionsauftrag bewegt die Menschen, um in fremde Län-der zu reisen. Da ist kein Wille zur Gestaltung der Welt, der Schiffe baut und Navigationssysteme erfindet, um mit anderen Völkern Handel zu treiben oder sie zu erobern. Es entsteht zwar sehr früh eine Schrift, aber sie wird nicht dazu benützt, um wissenschaftliche Ergebnisse festzuhalten oder das Volk zu lehren. Die Natur ist voll von Lebewesen, denen man Ehrfurcht entgegenbringt. Denn jedes Insekt, jeder Wurm war vielleicht einmal ein Verwandter und kann nach tausend Inkarnationen wieder als Mensch geboren werden. Darum sind echte Hindus Vegetarier, und heilige Kühe bevölkern noch heute die Wege und Straßen moderner indischer Städte. Der Mensch darf in der Natur keine wesentlichen Eingriffe vornehmen, sie nicht für sich nutzbar machen, denn das könnte den ewigen Kreislauf von Werden und Sterben stören. Die Geschichte zu beeinflussen, das wird denen überlassen, die in ihrer Unwissenheit nicht merken, dass sie dabei ihr Karma mit weiterer Schuld belasten, sodass sie im nächsten Leben in einer niedrigeren Kaste geboren werden. Hindus erleiden Geschichte, sie gestalten sie nicht. Der Hinduismus nimmt die Gedanken gefangen. Er befreit nicht zu eigenständigem Denken und verhindert damit die Entwicklung von wissenschaftlicher Forschung und wirtschaftlicher Entwicklung. Dass sich dies heute für Millionen Hindus geändert hat und Indien auf dem Weg ist, eine Weltwirtschaftsmacht zu werden, ist dem Einfluss westlichen Denkens zuzuschreiben.

Buddhismus

Der Buddhismus ist aus dem Hinduismus hervorgegangen und nur auf dem Hintergrund hinduistischer Lehren verständlich. Grundlegende Elemente des hinduistischen Weltverständnisses tauchen hier wieder auf. Der Buddhismus hat sich zu einer außerordentlich vielgestaltigen Religion entwickelt. Im Unterschied zum Hinduismus geht der Buddhismus auf einen konkreten Menschen zurück, nämlich auf Gautama aus dem Stamme der Shakya, 560 bis 480 vor Chr. Er sagt von sich selber: „Ich habe keine Lehrer, ich bin der unvergleichliche Lehrer." Von ihm heißt es: „In drei Nachtwachen unter einem Feigenbaum gewann er die Erkenntnis seiner früheren Daseinsformen ... Und die vier edlen Wahrheiten ... "[28], die den Menschen helfen, vom ewigen Kreislauf des Samsara erlöst zu werden. Die Ursache für diesen Kreislauf ist die Sinnenwelt. „Sie ist der Brennstoff der Wiedergeburten für ein fortlaufendes Selbst, das Atman, das schließlich mit ... dem absoluten Grund der Welt verschmilzt."[29] Im fortlaufenden Selbst bleibt also durch alle Wiedergeburten etwas von dem erhalten, was wir die Individualität nennen würden.

Allerdings ist dieser Begriff im Zusammenhang mit dem Buddhismus nur beschränkt anwendbar. Individualität ist im Buddhismus nur eine vorübergehende und wandelbare Erscheinung. Das Individuum wandelt sich in der Folge der Wiedergeburten und nimmt andere Individualitäten an. Die Erlösung wird als Freiheit von Lebensgier, als Zustand der absoluten Selbstlosigkeit – nicht im Sinne der Selbst- und Nächstenliebe, sondern als Ohne-Selbst-Sein – verstanden.[30] Wichtig ist sodann, wie im Buddhismus die Natur gesehen wird. Ähnlich wie im Hinduismus ist die Welt nicht wirklich. Sie ist „bloßer Schein, ein Zauberspuk. Wirklich ist nur, was weder entsteht noch vergeht. Es ist das Nirvana".[31] Und es gibt „unendlich viele, der Struktur nach gleiche Raum-Zeit Welten".[32] Auch sie sind samt ihren Wesen, ihren Geistern und Göttern dem ewigen Kreislauf unterworfen. Wenn sie nach Jahrtausenden des Werdens schließlich sterben und wiedergeboren werden, dann „füllen sie sich mit den Wesen, die in den höheren Regionen den Weltuntergang überlebt haben." Später wurde aus Buddha, dem unvergleichlichen Lehrer, ein Gott oder ein Symbol des Göttlichen, oder eine „Manifestation des Absoluten, des All-Buddha Vairocana.[33]

Im Unterschied zum Hinduismus ist der Buddhismus nicht an sein Ursprungsland Indien gebunden, sondern hat sich vor Allem in Asien weit verbreitet. Auch hat er durch seinen Kult die Kultur der Länder, in denen er Fuß gefasst hat, stark beeinflusst. Seine religiösen Anschauungen sind in diesen Völkern allgegenwärtig und bestimmen ihren Alltag. Für Dorfbewohner ist es selbstverständlich, die bettelnden Mönche mit Speisen zu versorgen, denn ihre Gebete und Meditationen helfen ihnen, ihre Gebundenheit an die Scheinwelt und ihre Lebensgier abzubauen. Großartige Kunstwerke sind zu Ehren Buddhas geschaffen worden, und viele Buddhisten leben ihren Glauben mit beeindruckender Hingabe. Aber Buddha sitzt. Aktion ist nicht nur unwichtig, sie schadet; denn durch Aktion wendet der Mensch sich einer Welt zu, die nicht wirklich ist. Und Buddha, vor allem in chinesischen Darstellungen, lächelt. Er lächelt niemandem zu. Er lächelt in sich hinein, weil er von der Welt abgehoben ist; er hat sich von Liebe, Hass und Lebensfreude frei gemacht. Und er ist dick, er ruht in sich. Körperliche Anstrengung und

Mühe, um irdische Ziele zu erreichen, meidet er. Mit solchem „Unsinn" belasten sich nur Menschen, die noch nicht zum wahren Weltverständnis aufgestiegen sind. Dieses Existenzverständnis motiviert nicht, um durch Forschung und Technik sich möglichst großen Lebensgenuss zu verschaffen, Armut und Krankheit zu überwinden oder gar Macht zu entfalten. Die Gestaltung der Geschichte oder die Entwicklung einer Kultur der persönlichen Freiheit sind auch hier kein Thema.

Chinesischer Unversismus

Die Art und Weise, wie religiöse Vorstellungen das Verhalten einer ganzen Zivilisation bestimmten, ist im vorkommunistischen China besonders eindrücklich. Hier prägte der Kult nicht nur das persönliche Verhalten der Menschen wie im Buddhismus, sondern er bestimmte auch die Staatsform, die Gesetzgebung und die Kriegführung. Eigentlich hätte China um 1400 die besten Voraussetzungen besessen, um alle anderen Weltregionen, also auch Europa und die USA, weit hinter sich zurück zu lassen, zur führenden Weltmacht aufzusteigen und die Welt zu kolonisieren. Paul Kennedy schildert in seinem Buch „The Rise and Fall of the Great Powers " eindrücklich die technischen Errungenschaften Chinas. So hat man dort schon im 11. Jahrhundert den Buchdruck mit beweglichen Schriftzeichen gekannt und große Bibliotheken angelegt; es gab ausgedehnte Städte mit einem weitverzweigten Strassennetz, gut ausgebaute Kanäle für die Binnenschifffahrt; es gab Handel mit Papiergeld; die Eisenverarbeitung erreichte 125 000 Tonnen im Jahr, mehr als England in den Anfängen der industriellen Revolution produzierte; man kannte das Schießpulver, Kanonen und den magnetischen Kompass; China verfügte über eine gut ausgerüstete Riesenarmee von einer Million Mann. Chinesische Schiffe, die Dschunken, waren größer als die spanischen Galleonen; man trieb Handel mit Indien, den pazifischen Inseln, Korea und Japan; um 1420, während der Ming Dynastie, wurde eine Kriegsflotte mit 1500 Schiffen gebaut, darunter waren 400 schwimmende Festungen mit Maschinen für Wurfgeschosse; zwischen 1405 und 1433 wurden Expeditionen mit hunderten Schiffen und Besatzungen von mehreren 10 000 Mann unternommen, um in Zanzibar, Ostafrika, Fuß zu fassen.[34]

Technisch gesehen wäre es den Chinesen ein Leichtes gewesen, um Afrika herum zu segeln und Europa zu entdecken. Doch dann erging 1436 ein kaiserliches Edikt, das den Bau von hochseetüchtigen Schiffen verbot; die Kriegsflotte verrottete. Später wurde sogar der Bau von zweimastigen Schiffen untersagt. Für diese erstaunliche Wende gab es einen äußeren Anlass: Im Norden Chinas fielen die Mongolen ein, und man wollte die Kräfte auf deren Abwehr konzentrieren. Dabei empfand man offensichtlich eine große Kriegsflotte als Luxus. Aber das allein erklärt nicht, weshalb China bis ins 20. Jahrhundert nie mehr versucht hat, sich mit einer Flotte auf den Weltmeeren Respekt zu verschaffen – auch nicht, als die Portugiesen an ihren Küsten auftauchten, – auch nicht, als japanische Piraten auf dem Yangtse flussaufwärts fuhren und Städte und Dörfer plünderten. Man hat die Kanäle vernachlässigt und schließlich sogar die Eisenverarbeitung aufgegeben. Der letzte Ofen erlosch 1736, in dem Jahr, in dem England den Grund für seine Eisenindustrie legte.[35] Dieses „Der-Welt-den-Rücken-kehren" und die Vernachlässigung der eigenen technischen Errungenschaften können wir am besten verstehen, wenn wir uns mit dem astrologischen Denksystem beschäftigen, das wie eine Religion alle Bereiche im Leben dieses Riesenvolkes bestimmte.

Bis zur kommunistischen Revolution war China beherrscht von der Vorstellung, dass das Universum – daher der Begriff Universismus – eine alles umfassende harmonische Einheit ist, und die Harmonie des Himmels sich auf der Erde widerspiegeln muss. Im Makrokosmos und im Mikrokosmos herrscht dasselbe Gesetz oder dieselbe Kraft, das Tao. Es regiert die Ordnung des Himmels und der Menschen. Es wird beschrieben als das, woraus das Weltall entstand, andererseits auch als das Nicht-Sein, als die Wesenlosigkeit. Das Weltall ist vom Tao abhängig und stetem Wandel unterworfen. Eine Periode dauert 129 600 Jahre, worauf es wieder in das Tao zurückkehrt, um dann wieder in einem neuen Aeon zu erscheinen. Im Universum wirken die beiden Kräfte Yang und Yin. Dabei steht Yang für die Kräfte des Lichtes, des Aktiven, des Männlichen, des Zeugenden, und Yin, für die Kräfte des Dunklen, des Passiven, des Weiblichen, des Empfangenden. Yang und Yin bringen die sich gegenseitig bedingenden Gegensätze hervor: positiv und negativ, Kraft und Stoff, Himmel und Erde, Bewegung und Ruhe, Härte und Weichheit, Wärme und Kälte, Gut und Böse. Yang und Yin sind die zwei Seiten des All-Einen, des in ständigem Wechsel begriffenen Seins. Dieser Prozess wird durch einen Kreis symbolisiert. Darin finden sich tropfenförmig Yang und Yin je als halber schwarzer und halber weißer Teil, wobei im weissen Teil ein schwarzer und im schwarzen ein weißer Punkt erkennbar wird. Das Yang enthält das Yin, und das Yin enthält das Yang.[36]

Zudem ist das chinesische Denken von zwei großen Lehrern beeinflusst. Einmal von Lao-tse, der wahrscheinlich im 6. Jahrhundert vor Christus lebte, also vor Gautama Buddha. Lao-tse war Philosoph und Mystiker. Ähnlich wie der Buddhismus lehrt er, dass „alles Leid aus der Selbstsucht und alle Selbstsucht daher kommt, dass wir einen Leib haben; sind wir einmal des Leibes ledig, was soll uns plagen".[37] Darum lehrt Lao-tse, „sich in das eigene Innere zurückzuziehen, die Eingänge und Ausgänge der Seele zu verschließen, um damit jene Stille zu erreichen, die in der völligen Begierdelosigkeit, dem Entwerden des Selbst, ja in der völligen Entselbstung besteht."[38] Der andere, einflussreichere Lehrer war Konfuzius (551 bis 479 vor Chr.). Er wird oft als reiner Ethiker dargestellt. Aber seine Ethik setzt die Lehre von der kosmischen Harmonie voraus. Er gibt Anweisungen, um diese Harmonie umzusetzen und zu erhalten. So soll sich das Verhältnis von Mann und Frau, von Vater und Sohn, von Herr und Diener in die große Harmonie einfügen und sie stützen. Das geschieht durch Würde, Weitherzigkeit, Wahrhaftigkeit, Ehrerbietung und Höflichkeit im Umgang miteinander. In allen menschlichen Verhältnissen herrscht deshalb bereitwilliger Gehorsam gegenüber Höhergestellten und Älteren. Deshalb auch die Ahnenverehrung. Daneben gibt es eine Vielfalt von lokalen Göttern und Geistern, von Schamanen und Zauberern. Aber es bleibt in allem die grundlegende Aufgabe der Menschen, in Harmonie mit dem Kosmos zu leben.

Im chinesischen Denken war also die Beachtung der Natur allgegenwärtig. Aber die Natur war nicht ein Objekt, das physikalischen Gesetzen unterworfen ist, die man beobachten und im Labor erforschen und für sich nutzen kann. Der Mensch ist vielmehr Teil eines das ganze All umfassenden Organismus, der die Stelle eines göttlichen Wesens einnimmt. Konfuzius konnte sagen: „Der Himmel und die Erde sind zugleich mit mir entstanden, und alle Dinge sind mit mir zusammen eins."[39] Auf Grund dieses Naturverständnisses gewannen die Chinesen durch einzelne Naturbeobachtungen viele nützliche Kenntnisse, aber, so T. E. Huff: „China hatte einzelne wissenschaftliche Erkenntnisse, aber keine systematische Wissenschaft, kein Konzept oder Wort für die umfassende Summe dessen, was sie wussten."[40]

Aus der alles bestimmenden Sicht der Weltharmonie entwickelte sich die zentrale Bedeutung des Kaisers. Als oberster Herr des Volkes war er für die Einhaltung der kosmischen Harmonie verantwortlich, und zwar sowohl als Vorbild wie auch als Wächter über das Verhalten des Volkes. Daraus entstand vor allem unter der Sung-Dynastie ein komplexes und verwirrendes System einer bürokratischen Kontrolle der Bevölkerung, das sich in Teilen bis ins 20. Jahrhundert erhielt.[41] Um die Harmonie durchzusetzen, führte man ein für heutige Begriffe totalitäres System staatlicher Kontrolle ein: Ein Generalkontrolleur beriet den Kaiser. Die Verwaltung des Landes war Beamten (Mandarinen) unterstellt. Jede Stadt und jedes Dorf hatte seinen Verwalter. Im 17. Jahrhundert wurden sogar nach bekanntem Blockwartsystem verschiedene Haushalte in Sicherheitseinheiten zusammengefasst und einem Vorsteher unterstellt. Keiner dieser Beamten wurde irgendwie gewählt, sondern vom jeweils Oberen bestimmt. Dabei gab es für die Kontrolle keine Trennung von Privatem und Öffentlichem, denn auch das private Verhalten konnte störend auf die Weltharmonie wirken und Schaden für die Gemeinschaft auslösen. So, stellt Huff fest, entstand ein System von „von uneingeschränkter moralischer und ethischer Macht, das jede Grenze überschritt."[42]

Noch 1927, so Huff, stellte ein Beobachter in China fest: „Es gibt kein chinesisches Rechtssystem, das auf festgelegte, allgemeine und durchgängige Regeln abgestützt ist und von einem unparteiischen und unabhängigen Gericht angewendet wird. Stattdessen finden wir ein System der Disziplinierung, bei welchem Befehle, Mandate und Edikte durch eine de facto Autorität herausgegeben werden, welch dann willkürlich diese Mandate durchsetzt und Übertretungen hart bestraft."[43] Nach unserem Rechtsempfinden muss jeder Bürger nach dem Gesetz bestraft werden, und zwar ohne Ansehen der Person. Dieser Begriff stammt aus der Bibel: „Denn bei Gott gibt es kein Ansehen der Person." (2. Chr. 19, 7) Anders im chinesischen Verständnis von Gerechtigkeit. Richter hatten bei ihrer Urteilsfindung die öffentliche Stellung, die Geburt und das Alter etc. des Angeklagten zu berücksichtigen. Der Richter hatte bei seinen Urteilen, bei dem die Person und ihre soziale Stellung berücksichtigt werden musste, ein gutes Gewissen. Denn seine Aufgabe war es nicht, allen Menschen dieselbe Gerechtigkeit zu kommen zu lassen oder Rechtssicherheit zu gewährleisten. Seine Aufgabe war es, die soziale

Ordnung mit der kosmischen Harmonie in Übereinstimmung zu bringen und gleichzeitig sich durch einen guten Ruf am kaiserlichen Hof vor einer möglichen Entlassung zu schützen.

Diesem Denken entsprach auch das Prüfungssystem für die Auswahl der Beamten. Um in den angesehenen und gut bezahlten Stand eines staatlichen Beamten aufgenommen zu werden, mussten Kandidaten sich Examen mit sehr hohen Anforderungen unterziehen. Die Ming-Dynastie (1368-1644) erreichte durch die angeforderten Examensinhalte eine sehr weitgehende Einheitlichkeit des Denkens. So schreibt Huff: „Dieses Erziehungssystem schuf ein eigentliches Staatsdogma, eine Uniformität des Denkens ohne Parallele nicht nur unter den Beamten, sondern unter der ganzen herrschenden Klasse."[44] Gemäß Huff schätzte ein Experte, dass ab dem Jahr 1787 für das Examen, abgesehen von den Kenntnissen der Verwaltung, für die Bereiche Geschichte, Recht und religiöse Riten 500 000 Textteile auswendig gelernt werden mussten. Hinzu kamen Kenntnisse der Dynastie, der Astronomie/Astrologie, der Kalenderberechnung und der Musiktheorie.[45] Durch dieses rigorose Auswahlverfahren, wobei keine selbstständig verfassten Texte verlangt wurden, konnte sichergestellt werden, dass in allen Positionen der Verwaltung ausschließlich dem Kaiser ergebene Diener dafür besorgt waren, dass sich nichts veränderte und jedes eigenständige Denken im Keim erstickt wurde.[46]

So fügten sich der Staat und seine Religion nahtlos in die Harmonie von Himmel und Erde. Alles wird dem Kult unter- und eingeordnet, die Staatsform, die Rechtsprechung, die Wissenschaft, die Wirtschaft und die Außenpolitik. Hinzu kamen die Lehren von Lao-tse und Konfuzius, gemäß denen der Mensch nach persönlicher innerer Abgeschiedenheit, Ruhe, Entselbstung und Einordnung in das gesellschaftliche System streben soll. Das konnte nur mit weitgehendem Verzicht auf Individualität und eigenständiges Denken erreicht werden. So erklärt sich, weshalb China nach 1433, also nach der letzten großen Expedition nach Ostafrika, keinen Versuch mehr unternommen hat, im Wettstreit der Völker und Kontinente eine Rolle zu spielen. Es konzentrierte sich auf sich selber. In dieser Zeit wurde zum Schutz gegen die häufigen Angriffe der Mongolen aus dem Norden der Bau der Großen Mauer, die in Teilen schon in vorchristlicher Zeit gebaut worden war, intensiviert und erreichte ihre heutige Ausdehnung von 6300 km. (Gemäß anderen archäologischen Funden über 21 000 km) nennen. Das Volk mit dem wohl größten Entwicklungs- und Machtpotential schloss sich gegen Norden ab und verzichtete im Süden auf die Seefahrt. Es verschwand freiwillig von der Bühne der Weltgeschichte. Und das genau zu der weltgeschichtlich entscheidenden Zeit, als Europa begann, die Welt zu entdecken und zu erobern. 1488 umsegelte der Portugiese Bartholomäus Dias die Südspitze Afrikas. China überließ das Gesetz geschichtlichen Handelns den anderen.

Noch bleibt eine Frage: Wenn diese Harmonie zwischen Makrokosmos und Mikrokosmos die alles bestimmende ewige Wahrheit war, von deren Einhaltung das Schicksal der Welt abhing, warum hat der Kaiser von China die übrige Welt ignoriert? Warum hat er sich damit begnügt, in seinem Reich diese Harmonie durchzusetzen? Warum hielt er es nicht für seine Pflicht, die ganze Welt in dieses System himmlischer Harmonie einzubeziehen, Völker zu erobern und zu missionieren? Das wäre doch eigentlich logisch. Oder dürfen wir annehmen, dass Gott dies verhindert hat, weil er das christliche Europa als wichtiges Werkzeug seiner Welt- und Heilsgeschichte ausgewählt hatte, und deshalb die „Entdeckung der Welt" durch europäische Völker geschehen sollte?

Islam

Der Islam ist heute die zweitwichtigste Weltreligion und enthält sowohl jüdische als auch christliche Einflüsse. Er hat das Christentum aus seinen Stammlanden vertrieben und steht mit seinem Anspruch auf Weltgeltung in direkter Konkurrenz zur christlichen Welt. Er hat in den ersten Jahrhunderten nach seiner Gründung auch eine wissenschaftliche Blühte erlebt. Da die Wissenschaft unabdingbare Voraussetzung für wirtschaftlichen und militärisch-politischen Einfluss darstellt, ist es für uns von besonderem Interesse herauszufinden, warum auf diese Blüte islamischer Kultur bald Stagnation und Niedergang folgten. Noch heute findet sich in der islamischen Welt trotz ihres Ölreichtums viel Analphabetismus und bittere Armut. Da der Islam für das Europa von heute ein besonders aktuelles Problem darstellt und viele Missverständnisse verbreitet sind, werden wir uns damit etwas ausführlicher beschäftigen.

Mohammed

Der Stifter des Islam wurde 570 in Mekka geboren. Nach dem frühen Tod seiner Eltern wuchs er bei seinem Großvater väterlicherseits auf. In Mekka stand das wichtigste Heiligtum der Araber, der Tempel der Kaaba mit vielen Götterbildern. Da sein Großvater zu den Hütern des Tempels gehörte, lebte Mohammed schon früh in nahem Kontakt mit diesem Heiligtum. Als junger Mann leitete er Kamelkarawanen auf ihren langen Reisen nach Syrien so erfolgreich, dass seine Arbeitgeberin, die 40-jährige Chadidja, dem 25 Jährigen die Heirat anbot. Im Alter von 40 Jahren empfing Mohammed während mehrerer Jahre immer wieder „göttliche Botschaften" vom Erzengel Gabriel. Aus diesen Botschaften setzt sich der Koran mit seinen 114 Suren zusammen. Er ist für Muslime die göttliche Offenbarung, die in der überlieferten Form wörtlich auf ein Urbild im Himmel zurückgeht und darum unveränderbares geschriebenes Gotteswort ist.

Der Islam ist ein das ganze Leben umfassendes religiös-politisches System. Zum Verständnis des Willens Allahs und zur Interpretation des Koran hilft das Leben Mohammeds. Er gilt in allem, was er tat, als Vorbild. Darum wird die Überlieferung oder Sunna ebenfalls als Quelle göttlichen Rechts angesehen. Aus Koran und Sunna haben Rechtsgelehrte die Scharia entwickelt, jene göttlichen Gesetzesgrundsätze, die für Muslime über jeder staatlichen Verfassung, über internationalen Vereinbarungen, über dem Völkerrecht und über den Menschenrechten stehen. Allah will, dass sich die ganze Welt ihm unterwirft. Das Verhältnis des Gläubigen zu Allah heißt Islam, was mit Hingebung oder Unterwerfung übersetzt wird. Die Welt ist in zwei Teile geteilt: in das Haus des Islam (Dar al-islam), das ist jener Teil der Erde, der Allah unterworfen ist; und in das Haus des Krieges, (Dar al-harb), das ist jener Teil, der noch unterworfen werden muss. Jeder Muslim hat die Aufgabe, für diese Unterwerfung sein Leben einzusetzen. Das tut er im Dschihad, dem "heiligen Krieg". Dieser kann innere Bemühung bedeuten wie etwa Gebet und Meditation, aber auch Ausbreitung des Islam durch Migration, Geburtenüberschuss oder Krieg und Terror. Da ein Muslim, der sich zum Christentum bekehrt, den heiligen Krieg aufgibt, gilt der Abfall als Hochverrat und wird im Prinzip mit dem Tod bestraft. Jeder Herrscher eines Landes ist verpflichtet, den Willen Allahs auszuführen und für die Verbreitung des Islam zu sorgen. Zunächst waren die Kalifen, die „Nachfolger" des Propheten, die als Stellvertreter Allahs auf Erden mit absoluter Macht regierten, was gleichbedeutend war mit einer absoluten Theokratie.

Eroberungen

Die beispiellose Militarisierung der muslimischen Welt befähigte sie zu raschen und außergewöhnlichen militärischen Erfolgen. Nachdem die Staaten Nordafrikas, die zum byzantinischen Reich, also zum östlichen Christentum gehörten, erobert waren, setzten die Muslime schon 711, keine hundert Jahre nach Mohammeds Tod, nach Spanien über. Sie stießen rasch bis tief nach Frankreich vor, wo sie 732 bei Tours und Poitiers, westlich von Paris, von Karl Martell, dem Großvater Karls des Großen, geschlagen wurden. Um 1300 wurde die arabische Vorherrschaft über die islamische Welt von den türkischen Osmanen abgelöst. Doch die Eroberungszüge gingen weiter. Um 1500 gehörten zur muslimischen Welt:

Der Nahe Osten mit Persien (Iran), Nordafrika bis Marokko, der heutige Kaukasus, Teile der Mongolei, Teile Indiens, Teile Indonesiens und große Teile des Balkans. Durch Beutezüge und Zusatzsteuern, die der Islam von den unterworfenen Völkern erhob, also hauptsächlich von den Christen und Juden, standen nicht nur für militärische Unternehmungen, sondern auch für die Pflege von Wissenschaften und Kunst finanzielle Mittel zur Verfügung. Zunächst waren es meist Christen unter islamischer Herrschaft, welche sich mit den antiken Philosophen und Wissenschaften beschäftigten und deren griechische Texte ins Arabische übersetzten. Aber später entwickelte sich auch eine von Muslimen getragene Wissenschaft. Diese war längere Zeit dem Stand der europäischen Wissenschaft deutlich überlegen.

Pflege der Wissenschaften

Es ist nicht möglich, im Einzelnen alle Gebiete zu beschreiben, auf denen muslimische Gelehrte führend waren. Folgendes muss genügen: Muslime haben die Algebra weiterentwickelt, obwohl das Gleichheitszeichen nicht von den Arabern eingeführt wurde.[52] Ob die sog. arabischen Ziffern, die heute auf der ganzen Welt verwendet werden, ursprünglich aus Indien stammen oder von den Arabern erfunden wurden, ist unter Gelehrten umstritten. Sie haben in jedem Fall die Einführung des Dezimalsystems gewaltig erleichtert. Am wichtigsten war die Erfindung der Trigonometrie, eine entscheidende mathematische Voraussetzung für die Astronomie (Möglicherweise wurden Erkenntnisse der Babylonier weiterentwickelt.) Gestützt auf den griechischen Wissenschaftler Ptolemäus haben muslimische Gelehrte ein Planetenmodell entwickelt, das als Vorläufer des kopernikanischen Weltbildes gelten kann. Medizinische Kenntnisse standen auf einem hohen Niveau. Großartige Bauten zeugen noch heute von imponierenden architektonischen Leistungen, auch wenn die Baumeister oft Christen waren. Von den Chinesen hatte man die Kunst des Buchdrucks mit beweglichen Typen übernommen. Schon im 10. und 11. Jahrhundert gab es Hunderte von Bibliotheken und viele Schulen (madrasas). Kairo beherbergte eine Bibliothek mit 40 Räumen, die iranische Stadt Schiraz eine mit 360 Räumen und über 100 000 Büchern.[47] Dennoch konnte sich eine Wissenschaft im heutigen Sinne nicht durchsetzen.

Behinderung der Wissenschaften

Um dieses erstaunliche Versagen der muslimischen wissenschaftlichen Kultur zu verstehen, müssen wir auf die Lehre von Allah und der Natur verweisen. Allah hat die Welt gemacht. Er ist es, der alles bestimmt. Er ist total frei. Alles geschieht, wie und wann er es will. Daher das oft zitierte „insch -Allah", wenn Gott will. Die Abhängigkeit vom Willen Allahs ist so total, dass sie einem Fatalismus gleich kommt. So lautet ein arabisches Sprichwort: „Wem es bestimmt ist, gehängt zu werden, der ertrinkt nicht." Deshalb weiß auch der gehorsamste Diener Allahs nicht, ob er nach dem Tod ins Paradies eingehen wird oder nicht. Nur „Märtyrer", die durch ihren Tod Ungläubige getötet haben, können sicher mit dem Paradies rechnen, wo auf jeden 70 wunderschöne mandeläugige Huris warten. Dieses Selbstverständnis schließt individuelle Initiative zur Gestaltung des eigenen Lebens aus, denn nicht das Individuum, sondern Allah bestimmt alles, was im Leben eines Menschen geschieht. Diese Abhängigkeit vom jeweiligen unerforschlichen Willen Allahs umfasst auch die Natur. Huff beschreibt sie „als eine deterministische Sicht der Natur, gemäß welcher Gott die Welt von Augenblick zu Augenblick durch seinen Willen zusammenhält".[48] Er kann auch die Gesetze der Natur von einer Sekunde zur nächsten ändern. Deshalb ist es kaum sinnvoll, sie zu erforschen. Und: Abweichung von diesem Denken konnte mit Abfall vom Islam gleichgesetzt werden, wofür die Todesstrafe angedroht war; keine Ermutigung zum unabhängigen Denken.

Im Gegenteil. Naturgesetze zu erforschen und daraus Berechnungen anzustellen, ist lebensgefährlich, denn da Allah absolut frei ist, kann die Behauptung von unabänderlichen Naturgesetzen als Gotteslästerung interpretiert werden, weil sie eine Begrenzung der Freiheit Allahs behauptet.[49] Die griechischen Erkenntnisse in Mathematik, Medizin, Astronomie und Erdkunde wurden auf Grund von arabischen Texten in Europa verbreitet. Aber es war das christliche Abendland der Renaissance, welches diese Erkenntnisse aufsog wie ein Schwamm das Wasser, sie im Wissen um Gottes Treue zu seinen Naturgesetzen nützlich machten und weiter entwickelten. So entstand in Europa schon damals, was Huff „beispielloses Vertrauen in rationales Denken und in die rationale Ordnung der Natur" bezeichnet.[50]

In der muslimischen Welt hingegen wurden die Arbeiten von Wissenschaftlern zunehmend mit Misstrauen beobachtet, denn diese fingen an, unabhängig von der islamischen Überlieferung zu denken. Das rief die Hüter der islamischen Lehre auf den Plan, die fürchteten, dass sich dieses Denken eines Tages nicht mehr der Theologie, bzw. der Scharia unterordnen würde. Symptomatisch für dieses Misstrauen ist die Art und Weise, wie die Wissenschaften bezeichnet wurden. Sie hiessen „fremde", auch „nutzlose" und „ungöttliche", „zurückgewiesene Wissenschaften" und als „Weisheit vermischt mit Unglauben"[51] Diesem ungöttlichen Wissen steht das aus dem Koran entwickelte und darum überlegene Wissen gegenüber. Besonders typisch, aber eigentlich tragisch, für diese Ablehnung des wissenschaftlichen Denkens ist das Schicksal des bis heute berühmten Gelehrten Ibn Rusch, bekannt als Averroes. 1126 im spanischen Cordoba geboren war er ein überragender Gelehrter in allen damals bekannten Wissenschaften. Nachdem er zunächst zum persönlichen Arzt von Yousef al-Mansur, dem Herrscher Andalusiens, ernannt worden war, wurde er später aufgrund des Einflusses der islamischen Orthodoxie nach Marokko verbannt, wo er am 10. Dezember 1198 starb. Aus dem Misstrauen gegenüber den sog. fremden Wissenschaften entwickelte sich später eine eigentliche Feindseligkeit gegen alles Gedruckte. Bernhard Lewis berichtet sogar, dass es in der Türkei noch im 15. Jahrhundert nur den Juden und Christen erlaubt war, Bücher in ihren eigenen Sprachen zu drucken. Jedoch war es streng verboten, Bücher in arabischer Sprache zu drucken. Die Schrift, so hieß es, in welcher der Koran geschrieben ist, sei heilig, und sie für gedruckte Bücher zu verwenden, wäre eine Entweihung. Obwohl also die Drucktechnik im Islam durch die Verbindungen zu China früher als im Westen bekannt war, hat die islamische Welt davon nicht profitiert.[52]

Nach dem Gesagten wundert es nicht mehr, dass bei dieser religiösen Einschätzung der Naturwissenschaften in islamischen Ländern kein Platz war für Universitäten mit festen, definierten Lehrzielen und anerkannten Prüfungen.[53] Da sich alles der Scharia unterordnete, entstanden Rechtssysteme und Verwaltungsstrukturen, die sich nur mühsam oder gar nicht den Erfordernissen einer sich wandelnden Zeit anpassten. Sie standen als Hindernisse Neuerungen im Denken entgegen.

Huff macht in diesem Zusammenhang noch eine beachtenswerte Bemerkung. Das, was wir persönliches Gewissen nennen, konnte sich in diesem religiösen Umfeld nicht entfalten.[54] Das Gewissen ist jene Entscheidungsinstanz in jedem Menschen, die ihn befähigt, eigene ethische Entscheidungen zu treffen. Sie drängt ihn aber auch, ein Studienresultat bekannt zu geben, das gängigen Ansichten widerspricht. Das Gewissen maßt sich an, mit eigener Autorität Urteile zu fällen und so auch das Verhalten von Regenten zu kritisieren. Die abendländische Geschichte ist voll solchen Personen, seien es Gründer von Mönchsorden, von Sekten, die Reformatoren, Ketzer, Revolutionäre und Spinner, aber auch Wissenschaftler, Künstler und Dichter. Die ganze Geistesgeschichte Europas ist ohne diese Individuen, die ihre abweichenden Ansichten und Überzeugungen durch das Gewissen rechtfertigten, nicht zu denken. Die westliche Welt hat sich mit vielen von ihnen schwer getan und viele auch verfolgt und getötet. Aber letztlich hat sich doch das Recht auf Gedankenfreiheit durchgesetzt. Anders im Islam, wo das Recht des Individuums auf eigene Entscheidungskompetenz sich nicht durchsetzen konnte. So schreibt auch der aus Syrien stammende Muslim Bassam Tibi: "Für die dominierenden arabischen Kulturmuster ist der Begriff des Individuums als Subjekt fremd. Erst in Europa habe ich gelernt, mich als freies Individuum zu begreifen und entsprechend als autonomes Subjekt zu handeln."[55]

Auch hier bleibt eine Frage unbeantwortet. Unter den ottomanischen Herrschern gelang es dem Islam, das byzantinische Reich zu zerschlagen. Der Islam stieg zur Weltmacht auf und schickte sich an, auch Westeuropa zu unterwerfen. Allerdings stützte er sich vielfach auf christliche Gelehrte. Die jüdische Islamforscherin Bat Yeor schildert in „Der Niedergang des orientalischen Christentums unter dem Islam", wie weitgehend sich die ottomanischen Herrscher auf eine Schicht von gebildeten Christen verließen: „Als Schreiber, Sekretäre, Finanzverwalter, Architekten, Handwerker, Bauern, Ärzte, Literaten, Diplomaten, Übersetzer und Politiker bildeten die Christen die Basis, das Gerüst, die Elite und die Hauptstütze des muslimischen Reiches; ohne sie hätte dieses zweifellos weder errichtet noch entwickelt werden können."[56] Warum haben diese Herrscher nicht dafür gesorgt, dass eine eigene, türkischstämmige islamische Elite herangebildet wurde, welche die damalige Überlegenheit für die Zukunft hätte sichern können? Warum haben sie dies auch dann nicht getan, als sich der Niedergang ihres Reiches nach dem Scheitern der zweiten Belagerung von Wien 1683 klar abzeichnete. Fürchteten sie die Freiheit des Denkens mehr als den Niedergang? Für mich bleibt dies ein Rätsel, für das ich nur eine plausible Erklärung habe: Gott hat dafür gesorgt, dass die türkischen Herrscher die dem Islam drohende Gefahr nicht erkannten. Er wollte Europa vor der Unterwerfung durch das islamische Imperium bewahren.

Freiheit kommt von Gott

Unsere Anfangsfrage war: Weshalb ist Europa reich und frei. Aus dem Bisherigen halte ich zwei Schlussfolgerungen fest: 1. Wenn eine Religion Freiheit nicht fördert, sondern behindert, findet eine Entwicklung zu Wohlstand nicht statt. Reichtum setzt Freiheit voraus. Ohne Gedankenfreiheit keine Forschung und kaum wirtschaftliche Entwicklung. 2. Für Bürger von westlichen Staaten ist die Freiheit des Individuums als hohes oder höchstes Gut so selbstverständlich, dass wir annehmen, das Streben nach Freiheit sei in allen Völkern oberstes Ziel. Das trifft aber keineswegs zu. Im Gegenteil. Freiheit des Individuums ist oder war, wie wir gesehen haben, in nichtchristlichen Kulturen kein gesellschaftliches oder politisches Ziel.

Freiheit kommt von Gott. Sie spielt schon im Alten Testament eine wichtige Rolle und ist ein, vielleicht das zentrale Thema im Neuen Testament. Gott kommt zu den Menschen, weil er sie aus der Gefangenschaft durch Sünde und Schuld befreien will. Und aus dieser geistlichen Freiheit in der Beziehung zu Gott entwickelt sich auch die Idee von der irdischen und politischen Freiheit des Individuums. Das ist so ungewöhnlich, dass auch im christlichen Abendland nur durch eine Jahrhunderte dauernde Entwicklung gesellschaftliche Strukturen entstanden, welche individuelle Freiheit gesetzlich garantieren, sodass sie schließlich als selbstverständlich und universell empfunden werden. Freiheit des Individuums gehört in der Geschichte der Menschheit zu den jüngeren Errungenschaften und ist aus dem biblischen Gottes- und Menschenbild zu erklären. Weder Alexander der Große, noch Cäsar, noch Dschingis Khan wollten den eroberten Völkern individuelle Freiheit verschaffen. Die Französische Revolution hat zwar Freiheit versprochen, zunächst aber Terror, Diktatur, Kriege und Not hervorgebracht. Lenin versprach Freiheit und Wohlstand, hat aber die Sowjetunion und die Satellitenstaaten in Gefängnisse und Armenhäuser verwandelt. Hitler hat sich gar nicht die Mühe gemacht, den Menschen Freiheit zu versprechen. Er wollte die Herrschaft_der arischen Rasse. Demgegenüber ist und bleibt es Gottes Ziel, die Menschen aus inneren Gebundenheiten und aus repressiven Systemen herauszuholen und ihnen in der Gemeinschaft mit ihm innere und äußere Freiheit zu schenken. Das werden die folgenden Kapitel zeigen.

3. Das christliche Gottesbild – Quelle der Freiheit

Es geht jetzt darum zu schildern, wie sich die Entwicklung von freiheitlichen Strukturen als Voraussetzung für Technik und Wirtschaft aus dem christlichen Gottes- und Weltverständnis ergab. Zuerst wenden wir uns dem christlichen Gottesbild zu, dann dem christlichen Menschenbild. Im Interesse einer übersichtlichen Darstellung müssen beide Begriffe nacheinander beschrieben werden, obwohl sie untrennbar zusammen gehören. Gewisse Überschneidungen lassen sich dabei nicht vermeiden.

Einfluss der Antike

Bei der Schilderung der Kräfte, welche Europa geformt haben, werden häufig griechisches Denken, römisches Recht und das Christentum genannt. Nicht selten wird dabei der Eindruck erweckt, diese drei Kräfte wären etwa gleich intensiv am Entstehen und am Erfolg Europas beteiligt. Wir werden aber sehen, dass das christliche Gottes- und Menschenbild die entscheidende und treibende Kraft ist, aus der heraus Europa geworden ist. Natürlich haben die westeuropäischen Völker viel vom römischen Rechtssystem profitiert. Latein wurde die Sprache der Kirche und jeder Form von Bildung. Zudem waren Christentum und römisches Recht für das Zusammenwachsen der europäischen Völker von großer Bedeutung. So hat das von der Kirche aufgebaute kanonische Recht wesentliche Elemente römischer Rechtsbegriffe übernommen, und das kanonische Recht ist seinerseits im Mittelalter teilweise Vorbild für staatliche Gesetzgebungen geworden. Aber ein Rechtssystem ist nicht Ursprung einer Kultur, sondern die Kultur schafft sich eine Rechtsordnung. Das Christentum hat römisches Rechtsdenken und römische Praxis der Rechtsprechung benützt, um damit einen rechtlichen Rahmen für die vom christlichen Menschenbild bestimmte Gesellschaft zu schaffen. Zugleich hat es die römische – und übrigens auch die germanische – Götterwelt und die damit verbundene Weltsicht der Menschen abgelehnt und bekämpft.

Das Christentum hat durch die führenden Theologen der ersten Jahrhunderte auch Denkelemente der griechischen Philosophie aufgenommen. Es ist aber dadurch nicht soweit hellenisiert worden, dass die biblischen Offenbarungen, das Gottes- und Menschenbild, verfälscht worden wären. Gewiss finden wir sowohl im Neuen Testament, in den Texten der Kirchenväter und in den alten Bekenntnissen der Konzilien Denkformen und Begriffe, welche auf griechische Philosophien zurückzuführen sind. Aber dadurch sind die entscheidenden Glaubensinhalte nicht mit heidnischen vermischt worden. Vielmehr haben die mit griechischer Begriffspräzision verfassten Bekenntnisse die biblische Botschaft vor unbiblischen Interpretationen geschützt. So hat das Bekenntnis von Nicäa (325 n. Chr.) die Lehre von Gott und der Person Jesu eindeutig und unmissverständlich beschrieben und kommunizierbar gemacht. Es hat auf diese Weise entscheidend dazu beigetragen, das Christentum gegen eine Religionsvermischung durch römisches und germanisches Heidentum abzugrenzen.

Was die griechischen Naturwissenschaften betrifft – Astronomie, Mathematik, Geologie, Medizin – so ist zudem zu bedenken, dass diese Erkenntnisse erst in der Renaissance in Westeuropa allgemein bekannt wurden. Zu dem Zeitpunkt waren jedoch die für Westeuropa entscheidenden Weichen in Richtung Freiheit des Denkens, Erforschung der Natur, Trennung von Kirche und Staat und demokratische Strukturen bereits gestellt. Die Inhalte und die gewaltigen seelischen Energien, die für den Aufbau der westlichen Welt nötig waren, stammen aus dem christlichen Gottes- und Menschenverständnis.

Gott ist der Schöpfer

Der Leser wird jetzt keine vollständige Lehre über die biblischen Aussagen über Gott finden. Die verschiedenen Titel und ihre Reihenfolge sind auch nicht als eine Rangfolge der Eigenschaften Gottes zu verstehen. Denn Gott ist Einer und unteilbar. Deshalb sind auch ganz andere Titel und Reihenfolgen von Titeln denkbar und berechtigt. Und wir behalten im Kopf, was über die Wechselwirkung zwischen Gott und den Menschen gesagt wurde.

Wir beginnen mit Gott als dem Schöpfer. Im ersten und zweiten Kapitel des 1. Buches Mose wird berichtet, wie Gott die Welt aus dem Nichts erschuf. (Creatio ex nihilo). Wie die beiden Kapitel zu verstehen sind, darüber gibt es unterschiedliche Ansichten. Das zweite Kapitel widerspricht zwar in verschiedenen Teilen dem ersten. Doch das sind lediglich Widersprüche in äußeren Abläufen. Aber in den Grundaussagen über Gott als den Schöpfer und die Natur als Geschöpf gibt es in der Bibel keinen Widerspruch, sondern nur Ergänzung und Bestätigung. Gottes Schöpfermacht liegt in seinem Wort: Alles, was Gott spricht, das geschieht. Diese Allmacht des Wortes ist auch später für die Propheten selbstverständlich. Nicht anders das Neue Testament. So schließt das Johannesevangelium in seinen ersten Sätzen deutlich an den Schöpfungsbericht aus 1.Mose 1 an. Dort heißt es bekanntlich: „Im Anfang schuf Gott den Himmel und die Erde." Und Johannes beginnt sein Evangelium mit den Worten: „Im Anfang, war das Wort ... Alle Dinge sind durch dasselbe geworden, und ohne das Wort ist auch nicht eines geworden, das geworden ist." (Joh.1.1 und 3) Auch hier wird eine Schöpfung aus dem Nichts durch das Wort offenbart. Mit dem Begriff „Wort" (griechisch: logos) meint Johannes den Sohn Gottes vor seiner Menschwerdung. Dieselbe Allmacht des Wortes zeichnet auch Jesus von Nazareth als den Sohn Gottes aus, wenn er Kranke heilt, den Sturm auf dem See stillt und Sünden vergibt.

Als Schöpfer alles Sichtbaren und Unsichtbaren ist Gott der Ursprung alles Seins, der selber ohne Ursprung also auch der Ewige ist. Er ist der Allmächtige und der Allwissende, dem alle Menschen, die Geschichte und auch der Kosmos unterworfen sind. Das bedeutet, dass Gott auch die Zeit geschaffen hat. Er selber aber ist nicht in der Zeit. Was für uns ein zeitlicher Ablauf mit einem Vorher und Nachher ist, kann von uns nur als Abfolge verstanden werden. Zuerst war der Gedanke, dann die verändernde Tat, dann der neue Zustand. Was einmal geschehen ist, gehört für uns der Vergangenheit an und bleibt unserem Zugriff endgültig entzogen. Ebenso die Zukunft. Wir können uns auf sie vorbereiten, aber immer nur in der Gegenwart. Die Zeit ist für uns wie eine Linie, auf der wir Menschen einen Abschnitt nach dem anderen durchlaufen.

Und hier entsteht – ich erinnere an die Ausführungen über die Beziehung zwischen Gott und Mensch – das Problem der Prädestination. Wenn der Allmächtige auf der Linie der Zeit alles festlegt, wo bleibt dann die Freiheit des Menschen? Dann bestimmt Gott die einen zum ewigen Heil und die anderen zur ewigen Verdammnis. So die vereinfachte Lehre von der doppelten Vorherbestimmung. Das jedoch widerspricht der Lehre vom barmherzigen Wesen Gottes und dem Verständnis des Menschen als seinem eigenverantwortlichen Geschöpf. Doch für Gott existiert dieses Gebundensein in den linearen Ablauf der Zeit nicht. Er ist nicht in der Zeit, vielmehr ist die Zeit sein Geschöpf. Für ihn sind Vergangenheit, Gegenwart und Zukunft gleichzeitig. Er ist außerhalb der Zeit und kann den Anfang vom Ende her betrachten. Darum kann er in der Wechselwirkung der Beziehung zum Menschen diesem Verantwortung und Freiheit zur Entscheidung geben und auf das Tun der Menschen reagieren und dennoch der Allmächtige und Allwissende bleiben. Wenn es denn einen Urknall gegeben hat, dann ist dieser Urknall, die Entfaltung der Galaxien, die Weltgeschichte und das Ende der Welt für Gott gleichzeitig.

Grundlegend für das christliche Weltverständnis und dann auch für die Antwort auf unsere Frage nach der Quelle von Freiheit und Wohlstand ist die Aussage der biblischen Schöpfungsgeschichte, dass die Natur Objekt ist. Gott der Schöpfer und die Natur als sein Geschöpf sind scharf unterschieden. Gott ist nicht „in, mit und über der Schöpfung", wie es z. B. Arthur Peacocke gelegentlich beschreibt, wenn er von der Immanenz Gottes in der Natur spricht.[57] Nirgendwo in der Bibel wird Gott als Teil der Schöpfung gesehen. Die Geschöpfe weisen auf den Schöpfer hin. Aber er ist nicht in den Bäumen oder in einer Quelle. Das sind heidnische Vorstellungen. In der Bibel ist die Natur Geschöpf und nur Geschöpf, Sache, Objekt und in keiner Weise von göttlichem Geist oder irgendwelchen Geistern belebt. Und Gott übergibt die Natur dem Menschen zur Erforschung: In 1. Mose 1,28 sagt Gott zu den Menschen: „Macht sie (die Erde) euch untertan und herrschet über sie." Der Mensch kann und soll die Natur erforschen und ihre Kräfte nutzbar machen. In diesen Worten ist ein klarer Auftrag für Zivilisation und Kultur enthalten. Der Mensch verletzt dabei Gottes Geheimnis nicht. Er stört nicht die kosmische Ordnung, wenn er mit der Natur experimentiert, sie analysiert, Wind-, Wasser- und Atomkraft in seinen Dienst stellt und die Fruchtbarkeit der Felder und Pflanzen steigert. Die Erde ist und bleibt Objekt. Nur den Menschen hat Gott aus diesem Nur – Objektsein herausgenommen. Der Mensch ist zwar Teil der Schöpfung, doch Gott hat ihm zugleich die Würde der Person verliehen und macht ihn damit zum Subjekt. Mit ihm will er ein Verhältnis, eine enge, persönliche Beziehung pflegen. Gott geht dabei soweit, dass er den Menschen mit Intelligenz und Bewusstsein ausgestattet, um mit ihm diese Beziehung eingehen zu können. Er stellt ihn damit auch als Subjekt dem Objekt der Natur gegenübergestellt. Doch damit sind wir schon bei der Ebenbildlichkeit des Menschen, die später betrachtet werden soll.

Gott ist dreieinige Person

In 2. Mose 3 wird berichtet, wie Mose in der Wüste die Schafe seines Schwiegervaters hütet. Da begegnet ihm Gott im brennenden Dornbusch und beauftragt ihn, das Volk Israel aus der ägyptischen Gefangenschaft zu befreien. Darauf will Mose wissen, wie Gott heißt, und Gott antwortet: (Vers 14): „Ich bin, der ich bin." Er ist also der, von dem alles Seiende ausgeht, ohne den nichts Bestand oder Wesen hat. Er ist ohne Anfang und Ende, aber alles, was ist oder je sein wird, hat von ihm die Existenz. Aber Gott ist nicht ein abstraktes und gesichtsloses Sein. Gott ist Person. Er heißt „Ich bin". Er ist also ein Selbst, ein ICH, also kein undefinierbares, unpersönliches Höchstes Wesen, wie sich viele Philosophen Gott denken. Als Menschen können wir von Gott als Person nur in menschlichen Begriffen reden. Darum hat er sich den Menschen so offenbart, dass wir ihn begreifen können. Er hat einen Willen und will die Welt. Er hat Gefühle. Er kann eifersüchtig (2. Mose 20, 5) und zornig sein. Es reut ihn, dass er die Menschen gemacht hat. (1. Mose 7ff) Sein

Volk Israel tut ihm leid, deshalb will er es aus der ägyptischen Knechtschaft befreien. Er freut sich über einen Sünder, der Busse tut. (Luk. 15,10) Er fühlt Erbarmen mit dem verlorenen Sohn, der ihn so enttäuscht hat, denn Gott ist Person. (Luk. 15,11)

Als Person will Gott in Beziehung leben. Die erste und wichtigste Beziehung hat Gott mit sich selber. Denn er ist der Dreifaltige, der Vater, der sich als Schöpfer offenbart, der Sohn, der als Retter und Erlöser selber Mensch wird, um die Menschheit von ihrer Schuld zu erlösen. Und er ist der Heilige Geist, der die Menschen beseelt, und in ihnen den neuen Menschen schafft. Und die drei sind eins. Ihre Gemeinschaft ist so vollkommen, dass Gott sowohl Vater, Sohn und Heiliger Geist ist und zugleich nur einer. Das widerspricht dem menschlichen Denken. Wie sollen es drei Personen sein und zugleich eine Person? Das ist völlig unlogisch. Aber gerade das ist gut. Denn Gott ist höher als unsere Vernunft. Gottes Wirklichkeit kann unmöglich mit menschlichen Gedanken erfasst werden und menschlicher Logik entsprechen. Sonst wäre er nicht der lebendige Gott, der über und jenseits jeder vergänglichen Wirklichkeit ist. Und als göttliche dreieinige Person hat er beschlossen, Menschen zu bilden, mit denen er wieder Beziehung haben will. Sie sollen wie Kinder zu ihm ein unbegrenztes Vertrauen zeigen, das so persönlich ist, dass es bei jedem Menschen individuelle Züge trägt. Gott lässt sich ganz auf diese Beziehung ein,- so sehr, dass er selber Mensch wird.

Gott ist Liebe

Die göttliche Liebe ist uneingeschränkte Zuwendung. Sie ist schenkende, erfreuende, wärmende, rettende Liebe, die nichts für sich selber will, sondern nur den anderen sucht. Sie ist bereit zum Verzicht und zum Opfer. Die Bibel nennt diese Liebe Agape, im Unterschied zum Eros. Eros prägt zum Beispiel die Liebe zwischen Mann und Frau. Sie ist auch Hinwendung, aber sie sucht auch ihr Eigenes, das, was dem Ego entspricht, und was das Ego begehrt. Sie ist nicht frei vom Willen zum Besitz und zur Herrschaft über den oder die Geliebte. Gott ist frei von Eros, er ist nur Agape. So liebt der Vater den Sohn mit dem Heiligen Geist, und der Sohn liebt mit dem Heiligen Geist den Vater in ewiger gegenseitiger Zuwendung und Gemeinschaft. Dies steht hinter dem kurzen Wort in 1. Brief des Johannes 4, 8: „Gott ist Liebe". Aus dieser Liebe, diesem göttlichen Willen zur Beziehung, erklärt sich letztlich die Schöpfung. Gott wäre eigentlich sich selber genug. Aber da er Liebe ist, sucht er die Beziehung, schafft das Universum mit seinen ungezählten Galaxien und darin den Menschen. Aus Liebe schuf Gott den Menschen nach seinem Bilde, ihm ähnlich. (1. Mose 1,27.)

Aber Gottes Liebe geht viel weiter. Er will die Menschen, welche die Gottesferne gewählt haben, zurückholen in die Gemeinschaft mit ihm. In seiner Liebe setzt er eine Rettungsaktion in Gang, vergleichbar mit dem Einsatz eines Rettungshelikopters, der Menschen aus Seenot rettet. Wir nennen das sein Heilswerk, durch das er in sein Schöpfungs- und Erhaltungswerk eingreift, um Menschen aus ihrer selbstverschuldeten Gottferne wieder in seine Heilsgemeinschaft zurück zu holen. Er wählt Abraham und redet mit ihm. Er offenbart sich ihm und holt ihn heraus aus der Masse der Gottfernen, um durch ihn ein Volk zu bilden, mit dem er seinen Heilsplan beginnt: Israel. Schließlich sendet er seinen Sohn, Jesus Christus, um seine Liebe zu den Menschen in ihrer ganzen, unbegreiflichen Größe zu offenbaren. In ihm kommt Gott selber zu den Menschen, indem er selber Mensch wird. Er nimmt die Strafe für die Sünden der Menschen auf sich. Gott straft nicht die Menschen, sondern auferlegt die Strafe seinem Sohn. So bleibt Gott der Heilige, der jede Sünde bestraft und zugleich die Sünder rettet. Jetzt stehen sie als Gereinigte und Geheiligte vor Gott. Jetzt ist das Tor zum Paradies wieder geöffnet. Die Menschen können jetzt Gott wieder wie Kinder begegnen und dürfen ihn Unseren Vater nennen. Die neu geschenkte Gemeinschaft mit Gott wird am deutlichsten im Abendmahl. Im Brot und im Wein werden die Gegenwart Gottes und seine Erlösungstat immer wieder erlebt. Dazu hören die Gläubigen die Worte: „Das ist mein Blut des Bundes, das für viele vergossen wird zur Vergebung der Sünden." (Matth. 26,28) Dies ist die zentrale Botschaft des ganzen Neuen Testaments. Gott ist der Retter, der Heiland, Gott ist Liebe.

Damit wird in letzter Radikalität der Unterschied des biblischen Gottesbildes zu allen anderen Gottesvorstellungen deutlich. Die Naturreligionen kennen keinen höchsten Gott, der sie aus ihren Gebundenheiten und Ängsten befreit. Im Hinduismus und im Buddhismus ist von einem persönlichen und rettenden Gott nicht die Rede. Der Mensch muss sich selber bemühen, um in höheren Lebensformen wiedergeboren zu werden, oder um jene innere Abgeschiedenheit zu erreichen, in der er einem unbestimmten Göttlichen näher kommt. Das christliche Gottesbild steht ebenfalls in radikalem Gegensatz zur islamischen Gottesvorstellung, in der Allah als unberechenbarer Herrscher erscheint, bei dem niemand weiß, ob er im Jüngsten Gericht Vergebung empfangen wird oder nicht. Und Gott offenbart sich in Christus als Diener. Auch dies eine im Islam unvorstellbare Aussage über Allah. Allah ist der absolute Herrscher, der Unterwerfung fordert. Jesus hingegen dient den Menschen, um sie zu befreien, weil er sie liebt.

Gott ist frei

Gott ist im absoluten Sinne frei. Er kann alles tun, was er will, denn er ist allwissend und allmächtig. Er ist daher der Einzige, der total frei und keiner Beschränkung unterworfen ist. Die griechischen, römischen und germanischen Götter sind weder allwissend noch allmächtig. Sie kämpfen untereinander um Einfluss und Liebe. Sie tun verwerfliche Dinge. Sie erleben Siege und Niederlagen. Fast alle Naturgötter sind in ihrem Einfluss auf Regionen und bestimmte Funktionen beschränkt. Ihre Machtwirkung steht unter einem grossen „Vielleicht" und ist an Bedingungen wie genügend Opfer und magische Worte geknüpft, ohne die sie nicht aktiv werden wollen oder können. Dasselbe gilt von den Mächten moderner Magier und Hellseher. Im hinduistischen und buddhistischen Umfeld gibt es gar keinen Schöpfergott, der mit dem biblischen, an den Menschen interessierten freien Gott vergleichbar wäre.

Auch Allah ist frei, allwissend und allmächtig. Er ist so absolut frei, dass niemand weiß, was er tun wird. Er bindet sich in keiner Weise. Er wird der Barmherzige genannt, aber kein Mensch, außer jene, die als Märtyrer sich und andere töten, weiß, ob Allah ihm im Endgericht gnädig sein wird. Auch wenn ein Muslim alle Vorschriften der Scharia einhält, lebt er in letzter Ungewissheit über seine ewige Zukunft. Allahs Freiheit wird vom Menschen als Willkür erfahren. Das Leben des Muslim steht immer unter dem Vorbehalt des „insch-Allah", wenn Allah will. Dem gegenüber hat sich der Gott der Bibel als Liebe offenbart. Darin zeigt sich keine Beschränkung seiner Freiheit, sodass ihm irgendetwas nicht möglich wäre. Aber er bindet seine Freiheit an die Liebe. Er wendet sich der ganzen Schöpfung, vor Allem aber dem

Menschen zu. Er ist so souverän und frei, dass es seiner Ehre und Heiligkeit keinen Abbruch tut, wenn er seinen Geschöpfen Treue verspricht und damit seine Freiheit einschränkt. Er bindet sich sogar in einen Bund mit Israel und in Christus mit allen Menschen. Und er verspricht, die Bundestreue zu halten, sogar dann, wenn der Mensch den Bund bricht. Gottes Freiheit ist Freiheit zur Liebe, zur Treue und Rettung und also das Gegenteil jeder Willkür. Gott ist für den Menschen zwar nicht berechenbar, denn er entzieht sich jedem Versuch, über ihn zu verfügen. Aber auf Gottes Treue und Beständigkeit ist unbedingter Verlass.

Gott ist heilig

Die Götter der Antike, der Griechen und Römer waren den Menschen ebenfalls nahe, aber auf andere Art. Diese Göttergestalten waren eigentlich Menschen im Großformat. Sie liebten und hassten. Sie waren untreu und eifersüchtig, listig und ehrgeizig, eitel stolz auf ihre Schönheit und Kraft, egoistisch in der Durchsetzung ihrer Wünsche und Begierden, willkürlich in ihrer Gunst und zerstörerisch in ihrer Wut. So waren sie Götter geschaffen nach dem Bild des Menschen und oft wenig mehr als Diener der menschlichen Wünsche.

Der Gott der Bibel ist absolut heilig. So sehr er sich den Menschen und ihrer Welt zuwendet, so sehr bleibt er gleichzeitig der ganz Jenseitige, der Unnahbare, der ganz Andere, dessen Geheimnis kein Mensch je erfasst, und den ein unüberbrückbarer Abgrund von der Vergänglichkeit des Diesseits trennt. In der Begegnung mit ihm muss Gott selber den Menschen vor der verzehrenden Glut seiner Heiligkeit bewahren. Die dem Menschen gefährliche Heiligkeit Gottes wird in vielen Texten des Alten Testamentes beschrieben. So offenbart sich Gott dem Mose in der Wüste einerseits durch „den Engel des Herrn". Dann aber, als Mose den brennenden Busch, der nicht verbrennt, untersuchen will, redet ihn Gott selber an und warnt ihn: „Ziehe deine Schuhe von den Füßen; denn die Stätte, darauf du stehst, ist heiliges Land." (2. Mose 3,2ff.) Damit schützt Gott Mose, weil dieser in der Nähe Gottes vergehen würde. Anschaulich schildert die Berufungsgeschichte Jesajas die Wirkung der Heiligkeit Gottes. Der Prophet berichtet, wie er „den Herrn auf einem hohen und erhabenen Thron sah." Aus diesem Text geht nicht eindeutig hervor, ob und wie Jesaja Gott wirklich sah. Vermutlich sah er nur den Thron, die Engel und „seine Säume füllten den Tempel." Aber auch durch dieses Halbsehen ist Jesaja so entsetzt, dass er ausruft: „Wehe mir, ich bin verloren! Denn ich bin ein Mensch mit unreinen Lippen und wohne unter einem Volke mit unreinen Lippen – und habe den König, den Herrn der Heerscharen mit meinen Augen gesehen." Um Jesaja zu retten, fliegt dann ein Engel zum Altar, nimmt eine glühende Kohle, berührt die Lippen des Propheten und erklärt: „Siehe, das hat deine Lippen berührt, und deine Schuld ist gewichen und deine Sünde gesühnt." (Jes. 6,1ff) So lässt Gott Jesaja seine Herrlichkeit sehen und schützt ihn zugleich, indem er seine Schuld verbrennt.

Auch im Neuen Testament wird Gott als der Heilige erfahren, allerdings weniger bedrohlich als im Alten. Denn Gott hat beschlossen, sich dem Menschen ganz zuzuwenden und selber Mensch zu werden. So erschrickt Maria bei der Ankündigung der Geburt Jesu, obwohl nicht Gott selber, sondern nur der Engel Gabriel mit ihr redet. Doch der Engel besänftigt sie sofort: „Fürchte dich nicht, Maria." (Luk. 1,29f) In der Geschichte von der Verklärung Jesu auf dem Berg Tabor dürfen Petrus, Johannes und Jakobus Gottes Nähe erfahren, indem sie die Wolke sehen, welche Gott verbirgt. Dennoch sehen sie Gott nicht, sondern nur Mose und Elia, aber sie hören die Stimme Gottes. (Matth. 17,1ff) Am eindeutigsten wird der Wille Gottes, die Menschen zu lieben und ihnen Einblick ins Zentrum seiner Liebe zu geben, im Tod Jesu. In ihm hat Gott die Welt mit sich versöhnt. Die Mitte seiner Heiligkeit ist Liebe. Damit dies unmissverständlich klar wird, ist seit Christus das Allerheiligste den Menschen nicht mehr verboten und verborgen. Zum Zeichen, dass Gott in Christus sein Innerstes offenbart, zerriss der Vorhang im Tempel, welcher das Heiligtum vom Allerheiligsten trennte und es so verbarg, „von oben an bis unten aus". (Matth. 27,51). In Christus hat Gott beschlossen, seine Unnahbarkeit zu mildern und mehr als bisher von seinem Wesen den Menschen mitzuteilen, wie er es denn auch durch die Ausgießung des Geistes an Pfingsten getan hat. (Apg. 2,1ff)

In der Offenbarung des Johannes wird besonders deutlich, wie die Heiligkeit Gottes, deren Anblick niemand lebend übersteht, sich mit Gottes Menschenfreundlichkeit verbindet. Der lebendige, heilige Gott begegnet Johannes – aber so, dass er den Anblick erträgt. (Off. 1,1ff) Denn Gott ist in Christus auch der Menschgewordene, der am Kreuz gestorben ist, um die Menschen mit sich zu versöhnen. Nur so ist diese Begegnung möglich. So wird Gott in dieser gewaltigen und unaufhebbaren Spannung erlebt: Er ist der absolut Jenseitige und Unnahbare, vor dem der Mensch sich nur in den Staub werfen kann, und er ist zugleich der Gütige, Barmherzige, den man wie ein Kind in ungenierter Vertraulichkeit mit Vater anreden darf.

Gott ist Wort/Logos

In der Bibel wird immer wieder berichtet, wie Gott spricht. Die Bibel ist daher das Wort Gottes. Wie erwähnt beginnt Johannes sein Evangelium in unübersehbarer Parallelität zum ersten Schöpfungsbericht mit den Worten: „Im Anfang". Aber dann redet er nicht von Gott, sondern vom Wort, vom Logos. Es heißt: „Im Anfang war der Logos." Mit Logos ist der Sohn gemeint, der von Ewigkeit her eins ist mit dem Vater und dem Geist. Dieser Logos, dieses ewige Wort, also Jesus Christus, ist Gott. Gott ist also wesentlich Wort/Logos. Neben dem Logos als dem allmächtigen Schöpfungswort Gottes möchte ich hier auf weitere Aspekte von Gottes Wesen als Wort hinweisen.

Das Wort/Logos wirkt Beziehung

Zunächst wird im Wesen Gottes als Wort/Logos deutlich, dass Gott nicht allein sein will, sondern von Ewigkeit auf Beziehung, auf ein Du gerichtet ist. Denn das Wort ist die Verbindung einer Person zu einer anderen. Dies gilt zunächst für das Geschehen innerhalb der Trinität, also für die Beziehung des Vaters mit dem Sohn und dem Geist und umgekehrt. Dieses innertrinitarische Geschehen ist uns nicht offenbart. Gott hat es sich selber vorbehalten, es bleibt sein Geheimnis. Aber die Bibel berichtet vom Dialog Gottes mit den Menschen. Die Heilsgeschichte Gottes geschieht und wird begleitet durch sein Wort. Im Neuen Testament redet der Vater mit seinem Sohn, dieser wieder redet mit dem Vater. Und später in der Kirchengeschichte erfahren Gläubige Gottes Reden, während sie die Bibel lesen, in Gebeten, Gottesdiensten, Evangelisationen, Träumen und Visionen. Durch sein Wort baut Gott die Kirche. Und er verleiht die Kraft seines Wortes seinen Boten, wenn sie in seinem Namen reden und Kranke heilen und Nächstenliebe üben.

Das Wesen Gottes als Logos/Wort bestimmt auch das individuelle persönliche Verhältnis des Gläubigen zu Gott. Liebende, Ehepartner, aber auch Freunde, Eltern und Geschwister benutzen Worte, um dem anderen ihre Zuneigung oder Liebe zu bestätigen. Worte vermitteln nicht nur Informationen, sondern schaffen auch Gefühle und Beziehungen. Worte beschreiben und bewirken Nähe, das Persönliche und Einmalige einer Liebesbeziehung. Diese Nähe und Einmaligkeit, die man auch als Intimität bezeichnen kann, verträgt oft keine Zuschauer oder Zuhörer. Ähnlich verhält es sich auch mit der Beziehung zu Gott. Auch da gibt es Nähe, Vertrautheit, Intimität, die der Gläubige vor fremden Blicken schützt, weil er sein Innerstes nur Gott öffnet. Darum hat das Leben im Glauben auch immer eine private, ja intime Dimension der Nähe und des Einsseins mit Gott. So ist das stille, persönliche Gebet von Worten und Gefühlen geprägt, die nicht jedermann preisgegeben werden. Religiöse Gefühle spielen in Meditationen und in der Mystik eine herausragende Rolle. Mystik heißt eigentlich, „die Augen schließen". Man tut es, um sich ganz im Inneren zu sammeln. Das geschieht auch da, wo man in christlichen Kreisen sich zu Gebet und/oder Meditation sammelt. Dabei gibt es einen entscheidenden Unterschied zur buddhistischen Selbstversenkung. Der Buddhist sucht die innere Selbstaufgabe, die Entselbstung, die Auflösung der eigenen Person.

Für Christen kann das Ziel des Meditierens nur darin bestehen, Gott zu begegnen. Die eigene Person wird dabei nie ausgelöscht, sondern das Bezogensein auf Gott und seine Nähe werden in besonderer Weise erlebt. Deshalb ist auch diese Nähe zu Gott, dieses Sein in Christus vom Wort geprägt. Der Gläubige schließt sein Innerstes auf, um Gott ganz nahe zu sein und sein Wesen in sich aufzunehmen. Auch in den verschiedenen Arten von Zungenreden öffnet sich der Gläubige so, dass Gott im Geist durch ihn redet. Schließlich kann Gott das Wesen eines Menschen mit einer Vision erfüllen, ihn durch einen Traum beeinflussen, oder er erlebt sogar eine Ekstase, durch die er sich dieser Welt entrückt weiß, wie es auch Paulus erfuhr. (2. Kor. 12, 2) Aber in allen diesen Erfahrungen bleibt die Distanz zwischen Gott und seinem Geschöpf. Es kommt nicht zu einer Verschmelzung des Menschen mit Gott, zu der gewisse mystische und New-Age-Lehren anleiten. Es geschieht auch keine Entpersönlichung wie bei einem spiritistischen Medium, das willenlos redet, was der aufgerufene Geist durch es sagt. Es kommt auch nicht zu einer Instrumentalisierung wie bei einem Dämon, der einen Menschen zu seinem Werkzeug macht. Und die Gemeinschaft mit Gott ist auch nicht vergleichbar mit einer Auflösung der Person in einem diffusen göttlichen Nirwana, wie es der Hinduismus und mit ihm verwandte Lehren als höchstes Ziel anstrebt.

Auch die tiefste und innigste Gemeinschaft eines Gläubigen mit dem lebendigen Gott hat den Charakter einer Beziehung, in welcher das Ich des Menschen zwar in große und unmittelbare Nähe mit Gott gerückt wird, aber der Unterschied zwischen Gott und dem Beter nicht aufgehoben, sondern vom Wort bestimmt wird. Darauf weist Paulus die Gemeinde von Korinth (1. Kor.14,26ff) hin und erinnert sie daran, dass Zungenreden ausgelegt werden soll. Denn „die Geister sind den Propheten untertan" (Vers 32). Das heißt, der in Zungen Redende verliert nicht sein Bewusstsein. Sogar da, wo Paulus von seiner ekstatischen Entrückung in den dritten Himmel erzählt, behält er seine Identität. Er weiß zwar nicht, ob er diese Entrückung im Leib oder außerhalb des Leibes erlebt hat. Aber er bleibt bei Bewusstsein und hört Worte. So ist auch diese außerordentliche Gotteserfahrung nicht eine Verschmelzung oder Auflösung der Person in Gott, sondern Gottes Beziehung zu seinem Geschöpf, geprägt durch Worte, auch wenn es himmlische, d. h. „unaussprechliche Worte" sind, die „ein Mensch nicht sagen darf." Auch spätere christliche Mystiker erfahren Gottes Visionen nicht als eine Aufhebung der eigenen Person. So berichtet Hildegard von Bingen von sehr vielen Visionen, die erste im Alter von drei Jahren: „Ich empfange es auch nicht durch die Vermittlung meiner fünf Sinne, sondern in meiner Seele, mit offenen leiblichen Augen. So erlitt ich niemals eine mich erschöpfende Ekstase dabei, sondern ich sehe es wach, Tag und Nacht..." [58]

Das Wort/Logos als Logik des Denkens

Logos bedeutet auch Vernunft, Verstand, Logik. Die Logik Gottes übersteigt unser Denken. Aber es gibt einen Teil seiner Logik, den wir verstehen können. In diesem Zusammenhang möchte ich auf etwas aufmerksam machen, was oft übersehen oder für selbstverständlich gehalten wird: Die Naturgesetze stimmen mit der Logik unseres abstrakten Denkens überein. Unser Denken weiß, dass zwei und zwei vier ergeben. Das ist logisch und unabhängig von der Beobachtung, dass zwei Äpfel und zwei Äpfel zusammen vier sind. Die

Naturwissenschaftler können völlig abstrakte Berechnungen anstellen. Wenn sie diese Berechnungen auf die Naturgesetze anwenden, dann stimmen sie mit diesen Gesetzen überein. So war schon für Pythagoras (um 570-510 v. Chr.) die Gleichung a2 + b2 = c2, in welcher das rechtwinklige Dreieck mathematisch erfasst wird, ein Symbol für die Übereinstimmung des abstrakten Denkens mit der harmonischen Ordnung des Kosmos. Das heißt: Die Logik, welche Gott in unser Denken hineingelegt hat, und die Logik, nach der er die Naturgesetze aufgebaut hat, entsprechen einander. Beide hat er geschaffen. Gottes Tun ist logisch, und er will, dass wir einen Teil seiner Logik auch in seinem Werk, also in der Natur, erkennen. Darum finden wir auch in der Natur zahllose Hinweise auf den Schöpfer. Gott hat uns eine Denkfähigkeit gegeben, mit der wir erfassen können, was er uns in der Natur von sich offenbaren will. Für Gläubige gibt es deshalb keinen Gegensatz zwischen Glauben und Denken. Zwar gibt es viele Lücken in unserem Verstehen, aber keinen grundsätzlichen Widerspruch zwischen Glauben und Denken. Gott will nicht, dass wir beim Glauben auf das Denken verzichten.

Das Wort/Logos als Logik der Liebe

Und Gottes Logik ist vor allem Liebe. Wäre Gott nur ein gerechter Gesetzgeber, dann würde er jeden strafen, der eines seiner Gebote übertritt. Er würde Opfer und andere Sühneleistungen fordern, darüber Buch führen und dann feststellen, dass kein Mensch seine Gebote halten kann. Gott wäre dann logisch und gerecht. Aber er wäre ohne Liebe, ohne Gnade, und dann wäre er nicht Gott, denn Gott ist Liebe. Deshalb ist es auch logisch, dass er Erbarmen hat mit diesen in Schuld gefallenen Menschen, ihnen nachläuft, schließlich ihre Schuld selber am Kreuz sühnt und sie rettet. Seine Selbsthingabe ist die keineswegs irrationale, sondern die logische Folge seiner Liebe. Und die Menschen können auf diese Liebeslogik Gottes antworten. Darum schließt Jesus in seiner Forderung, Gott zu lieben, das Denken mit ein: „Du sollst den Herrn, deinen Gott, lieben mit deinem ganzen Herzen und mit deiner ganzen Seele und mit deinem ganzen Verstand." (Matth. 22,37) Dem entsprechend fordert Paulus in Röm.12,1 die Gemeinde in Rom auf, dass sie ihre „Leiber als ein lebendiges, heiliges, Gott wohlgefälliges Opfer hingeben." Wenn sie das tun, dann ist die Hingabe ein „vernunftgemäßer (oder logischer) Gottesdienst", (logike latreia), weil er der Logik Gottes entspricht. Dann antworten die Gläubigen auf die Liebeslogik Gottes mit einer ebenfalls aus der Liebeslogik geborenen Hingabe.

Und so entspricht es auch dem Wesen Gottes als Logos, dass Jesus Wunder tut, Kranke heilt, auf dem Wasser geht und Tote auferweckt. Das sind Zeichen, mit denen er Menschen darauf hinweisen will, dass er der Gottessohn ist, der Sünden vergibt und so die Gemeinschaft mit dem Vater wieder herstellt. Das alles ist logisch, weil Gott Liebe ist. Und noch einmal ist es logisch, dass er geheimnisvoll die Weltgeschichte auf Gericht und Vollendung hinlenkt.

Gott bewahrt die Schöpfung

Trotz des Aufstandes der Menschen wendet sich Gott nicht von ihnen ab. Er überführt sie ihrer Schuld, und er bestraft sie. Sie haben die Gemeinschaft mit Gott aufgekündigt, also müssen sie das Paradies verlassen. Aber Gott überlässt die Menschen, sein Schöpfungswerk, nicht einfach sich selber. Er hat Erbarmen und bewahrt sie vor dem völligen Absturz in den Abgrund der Sünde. So werden die Menschen zwar sterblich, aber sie müssen nicht sofort sterben. Und während sie das Paradies verlassen, macht Gott ihnen Schurze von Fellen. Er kleidet sie, bedeckt ihre Schande und schützt sie vor den vielen Gefahren, die außerhalb des Paradieses drohen. Dann, in der selbst gewählten Gottferne ereignet sich der Brudermord. Kain erschlägt Abel. Der Mensch ist jetzt zum Feind des Menschen geworden. Zahllose Bosheiten sind jetzt möglich – bis hin zu Menschenopfern, Kriegen, Verfolgungen und Völkermorden in allen Jahrhunderten. Aber Gott greift auch hier als der Erbarmer und Bewahrer ein. Er versieht Kain mit einem Zeichen auf der Stirn, nicht damit man ihn sofort als Brudermörder erkennt und sich an ihm rächt, sondern „dass keiner ihn erschlüge, der ihn anträfe". (1. Mose 4,15) Hier deutet sich schon Gottes Wille zur Vergebung an, wie er im Neuen Testament durch Jesus Christus zum Ausdruck kommt. Schon jetzt dämmt er die Rache ein, weil sonst kein Zusammenleben der Menschen möglich ist.

Gottes Wille zur Bewahrung des gefallenen Menschen zeigt sich besonders deutlich in der Geschichte von Gottes Bund mit Noah. Zunächst freilich heißt es, „da reute es den Herrn, dass er den Menschen erschaffen hatte auf Erden, und es bekümmerte ihn tief". (1. Mose 6,6). Er kann den Abfall nicht einfach hinnehmen, und zugleich bekümmert es ihn sehr. Darum lässt er die Flut kommen. Doch nachher bekräftigt er erneut seinen Willen, die Menschen nicht ganz aus seinem Schutz zu entlassen. Er setzt eine neue Ordnung ein, in der die Tiere dem Menschen in die Hand gegeben sind, und im Staat auch Todesstrafe möglich ist. Aber zugleich schließt Gott einen Bund mit den Menschen. Dabei wird erneut die Gottebenbildlichkeit des Menschen bekräftigt: „Gott hat den Menschen nach seinem Bild gemacht." Und wieder wird der Mensch aufgefordert: „Ihr nun, seid fruchtbar und mehret euch, breitet euch aus auf der Erde und herrschet über sie!" (1. Mose 9,2ff) Und zum Zeichen seines Willens, die Menschen und die Schöpfung dauernd zu erhalten, stellt Gott seinen Bogen in die Wolken. Der soll ein Bundeszeichen sein „zwischen Gott und allen lebenden Wesen, die auf Erden sind. (1. Mose 9,16) Gott will die Erde und die Menschen trotz ihrem Aufruhr nicht sich selber überlassen. Er will nicht zusehen, wie sie in den selbst gewählten Abgrund stürzen. Diese Liebe, in welcher Gott die von ihm abgefallene Menschheit vor dem Sturz in die totale Selbstvernichtung bewahrt, nennen protestantische Theologen die Schöpfungsordnung. Es sind die Menschen unter dem Regenbogen. Die katholische Kirche spricht vom Naturrecht. Auch der Mensch im Aufruhr und in der Gottferne bleibt geschaffen nach seinem Bild. Um die Menschheit vor dem Marsch in den selbst gewählten Untergang zu verhindern, baut Gott gewissermassen Sicherungen im menschlichen Wesen ein, die ohne Unterschied allen Menschen eigen sind. Diese Sicherungen schützen auch Gott ferne Menschen vor dem totalen Verlust der Gottebenbildlichkeit. Zu diesen Sicherungen rechne ich die folgenden Eigenschaften, zu denen man weitere hinzufügen könnte.

Menschenwürde und Schamgefühl

Das ist einmal die Menschenwürde. Allen Menschen ist es eigen, dass sie ihresgleichen, als Personen, also als Menschen anerkennen. Diese Tatsache wird in verschiedenen Verfassungen festgehalten und ist der eigentliche Grund für die Allgemeine Erklärung der Menschenrechte durch die UNO von 1948. Zwar haben Diktatoren wie Hitler Juden und andere als Untermenschen bezeichnet, die man ausrotten müsse, und ihnen damit die

Menschenwürde abgesprochen. Aber diese Diktatoren benötigten zu solchem Vorgehen entsprechende Ideologien, die ihr Vorgehen rechtfertigten: Sie mussten die Menschen zu Untermenschen oder zu Staatsfeinden degradieren, bevor man Pläne zu ihrer Vernichtung in Gang setzen konnte. Damit haben auch diese Massenmörder indirekt zugestanden, dass man eigentlich mit Menschen so nicht verfahren darf. So haben auch sie gezeigt, dass auch sie etwas wussten und wissen von der unverlierbaren, weil von Gott verliehenen Würde jedes Menschen. Im Römischen Reich wurden Besiegte versklavt und damit der Personenwürde entkleidet und rechtlich zur Sache erklärt. Aber die Tatsache, dass es ein eigenes Gesetz brauchte, um Menschen als Sachen zu behandeln, beweist wieder, dass auch in den heidnischen Siegern das angeborene Wissen von der Personenwürde jedes Menschen lebte. Und ein Sklavenbesitzer konnte seinen Sklaven freilassen. Damit wurde dieser aus einer Sache wieder zu einem Menschen mit entsprechenden gesetzlich garantierten Rechten einer Person. Die Menschenwürde steht heute weltweit hoch im Kurs. Auch Drogensüchtige, Obdachlose, Dirnen und Kriminelle legen berechtigterweise Wert darauf, trotz ihrer Situation als Menschen mit eigener Würde behandelt zu werden.

Dem Bewusstsein der menschlichen Würde entspricht das Gefühl der Scham. Nachdem Adam und Eva von der verbotenen Frucht gegessen hatten, schämten sie sich, weil sie nackt waren. (1. Mose 3,7) Der von Gott abgefallene Mensch muss sich verstecken und sein Inneres mindestens teilweise verbergen. Dazu mehr unter dem christlichen Menschenbild.

Individualität, Arbeit und Kreativität

Zur unverlierbaren Schöpfungsordnung gehört auch die Individualität des Menschen, auch wenn diese je nach Kultur sich sehr unterschiedlich entwickeln kann, oft in ihrer Entfaltung behindert oder zerstört erscheint. Aber jeder Mensch hat ein eigenes Gesicht und Fingerabdrücke, die ihn von Milliarden anderer auszeichnen. Allen Menschen ist die Arbeit eigen, und zwar nicht nur die Notwendigkeit, den Lebensunterhalt zu beschaffen. Arbeit ist in unterschiedlichem Maß ein Bedürfnis, und die moderne Gesellschaft spricht vom Recht auf Arbeit, weil sie zum Menschsein gehört, weil Gott selber sechs Tage arbeitete. Und jeder Mensch verfügt über Kreativität und Sinn für Schönheit. Es gibt kein Volk, das nicht seine eigenen Kunstwerke schafft, und keine Menschen, auch nicht geistig Behinderte, die nicht die Möglichkeit in sich tragen, ureigene Gefühle und Gedanken auszudrücken, individuell kreativ tätig zu werden und Schönheit zu empfinden. Denn Schönheit kommt von Gott.

Ehe und Familie

Besonderen Stellenwert haben in der Schöpfungsordnung Ehe und Familie. Gott hat den Menschen als Mann und Frau geschaffen. Er hat sie in die Spannung dieser Verschiedenheit hineingestellt, in der sie gleichzeitig auf einander hin geordnet sind. Mann und Frau sind mit je eigenem Wesen begabt und doch auf die Ergänzung durch einander angewiesen. So hat Gott im Abbild zu seiner eigenen Dreieinigkeit die innige Lebensgemeinschaft der zwei geschaffen und ihnen Segen und Lebenserfüllung verheißen. Dass die Einschätzung der Ehe als wichtiger Teil der Schöpfungsordnung zutrifft, erkennt man daran, dass es kein Volk gibt, das nicht das Zusammenleben von Mann und Frau als Lebensgrundlage kennt und mit Regeln und Gesetzen ordnet und schützt, auch wenn diese Regeln und Ordnungen große Unterschiede aufweisen und vielfach weit vom biblischen Vorbild abweichen. Die Schöpfung sieht keine Polygamie vor, sondern ist auf Einehe angelegt. Das zeigt sich darin, dass fast gleich viele männliche wie weibliche Kinder geboren werden. Auch bietet die Einehe optimale Voraussetzungen für die Erziehung von psychisch gesunden und leistungsfähigen Erwachsenen. Und die Ehe ist auf lebenslange Liebe und Treue angelegt. Darauf weist die Tatsache der Jungfräulichkeit, die nur bei den Menschen vorkommt. Auch Jesus weist auf lebenslange Liebe und Treue hin als auf das, was Gott am Anfang wollte. (Matth. 19,8)

Und Gott hat den Menschen die Fähigkeit verliehen, neue Menschen, neue Ebenbilder Gottes, zu zeugen, zu gebären und aufzuziehen. Es ist keineswegs so, dass Gott nur durch die Vereinigung von Mann und Frau die Fortpflanzung sichern konnte. In der Schöpfung finden sich verschiedene andere Wege der Reproduktion. Gott hat die Menschen mit einer Sexualität ausgerüstet, die sich wesentlich von derjenigen von Tieren unterscheidet. Sie ist ein wichtiger Teil der dauernden Liebesverbindung zwischen den Eltern, welche den Kindern jenen langjährigen Schutz und jene Fürsorge bietet, die für das Wachstum und die Entwicklung einer Persönlichkeit unabdingbar sind.

Gerechtigkeit

Auch das Gefühl für Gerechtigkeit findet sich in allen Menschen. Zwar sind im Laufe der Jahrtausende in den verschiedenen Kulturkreisen sehr unterschiedliche Gesetze und Strafnormen für Übeltäter ausgearbeitet worden. Aber es gibt kein Volk und keinen Menschen, dem nicht ein Gefühl für Gerechtigkeit innewohnt. Nur wenn ein Staat für eine Form von Gerechtigkeit sorgt, kann er bestehen. Wenn jemand Opfer einer Straftat wird, dann fordert er Gerechtigkeit. Er braucht sie, um das Unrecht der Straftat zu ertragen und zu verarbeiten. Dabei wird zwar der Sinn der Strafe je nach Kultur und Zeit verschieden festgelegt. Doch in allen Kulturen lebt das Gefühl, dass eine Übertretung eines Gesetzes, die Schädigung eines Menschen oder einer Sache, sei es Gewalttat, Diebstahl oder die Übertretung einer verbindlichen religiösen Norm einen Ausgleich fordert. Sonst geht der Staat aus den Fugen. Sogar wer grundsätzlich die allgemein anerkannten Normen der Gerechtigkeit verachtet oder beiseite schiebt und eigene Normen aufstellt, wie etwa Hitler und Stalin, verspürt eine innere Notwendigkeit, Maßnahmen wie Gaskammern und Konzentrationslager mit einer Art von Gerechtigkeit zu begründen. Dabei handelt es sich allerdings um einen vom Teufel pervertierten Willen zur Gerechtigkeit. Aber immerhin behaupteten sowohl Hitler wie Stalin, gerecht zu handeln. In den nationalsozialistischen Todeslagern wurde über verhängte Exekutionen sorgfältig Buch geführt, weil man offensichtlich der Ansicht war, dass auch hier Gerechtigkeit geübt werde, die es verdiente, schriftlich festgehalten zu werden. Auch die Französische Revolution hat richterliche Urteile gesprochen, bevor die Guillotine in Aktion trat. Die Respektierung von Gerechtigkeit ist ein von Gott gegebenes, allen Menschen innewohnendes Gefühl, das langfristig immer einen Weg sucht, sich gesellschaftlich durchzusetzen.

Gewissen

Das Empfinden von Gerechtigkeit ist eng mit dem Gewissen verbunden. Es gibt keine Menschen ohne Gewissen. Zwar finden sich viele, die gewissenlos handeln. Aber auch bei Massenmördern kommt es vor, dass das Gewissen wie ein Samenkorn in der Wüste überlebt und sich nach Jahrzehnten meldet und sie Schuld eingestehen. Im Gewissen finden wir die Möglichkeit, Gutes und Böses, Liebe und Hass, Recht und Unrecht zu unterscheiden. Es ist der innere Kompass für die Steuerung unserer Taten; es ist wie ein Richter, den man nach seinem Urteil befragen kann. Das Gewissen ist die Voraussetzung für die Bildung einer Individualität und die Voraussetzung freier Entscheidung. Nur wer ein Gewissen hat, kann eigenständige Urteile fällen und sich entsprechend verhalten. Diese innere Steuerungsfunktion kann freilich gestört oder zum Schweigen gebracht werden, wenn sie sich nach einer Ideologie richten muss oder von einer Religion in die falsche Richtung gelenkt wird. So konnte Pol Pot in Kambodscha junge Burschen dazu bringen, Kinder und Gebildete zu Tausenden zu vernichten. Ihr angeborenes Gewissen wurde durch die Lehre vom notwendigen Neubeginn der Zivilisation völlig unterdrückt. Doch nach dreißig Jahren haben einige der Drahtzieher dieser Massenmorde Schuld empfunden und eingestanden. Ihr Gewissen ließ ihnen keine Ruhe.

Wahrhaftigkeit – Zehn Gebote

In allen Menschen lebt ein Drang zur Wahrhaftigkeit, weil Gott diese Eigenschaft in der Schöpfung so gewollt hat. Natürlich wird in allen Gesellschaften im öffentlichen und privaten Leben häufig gelogen. Aber es bleibt das innere Wissen, dass dies eigentlich nicht sein sollte. Die tägliche Lebenserfahrung bestätigt denn auch immer neu, dass ohne Aufrichtigkeit jenes Vertrauen zerstört wird, ohne das keine menschliche Gemeinschaft auskommt. Darum versucht sich auch jeder zu rechtfertigen, um seine Lüge als eine Form von Wahrheit darzustellen oder sie als Missverständnis zu erklären. Niemand sagt von sich selber, dass er nicht zwischen Wahrheit und Lüge unterscheidet. Er müsste es gegen das eigene innere Gefühl tun, das ihn zur Wahrheit drängt. Und wenn die Lüge doch offiziell erlaubt wird, wie im Islam durch die Taqiya, dann wird sie damit gerechtfertigt, dass sie dem höheren Ziel der Ausbreitung des Islam dient.

Vielleicht merken wir jetzt, dass man bei diesen Überlegungen auf die zweite Tafel der Zehn Gebote stößt: „Ehre deinen Vater und deine Mutter; du sollst nicht töten; du sollst nicht ehebrechen; du sollst nicht stehlen; du sollst nicht falsches Zeugnis reden du sollst, du sollst nicht begehren, was deinem Nächsten gehört" (2. Mose 20,12ff). In unterschiedlichen Ausprägungen finden wir in allen Völkern direkte und indirekte Zustimmung zu diesen Geboten, weil sie durch die Schöpfung Teil des menschlichen Wesens sind.

Die Sünde kann diese inneren Anlagen bis zur Unkenntlichkeit verfälschen und Menschen zu entsetzlichen Monstern formen. Aber die Sünde kann nicht völlig zerstören, was Gott in die Menschen hineingelegt hat.

Staat

Gott lässt nicht zu, dass die von ihm abgefallenen Menschen sich selber ausrotten. Er schützt sie vor sich selber und verordnet den Staat zum Schutz des Menschen. So ist der Staat, und zwar auch der römische, also heidnische Staat, die von Gott verordnete Obrigkeit. Paulus schreibt: „Gottes Dienerin ist sie (die Obrigkeit) für dich zum Guten" und Gottes „Rächerin zum Zorngericht für den, der das Böse verübt". (Röm. 8,4). Gott liebt auch die gefallene Schöpfung und gibt ihr bewahrende Strukturen. Auch ein grausamer Staat ist besser als die totale Anarchie. Darum bilden die Menschen immer und überall politische Strukturen, die das Zusammenleben ermöglichen.

In der amerikanischen Unabhängigkeitserklärung vom Jahr 1776 findet diese Entwicklung einen Höhepunkt. Dort heißt es: „Wir halten diese Wahrheiten für selbstevident, dass alle Menschen frei geschaffen sind, dass sie alle durch den Schöpfer mit bestimmten unverlierbaren Rechten ausgestattet sind, zu denen Leben, Freiheit und das Streben nach Glück gehören." (We hold these truths to be self-evident, that all men are created equal, that they are endowed by their creator with certain unalienable Rights, that among these are Life, Liberty and the pursuit of Happiness.) Dass diese Rechte selbstevident sein sollen, kann nur jemand feststellen, der vom biblischen Menschenbild ausgeht. Denn weder im Islam noch im Hinduismus noch im chinesischen Universismus gilt der Satz, dass alle Menschen gleich seien und unverlierbare Rechte hätten. Sodann weist diese Erklärung dem Staat die Aufgabe zu, allen Bürgern Leben, Freiheit und das Streben nach Glück möglich zu machen. Der Staat ist also da, um den Bürgern die Entfaltung ihrer individuellen Gaben und Hoffnungen zu erleichtern. Diese Idee einer staatlichen Ordnung zum Schutz der Menschen vor sich selber ist Teil der göttlichen Schöpfungsordnung, das im Kapitel Christliches Menschenbild weiter ausgeführt wird.

Gott schafft den neuen Menschen

Um die Menschen ganz in seine Gemeinschaft zurück zu holen, unternimmt Gott eine weitere Aktion. Er sendet seinen Geist, also sich selber in die Herzen der Menschen. Er will den Platz, aus dem er durch die Sünde hinausgeworfen wurde, wieder einnehmen. Er selber will wieder in den Menschen wohnen und ihre Persönlichkeit so umwandeln, dass sie ihm wieder ähnlich werden. Durch die Geistbegabung erweckt er in ihnen einen neuen Menschen, der mit Freude den Geboten Gottes gehorcht. In allen Menschen lebt eine große Sehnsucht nach Gott. Sie wird jedoch nur dann erfüllt und wandelt sich in jubelnde Freude, wenn im Namen Christi der Geist Gottes empfangen wird. Schon im Alten Testament wird diese Geistbegabung angekündigt. So lesen wir zum Beispiel in Jes. 44,3: „Ich gieße meinen Geist aus über deine Kinder und meinen Segen über deine Sprösslinge." Noch deutlicher redet Ezechiel von der Verleihung einer neuen Person, bzw. eines neuen Herzens: „Und ich werde ihnen ein anderes Herz geben und einen neuen Geist in ihr Inneres legen; ich werde das steinerne Herz aus ihrem Leib herausnehmen und ihnen ein fleischernes Herz geben, damit sie nach meinen Geboten wandeln und meine Satzungen halten und danach tun." (Ez. 11,19f)

Jesus selbst betont die Notwendigkeit einer neuen Geburt im Gespräch mit Nikodemus, wenn er zu ihm sagt: „Wenn jemand nicht von oben her geboren wird, kann er das Reich Gottes nicht sehen." (Joh. 3,3ff) Bekanntlich ist das Wort „von oben" auch übersetzbar mit „von neuem". Und Nikodemus versteht es zunächst auch so. Darum stellt er die Frage: „Kann der Mensch etwa zum zweiten Mal in den Leib seiner Mutter eingehen und geboren werden?" Darauf gibt Jesus die weiterführende Antwort: „Wenn jemand nicht aus Geist und Wasser geboren wird, kann er nicht in das Reich Gottes kommen." Das bedeutet, dass der Mensch eine Geburt oder innere Erneuerung durch den Geist Gottes, der von oben kommt, erlebt. Dazu gehört das Zweite, nämlich die Geburt „aus Wasser." So nimmt Jesus Bezug auf die Taufe, durch die der Gläubige selber dem Empfang des Geistes zustimmt. Jesus anvertraut den Geist seinen Jüngern. Er begegnet ihnen am Abend nach seiner Auferstehung und sendet sie, so wie der Vater ihn gesandt hat. Dazu rüstet er sie aus: „Und nachdem er dies gesagt hatte, hauchte er sie an und sagte zu ihnen: Empfanget den heiligen Geist. Wenn ihr jemandem die Sünden vergebt, sind sie ihm vergeben." (Joh. 20,22f) Ausführlich wird das sog. Pfingstfest in Apg. 2 geschildert. Vermutlich sind nicht nur die Jünger, sondern eine größere Schar versammelt. Der Geist kommt über sie wie ein gewaltiger Wind mit hörbarem Getöse, dann aber sind es Zungen wie von Feuer, die sich auf jeden setzen. Die Wirkung ist ein Reden in vielen Sprachen, sodass alle Fremden sie in ihrer eigenen Sprache reden hören. Abgeschlossen wird die Erzählung mit einer Predigt von Petrus. Am Ende bekehren sich etwa 3 000 Personen. Die Geistbegabung ist das Kriterium für die Zugehörigkeit zu Jesus Christus.

Ziel der Geistbegabung ist die Wiederherstellung der Gottebenbildlichkeit. Paulus vergleicht das Gesicht mit einem Spiegel, auf dem zunächst eine Decke liegt und darum Gott nicht mehr spiegelt. Aber durch Gottes Gnade in Jesus Christus wird diese Decke weggenommen, und Gott schaut in dieses Gesicht. Damit spiegelt sich das Wesen Gottes in dem Gesicht oder der Person des Menschen. Indem Gott den Menschen anschaut und der Mensch sich nicht abwendet, wird das Innere dieses Menschen verwandelt und Gott ähnlich: „Wir alle aber spiegeln mit aufgedecktem Angesicht die Herrlichkeit Gottes wieder und werden dadurch in dasselbe Bild verwandelt von Herrlichkeit zu Herrlichkeit wie von dem Herrn, welcher Geist ist." (2. Kor. 3,18)

Gott ist Herr der Geschichte

Geschichte als Heilsgeschichte

Die biblische Sicht der Geschichte beginnt mit der Schöpfung und endet mit dem Gericht, dem Kommen des neuen Jerusalem, der neuen Schöpfung in der Vollendung. Nach dem Abfall der Menschen bestätigt Gott seinen Willen zur Bewahrung der Menschen und der Schöpfung im Bund mit Noah. Dann wählt er Abraham und macht Israel zu seinem Volk, um das Kommen des Erlösers vorzubereiten. Schließlich wendet Gott das Geschick der Welt in Jesus Christus. Dass im Sohn Gottes nicht nur die Versöhnung der Menschen mit dem himmlischen Vater möglich wird, sondern sich Weltgeschichte ereignet, macht vor Allem Lukas, wie schon berichtet, in seinem Evangelium und in der Apostelgeschichte deutlich.

Aber auch die anderen Evangelisten berichten, wie im Tod und in der Auferstehung Jesu die Heilsgeschichte mit der Weltgeschichte verschränkt ist. An diesem zentralen Ereignis, wo die Liebe Gottes zu den Menschen ihren Höhepunkt erreicht und alle Geschichte ihre Sinnerfüllung findet, beteiligt Gott Juden und Heiden. Die Juden, vertreten durch die Hohepriester und den Hohen Rat, verurteilen Jesus als Gotteslästerer zum Tod. (Matth. 26,65). Da sie aber unter römischer Besatzung leben, haben sie kein Recht, ein Todesurteil auszuführen. So bringen sie Jesus zum römischen Statthalter Pontius Pilatus, der ihn auf Druck einer wütenden Menge verurteilt, weil „er sich zum König machte", und dadurch sich gegen die Staatsgewalt auflehnte. Dann lässt Pilatus eine Tafel mit der Schuld Jesu ans Kreuz heften und schreibt in Hebräisch, Lateinisch und Griechisch: „Jesus, der Nazoräer, König der Juden" (Joh. 19,20). Zwar fordern die Juden umgehend, dass die Schrift geändert werde. Pilatus soll schreiben, dass Jesus behauptet habe, er sei der König der Juden. Sie wollen vermeiden, dass Jesus als König hingerichtet wird. Doch als Statthalter Roms lässt sich Pilatus nichts vorschreiben und geht darauf nicht ein. Und so verkündet die von dem Heiden aus Rom verfasste Inschrift über dem Kreuz die Bedeutung des Todes Jesu in den drei dort üblichen Sprachen, damit alle es verstehen konnten, Juden und Heiden. Das war eine Ankündigung an die ganze Welt. Im Sterben Jesu wird Gottes Heilswille für Juden und Heiden und also für die ganze Welt offenbar. Deshalb war es unabdingbar, dass am Tod Jesu auch Juden und Heiden mitwirkten. Über beide ist Gott Herr.

Hier erkennen wir wieder die Wechselwirkung zwischen dem allmächtigen Gott und dem selbstverantwortlich handelnden Menschen. Gott hat dieses Zusammenwirken von Juden und Heiden von langer Hand geplant. Und dennoch haben sich die an der Geschichte beteiligten Menschen in eigener Verantwortung und in Unkenntnis von Gottes Absichten zu ihrem Handeln entschlossen. Schon vor Pilatus, der in den Jahren 26 bis 36 n. Chr. römischer Statthalter von Jerusalem war, gehörte die Provinz Judäa zum Römischen Reich. Wäre das nicht der Fall gewesen, so hätte Judäa keinen römischen Statthalter gehabt, und Rom wäre an der Hinrichtung Jesu nicht beteiligt gewesen. Die Juden hätten in eigener Kompetenz das Urteil ausführen können. Sollte das Zufall sein? Oder geschah es nicht viel mehr durch Gottes Vorsehung, dass Pompeius schon im Jahre 63 vor Christus Judäa für Rom eroberte? Hat nicht schon damals der Herr der Geschichte dafür gesorgt, dass beim entscheidenden Erlösungswerk zum Heil aller Menschen Juden und Heiden zusammenwirken mussten? Ist es nicht so, dass wir mit dem christlichen Geschichtsverständnis bei wichtigen historischen Ereignissen hinter die Kulissen blicken können und so das eigentliche Ziel der Geschichte erkennen?

Im Sterben Jesu wird nicht irgendein bedauernswerter Justizirrtum vollzogen, sondern es wird unübersehbar klar, dass sich der Wille Gottes vollzieht. Im Sterben und in der Auferstehung Jesu erfüllt sich der schon im Alten Bund vorbereitete Plan Gottes: Am Kreuz hängend ruft Jesus zu Gott: „Mein Gott, mein Gott, warum hast du mich verlassen." (Matth. 27,46) Damit betet Jesus mit Worten aus dem 22. Psalm, der verschiedene Teile enthält, in denen das Geschehen von Golgatha prophetisch vorweg beschrieben wird. Ich erwähne nur die wichtigsten: „Alle, die mich sehen spotten meiner, verziehen die Lippen und schütteln den Kopf. Er warf's auf den Herrn, der möge ihm helfen… Trocken wie Scherben ist mein Gaumen, und meine Zunge klebt an meinem Schlund…. Ich kann alle meine Gebeine zählen; sie aber schauen ihre Lust an mir… mich umkreist die Rotte der Übeltäter; sie durchbohren mir Hände und Füße… Sie teilen meine Kleider unter sich und werfen das Los um mein Gewand." (Ps.22, Verse 8,9,16,16-19) Eine anschaulichere und präzisere Vorwegnahme des Leidens Jesu am Kreuz durch diesen Psalm lässt sich kaum denken. Und als die Soldaten den Tod der zwei Mitgekreuzigten beschleunigten, indem sie ihnen die Schenkel zerschlugen, wunderten sie sich, dass Jesus schon tot war, zerschlugen ihm die Schenkel nicht, sondern stachen ihn in die Seite, um seinen Tod festzustellen. Damit erfüllten die Henkersknechte wieder ein Schriftwort aus Sacharja 12,10: „Sie werden hinschauen auf den, welchen sie durchbohrt haben." (Joh. 19,37)

Dass die Schenkel Jesu nicht zerschlagen wurden, hat eine weitere Bedeutung. Denn in 2. Mose 12, 22 werden die in Ägypten versklavten Juden beauftragt, ein Lamm zu schlachten und sein Blut mit einem Büschel Ysop an den Türsturz und die Türpfosten ihres Hauses zu streichen, um so die Bewohner vor dem Racheengel zu schützen, der in den Häusern der Ägypter den Erstgeborenen töten wird. An diesem Lamm durfte kein Knochen gebrochen sein. (2. Mose 12,46) Nachdem in den Häusern der Ägypter der erstgeborene Sohn gestorben war, ließ der Pharao die Juden frei. Zur Erinnerung an diese Verschonung und an den Auszug aus der ägyptischen Sklaverei feierten die Juden jedes Jahr das Passahfest, zu dem jeweils Zehntausende sich in Jerusalem versammelten, wobei jeweils für eine Familie ein Lamm geschlachtet wurde. Auch Jesus hat kurz vor seinem Tod das Passahfest mit seinen Jüngern gefeiert und im Abendmahl Brot und Wein auf sein Sterben als stellvertretendes Passahlamm gedeutet. Das heißt, indem die Soldaten Jesu Schenkel nicht zerschlugen, bestätigten sie ohne es zu ahnen, dass er als das Passahlamm ist, an dem kein Knochen gebrochen sein durfte, und dass Jesus so stellvertretend zur Verschonung der Menschen starb. So hatte es auch Johannes der Täufer angekündigt. Als er am Jordan predigte und die Menschen taufte, kam auch Jesus, um sich von ihm taufen zu lassen. Als Johannes Jesus sah, erklärte er der Menge, wer dieser Jesus ist, und rief: „Siehe, das Lamm Gottes, das die Sünde der Welt hinweg nimmt." (Joh. 1, 29) So macht Gott durch mehrere Umstände unmissverständlich klar: Im Tod Jesu, bei dem Juden und Heiden eigenverantwortlich zusammenwirken, erfüllt sich Gottes Heilsplan, den er mit Abraham begann.

Christus die Mitte der Geschichte

In Christus kommt das Heilswirken Gottes endgültig zum Durchbruch. Deshalb ist die Weltgeschichte auch Heilsgeschichte. Zwar rebelliert der Teufel und verführt die Menschen zum Aufstand gegen Gott. Er versucht, das Heilswirken Gottes zu zerstören oder doch zu verhindern. Seine Angriffe steigern sich im Lauf der Geschichte und eskalieren in dem, was die Bibel die Endzeit nennt. Es ist die Zeit vor der Wiederkunft Christi, welcher die Macht des Bösen endgültig überwinden und nach dem Gericht die Neue Welt bringen wird, in der die paradiesische Gemeinschaft mit Gott wieder hergestellt sein wird. Dass in Jesus Christus alle Geschichte zur entscheidenden heilsgeschichtlichen Wende kam, formuliert Paulus so: „Als aber die Erfüllung der Zeit gekommen war, sandte Gott seinen Sohn." (Gal. 4,4) Ähnlich auch im Brief an die Kolosser Kap. 1,19: „Denn ihm ihm (Christus) beschloss er (Gott) die ganze Fülle wohnen zu lassen und durch ihn alles (nicht nur die Menschen) mit sich selbst zu versöhnen." In der Offenbarung des Johannes bestätigt Jesus selber diese Sicht, indem er zwei Mal (Off. 1,8 und 21,6) sagt: „Ich bin das A und das O" (erster und letzter Buchstabe im griechischen Alphabet). Christus ist Anfang, Wendepunkt und Ende aller Geschichte.

Aus diesem Verständnis der Geschichte hat der römische Mönch Dionysius Exiguus (gest. um 545) die Konsequenz gezogen, und eine neue Zeitrechnung eingeführt. Er teilte die Weltgeschichte ein in die Zeit vor und nach Christus und begründete damit unsere Zeitrechnung. Zum Vergleich: In Rom zählte man die Jahre nach der Gründung der Stadt (ab urbe condita); im Buddhismus orientiert man die Zeitrechnung traditionell am Todestag von Siddhartha Gautama im Jahr 544 v. Chr. Im Islam beginnt die Zeitrechnung mit der Auswanderung Mohammeds aus Mekka im Jahr 622 n. Chr., wobei man meist mit Mondjahren rechnet. Die Zeitrechnung nach Christus setze sich rasch durch und war schon unter Karl dem Grossen, also um 800, allgemein üblich und ist heute weltweit verbreitet. Mit dieser Sicht der Weltgeschichte wird zugleich anderen Geschichtsdeutungen eine Absage erteilt. Die Geschichte ist nicht ein unendliches Auf und Ab von Mächten oder ein Kommen und Gehen von Kulturen; sie ist kein Klassenkampf, an dessen Ende ein materialistisches Paradies stehen wird, noch ist sie das Tummelfeld von starken Individuen, aber letztlich ohne Sinn. Die Weltgeschichte ist Gottes Heilsgeschichte. Und seit dem Erscheinen Jesu Christi hat auch das vorherige Auf und Ab der Mächte und das Kommen und Gehen von Kulturen aufgehört. Das Christentum hat zunehmend die Geschichte der Welt bestimmt. Das biblische Menschenbild hat die Geschichte der Völker mehr beeinflusst als jede andere Kraft und hat die Welt grundlegend umgestaltet. Es wird auch nicht untergehen, wie andere Kulturen, von denen nur noch Ausgrabungen Zeugnis ablegen. Es wird auch die künftige Weltgeschichte entscheidend bestimmen, weil Gott die Geschichte auf sein Ziel hin führt.

Diese Sicht geschichtlicher Ereignisse finden wir, wie berichtet, schon im Alten Testament. Im biblischen Verständnis ist Geschichte nicht die Aneinanderreihung von Ereignissen ohne inneren Zusammenhang. Ihr Thema ist, wie Gott in der Wechselwirkung mit den Menschen seine Ziele erreicht. Dabei kann Gott auch heidnische Könige benützen, entweder, um Jerusalem zu zerstören, (Jes. 8.1ff; Jer. 38ff) oder um den Juden die Rückkehr und den Wiederaufbau der Stadt zu erlauben. (2.Chr. 36,22; Jes. 45,1ff). So wird die Geschichte zum Zeugnis vom Wirken Gottes.

Gott eröffnet Zukunft

Durch dieses Geschichtsverständnis wird der Gläubige in seinem ganzen Verhalten in die Zukunft gerichtet und in eine mehrschichtige Erwartungshaltung gestellt, die ihn nach vorne schauen lässt. Mit Spannung verfolgt er, wie Gott sein Leben führt. Er hofft auf innere Stärkung und Vertiefung seines Glaubens, wenn er Gott dient und seine Umwelt nach Gottes Willen gestaltet. Zudem geht er trotz Widerwärtigkeiten und eigenem Versagen hoffnungsvoll auf das Gericht zu, weil er sich in Ewigkeit bei Gott geborgen weiß. Denn Jesus selber ermutigt die Jünger im Blick auf die Endzeit: „Wenn aber dies zu geschehen anfängt, so richtet euch auf und hebet eure Häupter empor; denn eure Erlösung naht." (Luk. 21,28) Dieses Ausgerichtetsein auf den kommenden Herrn befähigt die Gläubigen zur Mission unter grossen Gefahren, zu opfervollem Dienst an Mitmenschen, aber auch zu gewaltigen kulturellen Leistungen.

Für westliche Menschen ist diese Grundausrichtung des Lebens in die Zukunft die Norm, keine christliche Besonderheit. Tatsächlich ist aber dieses auf das Morgen programmierte Verhalten nur aus dem biblischen Weltbild erklärbar. Zum Vergleich: In der Antike gab es die Vorstellung, die Weltgeschichte teile sich in große Phasen auf. Da war am Anfang das Goldene Zeitalter, das vom Silbernen, Bronzenen und Eisernen gefolgt wurde. Auf wunderbare Höhen folgt also ein ständiger Abstieg in immer ärmere und brutalere Zeiten bis in die Gegenwart. Damit ist wenig Zukunftshoffnung verbunden. Im hinduistischen und buddhistischen Denken leben die Menschen in einem ewigen Kreislauf von immer neuen Inkarnationen, der vielleicht nach schier unendlich vielen Wiedergeburten ins Nirwana mündet. Im Islam wiederum liefert die Lebenszeit Mohammeds die Orientierung für das Leben des Muslim. Mohammed ist in allem, was er getan und gesagt hat, göttliches Vorbild. Seine Zeit war die beste Zeit. Der islamistische Schriftsteller Qutb bezeichnet diese Zeit denn auch als „Zenit der Vollkommenheit".[59] Das Denken des Muslims orientiert sich darum wesentlich an der Vergangenheit. Christen hingegen sind hoffnungsfrohe Menschen, weil die Zukunft unter Gottes Herrschaft steht und das Beste, die Vollendung in der Ewigkeit, erst kommt.

Gott ist Herr über den Teufel

Vom Teufel redet man nicht. Auch in der Kirche wird er heute meist unterschlagen. Man spottet höchstens über Leute, für die der Teufel eine Realität ist. Der Teufel ist jedoch in der Bibel ein Faktum. So zu tun, als ob der Teufel in der Bibel eine zu vernachlässigende Rolle spiele, ist unsachlich. Davon zu unterscheiden ist die Frage, ob es heute noch Sinn macht, den Teufel in irgendeiner Weise als Realität zu betrachten. Dazu kommen wir später. Doch jetzt sind wir beim biblischen Gottesbild, und dazu gehört auch der Teufel. Die Konkordanz der Zürcher Bibel erwähnt ihn 33 Mal. Das Böse taucht in der Bibel aber auch unter Satan, was so viel wie Widersacher oder Gegner bedeutet, und unter anderen Namen auf. Er ist der Versucher, der Lügner von Anfang an. (Joh. 8, 44) Im Neuen Testament heißt er auch der Diabolos, vom griechischen Wort diaballo durcheinanderwerfen, von wo das Wort Teufel (diable, diablo, devil) stammt. Er ist der Durcheinanderwerfer, der Verwirrung stiftet. Sein Ziel ist es, die Herzen der Menschen zu besetzen, sie zum Aufstand gegen Gott zu verführen und dann ins Verderben zu stürzen. Er will, dass die Menschen ihre Gemeinschaft mit ihrem Schöpfer aufkündigen, ihre Beziehung zum Vater beenden und sich für unabhängig erklären. Diese Trennung von Gott nennt die Bibel Sünde nach dem alten Wort „sondern, trennen". Die Sünde ist in erster Linie Trennung von Gott. Sie ist erst in zweiter Linie die Übertretung eines Gebotes. Als Trennung von Gott ist Sünde das Ende oder eine schwere Störung der Beziehung zu Gott. Alles Tun des Teufels ist auf diese Trennung der Menschen von Gott gerichtet. Dabei kann die Gottebenbildlichkeit der Menschen durch die Sünde bis zur Fratze zerstört werden. Sein letztes Ziel ist es, die Werke Gottes mit Hilfe der Menschen zu zerstören und Gottes Heilsplan Gottes für die ganze Welt zum Scheitern zu bringen.

Der Teufel tritt in der Bibel verschiedentlich in wichtigen Begebenheiten der Heilsgeschichte auf. Zuerst als Schlange gleich nach der Schöpfung. Sie überzeugt Adam und Eva, dass sie keineswegs sterben werden, wenn sie von dem verbotenen Baum essen, sondern dass sie dann wie Gott sein werden und wissen, was gut und was böse ist. (1. Mose 3,1-5) Und die Schlange hat Erfolg. Sie verführt zu Misstrauen und Aufruhr gegen Gott. In der Geschichte Israels zeigt sich der Abfall von Gott dadurch, dass die

Israeliten Götzen anbeten und Fremdlinge, Witwen und Waisen bedrücken und unschuldiges Blut vergießen; und zwar in dieser Reihenfolge, denn das Unrecht an Menschen beginnt mit dem Abfall von Gott. Unrecht passiert nicht irgendwie. Es ist eine Folge der Trennung von Gott, weil dann der Mensch unter die Herrschaft des Bösen gerät. (Jer, 7,1-7)

Im Neuen Testament tritt der Teufel am Anfang des öffentlichen Wirkens Jesu auf, wo er Jesus von seinem Auftrag weglocken will. Der Sohn Gottes soll sich von Gott trennen und ihn, den Teufel anbeten. Jesus weist diese Versuchung durch Hinweise auf Schriftworte ab. (Matth. 4,1-11) Wieder wird der Teufel erwähnt, als Petrus Jesus als den Christus bekennt und damit das Geheimnis Jesu und seiner Gottessohnschaft lüftet. Diese Erkenntnis, sagt Jesus, ist von Gott, und er verheißt Petrus, dass er der Fels sein wird, auf den er seine Kirche baut. (Matth. 16,16) Aber dann will dieser Fels doch verhindern, dass Jesus sich auf den Leidensweg begibt. Als Jesus ankündigt, dass er vieles leiden und getötet werden müsse, „nahm ihn Petrus beiseite und fing an, ihm Vorwürfe zu machen und sagte: Gott verhüte es, Herr, das soll dir nicht widerfahren." (Matth. 16,21-22) Petrus will Jesus von seinem eigentlichen Auftrag abhalten. Das jedoch würde bedeuten, dass Gottes Heilsplan scheitert. Jesus erkennt in diesem Wort des Petrus eine Versuchung des Teufels. Deshalb sagt er zu ihm: „Hinweg von mir, Satan! Du bist mir ein Fallstrick, denn du sinnst nicht, was göttlich, sondern was menschlich ist." (Matth. 16, 23)

Natürlich taucht die Frage auf, woher denn das Böse kommen kann. Wenn Gott vollkommen gut, allmächtig und Schöpfer aller Dinge ist, wie kann es sein, dass das Böse auch da ist? Hat Gott auch das Böse geschaffen, dann ist er nicht vollkommene Liebe und allmächtig. Wenn er aber das Böse oder den Teufel nicht geschaffen hat, dann ist er nicht der Schöpfer alles Sichtbaren und Unsichtbaren. Hier tut sich ein für unsere Logik unlösbarer Widerspruch auf. Im Laufe der Geschichte sind viele Antworten vorgeschlagen worden, durch die man versucht hat, die Tatsache des Teufels zu erklären und unser Bedürfnis nach verstandesmäßiger Logik zufrieden zu stellen: Das Böse, so heißt es, war nötig, damit das Gute als Gutes überhaupt deutlich wird. Erst wo Finsternis ist, wird das Licht als Licht erkannt. Oder: Gott ist tatsächlich nicht allmächtig. Gemäß dem Dualismus ist die Welt gefangen in einem unendlichen Kampf von den zwei Mächten Gut und Böse, Licht und Dunkelheit. Der Mensch steht dazwischen und muss sich entscheiden. Oder: Leidvolle Erfahrungen wie früher Tod oder Kriege sind Beweise dafür, dass es keinen Gott gibt, sondern nur Zufall und Chaos. Der Mensch ist einem blinden Schicksal ausgeliefert. Oder man redet wie Konrad Lorenz in seinem Buch vom „sogenannten Bösen", das in Wirklichkeit gar kein Böses ist, sondern ein sinnvoller Schritt der Evolution.

Viele Bibelleser finden in Jes. 14,12a eine Antwort auf die Frage, woher der Teufel stammt. So übersetzt z. B. die King James Version von 1997 den Vers so: „How are you fallen from heaven, O Lucifer, son of the morning!" (Wie bist du vom Himmel gefallen, O Luzifer, Sohn des Morgens.) Dazu bringt die Bibel einen Kommentar, in welchem es heißt: „Apparently Satan was created one of the mightiest angels named Lucifer". („Offenbar wurde Satan als einer der mächtigsten Engel geschaffen, mit dem(lateinischen) Namen Luzifer, was Lichtträger heißt.") Auf Grund eines Krieges im Himmel wurde Luzifer zusammen mit anderen rebellischen Engeln aus dem Himmel verstoßen. Nach dieser Auffassung ist der Teufel ein von Gott geschaffener Engel, der sich dann gegen Gott aufgelehnt hat und so zum Teufel wurde. Diese Deutung ist sehr verbreitet. Dennoch habe ich meine Zweifel an deren Richtigkeit. In dem Kommentar zur King James Version heißt es bezeichnenderweise „apparently" (offenbar). Dieses Verständnis ist also auch nach der King James Version nur eine wahrscheinliche Deutung. Ich meine, auf diese Weise wird die Frage nach dem Ursprung des Bösen nur scheinbar beantwortet. Sie wird nicht gelöst, sondern nur in den Himmel verschoben. Die Frage bleibt: Wie konnte das Böse im Himmel auftauchen und Luzifers Herz bewegen, sodass er sich gegen Gott auflehnte, wo doch alle Engel vom heiligen Gott geschaffen sind?

Die Zürcher Bibel von 1954 übersetzt den Vers in Jes. 14,12 so: „Wie bist du vom Himmel gefallen, du strahlender Morgenstern." Aus dem Zusammenhang ist klar, dass mit dem Morgenstern der König von Babel gemeint ist. Dieser wird zwar eindeutig als Widersacher Gottes geschildert, aber der Text gibt keine Antwort auf die Frage nach dem Woher des Bösen. (Ähnlich verhält es sich mit Ez. 28,12-16, wo der König von Tyrus aus dem „Heiligtum des Gottesberges" vertrieben wird, und in 2. Petr. 2,4 wo von Engeln die Rede ist, „die gesündigt haben.") Der Widersacher Gottes ist da, auch wenn man nicht weiß, woher er kommt. Eigentlich müsste man eine Antwort auf die Frage nach dem Woher in der Geschichte vom Sündenfall, in 1. Mose 3, also kurz nach der Schöpfung, zwingend erwarten. Wie gelangte die Schlange ins Paradies? Doch es gibt keine Antwort. Die Schlange ist einfach da.

Aufschlussreicher ist die Geschichte von Hiob. „Er ist fromm und bieder, gottesfürchtig und dem Bösen feind." Hiob 1,1. Es folgt die Schilderung, wie die „Gottessöhne", womit die Engel gemeint sind, sich im Himmel versammeln und sich auch der Satan dazu gesellt. Er erhält von Gott die Erlaubnis, Hiob all sein Glück und seinen Besitz zu nehmen, ihn in Not und Leid zu stürzen, um ihn zu versuchen. Gott ist also damit einverstanden, dass Hiobs Glaube einer für unser Empfinden grausamen Prüfung unterworfen wird: Alle seine Kinder kommen um. Als Hiob die Prüfung besteht, erlaubt Gott dem Teufel einen noch schwereren Schlag gegen Hiob: Er wird schwer krank, sodass seine Frau zu ihm sagt: „Fluche Gott und stirb!" (Hiob 2,9) Aber auch in dieser Prüfung hält Hiob am Glauben fest. Er klagt, doch auch im Klagen wendet er sich an Gott, bleibt beim Glauben und findet am Schluss auch wieder zu seinem kindlichen Vertrauen zurück, worauf Gott ihn erneut segnet mit Nachkommen, Reichtum und langem Leben. (Hiob 42,7ff)

Auch in dieser Geschichte – sie ähnelt übrigens sehr der himmlischen Versammlung, welche in 1. Kö 22,19ff geschildert wird – finden wir keine Antwort auf die Frage nach der Herkunft des Teufels. Er ist, wie schon in der Geschichte vom Sündenfall, einfach da und gesellt sich unter die Gottessöhne im Himmel. Ich meine, Gott gibt uns auf unsere neugierige Frage nach dem Wie und Woher des Teufels keine Antwort. Es widerspricht unserem Wesen, sich mit einer solchen Antwort zufrieden zu geben. Doch Gott weist unsere Neugierde in Schranken. Für unsere Rettung vor dem Teufel ist dieses Wissen auch nicht nötig. Hingegen erhalten wir eine Antwort auf die Frage nach dem Wozu des Teufels. Er darf und soll wohl auch die Menschen in ihrer Beziehung zu Gott prüfen. Gott will ja, dass die Menschen ihn aus freien Stücken lieben. Es gehört zu seiner Liebe, dass er den Menschen auch die Freiheit einräumt, sich von ihm abzuwenden und sich gegen ihn aufzulehnen. Freiheit ist eine Bedingung der Liebe. Und sie ist zugleich eine Möglichkeit, der Versuchung zum Bösen zu erliegen. Nur wenn ich mich auch gegen Gott entscheiden kann, ist die Entscheidung für ihn eine echte Entscheidung. Gott lässt die Versuchung zu, indem er den Teufel zulässt. Durch die Möglichkeit zum Abfall von Gott kann sich die Liebe zu Gott bewähren.

Damit ist, wie gesagt, das quälende Rätsel nach dem Woher des Teufels nicht gelöst. Aber in dieser Antwort ist eine Sinngebung enthalten. Versuchung ist Teil der von Gott gegebenen Freiheit.

Wichtig: Der Teufel ist in der Bibel Gott eindeutig untergeordnet. Er ist nicht frei in der Ausübung seiner verderblichen Macht. Der Teufel muss Gott um Erlaubnis bitten, bevor er Hiob versuchen darf. Und Gott setzt ihm klare Grenzen, wie weit er bei der Versuchung Hiobs gehen darf. (Hiob 1,12 und 2, 6) Und Jesus widersteht dem Teufel mit Zitaten aus der Schrift. In der Auferstehung hat Jesus die Macht alles dessen, was mit dem Tod und dem Teufel verbunden ist, überwunden. Johannes fasst das Kommen Jesu und sein Wirken so zusammen: „Dazu ist der Sohn Gottes erschienen, die Werke des Teufels zu zerstören." (1. Joh. 3,8) Und Paulus beschreibt im Kolosserbrief den Triumph Jesu über den Teufel so: „Nachdem er die Gewalten und die Mächte (damit sind die Mächte des Bösen gemeint) gänzlich entwaffnet hatte, führte er sie öffentlich zur Schau." (Kol. 2,15) Paulus vergleicht hier Jesus mit römischen Feldherren, welche nach ihren Siegen die Gefangenen in einem Triumphzug durch die Straßen Roms führen ließen. In Phil. 2,9ff schildert Paulus die umfassende Wirkung des Kreuzestodes Jesu: „Daher hat auch Gott ihn über die Massen erhöht und ihm den Namen geschenkt, der über jeden Namen ist, damit in dem Namen Jesu sich beuge jedes Knie derer, die im Himmel und auf Erden und unter der Erde sind, und jede Zunge bekenne, dass Jesus Christus der Herr ist, zur Ehre Gottes des Vaters." Und schließlich tröstet Paulus die Korinther angesichts von möglichen Verfolgungen mit dem Hinweis, dass Gott sie nicht über Vermögen der Versuchung aussetzen wird, „sondern mit der Versuchung auch den Ausgang schaffen wird." (1.Kor.10,13)

Am Ende der Tage wird Gott den Teufel ganz vernichten: „Und der Teufel, der sie verführte, wurde in den See des Feuers und Schwefels geworfen." (Off. 20, 10) Gott ist jederzeit Herr über den Teufel und alle bösen und verderblichen Mächte. Und seine Kinder sind mit dem Geist Gottes begabt, welcher auch sie befähigt, der Macht des Bösen zu widerstehen. Deshalb sind sie mit Siegeskräften ausgerüstet. Die Jünger sind in der Lage, Dämonen auszutreiben, (Mk. 6,12) und sie haben die Macht, den Teufel zu vertreiben, wenn sie sich Gott zuwenden. So mahnt Jakobus: „So unterwerfet euch nun Gott; widerstehet aber dem Teufel, so wird er von euch fliehen." (Jak. 4,7)

Sünde und Teufel gehören zum biblischen Welt- und Menschenbild. Wer sie als unwichtig bei Seite lässt, muss erklären, weshalb Jesus am Kreuz sterben musste.

Aus dem biblischen Gottesbild erwächst das entsprechende Menschenbild. Dessen zentraler Inhalt ist das Befreitwerden des Menschen durch Gottes Heilswirken. Wir werden sehen, wie aus diesem inneren Befreitsein im Verhältnis zu Gott freiheitliche gesellschaftliche und politische Strukturen wachsen und das christliche Abendland entsteht. Damit sind wir beim nächsten Thema.

4. Das christliche Menschenbild

Die Leistung einer Person ist bekanntlich nicht nur von deren Intelligenz und Bildung abhängig. Mindestens ebenso wichtig sind deren Selbstbewusstsein und Zielsetzung. Ich staune oft, wie weit es Personen mit durchschnittlichen Begabungen, Selbstbewusstsein und Willen bringen, und umgekehrt. Ich meine, mit den Völkern verhält es sich ebenso. Es war das besondere Selbstbewusstsein der Menschen in Europa, das sie bewegt und befähigt hat, eine die ganze Welt prägende Zivilisation zu schaffen. Alles, was im Folgenden über das Selbstverständnis eines Christen gesagt wird, bringt in verschiedenen Begriffen die vielfältigen Formen der Liebe Gottes zu den Menschen zum Ausdruck.

Gottes Ebenbild

Für die Beantwortung der Frage nach dem christlichen Menschenbild können wir nicht anders als noch einmal auf den Text in 1. Mose 1,27 hinweisen. Er ist in seiner weltgeschichtlichen Bedeutung einmalig: „Und Gott schuf den Menschen als sein Bild, als Bild Gottes schuf er ihn: als Mann und Frau schuf er sie." In diesen Worten ist im Kern alles enthalten, was im Folgenden über das Wesen der Menschen aus biblischer Sicht auszuführen ist. In keiner anderen Religion finden wir die Aussage, dass der Mensch Gottes Ebenbild ist. In der Bibel gilt sie von jedem Menschen, ohne Einschränkung. Weder Rasse noch Hautfarbe noch Geschlecht, weder Alter noch hohe oder niedere

Geburt, weder Bildung noch Zugehörigkeit zu einer Religion machen einen Unterschied. Ob Milliardär, Slumbewohner, Prostituierte oder Sklave, ob Friedensnobelpreisträger, Mörder oder unheilbar Behinderter: Jeder Mensch ist nach dem Bild Gottes geschaffen. Und diese Ebenbildlichkeit ist unverlierbar. Sie ist zwar durch die Sünde schwer geschädigt, oft weitgehend zerstört. Das Gott zugewendete freudige Gesicht verfinstert sich, wenn es sich von Gott abwendet. Enttäuschung und Verbitterung prägen es. Manchmal wird daraus eine hässliche, vom Teufel mitgeprägte Grimasse. Aber auch dieser durch böse Mächte verwüsteten Ebenbildlichkeit gilt immer noch die Liebe Gottes.

In Jesus Christus greift Gott ein, um die Menschen aus ihrer Verlorenheit zu retten und in ihnen die volle Ebenbildlichkeit mit Gott wieder herzustellen. Die Evangelien verwenden den Ausdruck Ebenbild nicht, setzen sich jedoch voraus und bestätigen mit Bildern und Vergleichen die besondere Beziehung Gottes zu allen Menschen, auch zu Randfiguren und zu moralisch Fragwürdigen. Jesus veranschaulicht dies z. B. im Gleichnis vom verlorenen Sohn, wenn er vom Vater redet und Gott meint, und wenn er von Söhnen redet und Menschen meint. Oder wenn er von Kindern sagt: „Wer in meinem Namen ein Kind aufnimmt wie dieses, nimmt mich auf, und wer mich aufnimmt, nimmt nicht mich auf, sondern den, der mich gesandt hat." (Mk. 9,37) Jesus geht noch einen Schritt weiter und nennt im Gleichnis vom Weltgericht die Notleidenden und Verachteten seine Brüder: „Ich war nackt, und ihr habt mich bekleidet... ich war im Gefängnis, und ihr seid zu mir gekommen." Und er begründet diese Aussage mit den vielzitierten Worten: „Was ihr einem dieser meiner geringsten Brüder getan habt, das habt ihr mir – also dem Weltenrichter – getan." (Matth. 25,36ff). Alle diese Bilder Jesu sind nur verständlich, wenn die im Schöpfungsbericht festgehaltene Ebenbildlichkeit des Menschen mit Gott vorausgesetzt wird. Diese Qualifizierung des Menschen als Gottes Ebenbild, die von jeder sonst so wichtigen sozialen Einstufung unabhängig ist, enthält ungeheuren gesellschaftsverändernden, oft revolutionären Sprengstoff und schafft noch heute vielen Regierungen Unruhe. Ohne dieses Selbstverständnis hätte in Europa keine Entwicklung zu einer demokratischen Gesellschaft entstehen können, in der jeder, der Reiche wie der Bettler, eine Stimme hat. Beide sind vor dem Gesetz gleich, weil sie vor Gott gleich sind. Eine Reformation hätte nicht stattgefunden. Sklaverei wäre noch immer verbreitet. Die Französische Revolution mit ihren Schlagworten von Liberté, Fraternité und Egalité hätte nie stattgefunden. Die Allgemeine Erklärung der Menschenrechte durch die UNO von 1948 wäre nie proklamiert worden. Der biblische Text ist weit über 3 000 Jahre alt.

Aus der Ebenbildlichkeit mit Gott leiten sich alle Aspekte des christlichen Selbstverständnisses ab. Denn da Gott die Menschen nach seinem Bild geschaffen hat, hat er sie auch mit Eigenschaften begabt und ihnen Aufgaben übergeben, die seinem eigenen Wesen und Tun entsprechen. Das christliche Menschenbild leitet sich vom Gottesbild her. Im Folgenden werden daher manche Ausführungen stark an das anklingen, was über das Bild Gottes gesagt wurde.

Person mit Sprache

Gott ist Person und will seine Liebe in Beziehung ausdrücken. Darum hat er auch den Menschen personhaftes Wesen verliehen. Jeder Mensch ist ein einmaliges Geschöpf, ein Individuum, unter Milliarden eine Person, und das heißt, jeder Mensch ist eine ganze Welt für sich. Weil Gott mit den Menschen in Beziehung treten will, hat er ihnen Intelligenz verliehen, welche Sprache möglich macht. Weil Gott Wort/Logos ist, ist auch der Mensch wesentlich bestimmt durch die Sprache. Und Sprache ermöglicht die Gemeinschaft mit anderen Menschen. Das Individuum braucht Gemeinschaft, Beziehung zu anderen. Nur so kann es sich als Individuum erfahren. Die Psychologie bestätigt die Bedeutung des sprachlichen Ausdrucks für das Wesen des Menschen. Individuation, Persönlichkeitsentwicklung und die Heilung von seelischen Krankheiten und Verletzungen geschehen hauptsächlich durch bewusstmachendes Aussprechen von Gefühlen und Fakten. Das Ich entfaltet sich im Gespräch, in Begegnung und Auseinandersetzung mit dem Du. Auch und gerade die eheliche Gemeinschaft ist auf das Gespräch angewiesen, das sich mit den Kindern fortsetzt. Ohne Gespräch stirbt eine Ehe. Ohne das Gespräch mit den Eltern können Kinder ihre Persönlichkeit nicht entwickeln. Berühmt ist das Experiment der römisch-deutschen Kaisers Friedrich II. (1194-1250). Er wollte herausfinden, welche Sprache Gott ursprünglich den Menschen gegeben hatte, bevor sie nach dem Turmbau zu Babel andere Sprachen erhielten und sich zerstreuten. (1.Mose 11)

Daher übergab er eine Reihe von Säuglingen Hebammen zur Pflege mit dem strengen Befehl, sie bestens zu pflegen, aber kein Wort mit ihnen zu reden. Friedrich II. glaubte, die Kinder würden eines Tages anfangen, von selber in der gesuchten Ursprache zu reden. Und er vermutete, dass dies Hebräisch, die Sprache des Alten Testamentes, sein werde. Was geschah? Die Kinder starben früh.[61] Um Mensch zu werden, braucht der Mensch die Sprache, sonst stirbt seine Seele und dann auch sein Körper.

Begabt mit Gewissen und Würde

Um Person sein zu können, muss der Mensch Entscheidungsfreiheit haben. Er muss einen eigenen Willen haben und diesen auch umsetzen können. Mit Freiheit ist auch die Gefahr von Fehlentscheiden verbunden und mit der Möglichkeit, einer Versuchung zu erliegen. Der Mensch braucht einen Kompass, um sich moralisch zu verhalten. Zwar kann das Gewissen aufhören, sich an Gott zu orientieren. Aber der Mensch bleibt mit Gewissen begabt.

Würde hängt, auch sprachlich, zusammen mit Wert. Unter Menschen wird Würde jemandem zuerkannt, der sie durch Leistung verdient hat und deshalb diese Anerkennung wert ist. Ich denke an Nobelpreisträger, Inhaber von hohen politischen Ämtern, Offiziere, Chefs von Großkonzernen oder Mutter Theresa mit ihrer beispielhaften Hingabe an Arme. Auch der Adel wird noch heute geehrt auf Grund der Stellung und Leistung der Vorfahren. Gott handelt ganz anders. Er verleiht jedem Menschen ohne Unterschied und ohne jede Leistung dieselbe Würde, nach seinem Bild geschaffen zu sein. Gott verleiht Würde und Wert, indem er sie dem Menschen zusagt, denn Gottes Wort schafft Realität. Die Menschenwürde ist unverlierbar, nicht weil sie in einer Verfassung als unverlierbar erklärt wird, sondern weil sie von Gott stammt. Der Beter von Psalm 8 staunt über diese göttliche Auszeichnung: „Wenn ich die Himmel sehe, das Werk deiner Finger, den Mond und die Sterne, die du hingesetzt hast: Was ist der Mensch, dass du seiner gedenkst, und des Menschen Kind, dass du dich seiner annimmst? Du machtest ihn wenig geringer als Engel, mit Ehre und Hoheit kröntest du ihn. " (Ps. 8,4-7) Auch Jesus bekräftigt diese Einschätzung, als er die Jünger davor warnt, Niedriggestellte zu verachten. „Sehet zu, dass ihr nicht eins dieser Kleinen verachtet! Denn ich sage euch: Ihre

Engel im Himmel schauen allezeit das Angesicht meines Vaters in den Himmeln." (Matth. 18,10)

Bestimmt zur Gemeinschaft in Ehe und Familie

Gott hat den Menschen als Mann und Frau geschaffen und damit die Ehe als Grundordnung des menschlichen Lebens festgelegt. Gott hat also das Wesen der Menschen in der geschlechtsbedingten Verschiedenheit von Mann und Frau gewollt. Mann und Frau bilden gemeinsam das Ebenbild Gottes. Gott wollte die Ehe und die Familie. Jeder Mensch stammt aus der innigen Gemeinschaft eines Mannes und einer Frau, die zur Verschmelzung einer Eizelle mit einer Samenzelle führt. Bekanntlich werden etwa gleich viele Knaben wie Mädchen geboren. Gottes Absicht ist nicht die Vielehe, sondern die die Einehe. Und die Jungfräulichkeit, die meines Wissens ausschließlich beim Menschen vorkommt, weist darauf hin, dass Gott die Ehe als eine einmalige, lebenslange Liebesgemeinschaft von Mann und Frau gedacht hat. Für Kinder bietet das Geborgensein in einer solchen Ehe die besten Voraussetzungen für die Entwicklung einer psychisch gesunden und lebensbejahenden Persönlichkeit. Wir erinnern uns an die Untersuchungen von Joseph D. Unwin, der festgestellt hat, dass sexuelle Enthaltsamkeit vor der Ehe und Monogamie die Grundvoraussetzung für den Aufstieg einer Kultur darstellen.

In den letzten Jahrzehnten ist das biblische Verständnis von Ehe und Familie von verschiedenen Seiten hinterfragt und teilweise heftig bekämpft worden. Man spricht von neuen, modernen, zukunftsweisenden Familienmodellen. In diesem Zusammenhang wird immer wieder auf die Unterdrückung der Frau durch Bibel und Kirche verwiesen, welche als Haupthindernis für die Selbstentfaltung der Frau gebrandmarkt wird. Die Würde der Frau, heißt es, könne nur durch eine Ablehnung des schöpfungsmäßigen Eheverständnisses erreicht werden. Als Hauptschuldiger wird der Apostel Paulus ausgemacht, weil er im Brief an die Epheser schrieb: „Ihr Frauen, seid euren Männern untertan." (Eph. 5,22)

Dieser Satz gehört wohl zu den am meisten missverstandenen Texten der Bibel. Man vergisst dabei einmal, dass Paulus nicht unsere freie Gesellschaft vorfand, sondern den römischen Staat. Das damalige Gesetz räumte dem Familienvater uneingeschränkte Herrschaftsrechte über alle Familienmitglieder ein. Dazu gehörten auch die verheirateten Söhne und ihre

Frauen, sofern sie in seinem Hause wohnten. Er hatte sogar das Recht, über das Leben eines Neugeborenen zu entscheiden.[60] Bekanntlich wurden Christen schon in apostolischer Zeit durch den Staat verfolgt. Man hielt sie für Aufrührer, weil sie das Opfer vor dem Kaiser verweigerten und damit den Zusammenhalt des Vielvölkerstaates gefährdeten. Paulus durfte auf keinen Fall dem römischen Staat einen weiteren Grund zur Verfolgung liefern, indem er ein ungesetzliches Eheverständnis lehrte, das die Unterordnung der Frau ablehnte. Das hätte die ganze römische Gesellschaftsordnung durcheinander gebracht mit unabsehbaren Folgen für das Wachstum der Kirche. Er übernimmt selbstverständlich, was Jesus über die Ehe gesagt hat. Jesus, nach der Scheidung befragt, zitiert, in 1. Mose 2,24 steht: „Darum wird ein Mensch Vater und Mutter verlassen und seinem Weibe anhangen, und die zwei werden ein Lieb sein." (Matth. 19,5) Das Ein-Leib-Sein ist umfassend zu verstehen. Mann und Frau bilden in der Ehe eine alles umgreifende Lebensgemeinschaft, gewissermaßen eine Eheperson. Ein Eheberater hat das Bild vom *einen* Leib ergänzt und den Mann als den Kopf, die Frau als das Herz bezeichnet.

In großer Klugheit hat Paulus das römische Recht bestätigt, indem er der Frau gebot, sich dem Manne unter zu ordnen. Aber gleichzeitig – und das wird meist unterschlagen – hat er das römische Recht völlig neu gedeutet und eigentlich in seiner Intention außer Kraft gesetzt, indem er das von Jesus bestätigte Eheverständnis aus 1. Mose 2,24 in den vorgegebenen Rahmen des römischen Rechtes hineinstellte. Denn Paulus fordert von beiden, von Mann und Frau innerhalb dieses römischen Rechts eine Haltung der Liebe, des gegenseitigen Respekts und Dienens. Diese Forderung begründet er nicht mit dem römischen Gesetz, sondern mit der Beziehung zu Christus. Die Frauen sollen dem Mann untertan sein „wie dem Herrn". Und von den Männern fordert er viel mehr, nämlich dass sie ihre „Frauen lieben, wie Christus die Kirche geliebt und sich für sie dahingegeben hat." (Eph. 5,25) Das heißt, die Männer sollen sich für ihre Frauen so aufopfern, wie Christus das für die Kirche getan hat. Dem Verhalten der Frauen widmet Paulus zwei Verse; für das Verhalten der Männer benötigt er sechs.

Paulus hat einen Streit mit dem römischen Staat vermieden und gleichzeitig die Ehe in eine das ganze Leben um fassende, innige Gemeinschaft umgewandelt, in der Mann und Frau einander dienen. Paulus hält an der

Führungsaufgabe des Mannes fest. Aber die Ehe ist jetzt nicht ein von Herrschaft und Unterwerfung geprägtes Verhältnis, sondern Mann und Frau sind in Liebe und gegenseitigem Dienen für einander da.

Dieses Eheverständnis spiegelt sich wider in dem, was Paulus über den ehelichen Verkehr schreibt: „Der Frau leiste der Mann die schuldige Pflicht, ebenso aber auch die Frau dem Mann. Die Frau hat über ihren eigenen Leib nicht die Verfügung, sondern der Mann; ebenso aber hat auch der Mann über seinen eigenen Leib nicht die Verfügung, sondern die Frau." 1. Kor. 7,3 und 4. Demnach geht es also beim ehelichen Verkehr weder um Herrschaft und Unterwerfung noch um egoistische Selbstverwirklichung, sondern um liebende und respektvolle Bereitschaft für einander. Und um diese Auffassung vom Verhältnis von Männern und Frauen noch einmal zu betonen, erwähne ich, was Paulus über die Beziehung der unterschiedlichen Gläubigen zu Christus schreibt: „Da ist weder Jude noch Grieche, da ist weder Sklave noch Freier, da ist nicht Mann und Frau." Gal. 3,28. Es war Paulus offensichtlich wichtig, in dieser Aufzählung Menschen mit unterschiedlicher Identität die Frau in ihrer dem Manne gleichen Würde vor Gott zu erwähnen. Wer diese biblische Deutung der ehelichen Gemeinschaft ernst nimmt, kann unmöglich von einer Diskriminierung der Frau durch die Bibel reden. Diese Eheauffassung als tiefe, das tägliche Leben ebenso wie die Beziehung zu Gott umfassende Gemeinschaft, in der alles in Gottes Liebe und Heiligkeit eingetaucht ist, und wo das Zeugen und Gebären eines Kindes Teilhabe am schöpferischen Wirken Gottes bedeutet, findet in der nicht christlichen Welt keine Parallele, hat sich aber in Europa im Mittelalter als gesellschaftliche Norm durchgesetzt. Tatsächlich kamen im Mittelalter Frauen zu höchsten öffentlichen Würden und Machtpositionen.

Gerecht gemachte Sünder

Vergebung empfangen und üben

Christen wissen, dass sie Sünder sind. Durch ihre Trennung von Gott sind sie aus der Gemeinschaft mit dem Schöpfer herausgefallen. Jesus hat dieses Sündenbewusstsein noch verschärft. Vor Gott ist nicht nur der vollzogene Ehebruch eine Sünde. Schon ein flüchtiger Gedanke an Ehebruch ist eine Verletzung von Gottes Heiligkeit. (Matth. 5,27) Damit wird jeder Mensch als Sünder überführt. Und es wird deutlich, dass Sünde nicht nur die Übertretung eines Gebotes meint, sondern eine bleibende Qualität jedes menschlichen Lebens. Kein Mensch kann aus eigenen Kräften Gott gefallen. Er ist in seinem Wesen sündhaft und kann nicht leben, ohne immer wieder schuldig zu werden. Eine größere Demütigung, ja, ein vernichtenderes Urteil ist kaum denkbar. Doch dann kommt Gott dem Menschen zu Hilfe. Jesus stirbt am Kreuz und nimmt die Strafe auf sich. Damit wird die Sünde bestraft, die Strafe aber nicht am Sünder vollzogen, sondern am heiligen Sohn Gottes. Der Sünder hingegen wird gerecht gesprochen. Der Sünder wird aus Demütigung und Gericht herausgeholt und wieder in das würdevolle Kindesverhältnis zu Gott gestellt. Durch Vergebung der Sünde beginnt die Wiederherstellung der Gottebenbildlichkeit des Sünders.

Der Mensch erfährt allerdings, dass er nach empfangener Vergebung wieder in Sünde fällt. Paulus beschreibt diese innere Spannung, unter der er leidet. Er will Gott ganz dienen, und erfährt doch immer wieder, dass ihm dies letztlich nicht gelingt. Er lebt also in der Spannung zwischen dem Anspruch seines Gewissens und der täglichen Erfahrung seines Ungenügens. Daraus erlöst ihn Christus durch die Vergebung. Er schreibt: „In meinem Inneren freue ich mich am Gesetz Gottes, in meinen Gliedern aber nehme ich ein anderes Gesetz wahr, das Krieg führt gegen das Gesetz meiner Vernunft und mich gefangen nimmt durch das Gesetz der Sünde, das in meinen Gliedern ist. Ich elender Mensch! Wer wird mich erlösen aus diesem Leibe des Todes? Dank sei Gott durch Jesus Christus, unseren Herrn." (Röm. 7,24)

Martin Luther hat diese doppelte Erfahrung in der Beziehung zu Gott beschrieben mit der bekannten Formulierung vom „simul iustus simul peccator" (gleichzeitig Gerechter und Sünder). Das heißt, Christen sind durch Gott gerecht gemacht. Sie sind heilig und bleiben doch Sünder. So redet Paulus die Gemeindeglieder von Korinth wie folgt an: „…an die in Christus Jesus Geheiligten, an die zu Heiligen Berufenen." (1. Kor. 1,2) Das hindert ihn nicht, bei der Gemeinde auf Missstände hinzuweisen und Besserung anzumahnen. Die Gemeindeglieder fallen immer wieder in Sünde und Schuld, aber die Gnade Gottes deckt alle Sünden zu. In dieser Liebe wissen Christen sich endgültig geborgen. Deshalb kann Paulus auch schreiben: „Denn ich bin mir gewiss: Weder Tod noch Leben, weder Engel noch Mächte, weder Gegenwärtiges noch Zukünftiges noch Gewalten, weder Hohes noch Tiefes noch irgendein anderes Geschöpf vermag uns zu scheiden von der Liebe Gottes, die in Christus Jesus ist, unserem Herrn." (Röm. 8,38f) So erhält der Gläubige durch die Wiederherstellung der Ebenbildlichkeit mit Gott ein neues Selbstbewusstsein, das seinen Grund in der Liebe Gottes hat und nicht in Eigenleistungen. Er darf sich als Kind Gottes empfinden, als Mensch, der mit Gott im Reinen ist. Mit diesem Selbstbewusstsein sind Menschen in der Lage, Außerordentliches zu leisten, große Belastungen zu ertragen und so Geschichte zu gestalten. Das werden wir auch in den folgenden Kapiteln sehen.

Heute kommt kaum jemand auf die Idee, dass die Vergebung der Sünden das Selbstwertgefühl und den Lebenserfolg von Menschen beeinflussen könnte. In dieser Einschätzung zeigen sich eine fatale Unkenntnis und ein säkulares Missverständnis vom Wesen des Menschen. Von den durch Vergebung frei werdenden geistlichen Kräften gehen immer wieder gewaltige gesellschaftliche und politische Veränderungen aus. Das beste Beispiel dafür, wie durch Vergebung Energien freigesetzt werden, gibt uns Jesus Christus. Alle Jünger haben ihn verlassen, und Petrus hat ihn drei Mal verleugnet. Nach der Kreuzigung Jesu waren sie ein kleines Häuflein von Schuldbewussten und Verzagten. Aber nach seiner Auferstehung hat Christus ihnen vergeben und sie mit der Weltmission beauftragt. Ihr apostolisches Sendungsbewusstsein trägt sie in fernste Länder. Und Saulus hat die Gläubigen verfolgt und ist vielleicht auch am Tod von einigen schuldig geworden. Doch Jesus hat ihn berufen und ihm seine Schuld vergeben. So wird der Verfolger Saulus zum Paulus, dem größten Missionar aller Zeiten. Gestärkt durch das Bewusstsein, von Gott angenommen und gesendet zu sein, haben die Jünger und nach ihnen Unzählige beispiellose missionarische und diakonische Kräfte entfaltet und buchstäblich die Welt verwandelt.

Heilende Wirkung von Vergebung

Vergebung hat befreiende und heilende Kraft, und sie kann den Gang der Geschichte beeinflussen. Ehen, Familien und Gesellschaften, die von der Vergebung wissen, unterscheiden sich wesentlich von anderen. Sie sind offener für einander, eher bereit, nach einem Scheitern oder einem Streit einen Neuanfang zu wagen oder jemandem eine zweite Chance zu geben. Sie sind besser in der Lage, Schwierigkeiten auszuräumen oder einen echten Frieden zu schließen, und sind dadurch erfolgreicher bei der Gestaltung der Zukunft als andere. Unser Alltag ist bis hinein in gerichtliche Praxis vom Gedanken geprägt, dass auf Grund einer Entschuldigung eine ganze oder teilweise Vergebung möglich ist und auf diesem Weg ein Unrecht geheilt und eine gestörte Beziehung wieder ins Lot gebracht werden können. Schuldbekenntnis und Bitte um Vergebung bringen nicht nur im katholischen Beichtstuhl seelische Erleichterung und Befreiung. Sie können dramatische psychosomatische Auswirkungen haben.

Das hat Dr. Jakob Rinderknecht, eine seinerzeit in der ganzen Schweiz bekannte christliche Führungsperson selber erfahren und öffentlich erzählt. Er hatte mit etwa 60 Jahren zunehmend Mühe, Essen bei sich zu halten. Er konsultierte alle möglichen Ärzte. Alles umsonst. Sein Magen revoltierte sofort. Schließlich konnte er nur noch wenige Löffel Milch mit der in der Schweiz als Stärkungsmittel bekannten Ovomaltine, zu sich nehmen und dachte daran, seine Arbeit als Leiter einer christlichen Heimstätte aufzugeben. Schließlich begab er sich mit seiner Frau in ein christliches Zentrum im Tessin, wo er hoffte, er würde in der dortigen Abgeschiedenheit und in dem angenehmen Klima Erholung finden. Aber er wurde von Tag zu Tag schwächer, und man rechnete mit seinem Ableben. Dann rief Rinderknecht einen befreundeten Arzt und Seelsorger an und bat ihn um einen Besuch, denn er möchte beichten. Der Arzt stellte ihm dann einige Fragen und zwar so, dass er einfach mit ja oder nein antworten konnte. Darauf betete der Arzt mit ihm und sprach ihm Vergebung zu. Das war am Morgen. Bald darauf bat Rinderknecht seine Frau, sie möchte die Koffer packen, denn er wolle zurück nach Zürich. Sie erschrak und fürchtete ernsthaft um seine geistige Gesundheit, gab aber seinem Drängen nach. Kaum im Zug bestand er darauf, in den Speisewagen zu gehen, wo er ein Dreigang-Menü bestellte, denn er habe einen gewaltigen Hunger. Seine Frau war entsetzt und bereitete sich seelisch auf die, wie sie meinte, unvermeidliche und hochnotpeinliche Situation vor, wenn sein Magen reagieren würde. Er aber aß mit sichtlichem Vergnügen, und seine Eingeweide funktionierten problemlos. Rinderknecht fasste alles zusammen und sagte zu seiner Frau: „Ich habe Vergebung empfangen. Ich bin gesund."

Vergebung kann sogar Geschichte beeinflussen. Dazu berichtet Michael Henderson, wie nach dem Zweiten Weltkrieg im Kongresszentrum der Moralischen Aufrüstung im schweizerischen Caux zwischen 1948 und 1952 mehr als dreitausend Deutsche an Konferenzen teilnahmen, darunter die meisten führenden Persönlichkeiten des öffentlichen Lebens in Deutschland – künftige Ministerpräsidenten, Industrielle, Pädagogen und Meinungsmacher aller Ebenen und Berufsgruppen.[62] Das persönliche Vertrauen, das sich zwischen diesen Männern und Frauen entwickelte, gab in einer Zeit großer politischer Entscheidungen wichtige Anstöße zur friedlichen Entwicklung im Nachkriegseuropa und damit auch zu dem, was heute die EU ausmacht. So lernte lernte George Villiers, Präsident der französischen Arbeitgebervereinigung 1949, in Caux Hans Böckler, den Vorsitzenden des Deutschen Gewerkschaftsbundes kennen. Böckler sagte zu Villiers: „Wir sollten aus zwei Gründen Feinde sein. Ich bin Deutscher, und Sie sind Franzose; Sie sind das Oberhaupt der Arbeitgeber, ich bin Gewerkschaftsführer." „Ja, erwiderte Villiers, und es gibt noch einen dritten Grund: Ihre Landsleute verurteilten mich zum Tode. Ich war im politischen Konzentrationslager und sah die meisten meiner Kameraden sterben. Aber das ist alles Vergangenheit. Wir müssen vergessen." Villiers kündigte an, er werde seinen Einfluss beim Schließen eines moralischen und wirtschaftlichen Bundes zwischen Frankreich und Deutschland geltend machen."[63]

Dass die Jahrhunderte alte Feindschaft zwischen Frankreich und Deutschland sich in echte Freundschaft wandeln konnte, ist historisch einmalig. Auch wenn nicht in allen Gesprächen in Caux und an anderen Orten von der „Vergebung um Christi willen" die Rede war, so hat sich doch nach dem Krieg bei Siegern und Besiegten der Wille zur Vergebung, zum Neuanfang und zur Überwindung des Hasses durchgesetzt. In allen vom christlichen Weltverständnis geprägten Völkern ist der Gedanke an Vergebung und Neuanfang als eine Möglichkeit zur Konfliktlösung auch in politischen Problemen vorhanden. In manchen anderen Kulturen war und sind Hass und Vergeltung Teil der Staatsideologie.

Vergebung und Forschung

An einer Konferenz über Europa und Religionsfreiheit 2008 in Rom hat Prof. Johan Hansen aus Holland die Ansicht vertreten, dass Vergebung mit ein Grund sein könnte, weshalb im christlichen Europa die naturwissenschaftliche Forschung blühte, während sie in anderen Kulturen sich nicht entfalten konnte. Sein Argument: Vor allem in den Anfangszeiten der Forschung, also im Mittelalter, kamen Forscher nur nach Umwegen und vielen vergeblichen Versuchen zu einem Resultat. Das heißt, die Forscher mussten die Möglichkeit haben zu scheitern, und ihre Umgebung musste dafür Verständnis haben. Für ein misslungenes Experiment oder eine Serie von Misserfolgen musste ein Minimum an öffentlicher Toleranz vorhanden sein, ohne dass die Forscher Ehre und Einkommen verloren. Eine Gesellschaft, die keine Vergebung kennt, lässt dies nicht zu. Wer alle seine Kräfte darauf verwenden muss, sein Gesicht nicht zu verlieren, wie das in sog. „Schamgesellschaften" der Fall ist, der wird das Risiko eines Scheiterns nicht auf sich nehmen. Als man im Mittelalter mit Forschen begann, ließ man den Forscher Zeit, und niemand störte sich an Misserfolgen. So weit Hansen.

Schamkultur oder wo es keine Vergebung gibt

In der Geschichte vom Sündenfall von Adam und Eva wird bekanntlich berichtet, wie die beiden nach der Sünde bemerkten, dass sie nackt waren, und sich aus Feigenblättern Schurze machten. (1. Mose 3, 7) Scham ist also eine Folge der Sünde und meint selbstverständlich nicht nur die körperliche Scham. Sondern der Mensch schämt sich, weil er aus der ungetrübten Gemeinschaft mit Gott herausgetreten ist. Er ist jetzt ein gefallenes Ebenbild Gottes. Diese Ebenbildlichkeit war seine Würde. Scham hilft ihm, seine Würde zu bewahren. Und Scham – wir reden oft von Hemmungen – bewahrt ihn auch davor, die Würde der Mitmenschen zu missachten. Durch den Ungehorsam ist der Mensch schuldig geworden. Damit hat er einen Teil seiner Würde verloren. Deshalb schämt er sich und versucht, sich zu bedecken. Dieses Verhalten beschäftigt jeden Menschen jeden Tag. In seinem Herzen tauchen Gedanken auf, derer er sich schämt und die er verstecken will. Darum muss er sich eine Privat- oder Intimsphäre schaffen, diese vor fremdem Blick schützen und gegen jeden Zugriff verteidigen. Sonst wird er würdelos. Gott hat mit dem um seine Würde besorgten Menschen Erbarmen. Er will ihn nicht würdelos lassen und macht den beiden „Röcke aus Fell und legte sie ihnen um." (1. Mose 3, 20). Wie wir gesehen haben, bestätigt Gott auch dem abgefallenen Menschen unverlierbare Würde.

Der Mensch pflegt und schützt seine Würde mit Kleidern, Benimmregeln, Titeln und Gesetzen. Denn ohne Selbstwertgefühl kann der Mensch schwer leben. Ein gestörtes Selbstwertgefühl hindert seine Kräfte nachhaltig. Wenn es beschädigt wird, muss es wiederhergestellt werden. Der Beleidigte muss Genugtuung erhalten. Sonst bleibt er beschämt und weiß sich gesellschaftlich herabgesetzt. Er hat sein Gesicht verloren. Wenn man von Schamkultur spricht, meint man eine Gesellschaft, in der die Wiederherstellung der Würde durch die Bitte um Entschuldigung und Vergebung unbekannt ist. Die Schamkultur ist unserem abendländisch-christlichen Denken weitgehend fremd.[64]

In Japan hingegen kommt es immer wieder zu Selbstmorden, wenn ein Mann sich finanziell verschuldet oder anderweitig seine Ehre oder die der Familie so verletzt hat, dass er sie aus eigenen Kräften nicht wieder herstellen kann. In Japan begehen jährlich rund 7 000 Menschen Selbstmord aus finanziellen Gründen.[65] Der japanische Premierminister und General Tojo hatte 1941 den Angriff auf Pearl Harbour befohlen und wurde später als Kriegsverbrecher hingerichtet. Seine 68-jährige Enkelin Yuko Tojo, behauptete, der Krieg wäre kein Angriffskrieg, sondern ein Verteidigungskrieg gewesen.[66] Sie konnte mit der Familienschande nur so fertig werden, dass sie die Realität leugnete. In einer Schamkultur ist es gesellschaftlich unakzeptabel, einen Mitbürger auf einem Versäumnis zu behaften. Denn man bringt ihn in eine Situation, in der er Schande eingestehen muss. Das tut man nicht. Im Extremfall zwingt man jemanden durch eine Anklage zum Selbstmord, weil verletzte Ehre nicht durch Schuldbekenntnis und Vergebung geheilt werden kann.

Genau so verhielt sich Libyen im Fall der bulgarischen Krankenschwestern. Sie waren zum Tod verurteilt worden, weil man sie beschuldigte, Kinder eines Krankenhauses mit dem HIV Virus angesteckt zu haben. Dabei war es auf Grund der Fakten eindeutig, dass diese Kinder durch verseuchte Blutkonserven angesteckt worden waren. Die bulgarischen Krankenschwestern traf keine Schuld. Aber, dass Muslimen solche Schlampereien unterlaufen, durften die libyschen Behörden unter keinen Umständen zugeben. Damit würde ihre Ehre so verletzt, dass nie wieder hergestellt werden könnte. Deshalb schob man die Schuld den bulgarischen Krankenschwestern zu und verurteilte sie zum Tod. Erst nach Jahren im Gefängnis und nach vielen internationalen Demarchen kamen sie schließlich durch die Bemühungen des französischen Präsidenten Sarkozy und einer Zahlung in unbekannter Höhe frei. Libyen hat keine Schuld eingestanden und hat die westliche Welt gezwungen, sich als schuldig zu verhalten.

Wiederherstellung der Ehre durch Mord

Das Fehlen von Vergebung kann zu furchtbaren Grausamkeiten Anlass geben. Hören wir einen Missionar: In einem Gymnasium im Libanon wurden zwei Jungen gute Freunde. Das war in diesem Fall sehr ungewöhnlich, denn sie gehörten zu Familien, die seit Generationen mit einander verfeindet waren. Die Blutrache forderte, dass jeder Tod eines Mitgliedes der einen Familie mit dem Tod eines Mitgliedes der anderen gerächt wurde. Die beiden Freunde beschlossen, diese furchtbare Kette von Morden zu brechen. Sie versprachen einander, dass sie sich weigern würden, wenn jemals der Familienrat sie mit einem Mord beauftragen sollte. Aber dann geschah es, dass der eine doch seine „Pflicht" erfüllte und ein Mitglied der Familie seines Freundes umbrachte. Und als der Mörder seine Strafe abgebüßt hatte, wartete sein ehemaliger Freund beim Gefängnistor auf ihn und erschoss ihn.

In islamischen Ländern kommt es immer wieder zu sog. Ehrenmorden an jungen Frauen, wenn diese vorehelichen Geschlechtsverkehr hatten. Dabei spielt es meist keine Rolle, ob sie das freiwillig getan haben oder vergewaltigt worden sind. In jedem Fall ist dann die Ehre der Familie verletzt, weil es den Eltern, vor allem dem Vater, nicht gelang, die Tochter so zu erziehen und zu bewachen, dass sie bis zur Ehe jungfräulich blieb. Die Ehre der Familie in der Gesellschaft kann bei diesem Verständnis von Ehre nur dann gerettet werden, wenn die junge Frau umgebracht wird, oft von Angehörigen der eigenen Familie. Nach Schätzungen der UNO fallen diesem Ehrengesetz jährlich etwa 5 000 Frauen zum Opfer. Kenner der Situation vermuten, dass die Dunkelziffer sehr hoch ist, denn viele Ärzte haben nicht den Mut, eine solche Ehrenrettung als Mord anzuzeigen. Offensichtlich ist in diesen Kulturkreisen Vergebung als gesellschaftliche Heilung und Wiederherstellung der Ehre unbekannt, oder sie wird abgelehnt.

Vergebung hilft, schuldig Gewordene wieder in Ehren in die Gemeinschaft aufzunehmen und mit ihnen zusammen zu leben. Für Christen ist die Erfahrung von Vergebung selbstverständlich. Sie wissen, dass Gott ihnen vergibt und sie immer wieder annimmt, deshalb können auch sie sich selber und andere neu annehmen. Vergebung ist eine wichtige Kraft beim Aufbau des besonderen Selbstbewusstseins, das Christen auszeichnet. Wenn Gott sie trotz ihres immer neuen Versagens achtet, gewinnen sie ihre Selbstachtung immer wieder zurück. Diese Erfahrung haben Angehörige von anderen Religionen nicht.

Befreite

In der Bibel stehen die Begriffe Erlösung und Befreiung in enger Beziehung zu einander. Erlösung betrifft in erster Linie das Freiwerden aus Bindungen, die durch Sünde entstanden sind, und meint also vor allem die Wiederherstellung der Beziehung zu Gott. Befreiung schließt diese Bedeutung ein, deutet aber an, dass die Erlösung sich ausweitet bis zur Befreiung von der Angst vor Dämonen und aus Menschenfurcht. Damit wirkt sich die Erlösung durch Gott auf Gesellschaft und Politik aus. Gottes Erlösungswerk ist denn auch Befreiung in einem umfassenden Sinn. Gott will Freiheit. Sie ist Voraussetzung für eigene Entscheidungen und damit für eine echte Beziehung. Denn Gott ist Liebe und wartet darauf, dass Menschen sich ihm in Liebe zuwenden. Liebe schenkt Freiheit. Und um allen Menschen Wege in die Freiheit zu zeigen, hat Gott Europa als den Ort ausgewählt, wo er diese Befreiung beispielhaft für die ganze Welt realisieren wollte.

1. Befreiung vom jüdischen Gesetz

Schon im Alten Testament ist Gott der Befreier, wie die Einleitung zu den zehn Geboten zeigt, die lautet: „Ich bin der Herr, Dein Gott, der ich dich aus dem Lande Ägypten, aus dem Sklavenhause, herausgeführt habe." (2.Mose 20,2) Im Laufe der Jahrhunderte hat sich in Israel ein kompliziertes System von 613 Gesetzen entwickelt, deren genaue Einhaltung garantieren soll, dass kein zentrales Gebot Gottes verletzt wird. Das bedeutete jedoch für den frommen Juden vielfache Gebundenheit. Davon befreit Jesus die Menschen. Er macht unmissverständlich klar, dass er ein neues Gebot bringt, dass das alte jüdische Gesetz durch sein Kommen erfüllt ist und von seinen Jüngern nicht mehr eingehalten werden muss. In geradezu provozierender Deutlichkeit hat er dies in der Bergpredigt erklärt, wo er mehrfach sagt: „Ihr habt gehört, dass zu den Alten gesagt ist... ich aber sage euch... ." (Matth. 5,21ff) Mit diesem „ich aber sage euch" stellt sich Jesus auf gleiche Höhe wie Gott, der allein Gebote aufstellen kann. Und er kündigt im Auftrag Gottes ein neues Gebot an. Wie radikal er das Neue versteht, zeigt seine Antwort auf die Frage eines Gesetzeslehrers. Dieser fragte ihn: „Welches Gebot ist das höchste im Gesetz?" Jesus antwortete: „Du sollst den Herrn, deinen Gott lieben mit deinem ganzen Herzen und mit deiner ganzen Seele und mit deinem ganzen

Verstand. Dies ist das höchste und erste Gebot. Das zweite aber ist ihm gleich: Du sollst deinen Nächsten lieben wie dich selbst. An diesen zwei Geboten hängt das ganze Gesetz und die Propheten." (Matth. 22,35ff) Damit fasst Jesus das ganze Alte Testament zusammen und hebt seine Gebote auf. Seine Jünger sind nicht an die Beschneidung und das Einhalten all der jüdischen Gesetze gebunden. Für sie gilt grundsätzlich nur das Doppelgebot der Liebe. Diese Befreiung war Grundvoraussetzung dafür, dass das Christentum sich unter Nichtjuden ausbreiten konnte.

Die in der jüdischen Tradition aufgewachsenen Jünger hatten Mühe, diesen Bruch mit ihren heiligen Gesetzen zu vollziehen. Es kam zu einem heftigen Streit, in welchem sich Paulus durchsetzte. Er hat für diese Freiheit mit Vehemenz gekämpft und mahnt die Galater: „Zur Freiheit hat uns Christus befreit! Stehet also fest und lasst euch nicht wieder in das Joch der Knechtschaft einspannen.." (Gal. 5,1) Freiheit ist für Paulus ein Grundthema seiner Verkündigung, auch in seiner Botschaft an die Gemeinde von Rom, wo er von der „herrlichen Freiheit der Kinder Gottes" spricht. (Röm. 8,21) Freiheit ist für ihn geradezu das Merkmal des Christenglaubens. So sagt er der Gemeinde von Korinth: „Der Herr aber ist Geist; und wo der Geist des Herrn ist, da ist Freiheit." (2. Kor. 3,17) Wohl gemerkt, Paulus redet dabei nicht nur von einer freien geistlichen Beziehung zu Gott oder von der Befreiung vom jüdischen Gesetz. Darum formuliert er es in allgemeiner, absoluter Form: Wo der Geist des Herrn ist, da ist Freiheit, allerdings Freiheit unter Gott.

2. Befreiung von Teufel und Dämonen

Damit verbunden ist die Befreiung der Gläubigen aus der Macht des Teufels und der Dämonen. Ob es beobachtbare Gründe für die Existenz des Teufels gibt, untersuchen wir später. Zur Zeit Jesu fürchteten sich die Menschen vor vielen bösen Mächten, Göttern und Dämonen. Ihr Himmel war belebt von einer Unzahl von solchen Mächten, von denen viele darauf aus waren, die Menschen zu schädigen. Und für unsere eigene Zeit gilt, dass Schamanismus und Satansanbetung zunehmen. Geisterbeschwörer und Hexen bieten ihre Dienste in Zeitschriften und am Fernsehen an. Alle diese Mächte samt ihrem Oberherrn, dem Teufel, hat Jesus durch seine Auferstehung besiegt. Dieser Sieg ist für die Christen von größter Bedeutung. Jesus hat Macht über die Dämonen. Er treibt eine Legion von ihnen aus einem Besessenen und erlaubt ihnen, in eine große Schweineherde zu fahren. Darauf stürzen sich die Schweine in den See Genezareth. (Matth. 8,28-34). Paulus vergleicht Jesu Tun, mit einer Befreiung aus dem Machtbereich des Bösen und einem Versetztwerden in den neuen Machtbereich Christi: „Er hat uns aus der Macht der Finsternis errettet und uns in das Reich des Sohnes seiner Liebe versetzt." (Kol. 1,13) Der auferstandene Christus erklärt seine Machtfülle am Anfang des Taufbefehls mit den Worten: „Mir ist alle Gewalt gegeben im Himmel und auf Erden." (Matth. 28,18) Und damit diese Aussage im zeitgenössischen Umfeld der zahllosen Götter und Geister jener Zeit auch richtig verstanden wird, schreibt Paulus: „Denn in ihm ist alles, was im Himmel und Erden ist, erschaffen worden, das Sichtbare und das Unsichtbare." (Kol. 1,16) Die alte Kirche sprach daher mit Vorliebe von Christus als dem Pantokrator, dem Allherrscher. Über die Befreiung von okkulten Mächten gibt es sehr zahlreiche und glaubwürdige Berichte aus der Geschichte und der Gegenwart.

Christen sind von jeder Bindung an solche Mächte befreit; Befreiung im Inneren ist eine zentrale Erfahrung des christlichen Selbstbewusstseins, die sich auch auf gesellschaftliche und politische Strukturen auswirkt.

3. Befreiung von Menschenfurcht

Bald nach der Gründung der ersten Gemeinde in Jerusalem kam es zur Auseinandersetzung mit den jüdischen Behörden. Die Jünger predigten mit großem Erfolg, dass der gekreuzigte Jesus auferstanden und also der verheißene Messias ist. Damit forderten sie die jüdischen Behörden heraus, denn sie beschuldigten diese, den verheißenen Messias getötet zu haben. Das konnten diese nicht auf sich sitzen lassen. Sie verhafteten die Apostel, verboten ihnen, von Jesus zu reden und drohten mit schweren Strafen. Darauf antworteten Petrus und die Apostel. „Man muss Gott mehr gehorchen als den Menschen." (Apg. 5,29) Bekanntlich kam es in Jerusalem bald zu einer heftigen Verfolgung der Christen. Der neue Glaube verbreitete sich jedoch rasch im Römischen Reich und geriet in den Konflikt mit dem Kaiserkult. Die Christen beanspruchten für sich das Recht, Jesus als den obersten Herrn und Gott zu verehren und verweigerten deshalb das von allen römischen Bürgern geforderte Opfer für den als Gott verehrten Kaiser. Rom sah in dieser Weigerung eine Gefährdung der staatlichen Einheit und des inneren

Friedens und versuchte daher, die Bewegung durch Strafen und Hinrichtungen zu unterbinden. Für die Christen ging es darum, Gott allein anzubeten, also um ein rein geistliches Anliegen. Faktisch aber haben sie mit ihrer Forderung, „Man muss Gott mehr gehorchen als den Menschen", schon damals das gefordert, was wir heute Religionsfreiheit nennen. Diese zieht Gedanken- , Gewissens – und Redefreiheit, Versammlungs- und Organisationsfreiheit nach sich. Mit anderen Worten: In der Glaubenstreue gegenüber Gott als einzigem Herrn ist im Kern schon die Notwendigkeit enthalten, Glaubensfreiheit zu fordern. Politische Freiheit beginnt in den Herzen der von Gott befreiten Menschen.

Beauftragt zur Liebe

Viele sind der Ansicht, in der Ethik der Nächstenliebe erschöpfe sich die christliche Botschaft; das ist ein fatales Missverständnis. Denn diese Sicht verzichtet auf Gott, die Quelle der Liebe. Dem gegenüber ist erstens festzuhalten: Der Auftrag zur Nächstenliebe kann nur verstanden werden als logische Folge von Gottes Liebe zu den Menschen. Nur weil Gott Liebe ist, sind auch die Menschen als seine Ebenbilder zur Liebe beauftragt. Und sie schöpfen die Kraft zur Liebe aus der Erfahrung von Gottes Vergebung und Gnade. Und zweitens geht das biblische Liebesgebot weit über das hinaus, was andere Religionen fordern, sofern Liebe überhaupt einen wesentlichen Aspekt ihrer Lehre darstellt. Christliche Liebe erschöpft sich auch nicht in der oft zitierten so genannten Goldenen Regel: Was du nicht willst, dass man dir tu, das füg auch keinem anderen zu. Diese ist nur scheinbar identisch mit dem, was Jesus in Matth. 7, 12 sagt: „Alles nun, was ihr wollt, dass euch die Menschen tun, das sollt auch ihr ihnen tun." Jesus lässt das passive Den-Nächsten-nicht-schädigen der Goldenen Regel weit hinter sich, indem er es in aktive liebende Fürsorge für jeden Bedürftigen wendet. So fordert Jesus im Gleichnis vom barmherzigen Samariter auf zu rettendem Handeln gegenüber einem Unbekannten. (Luk. 10,25ff) Und in der Bergpredigt radikalisiert er das Liebesgebot und fordert: „Liebt eure Feinde, betet für die, die euch verfolgen." (Matth. 5,44) Das Wesen der schenkenden Liebe (agape) im Unterschied zur begehrenden besitzenden Liebe (eros) hat Paulus im berühmten 13. Kapitel des 1. Korintherbriefes geschildert. Dieses Hohe

Lied der Liebe ist in der Weltliteratur einmalig. Es kann nur verstanden werden als Auswirkung von Gottes Liebe, welche sich in den von Christus erfüllten Menschen als lebendig erweist.

Es steht außer Frage, dass Christen zu allen Zeiten durch Liebestätigkeit zahllosen Menschen geholfen und Millionen Leben gerettet haben. Durch Armen- und Krankenpflege haben sie auch in vielen nicht-christlichen Gesellschaften Respekt gewonnen, und viele Türen und Herzen haben sich so ihrer Botschaft geöffnet. Aus diesen Diensten der Nächstenliebe sind sowohl die moderne Medizin wie auch die öffentliche Wohlfahrt hervorgegangen. Selbstverständlich wurde und wird auch in christlichen Völkern Nächstenliebe vielfach von Egoismus verdrängt. Dennoch gingen von diesem Gebot immer wieder starke gemeinschaftsbildende Kräfte aus, welche sich hilfreich auf gesellschaftliche und politische Strukturen auswirkten und es heute noch tun. Die unüberschaubar große Zahl von christlichen karitativen Werken ist dafür Beweis. Almosen sind zwar auch in anderen Kulturen üblich. Aber im Buddhismus erhalten Mönche Spenden, weil der Gebende dadurch auf eine Verbesserung seines Karmas hofft. Im Islam sind Almosen geboten, aber sie kommen meist nur den Muslimen zu gute. Das christliche Geben ist absichtsfreie Liebe, weil auch Gottes Liebe schenkende Liebe ist. Er ist der Geber aller guten Gaben. (Jak.1,17) Er opfert sogar seinen Sohn. Für Christen ist es eine Berufung, ebenfalls geben zu dürfen und damit zu handeln wie Gott. So schreibt Paulus: „Dies aber bedenket: Wer kärglich sät, wird auch kärglich ernten, und wer im Zeichen des Segens sät, wird auch im Zeichen des Segens ernten, …denn einen fröhlichen Geber hat Gott lieb." (2. Kor. 9,6) Für Christen gehört Geben zum Normalverhalten, sei es in bescheidenen Spenden oder im Verschenken ganzer Vermögen. Christen und christliche Gesellschaften verarmen dadurch nicht. Im Gegenteil. Dieses Grundverhalten hat sich für Europa als Vorteil erwiesen und seinen Aufstieg gefördert. Die christliche Soziallehre und die entsprechenden Gesetze und sozialen Einrichtungen haben in Europa die Verarmung der Massen und die Bildung von Slums weitgehend verhindert.

Beauftragt zur Mission

Jesus hat seine Jünger in die ganze Welt gesandt, um die gute Nachricht von der Liebe Gottes allen Menschen zu bringen. Glaube und Mission sind eine untrennbare Einheit. So sind denn auch im letzten Auftrag Jesu an die Jünger

Taufe und Mission eins. Der Missionsauftrag hat für Gott so zentrale Bedeutung, dass Jesus sogar den Zeitpunkt seiner Wiederkunft und also das letzte Gericht von der Erfüllung dieses Auftrags abhängig macht. So sagt Jesus in seiner Rede über die Endzeit: „Und dieses Evangelium vom Reich wird auf dem ganzen Erdkreis verkündigt werden als ein Zeichen für alle Völker, und dann wird das Ende kommen." (Matth. 24,14) Für das christliche Selbstverständnis heißt das: Christen haben einen Auftrag und damit auch ein Ziel. Sie sind bewegt vom Willen, mit ihrem Leben Gott zu dienen und sich dafür Ziele zu setzen. Das verleiht ihrem Dasein Sinn. Eine Gesellschaft von zielbewussten Menschen ist in der Lage, Hindernisse zu überwinden, vor denen andere schon beim Gedanken an die Schwierigkeiten kapitulieren.

Beauftragt zur Kultur

Wie wir im Kapitel über das Gottesbild gesehen haben, gehören Arbeit, Kultur und Zivilisation auch zum schöpfungsmäßigen Auftrag an alle Menschen. Im Christentum haben diese drei Bereiche eine wesentliche Aufwertung erfahren. Denn auch in Arbeit, Kultur und Zivilisation kann und soll der Christ Gott dienen und zum Bau des Reiches Gottes beitragen. Gott selber arbeitet sechs Tage lang, „und er ruhte am siebenten Tag von all seinem Werk, das er gemacht hatte." (1. Mose 2,2) Da Gott selber arbeitet, gehört Arbeit auch zum Menschen. Zwar wird Adam für seinen Ungehorsam bestraft, indem jetzt die Arbeit für den täglichen Bedarf mit Mühsal und Frustrationen verbunden ist. Damit wird jedoch nicht, wie viele interpretieren, die Arbeit als solche verflucht. Sie ist auch nicht notwendiges Übel, dem sich nur untere Schichten unterziehen, wie das in verschiedenen Kulturen der Fall war, wo Arbeit den Sklaven zukam, nicht jedoch den Freien. Jesus erlöst uns nicht von der Arbeit und empfiehlt uns statt dessen „süßes Nichtstun". Sondern für Christen wird die Arbeit geheiligt. Das westliche Wort Industrie stammt aus dem Lateinischen „industria" und bedeutet sowohl Fleiß als auch Absicht. Arbeit adelt. Dieser Satz ist aus biblischem Denken entstanden. Arbeit ist ein Mittel, sich und die Familie zu ernähren und darüber hinaus Gutes zu tun. So gehört Arbeit zur sinnvoll erfüllten Lebenszeit. Gleichzeitig erhält Arbeit Ewigkeitsbedeutung, indem Christen durch Arbeit auch Gott ehren. Es ist daher kein Zufall, dass die christliche Welt eine arbeitsame Welt ist.

Manche Christen übersehen, dass auch Kultur zu dem gehört, was Gott den Menschen aufträgt. In der Bibel lesen wir: „Und der Herr nahm den Menschen und setzte ihn in den Garten Eden, damit er ihn bebaue und bewahre." (1. Mose 2,15) Damit anvertraut Gott die Erde den Menschen. Als seine Ebenbilder sollen sie ebenfalls schöpferisch tätig sein. Das beinhaltet die Besiedelung der Erde, das Anlegen von Pflanzungen, den Bau von Häusern, die Schaffung von Städten, Verkehrsmitteln, Bildungseinrichtungen und Staaten samt ihren Gesetzen. Und der Auftrag umfasst auch die Natur, ihre Erforschung und Nutzbarmachung, allerdings auch einen mit pfleglichem Umgang. Der Mensch soll sich ja wie ein Gärtner verhalten. Und zu diesem Auftrag gehört auch die Kunst. Beflügelt durch die Liebe zu Gott und im Bestreben, ihn mit den höchsten Leistungen zu ehren, haben Christen schon in römischen Zeiten Kunstwerke geschaffen. Zwar haben viele Kulturen bewundernswerte künstlerische Werke hervorgebracht, denn der Kulturauftrag Gottes ist Teil seiner Schöpfungsordnung. Aber im mittelalterlichen Europa und später sind neben zahllosen anderen Kunstwerken Kirchen und Kathedralen entstanden, die in ihrer Architektur, in ihrer geographischen Verbreitung und Häufigkeit weltweit einmalig sind.

In Erwartung von Gericht und Vollendung

Das Leben der Christen ist im Unterschied zu anderen Religionen auf Zukunft ausgerichtet. Christen schauen nach vorn. Die Geschichte und damit auch die persönliche Lebenszeit haben ein Ziel. Das Leben der Christen steht unter dem Zeichen der Erwartung der Wiederkunft Christi zum Gericht und zur Vollendung. Das hat Konsequenzen für ihr Verhalten in der Gegenwart. Jesus hat keinen Zweifel daran gelassen, dass er von den Jüngern ein Leben erwartet, das ihrer Begnadigung und Berufung würdig ist. In den drei Gleichnissen vom Weltgericht, von den klugen und den törichten Jungfrauen, von den anvertrauten Talenten und von der Scheidung der Guten und Bösen im Endgericht, (Matth. 25) betont Jesus die Verantwortung jedes Christen, seine Lebenszeit so auszunützen, dass er darin seine Dankbarkeit für die Gnade Gottes zum Ausdruck bringt. Er wird eines Tages vor Gott Rechenschaft geben müssen über die Resultate, die er auf Erden erreicht hat. Also wird er in die Zukunft schauen, den Erfolg planen und alle Kräfte aufbieten, um an die Verwirklichung von Gottes Herrschaft beizutragen. So ist im Evangelium ein starker und vielschichtiger Impuls zur Aktion enthalten. Dabei ist der Gläubige zur Ehrlichkeit und Wahrhaftigkeit verpflichtet.

Ächtung der Sklaverei

Im Altertum war Sklaverei eine von allen Völkern selbstverständlich geübte Praxis, die allerdings dem christlichen Menschenbild von der allen Menschen verliehene Würde und der Brüderlichkeit der Christen untereinander widersprach. Ähnlich wie beim Verhältnis von Mann und Frau in der Ehe hat Paulus die römische Rechtsordnung akzeptiert und gleichzeitig deren Aufhebung vorbereitet, indem er Sklaven und Herren mahnt, sich gegenseitig vom Glauben her zu sehen, nämlich sich als von Gott geliebte und begnadete Brüder zu betrachten und sich entsprechend zu verhalten. Darum schreibt Paulus an die Galater: „Denn ihr alle seid Söhne Gottes... Da ist nicht Jude noch Grieche, da ist nicht Sklave noch Freier, da ist nicht Mann und Weib; denn ihr seid alle einer in Christus Jesus." (Gal. 3,26f) Entsprechend werden in den Briefen des Neuen Testamentes einerseits die Sklaven aufgefordert, ihren Herren untertan zu sein, andererseits werden die Herren daran erinnert, dass Gott sieht, wie sie ihre Sklaven behandeln. So schreibt Paulus an die Gemeinde in Ephesus: „Ihr Sklaven, seid euren leiblichen Herren gehorsam mit Furcht und Zittern, in Aufrichtigkeit eures Herzens wie dem Herrn... ." Und er mahnt die Herren: „Lasset das Drohen, da ihr wisst, dass sowohl ihr Herr als euer Herr in den Himmeln ist und dass es bei ihm kein Ansehen der Person gibt." (Eph. 6,5 und 9)

Mit großer Wahrscheinlichkeit hatte diese geistliche Sicht der Sklaverei sofort Wirkung. Der Sklave Onesimus ist seinem Besitzer Philemon davon gelaufen und hat Paulus aufgesucht. Dieser sendet ihn zurück und bittet den Besitzer Philemon um Schonung und indirekt um Freilassung des Onesimus, weil dieser ja ein Bruder ist. Später taucht Onesimus als Begleiter des Paulus auf (Kol. 4,9) Offenbar hat Philemon sich diese geistliche Sicht zu eigen gemacht und Onesimus freigelassen. Dieses Verständnis der Sklaven als Ebenbilder Gottes und Brüder der Freien hat schließlich auch die gesellschaftlichen Strukturen verändert. Im christlichen Europa kam die Sklaverei nur vereinzelt vor. In den Städten war Unfreiheit ausdrücklich verboten.

Egon Flaig berichtet dazu eine interessante Begebenheit: Als 1402 vier Sklaven nach Toulouse flüchteten und ihre Herren sie zurückforderten, entschied der Rat von Toulouse, dass jeder Sklave, der das Stadtgebiet betrat, automatisch frei war. Und der Sachsenspiegel von 1235, das vermutlich erste Rechtsbuch der Weltgeschichte, begründet das Verbot der Sklaverei mit dem Gleichnis Jesu vom Zinsgroschen. (Mk. 12,14) Das Gleichnis zeige, so die Argumentation, dass die Münze dem gehöre, dessen Bildnis sie trägt; da der Mensch Gottes Ebenbild ist und also Gottes Antlitz trägt, gehört er nur Gott und sonst niemandem![67] Zwar haben Europäer nach der Entdeckung der Neuen Welt Jahrhunderte lang regen Sklavenhandel betrieben und große Profite gemacht. Und in Nord- und Südamerika haben christliche Weiße schwarze Sklaven in großer Zahl gehalten. Aber in Europa selber kam die Sklaverei seit Karl dem Großen mit wenigen Ausnahmen nicht vor. In der Schlacht Besiegte wurden nicht, wie zu Roms Zeiten, zu Sklaven gemacht. Keine Raubzüge wurden unternommen, um Sklaven als Beute heimzubringen. Auch die europäischen Seefahrer, welche den unseligen Sklavenhandel zwischen Afrika und Amerika betrieben, haben die Sklaven, im Gegensatz zu weit verbreiteten Ansichten, nur in seltenen Fällen auf Beutezügen im Landesinneren geraubt. Die Norm war der Kauf von afrikanischen Königen und Häuptlingen an der Küste gegen gutes Geld. Letztere sorgten selber dafür, dass sie den Europäern immer genügend Sklaven liefern konnten.[68]

Es waren christliche Staatsmänner wie der Engländer William Wilberforce und seine Freunde, welche ihr Leben lang gegen den Sklavenhandel kämpften und schließlich dessen Verbot erreichten. In England trat das Verbot des Sklavenhandels am 1. Mai 1807 in Kraft. In den USA unterzeichnete Präsident Jefferson ein entsprechendes Gesetz am 2. Mai 1807. Für die Abschaffung der Sklaverei und die Freilassung aller Sklaven haben die USA unter dem bibelfesten Präsidenten Abraham Lincoln von 1861-1865 den blutigsten aller ihrer Kriege mit 600 000 Toten geführt, und zwar einzig darum weil Sklaverei dem christlichen Menschenbild widerspricht. In den afrikanischen Küstengebieten war man über die in der Folge ausbleibenden Händler höchst erstaunt und verwirrt. Weil der Koran Sklaverei erlaubt, erklärten manche Muslime sogar, das Verbot sei ein Angriff auf den Islam![69]. Der innerafrikanische Sklavenhandel durch die Sahara nach Nordafrika und Ägypten ging denn auch ungestört weiter. Im Mittelalter und bis ins 18. Jahrhundert haben muslimische

Freibeuter die Küstenregionen des Mittelmeeres immer wieder überfallen und Christen als Sklaven verschleppt.[70] Die katholischen Orden der Trinitarier und Mercedarier wurden mit dem ausschließlichen Zweck gegründet, christliche Sklaven aus muslimischer Gefangenschaft freizukaufen.

Bis zur Abschaffung (Abolition) der Sklaverei im ganzen britischen Reich dauerte es allerdings noch bis 1833. Dann jedoch wurde die britische Marine beauftragt, auch spanische und portugiesische Schiffe anzuhalten und Sklaven zu befreien. In der hitzigen Debatte, welche dem Beschluss voranging, überzeugte Premier Minister Lord John Russell die Gegner mit Worten, die jedem Geistlichen wohlanstehen würden: „Es scheint ... mir, wenn wir dieses hohe und heilige Werk (Kampf gegen die Sklaverei) aufgeben..., dass wir dann nicht mehr das Recht haben, die Fortsetzung der Segnungen zu erwarten, welche wir durch Gottes Gunst so lange genossen haben. Ich denke... der hohe, der moralische und christliche Charakter dieser Nation ist die Hauptquelle und das Geheimnis seiner Stärke."[71] Damit sollen die unbeschreiblichen Verbrechen des Sklavenhandels und vieler Sklavenhalter an den schwarzafrikanischen Menschen in keiner Weise klein geredet werden. Der Handel mit Sklaven ist eines der dunkelsten Kapitel in der Geschichte Europas. Aber man darf dabei nicht unterschlagen, dass es Christen waren, welche als erste die Sklaverei mit allen ihren Möglichkeiten bekämpft und in ihrem Herrschaftsgebiet abgeschafft haben. In vielen anderen Staaten lebte die Sklaverei weiter, in manchen bis heute. In Europa taucht sie neu auf in Form von Menschenhandeln und Zwangsprostitution.

Auserwähltes Geschlecht

Die Schilderung des christlichen Menschenbildes kann von unterschiedlichen Gesichtspunkten aus erfolgen. Für unsere Untersuchung ging es darum zu zeigen, dass das christliche Menschenbild jene Quelle ist, aus der über die Jahrhunderte die Gedanken der Freiheit aufstiegen, welche Europa zum weltweit führenden Kontinent gemacht haben. Natürlich waren nicht alle Völker Westeuropas diesem Gottes- und Menschenbild zu allen Zeiten bis ins Innerste verpflichtet. Nur sehr langsam setzte sich diese Weltsicht durch und wurde zum Inhalt dessen, was wir kollektives Bewusstsein des Abendlandes nennen. Zudem gab es bei der Christianisierung Europas schwere Rückschläge, wie etwa die Jahrhunderte der Völkerwanderung, wo viel Angefangenes zerschlagen wurde. Auch wurde nicht selten massiv gegen das christliche Menschenbild verstoßen Tyranneien entstanden, Freiheiten wurden unterdrückt und mussten neu erkämpft werden.

Dennoch: Wenn wir wissen wollen, warum der ziemlich rückständige und verhältnismäßig kleine Teil des eurasischen Kontinents zum freien und reichen Europa und zum weltweit führenden Kulturkreis aufstieg, dann lautet die Antwort: Das Christentum befähigte die europäischen Völker zu herausragenden Leistungen. Christen wissen sich aus der Menge der anderen Menschen gerufen und sind erfüllt von einem besonderen Auftrag. Sie sind die „ekklesia". Das ist griechisch und heißt „Gemeinschaft der Herausgerufenen". Aus ekklesia wurden das französische „église" und das spanische „iglesia" für Kirche; und die Christen gehören zum Herrn aller Herren, zum Kyrios; darum sind sie „die dem Herrn gehörende Gemeinschaft", griechisch die „kyriake". Daraus wurde die deutsche „Kirche" und die englische „church". Sie gehören zum König aller Könige, griechisch zum „basileus". Daraus wurde die „Basilika", und das italienische „baselgia" für Kirche. Christen sind sich in allen Jahrhunderten ihrer besonderen Beziehung zum lebendigen Gott bewusst gewesen. Ihr Selbstbewusstsein unterscheidet sich vom Selbstverständnis von Angehörigen nicht-christlicher Kulturkreise. Im ersten Brief des Petrus wird das Selbstbewusstsein der Christen gültig zusammengefasst: „Ihr aber seid das auserwählte Geschlecht, die königliche Priesterschaft, das heilige Volk, das Volk des Eigentums, damit ihr die großen Taten dessen verkündigt, der euch aus der Finsternis zu seinem wunderbaren Licht berufen hat, euch, die ihr ehemals kein Volk wart, jetzt aber Gottes Volk seid, die ihr nicht begnadigt wart, jetzt aber begnadigt seid." (1. Petr. 2,9f)

Im Folgenden werden wir sehen, wie dieses Bewusstsein Kräfte freigesetzt und dynamische Entwicklungen in Gang gesetzt hat, die in anderen Völkern durch deren Religionen verhindert wurden. Diese Weltsicht hat Karl den Großen zu seiner Vision eines christlichen Europa inspiriert und hat Columbus den Mut gegeben, Indien auf dem Weg nach Westen zu suchen. Dieses Selbstbewusstsein enthält im Kern jene Freiheit des Individuums, die wir heute in der pluralistischen und rechtsstaatlichen Demokratie so hoch schätzen. Es hat eine besondere Art von Menschen herausgebildet, welche wussten, dass es die Freiheit nicht zum Nulltarif gibt, und die bereit waren, sich für sie einzusetzen und notfalls für sie zu kämpfen. Beispielhaft wird dies zusammengefasst in dem Gedicht, das Francis Scott Key, das ein junger amerikanischer Anwalt am Morgen des 14. September 1814 in seiner Freude über die Freiheit und Unabhängigkeit seines Landes gedichtet hat, und das später zur amerikanischen Nationalhymne erklärt wurde. Deren vierte Strophe ist noch heute ein Schlüssel zum Verständnis dessen, was die Bevölkerung der USA bewegt:

Then conquer we must	*Dann müssen wir erobern*
When our cause it is just	*Wenn unsere Sache gerecht ist*
And this be our motto:	*Und dies sei unser Wahlspruch:*
„In God is our trust"	*„Wir trauen auf Gott"*
And the star-spangeled banner	*Und das Sternenbanner*
In triumph shall wave	*Soll im Triumph wehen*
Over the land of the free	*Über dem Land der Freien*
And the home of the brave	*Und der Heimat der Tapferen*

5. Gibt es einen Teufel?

Wir haben gesehen, dass wir beim biblischen Gottesbild den Teufel nicht ausklammern können. Bis zum Beginn der Aufklärung Mitte des 17. Jahrhunderts war der Teufel in Europa selbstverständlicher Teil der allgemein akzeptierten Weltsicht. Bevor wir jene wichtigen Ereignisse der Geschichte schildern, durch welche dieses Weltbild sich als staatsbildende Kraft erwiesen hat, wollen wir der Frage nachgehen, ob die beobachtbare Realität die Annahme eines Teufels nahelegt oder nicht. Versteht man sich selber und die Geschichte besser mit der Annahme eines Teufels oder ohne? Wenn ein Naturwissenschaftler eine Sache prüfen will, dann stellt er Beobachtungen an und zieht daraus Schlüsse. Er muss sein Verständnis der Welt den Beobachtungen anpassen, nicht umgekehrt. Mit Theorien, welche von der Erfahrung nicht bestätigt werden, macht er sich nur lächerlich. Genau so müssen wir mit der Frage umgehen: Gibt es den Teufel oder gibt es ihn nicht? Was lehren uns unsere Beobachtungen?

Zunächst wenden wir uns persönlichen Erfahrungen zu. Wie oft schwören sich Paare ewige Liebe? Und warum wird gleichzeitig ständig betont, dass Streit zur normalen Ehe gehört? Warum gehören Scheidungen zum Alltag? Warum haben wir Gefühle wie Hass, Rache, Gier und Geiz? Was haben wir davon? Produzieren diese Gefühle jemals etwas anderes als negative Resultate? Warum lassen sich Menschen von Gefühlen beherrschen, die ihnen schaden? Und wie oft bekennen sich Menschen vor Gericht eines Verbrechens schuldig, erschrecken über sich selber und den angerichtete Schaden und erklären dann, „aber das wollte ich nicht"? Im Elsass hat der deutsche Kaiser Wilhelm II. die Hochkönigsburg vollständig restaurieren lassen. Er hat gegen Ende des ersten Weltkriegs, nachdem die Blüte der deutschen und französischen Jugend geopfert worden war, am Eisengitter des offenen Kamins in einem Saal die Worte anbringen lassen: „Ich hatte es nicht gewollt…" Wenn er es nicht wollte, warum hat er es dennoch getan? Hat er dann einem anderen gehorcht? Er hat wohl die Katastrophe nicht vorausgesehen, aber er wollte den Krieg.

Am 12. März 2009 erschoss im deutschen Winnenden und Umgebung ein Schüler 15 Menschen. Er hat gemäß einem Fernsehbericht einen Autofahrer gezwungen, ihn zum nächsten Dorf zu fahren. Der Fahrer fragte den Schüler, warum er das tue. Antwort: „Weil es Spaß macht."[72] Polizeibeamte und Behörden erklärten, sie seien fassungslos. Das heißt, sie hatten keine Erklärung. Oder man sagt, der Amokschütze sei krank im Kopf. Doch wenn er krank ist, weshalb bewirkt die Krankheit nicht, dass er Fieber bekommt und sich ganz friedlich ins Bett legen muss? Weshalb bewirkt die Krankheit eine solche Explosion des Bösen? – In Barcelona haben drei junge Spanier eine Bettlerin bei lebendigem Leib verbrannt, die neben einem Geldautomaten übernachten wollte. Die Frau konnte zunächst die 17 und 18 jährigen Angreifer vertreiben. Doch sie kehrten mit Benzin zurück und setzen die Obdachlose mit einer Zigarette in Brand. Nach Angaben des Polizeichefs stammten die Täter aus „normalen Familien der Mittelschicht".[73] Die Antwort, man sei fassungslos, ist keine Antwort, sondern das Eingeständnis, dass man den Vorgang nicht versteht. Ist es nicht so, dass Menschen oft etwas ganz anderes tun, als sie eigentlich wollen, dass also eine andere Macht in ihnen wirksam ist? Bestätigen diese Beobachtungen nicht zu 100%, was die

Bibel sagt: „Ich finde also bei mir, der ich das Gute tun will, das Gesetz gültig, dass das Böse bei mir vorhanden ist." (Röm. 7,25)

Warum gibt es Völkermorde? Weshalb töteten Diktatoren wie Hitler und Stalin mit ihrem Parteiapparat nicht nur Angehörige eines fremden Volkes, sondern Millionen von Landsleuten? Unter der Regierung von Pol Pot wurden im Kambodscha etwa eine Million Menschen umgebracht, vor allem Gebildete. Es genügte, eine Brille zu tragen, um ermordet zu werden. Kleinkinder wurden auf Lastwagen gesammelt und in den Fluss gekippt. In China hat Mao 30 Millionen seiner Landsleute erschießen lassen oder dem Hungertod ausgeliefert, während gleichzeitig Nahrungsmittel exportiert wurden. In ihrem Buch „A Problem From Hell" schildert Samantha Power die Völkermorde des letzten Jahrhunderts und bezeichnet diese Zeit als „The Age of Genocide". Dabei hat sie den Völkermord an den Südsudanesen nicht erwähnt. Nach dem Völkermord in Ruanda erklärte der UNO-Generalsekretär feierlich: „Never again" (Nie wieder). Das heißt, dieser Massenmord war der letzte, – bis zum nächsten Mal. Das letzte Jahrhundert mit seinem atemberaubenden zivilisatorischen Fortschritt war auch die Zeit der größten Massenmorde der Weltgeschichte! Wie sollen wir das verstehen, wenn es doch keinen Teufel gibt? Wo bleibt die vielgerühmte Vernunft?

In Indien spielt sich jeden Tag in aller Stille ein Massenmord ab. Fazal Sheik, eine Inderin berichtet, wie ungeborene Mädchen in ihrem Land behandelt werden. Sie sind in Indien grundsätzlich eine Last und nicht willkommen. Denn die Eltern müssen, so will es die Sitte, einem Bräutigam eine große Mitgift geben, sonst findet ihre Tochter keinen Mann. Wenn eine Familie nur Mädchen hat, kann das deren Ruin bedeuten. Gemäß dem Bericht von Fazal Sheik erhielten Hebammen bis vor kurzem von den Eltern eine Sonderzahlung, wenn sie einem Mädchen sofort nach der Geburt einen Baumwollballen in den Mund stopften, sodass es erstickte.[74] Heute entledigt man sich ihrer durch Abtreibung. Zwar ist die sog. "selective abortion", bei der durch ärztliche Untersuchung das Geschlecht eines ungeborenen Kindes festgestellt und nur dann abgetrieben wird, wenn es ein Mädchen ist, verboten. Aber die Ärzte fanden einen Ausweg: Wird der Bericht in blau geschrieben, so ist es ein Junge; wenn in rot, dann ist es ein Mädchen. Leider ist Indien mit dem Problem der „selective abortion" nicht allein.

Warum verhalten sich Menschen dermaßen grauenvoll? Ich meine, die plausibelste Erklärung ist: Es gibt eine böse Macht, welche sich in den Herzen von Menschen einnistet und sie zu bösen Taten anstiftet. Es gibt böse Mächte, welche die Menschen in den Abgrund treiben, sodass sie immer wieder tun, was ihnen und anderen zum Schaden wird. Tatsache ist, dass es in unserer Zeit erneut Satanskulte gibt. Und der 19-jährige Gymnasiast Robert Steinhäuser, der am 26. April 2002 in Erfurt in einem Amoklauf zwölf Lehrer, eine Sekretärin, zwei Schüler und einen Polizisten erschoss, bevor er sich selbst tötete, hat sich selber als „Sohn Satans" bezeichnet.[75]

Der Schluss aus diesen Beobachtungen scheint mir sehr eindeutig: Wer mit dem Teufel rechnet, versteht sein eigenes Herz, die Geschichte und die Gegenwart besser. Diese Einsicht ist hilfreich. Wer damit rechnet, kann sehr viel Schaden und Leiden vermeiden, weil er weiß, wo Gefahren drohen. Er gleicht einem Menschen, der ein von Minen verseuchtes Gebiet durchwandern muss. Weil er weiß, wo die Minen versteckt sein können, kann er viele vermeiden, während andere blind darauf treten. Mir scheint es unzweifelhaft, dass auch dieses Wissen um die Macht des Bösen zum Aufstieg Europas beigetragen hat. Denn wenn es einen Teufel gibt, dann wissen die Menschen auch, dass sie sich gegen Versuchung und den Versucher wappnen müssen. Schließlich stehen die Beziehung zu Gott und das ewige Heil auf dem Spiel. Doch im 19. Jahrhundert wurde durch Darwin, Nietzsche, Marx und viele andere der Glaube an Gott und mit ihm die Gottesfurcht als Selbsttäuschung dargestellt, der nur intellektuell Zurückgebliebene anhängen können. Man leugnete konsequenterweise auch die Existenz des Teufels. Daher hatte er desto leichteres Spiel, die Völker zu verführen und in den Abgrund zu stürzen. Es ist nur logisch, dass nach der teuflischen Vorarbeit im 19. Jahrhundert das 20. Jahrhundert zum Zeitalter der Völkermorde wurde.

Selbstverständlich hat der Teufel nicht erst im 20. Jahrhundert versucht, die Heilsgeschichte Gottes zu zerstören. Ich überlasse es den Lesern, selber zu urteilen, wo sie in den jetzt folgenden geschichtlichen Ereignissen das Wirken des Widersachers sehen. Ich sehe ihn einmal in jedem Versuch, die Verkündigung von Heil in Jesus Christus zu verfälschen oder zu verhindern. Dann aber auch da, wo Christen die Liebe verleugnen oder sogar über ein ander herfallen wie damals, als die Kreuzfahrer im Jahre 1204 sich dazu hinreißen ließen, Konstantinopel, das Zentrum der östlichen Christenheit, zu erobern und zu plündern. Doch jetzt wenden wir uns zunächst der Frage zu, durch welche konkreten Ereignisse die Befreiung des Menschen durch Gott auch freie gesellschaftliche und politische Strukturen schuf.

II. Anfänge freiheitlicher Strukturen

avid Landes untersucht in seinem Buch „Wohlstand und Armut der Nationen" die Gründe für den Reichtum Europas. Er hält dabei fest, dass der Aufstieg Europas zur Weltmacht keineswegs selbstverständlich war. Im Gegenteil. Er schreibt S. 44: „Tausend Jahre zuvor, also um das Jahr 1000, hätte man dieser Ausbuchtung am westlichen Ende der eurasischen Landmasse, die wir als Erdteil Europa bezeichnen, nie und nimmer eine große Zukunft vorausgesagt. …Damals lag die Wahrscheinlichkeit, dass Europa einmal eine weltweite Vorherrschaft erringen würde, irgendwo in der Nähe von Null. Fünfhundert Jahre später tendierte sie auf Eins hin." Es geht jetzt darum nachzuweisen, durch welche besonderen geschichtlichen Entwicklungen aus Europa, dem in römischer Zeit unterentwickelten Teil des Reiches, die führende Weltmacht wurde, und welche Rolle das Christentum dabei spielte.

1. Römisches Reich und Ausbreitung des Christentums

Der Zeitpunkt für das Auftreten des Messias und für eine rasche Ausbreitung seiner Botschaft in der Welt der Heiden war ideal, ebenso der Ort. Jesus wurde in Bethlehem geboren, womit eine Prophezeiung es Alten Testaments erfüllt wurde. (Matth. 2,6) Bethlehem aber gehörte bekanntlich zum Römischen Reich, ohne welches das Christentum keine Chance gehabt hätte, sich zur größten Religion der Welt zu entwickeln. Dafür gibt es eine Reihe von Gründen.

Dass Rom zum Zeitpunkt der Geburt Jesu eine Weltmacht war, ist nicht selbstverständlich. Denn Rom war nicht immer ein Riesenreich. Als Jesus geboren wurde, hatte Rom sich über Jahrhunderte aus einem Stadtstaat zu einer Weltmacht entwickelt und seine größte Ausdehnung gewonnen. Es umfasste ein Gebiet, das von England bis nach Spanien, von Marokko bis

Ägypten, von Syrien über die Türkei und Griechenland bis nach Deutschland reichte. Dass Judäa, die Heimat Jesu, unter Pompeius im Jahre 63 v. Chr. in das Römische Reich integriert worden war, habe ich schon erwähnt. Wäre Judäa ein eigenständiger Staat gewesen, dann hätte die Staatsgrenze für die Mission ein großes Hindernis dargestellt. Denn Rom verhinderte konsequent die Einwanderung von Barbaren, die nicht zum Reich gehörten. So aber stand den Aposteln das ganze Römische Reich offen.

Und Jesus wurde in die Regierungszeit des Kaisers Augustus hineingeboren. Dieser war 31 v. Chr. an die Macht gekommen und hatte eine lange Phase von Bürgerkriegen beendet. Er regierte bis 14 n. Chr., also über vierzig Jahre, und es gelang ihm, den Frieden zu erhalten. Dafür waren manche Provinzen so dankbar, dass sie ihn als Gott und Erlöser bezeichneten und seinen Geburtstag als ein „Evangelium", als eine gute Nachricht, feierten. Diese Friedenszeit erleichterte das Reisen in ferne Provinzen.[1] Die Stabilisierung des Reiches ging einher mit wirtschaftlichem Aufschwung und der Wiederherstellung von Recht und Ordnung, was der Staatskasse gut tat. Man sprach von der Pax Augustana, dem Frieden des Augustus. Die Haupttitel des Kaisers lauteten: Imperator, Caesar, Divi Filius, Pontifex Maximus, was man mit Herrscher, Caesar, Sohn des Vergöttlichten, Höchster Priester übersetzen kann.

Ein weiterer wichtiger Umstand für die Ausbreitung des Evangeliums war das beispiellose Straßennetz Roms.[2] Zur Zeit des Kaisers Hadrian (ca. 110 n. Chr.) erreichte es mit 85 000 km seine größte Ausdehnung. Dazu kamen noch 300 000 km nicht ausgebauter Straßen Als Alpenpässe nutzten die Römer den Großen Sankt Bernhard, den San Bernardino, den Simplon, Maloja, Splügen, Julier, Brenner, Septimer und andere. Die vollausgebauten Straßen waren 6-8 Meter breit, sodass Fahrzeuge kreuzen oder Soldaten in Sechserreihen marschieren konnten. Die Steigung war mit Rücksicht auf die Truppen und, weil die Wagen der Römer keine Bremsen hatten, auf 15% beschränkt; Geländehindernisse wurden beseitigt, Brücken und Tunnels gebaut. Ortschaften wurden umgangen, damit Truppen und Fahrzeuge ungehindert vorwärts kamen. Das Straßennetz, ergänzt durch rasche Seeverbindungen, war entscheidend für die Einheit des Reiches und Zeichen seiner Überlegenheit gegenüber anderen Völkern. Heeresteile, Handelsgüter, Reisende und Nachrichten erreichten ihre Ziele rascher als in jedem nichtrömischen Staat.

Ein unschätzbarer Vorteil für die Ausbreitung des Evangeliums war ferner die Tatsache, dass der römische Vielvölkerstaat sprachlich insofern eine Einheit war, als im ganzen Reich Latein die Amtssprache und Griechisch die häufigste Umgangssprache war. Weniger beachtet wird der Umstand, dass auch die römische Rechtsordnung der Ausbreitung des Christentums sehr förderlich war. In den Ländern der Barbaren galten zwar auch Gesetze. Sie waren aber vom jeweiligen Herrscher abhängig, und Willkür war alltäglich. Römisches Recht hingegen war einheitliches, geschriebenes Recht, das jeder Statthalter einer Provinz zu respektieren hatte, auch wenn er in der Anwendung gewisse Kompetenzen hatte.[3] Das Besondere an Kaiser Augustus war, dass er zwar seine Macht auch militärisch durchgesetzt hatte, aber nicht als eigenwilliger Tyrann regierte, sondern für Rechtsstaatlichkeit sorgte. Für die strikte Einhaltung des Rechtes finden wir sogar im Neuen Testament Beispiele. So war es den Juden nicht erlaubt, ein Todesurteil auszuführen. Sie mussten sich an Pilatus, den römischen Statthalter, wenden. Und Paulus beruft sich drei Mal auf sein römisches Bürgerrecht. In der griechischen Stadt Philippi wurde er nach einem Volksaufruhr zur Strafe gegeißelt Am anderen Tag zwang er die Stadtoberen, ihm öffentliches Ehrengeleit zu geben, denn sie hätten ihn, einen römischen Bürger, nicht geißeln dürfen. (Apg. 16,37) Später verhinderte er in Jerusalem eine Geißelung, indem er sich wieder auf sein römisches Bürgerrecht berief. (Apg. 22,23) Und gegen Ende der Apostelgeschichte, verlangte er, in Rom vom Kaiser selber gerichtet zu werden, was ihm als römischem Bürger zustand. (Apg. 25,10) Auch wenn Rom bald das Christentum zu unterdrücken begann, so bot das römische Recht und die damit verbundene Verwaltung doch relative Rechtssicherheit. Die Christen wurden nicht in allen Regionen des Reiches gleich blutig verfolgt, und Zeiten der Verfolgung wurden von längeren Perioden der Duldung abgelöst. In diesen Phasen konnte die Kirche eine weitverzweigte Organisation aufbauen, indem sie sich die staatlichen Rechtsordnungen zunutze machte.

Rom war im Prinzip äußerst tolerant gegenüber neuen Religionen. Neben den römischen Familiengöttern gab es die staatlich verehrten Götter, deren Tempel und Priester. Mit der Ausdehnung des Reiches kamen zu den römischen Göttern jene der unterworfenen Völker, welche den vorhandenen Götterhimmel problemlos erweiterten, sodass im Römischen

Reich eine kaum überschaubare Zahl von Göttern und Geistern verehrt wurden. Daneben blühten unterschiedliche Philosophien, und niemand nahm daran Anstoß Es konnte also jeder selig werden, wie er wollte. Diese Toleranz gegenüber Neuem war für die Christen anfänglich eine Hilfe, weil man sie zunächst als eine jüdische Sekte ohne besondere Bedeutung betrachtete. Doch rasch wurde ihr Glaube zum Anlass der Ausgrenzung. Denn die Teilnahme an religiösen Festen, die Anbetung der Götter und des Kaisers sowie der Verzehr von Opferfleisch gehörte zum normalen Leben der römischen Gesellschaft. Dass Christen sich diesem Normalverhalten entzogen, machte sie suspekt. Zum blutigen Konflikt kam es, weil die Christen das Opfer vor den Statuen der Kaiser mit der Begründung verweigerten; nicht der Kaiser, sondern Christus sei der oberste Gott. In dieser Weigerung sahen die Kaiser eine Bedrohung ihrer Autorität und eine Gefährdung der staatlichen Einheit.

Doch die Verfolgungen hatten eine unerwartete Wirkung: Bei der Vielgötterei der Römer bestand die Gefahr, dass Jesus Christus für die römischen Bürger unter den hundert Göttern zum Gott Hundertundeins und damit bedeutungslos wurde. Das haben die Verfolgungen verhindert. Die öffentlichen Hinrichtungen haben dafür gesorgt, dass die heidnische Bevölkerung immer wieder feststellen musste: Dieser Gott der Christen ist kein Gott wie andere. Hier ist ein Glaube, der sich von unserem radikal unterscheidet. Deshalb konnte der Kirchenvater Tertullian (gest. um 230) sagen: „Das Blut der Märtyrer ist der Same der Kirche." Und so haben auch die staatlichen Verfolgungen zur Ausbreitung des Christentums beigetragen.

Jesus wurde zu der Zeit geboren, als im Römischen Reich die Voraussetzungen für ein rasches Wachstum des Glaubens optimal waren. Sollte das Zufall sein? Oder war es so, wie Paulus schreibt: „Als aber die Erfüllung der Zeit gekommen war, sandte Gott seinen Sohn." (Gal. 4,4) Unzweifelhaft ist, dass nur wegen dieser günstigen Umstände das Evangelium jene „Ausbuchtung am westlichen Ende der eurasischen Landmasse" erreichte und dann umformen konnte. Doch das dauerte noch.

2. Konstantin der Große – Entscheidung der Weltgeschichte

Mit Konstantin dem Großen wird die Geschichte des Christentums und damit die Geschichte Europas und der Welt in ganz neue Bahnen gelenkt. Sein Auftreten gehört zu den wichtigsten Ereignissen der Weltgeschichte. Abgesehen von der Geburt Jesu hat das, was mit der Machtergreifung Konstantins geschah, die Welt mehr verändert als alles, was sonst in der Geschichte der Völker prägte. Zwei Ereignisse sind es, die diese Bedeutung markieren. Das eine ist der Sieg über seinen Gegner bei der Milvischen Brücke vor Rom im Jahr 312 mit der darauf folgenden Förderung des Christentums. Das andere ist sein Beschluss, die Hauptstadt des Römischen Reiches von Rom in den Osten, nach Konstantinopel, zu verlegen. Beide Ereignisse schufen Fakten, auf Grund derer die „westliche Ausbuchtung der eurasischen Landmasse" sich zu dem entwickeln konnte, was Europa und seine irreversible kulturelle und zivilisatorische Durchdringung der ganzen Welt ausmacht. Unter Konstantin dem Großen kam es zu dem, was man die Konstantinische Wende nennt.

Das Christentum wird erlaubte Religion

Um 300 n. Chr. war das Römische Reich in West- und Ostrom mit je einem Hauptkaiser und einem Unterkaiser geteilt. Das riesige Reich sollte so besser verwaltet und vor den ständigen Kriegen um die Nachfolge geschützt werden. Trotz dieser Nachfolgeregelung wurde der 280 geborene Konstantin, Unterkaiser Westroms, 306 von seinen Truppen im Rheingebiet zum Augustus, und das heißt, zum Hauptkaiser, ausgerufen. 312 zog er mit einem Heer von 40 000 Mann nach Italien, um Maxentius, den Kaiser und Augustus von Westrom, zu stürzen. Die Entscheidungsschlacht fand am 28. Oktober desselben Jahres bei der Milvischen Brücke über den Tiber direkt vor Rom statt, wo Maxentius Konstantin mit 100 000 Mann entgegentrat. Konstantin gelang der totale Sieg.

Schon 313, also ein Jahr nach dem Sieg vor Rom, hat Konstantin zusammen mit Licinius, dem Kaiser Ostroms, in Mailand das sog. Toleranzedikt unterzeichnet, auch Zwei-Kaiser-Edikt genannt. Darin wurde nichts weniger als Religionsfreiheit gewährt. Damit begann die Konstantinische Wende.

Wenige Jahre zuvor hatte Kaiser Diokletian zusammen mit Galerius, dem Hauptkaiser des Ostens, auf Grund eines sorgfältig ausgearbeiteten Planes zur völligen Ausrottung der Christenheit die wohl blutigste Christenverfolgung der römischen Geschichte befohlen. Jetzt unter Konstantin wurde über Nacht Religionsfreiheit gewährt. Mehr noch, das Christentum wurde vom Kaiser durch Schenkungen von Ländereien gefördert und konfisziertes Eigentum zurückgegeben. Christen erhielten wichtige Positionen in der staatlichen Verwaltung, und Bischöfe wurden öffentlich geehrt. Konstantin ließ seine beiden Söhne christlich erziehen. 321 – er hatte inzwischen den Kaiser Ostroms, Licinius, geschlagen und war Alleinherrscher geworden – erklärte er den Sonntag zum staatlichen Feiertag! Das Christentum trat einen bisher unvorstellbaren Siegeszug an.[4]

Das Römische Reich wird christianisiert

Die unmittelbare Folge der Konstantinischen Wende war die Christianisierung des Römischen Reiches. Die christliche Minderheit erfuhr ein rasantes Wachstum. Viele traten durch die Taufe der Kirche bei, die es vorher aus Angst nicht gewagt hatten, andere weil es jetzt vorteilhaft war, Christ zu sein. Die bischöfliche Grundstruktur der Kirche bildete für diesen raschen Wandel ein hervorragendes Auffangbecken. Zudem hat noch unter Konstantin, dann aber auch unter seinen Nachfolgern eine Bereinigung der theologischen Streitigkeiten stattgefunden, welche ebenfalls dem raschen Wachstum dienlich war.

Auf dem Konzil von Nicaea 325 beschlossen rund 300 Bischöfe unter direkter Beteiligung von Konstantin das Nicaenum als verbindliches Bekenntnis. Darin wurde vor Allem eine klare Definition von Jesus Christus als wahrem Gott und wahrem Mensch in das Bekenntnis aufgenommen. Es wurde 381 zum Nicaeno-Constantinopolitanum ergänzt. Dies bedeutete zwar noch nicht das Ende der dogmatischen Streitigkeiten. Unter den germanischen Stämmen war noch lange der 381 verurteilte Arianismus verbreitet, der in Jesus in erster Linie den von Gott erwählten Menschen und nicht den Gottessohn erkannte. Dennoch entstand mit dem von Konstantin mit geförderten Nicaeno-Constantinopolitanum eine geistig-geistliche Einheit im ganzen Reich.

Konstantins Glaube

In diesem Zusammenhang stellen sich zwei Fragen. War Konstantin ein gläubiger Christ oder ein Staatsmann, der das Christentum für politische Zwecke benützte? Und: War der Sieg an der Milvischen Brücke ein glücklicher Zufall oder ein Zeichen von Gottes Eingreifen in die Geschichte?

Betrachten wir zunächst Konstantins Sieg vor Rom. In Feldzügen gilt allgemein die Regel, dass der Angreifer dem Verteidiger zahlenmäßig und waffentechnisch überlegen sein muss. Zudem muss die Versorgung seiner Truppen trotz der Entfernung von der Basis gesichert sein. Maxentius war als Kaiser von Rom in jeder Beziehung im Vorteil. Er konnte auf den Schutz der hohen Stadtmauern vertrauen, hinter denen er schon zwei Belagerungen überstanden hatte.[5] Den 40 000 Mann unter Konstantin konnte er 100 000 Mann entgegenstellen. Die Versorgung der Truppen war für ihn kein Problem. Warum wurde er dennoch geschlagen? Einmal unterschätzte Maxentius offensichtlich seinen Gegner. Statt sich in der Stadt zu verschanzen und Konstantin zu einer langwierigen Belagerung zu zwingen, trat er ihm vor Rom entgegen, offenbar in der Meinung, ihn leicht besiegen zu können. Doch dann geschah es, dass Maxentius bei dem Versuch, mit seinen Prätorianertruppen Konstantin anzugreifen, von seinen eigenen, vor dem Gegner zurückweichenden Einheiten behindert wurde, in dem entstehenden Gewühl in den Tiber stürzte und sein Leben verlor.[6] Damit war die Schlacht entschieden. Wir fragen: War das ein unerklärliches verhängnisvolles Missgeschick oder doch ein Zeichen von Gottes Eingreifen in die Geschichte?

Zu der anderen Frage, ob Konstantin eine echte Bekehrung erlebt habe oder aus staatsmännischer Klugheit das Christentum förderte, weise ich zunächst auf einen Aspekt hin, der, wie ich meine, oft übersehen wird. Ich halte die Frage nach der Echtheit der Bekehrung Konstantins für falsch gestellt. Sie entspringt unserem westeuropäischen Denken, wie es sich seit der Aufklärung herausgebildet hat. Wir unterscheiden eine äußere Zustimmung zu einer Religion, in die man hineingeboren wird, von einer echten Glaubensüberzeugung, der ein oft längerer Prozess vorauszugehen hat oder sich auf eine plötzliche Bekehrung stützt. Diese Unterscheidung verstehen Christen in vielen nicht-westlichen noch heute nicht. Anfang der neunziger Jahre war ich in Karabach, wo die christlichen Armenier sich verzweifelt gegen die Vernichtung durch die Muslime aus dem benachbarten Aserbeidschan wehrten. Ich sah einen jungen Soldaten aus einem Panzer steigen. Da er am Hals ein Kreuz trug, fragte ich ihn, ob er Christ sei. Er sah mich verständnislos an und sagte wörtlich: „Natürlich bin ich ein Christ, ich bin Armenier." Dass man zwischen seinem Armeniersein und Christsein unterscheiden könnte, war ihm völlig unbegreiflich.

Eine ähnliche echte Identifikation von Geburt und Glauben habe ich bei pakistanischen Christen angetroffen, die dort zu einer kleinen, schwer verfolgten Minderheit gehören. Manche möchten vielleicht einwenden, dass jener Armenier eher ein Freiheitskämpfer war, der zufällig als Christ geboren wurde und gar keine andere Wahl hatte, als sich mit der Religion seines Volkes zu identifizieren. Doch mit diesem Einwand behaupten wir wieder, dass die Echtheit eines Glaubens nur festgestellt werden kann, wenn man zwischen dem Glauben der Geburt und echtem Glauben trennt. Ein solches Urteil würde einem Großteil der Christenheit außerhalb von Europa und Nordamerika, welche oft bereit sind, für ihren Glauben zu sterben, schwer Unrecht tun. Auch ist es unsinnig und unzulässig, den Glauben der Menschen im Mittelalter in Bausch und Bogen darum als unecht zu bezeichnen, weil zu ihrer Zeit der Glaube die Normalität darstellte. Das Gebetbuch von Karl dem Kühnen von Burgund (1433-1477) umfasst 318 Seiten mit 360 Zierinitialen und 47 Miniaturen. Er selber wird dort abgebildet, wie er auf den Knien betet. Gewiss sollte das Buch auch Karls Macht und Reichtum widerspiegeln. Aber damit ist nicht bewiesen, dass seine Gottesfurcht unecht gewesen sei.

Wir westliche Menschen von heute müssen zur Kenntnis nehmen, dass die für uns selbstverständliche Trennung zwischen der Religion der Geburt und dem persönlichen Glauben auf das Selbstverständnis von Christen in vielen Weltregionen nicht anwendbar ist. Auch nicht für die Zeit Konstantins. Die Heiden, welche damals Christen wurden, taten dies nicht, weil sie Jupiter und Venus für Phantasiegebilde hielten, sondern weil sie sich von diesen Göttern ab und dem mächtigeren oder besseren Gott der Christen zuwandten. Auch H. Brandt spricht in seinem Buch über Konstantin den Großen von der damaligen „Omnipräsenz des Religiösen" der damaligen Zeit.[7] Konstantin hat vor seiner Hinwendung zum Christentum an den Sonnengott geglaubt. Dann hat er Christus anerkannt. Da die Echtheit seiner

Bekehrung und seines Glaubens immer wieder umstritten ist, und da das Verständnis der Person Konstantins für unsere Geschichtsdeutung besonders wichtig ist, füge ich eine Reihe von Fakten und Zitaten an, welche meiner Ansicht nach die Echtheit des Glaubens von Konstantin bestätigen.

Am meisten umstritten sind die Vision Konstantins am Tag vor der Schlacht bei Rom und sein Befehl, das Christusmonogramm auf die Fahnen und Schilde der Truppen zu malen. Wer göttliche Visionen von vornherein für unmöglich hält, für den erledigt sich die Frage nach der Echtheit von selbst. Doch die Tatsache, dass die meisten Menschen keine Visionen erleben, ist kein Beweis dafür, dass es Visionen nicht geben kann. Nehmen wir zur Kenntnis, was Konstantin gemäß dem Geschichtsschreiber Bischof Eusebius selber sagt. Da es sich um ein Ereignis von weltgeschichtlicher Bedeutung handelt, zitiere ich einen größeren Teil aus dem Bericht des Eusebius:

„Er (Konstantin) rief also (am Tag vor der Schlacht) in seinen Gebeten diesen (Gott) an, und er bat ihn und flehte ihn inständig an, er möge ihm zeigen, wer er sei, und er möge ihm für die bevorstehenden Unternehmungen seine Rechte reichen... Um die Mittagszeit, als sich der Tag schon zur Neige wandte, habe er, sagte der Kaiser, mit seinen eigenen Augen am Himmel ein über der Sonne stehendes Siegeszeichen des Kreuzes, aus Licht gebildet, gesehen und damit verbunden die Schrift „Hierdurch siege!". Staunen habe ihn bei diesem Anblick ergriffen und auch das gesamte Heer, das ihn auf einem Marsch irgendwohin begleitete und Augenzeuge dieses Wunders wurde. Da, sagte er, sei er in Unkenntnis gewesen, was diese Erscheinung bedeutete. Da habe sich ihm, als er schlief, der Christus Gottes gezeigt mit dem am Himmel erschienenen Zeichen und ihm befohlen, eine Nachbildung des am Himmel gesehenen Zeichens zu machen und dieses als Schutzmittel gegen die Attacken der Feinde zu gebrauchen." [8] Diesen Bericht hat Eusebius erst nach Konstantins Tod verfasst. Er wird aber im Wesentlichen bestätigt durch den Bericht eines anderen Geschichtsschreibers aus dem Jahr 315, also nur drei Jahre nach der Schlacht an der Milvischen Brücke. Darin wird zwar die Vision nicht direkt erwähnt, sie wird aber als bekannt vorausgesetzt.[9] Dass die Vision nicht geschildert, sondern als bekannt vorausgesetzt wird, spricht nicht gegen ihre Echtheit, sondern dafür. Die Vision war so bekannt und von niemandem bestritten, dass der Geschichtsschreiber es nicht für nötig hielt, sie zu berichten.

Für römische Feldherren war es selbstverständliche Tradition, nach einem Sieg zum Capitol zu gehen und dort Jupiter zu opfern. Verschiedene literarische Hinweise legen jedoch den Schluss nahe, dass Konstantin diesen heidnischen Opfergang bewusst verweigert und nach dem Sieg einen gegenüber der Tradition abgekürzten Weg direkt zum römischen Forum genommen hat, weil er die Opferung vor Jupiter vermeiden wollte.[10]

Eine im Original nicht erhaltene Inschrift an einer Konstantinstatue in Rom stellt den Kaiser mit dem „siegbringenden Zeichen" des Christentums dar. Die Statue war bereits im Jahre 312/13, also unmittelbar nach dem Sieg über Maxentius in Auftrag gegeben worden. Gemäß dem Geschichtsschreiber Eusebius hat Konstantin selber befohlen, folgende Inschrift anzubringen: „Durch dieses heilbringende Zeichen, den wahren Beweis der Tapferkeit, habe ich die Stadt vom Joch des Tyrannen errettet und befreit."[11] Mit diesem Zeichen ist wohl das Christusmonogramm, zusammengesetzt aus den beiden griechischen Anfangsbuchstaben des Wortes Christus X P, gemeint.

Schon Ende des Jahres 312, also wenige Wochen nach seinem Sieg, setzt die Kirchenbaupolitik Konstantins ein. Die monumentale Lateran-Kirche mit 100 m Seitenlänge und 50 m Breite hat er schon 313 in Auftrag gegeben.[12]

In einem Schreiben an die Bischöfe in Arles redet Konstantin diese an als seine „liebsten Brüder", weil er sich selber offenbar auch als Bischof, sicher aber als Bruder im Glauben, versteht.[13] In einem anderen Brief an die Bischöfe, welche nicht an das Konzil von Nicäa gekommen waren, offenbart er wieder einen Teil seines Selbstverständnisses, wenn er schreibt, „auch ich war unter ihnen (den Bischöfen), wie einer unter euch… was mich so sehr freut, dass ich euer Mitknecht bin".[14] Es ist für einen Herrscher höchst ungewöhnlich, sich als Mitknecht zu bezeichnen, es sei denn, er versteht sich tatsächlich so.

Die ganze Religionspolitik Konstantins ist nur auf Grund einer echten Glaubensüberzeugung verständlich: Er hat das Christentum nicht nur erlaubt, sondern energisch gefördert. Das kann nur auf Grund einer klaren Überzeugung geschehen sein. Denn staatspolitisch gesehen war dies keineswegs einfach logisch, wie das gelegentlich behauptet wird, sondern angesichts der uralten heidnischen Tradition Roms war ein solcher Wechsel ein kaum kalkulierbares Risiko. Die spätere Geschichte hat das Christentum tatsächlich zur staatstragenden Religion werden lassen. Aber das war zum Zeitpunkt, da Konstantin das Christentum privilegierte, keineswegs die einzig mögliche politische Entwicklung. Zwar war die Kirche trotz grausamer Verfolgungen überraschend gut organisiert. Dennoch darf man nicht vergessen, dass nur wenige Jahre vor Konstantin Kaiser Galerius im Osten und Diokletian im Westen die blutigste aller Christenverfolgungen befohlen hatten. Als Konstantin das Christentum erlaubte, galten die Christen in der Gesellschaft als Staatsfeinde und waren vielfach diskriminiert.[15] Die Vermeidung und Niederschlagung von Unruhen und Aufständen war über Jahrhunderte eine Hauptsorge jedes Kaisers. Die Christen stellten mit etwa 10% der Bevölkerung (die Schätzungen variieren) zwar eine beachtliche Minderheit dar; aber ihr Anteil an der Bevölkerung war doch nicht so groß, dass Konstantin sich ausrechnen konnte, eine verlässliche staatstragende Bevölkerung gefunden zu haben. Was, wenn seine plötzliche Wende, bei der eine diskriminierte Minderheit über Nacht privilegiert wurde, Unruhen im ganzen Reich auslösen würde? Wenn die heidnische staatliche Priesterschaft, die um ihre Privilegien fürchten musste, Truppenteile zum Aufstand ermutigte? Oder wenn eines der Barbarenvölker im Beschluss Konstantins eine Schwäche erkannte und die Gelegenheit zum Angriff benutzte? Die Risiken waren erheblich. Die einleuchtendste Erklärung für Konstantins Förderung des Christentums besteht darin, dass er tatsächlich davon überzeugt war, dass der Christengott der allmächtige Gott ist, und dass er sich als dessen Beauftragten verstand. Die Tatsache, dass sich Konstantin nicht immer christlich verhielt, – er ließ einen seiner Söhne und seine Frau wegen Verdacht auf Intrigen hinrichten[16] – ändert daran nichts. Konstantin war selbstverständlich nicht frei von Fehlern und Sünde.

Das für die ganze Christenheit so wichtige Konzil von Nicäa vom Jahr 325, an dem nahezu 300 Bischöfe festhielten, dass Jesus Christus wesensgleich (homoousios) mit Gott, dem Vater, ist, wurde von Konstantin präsidiert, der sich dabei als oberster Bischof verstand.[17] Auf Grund der erwähnten und noch folgenden persönlichen Bekenntnisse Konstantins kann man die Tatsache, dass er selber das Konzil präsidierte, nicht als unerlaubten staatsmännischen Eingriff in die Angelegenheiten der Kirche beurteilen, sondern als Ausdruck seiner Sorge um den Glauben.

Aus Angst, sich nach der Taufe wieder zu versündigen, schob Konstantin diese Weihe auf bis kurz vor seinem Tod. Dann rief er in Heliopolis in Syrien die Bischöfe in seine Residenz und richtete Worte an sie, welche an der Echtheit seines Glaubens keinen Zweifel zulassen: „Dies ist der Augenblick, auf den ich schon längst gehofft habe, danach dürstend und mich sehnend, das Heil in Gott zu erlangen. Die Stunde ist gekommen, dass auch wir das Unsterblichkeit verleihende Siegel empfangen..." Nach der Taufe weigerte er sich, das kaiserliche Purpurgewand anzulegen, um stattdessen in weißen Kleidern sein nahendes Ende zu erwarten.[18] Damit wollte er sich auf die Zeit im Himmel vorbereiten, wo gemäß der Offenbarung des Johannes Kap. 6 und 7 die Seligen in weißen Kleidern erscheinen.

Konstantin ordnete an, dass seine Leiche „Anteil an der Verehrung der Apostel erhalten werde". Er ließ zwölf Grabmäler errichten; mitten unter sie stellte er seinen Sarg, sodass zu beiden Seiten je sechs Apostel standen. Dies kann nicht anders verstanden werden, als dass Konstantin sich als 13. Apostel verstand.[19] Später wuchs die Verehrung Konstantins in heidnische Anbetung, welche ihn christusgleich (isochristos) machte.[20] Doch dafür kann er nicht verantwortlich gemacht werden.

Niemand bestreitet, dass der entscheidende Sieg Konstantins und seine Förderung des Christentums zeitlich zusammenfallen. Das ist nur erklärbar, wenn man annimmt, dass der Heide Konstantin, der vor allem den Sonnengott verehrte, durch etwas Außerordentliches zu diesem abrupten Religionswechsel bewegt wurde.[21] So besteht die plausibelste Erklärung darin, dass Konstantin tatsächlich eine Gottesbegegnung erlebte. Für unser Verständnis der Geschichte ist dies von größter Bedeutung. Denn damit ist die Konstantinische Wende, – eine unbedingte Voraussetzung für das Entstehen des christlichen Abendlandes –, die Folge von Gottes historisch bezeugtem Eingreifen. Als Konstantins Truppen ihn zum Hauptkaiser ausriefen, und als er in Norditalien alle römischen Heere, die sich ihm in den Weg stellten mit Überraschungsangriffen schlug, da führte ihn Gott, auch wenn er dies noch nicht wusste. Vor Rom gab Gott sich ihm in der Vision zu erkennen und bestätigte seine Berufung durch den unerwarteten Sieg. Ohne diesen Sieg und also ohne Gottes Eingreifen wäre das Christliche Abendland nicht entstanden.

Eine Frage bleibt noch: Wie ist es mit Konstantins Glauben zu vereinbaren, dass er heidnische Kulte nicht nur tolerierte, sondern gelegentlich selber in Anspruch nahm? So enthielt der Triumphbogen, den der römische Senat nach Konstantins Sieg errichten ließ, auch traditionelle Gottheiten wie die Victoria, einen Flussgott und vor allem den Sonnengott.[22] Auch die Gründung von Konstantinopel wurde nach den Regeln Jahrhunderte alter

Riten vorbereitet. Konstantin ließ den Gang der Sterne und den Flug der Vögel beobachten. Als oberster Priester umschritt er selber das projektierte Gebiet der Stadt, warf mit liturgischem Wurfstab eine Ackerfurche auf, welche die Grenze der Stadt symbolisierte. Heidnische Priester assistierten dabei. Für den Tag ihrer Einweihung, den 11. Mai 330, ließ er ein Horoskop erstellen.[23] Er ließ zahllose Heiligtümer und Kultfeiern unangetastet, und auf Münzen erscheint er mit dem Sonnengott als Begleiter.[24]

Eine Antwort auf diese Frage, welche das Verhalten Konstantins für uns mindestens teilweise verständlich macht, finden wir in der Art, wie er das Verhältnis seines Gottes zu den anderen Göttern sah. Die heidnischen Götter waren für ihn keine Einbildungen, sondern Realitäten, über die jedoch Christus, der Pantokrator, – der Allherrscher gesetzt war. Ähnlich redet die Bibel in Da.11,36 vom „höchsten Gott" bzw. vom „Gott der Götter". Als kluger Herrscher wollte und musste Konstantin die heidnischen Kulte nicht verfolgen. Dazu hatte er keinen Auftrag. Die Götter seiner heidnischen Untertanen waren ohnehin alle dem Christus unterworfen. Er, Konstantin, war der Vertreter des Allherrschers. Die Sonne war dessen wichtigstes Geschöpf, weshalb er als Vertreter des Schöpfers sich selber in die Nähe der Sonne rückte. Konstantins Verhalten entspricht nicht unserem Verständnis einer Bekehrung zum einzig lebendigen Gott, neben dem alle anderen Götter Nichtse sind. (Psalm 96,5) Doch seine Zeitgenossen dachten offensichtlich wie er. Bischof Eusebius schreibt über den Kaiser: „So wie die Sonne über der Erde aufgeht und neidlos über alle die Strahlen ihres Lichtes verbreitet, gerade so ließ Konstantin, der zusammen mit der aufgehenden Sonne aus dem kaiserlichen Palast hervortrat, als ginge er zugleich mit dem Licht am Himmel auf, über alle, die vor sein Angesicht kamen, die Lichtstrahlen seiner ihm eigenen Güte leuchten."[25]

Gründung von Konstantinopel/Byzanz

Mit Konstantins Selbstverständnis hat auch die Gründung Konstantinopels zu tun. Sie ist das zweite Ereignis von weltgeschichtlicher Bedeutung aus seiner Zeit. Der Beschluss, das Zentrum des Römischen Reiches in den Osten zu verlegen, hängt wohl mit dem Sieg Konstantins über Licinius, den Kaiser des Ostens, im Jahre 324 zusammen. Dieser Sieg wird in der Geschichtsschreibung meist kurz erwähnt, ist jedoch von eminenter Bedeutung für den Gang der Weltgeschichte. Denn ohne diesen Sieg wäre Konstantin nicht Alleinherrscher geworden, Konstantinopel wäre nie gebaut worden, und Europa wäre nicht entstanden. Doch jetzt war Konstantin Alleinherrscher. Er wählte für die neue Stadt eine Landzunge in der griechischen Provinz Byzanz. So war Konstantinopel, das neue Zentrum des Reiches, von drei Seiten vom Meer umgeben. Die westliche Seite wurde durch eine Mauer gesichert, welche im Lauf der Jahrhunderte zur dreifachen Mauer ausgebaut wurde. Durch diese Lage und seine Mauern war Konstantinopel für Jahrhunderte uneinnehmbar, bis es im Jahr 1203 von den Kreuzfahrern erobert wurde.

Doch was hat Konstantin wirklich zum Bau einer neuen Reichshauptstadt bewogen? Aus verwaltungstechnischer Sicht bestand dazu keine Notwendigkeit. Mit der um 753 v. Chr. gegründeten Stadt am Tiber war eine über Tausend jährige Geschichte verbunden. Warum damit brechen? Eine gut eingespielte Beamtenschaft stand in Rom zur Verfügung. Wozu die enormen Geldmittel für eine neue Riesenstadt aufbringen? H. Brandt nennt drei Gründe, die Konstantin bei seinem Entschluss bestimmten.[26] Einmal wollte er ein Denkmal für seinen Sieg über Licinius errichten, durch den er zum Alleinherrscher geworden war. Deshalb musste die Stadt monumentalen Charakter haben. Ihre Dimensionen sprengten denn auch den Rahmen aller vergleichbaren Städte. Zweitens: Konstantinopel musste Rom gleich gestellt erscheinen. Um das Jahr 335 geprägte Münzen zeigen Rom und Konstantinopel als Frauengestalten, die einander ebenbürtig sind. Und als christlicher Kaiser wollte Konstantin drittens auch eine christliche Kaiserstadt, weshalb er Märtyrerkirchen und Bethäuser bauen ließ[27] Konstantinopel wurde am 11. Mai 330 feierlich eingeweiht.

Aber die tiefere Bedeutung dessen, was Konstantin durch den Bau der Stadt der Welt kund tun wollte, erschließt sich durch eine Statue Konstantins, die ihn nackt in vergoldeter Bronze, also einzigartig, darstellte[28] und durch seine Begründung für die Namensgebung der Stadt. Die Namensgebung legte er 334 in einem besonderen Gesetz fest, in dem er erklärte: „Auf Gottes Befehl haben wir sie mit einem ewigen (seinem eigenen!) Namen beschenkt."[29] Wenn wir diese Formulierung ernst nehmen, und wir haben keinen Grund es nicht zu tun, dann heißt dies zweierlei. Einmal: Die Gründung der Stadt geschah nicht einfach aus politischen Überlegungen oder zur

Ehre Konstantins, sondern er fasste den Beschluss auf Grund eines Befehles von Gott. Dass wir über die Art und Weise, wie er diesen Befehl erhalten hat, nichts Näheres erfahren, ist kein Beweis dafür, dass Konstantin anders verstanden werden soll, als er selber sich ausgedrückt hat. Zweitens soll die Stadt einen ewigen Namen haben, also selber ewig sein. Das kann kaum etwas anderes bedeuten als: Die Geschichte des heidnischen Rom ist zu Ende. Das Bisherige war nicht ewig. Mit dieser Stadt beginnt eine neue, eine ewige Ära. Mit Konstantin und seiner Stadt beginnt ein neuer Abschnitt in der Geschichte des ewigen Christentums. Er wusste sich als Beauftragter Gottes, als Weltgebieter, Herr des Römischen Reiches und Beschützer des Christentums. Was er tut, ist, in Konstantins Verständnis, sichtbarer Teil der Heilsgeschichte Gottes. Er versteht sein Kaisertum und die Gründung Konstantinopels als Folge von Gottes Eingreifen in die Geschichte. Konstantinopel wurde zu dem Zeitpunkt und an dem Ort gegründet, weil Gott es so wollte. Und die alte Kirche hat Konstantin auch so akzeptiert und ihm die Titel „isapostolos" (den Aposteln gleich) und „basileus kai hiereus" (König und Priester), verliehen.[30] Damit war die Staatsform des Cäsaropapismus, in welchem der Kaiser zugleich oberster Herr der Kirche ist, geboren.

Was Konstantin nicht voraussehen konnte

Wie wir gesehen haben, mangelte es Konstantin nicht am Bewusstsein seiner historischen Bedeutung. Heute wissen wir, dass sein Wirken die Weltgeschichte noch viel stärker beeinflusst hat, als er je ahnen konnte. Darin bestätigt sich, wie ich meine in eindrücklicher Weise, dass Gott die Geschichte lenkt. Das tut er oft auf geheimnisvolle Weise. Bei Konstantin jedoch ist Gottes Eingreifen nicht nur erkennbar in der Art, wie Konstantin an die Macht kam, sondern noch viel deutlicher an den langfristigen weltgeschichtlichen Folgen seines Wirkens, die Konstantin nicht vorausgesehen, geschweige denn geplant hat.

Die Wandervölker wenden sich nach Westen

Die Völkerwanderung war eine wichtige Phase auf dem Weg zu einem freien, demokratischen und prosperierenden Europa. Was wir unter Völkerwanderung verstehen, war ein komplizierter Prozess, der sich über mehrere

Jahrhunderte hinzog. Völker, die wir als West- und Ostgoten, Hunnen etc. kennen, waren eigentlich Zusammenschlüsse von vielen kleineren Stammesverbänden, die dann unter gemeinsamer Führung aufbrachen. Konstantinopel und Rom waren bemüht, sich vor den Raubzügen dieser Barbaren zu schützen. Mit manchen von ihnen schloss Konstantinopel Bündnisse, zahlte z. T. riesige Summen von Jahrgeldern,[31] um sie von weiteren Angriffen abzuhalten, oder versuchte, die einen gegen die anderen auszuspielen. Viele wanderten auch in kleinen Gruppen ein, manche machten im römischen Heer Karriere.[32]

Die Gründe für die Wanderungen sind nicht eindeutig. Alle diese Völker kamen aus dem Gebiet zwischen der Ostsee und dem Schwarzen Meer. Dabei begünstigte offenbar das Gebiet der Karpaten die Bildung von Völkerverbänden, die dann gemeinsam aufbrachen. Es scheint, dass die noch weiter im Osten lebenden Hunnen neues Land für ihre wachsende Zahl suchten und so andere Völker zum Aufbruch drängten.[33] Es verwundert nicht, dass auch Hunger als Ursache angegeben wird.[34] So baten z. B. 376 die Terwinger am nördlichen Donauufer dringend um Erlaubnis, um in Thrakien siedeln zu dürfen. Vermutlich war es vor Allem der Reichtum, die hohe Kultur und das gute Leben der römischen Städte, welche die Reitervölker zu ihrer Suche nach neuen Siedlungsgebieten trieben. Rom musste sich schon vor der eigentlichen Völkerwanderung gegen die Beutezüge von einfallenden Barbaren wehren. Um die ständigen Übergriffe germanischer Stämme abzuwehren, bauten die Römer den Limes, eine 500 Kilometer lange Befestigung mitten durch Mitteleuropa. Und bekanntlich zogen die Vandalen von Spanien weiter nach Nordafrika bis nach Karthago, denn die Kornkammern Nordostalgeriens und Tunesiens waren lohnende Ziele.[35]

Damit wir eine kleine Ahnung erhalten von dem Luxus der römischen Oberschicht und dessen Anziehungskraft auf die Wandervölker aus den östlichen Steppen, zähle ich Einiges auf aus dem Buch von Peter Coll „Das gab es schon im Altertum". Er schildert viele, zum Teil amüsante Details aus dem Leben der römischen Oberschicht: Bekannt sind die z. T. mehrstöckigen Viadukte und Aquädukte und das schon erwähnte Straßennetz Rom beherbergte 500 (!) öffentliche Bäder. Die Thermen des Diokletian boten u. a. Platz für 3200 Badende und Sitzreihen für Zuschauer. Die Thermen des Caracalla dehnten sich über 109 000 Quadratmeter. Auf Kreta fand man Luxusbadeeinrichtungen, in denen das Wasser durch eine Brause von oben auf die Gäste sprühte. Der Wasserbedarf betrug in Rom pro Einwohner und Tag knapp 500 Liter, doppelt so viel wie heute. Das Wasser wurde durch mehrere Zubringerleitungen mit einer Totallänge von 404 Kilometern in die Stadt geleitet. Der Wärmebedarf für die Zentralheizung mit Luftkanälen im Boden und in den Wänden konnte genau berechnet werden. Ein Heizungsingenieur hat 1952 den Wärmebedarf für die große Empfangshalle des späteren Kaisers Konstantin in Trier mit einem Volumen von 52 000 m³ ausgerechnet. Seine Rechnung stimmte genau mit der Zahl und der Fläche der vorhandenen Wärmekanäle überein. Der Verkehr war bestens organisiert und wurde zur See mit Segelschiffen und Galeeren abgewickelt. Für die Schifffahrt wurden bei den Häfen hohe Leuchttürme gebaut, auf deren oberster Plattform in der Nacht große Feuer den Weg wiesen. Den Leuchtturm im ägyptischen Alexandria soll man 57 km weit gesehen haben. Besucher konnten von einer Plattform die Aussicht auf die Stadt genießen

Die staatliche Post mit Läufern und Reitern, „cursus publicus" genannt, beförderte auch private Schreiben. Reisen war so beliebt, dass es Reisewagen mit Schlafabteilen, Küche und Gepäckanhänger gab, welche nach festen Fahrplänen und Reiserouten die Gäste transportierten. Pro Tag schaffte man bis zu 300 km. Reisebüros boten Pauschalreisen an mit Schilderung der Qualität der Übernachtungen, den zu erwartenden kulinarischen Delikatessen und den zu besuchenden Sehenswürdigkeiten. Und wer in Alexandria aus dem Schiff stieg, konnte ein Pferdetaxi mieten, das ihn zum gewünschten Ort brachte. An dem Wagen war ein System angebracht, das die Umdrehung der Räder auf eine Mechanik übertrug, so dass nach einer bestimmten Strecke eine Kugel in ein Gefäß fiel. Der Gast bezahlte dann nach der Zahl der Kugeln. Und natürlich fehlten an den touristischen Attraktionen auch nicht die Souvenirhändler. Diese Bespiele veranschaulichen den Lebensstandard mindestens eines Teiles der Bevölkerung im Römischen Reich. Begreiflich, dass die Römer alle anderen Völker als „Barbaren" bezeichneten. Begreiflich auch, dass Rom auf diese Völker eine fast unwiderstehliche Anziehungskraft ausübte. Sie brachen nicht aus Abenteuerlust auf, sondern aus Not. Rom versprach ein besseres Leben.

Die Stärke der Wandervölker bestand in der militärischen Schlagkraft ihrer Reiterheere, mit der sie verschiedentlich römische und byzantinische Heere z. T. vernichtend schlugen. Ihre Schwäche war, dass sie kaum über

Konzepte eines Staatsaufbaus verfügten. Daher musste ein erfolgreicher Feldherr, wie etwa der Hunne Attila, immer neue Gebiet erobern und plündern, ohne dabei zu langfristigem Erfolg gelangen zu können. Sowohl die Westgoten wie auch die Hunnen sind zuerst in Richtung Konstantinopel gezogen und haben große Teile des byzantinischen Reiches geplündert und verschiedene Städte erobert. Aber Konstantinopel konnten sie nichts anhaben. Und da die sie das reiche Konstantinopel nicht einnehmen konnten, nahmen sie mit dem Zweitbesten Vorlieb, wandten sich nach Westen und zerschlugen das westRömische Reich, brachen in Italien brachen ein oder zogen direkt nach Frankreich, Spanien oder Afrika.[36] Das starke Konstantinopel lenkte über Jahrhunderte die Wandervölker nach Westen.

Westrom zerfällt in viele Staaten:

Westrom hatte zu dieser Zeit wieder einen Kaiser. Aber Westrom war schwach, konnte den Wandervölkern wenig entgegensetzen, wurde mehrmals geplündert und wurde schließlich ganz zerschlagen. Im Jahre 476 setzte Odoaker, Führer der germanischen Skiren, Romulus Augustus, den Kaiser Roms, ab und ließ sich zum König von Italien ausrufen. Damit war Westrom endgültig am Ende. Die Wandervölker gründeten eigene Königreiche. Beim Tode des Ostgotenkönigs Theoderichs des Großen im Jahre 526 hatten sich im ehemaligen Gebiet Westroms folgende Reiche etabliert: in Italien und Dalmatien die Ostgoten, im Rhonegebiet die Burgunder, nördlich davon bis Köln die Alemannen, weiter nördlich bis zur Nordsee die Sachsen, westlich im heutigen Belgien bis fast zu den Pyrenäen die Franken, in Spanien die Westgoten, in Portugal die Sweben, in Nordafrika von Algerien bis Tunis die Vandalen, in England die Angelsachsen.[37] Die Langobarden zogen 568 in Italien ein. Die Grenzen zwischen diesen Staaten sind nicht genau zu ziehen. Auch gelang es Konstantinopel zeitweise, Teile von Italien und Nordafrika wieder unter seine Herrschaft zu bringen. Aber an die Stelle Westroms trat endgültig eine Reihe von unabhängigen Staaten. Die Auflösung des weströmischen Reiches und die Entstehung unabhängiger Staaten hatten zur Folge, dass sich in Westeuropa, mit Ausnahme der verhältnismäßig kurzen Periode unter Karl dem Großen, nie eine umfassende Zentralmacht entstehen konnte. Wie wir sehen werden, war dies eine Grundvoraussetzung dafür, dass sich hier im Gegensatz zu Byzanz, freiheitliche und schließlich demokratische Strukturen bilden konnten.

Der Bischof von Rom wird zum Papst der katholischen Westkirche:

Zur Zeit der Gründung von Konstantinopel gab es die Patriarchate von Alexandria, Antiochia, Jerusalem und Rom. Neu dazu kam der Bischof von Konstantinopel. Er erhielt den Titel „ökumenischer Patriarch", d.h. weltweiter Patriarch. Daraus entwickelte sich sein Anspruch auf Vorherrschaft, der sich unter den Ostkirchen auch durchgesetzt hat. Noch heute ist der Patriarch von Konstantinopel das Oberhaupt aller Orthodoxen. Nur der Bischof von Rom konnte sich diesem Anspruch entziehen. Denn er residierte im fernen Rom, und ab 395 unter einem eigenen, nicht Konstantinopel verpflichteten Kaiser. In den turbulenten Zeiten der Völkerwanderung wirkte der Papst mit der intakten kirchlichen Verwaltung als stabilisierendes Element. 452 wagte es Papst Leo der Große, Attila in Mantua aufzusuchen. Er erreichte von ihm den Rückzug aus Italien. 455 konnte der Papst durch seine Einsprache bei den Vandalen Geiserich dazu bewegen, dass seine Soldaten bei der Plünderung Roms wenigstens auf Brand und Mord verzichteten. Damit stieg der Bischof von Rom in der moralischen Hochachtung seiner Zeit und gewann an Einfluss, und es begann das, was wir heute unter dem Papsttum verstehen.

Spaltung der Christenheit in Orthodoxe und Katholische:

Die Gründung von Konstantinopel hat also auch die Spaltung der Christenheit in eine östlich orthodoxe und eine westlich katholische in die Wege geleitet. Zwar wurde die Spaltung mit äußerst gravierenden, langfristigen politischen Folgen erst im Jahr 1054 rechtlich besiegelt. Doch die Anfänge hängen mit der Gründung von Konstantinopel zusammen, weshalb dies hier festgehalten werden soll.

Alle Wandervölker übernehmen die römische Verwaltung, Amtssprache und Religion

Den Reitervölkern war immer bewusst, dass die römische Zivilisation und Kultur ihrer eigenen weit überlegen war, und dass sie nicht immer neue Gebiete erobern und plündern konnten, sondern sich zur Staatenbildung bereitfinden mussten. Dabei blieb ihnen nichts anderes übrig, als die römische Verwaltung und Latein als Amtssprache zu übernehmen. Die Kirche hatte bei der Schaffung ihrer Rechtsstruktur vom römischen Recht gelernt. Davon profitierten ihrerseits die neuen Herrscher bei der Bildung ihrer staatlichen Rechte und ihrer Verwaltungen. Verschiedentlich wird berichtet, wie eifrig die Eingewanderten versuchten, sich der einheimischen, lateinisch sprechenden Bevölkerung anzugleichen. So residierte Theoderich der Große im ehemaligen Kaiserpalast in Ravenna, bediente sich des römischen Hofzeremoniells, unterstrich die „romanitas" seiner Herrschaft und betonte seine Hochachtung vor den römischen Senatoren und der katholischen Kirche.[38] Er soll gesagt haben: „Ein reicher Gote imitiert die Römer, ein armer Römer die Goten."[39] In dieser Begegnung der Kulturen haben die meisten Einwanderer auch das Christentum als die Religion der überlegenen Kultur angenommen und sich in die Kirche integriert[40]; freilich nicht überall freiwillig, wie wir von den Sachsen wissen. Doch darüber später mehr.

Verfestigung des Cäsaropapismus in Byzanz:

Die Entwicklung in Byzanz verlief ganz anders. Das Reich konnte, wie erwähnt, den Anstürmen der Barbaren besser widerstehen als Rom. Der Historiker W. Pohl schreibt über die Zeit der Auseinandersetzungen mit den Ostgoten: „Die Kaiser des Ostens verfügten nicht immer über die Macht, um Plünderungen in den Balkanprovinzen zu verhindern. Aber die Konsolidierung eines gotischen Königtums im Hinterland der Hauptstadt verhinderten sie ebenso sehr mit Versprechungen wie durch die Mobilisierung barbarischer Konkurrenten. So konnte aus Ostrom das byzantinische Reich werden."[41] Und mit Blick auf das vorläufige Ende der Völkerwanderung stellt W. Pohl fest: „Das WestRömische Reich war fast völlig durch römisch-barbarische Königreiche ersetzt worden… Das Ostreich hingegen bestand nach 568 fast genau in denselben Grenzen wie im Jahr 375."[42] Dieser militärisch-diplomatische Großerfolg erleichterte es den Kaisern in Konstantinopel, die Einheit des Staates und der Kirche, wie sie seit Konstantin bestand, zu festigen. Im erblichen Kaiserreich Byzanz gab es keine Freiräume, in denen die Kaiser sich nur durch Zugeständnisse an regionale Fürsten an der Macht hätten halten können. Sie erhielten sich die Loyalität und den Gehorsam der Patriarchen durch Bindung an den Hof. So wurde der Gehorsam gegenüber dem Kaiser auch von der Kirche gestützt. Unabhängige Bestrebungen kamen nicht auf.

Byzanz schützt Europa vor dem Islam

Eine weitere, für die Entstehung Europas äußerst wichtige Folge der Gründung von Konstantinopel war seine Schutzfunktion gegenüber den anstürmenden Muslimen.

Im 7. Jahrhundert begannen islamische Heere ihren beispiellosen Eroberungskrieg, indem sie in rascher Folge ganz Nordafrika dem Islam unterwarfen. Und schon 722, nur hundert Jahre nach Mohammeds Tod, standen Muslime, wie berichtet, in Frankreich, ,wo sie bekanntlich von Karl Martell bei Tours und Poitiers geschlagen wurden. Anders im Osten. Bis ins 15. Jahrhundert hielt Byzanz den Angriffen der muslimischen Heere stand und bremste ihr Vorrücken über Griechenland nach Wien. Bis ins Jahr 1453, als Konstantinopel von den Muslimen erobert wurde, war Byzanz wie eine schützende Mauer für Westeuropa. Ohne sie wäre Europa mit seinen von der Völkerwanderung her geschwächten politischen und militärischen Strukturen nicht in der Lage gewesen, dem islamischen Ansturm zu widerstehen. Das ist den gut organisierten byzantinischen Heeren über Jahrhunderte gelungen. So hat Westeuropa eine lange Schonzeit erhalten, bis es sich so weit entwickelt hatte und militärisch gestärkt war, um in entscheidenden Schlachten vor Wien 1529, auf Malta 1565, in der Seeschlacht von Lepanto 1571 und wieder vor Wien 1683 die ottomanische Militärmaschine zu Land und zu Wasser zu besiegen. Es ist nicht auszudenken, was mit Westeuropa und der Christenheit ohne diese Schonzeit geschehen wäre. Mohammed wurde 570 geboren. Doch Konstantinopel, das Europa vor den muslimischen Heeren schützte, wurde schon 330 gegründet. Ist es unzulässig, hierin eine göttliche Vorsorge zu sehen?

Von den aufgezählten Auswirkungen, welche durch die konstantinische Wende ausgelöst wurden, waren nur die Christianisierung des Reiches und die Gründung von Konstantinopel von Konstantin geplant. Alle anderen konnte er nicht voraussehen. Alle sind jedoch unabdingbare Voraussetzungen für die Entstehung und Entwicklung Europas. Das bedeutet: Ohne den Sieg Konstantins an der Milvischen Brücke, der im Zusammenhang mit seiner Vision am Himmel steht, und ohne den Bau von Konstantinopel, den Konstantin bekanntlich mit einem Auftrag Gottes begründete, wäre Europa oder das Abendland nicht entstanden. Ich sehe in diesen historischen Abläufen keinen Zufall, sondern Gottes Fügungen. Gott wollte Europa.

3. Karl der Große – Vater des christlichen Abendlandes

Die nächste wichtige Phase für das Werden von Freiheit in Europa ist mit der Person von Karl dem Großen verbunden. Er hat während seiner Herrschaft (768-814) Europa geeinigt, das Christentum zum Kulturträger Europas gemacht und so das Fundament zum Christlichen Abendland gelegt.

Die Person

Karl der Große wird der „Vater Europas" genannt, oder auch der zweite Konstantin. Man könnte mit einer modernen Redewendung sagen, er war der rechte Mann zur rechten Zeit am rechten Ort. Das WestRömische Reich war unter den Schlägen der Völkerwanderung zerstört, die Wandervölker waren sesshaft geworden und hatten zum großen Teil mit der römischen Kultur auch den christlichen Glauben angenommen. Es brauchte jetzt eine außergewöhnliche Persönlichkeit mit außergewöhnlicher visionärer Kraft, um diese Völker zu einen. Mit Karl dem Großen stieg ein Mann auf den Königsthron der Franken, der physische Kraft, staatsmännische Weisheit und ungewöhnliche Begabung als Feldherr miteinander verband. Vor Allem war er beseelt von einer im eigentlichen Sinne welthistorischen Vision. Sein Reich war bei weitem nicht so groß wie das von Alexander dem Großen oder das der Mongolen. Es ist auch bald nach dem Tod seines einzigen überlebenden Sohnes, Ludwigs des Frommen im Jahr 840, wieder in drei Reiche zerfallen. Doch die geistige Grundlage, die Karl der Große gelegt hat, ist bis heute Europas einigende Kraft.

Karl der Große war nicht nur Visionär. Er war auch genialer Organisator. Er verstand es, seine Vorstellung von einem christlichen Reich durch wohldurchdachte Strukturen ins Alltagsleben der Menschen im Vielvölkerstaat umzusetzen. Die Reichsverwaltung übertrug er im Wesentlichen seinem Hofklerus und einem neu geschaffenen Dienstadel. Die Grafschaftsverfassung mit Mark-, Burg- und Pfalzgrafen wurde zum wichtigsten politischen Instrument für die Wahrung der Einheit des Reiches. In den Händen der Grafen lagen die Umsetzung königlicher, später kaiserlicher Erlasse und die Verwaltung. Sie fungierten als obrigkeitliche Amtsträger und waren in bestimmten Bereichen Stellvertreter des Königs bzw. des Kaisers. Indem er

Ämter und Lehen übertrug, sicherte sich Karl die Loyalität der neuen Reichsaristokratie, welche die Einheit des Reiches mit der Rücksichtnahme auf die unterschiedlichen Traditionen der verschiedenen Völker verbinden konnte. Zusätzlich sicherten sogenannte Königsboten (missi dominici) die Regierbarkeit des Riesenreiches. Sie wurden meist paarweise, ein weltlicher und ein geistlicher Vertreter, entsandt, um Anweisungen und Erlasse des König, bzw. des Kaisers durchzusetzen. Zur Förderung der Einheit des Reiches, aber auch der Wirtschaft reformierte Karl das Geldwesen. Der Silberdenar wurde reichsweit als verbindliche Währung eingeführt. Der karolingische Denar wurde[43] für Jahrhunderte so etwas wie der Euro.

Das von Karl dem Großen geschaffene Reich war weitgehend identisch mit der heutigen EU. Es umfasste im Westen ganz Frankreich, einschließlich der heute spanischen Seite der Pyrenäen und die Benelux Länder. Vom heutigen Deutschland fehlten im Osten Teile des Bundeslandes Mecklenburg-Vorpommern, aber Böhmen, Mähren, Rumänien und Kroatien gehörten ebenso dazu wie im Süden das heutige Italien und Korsika.[44]

Vision eines christlichen Reiches

Es ist zu vermuten, dass die Vision eines vom Christentum geprägten Reiches, das alle Bereiche des Lebens umfasst, sich über Jahre in Karls Denken immer mehr verfestigt hat. Sie ist aber von Anfang an erkennbar. Karl war in seinem ganzen Tun, in seinem Regieren und Kriegführen bewegt von der großen Frage: „Wie kann eine gemischte Gesellschaft in einen Gottesstaat umgewandelt werden?"[45] Dieses Thema durchzieht alle seine Planungen und Aktionen. Es ist die Klammer, die das Ganze seines gewaltigen Schaffens zusammenhält. Das monumentale Werk des Kirchenvaters Augustinus (354-430) „De Civitate Dei " (Vom Gottesstaat) war seine Lieblingslektüre. Ob er sich vorlesen ließ, weil er nicht oder nur mühsam lesen konnte, ist unsicher. In 22 Büchern entwickelt Augustinus die Idee vom Gottesstaat (civitas dei, civitas caelestis), der zum irdischen Staat (civitas terrena, civitas diaboli) in einem bleibenden Gegensatz steht. Der irdische Staat erscheint in der augustinischen Darstellung teils als gottgewollte zeitliche Ordnungsmacht (gemäß Röm 13), teils als ein von widergöttlichen Kräften beherrschtes Reich des Bösen (gemäß Off. 13). Der Gottesstaat manifestiert sich in den einzelnen, nach Gottes Geboten lebenden Christen. Er ist der Ort, wo die eigentliche Kirche als Volk Gottes lebt, und wo Gottes Reich mitten im irdischen Staat gebaut wird.

Diese Sicht über das Verhältnis von Kirche und Staat hat das ganze Mittelalter beeinflusst. Martin Luther hat daraus die Lehre von den zwei Reichen, der Kirche und dem Staat entwickelt, die bis heute für viele Theologen die Grundlage für die Lehre vom Verhältnis der Kirche zum Staat bildet. Auf Grund dieser Sicht von weltlichen und geistlichen Machtbereichen kümmerte sich Karl der Große nicht nur um die militärische und politische Einigung des Reiches. Er bemühte sich persönlich um die Verchristlichung der Gesellschaft. Dabei hat er allerdings auch die Macht des Staates dazu benützt, um das Reich Gottes, die civitas dei, aufzurichten, was wohl nicht ganz der Sicht von Augustinus entspricht. Hauptsächlich die langwierige und blutige Unterdrückung und Zwangsbekehrung der heidnischen Sachsen wird Karl dem Grossen als schwerer Fehler oder Sündenfall angerechnet. Sie ist gewissermassen der dunkle Fleck auf seiner sonst ziemlich weissen Weste. Karl selber wäre mit dieser Einschätzung kaum einverstanden. Die Sachsenkriege zogen sich über Jahre hin, und er entschloss sich immer wieder neu dazu. Denn er verstand seine Regentschaft als eine ihm von Gott aufgetragene Aufgabe, zu der er auch die Unterdrückung des Heidentums zählte. Wenn nötig, hatte sie auch mit Gewalt zu geschehen.

Wir ziehen heute die Grenze zwischen Kirche und Staat anders, als Karl der Große es tat. Für den Grossteil der westlichen Christenheit gilt es wie ein Glaubenssatz, dass die Kirche auf jede staatliche Gewalt zu ihrem Schutz verzichten muss. Dabei wird großzügig übersehen, dass Europa als Christliches Abendland entweder gar nicht entstanden oder längst untergegangen wäre, wenn nie militärische Gewalt zu seiner Rettung eingesetzt worden wäre. Ohne den Schutz der byzantinischen Armeen wäre Europa schon im achten Jahrhundert Opfer muslimischer Expansion geworden. Es ist heute einfach zu fordern, man müsse auf jede Gewaltanwendung zum Schutz des Glaubens verzichten, wenn die eigene Sicherheit durch Überschallbomber, Atomwaffen und Drohnen gesichert ist, und man für seine Forderungen keine Verantwortung übernehmen muss.

Das Verhältnis von Kirche und Staat hat im Verlaufe der Geschichte viele verschiedene Ausprägungen erfahren. Doch aufs Ganze trug die Trennung der beiden Mächte ohne Zweifel entscheidend dazu bei, dass sich in Europa die Freiheit des Individuums entwickeln konnte. Und aus dieser Freiheit des Denkens entstanden Wissenschaft und Wirtschaft. Aber es wäre ein grundsätzliches Missverständnis zu meinen, je vollständiger die Trennung von Christentum und Staat desto besser für die Gesellschaft, und der in Europa so hoch gelobte Verzicht des Staates auf jede Form von staatlicher Verteidigung von Werten wäre ein Wert an sich, eine moralische Höhe, von der man auf keinen Fall herabsteigen dürfe. Man übersieht dabei geflissentlich, dass auch die EU diese Fiktion nicht aufrechterhält: Sie sendet Soldaten in den Balkan und nach Afghanistan. Und sie tut dies, „weil unsere Sicherheit auch im Balkan und am Hindukusch verteidigt wird." Was aber ist diese Verteidigung anderes als ein militärischer Schutz von Werten wie Menschenrechte, Freiheit, Rechtsstaatlichkeit und Demokratie, die für uns Europäer unverzichtbar sind?

Verchristlichung der Kultur

Es zeugt von Karls staatsmännischem Verständnis, dass er die Einheit seines Riesenreiches nicht allein auf militärische Macht und auch nicht allein auf eine umfassende Verwaltung stützte. Die Herzen der Menschen sollten vom Geist des Evangeliums erfüllt werden. Unter Karl dem Grossen wurde das Lateinische als Träger der christlichen Botschaft und als Amtssprache zur Lingua Franca, welche alle Länder seines Reiches verband. Latein wurde durch ihn „zum geistigen Bindemittel des Abendlandes"[46], durch das zugleich die Türen zur Kultur der antiken römischen Schriftsteller offen blieben. Latein verband Glauben, Recht und Kultur. Karl legte grossen Wert auf die allgemeine Pflege der Schrift und der Buchkunst. Bekannt ist die in seiner Regierungszeit entstandene karolingische Minuskel, die sehr bald in Karls Reich und darüber hinaus zur Gebrauchsschrift wurde.[47] Aus dieser Zeit stammen besonders prächtig gestaltete Bücher, sog. Evangelistare. Diese sind oft auf purpurgetränktem Pergament mit goldener und silberner Tinte geschrieben und mit Miniaturen ausgestattet.[48] Der Historiker und Biograph Hägermann attestiert Karl dem Grossen ungewöhnliches Bildungsbedürfnis und Wissensdurst, sowie ein außerordentliches Kunstverständnis, das sich auch in vielen karolingischen Bauten Ausdruck verschaffte. An seinem Hof versammelte er die besten Gelehrten seiner Zeit. Berühmt ist das vom Hofgelehrten Alkuin verfasste Schreiben „Über die Pflege der Wissenschaften".[49] Man spricht in diesem Zusammenhang von einer eigentlichen karolingischen Bildungs-reform oder Renaissance. Dafür spricht auch die Tatsache, dass aus karolingi-scher Ära nicht weniger als 8 000 Pergamentbände erhalten sind.[50] Auch die Rechtspflege diente der Verchristlichung der Gesellschaft.[51]

Diesem Ziel dienten auch die vielen von Karl geförderten Klöster. Karl ließ auch Gesangsschulen gründen, um die gregorianische Musik im gesam-ten Reich einzuführen. So wurden die gregorianischen Gesänge bis zur Refor-mation zur vorherrschenden Musik.[52] Dass Karl sich auch um die praktischen Seiten des Lebens kümmerte, zeigt die von ihm erlassene Landgüterverord-nung, in der 73 Nutzpflanzen einschließlich Heilkräuter und 16 verschiedene Obstbäume beschrieben sind, die in allen kaiserlichen Gütern von den Ver-waltern anzupflanzen waren.[53] Mönche waren es denn auch, welche Anfang des 9. Jahrhunderts die Edelrose nach Mitteleuropa brachten und allgemein den Gartenbau professionalisierten. Viele landwirtschaftliche Verbesserungen, wie der schollenwendende Räderpflug, die Dreifelderwirtschaft, wassergetrie-bene Mühle etc. gehen auf die karolingische Zeit zurück.[54] Die Vision Karls vom Christentum umfasste das ganze Leben, den Glauben, die Bildung, die Wirtschaft, die Zeit und die Ewigkeit. Dahinter steht das christliche Weltbild mit dem göttlichen Auftrag zur Kultur, worin auch die Nutzung der Natur und also die Anfänge zu wissenschaftlichem Denken eingeschlossen sind.

Sorge um das geistliche Leben

Karl dem Grossen war es ein persönliches Anliegen, in seinem Reich die Inhalte der Bibel und die Lehren christlichen Glaubens in den Herzen der Untertanen so zu verwurzeln, dass sie im täglichen Leben umgesetzt wur-den. So berief er mehrfach Versammlungen von Bischöfen, Äbten und Gra-fen ein, um mit ihnen über den Zustand des christlichen Lebens zu reden. Für diese Begegnungen erarbeitete er Texte, um die Gespräche vorzuberei-ten. Hägermann zitiert aus Karls Unterlagen, die immer wieder um die alles entscheidende Frage kreisen: „Ob wir wirklich Christen sind?... Wie kommt es, dass Laien Geistliche in der Ausübung ihres Amtes behindern? Muss man nicht diskutieren, wieweit sich Bischöfe und Äbte in weltliche Geschäfte ein-mischen dürfen und Laien in geistliche? Auch ist nach der Lebensführung und den Sitten der Hirten zu fragen, die dem Volk ein Beispiel geben sollen."[55] In einem Brief an den Bischof Gherbald von Lüttich fordert Karl im Jahr 805 ein dreitägiges Fasten zur Selbsterkenntnis und christlichen Einkehr. Er war sehr darauf bedacht, dass in seinem Reich jeder das „Vater unser" kannte. In einem anderen Text zur Vorbereitung für die Begegnung mit Volksvertretern und Geistlichen ruft er wie ein biblischer Prophet zur geistlichen Umkehr auf: „Vieles, fast alles muss sich ändern, wenn man Christus und den Aposteln folgen will; vieles, was in Übung ist, darf nicht weiterhin ungefragt fortgetrieben werden. Die Verchristlichung der Gesellschaft erschöpft sich in Äußerlichkeiten; der geistliche Stand, auch Mönche und Nonnen, verharrt in den gewohnten Lebensformen, der Einsatz in weltlichen Geschäften übertrifft bei weitem die Mühe in der Nachfolge des Herrn und bei der Befolgung seiner Gebote. Diese Übel aber bedrohen die Gesellschaft und ihre Existenz im Kern. Hier muss Abhilfe geschaffen werden."[56]

Da sich das Denken Karls des Grossen ganz am biblischen Gottes- und Menschenbild orientierte, war die von ihm geförderte Kultur auch nicht an seine Person gebunden. Karl hat nicht wie die römischen Kaiser im ganzen Reich seine Statue aufstellen lassen, um die Einheit des Reiches zu stärken. Er hat vielmehr dafür gesorgt, dass in allen Gauen dieselbe geistliche Botschaft die Herzen und den Alltag der Menschen prägte. Auch wenn dieses Programm zu seinen Lebzeiten zweifellos nicht in allen Gauen gleich erfolgreich war und an vielen Orten auch heidnische Bräuche überlebten, so setzte sich schließlich diese Verchristlichung doch in allen Völkern seines Reiches durch. Sie hat seinen Tod und den Zerfall seines Reiches überlebt. Durch Karl den Grossen wurde eine fast ganz Westeuropa umfassende christliche Kultur geschaffen, welche bis heute die Völker trotz unterschiedlicher Lebensgewohnheiten und Sprachen verbindet. Ohne Karl den Grossen und seine Politik der Verchristlichung gäbe es keine Europäische Union. Europa ist entstanden aus einem grossen alle übrigen Unterschiede überwindenden Konsens einer im christlichen Glauben wurzelnden Kultur, die auch die Glaubensspaltung durch die Reformation überlebte. Europa ist nicht aus Multi-Kulti entstanden! Während die Reiche von Alexander dem Grossen, von Rom oder Dschingis Khan wieder verschwanden, hat Karl durch seine Vision einer viele Völker umfassenden christlichen Gesellschaft und Kultur die entscheidende Grundlage für die Entwicklung Westeuropas gelegt.

Herrschaft in Gottes Auftrag

Karl der Große hat sich, ähnlich wie die Könige Israels, als ein von Gott beauftragter Herrscher verstanden und wählte sich vor allem König Josias als gottgefälligen Herrscher zum Vorbild.[57] Dennoch achtete er die geistliche Herrschaft, repräsentiert im Papst. Er hat nie versucht, die Eigenständigkeit des Papstes einzuschränken. Dieser Sicht entsprechen auch die Umstände seiner Krönung zum Kaiser durch Papst Leo III. in Rom. Karl wählte für dieses historische Ereignis den Weihnachtstag des Jahres 800. Am Abend zuvor kam der von Karl nach Jerusalem gesandte Hofpriester Zacharias in Rom an und brachte im Auftrag des Patriarchen von Jerusalem als Weihegeschenke die Schlüssel zum Heiligen Grab, zum Kalvarienberg und zum Berg Zion samt einer Fahne der Stadt Jerusalem mit.[58] Die Krönung fand in der Kirche St. Peter während eines feierlichen Hochamtes statt. In unübersehbarem Anschluss an die biblische Heilsgeschichte und an das Kaisertum von Byzanz salbte der Papst Karl den Grossen wie einen alttestamentlichen König. Dann setzte er ihm eine Krone auf sein Haupt, worauf der römische Adel und das Volk akklamierten und riefen: „Dem erhabenen Karl, dem von Gott gekrönten und friedenspendenden Imperator der Römer, Leben und Sieg." Nach alter Sitte der Kaiser erwies ihm darauf der Papst durch Fußfall (Proskynese) die Ehre. Karl legte den römischen Titel Patrizius ab und nannte sich jetzt Imperator und Augustus. Im Jahr 812 kam es schließlich auch zu der von Karl offenbar lang ersehnten Anerkennung seines Kaisertums durch den Kaiser in Konstantinopel. Damit war das Zweikaiserproblem gelöst.[59] Karl war jetzt auch ein Nachfolger Konstantins des Grossen, durch den das Römische Reich zum christlichen Imperium geworden war. Karl war der „Augustus Imperator Renovati Imperii Romani", der Erhabene Gebieter (Kaiser) des erneuerten Römischen Reiches" mit Sitz in Aachen.

Auch als Kaiser verstand sich Karl sich als „ergebener Verteidiger der heiligen Kirche und demütiger Helfer."[60] Damit war es ihm sehr ernst. Er hat getan, was kaum ein Herrscher vor oder nach ihm getan hat. Er unterstützte mit Geldsendungen die unter dem Islam leidenden Christen in Ländern Afrikas und in Syrien.[61] Im Unterschied zu „normalen" Gewaltherrschern tolerierte er sogar Widerstände gegen seine Herrschaft, etwa dass das Heeresaufgebot immer mehr an den Widerständen und Eigeninteressen der regionalen Grossen scheiterte.[62] Auch blieb der Benevent (Gebiet Italiens ungefähr 100 km südlich von Rom), de facto ein unabhängiges Fürstentum. Karl hat wohl nicht aus Schwäche darauf verzichtet, seine Herrschaft auch in diesen Bereichen vollständig durchzusetzen. In seinem Selbstverständnis ist neben Machtfülle auch Platz für Besonnenheit und Einsicht in die von Gott geordnete Begrenztheit seiner Macht. Karl sah in den Bewohnern seines Reiches Gottes Ebenbilder, deren Würde und Rechte auch der Kaiser zu respektieren hatte.

Für manche Historiker ist das Wirken Karls des Gossen eine logische Folge seiner Persönlichkeit und der damaligen geschichtlichen Umstände. Sein Werk benötigt zum Verständnis seiner Bedeutung keiner weiteren Erklärungen. Doch diese Beurteilung greift zu kurz. Denn es hätte auch anders kommen können. Was, wenn Karl sich nicht als von Gott beauftragter Herrscher verstanden hätte? Wenn er die Eigenständigkeit des Papstes nicht anerkannt, sondern nach dem Vorbild von Byzanz sich Rom zum Sitz seines Kaisertums ausgewählt, sich auch zum Herrn der Kirche gemacht und damit die Trennung von Kirche und Staat im Keim erstickt hätte? Oder wenn er, wie so viele vor und nach ihm, sich nur für die Vergrößerung von Macht und Ehre eingesetzt hätte und sich zum grausamen Tyrannen entwickelt hätte? Oder wenn er zwar von seiner Vision erfüllt aber von schwächlicher Natur gewesen wäre und schlichtweg nicht die Kräfte für ein so gewaltiges Werk besessen hätte? Oder wenn er wie viele Königssöhne in jungen Jahren an einer Krankheit gestorben, mit tödlichen Verletzungen vom Pferd gestürzt, auf einem seiner vielen Kriegszüge umgekommen oder von einem Rivalen ermordet worden wäre, bevor die Verchristlichung des Reiches konkrete Formen angenommen hätte? Was, wenn dann andere die Macht übernommen hätten, die nicht von Karls Vision eines christlichen Reiches durchdrungen gewesen wären und nur um eigenen Machterhalt gekämpft hätten? Dass ihm ein langes Leben und damit eine lange Regentschaft vergönnt war, um die Grundlage für das christliche Abendland zu legen, – ist es so abwegig, darin eine Fügung Gottes zu sehen, der die Geschichte als Heilsgeschichte leitet und der wollte, dass das rückständige und unterentwickelte Gebiet nordwestlich von Konstantinopel sich zum Christlichen Abendland entwickelte? – Ohne die christliche Vision und Schaffenskraft Karls des Grossen wäre Europa nicht zum christlichen Abendland mit seiner weltbeherrschenden Zivilisation aufgestiegen.

4. Streit um Bischöfe – geistliche und weltliche Macht

Für die Bildung freiheitlicher Strukturen in Europa war der Streit zwischen Kaiser und Papst über das Recht, Bischöfe einzusetzen, von grundlegender Bedeutung. Theologischer Hintergrund dieser Auseinandersetzung war die erwähnte Lehre von Kirchenvater Augustinus von der Unterscheidung der geistlichen und weltlichen Herrschaft. Der Ausgang dieser Auseinandersetzung stellte die Weichen für die spätere Entwicklung zur eigentlichen Trennung von Kirche und Staat.

Die Einsetzung und Bekleidung mit dem Amt des Bischofs nannte man Investitur. Deshalb nennt man den Rechtsstreit darüber den Investiturstreit. Er dauerte im Wesentlichen von 1075 bis ins Jahr 1122, also rund 50 Jahre und endete mit einem Kompromiss zugunsten des Papstes. Durch diesen Streit hat sich allen europäischen Völkern tief ins Bewusstsein gesenkt, dass geistliche und weltliche Macht keine Einheit sind, sondern dass es sich gemäß der göttlichen Ordnung um wesensverschiedene Bereiche des menschlichen Lebens handelt. Sie müssen bei der Gestaltung der gesellschaftspolitischen Strukturen auseinander gehalten werden. Der Streit um die Einsetzung der Bischöfe ist komplex und von vielen Wechselfällen gezeichnet, deren Einzelheiten uns nicht interessieren. Wichtig ist für uns, dass es hauptsächlich geistliche und nicht militärische Kräfte waren, welche den Streit entschieden.

Schon Karl der Große hat die Eigenständigkeit des Papstes respektiert. Dennoch waren bis zur Mitte des 11. Jahrhunderts weltliche und kirchliche Gewalten eng mit einander verflochten, wobei dem Kaiser eine deutliche Vormachtstellung zukam. Der deutsche König oder Kaiser war als „unbestrittenes Haupt der Kirche" (caput ecclesiae) zu sehen, welches die Verantwortung für das Heil der Christenheit trägt." Für die westliche Christenheit ist also zunächst ein universalistisches Weltbild bestimmend. Es ist die „Vorstellung von einer gottgewollten Weltordnung mit zwei sich komplementär zu einem heilsgeschichtlichen Ganzen fügenden Gewalten."[63]

Dieses über Jahrhunderte friedliche Nebeneinander wurde Mitte des 11. Jahrhunderts durch zwei Ereignisse gestört. Einerseits erreichte das universalistische Verständnis mit dem Kaiser als dem Haupt der Kirche mit Heinrich III. (1017-1056) seinen Höhepunkt. Für den tief religiösen König war es selbstverständlich, dass er nicht nur für die Ernennung der Bischöfe, sondern auch für die Wahl des Papstes zuständig sei. Parallel dazu entwickelte sich aber in der Kirche eine Reformbewegung. Sie ging hauptsächlich vom Kloster Cluny aus, das grossen Einfluss in weiten Teilen Europas gewonnen hatte. Dieser Reformbewegung war auch die Freiheit der Kirche wichtig, und sie legte Wert auf die Unterscheidung der weltlichen und sakralen (temporalia und spiritualia) Lebensbereiche. Sie strebte eine Befreiung der Kirche von jeder Herrschaft durch Laien an. Dafür wurde auch mit der Bibel argumentiert. In der Apostelgeschichte Kap. 8, 4ff ist von einem Simon die Rede, der dem Apostel Paulus geistliche Autorität für Wunderheilungen abkaufen wollte, was Paulus aufs Schärfste verurteilte. Zur Zeit der Reform von Cluny und später war die Verleihung eines kirchlichen Amtes oft mit Geldzahlungen an den weltlichen Herrn verbunden, Geld, das der Bischof nach seiner Einsetzung wieder von den Gläubigen eintreiben musste. Geistliche Ämter konnten also gekauft werden. Diesen Vorgang nannte man nach dem Simon in der Apostelgeschichte Simonie. Dem Anspruch des Kaisers zur Ernennung des Papstes stand die Reformbewegung ebenso entgegen wie dem Verkauf von kirchlichen Ämtern.

Im Verlaufe der Auseinandersetzung wurden die Forderungen von Seiten der Päpste gegen die Ernennung der Bischöfe durch den Kaiser immer drohender. Es kam zu mehreren Exkommunikationen des Kaisers durch den Papst, einmal zu einer „Absetzung" des Kaisers. Das war ein klarer Versuch, dem Papsttum die Oberherrschaft zu verschaffen, allerdings auch ein untauglicher. Kaiser setzten ihrerseits Päpste ab. Die Bischöfe, vor allem in Deutschland, stellten sich einmal auf die Seite des Kaisers, dann wieder gegen ihn. Verschiedene Konzile sollten eine Lösung des Konfliktes herbeiführen.

Berühmt ist die Geschichte von König Heinrich IV. und seinem Gang nach Canossa 1077. Da Papst Gregor VII. König Heinrich IV. ultimativ aufforderte, das kirchliche Investiturverbot zu achten, fühlte dieser sich in seiner Unantastbarkeit als erblicher König angegriffen, und befahl seinerseits dem Papst, von seinem Stuhl herabzusteigen. Darauf exkommunizierte der Papst den König und mit ihm alle, die ihn unterstützen würden, also auch die Bischöfe. Mit diesem bisher einmaligen Schritt hatte der Papst überraschenderweise durchschlagenden Erfolg. Die Bischöfe wollten weder ihr Seelenheil noch ihre Position gefährden. (Eine spätere zweite Exkommunikation war weitgehend wirkungslos). Dem König blieb nichts anderes, als sich dem Papst zu unterwerfen, ihn um Gnade und Rücknahme des Banns zu bitten, wollte er seine Herrschaft retten. So unternahm Heinrich IV. mitten im Winter eine abenteuerliche Reise über die Alpen. Obwohl die Pässe von seinen Gegnern besetzt waren, erreichte der König unbehelligt die Residenz des Papstes im oberitalienischen Canossa. Barfuß, barhäuptig und im wollenen Büßerhemd wartete er drei Tage trotz der Kälte vor der Burg und bat den Papst um Einlass. Dieser konnte ihm schließlich das Gehör nicht verweigern, da er sonst seine Autorität als geistliches Oberhaupt, das die Gnade Gottes zu verwalten hatte, verraten hätte. So kam es, dass sich der König vor dem Papst niederwarf, ihn demütig um Vergebung bat und der Papst diese gewährte – oder gewähren musste. (Neuere Forschung ist der Ansicht, dass dieses Bild vom büßenden König nicht zutreffe, sondern dass man sich eine normale Aussprache zwischen dem Papst und König vorstellen müsse.) Heinrich IV. musste zwar schwören, gewisse Bedingungen des Papstes einzuhalten, aber er war erneut in die christliche Gemeinschaft aufgenommen und hatte seine Herrschaft wieder gesichert.

Diese dramatische Begegnung zwischen Papst und Kaiser war ein wichtiger Höhepunkt im Streit um das Recht der Bischofsernennungen, brachte aber dennoch keine Entscheidung. Der Streit zog sich mit wechselnden Erfolgen unter anderen Päpsten und Nachfolgern von Heinrich IV. hin bis ins Jahr 1122. Die Zeit arbeitete für die cluniazensische Reform und gegen die Ansprüche des Kaisers. Beide Seiten waren schließlich des Streites müde. Auch erwuchs dem Kaiser Opposition von gewissen Fürsten. So kam es am 29. September 1122 auf den Lobwiesen bei Worms zur Versöhnung zwischen Kaiser Heinrich V. und den Vertretern von Papst Calixt II. Wichtigster Punkt des Vertragswerkes war der Verzicht des Kaisers auf die Investitur der Bischöfe. Dabei ist interessant, dass auf Seiten des Kaisers eine lange Reihe von geistlichen und weltlichen Grossen den Vertrag mitunterzeichneten. Der Kaiser musste offenbar zugestehen, dass er nicht allein entscheidungsbefugt war, sondern auch seine Fürsten anhören musste, die den Streit beilegen wollten. In dieser Auseinandersetzung hat keine Seite die unbestrittene Vorherrschaft erzwingen können. Aber das Papsttum hat gegenüber der Situation am Anfang des 11. Jahrhunderts, in der der Kaiser sich als „Haupt der Kirche" verstand, eindeutig gewonnen.

Das bedeutete nicht, dass in den folgenden Jahrhunderten der Kaiser oder andere weltliche Mächte keinen Einfluss auf die Kirche und auf die Ernennungen von Bischöfen ausgeübt hätten. Auch haben Könige in Frankreich und England noch lange ihre Herrschaft über die Kirche behalten. Aber von jetzt an wussten die Kirche und die weltlichen Mächte, dass zwischen den temporalia und den spiritualia zu unterscheiden war und dass unlösbare Probleme auf den warteten, der diese Trennung nicht beachtete. Die Macht der deutschen Kaiser war auf die weltliche Herrschaft zurückgebunden. In der ganzen Auseinandersetzung sind für uns zwei Aspekte bedeutsam:

1. Den Ausschlag in dem Ringen gab die geistliche Reform von Cluny, die sich auf die biblische Ordnung stützen konnte.
2. Die Macht des Kaisers steht unter dem Vorbehalt der Zustimmung durch Fürsten.

Wir erinnern uns, dass sowohl im Islam wie auch im oströmischen Byzanz zentralistische Theokratien entstanden, welche die Entfaltung von Teilfreiheiten, wenn auch in unterschiedlichem Masse, behinderten, sodass Wissenschaft und Wirtschaft sich nicht voll entfalten konnten. Das war in Westeuropa anders. Der Ausgang des Investiturstreites war ein wichtiger Sieg des christlichen Weltbildes für die Weiterentwicklung von freiheitlichen Strukturen.

III. Früchte der Freiheit

ie Weichenstellungen in der Geschichte Westeuropas, welche günstige Bedingungen für das freie Denken schufen, trugen historisch gesehen bald Früchte. Das biblische Verständnis der Natur als Objekt mit der Aufforderung Gottes an die Menschen, „machet euch die Erde untertan und herrschet über sie", förderte die Erfindung von nützlichen Techniken in Landwirtschaft und Handwerk und bald auch eigentliche wissenschaftliche Naturforschung. Parallel dazu entwickelte sich eine überraschend freie Wirtschaft mit einem blühenden Bankensektor. Die Frau erfuhr einen erstaunlichen sozialen Aufstieg, und der stetig steigende und Wohlstand bewirkte eine weltweit einmalige Blüte der Künste.

1. Wie finster war das Mittelalter?

Das Mittelalter wird oft identifiziert mit Rückständigkeit, dumpfer Verschlossenheit gegen alles Neue, bornierter Ablehnung von wissenschaftlichen Ergebnissen und untertäniger Anerkennung von kirchlicher Bevormundung, kurz als finstere Verhinderung jedes Fortschritts. Mit der Redewendung, „das ist ja wie im Mittelalter", kann man in einer Diskussion klar stellen, dass die Meinungen des Gegners einer ernsthaften Beachtung gar nicht würdig sind. Diese Ansicht ist so verbreitet, dass man es nicht für nötig hält, sie zu beweisen. Auch im englischen Sprachbereich spricht man von den „Dark Ages". Diese negative Beurteilung reflektiert die Sicht der französischen Aufklärer. Sie verkündeten stolz, dass erst mit der Aufklärung die eigentliche Geschichte des Fortschrittes in der Welt begonnen habe, während vorher die Menschheit, und also auch Europa, in Aberglauben, Unwissenheit und Rückständigkeit dahinvegetiert habe. Ja, die Kirche wird meist als das eigentliche Hindernis des Fortschritts dargestellt, die daran schuldig ist, dass Krankheiten und Hungersnöte die Völker heimsuchten, bis die Menschen durch die Aufklärung von den religiösen Fesseln befreit wurden und endlich die Sonne der Freiheit und Wissenschaft über der Menschheit aufging. Darum redet man von der Aufklärung, vom „siècle des lumières oder „siècle philosophique" und vom „enleightenment" (Erleuchtung). In Wahrheit war das Mittelalter in jeder Hinsicht fortschrittlich und zukunftgerichtet. Gewiss vollzogen sich diese Fortschritte aus unserer Sicht sehr langsam. Und es trifft auch zu, dass kirchliche Kräfte die Freiheit des Denkens und die Forschung zu Zeiten behindert haben. Aber das war die Ausnahme, nicht die Regel. Schon im Frühmittelalter sind die Grundlagen für die späteren grossen Entdeckungen von Copernicus und Columbus gelegt worden. Auch Isaak Newton hat auf die astronomischen Erkenntnisse des Mittelalters aufgebaut.

Wie wirkungsvoll französische Aufklärer die Vorstellung vom unwissenden Mittelalter verbreitet haben zeigt eine Studie von Jürgen Wolf. Darin ist eine Darstellung abgebildet, welche einen mittelalterlichen Menschen zeigt, wie er auf der als Scheibe gezeichneten Erde durch das Himmelgewölbe hindurch bricht und den Kosmos entdeckt.[1] Damit wurde bildlich behauptet, der mittelalterliche Mensch hätte in dem verkehrten Glauben gelebt, die Erde sei eine Scheibe. Jetzt hingegen, mit der Aufklärung, entdeckt der Mensch die Wahrheit über die Natur. Wenn der Mensch die biblischen mittelalterlichen Vorstellungen aufgibt und nur auf seinen Verstand vertraut, dann findet er auch die letzten Wahrheiten. Ein Test unter Studenten bestätigte Wolfs Annahme, dass die meisten heutigen Menschen der Ansicht sind, die Menschen im Mittelalter hätten geglaubt, die Erde sei eine Scheibe und der Himmel ein Gewölbe, daran die Sterne befestigt waren. Das erwähnte Bild fehlt in fast keiner populären Darstellung des Mittelalters und ist in unzähligen Schulbüchern abgedruckt worden. Dann aber weist Wolf nach, dass dieses Bild nichts anderes ist als eine vermutlich bewusste Irreführung der damaligen Zeitgenossen und eine infame Lüge, die noch heute geglaubt wird.

Das Wissen der Antike um das geozentrische Weltbild, das auch als ptolemäisches Weltbild bezeichnet wird, war nie verloren gegangen. Der Grieche Claudius Ptolemäus (um 100 n. Chr.) war Mathematiker, Geograph und Astronom und stütze sich bei seinen Arbeiten auf frühere Autoren. Nach Ptolemäus bildet die Erde als Kugel den Mittelpunkt des Universums. Mond, Sonne, Planeten und Sterne bewegen sich auf vollkommenen

Kreisbahnen um diese Mitte. Ptolemäus teilte die Erde mit Breiten- und Längengraden ein. Den Erdumfang berechnete er erstaunlich genau auf 30 000 km statt 40 000 km. Dieses Weltbild war auch im Mittelalter für alle Gelehrten selbstverständlicher Ausgangspunkt ihrer physikalischen Untersuchungen.[2] Auch in volkssprachlichen Quellen findet man die Vergleiche der Erde mit einem Ei, einem Ball oder einem Apfel.[3] In der Schrift „Ymago mundi" des Enzyklopädisten Kardinal Pierre de Ailly (1350-1420) las Christopher Kolumbus mit solcher Begeisterung von Weltreisen und Weltumrundungen, dass er an den Rändern seines Exemplares der 1483 gedruckten Ymago mundi viele persönliche Notizen hinterließ.[4] Hätten Columbus und seine Zeitgenossen die Erde für eine Scheibe gehalten, hätten sie nie eine Entdeckungsreise unternommen.

Arbeitstechnische Fortschritte

Eine Reihe von technischen Verbesserungen hat im Mittelalter in Europa die Produktion von Nahrungsmitteln und Gütern wesentlich gesteigert, z. T. vervielfacht. Es handelt sich dabei nicht um großartige Erfindungen oder Ereignisse wie die Entdeckung der Elektrizität. Es sind vielmehr schrittweise eingeführte Verbesserungen zur Steigerung der Arbeitseffizienz. Der Historiker Rodney Stark erwähnt zunächst den systematischen Einsatz der Wasserkraft vom 9. Jahrhundert an.[5] So gab es im Jahr 1086 in England über 5624 mit Wasserkraft betriebene Mühlen, also eine für etwa 50 Familien. Im Zentrum von Paris entlang der Seine arbeiteten 68 Mühlen, im Durchschnitt eine pro 25 Meter. Wurden diese Mühlräder zuerst durch Fließwasser eines Flusses getrieben, so erfand man später die oberschlächtigen Wasserräder, bei denen das Wasser von oben auf das Rad geleitet wird und dadurch wesentlich mehr Kraft entfaltet. Das setzte in der Regel den Bau von Dämmen voraus. Diese Technik war bereits im 11. Jahrhundert sehr entwickelt. In Toulouse gab es eine besondere Dammkonstruktion, durch welche eine Vielzahl von Maschinen betrieben wurde zum Holz- und Steinsägen, zum Bearbeiten von Messern und Schwertern, zum Hämmern von Metall und Ziehen von Drähten und zum Stampfen von Lumpen zur Herstellung von Papier. Die Verwendung von Wasserkraft war auch in allen 742 Klöstern der Zisterzienser selbstverständlich und wurde zum Dreschen von Weizen, zum Sieben von Mehl, zum Walken von Tuch und zum Gerben eingesetzt.[6] Auch Windkraft wurde systematisch und in grossem Stil zur Erleichterung der Handarbeit eingesetzt. In Belgien und Holland pumpten Windmühlen Tag und Nacht Wasser aus Ländereien, welche unter dem Meeresspiegel lagen und halfen, Land zu gewinnen. Ingenieure konstruierten Windmühlen, deren Türme sich mit dem Wind drehen und so immer optimal dessen Kraft nutzen konnten. Im später 12. Jahrhundert waren diese so zahlreich, dass es zu Prozessen kam, wenn eine Mühle der anderen den Wind wegnahm.

Der Einsatz des Pferdes wurde nach dem Fall von Rom durch die Erfindung des Hufeisens und durch die Einführung des Kummet massiv verbessert. Das Hufeisen erlaubte die Verwendung von Pferden auch auf steinigem Untergrund. Im Vergleich zum Ochsen- oder Pferdejoch konnte mit dem Kummet die Zuglast eines Wagens wesentlich erhöht werden. Die so verbesserte Zugkraft der Pferde erlaubte die Einführung des Metallpfluges, der eine tiefere Lockerung und ein eigentliches Umwenden der Erde möglich machte. So konnte bisher unproduktives Land urbar gemacht und die Produktion von Nahrungsmitteln gesteigert werden. Aber auch die Wagen wurden verbessert: Eine senkrecht eingeführte Achse machte die beiden Vorderräder beweglich, sodass man sie in Kurven eng führen konnte. Die Wagen der Römer hatten noch keine beweglichen Vorderräder, weshalb die Römer in den Kurven die Strassen breiter machen mussten, um Richtungsänderungen zu ermöglichen. Auch die Bremse, war den Römern unbekannt, sodass ein sicherer Transport eigentlich nur im flachen Land oder auf Strassen mit schwachen Neigungen oder Steigungen möglich war. Durch die Einführung der Bremse waren auch ansteigende oder abfallende Gelände keine Hindernisse mehr. Jetzt lernte man, mit mehreren Pferde- und Ochsenpaaren zu arbeiten, sodass auch große Transporte über Land geschafft werden konnten. Die Römer kannten die Zweifelderwirtschaft, bei der immer ein Teil des Landes ein Jahr lang bebaut und ein Jahr lang brach lag. Im Mittelalter wurde die Dreifelderwirtschaft üblich: Ein Jahr Weizen, ein Jahr Gemüse, ein Jahr Brache.

Ums Jahr 1284 wurde in Italien das Brillenglas erfunden. In Florenz und Venedig wurden Brillen bald in Massen hergestellt und verlängerten die Arbeitskraft der Menschen oft um Jahrzehnte. Noch 1492, als Columbus seine Expedition unternahm, waren Brillengläser nur in Europa bekannt.[7]

Und schließlich hat die Einführung und ständige Verbesserung von mechanischen Uhren die Planung und Strukturierung von Arbeitsabläufen ermöglicht und damit die Effizienz der Produktion der ganzen Gesellschaft entscheidend gehoben. Für die Stadt Magdeburg ist schon für das Jahr 996 eine öffentliche Uhr bezeugt.[8] In allen Teilen Europas entstanden Glockengießereien für die Tausende von Kirchtürmen, deren Glocken die Stunden schlugen. Im Gegensatz dazu wurden, wie berichtet, noch um 1560 im Ottomanischen Reich und in anderen islamischen Ländern sowie in der orthodoxen Kirche öffentliche Uhren als unislamisch bzw. unnötig verboten.[9]

Verbesserung der Kriegstechnik

Es ist nur logisch, dass diese technischen Verbesserungen auch der Kriegstechnik zugutekamen. Schon 773 hatten die Franken[10] eine gepanzerte Kavallerie. Auf die Entwicklung der Reiter zum Ritter kommen wir später. Wo das Schießpulver erfunden wurde, ist umstritten. Jochen Gartz vertritt die Meinung, dass es in Byzanz bereits im 7. Jahrhundert bekannt war. Es wurde aus salpeterhaltigen Brandmischungen hergestellt, die schon im griechischen Feuer zur Anwendung kamen. Das Liber Ignium von Marcus Graecus, aus dem 11. Jh. enthält mehrere Rezeptvarianten, und Roger Bacon (1214-1294) erwähnt sie in mehreren Schriften. Zwar haben Chinesen und Japaner das Schießpulver schon seit etwa 250 n. Chr. für verschiedene Zwecke eingesetzt. Doch erst im Europa des Mittelalters hat man dessen Möglichkeiten für den Einsatz von Feuerwaffen systematisch entwickelt und deren Reichweite und Zielgenauigkeit ständig verbessert. Auch der Kompass wurde verbessert, und es wurden Kompass-Seekarten hergestellt, welche die Seefahrt für Handel und Kriege erleichterten und die grossen Entdeckungsreisen der Portugiesen erst ermöglichten.

Um den zunehmenden Handel zu bewältigen wurden größere Schiffe gebaut. Bekannt sind die sog. Koggen, die im 13. Jahrhundert auftauchen, und welche z.B. die Hansestädte verwendeten und die weit über hundert Tonnen von Handelsgütern fassten. In der norddeutschen Hansestadt Wismar beziffert ein Informationsblatt über eine nachgebaute Kogge deren Transportkapazität auf 230 Tonnen. Der Staat Venedig beschäftigte im 14. Jahrhundert in seinen Werften 16 000 Mann![11] Für die Kriegsmarine wurden Schiffe mit größerem Tiefgang gebaut und mit einem komplizierten System von verschiedenen Segeln versehen. Kanonen wurden an Bord gebracht, – z. T. auf drei Decken – mit denen man die gegnerischen Schiffe aus Distanz versenken konnte und nicht durch Stoßvorrichtungen am Bug entern und zerstören musste. Die Segeltechnik wurde schließlich so verbessert, dass auch für den Krieg Galeeren abgeschafft wurden und man sich ganz auf die Windkraft verließ. Während man römische Galeeren durch die Seitenruder steuerte, wurde erfand man das Steuerruder am Heck des Schiffes. Es erlaubte raschere und genauere Manöver und ermöglichte die Steuerung durch einen Mann.

Klöster als Förderer der Bildung

Entscheidende Träger dieser Wissens- und Fortschrittskultur waren die Klöster und die ihnen angeschlossenen Klosterschulen. Als Begründer des westlichen Mönchtums gilt Benedikt von Nursia um 480 – 547 mit seiner Klosterregel. Für viele sind die Benediktiner die Väter der abendländischen Kultur.[12] Die Mönche studierten und lehrten Metallurgie, führten neue Nutzpflanzen ein, machten ganze Landschaften urbar, bauten und reparierten Wege und Brücken, errichteten bis heute bewunderte Klöster und Kirchen, kopierten Texte, bemalten Bücher, unterhielten Schulen, ermöglichten einzelnen Mönchen, sich ganz dem Studium zu widmen, waren also Heimat für Gelehrte und Philosophen. Sie studierten die Schriften der griechischen und römischen Autoren, soweit sie ihnen zugänglich waren, und retteten viele Texte der Antike vor der Vernichtung. Aus ihren Schulen entwickelten sich nicht selten Universitäten, deren Bedeutung für den Aufstieg Europas kaum überschätzt werden kann.

Klöster waren Zentren des Fortschritts. Zudem, und das vergisst man oft, waren Klöster unentgeltliche Raststätten für Wanderer jeder Art. Dadurch ermöglichten sie einen europaweiten geistigen Austausch, indem sie Studenten auf ihren Reisen zu den verschiedenen Universitäten Unterkunft boten. Hauptträger dieser gewaltigen Leistung bei dieser sich über Jahrhunderte erstreckenden Grundlegung der europäischen Bildung und Kultur war der Orden der Benediktiner. Auf seinem Höhepunkt umfasste er, – man staune – 37 000 Klöster![13] In dem von Karl dem Grossen gelegten Fundament fanden sie ideale Voraussetzungen für ihre Dienste. Mit ihrem Beten und Arbeiten senkten sie das biblische Gottes- und Menschenbild tief in die Herzen der europäischen Völker.

Freiheiten der Universitäten

Die europäischen Universitäten unterschieden sich grundlegend von antiken und islamischen Lehreinrichtungen und sind in mancher Hinsicht für die Entwicklung Europas bedeutsam. Die meisten Studenten studierten nicht sehr lange. Um das Jahr 1378 zählte die Universität von Prag 11 000 Studenten. In den Anfängen der Universitäten gab es keine Unterrichtsräume. Die Studenten sassen am Boden, manchmal unter Vordächern oder auf der Strasse. Erst allmählich wurden Räume gemietet, und erst im Spätmittelalter gab es Bänke oder Stühle. Bücher konnte sich kaum ein Student leisten, Bibliotheken wurden erst allmählich aufgebaut.

Im Laufe der Zeit bildete sich für die Universitäten eine ziemlich feste juristische Form mit eigenständigen Rechten. Als älteste Universität gilt Bologna, deren Gründungsdatum mit dem Jahr 1088 angegeben wird. Vermutlich war dies ein Zusammenschluss von kleineren Rechtsschulen. Kaiser Friedrich Barbarossa, der von 1155 bis 1190 regierte, war an der Ausbildung von Rechtsgelehrten interessiert.[14] Als weltliche Gegenmacht zum Papst war er auf die Arbeit von Juristen angewiesen, die vom Papst unabhängig waren. Deshalb verlieh er der Universität von Bologna 1155 rechtliche Autonomie. Der Dominus oder Rektor der Universität war für den Schutz der Studenten verantwortlich. Die Universität war mit eigener Gerichtsbarkeit ausgestattet. Damit wollte der Kaiser zugleich verhindern, dass die Stadt Bologna auf den Unterricht Einfluss nahm. Aus ähnlicher Sorge um die Freiheit der Lehre waren die Sorbonne, die Universität von Paris,– und später viele andere Universitäten – dem Papst direkt unterstellt. Auch er wollte verhindern, dass lokale Mächte sich in die Tätigkeit der Universitäten einmischten. Dadurch entstand eine internationale akademische Gemeinschaft, wo Lehrer das erstaunliche „ius ubique docendi" hatten, das „Recht überall zu lehren". Dem forschenden Verstand sollten keine Grenzen gesetzt werden, solange er die biblischen Lehren der Kirche nicht angriff.

Nachdem schon im 12. Jahrhundert die Universitäten von Bologna, Paris, Oxford und Cambridge gegründet worden waren, folgten im 13. Jahrhundert jene von Toulouse, Orléans, Neapel, Salamanca, Sevilla, Lissabon, Grenoble, Padua, Rom, Perugia, Pisa, Modena, Florenz, Prag, Krakau, Wien, Heidelberg, Köln, Ofen, Erfurt, Leipzig und Rostock. Und es handelte sich dabei keineswegs um kleine Lehranstalten mit wenigen Dutzend Studenten. Allein in Paris schrieben sich jedes Jahr ca. 500 neue Studenten ein.[15]

Nach diesem Modell entwickelten sich mit der Zeit alle mittelalterlichen Universitäten, wenn auch mit lokalen Variationen. Die Menschen einer Universität bildeten eine eigene politische Gemeinschaft, „universitas" genannt. Damit war nicht, wie man vermuten könnte, die Allgemeinheit des Unterrichtsgegenstandes gemeint, sondern sie bezeichnet die Gesamtheit der in der Universitas zusammengefassten Menschen. Dazu gehörten die Professoren und Studenten, aber auch alle übrigen Angestellten. Es gab also eine „civitas academica", eine rechtlich ziemlich unabhängige akademische Bürgerschaft. Die Studenten waren in sog. Nationen eingeteilt, welche die Herkunft der Studenten nach den vier Himmelsrichtungen bezeichneten. Jeder Lehrer und jeder Student musste sich einer „Nation" anschließen. Die vier Nationen waren unter einander gleichberechtigt und hatten eigene Statuten, Beamte und einen Vorsteher, den Prokurator, etwa vergleichbar mit einem heutigen Fakultätsdekan. Die Prokuratoren wählten den Rektor der Universität. Die Studenten mussten für ihren Unterhalt selber sorgen. Sie bezahlten, mindestens in den Anfängen, die Professoren, die also von den Studenten abhängig waren. Berühmte Professoren verdienten daher sehr gut. Die Studenten kontrollierten auch die Zahl der zu haltenden Vorlesungen, (pro Tag fünf Stunden!) beschlossen die Ferientage und erteilten den Professoren die Erlaubnis, die Stadt zu verlassen. Es gab sogar Strafen für unvollständiges Behandeln des Stoffes! Verfehlungen von Studenten oder Professoren wurden nicht von den städtischen Gerichten oder von den vom Landesfürst eingesetzten Behörden gerichtet, sondern sie unterstanden der Gerichtsbarkeit der Universität. Wie sehr die Universitäten privilegiert wurden, weil man deren Tätigkeit als für die Gesamtgesellschaft besonders wichtig hielt, beweist die Tatsache, dass Lehrer und Studenten oft von Steuern und von Kriegsdienst befreit waren.

Die im Mittelalter so wichtige Einteilung der Menschen in drei Stände, Adel, Bürger und Bauern war in der weitgehend autonomen Universitas unwichtig. Nationale Herkunft und Abstammung spielten keine oder eine geringe Rolle. Die Studenten rekrutierten sich vor allem aus angehenden Priestern und den Söhnen reicher Bürger und Ratsherren, dazu verhältnismäßig wenige Adelige und Mönche. Jeder war willkommen. Was also die Französischen Revolution mit Freiheit, Gleichheit, Brüderlichkeit als glorreiche, menschliche Neuerung propagierte, war in der politischen Lebensgemeinschaft der mittelalterlichen Universität weitgehend Wirklichkeit, nicht auf Grund aufklärerischer, antichristlicher Ideen, sondern als eine logische Folge des biblischen Menschenbildes, in welchem alle Menschen von Gott mit gleicher Würde ausgestattet sind. In diesen universitären politischen Körperschaften entwickelte sich europäischer Geist. So konnte etwa im italienischen Bologna ein deutscher Rektor mit Magistern aus Italien, England, Frankreich und Holland zusammenarbeiten. Gemeinsam unterrichteten sie Studenten aus Österreich, Polen, Litauen, Böhmen, Mähren, Spanien, Irland, Dänemark und der Schweiz.

Schließlich ist hier die mittelalterliche Disputation zu erwähnen. Sie wird bereits im 13. Jahrhundert in Paris bezeugt. Die Gelehrten stritten öffentlich über ein bestimmtes Thema, z.B. über die Thesen einer Doktorarbeit. Die Form dieser Streitgespräche war unseren heutigen Podiumsdiskussionen ähnlich. Sie waren öffentlich, die meisten Zuhörer waren Studenten, und es wurde ein Protokoll ausgefertigt. Es ist oft behauptet worden, dass es bei den Disputationen nicht um echte Wahrheitsfindung ging, dass man sich an feste vorgegebene Denkvoraussetzungen der Scholastik hielt, wodurch die Freiheit des Denkens nicht gefördert, sondern behindert wurde. Aber diese pauschale Abwertung der mittelalterlichen Disputation erfasst ihre wahre Bedeutung nicht. Sie war ein öffentliches Streitgespräch, bei dem eine bestimmte These oder Behauptung mit Hilfe von Argumenten und logischem Denken bewiesen werden musste. Dadurch wurden der Geist der Kritik und die Hinterfragung von Behauptungen geübt, denen die westliche Zivilisation so viel verdankt.[16] Dass trotz der scholastischen Denktradition von Disputationen wichtige Denkanstöße ausgingen, beweist die Reformation von Martin Luther. Er schlug 95 Thesen an die Türe der Schlosskirche von Wittenberg und lud Dr. Johannes Eck, der die traditionelle Lehre vertrat, zu einem öffentlichen Streitgespräch, eben einer Disputation, ein.

Wissenschaftliches Denken

Dank der relativen Freiheit des Denkens wurde im Mittelalter die Grundlage für das gelegt, was wir wissenschaftliche Forschung nennen. Zwar stimmt es, dass die Kirche Zensur ausübte und Gedanken für verboten erklärte, sofern sie der kirchlichen Lehre widersprachen. So hat u. a. der Universalgelehrte Cecco de Ascoli 1327 sein Freidenkertum mit dem Tod auf dem Scheiterhaufen bezahlt, weil die Inquisition seine Gedanken als mit der Bibel unvereinbar erklärte. Überhaupt gingen von der Inquisition Angst und Schrecken aus. In Spanien war sie besonders aktiv. Die Vollstreckung ihrer Urteile nannte man dort „Autodafe", was nichts weniger als „Akt des Glaubens" heißt. Allerdings sind ihr, gemäß einem neuen Buch von Hans Conrad Zander, nicht Millionen zum Opfer gefallen, wie man gelegentlich behauptet, sondern etwa 2000. Auch sollen die Ketzer in der Regel nicht verbrannt, sondern im Stillen gehängt worden sein.[17] In jedem Fall sind der Inquisition weniger Menschen zu Opfer gefallen als später durch Guillotine und Bürgerkrieg der viel gepriesenen Befreiung im Namen der menschlichen Vernunft durch die Französische Revolution. Oft werden im Zusammenhang mit der Inquisition die Namen Nikolaus Kopernikus, Galileo Galilei und Giordano Bruno genannt, um die Feindschaft der katholischen Kirche gegenüber dem Fortschritt zu unterstreichen. Über alle drei ist viel geschrieben worden. Folgendes ist festzuhalten:

Nikolaus Kopernikus (1473-1543) war Arzt, Jurist, kirchlicher Administrator und Astronom. In seinem Werk „De Revolutionibus Orbium Coelestium" (Von den Umdrehungen der Himmelskörper) zieht er ein heliozentrisches Weltbild in Betracht, in welchem sich die Erde um die Sonne dreht, statt dass, wie im bisher gültigen geozentrischen Weltbild von Ptolemäus, die Sonne sich um die Erde dreht. Kopernikus zögerte lange, seine Schrift zu publizieren. Und zwar fürchtete er nicht die Kirche, sondern die Ablehnung durch das wissenschaftliche Establishment. Tatsächlich war es ihm noch nicht möglich, den zwingenden mathematischen Nachweis für seine Annahme zu erbringen. Erst die empirischen Beobachtungen von Galileo Galilei lieferten dafür den Nachweis. Entgegen einer landläufigen Meinung hatte Kopernikus von der Inquisition nichts zu befürchten, da seine Theorie lediglich als eine Hilfskonstruktion zur Berechnung der Planetenumlaufbahn und nicht als kirchliche Lehre angesehen wurde.

Giordano Bruno (1548-1600) war dominikanischer Priester, Dichter und Philosoph. Er vertrat pantheistische Thesen von einem unendlichen anfangslosen und ewig dauernden Universum, womit eine Schöpfung und ein Endgericht ausgeschlossen waren. Er wurde wegen dieser und anderer ketzerischer Ansichten 1600 in Rom verbrannt.

Galileo Galilei (1564-1642) war Mathematiker, Physiker und Astronom und hat mehrere wichtige naturwissenschaftliche Entdeckungen gemacht. Er war der erste, welcher das 1609 in Holland erfundene Fernrohr zur Beobachtung der Himmelkörper benutzte. 1624 reiste er nach Rom und wurde sechs Mal von Papst Urban empfangen, der ihn ermutigte, über das kopernikanische System zu publizieren, solange er dieses als Hypothese behandle. Zum Prozess durch die Inquisition kam es erst 1633, weil man ihn beschuldigte, in einer Publikation das kopernikanische System nicht als Hypothese, sondern als Lehre dargestellt zu haben. Er musste seinen Fehlern abschwören und wurde zu lebenslanger Haft verurteilt, die in Hausarrest umgewandelt wurde. Seine Verpflichtung, während drei Jahren wöchentlich sieben Bußpsalmen zu beten, übernahm seine Tochter Suor Celeste. Sämtliche Veröffentlichungen wurden ihm verboten. Er führte jedoch einen ausgedehnten Briefwechsel und konnte zeitweilig Besucher empfangen.

Schon zu Galileis Zeit war die katholische Hierarchie gespalten. Von den zehn für die Verurteilung Galileis zuständigen Kardinälen unterschrieben nur sieben. Die Hierarchie wehrte sich damals gegen die Reformation und die heraufziehende Aufklärung und meinte mehrheitlich, mit Verboten die Entwicklung aufhalten zu können. Erst allmählich setzte sich die Erkenntnis durch, dass die biblische Offenbarung nicht die Naturgesetze betrifft, sondern das Wesen und das Liebeshandeln Gottes gegenüber den Menschen, während Gott dem Menschen den Verstand gegeben hat, um damit die Gesetze der Schöpfung zu erforschen. Mit dieser Berücksichtigung der zeitgenössischen Situation sollen die Grausamkeiten der Inquisition nicht schön geredet werden. Diese sind zweifellos ein dunkles Kapitel in der Geschichte der katholischen Kirche. Ich lege aber Wert auf die Feststellung, dass dadurch die wissenschaftliche Forschung nicht dauernd unterdrückt wurde wie etwa im Islam. Die wissenschaftliche Entdeckung der Naturgesetze begann mitten im „finsteren Mittelalter". Auch Leonardo Da Vinci und Kopernikus haben auf dem aufgebaut, was schon vor ihnen erforscht worden war. Das zeigen die folgenden ausgewählten Berichte.

Gerbert von Aurillac (945-1003),[18] studierte Astronomie, Mathematik, Musik, lateinische Literatur, Philosophie und Theologie. Für ihn gab es keinen Gegensatz zwischen Wissen und Glauben. Er schrieb: „Der gerechte Mensch lebt durch seinen Glauben, aber es ist gut, wenn er seine Wissenschaft mit dem Glauben verbindet… Gott gab dem Menschen mit dem Glauben ein grosses Geschenk, ohne ihm das Wissen zu verweigern. Diejenigen, die kein Wissen haben, sind Narren." Dass die Kirche das allgemeine Wissen und dessen Vermehrung positiv bewertete, zeigt die Tatsache, dass Aurillac zum Papst (Sylvester, 999-1003) gewählt wurde.

Robert Grosseteste (1175-1253), vielleicht erster Kanzler der Universität von Oxford, später Bischof im englischen Lincoln hat Grundlagen der Forschung erarbeitet. Er war davon überzeugt, dass durch die Beobachtung von Experimenten allgemeine Prinzipien der Natur gefunden werden könnten, und er selber hat solche Experimente durchgeführt. Er schrieb eine Einführung in die Astronomie und ein Werk über die Gezeiten. Besonders interessiert hat ihn der Zusammenhang von Mathematik und Geometrie. In seinem Werk „de lineis, angulis et figuris" (über Linien, Winkel und Figuren) schildert er, auch anhand von Zeichnungen, wie sich Licht in einem mit Wasser gefüllten Glas bricht.[19] Dabei stellt er fest, dass die Brechung des Lichtes durch das Wasser mit der Geometrie übereinstimmt. Das bedeutet, dass die beobachtete Optik mit der rein theoretischen Mathematik übereinstimmt. Daher hielt er die Mathematik für die wichtigste Wissenschaft.

Grundsätzliche Offenheit gegenüber neuen Erkenntnissen forderte in der zweiten Hälfte des 13. Jahrhunderts auch der Franziskaner Mönch Gilbert von Tournai: „Nie werden wir die Wahrheit finden, wenn wir uns zufrieden geben mit dem, was man schon weiß… Die Dinge, die man vor uns geschrieben hat, sind lediglich Anleitungen (für weiteres Studium), keine Gesetze." Und 1306 schreibt Fra Giordano in Florenz: „Noch sind nicht alle Künste erfunden worden; wir werden beim Finden nie an ein Ende kommen." [20]

Der englische Franziskaner Roger Bacon von Oxford (um 1214-1292) schrieb eine universale Enzyklopädie, also eine Zusammenfassung des Wissens seiner Zeit. Sein Orden verbot ihm zwar diese Arbeit, aber Papst Clement erlaubte sie, weil er selber diese Zusammenfassung haben wollte. Vehement bekämpfte Bacon die Unwissenheit, machte Vorschläge zur Verbesserung der Landkarten und des Kalenders, die schließlich 1582 von Papst

Gregor XIII. aufgenommen wurden. Roger Bacon war seiner Zeit weit voraus, machte genaue Beschreibungen von Teleskopen und Mikroskopen. 300 Jahre vor Leonardo da Vinci (!) beschrieb er das Schießpulver, entwarf motorisierte Wagen, Schiffe, Flugmaschinen und versuchte die Farben des Regenbogens zu analysieren, indem er dessen Brechung durch Glas untersuchte. Als einer der ersten überhaupt baute er ein eigentliches Forschungslabor, um Phänomene der Natur wiederholen und sie so genau beobachten zu können.[21]

Ebenfalls als mittelalterlicher Forscher und Universalgelehrter ist Albertus Magnus (um 1200-1280) zu nennen. Der Angehörige des Dominikanerordens bekleidete im Laufe seines Lebens verschiedene Ämter. Er war Bischof, Historiker, Philosoph, theologischer Lehrer und Naturwissenschaftler. Seine Lehrtätigkeit übte er vor allem in Köln aus. Er verfasste über 70 Abhandlungen und Bücher, die heute etwa 22 000 Seiten umfassen würden. Unter seiner Leitung zog die Kölner Klosterschule Studierende aus ganz Europa an. Seine naturwissenschaftlichen Werke gelten für seine Zeit als bahnbrechend. Dazu gehören eine erste ausführliche Darstellung der mitteleuropäischen Flora, geographische Beschreibungen, ein Versuch zu einer Gesteinskunde mit systematischer Ordnung der Mineralien, ein Sammelwerk mit der Beschreibung von 477 nummerierten Tieren, die auch 49 Würmer einschloss.

Auch in der Kosmologie haben mittelalterliche Denker wesentliche Vorarbeiten für Kopernikus und Spätere geleistet. Ein Haupthindernis für die Annahme, dass Himmelskörper in ständiger Bewegung seien, war der Einwand, dass es dann ja eine Kraft oder Götter geben müsse, welche diese Körper vorwärtstreiben, um die Reibungsverluste auszugleichen. Denn auf der Erde gibt es keine Körper mit dauernder Bewegung ohne eine treibende Kraft. Doch schon Jean Buridan (1300-58), Rektor der Universität von Paris, hat die Annahme vorgeschlagen, dass die Himmelskörper sich in einem Vakuum befinden. Dann bräuchten sie, nach der ersten Bewegung durch Gott, keine weitere Kraft, um die Bewegung aufrecht zu halten. Buridan hat auch schon angenommen, dass die Erde sich um ihre Achse dreht, eine Vorarbeit für das heliozentrische Weltbild von Kopernikus.[22]

Bei der Idee, dass die Erde sich um sich selber dreht, tauchten immer wieder zwei Probleme auf, welche man zunächst nicht lösen konnte, und welche scheinbar gegen die Annahme der Erdumdrehung sprachen: Wenn nämlich die Erde sich um sich selber dreht, warum gibt es dann nicht in der entgegengesetzten Richtung einen starken Wind? Und: Wenn man einen Pfeil senkrecht in die Höhe schiesst, warum fällt er dann nicht vor oder hinter dem Schützen an den Boden, sondern fällt auf ihn zurück? Wieder war es ein Rektor der Universität von Paris, Nicolaus von Oresme (1325-1382), der die Lösung fand: Die Bewegung der Erde teilt sich allen Objekten mit, die auf der Erde sind. Die Luft und der Pfeil bewegen sich mit derselben Geschwindigkeit wie die Erde. Der Bischof Nicolaus von Cusa (1401-1464) hat daraus die richtige Konsequenz gezogen: „Ob ein Mensch sich auf der Erde oder auf der Sonne oder auf einem Stern befindet, immer wird er den Eindruck haben, dass seine Position fest und also ohne Bewegung sei, während alles andere sich bewegt." [23]

„Wissenschaft ist christlich"

Gestützt auf diese Fakten können wir mit R. Stark zusammenfassen: Während des sog. „finsteren Mittelalters" gab es im 13. Jahrhundert in Europa naturwissenschaftliche Erkenntnisse, welche das Wissen der Römer und Griechen weit hinter sich liessen. Es ist keine Übertreibung zu sagen, dass im Mittelalter die Grundlagen der wissenschaftlichen Forschung gelegt wurden. R. Stark schreibt deshalb: "Wirkliche Wissenschaft entstand nur in Europa. China, Islam, das alte Griechenland und Rom hatten je eine hoch entwickelte Alchemie. Aber nur in Europa entwickelte sich aus der Alchemie die Chemie." [24] Und Th. E. Woods zitiert in pointierter Schlussfolgerung Stanley Jaki mit der Aussage: „Wissenschaft ist nicht westlich, sie ist christlich"! [25] Der Grund dafür liegt im biblischen Verständnis der Natur. Sie ist nicht irgendwie göttlich oder von Göttern bewohnt, sondern Geschöpf, das heißt sie ist Sache, Objekt. Und der als Gottes Ebenbild geschaffene Mensch hat den Auftrag, dieses Objekt, die Welt, in Ehrfurcht vor Gott zu erforschen.

Diese Sicht wird von zwei Seiten bestritten. Einmal findet sich die weitverbreitete Lehrmeinung, Wissenschaft und damit der zivilisatorische Fortschritt wären erst in der Renaissance unter dem Einfluss der antiken, griechischen Schriften begründet worden. Doch dieses Geschichtsverständnis ist Teil der Aufklärung, welche das Mittelalter als finster und rückständig qualifizierte, um den Glauben als ein Hindernis für den Fortschritt zu diskreditieren. Zum anderen versuchen Muslime die ganze westliche Zivilisation als Ausdruck islamischen Denkens darzustellen. Sie berufen sich dabei auf die wissenschaftliche Blüte im spanischen Cordova im 12. Jahrhundert unter muslimischer Herrschaft. Sie wollen damit von den rückständigen Verhältnissen in islamischen Ländern ablenken. Und indem sie den Islam als Mutter der westlichen Zivilisation darstellen, hoffen sie, das Bewusstsein einer überlegenen, christlichen Kultur zu zerstören. Doch die Fakten bestätigen unsere Sicht: Die ersten Grundlagen für wissenschaftliches Denken legte Karl der Große, also um das Jahr 800. Sein Hausgelehrter Alcuin schrieb „Über die Pflege der Wissenschaften". Und schon im zehnten Jahrhundert – also lange vor „Cordoba" und vor der Renaisance – studierte Gerbert von Aurillac Astronomie und Mathematik und bezeichnete Wissenschaft als ein Geschenk Gottes. Auch die Tatsache, dass Magdeburg schon im Jahr 996 eine öffentliche Uhr besass, ist ein Beweis für den Willen zum rationalen Denken und zum Fortschritt.

Stadtluft macht frei

Die erwähnten technischen Erfindungen förderten die Arbeitsproduktivität, welche wiederum die Städtebildung begünstigte. Städte waren ebenso Heimat für Handwerker und Händler wie Schutzräume für Universitäten mit ihren Studenten. Europa war nach der Völkerwanderung ein ziemlich geschädigter und unterentwickelter Kontinent. Die Städtebildung trug wesentlich dazu bei, dies zu ändern. Zwischen 1050 und 1350 vollzog sich in Europa eine eigentliche Urbanisierung. L. Benevolo gibt eine lange Liste von grossen Städten, die allein im 13. Jh. gegründet wurden.[26] Frankreich zählte damals nicht weniger als 32 000 sog. „communes", Italien 8 000. Die Städte wurden in der Regel von weltlichen Fürsten gegründet, gelegentlich auch von Bischöfen. Ihr Ziel war es, fähige Handwerker und Kaufleute anzulocken. Dafür erhielten die Städte Steuerprivilegien und das Recht zur Selbstverwaltung. Manchmal erkämpften sich die Städte diese Rechte, oder der deutsche Kaiser verlieh ihnen den Status einer reichsfreien Stadt, um sich ihre Loyalität zu sichern. So entstanden in Deutschland Hunderte von reichsfreien Städten.

Noch andere Städte entwickelten sich zu eigenen Staaten. Im Süden setzten sich Venedig, Pisa, Florenz und Genua durch und wurden zu Staaten bzw. Seemächten, welche untereinander um die Vorherrschaft in Italien und im Mittelmeer kämpften. In Norddeutschland begann 1241 mit dem Vertrag zwischen der Stadt Hamburg und Lübeck die in ihrer Art beispiellose Geschichte der Hanse. (Hanse = Gruppe, Gefolge) Sie umfasste auf ihrem Höhepunkt 90 Städte, darunter auch Städte im Landesinneren wie Breslau, Krakau und Göttingen. Wieder andere Stadtstaaten wie Zürich, Bern, Luzern, Basel, Genf schlossen sich durch militärische Bündnisse mit den Kleinstaaten der Vierwaldstätte zur Eidgenossenschaft zusammen, um sich ihre Unabhängigkeit von Habsburg zu erkämpfen.

Natürlich entstanden auch in China, in Indien und im islamischen Einflussbereich große Städte. Aber diese unterstanden zentralistischen Staatsgewalten, welche den Bürgern keine Freiheiten gewähren wollten, oder auf Grund ihrer religiösen Weltsicht glaubten, keine Freiheiten erlauben zu dürfen. Ganz anders im christlichen Europa. Zwar hatte Karl der Große Europa weitgehend geeint. Aber durch Erbteilungen entstanden immer neue und immer kleinere Staatsgebilde. Gemäß Rodney Stark gab es im 14. Jahrhundert in Europa ungefähr 1000 (!) unabhängige Staaten.[27] Dieses Fehlen einer Zentralmacht war der Bildung freier Städte äußerst förderlich. Die Städte ihrerseits waren „Brutstätten" einer künftigen Freiheit. Hinter den Stadtmauern, geschützt vor der erstickenden Macht einer Zentralgewalt, konnten sich ein freier Geist und wirtschaftliche Initiative entfalten. Um die Bildung von Städten zu fördern erhielt, wer ein Jahr in einer Stadt gelebt hatte, oft gewisse Rechte und war nicht mehr der Gewalt seines Feudalherrn unterstellt. Darum hieß eine gängige Redewendung: „Stadtluft macht frei."

Die Anfänge des Kapitalismus

Auch ein Blick auf die Entwicklung der Wirtschaft entlarvt die Rede vom rückständigen Mittelalter als Fehlurteil. Die Teilfreiheiten und zunehmende Rechtssicherheit setzten enorme wirtschaftliche Kräfte frei. Nach R. Stark wurde der Kapitalismus im Mittelalter erfunden. Und er hat gute Gründe dafür. Bereits im zehnten Jahrhundert war der internationale Handel bestens organisiert. Für Nordeuropa spielte die Stadt Brügge dabei eine herausragende Rolle. Der Handel entwickelte sich derart, dass die Zahlung mit Gold- und Silbermünzen viel zu umständlich und zu risikoreich wurde. An die Stelle von Barzahlungen trat früh ein internationales Bankensystem. Zunächst schlossen sich mehrere Kaufleute zusammen, gründeten eine Bank und trugen gemäß ihren Gründungsanteilen das Risiko von Verlusten bzw. teilten sich den Gewinn. Später entstand ein System, das wir mit den heutigen Aktien vergleichen können. Unternehmer kauften Anteile an einem bestimmten Geschäft, z. B. an einem Transport auf dem Seeweg, und waren so gemeinsam an Gewinn oder Verlust dieses Transportes beteiligt.

In dieser Zeit entstand auch der bargeldlose Zahlungsverkehr. Wenn eine Firma in Venedig eine Zahlung an einen Geschäftspartner in Brügge tätigen wollte, dann stellte sie einen entsprechenden Zahlungsauftrag mit der zeichnungsberechtigten Unterschrift an die Partnerbank in Brügge aus. Dieser Auftrag wurde dem täglichen Kurier nach Brügge mitgegeben und dort in der Partnerbank abgeliefert. Diese leistete dann die Zahlung an den Geschäftspartner, indem der Betrag dem Konto des venezianischen Auftraggebers in Brügge belastet wurde. So war man gegen Raub und Diebstahl geschützt. Denn die Zahlung konnte nur von der notierten Bank dem mit Namen genannten Empfänger ausgehändigt werden. Ein gestohlener Zahlungsauftrag war wertlos.[28] Im 13. Jh. wurde das römische Zahlensystem durch das arabische Dezimalsystem abgelöst und setze sich sofort durch. Rechnen wurde zur wichtigen Kunst. Schon um 1250 verfügten die Banken Riccardi im italienischen Lucca und die florentinische Bank Peruzzi über verschiedene Niederlassungen in Europa.

Dieses Bankensystem war einerseits das Resultat eines ständig wachsenden Handelsverkehrs. So wurden z.B. Schaffelle aus England zu Millionen von England nach Venedig und in andere Städte zur Weiterverarbeitung verschifft. Andererseits förderte das Bankensystem wiederum, den Austausch von Waren. Wir müssen uns also eine im Mittelalter aufkommende und im Spätmittelalter voll aufblühende Wirtschaft vorstellen, durch welche eine wohlhabende, gelegentlich reiche Bürgerschaft entstand. Unter ihnen waren auch Superreiche, welche den Vergleich mit den Multimilliardären unserer Zeit nicht zu scheuen brauchen. So galten um 1500 die Fugger in der freien Reichsstadt Augsburg als die reichste Familie der Welt. Angefangen hatte ihr Aufstieg im 12. Jahrhundert, als aus der Weberfamilie Bankiers wurden. Die Fuggers wurden die Finanziers für die Päpste und die spanischen Könige.

Kunst

Dieser Wohlstand ließ auch die Künste blühen. Die europäische Musik, die man heute die Klassische nennt, und von der sich auch die Beatles haben inspirieren lassen, hat sich aus den gregorianischen Gesängen der Klosterbrüder entwickelt. Nachdem man schon sehr früh durch Zeichen am Rande von Liedtexten Melodieanweisungen notiert hatte, war es Guido von Arezzo (um 992–1050), Leiter der Kathedralschule von Arezzo, der die Grundzüge der Notenschrift erfand, welche das eigentliche Komponieren und das Zusammenspiel (Symphonie) von vielen Instrumenten erst möglich gemacht hat und heute weltweit verwendet wird. Zu den außergewöhnlichen künstlerischen Leistungen des Mittelalters gehören neben großartigen Malereien viele Handschriften. Vielfach wurden die Anfangsbuchstaben einer Seite als wunderbare Miniaturen gestaltet, deren künstlerischer Ausdruck jeden Betrachter begeistert. Besonders beeindrucken noch heute die mittelalterlichen Gotteshäuser.

So entstanden über Jahrhunderte Wunderwerke wie der Dom von Mailand, die Kathedrale Notre Dame de Paris, die Kathedrale von Reims, den St. Veitsdom in Prag, der Stefansdom von Wien, und viele andere. In diesen Gotteshäusern spiegelt sich das Welt- und Gottesverständnis der mittelalterlichen Menschen.

Es sind Gesamtkunstwerke, in denen die Architektur mit der bildenden Kunst, der Malerei, der Glasmalerei und der Musik zusammenwirken, um dem Besucher die Welt der Bibel und Gottes Wirken vor Augen zu führen. Die oft gewaltigen Dimensionen veranschaulichen nicht nur die Macht der Stadt, sondern auch das unerschütterbare Vertrauen in die ewige Treue Gottes. Das Kreuz Christi bildet das Fundament und den Grund der Erlösung. Der ausgemalte Innenraum mit seinen Säulen und hohen Fenstern nimmt den Besucher hinein in Gottes Gegenwart. Die fröhlichen Farben und Bilder, oft mit Szenen aus dem Alltag, sind Ausdruck heiterer und gelegentlich irdischer Gelassenheit mitten im Heiligtum. In den nach oben strebenden Linien findet sich die Sehnsucht nach Gott und der Überwindung alles Bösen, wenn die „heilige Stadt, von Gott her aus dem Himmel herabkommt... und er alle Tränen abwischen wird.... und der Tod nicht mehr sein wird." (Off. 21,2-4) So wunderbar gelang den mittelalterlichen Künstlern ihr Werk, dass noch heute sich kein Besucher der zauberhaften und zeitlosen Schönheit dieser Kathedralen und Dome entziehen kann. Auch in anderen Kulturen sind großartige Bauwerke geschaffen worden, zum Teil wesentlich größere wie die ägyptischen oder indianischen Pyramiden oder die Tempelanlagen von Angkor Wat in Kambodscha. Aber in keinem anderen Kulturkreis sind so viele Kunstwerke geschaffen worden, welche sich geographisch über das ganze, zu diesem Kulturkreis gehörige Gebiet verteilen, bis hinauf in entlegene Bergtäler. Französische Forscher haben auf dem Kontinent zwischen dem Mittelmeer und dem Hohen Norden rund 130 000! gotische Kirchtürme festgestellt.[29]

Hinter diesen Kunstwerken steht ein besonderes Selbstbewusstsein. Für die mittelalterlichen Menschen war ihre Welt die einzig richtige. Zwar kannten sie auch andere Kulturen. Nicht nur Händler, welche Seide und Gewürze aus fernen Ländern importierten, wussten von diesen anderen Welten. Es gab Bücher wie John Mandevilles „Die Reisen eines Ritters durch das Gelobte Land". Er und andere, denen das Reisen gefiel, haben ihren Zeitgenossen berichtet, was sie gesehen hatten. Aber diese anderen Welten erschütterten das Weltbild des mittelalterlichen Menschen nicht. Sie waren davon überzeugt, in der richtigen Welt zu leben. Sie fühlten sich eingebettet in die Ewigkeit. Gott ist Herr aller Völker und aller Zeiten. Ihm zu Ehren konnten Kunstwerke geschaffen werden, bei denen die Gründer schon wussten, dass sie die Vollendung nicht erleben würden. Denn ihre Welt ist Gottes Welt. Sie wird es bleiben, bis Gott ihr ein Ende setzt und das himmlische Jerusalem kommt. Die Welt kann sich wohl verändern, so wie ein im romanischen Stil begonnener Dom mit gotischen Formen abgeschlossen werden kann, aber das Fundament bleibt. Das Wissen um die unverlierbare Geborgenheit in Gott gab diesen Menschen die Kraft, jedes Leid zu ertragen. Früher Kindestod, Kriegszüge, Hunger und Pest konnten ihren Glauben nicht erschüttern, sondern er machte sie stark und befähigte sie zu staunenswerten Leistungen. Wer je das Privileg hatte, in Paris die Sainte Chapelle zu betreten, die mittelgroße Kirche aus dem 13. Jahrhundert, die Ludwig IX. für sich und den Hof erbauen ließ, der wird von der Schönheit dieses Raumes von ehrfurchtsvoller Freude überwältigt und verzaubert. Die Wände sind auf extrem schmale, filigran anmutende Pfeiler reduziert, sodass die überraschend vielen und hohen Farbfenster alles in ein lichtes und strahlendes Blau tauchen. Der durch

Christus versöhnte Sünder ahnt die Herrlichkeit Gottes. Das Mittelalter war nicht finster. Im Gegenteil: Im Mittelalter ging über Europa die Sonne auf. Im Mittelalter wurden jene Fundamente gelegt, welche den Bau der europäischen und westlichen Kultur der Freiheit möglich gemacht haben. Das bestätigt auch der gesellschaftliche Aufstieg der Frau.

2. Befreiung und Aufstieg der Frau

Im alten Griechenland durfte eine anständige Frau nur in Begleitung eines vertrauenswürdigen männlichen Begleiters das Haus verlasssen. Hatte ihr Mann männliche Gäste, durfte sie nicht zusammen mit ihnen essen.[30] Wir haben bereits gesehen, wie der Apostel Paulus das römische Eherecht umgedeutet und damit die Grundlage für ein christliches Eheverständnis und für die Überwindung des römischen Rechtes gelegt hat. Dadurch wurde die Würde der Frau als Ebenbild Gottes dem Manne gleichgestellt. Daraus erklärt sich, weshalb Frau im Mittelalter im Vergleich zu anderen Kulturen einen steilen Aufstieg erfuhr.

Nicht nur im römischen, auch im germanischen Recht war die Familie ebenfalls streng patriarchalisch geordnet. Die germanische Frau war allerdings nicht ganz rechtlos. Die Historikerin Edith Ennen schreibt dazu: „Aber sie war rechtlich handlungsunfähig, sie konnte nicht selbständig vor Gericht auftreten, ihr Vermögen nicht selbst verwalten, sie war im Erbrecht benachteiligt… Die Frau untersteht der Muntgewalt (Vormundschaft) des Vaters oder des nächsten männlichen Verwandten – das bedeutet u.a. das Recht des Muntwaltes, sie zu verheiraten – …Die Ehe wird nach germanischem Recht zwischen dem Muntwalt der Frau und dem künftigen Gatten vereinbart…"[31] Daneben gab es auch die Ehe aus Zuneigung, Friedelehe genannt. Dazu schreibt Ennen: „Die Friedelehe beruhte auf der freien Zuneigung der Partner; die eheliche Gemeinschaft wurde bei ihr durch öffentliche Heimführung und Bettbeschreitung begründet… diente im Adelsstand öfters dazu, den Eintritt einer Frau niederen Standes und ihrer Kinder in den Stand des Mannes zu verhindern… Die Friedelehe führte keine Standesgemeinschaft der Ehegatten herbei." [32] Auch wenn die einzelnen Bestimmungen im germanischen Ehe- und Familienrecht nicht zu allen Zeiten und in allen Regionen dieselben war, so war doch die Bevormundung der Frau eindeutig.

Im muslimischen Kulturkreis ist die Frau dem Mann untergeordnet. So erlaubt die Scharia, das göttliche Recht, dem Mann vier Frauen, sofern er für sie sorgen kann. Zudem gestattet die Scharia „die Ehe auf Zeit", z.B. auf eine Stunde, was nichts anderes als Erlaubnis zur Prostitution ist. Die Ehe ist in erster Linie ein Rechtsakt, zu dem in gewissen Ländern auch ein Onkel die Unterschrift leisten kann, ohne dass die Frau gefragt werden muss. Für die Zwangsverheiratung gibt es viele aktuelle Berichte.[33] Mädchen werden in vielen islamischen Ländern schon mit 12 Jahren verheiratet, oft gegen ihren Willen. Und ich erinnere an die Ehrenmorde, die Erlaubnis für den Mann, die Frau zu schlagen, dass bei Ehebruch die Frau gesteinigt werden kann.

Im Hinduismus ist die Vielehe ebenfalls bekannt. Dass im vorwiegend hinduistischen Nepal Eltern halbwüchsige Mädchen oft für wenige hundert Dollar an Bordelle nach Indien verkaufen, ist vielfach bestätigt. Es soll sich jährlich um mehrere tausend Mädchen handeln. Den Buddhismus interessiert diese Frage nicht. In Afrika war und ist die Polygamie in verschiedenen Regionen noch heute normal. Das Museum Rietberg in Zürich zeigte im Januar 2008 die Holzstatue des Fürsten Chibinda Ilunga aus Angola, datiert um 1850. Auf der rechten Seite der Statue ist auch eine Frau dargestellt. Sie reicht dem Fürsten gerade bis zum Knie und ist knapp halb so groß wie sein Kopfschmuck.

Christliche Ehe

Auf diesem Hintergrund wird deutlich, wie im Mittelalter durch das biblische Verständnis der Ehe die Stellung der Frau grundlegend verbessert und damit in Europa die ganze Gesellschaft verändert wurde. Dabei finden sich zunächst in der rechtlichen Stellung der Frau Übergänge von römischem zu germanischem Recht. Und verständlicherweise finden in den tausend Jahren verschiedene Entwicklungen statt. Im Einzelnen muss man sich die Verhältnisse komplex vorstellen. So gab es von Stadt zu Stadt Unterschiede hinsichtlich der Rechte, die eine Frau in Anspruch nehmen konnte. Auch die Historikerin E. Ennen bestätigt, dass mit dem Aufkommen das Christentums eine neue Zeit für die Wertschätzung der Frau beginnt: „In diametralem

Gegensatz zur germanischen steht die christliche Auffassung der Ehe. Die christliche Ehe kommt durch den freien Konsens der Ehepartner zustande; das Persönlichkeitsrecht der Frau wird gewahrt."[34] Es sind vor Allem drei Grundaspekte der christlichen Eheauffassung, welche sich im Mittelalter als mächtige, die Gesellschaft verändernde Kraft erwiesen haben.

Monogamie

Für das Neue Testament ist nur die Einehe gottgefällig. Sie entspricht der schon im Schöpfungsbericht Mann und Frau in gleicher Weise zugeschriebenen Würde. Und sie wird von Jesus (Matthäus 19,4-6) bestätigt: „Habt ihr nicht gelesen, dass der Schöpfer sie von Anfang an als Mann und Frau geschaffen hat? Und dass er gesagt hat: Darum wird ein Mann Vater und Mutter verlassen und seiner Frau anhangen, und die beiden werden ein Fleisch (Leib) sein. ...Was nun Gott zusammengefügt hat, das soll der Mensch nicht scheiden." Mann und Frau sind in der Ehe „ein Leib", d.h. sie bilden gemeinsam eine so enge Gemeinschaft, dass sie eine „Eheperson" bilden. Paulus präzisiert dieses Bild, indem er (Eph. 6,22-33) dieses Einleibwerden auf Christus und die Kirche deutet. Aus diesem sakralen Eheverständnis, bei dem also die Ehe ganz integriert ist in die Beziehung zu Gott, ergibt sich nicht nur die Monogamie, sondern auch deren prinzipielle Unauflöslichkeit. Zwar gab es noch im 12. Jahrhundert Bischöfe, welche sich in Predigten gegen die Vielehen von Fürsten wandten. Aber als Herzog Miesko I. von Polen 1177 eine christliche Fürstin heiratete, musste er seine sieben heidnischen Frauen entlassen.[35] Die Einehe setzte sich schließlich auch bei den Herrschenden durch.

Konsensehe

Darunter versteht man eine Ehe, die dadurch zustande kommt, dass Mann und Frau aus freien Stücken zustimmen. Dieses Eherecht entspricht dem christlichen Eheverständnis und wurde in der mittelalterliche Gesellschaft zur rechtlichen Norm.[36] Nach katholischer Lehre ist die Ehe ein Sakrament, das nicht vom Priester, sondern von den Ehepartnern gestiftet wird. Das Sakrament kommt dadurch zustande, dass beide, Mann und Frau, öffentlich erklären, die Ehe mit dem Partner eingehen zu wollen. Papst Alexander III. (1159-1181) stellt unmissverständlich fest: „Solus consensus facit nuptias"

(Nur durch die beiderseitige Zustimmung kommt eine Ehe zu Stande.)[37] Die Frau wird damit in ihrer eigenen Würde und Eigenverantwortung ernst genommen und ist in dieser Hinsicht dem Manne gleichgestellt.

Verchristlichung des Patriarchats

Wir haben schon geschildert, wie Paulus das römische Patriarchatsrecht in ein Liebesverhältnis mit gegenseitiger Respektierung und Unterordnung gedeutet hat, weil Mann und Frau Ebenbilder Gottes und daher mit gleicher Würde ausgestattet sind. Es trifft natürlich zu, dass auch im Mittelalter und später die Führungsaufgabe des Mannes rechtlich festgeschrieben war. Doch wir dürfen dabei nicht übersehen, dass bis weit ins 20. Jahrhundert die physische Kraft für die Bewältigung der täglichen Arbeiten eine wichtige Voraussetzung für das Wohlergehen der Familie war. Der Führungsaufgabe entsprach auch die Verpflichtung zum Schutz und zur Fürsorge für die Familie. Und wir vergessen leicht, dass man für den Schutz von Leib und Leben nicht per Mobiltelefon jederzeit und von jedem Ort die Polizei um Hilfe rufen konnte, sondern Familien nicht selten auf handfeste Selbstverteidigung durch Väter und erwachsene Söhne angewiesen waren. Dass das christliche Menschenbild und Eheverständnis kein Hindernis, sondern die Grundlage für den Aufstieg der Frau im Mittelalter war, beweisen die folgenden Fakten.

Frauen in Wirtschaft und Gesellschaft

Bekannt ist, dass im Mittelalter Frauen, vor allem adelige, oft Gegenstand der Dicht- und Gesangskunst von Minnesängern waren, welche, oft im Auftrag eines Verehrers, die Anmut der Angebeten mit Liedern und Musikinstrumenten priesen. Schon diese Ehrung von Frauen ist im Vergleich zu anderen Kulturkreisen ungewöhnlich und zeigt, wie Frauen im Mittelalter nicht versteckt wurden, sondern als Persönlichkeiten eigenständiges Ansehen und öffentliche Wertschätzung genossen. Viel weniger bekannt ist, dass Frauen im Mittelalter viele Berufe ausübten, ganz oder teilselbstständig Geschäfte führten und auch vor Gericht auftreten konnten. Dabei kamen sie gelegentlich zu ansehnlichem Reichtum. Das bayrische Stadtrechtsbuch von 1347 bestimmt, „dass eine Marktfrau gleiches Recht wie ihr Mann hat." In Köln lag um 1460 der Gewürzimport je nach Gewürzen zwischen 1,2 und

19,6 Prozent in der Hand von Frauen; bei Metallen und Metallwaren machten fünf Frauen 14 Prozent der Importeure aus, und sie bestritten 19,2 Prozent der Messingeinfuhren. Frau Cathringen Broelmann stand mit einem Marktanteil von 19,8 Prozent nur geringfügig zurück hinter dem größten Stahlimporteur Gerhard Betgin mit einem Anteil von 22 Prozent. Auch im Tuchhandel waren Frauen tätig, im Weinhandel hielten sie an gewissen Orten einen Marktanteil von bis zu 40 Prozent. In Paris gab es im 13. Jahrhundert sechs reine Frauenzünfte, alle in der Seidenverarbeitung: Seidenspinnerinnen mit grossen Spindeln, mit kleinen Spindeln, Seidenwirkerinnen, Wirkerinnen von seidenen Hauben und Mützen für Damen, die Hutmacherinnen und die Herstellerinnen von Geldbörsen. Auch als Chirurginnen, Barbierinnen und Baderinnen waren sie vollberechtigt. In Gent werden für das 14. Jahrhundert Frauen als Geldwechslerinnen und als Gastwirtinnen bezeugt. An manchen Orten wurden Frauen in die Zunft aufgenommen. Viele Witwen durften den Beruf ihres Mannes weiter ausüben und waren so finanziell gesichert.[38]

Das Hoch- und Spätmittelalter war eine Zeit einer langsamen, aber stetigen wirtschaftlichen Blühte. Dabei entwickelte sich vor allem in den Städten auch ein vielfältiges gesellschaftliches Leben, an dem die Frauen vollen Anteil hatten. Für öffentliche und private Feste stellten die Städte entsprechende Gebäude zur Verfügung. So gab es dafür im Köln des 14. Jahrhunderts im Rathaus den Langen Saal, später Hansesaal genannt. Es war ein einschiffiger Rechtecksaal, 29 m lang, 7,25 m breit und von einem 9,7 m (!) hohen Tonnengewölbe aus Holz überdeckt.[39] Und 1452 eröffnete Köln ein eigenes Fest- und Tanzhaus. An diesen Zusammenkünften wurde viel und gut gegessen und getrunken. Die weibliche Frisierkunst (z. B. Turmfrisuren mit Hilfe von Eiweissschaum) und das Schminken wurden sorgfältig gepflegt. Der Wohlstand trieb bei der Kleidermode der Frauen und Männer aber auch bei privaten Festen derartige Blüten, dass in verschiedenen Städten Antiluxusgesetze wie die erlaubte Anzahl von Gästen bei Taufen, die Länge der Schleppen etc. erlassen wurden. Dass bei der Mode im Spätmittelalter das Décolleté immer tiefer ausgeschnitten wurde, sei am Rande vermerkt.[40]

Frauen in der Kirche

Eine herausragende Rolle spielten Frauen in der Kirche vor allem durch die Klöster.[41] Ihnen öffnete sich im christlichen Klosterleben ein weites und vielschichtiges Tätigkeitsfeld, durch das Frauen sich entfalten konnten und wesentliche Beiträge zum Aufbau der Kirche leisteten; schon im 7. Jahrhundert gab es in Frankreich Frauenklöster mit Äbtissinnen an der Spitze.[42] Frauen unterstützten Bischof Bonifatius bei seiner Missionierung der rechtsrheinischen germanischen Stämme äußerst tatkräftig und gründeten verschiedene Klöster. Frauenklöster waren auch Zentren der Bildung. Ennen hält fest: „Der Anteil der Frauen am geistigen Leben ist im frühen Mittelalter sehr hoch, ja er übertrifft mitunter den männlichen." [43] Dafür steht z. B. Hildegard (1098-1179), Äbtissin des Klosters von Bingen. Sie verfasste vielbeachtete Schriften, in denen sie ihre Gottesvisionen schildert. In Briefen, Gedichten und Hymnen sprach sie von ihrer ganzheitlichen Sicht des Verhältnisses des Menschen zu Gott und der Schöpfung, schrieb über den Teufel, die eheliche Liebe, über naturwissenschaftliche und medizinische Themen. Sie korrespondierte mit Bischöfen und Königen, führte gegen den Rat von kirchlichen Instanzen Musikinstrumente in die Liturgie ein und komponierte gregorianische Gesänge.[44] Sie nahm sich sogar die Freiheit zu vier Predigtreisen und redete verweltlichtem Klerus ins Gewissen.[45] Die Zahl der Frauenklöster wuchs stark an. Im Jahr 1300 gab es 74 Dominikanerinnenklöster, im 15. Jahrhundert hatten die Benediktinerinnen 115 Niederlassungen, die Zisterzienserinnen 220, um 1600 hatten die Franziskanerinnen 900 Gemeinschaften. Viele Nonnen konnten Latein, schrieben Handschriften ab, bemalten und vergoldeten (illuminierten) sie, stellten Arzneien her, beschäftigten sich mit kunsthandwerklichen Arbeiten und unterhielten Schulen.[46] Das Leben im Kloster bot ihnen sinnvolle Entfaltung ihrer Fähigkeiten. Besonders grossen Anteil hatten die Frauen an den mittelalterlichen mystischen Ausformungen des Glaubens und an den Frömmigkeitsbewegungen, die vor allem Laien erfassten.

Frauen in der Politik

Wie in der Gesellschaft und in der Kirche gewannen Frauen auch in der Politik erstaunlichen Einfluss. Im Vergleich zum politischen Einfluss der Frauen im Römischen Reich und bei den germanischen Völkern findet im Mittelalter auch hier ein Wandel statt. Diesen kann man nur als steilen Aufstieg der Frau in politisch einflussreiche Positionen bewerten. Zur Veranschaulichung einige Beispiele aus der Fülle der Berichte von Edith Ennen. Im Deutschen Reich war zur Zeit der Herrschaft der Ottonen (919-1024) die Königin die Mitschwester in der Herrschaft und Teilhaberin am Kaisertum (consors regni, particeps imperii). Otto I. heiratete am 14. April 972 Theophanu, die Nichte eines armenischen Generals. Die Hochzeit fand in Rom statt. Papst Johannes XIII. segnete das Paar im Petersdom und krönte neben ihrem Gemahl auch sie zur Kaiserin. Theophanu hat nach dem frühen Tode ihres Mannes für den dreijährigen Sohn als Mutter und als coimperatrix (Mitkaiserin) die Regentschaft übernommen. Sie war dazu, wie E. Ennen schreibt, „hervorragend geeignet und hat ihr Ziel, das Reich und das ottonische Kaisertum ihrem Sohn zu erhalten, mit zäher Willenskraft, mit Scharfblick und Klugheit erreicht."[47] Überhaupt war es selbstverständlich für Frauen des Hochadels, bei Abwesenheit, Verhinderung oder Tod des Mannes ihn vollberechtigt zu vertreten und für unmündige Kinder die Regentschaft zu führen. Nicht selten waren Frauen selber Lehensherrinnen oder Landesfürstinnen, die sich auch gegen männliche Fürsten durchzusetzen wussten.[48]

Eine Besonderheit in Deutschland waren die Fürstäbtissinnen. Sie waren zugleich Landesherrinnen, hielten Hof, wie es Reichsfürsten geziemte und bekundeten ihre Herrscherposition durch die Prägung goldener und silberner Münzen.[49] Bekannt ist schließlich, um eine besonders hervorragende Herrscherin zu nennen, Isabella von Kastilien, die Katholische. Mit 18 Jahren heiratete sie 1469 den 17-jährigen Ferdinand von Aragon, Thronfolger von Heinrich IV. und König von Sizilien. Als Heinrich IV. in der Nacht vom 11. zum 12. Dezember 1474 starb, proklamierte sie sich schon am 13. Dezember selber zur Königin von Kastilien und setze ihren Anspruch auf den Thron gegen verschiedene Widerstände auch auf dem Schlachtfeld durch. Sie stand maßgeblich hinter der Reconquista, der Wiedereroberung Spaniens von den Mauren. Sie gehört zu den grossen Herrscherpersönlichkeiten des ausgehenden Mittelalters.[50] Die Mitregentschaft der Ehefrau des frühen Mittelalters wurde später wieder eingeschränkt.[51] Zudem muss der Einfluss von adeligen Frauen als begehrte Erbtöchter erwähnt werden, welche ihnen oft spektakuläre Aufstiegsmöglichkeiten eröffneten. Vermutlich haben manche Frauen unter einer solchen Heirat an einen fremden Hof gelitten. Aber viele erkannten darin auch die Chance, um zu Einfluss und Ansehen zu gelangen, und viele erfüllten die damit verbundenen politischen Aufgaben mit Geschick und Selbstbewusstsein, gelegentlich auch mit weiblicher List. In diesem Zusammenhang müssen wir an weitere berühmte Frauen von höchstem politischem Einfluss erinnern: Die Jungfrau von Orleans (1412-1431), welche 1429 den Franzosen im hundertjährigen Krieg gegen die Engländer dem Dauphin zu einem entscheidenden Sieg über die Engländer verhalf und später von den Engländern verbrannt wurde. Aber auch Elisabeth die Große von England (1533-1603) und Maria Stuart, (1542-1587) Königin von Schottland und sogar Katharina die Große von Russland wären ohne den Aufstieg der Frau im frühen Mittelalter nicht zu Herrscherinnen gekrönt worden.

Wie wir gesehen haben und wie Ennen schreibt, „war die mittelalterliche Frau keineswegs ein fügsames Heimchen am Herd."[52] In keiner Weise trifft das oft gezeichnete Bild vom rückständigen und Frauen unterdrückenden Mittelalter zu. Sie genossen oft hohes Ansehen, hatten nicht selten grossen politischen Einfluss und viele Möglichkeiten, sich beruflich oder geistlich eigenständig zu entfalten. Dadurch haben sie einen unverzichtbaren Anteil am Aufstieg Europas geleistet. Sie übten selbstverständlich Rechte aus, die ihnen in etwa in islamischen Ländern noch heute verwehrt sind. So ist es nicht übertrieben festzuhalten, dass im Mittelalter eine eigentliche Befreiung der Frau stattfand. Als eigenartige Folge der Aufklärung und im krassen Widerspruch zu den Schlagworten von Liberté, Fraternité und Egalité legte Napoleon im Jahre 1804 in Artikel 213 des Code Civil: „Der Mann schuldet der Frau Schutz, die Frau dem Manne Gehorsam." Das bedeutete: Gemäß Code Napoleon steht die Frau ungeachtet ihres Alters unter Vormundschaft, erst des Vaters und später des Ehemannes. Hat sie Vermögen, so kann der Ehemann unbeschränkt darüber verfügen.

Benachteiligungen von Frauen

Mit all dem soll nicht gesagt sein, dass es im Mittelalter verglichen mit der heutigen Gleichstellung für Frauen keine Benachteiligungen gab. So war Bildung den adeligen und reichen Frauen vorbehalten, die sich Studien meist mit Privatlehrern leisten konnten und nicht darauf angewiesen waren, mit dem Erlernten ihren Unterhalt zu bestreiten. Ein Studium an Universitäten, das man voll aus eigener Tasche zu bezahlen hatte, stand nur jungen Männern offen. Schwierig war die Lage der Frauen besonders auf dem Lande. Die bäuerliche Bevölkerung war keineswegs einheitlich, sondern in sich wieder geschichtet. Deshalb war auch das Los der Frauen sehr unterschiedlich, je nach ihren Vermögensverhältnissen und ihrer rechtlichen Stellung. Denn es gab neben den freien Bauern verschiedene Abhängigkeitsverhältnisse bis hin zur Leibeigenschaft. Für Bäuerinnen war die Feldarbeit neben der Versorgung der Kinder eine schwere Last. Hinzu kamen, mindestens in gewissen Regionen wie etwa in Süddeutschland Eheeinschränkungen. Denn durch die Leibeigenschaft wurden die Freizügigkeit und damit auch die Partnerwahl oft unerträglich behindert. Auch gehörten Frauen häufiger als Männer zum ärmeren Teil der Bevölkerung.[53]

Viele Adelige errichteten daher Stiftungen, um Armut zu lindern, wovon viele Frauen betroffen waren. So hat z. B. Königin Elisabeth von Thüringen (1207-1231) sich im Dienst an den Armen dermassen verzehrt, dass sie bereits im Alter von 24 Jahren starb.[54] Mitte des 14. Jahrhunderts gehörten in den Webervierteln von Trier 70 bis 100 Prozent der Frauen zu den Armen. Allerdings waren nicht alle Mägde der sog. Unterschicht zuzurechnen. Bei reichen Bürgern konnte auch eine Magd gut leben.[55] Schwierig war stets die Lage alleinstehender Frauen. So kam es vor Allem im 10. und 11. Jahrhundert, aber auch später vor, dass alleinstehende und rechtlich freie Frauen sich einem Kloster als Zinspflichtige ergaben, also ihren Status als Freie aufgaben. Dadurch sicherten sie sich den Schutz eines Klosters, das jetzt für sie sorgte.[56] Besonders abstoßend empfinden wir heute, wie das Dirnenwesen in manchen Städten geregelt wurde. So mussten Dirnen in Köln ein rotes Kopftuch tragen und dem Scharfrichter pro Woche „sechs kölsche Pfennige" abliefern.[57]

3. Orden als Wegbereiter der Freiheit

Die katholischen Orden sind nicht gegründet worden, um eigenständiges Denken und freiheitliche Strukturen zu fördern. Dennoch haben sie unabsichtlich wichtige Beiträge zur Gestaltung der Gesellschaft und zur Förderung der Freiheit geleistet. Nach verbreiteter Ansicht war die katholische Kirche im Mittelalter ein monolithischer Block, in welchem Reformen schon im Keim erstickt wurden. Diese Sicht der Kirche wird durch die Fakten nicht bestätigt, auch wenn sie z. T. religiöse Bewegungen sogar mit dem Schwert bekämpft hat. Das tat sie nur dann, wenn diese die Kirche grundsätzlich in Frage stellten. Wichtig ist für unsere Frage nach dem Werden der Freiheit, dass schon im frühen Mittelalter einzelne Gläubige auf Grund ihrer persönlichen Gottesbeziehung und ohne jede Anleitung oder Aufforderung von kirchlichen Amtsträgern die Initiative zur Erneuerung des Glaubens ergriffen haben. Die damalige Kirche war durchaus bereit, Reformen zuzulassen, an deren Förderung Laien oft entscheidenden Anteil hatten. Die Ordensgründer stießen bei Adeligen, reichen Bürgern und beim Volk oft auf solche Sympathien, dass ihre Bewegungen nicht selten ein geradezu explosives Wachstum erfuhren. So konnte Dominikus nach der Gründung seines Ordens im Jahr 1215 schon 1220 eine Generalversammlung abhalten, an der Vertreter von nahezu 60 Niederlassungen teilnahmen. Die Kirche verhielt sich zwar den Ordensgründern gegenüber anfänglich oft skeptisch abwartend. Manche mussten lange auf die päpstliche Approbation warten. Aber dann hat die Kirche sie doch in ihre Struktur integriert. Das heißt, es gab trotz der sorgfältig organisierten Hierarchie in der Kirche Freiräume für geistliche Initiativen von unten. Das Selbstverständnis von Einzelnen, die sich die Freiheit zu geistlichen Initiativen herausnahmen, ist wieder ein Resultat der persönlichen Beziehung Gottes zu jedem Menschen. So darf man im Verhalten der Ordensgründer und allgemein der Ordensleute einen wesentlichen Beitrag zum Werden von Freiheit erkennen. Gerade weil er unbeabsichtigt war, ist er ein wichtiger Beweis für die Kraft des Evangeliums zur Veränderung der Gesellschaft und eine wichtige Vorarbeit für die späteren Entwicklungen hin zu freiheitlichen Strukturen. Die folgenden Beispiele mögen zur Veranschaulichung für diese Eigenständigkeit des Denkens genügen.

Benedikt von Nursia 480 - 547

Für alle katholischen Orden ist Benedikt von Nursia eine zentrale Persönlichkeit. 480 als Kind eines reichen Landbesitzers im italienischen Nursia geboren, studierte er zunächst in Rom. Von der Sittenlosigkeit seiner Mitstudenten enttäuscht zog er sich in die Berge des heutigen Enfide zurück, wo er drei Jahre lang mit einer Gruppe von Einsiedlern lebte. Später zog er sich allein in die Höhle von Subiaco zurück. Mit der Zeit wurden immer mehr Menschen auf ihn aufmerksam, die ihn schließlich baten, einem Kloster vorzustehen. 529 zog er mit einer kleinen Schar von Anhängern auf den Monte Cassino, wo er das Mutterkloster des Benediktinerordens gründete. Für diese Gemeinschaft schrieb er die benediktinische Klosterregel, die „Regula Benedicti". Benedikt starb 547. Die eigentliche Gründung der heutigen weltweit tätigen Orden der Benediktiner und Benediktinerinnen erfolgte später. Benedikts Ordensregel war eine Anleitung zu einem Leben in der Gemeinschaft mit Gott, die sich ganz am biblischen Menschenbild orientierte, und wurde zum Vorbild für alle späteren Orden. Diese haben ihrerseits durch ihr Vorbild die Lebensgestaltung aller europäischen Völker beeinflusst.

Franziskus von Assisi

Franz von Assisi hieß eigentlich Giovanni Battista Bernardone und wurde 1181 oder 1182 in Assisi geboren. Sein Vater, der sich zur Zeit seiner Geburt auf einer Reise in Frankreich befand, gab ihm nach seiner Rückkehr den Rufnamen Francesco, der Franzose. Er genoss eine gute Ausbildung und konnte sich mit dem Geld seines Vaters ein ausschweifendes Leben leisten. So zog er 1202 als Ritter in einen Krieg gegen die Nachbarstadt Perugia. Um 1205 begann er, gegen den Willen des Vaters ein Leben in Armut auszuprobieren. Bei einem Gebet im Frühjahr 1205 in der Kirche San Damiano hörte er, wie Christus zu ihm sprach: „Franziskus, geh und baue mein Haus wieder auf, das, wie du siehst, ganz und gar in Verfall gerät." Darauf erbettelte er Baumaterial, um die verfallenen Mauerabschnitte der kleinen Kirche auszubessern. Es kam zu einem Streit mit seinem Vater, der schließlich 1216 vor dem Richterstuhl des örtlichen Bischofs einen Prozess gegen seinen Sohn führte. Auf dem Domplatz entkleidete sich Franziskus in aller Öffentlichkeit und verzichtete mit dieser Geste auf sein Erbe. Mit dieser drastischen, anstößigen und revolutionären Geste berief er sich gegen alle Tradition auf sein

Gewissen, das ihm diesen Weg erlaubte. Er begann als Einsiedler zu leben und gründete 1210 den Orden der Franziskaner oder Orden der Minderen Brüder, der sich später infolge von Reformbewegungen in drei Ordenszweige untergliederte und das soziale Gewissen von ganz Europa bis in unsere Zeit stark prägen sollte.

Klara von Assisi

Gestützt auf das Bewusstsein ihrer persönlichen Gottesbeziehung haben sich viele Frauen in der Kirche eigenständig, kreativ und mutig als Ordensgründerinnen eingesetzt. Dabei sind sie auch in der Glaubenspraxis oft eigene Wege gegangen, gelegentlich auch gegen den Rat von Kirchenoberen, aber von den Gläubigen gefördert. Stellvertretend für die vielen Frauenorden steht das Beispiel von Klara von Assisi. Die Gründerin des Klarissenordens, des weiblichen Zweiges der Franziskaner, wurde 1193 in Assisi als Tochter des Adeligen Favarone di Offreducio di Bernadino und dessen Frau Ortulana geboren. In einem Akt von erstaunlicher Selbstbestimmung vor Gott verließ sie 1212, also erst 18-jährig, in der Nacht vom 18. auf den 19. März, einem Palmsonntag, ihr wohlhabendes Elternhaus und gründete gemeinsam mit Franz von Assisi in der Nähe von Assisi die Frauengemeinschaft San Damiano. Ihre Emanzipation bestand darin, dass sie ihr ganzes Leben in den Dienst Gottes und der Armen stellte. Die Ordensregel der Klarissen war die erste Regel, die eine Frau für Frauen geschrieben hat.[58] Sie ist für die damalige Zeit erstaunlich demokratisch und betont die Eigenverantwortung jeder Schwester.[59] Über 40 Jahre kämpfte sie für die Approbation ihrer Ordensregel. Der Papst gewährte sie ihr, als sie im Sterben lag. Die päpstliche Bulle erreichte sie am 9. August 1253, am folgenden Tag starb sie.[59] Zehntausende Frauen in ganz Europa liessen sich von Klara inspirieren, und viele gründeten ähnliche Gemeinschaften. Die verschiedenen Frauenorden haben im Laufe der Jahrhunderte immer wieder außergewöhnliche geistliche Führungspersönlichkeiten hervorgebracht, die Einfluss auf die Kirche und die Gesellschaft ausübten. Ich erinnere nur an Mutter Theresa von Kalkutta, Gründerin des Ordens „Missionarinnen der Nächstenliebe" oder „Orden der Kleinen Schwestern". Als die Friedensnobelpreisträgerin am 5. September 1997 starb, versammelten sich Staatsmänner und Könige, um ihr die letzte Ehre zu geben.

4. Magna Charta von 1215

Es mag zunächst verwundern, dass ich an dieser Stelle die Magna Charta, die eigentlich „Magna Charta Libertatum" oder Großer Freiheitsbrief heißt, zwischen den geistlichen Orden und den geistlichen Bewegungen der Vorreformation erwähne. Denn die Magna Charta ist zunächst ein politisches Dokument, in welchem Adelige im Streit mit dem König von England sich gegen zu hohe Steuern gewehrt und eine Reihe von Forderungen durchgesetzt haben, was mit dem Glauben nichts zu tun zu haben scheint. Die Magna Charta hat in der Geschichte der Demokratie eine außergewöhnlich einflussreiche Rolle gespielt. Sie gehört darum zwischen den Beitrag, den die katholischen Orden für das Werden von Freiheit geleistet haben, und dem, was durch die Ketzer und die vorreformatorischen Bewegungen geschehen ist. Die Magna Charta bestätigt beispielhaft, wie das religiöse Selbstverständnis einer Bevölkerung früher oder später in das gesellschaftliche und politische Leben einer Gesellschaft eindringt und wie eine Weltanschauung sich in politische Aktionen und Strukturen umsetzt. Das religiöse Weltbild kann vom politischen Verhalten der Bürger nicht getrennt werden. Langfristig bestimmt es die Politik eines Landes. Die Auseinandersetzungen, welche zur Unterzeichnung der Magna Charta führten, gehören zu den sich ständig mehrenden Bewegungen jener Zeit, welche auch in vielen anderen Ländern dem Adel, den Städten und Universitäten, und schließlich auch dem Volk immer mehr Freiheitsrechte verschafften und entsprechende politische Strukturen schufen.

Doch zunächst die Fakten. Johann Ohneland, König von England, war der jüngere Bruder von Richard Löwenherz, der auf seiner Rückkehr vom Kreuzzug im Dezember 1192 in Wien gefangen genommen, im Februar 1194 nach einer Lösegeldzahlung freigelassen wurde und nach England in sein Königtum zurückkehrte. Aber Richard starb bald in einer Schlacht in Frankreich. Darauf wurde sein Bruder Johann König. Er erhielt den Zunamen Ohneland, weil ihm seine Ländereien in England und in Frankreich streitig gemacht wurden und er ständig um sie kämpfen musste. Um die vielen Kriege zu bezahlen, erhob er in England immer neue Steuern. Nachdem er 1214 in Frankreich eine Niederlage erlitten hatte und also geschwächt war, brach unter den englischen Adeligen ein Aufstand aus. Um sie zu besänftigen, musste Johann Ohneland am 15. Juni 1215 die Magna Charta durch sein Siegel akzeptieren, worauf die Barone am 19. Juni ihren Treueeid auf den König erneuerten.[60]

In der Magna Charta gewährte der König den Adeligen wichtige Rechte. Obwohl Johann Ohneland die Magna Charta vermutlich nur unterzeichnet hatte, um Zeit zu gewinnen, wurde sie schon 1225 von seinem Nachfolger bestätigt und diente in den späteren Konflikten zwischen dem König und dem Adel immer wieder als Verhandlungsgrundlage. So bildete sich in England das neuartige Prinzip der Kontrolle eines Königs durch ein schriftliches Gesetz. Zunächst wurde ein Kronrat gebildet, dem nur Königsleute und Kronvasallen angehörten.[61] Aber bereits 1254 finden wir dort auch Vertreter der Grafschaften. 1265 wurde eine Versammlung einberufen, die man Parlament nannte, weil man dort redete. Dazu erschienen aus jeder Grafschaft zwei Ritter und – eine absolute Neuheit– je zwei Bürger aus den wichtigeren Städten. Durch fortwährende Änderungen und Ergänzungen der Magna Charta wurden später weiteren Bevölkerungsschichten Rechte zugestanden. Diese Entwicklung führte schließlich 1689 zur konstitutionellen Monarchie von England, wo die Magna Charta von der Bill of Rights abgelöst wurde. Die war ihrerseits so richtungsweisend, dass sie auch in die 1788 ratifizierte Verfassung der Vereinigten Staaten aufgenommen wurde.[62]

In allen Kulturkreisen gab es Streitigkeiten und Kriege zwischen den Machthabern und ihren Adeligen oder Untertanen. Seit Jahrtausenden wurden diese Auseinandersetzungen durch denjenigen entschieden, der die Macht behalten oder an sich reissen konnte. In der Magna Charta jedoch haben Adelige ihre Rechte gegenüber dem König schriftlich niedergelegt, und der König hat die Rechte bestätigt. Spätere Könige haben diese Kodifizierung des Rechtes als über ihrer Machtbefugnis stehend anerkannt. Das Dokument bestätigt also nicht nur die Machtverhältnisse zur Zeit von Johann Ohneland, sondern in der Magna Charta wird das Verhältnis zwischen Regierung und Untertanen auf eine Rechtsgrundlage gestellt, welche die Macht der Könige dauernd beschränkte. Ein Vorgang in der Geschichte der Menschheit, der, soweit ich sehe, sich so in keinem anderen Kulturkreis ereignet hat. Der Grund für dieses Ereignis muss also in der Besonderheit dieser Kultur liegen. Die Entstehung und die Wirkung der Magna Charta ist nur so erklären, dass der König sich nicht nur den faktisch vorhandenen Machtverhältnissen beugte, sondern sich als von Gott Beauftragter verstand. Er und seine Nachfolger anerkannten, wenn auch unter Zwang, dass die adeligen Lehensherren unveräußerliche Rechte hatten, die auch der König respektieren musste. Diese Rechte wurden schließlich jedem Bürger zugestanden. Sie ergaben sich aus der Gottebenbildlichkeit und der damit verbundenen unverlierbaren Würde jedes Menschen. Die Entstehung und die historische Wirkung der Magna Charta ist nur verständlich, wenn man das christliche Gottes- und Menschenbild als für alle Schichten des Volkes verpflichtend voraussetzt. Darum ist sie weit mehr als ein politisches Dokument. Sie beweist vielmehr, dass letztlich das Selbstverständnis eines Volkes von seinem Kult geprägt wird und dessen gesellschaftliche und politische Entwicklung bestimmt. Der von Gott zur Freiheit bestimmte Mensch schafft eine freie Gesellschaft.

5. Ketzer und vorreformatorische Bewegungen

Die erstarkte Kirche im Hochmittelalter stand in der Gefahr, für sich selber zu leben und immer weniger Salz der Erde zu sein. Die Orden wirkten diesem Trend entgegen, respektierten jedoch die Autorität der Kirche in Lehre und Hierarchie. Andere taten das nicht. Auch sie nutzten die Möglichkeiten zur Erneuerung der Kirche von unten. Aber sie stellten beides, die Lehrautorität und die geistliche Struktur der Kirche, in Frage oder erklärten sie für ungültig und gründeten eigene Kirchen. Es waren Bewegungen, welche in letzter Konsequenz für sich religiöse Selbstbestimmung, also Religionsfreiheit in Anspruch nahmen. Die damalige Kirche meinte, in Verantwortung vor Gott den Grundsatz durchsetzen zu müssen, dass nur die Wahrheit erlaubt ist. Um die ihr anvertrauten Schäfchen vor der Hölle zu bewahren, hat sie alles, auch Gewalt, eingesetzt, um die rechte Lehre zu bewahren und gleichzeitig ihre eigenen Privilegien zu verteidigen. Dabei darf auch eine kirchenkritische Sicht dieser Ereignisse nicht übersehen, dass die Auffassung, die Kirche habe die Pflicht, über der Einheit der Gesellschaft im Glauben zu wachen, vom Grossteil der Bevölkerung geteilt wurde. Dennoch haben die vorreformatorischen Bewegungen angefangen, die von Kirche und Staat erzwungene Einschränkung der Freiheit aufzubrechen und konnten oft mit der Sympathie breiter Bevölkerungsteile rechnen.

Die Katharer oder Albigenser[63]

Die Katharer, vom griechischen Katharsis (Reinigung), oder Albigenser, welche den Auftakt zu anderen Laienbewegungen bildeten, reizten die Kirche durch ihre Lehre und ihr Verhalten dermassen, dass diese nur mit Gewalt reagieren konnte. Sie bildeten eine der größten Laienbewegungen des Mittelalters und breiteten sich in den Jahren nach 1140 rasch aus. Erstmals sind sie 1143 in Köln nachgewiesen. Bereits 1160 besassen sie in Südfrankreich und Oberitalien eine große Zahl von Anhängern. Ihre Lehre breitete sich aus bis nach Sizilien, ins Rheinland, nach Österreich, Spanien, England und Skandinavien. Der Dualismus bildete das wichtigste Element ihrer Lehre. Die materielle Welt galt als böse. Das Gute ist nur im Himmel zu finden. Aufgabe des Menschen ist es daher, sich von der materiellen Welt fernzuhalten und die Seele in den Himmel zu retten. Die Katharer lehnten das Alte Testament ab, denn im Schöpfer sahen sie auch den Verursacher einer bösen Welt. Die Vergebung der Sünden und die Erlösung konnte nur durch Aufnahme in ihre Kirche erreicht werden. Durch besondere Weihen konnten Gläubige in die Reihe der Vollkommenen (Perfecti) aufsteigen. Sie mussten allerdings von da an ein entbehrungsreiches Leben führen, auf jede geschlechtliche Beziehung verzichten und strenge Speisegebote beachten. Die Katharer lehnten generell die Zeugung von Kindern ab, da Adam und Eva ursprünglich ohne Sexualität gelebt haben sollen und vom Teufel zur Reproduktion verführt wurden. Die Katharer betrachteten sich als die wahre Kirche, und es gelang ihnen überraschend schnell, eine eigene Hierarchie mit Bischöfen, Diözesen, Diakonen und Konzilien aufzubauen. Vor allem in Südfrankreich waren sie wegen ihres Widerstandes gegen Rom auch bei den lokalen Fürsten beliebt und gelangten durch Schenkungen zu beträchtlichem Reichtum.

So entstand unter den Augen der Päpste eine eigentliche Gegenkirche. Rom reagierte spät. Erst 1206 entsandte Papst Innozenz III. einige Zisterziensermönche, darunter auch Dominikus, um auf dem Weg des Gesprächs und der gütlichen Einigung die Katharer zu gewinnen. Aber 1208 wurde das Scheitern dieser Bemühungen deutlich. Darauf rief der Papst zum Kreuzzug gegen die Katharer auf. Der Albigenserkreuzzug (1209-1229) richtete vor allem in Frankreich verheerende Schäden an und bewirkte grosses menschliches Leid. Es kam zu Belagerungen von Bergfestungen, in welche sich die Katharer zurückgezogen hatten. Auch die Inquisition wurde gegen sie eingesetzt.

Schließlich wurden sie völlig besiegt und viele Anführer verbrannt. Der französische König profitierte insofern davon, als die Gebiete in Südfrankreich erst nach der Niederlage der Katharer in seinen Einflussbereich gerieten. Die letzte bekannte Verhaftung eines Katharers ist für 1342 in Florenz dokumentiert.

Die Waldenser[64]

Die Verknöcherung oder Verbeamtung und der wachsende Reichtum der Kirche bewogen im ausgehenden 12. Jahrhundert neben den Katharern eine zunehmende Zahl von Christen, sich selbst aktiv religiös zu betätigen und in freiwilliger Armut dem Vorbild der Apostel zu folgen und das Evangelium zu verkünden. Einer dieser Laien, Petrus Valdes, ein reicher Kaufmann aus Lyon gab nach einem Läuterungserlebnis sein Vermögen auf, organisierte um 1176 Armenspeisungen und hielt mit seinen Anhängern Wanderpredigten auf Grund volkssprachlicher Bibelübersetzungen. Es kam zwangsläufig zur Konfrontation mit der Kirche, weil diese das Recht auf Predigt als ihrem Klerus vorbehalten sah, und weil die Freigabe des Predigtrechts an Laien die Kirche in ihrer Existenz in Frage gestellt hätte. Nachdem Valdes das Predigtverbot des Lyoner Erzbischofs missachtet hatte, wurde er von diesem exkommuniziert und mit seinen Anhängern aus der Umgebung der Stadt vertrieben.

Die frühen Anhänger von Valdes, Waldenser genannt, verzichteten auf persönlichen Besitz, lebten vom Betteln, trugen einfache Gewänder und Sandalen. Später, vor allem in Norditalien lebten sie von Handarbeit in Arbeitsgemeinschaften. Auf Grund ihrer Lehre gehören die Waldenser zu den vorreformatorischen Kirchen. Sie ist gekennzeichnet durch eine hohe Bedeutung des persönlichen Bibelstudiums und der Beichte, Verbreitung des Evangeliums durch Laienprediger, Leben in freiwilliger Armut, Ablehnung der Heiligenverehrung, des Fegefeuers, des Ablasses, aller Kirchensatzungen, der weltlichen Gerichtsbarkeit, und der dualistischen Lehre der Katharer. Um 1250 existierten bereits starke Waldenser Gemeinden in Österreich, Bayern, Schwaben, dem Rheinland, später auch in Polen, Tschechien, der Slowakei. Wie nicht anders zu erwarten, haben auch die Waldenser bescheidene kirchliche Strukturen entwickelt, in welcher der Zugang zum Predigtamt nur durch eine längere Ausbildung erreicht werden konnte. In einigen Gebieten gab es auch Bischöfe. Der Exkommunikation der Waldenser, die man zuerst als die „Armen von Lyon", dann die „Lombardischen Armen" bezeichnete, folgte ab 1230 die Verfolgung durch die Inquisition, die jedoch meist regional und von kürzerer Dauer war. Dennoch wurde die Missionstätigkeit der Prediger schwer gestört. An vielen Orten verschwanden ihre Gemeinden ganz. Später schlossen sich viele den Hussiten und der Reformation an. 1532 gründeten sie in Italien eine eigene reformatorische Kirche. Heute gibt es etwa 100 000, davon etwa die Hälfte in Italien.

John Wyclif (um 1330-1384) [65]

John Wyclif wirkte seit 1361 in Oxford als Doktor der Theologie. Gegenüber dem Verkauf von Kirchenämtern durch die Kurie (Simonie) setzte er die Lehre von der Macht allein durch Gnade, derzufolge Gott selbst jede Autorität direkt verleiht. Er bestritt den politischen Machtanspruch des Papstes und propagierte für Kirchenmitarbeiter ein Leben in urchristlicher Bescheidenheit. Er missbilligte Bilder-, Heiligen- und Reliquienverehrung und den Priesterzölibat, verwarf die Ohrenbeichte und die Transsubstantiationslehre, gemäß der sich Wein und Brot in der Messe in Blut und Leib Christi verwandeln. Damit forderte auch er die Kirche in zentralen Lehren heraus. Eine 1382 in London tagende Synode verwarf seine Schriften als ketzerisch, und John Wyclif verlor seine kirchlichen Ämter. Aber aus Furcht vor einem Volksaufstand wurde er nicht angeklagt. Er führte sein Pfarramt weiter und vollendete 1383 seine, die erste Übersetzung der Bibel in die Landessprache. Seine Anhänger, die Lollarden, wurden zwar von der Kirche verfolgt, aber diese Verfolgung war von relativer Milde geprägt, sodass in vielen Familien die wyclifschen Ansichten bis zur Reformation lebendig blieben.

Jan Hus (um 1369-1415) [66]

Jan Hus studierte an der Prager Universität, wurde 1400 zum Priester geweiht, hielt theologische Vorlesungen und wurde schon im Jahr darauf zum Dekan der philosophischen Fakultät und dann zum Rektor der Universität ernannt. Er predigte regelmäßig in tschechischer Sprache und gewann vor allem unter den einfachen Menschen eine große Anhängerschaft. Er bekannte sich zu vielen Ideen von John Wyclif, übte Kritik am weltlichen Besitz der Kirche, an Korruption und Ablasshandel und trat für die Autorität des Gewissens gegenüber der kirchlichen Hierarchie ein. Er betrachtete die Bibel als letzte religiöse Autorität und sah in Christus das wahre Oberhaupt der Kirche. Damit ging er ebenfalls auf Konfrontation mit der Katholischen Kirche. 1410 wurde er exkommuniziert. Volksdemonstrationen ermöglichten es ihm dennoch, seine Predigten fortzusetzen. Aber dann floh er zu adeligen Freunden auf ein Schloss, wo er sein Hauptwerk „Über die Kirche" (De Ecclesia) schrieb. 1414 weigerte er sich vor dem Konzil von Konstanz, seine Schriften zu widerrufen. Obwohl das Konzil ihm schriftlich freies Geleit zugesichert hatte, verurteilte es ihn zum Tod durch den Scheiterhaufen. Er starb 6. Juli 1415 mit lauter Stimme singend und das Glaubensbekenntnis betend. Vor seiner Verbrennung soll er gesagt haben: „Heute bratet ihr eine Gans, (Hus heißt auf Deutsch „Gans") aber aus der Asche wird ein Schwan entstehen."

Tatsächlich führten die nachfolgenden Unruhen zu den Hussitenkriegen. Die Aufständischen forderten in „vier Prager Artikeln":
1. die Freiheit für die Predigt
2. die Freiheit für den Laienkelch
3. die Freiheit von säkularer Kirchenherrschaft
4. die Freiheit von ungerechter weltlicher Herrschaft.
Die wechselvolle Geschichte der Hussiten, kann als Vorspiel dessen bezeichnet werden, was durch die Reformation an Auseinandersetzungen und Kriegen ausgelöst wurde. Die überlegenen kaiserlich-katholischen Heere erlitten zunächst schwere Niederlagen. Aber 1620, also zu Beginn des 30-jährigen Krieges, wurden die böhmischen Länder nach der Niederlage in der Schlacht am Weissen Berg zum Katholizismus gezwungen.

6. Die Reformation[67]

Die Reformation hat die Welt nachhaltig verändert. Noch heute kann man die Länder, in welchen die Reformation die Gesellschaft mitgeprägt hat, von jenen unterscheiden, die sich nicht mit der Reformation auseinandersetzen mussten. Hier wird keine eigentliche Darstellung der Ereignisse rund um die Reformation versucht. Dafür ist das, was in der Reformation geschah, viel zu komplex, und es gibt dazu genügend Bücher. Uns interessiert die Frage, inwiefern in der Reformation weitere Schritte hin zur individuellen Freiheit und zur freiheitlichen Gestaltung der Gesellschaft geschahen. Und auch dabei kann es nur darum gehen, die wichtigsten Linien aufzuzeigen.

Wenn man von den Reformatoren spricht, so nennt man gewöhnlich Martin Luther (1483-1546), Ulrich (auch Huldrych) Zwingli (1484-1531) und Johannes Calvin (1509-1564). Diese drei waren sicher die führenden Köpfe, aber neben ihnen gab es eine große Anzahl ebenfalls wichtiger Theologen, gelehrte und einfache Mitstreiter, ohne die der große geistliche und gesellschaftliche Umbau in Europa nicht möglich gewesen wäre. Aber auch die Fürsten und Stadträte gehören dazu, welche in ihrem Hoheitsgebiet die neue Lehre einführten. Und eigentlich müssen wir auch die Heerführer und Soldaten, welche die aus der Reformation entstandenen Krieg geführt haben, dazurechnen. Auch sie haben der Reformation zum Durchbruch verholfen.

Luther, Zwingli und Calvin haben jeder einen eigenen inneren Weg zurückgelegt, an dessen Ende an Stelle der anfänglichen vorbehaltlosen Loyalität zur Katholischen Kirche sich grundsätzlicher Widerstand entwickelte und schließlich die eigene Kirchengründung stand. Jeder hat auch in seinen Schriften eigene theologische Akzente gesetzt. Gemeinsam war ihnen die Ablehnung der zu ihrer Zeit in der Katholischen Kirche vorherrschend praktizierten Lehre von der Werkgerechtigkeit. Die Ansicht war weitverbreitet, dass man sich das ewige Heil durch gute Werke verdienen oder auch im Ablasshandel kaufen müsse. Es gab eine Großzahl von Pilgerfahrten, durch die man für seine Sünden Vergebung von Gott erlangen konnte. Luther stieß sich vor allem am Ablasshandel, bei dem die Kirche die von Jesus Christus am Kreuz erworbene und ihr anvertraute Gnade für Geld verkaufte. Bekannt war Dr. Tetzel, der in Deutschland von Stadt zu Stadt zog, und bei dem man Ablassscheine für so und so viele Jahre Befreiung vom Fegefeuer kaufen konnte. Das war auch für Verstorbene möglich. „So das Geld im Kasten klingt, so die Seele aus dem Fegefeuer springt." Der Papst brauchte das Geld für den Bau des neuen Petersdoms, an dessen Gestaltung bekanntlich auch Michelangelo grossen Anteil hat. Der Verkauf von göttlicher Gnade war für Luther der Anlass zum Handeln. Luther hatte sich jahrelang mit der Frage gequält, „Wie kriege ich einen gnädigen Gott." Seine Erkenntnis der Gerechtigkeit durch Gnade war für ihn so fundamental, dass er im Verkauf der Gnade einen unerträglichen Widerspruch zur zentralen Botschaft der Bibel von der geschenkten Vergebung sah. Sein in Jahren des Suchens und Betens gewonnenes Verständnis von der Gerechtigkeit aus Glauben und seine Kritik an der Ablasspraxis der Kirche fasste er in 95 Thesen zusammen. Am 31. Oktober 1517, einem Samstag vor Allerheiligen, heftete er das Papier mit seinen Thesen an die Türe der Schlosskirche von Wittenberg und lud zu einer öffentlichen Diskussion ein. Die daraus folgende Auseinandersetzung veränderte die damalige Welt und beschäftigt uns noch heute.

Gegenüber der kirchlichen Praxis von der Gerechtigkeit des Menschen durch Werke, also durch gute Taten, lehrte Luther auf Grund von Röm. 1,17: „Der Gerechte wird aus dem Glauben leben." Der Mensch kann sich selber die Gerechtigkeit vor Gott nicht verdienen, weil er viel zu sehr in Sünde gebunden ist. Aber Gott schenkt ihm diese Gerechtigkeit, weil Christus durch sein stellvertretendes Sterben am Kreuz die Strafe für die Sünde der Menschen schon getragen hat. Der Mensch muss also die Strafe nicht mehr abbüßen. Es genügt für ihn zu glauben, dass ihm die Gerechtigkeit vor Gott durch Gnade geschenkt wird. So erhält er Gerechtigkeit vor Gott allein durch den Glauben. Die Reformatoren waren sich in diesem Punkte alle einig, sodass sich die Begriffe" sola gratia" (allein durch Gnade) und „sola fide" (allein durch den Glauben) durchsetzten. Luther wusste, dass er dabei der kirchlichen Lehre widersprach. Aber er anerkannte als Lehrautorität nur die Bibel und bestritt, dass der Papst allein die Autorität zur gültigen Bibelauslegung habe. Daraus wurde das dritte reformatorische Prinzip „sola scriptura" („allein durch die Schrift"), d.h. Quelle göttlicher Offenbarung der ewigen Wahrheit ist allein die Heilige Schrift. Göttliche Erkenntnis kommt also nicht aus der Tradition der Kirche und nicht aus Beschlüssen von Konzilien. Beide sind nicht Quellen von Offenbarung über Gott und das Verhältnis des Menschen zu Gott. Und da jeder Gläubige die Bibel lesen kann und soll und in einem unmittelbaren Verhältnis zu Gott steht, braucht er und mit ihm die Kirche auch keine Priesterschaft, welche die Gnade Gottes verwaltet und zwischen den Gläubigen und Gott als Mittler auftritt. Aus dieser Unmittelbarkeit jedes Gläubigen zu Gott folgte die reformatorische Lehre von der „Priesterschaft aller Gläubigen". Konsequenterweise wurde auch das Abendmahl in Brot und Wein an alle Gläubigen abgegeben und der Zölibat abgeschafft. Während Luther so viel wie möglich von der Katholischen Kirche übernahm und also an der Leitung der Kirche durch Bischöfe festhielt, brach die reformierte Reformation auch mit dieser Tradition und übertrug die Leitung der Gemeinden dem Ältestenrat.

Die Reformatoren haben damit der Katholischen Kirche mit ihrer Hierarchie und mit ihr zugleich der ganzen weltlichen Macht den Kampf angesagt. Die Reaktion ließ nicht lange auf sich warten. Begleiten wir kurz Martin Luther, denn durch seinen Streit wurde in Europa eine geistig-geistliche Bewegung ausgelöst, einem Tsunami vergleichbar. Zum entscheidenden Bruch mit der Kirche und dem Reichstag kam es im Jahre 1521. Noch im Oktober 1520 widmete Luther seine Schrift „Von der Freiheit eines Christenmenschen" dem Papst. Aber am 10. Dezember desselben Jahres brach er alle Brücken hinter sich ab. In Gegenwart von Studenten verbrannte er am Abend bei der Heiligkreuzkirche vor der Stadtmauer von Wittenberg die päpstliche Bulle, mit der ihm der Bann angedroht worden war, und mehrere Bände des kanonischen Rechtes und der scholastischen Theologie. Damit antwortete er auch auf die Verbrennung seiner Bücher in verschiedenen Städten des Reiches.

Am 17. April 1521 stand Luther vor dem Reichstag in Worms. Den Vorsitz führte Kaiser Karl V. von Spanien, „in dessen Reich die Sonne nie unterging". Die damals wichtigen Teile der Tagesordnung betrafen Fragen der Reichsverwaltung. Die „Sache Luther" (Causa Lutheri) war der letzte Punkt auf der Tagesordnung. Luther wurde keine Gelegenheit zu einer Aussprache gegeben, nur die Möglichkeit, seine Lehre zu widerrufen. Darauf erbat er sich Bedenkzeit. Am nächsten Tag, dem 18. April 1521, lehnte er im Wissen, dass dies seinen Tod bedeuten konnte, einen Widerruf ab und schloss seine Verteidigungsrede mit den Worten: „…wenn ich nicht durch das Zeugnis der Heiligen Schrift oder vernünftige Gründe überwunden werde – denn weder dem Papst noch den Konzilien allein vermag ich zu glauben, da es feststeht, dass sie wiederholt geirrt und sich selbst widersprochen haben – so halte ich mich überwunden durch die Schrift, auf die ich mich gestützt habe, so ist mein Gewissen gefangen im Wort Gottes, und darum kann und will ich nichts widerrufen, weil gegen das Gewissen zu handeln weder sicher noch lauter ist. Ich kann nicht anders, hier stehe ich, Gott helfe mir. Amen." [68] Ob Luther die Worte „hier stehe ich, ich kann nicht anders" gesagt hat, ist umstritten. Sie sind in jedem Fall eine treffende Zusammenfassung von Luthers Verhalten. Darauf verhängte der Reichstag am 26. Mai 1521 das vom Kaiser unterzeichnete und auf den 8. Mai rückdatierte Wormser Edikt über Luther. Es verbot im gesamten Reich, Luther zu unterstützen oder zu beherbergen, seine Schriften zu lesen oder zu drucken, und gebot, ihn festzusetzen und dem Kaiser auszuliefern. Luther war jetzt vogelfrei, jeder konnte ihn ungestraft töten. Doch gemäß der Zusage des Kaisers erhielt er freies Geleit, wurde dann auf Veranlassung des sächsischen Kurfürsten Friedrich des Weisen zum Schein gewaltsam entführt und lebte als Junker Jörg auf der Wartburg bei Eisenach.

Dort übersetzte er in nur elf Wochen das Neue Testament ins Deutsche. Später übersetzte er auch das Alte Testament. Um zu begreifen, was für ein historisches Großereignis diese Übersetzungen waren, muss man wissen, dass es schon vor Luther 14 hochdeutsche gedruckte Bibelübersetzungen gab. Aber Luther war ein genialer Übersetzer, „schaute den Leuten aufs Maul" und hat mit der Bibel die deutsche Sprache bis heute geprägt. Trotz kaiserlichen Verbotes und der vergleichsweise hohen Kosten fanden seine Schriften rasanten Absatz. Bis 1525 erlebten das Neue Testament und Teile des Alten 22 autorisierte Auflagen und 110 Nachdrucke. Schon vier Jahre nach dem Wormser Edikt besaßen bis zu einem Drittel aller lesekundigen Deutschen dieses Buch! Natürlich lässt sich dieser Riesenerfolg nicht allein auf den gut verständlichen Text und die bereits leistungsfähige Druckerkunst zurück zu führen. Vielmehr war die Zeit reif für einen Wandel; die Unzufriedenheit mit Rom weit verbreitet, und die Reformatoren hatten hilfreiche und einleuchtende Antworten auf die geistlichen Fragen der Menschen. Die Reformation und die Neugestaltung Europas waren nicht aufzuhalten.

Der 1484 im St. Gallischen Bergdorf Wildhaus geborene Huldrych Zwingli begann 1519 in Zürich seinen Dienst als „Leutpriester" mit einer Predigtreihe über das Matthäusevangelium. Auf den 29. Januar 1523 lud der Rat von Zürich zu einer öffentlichen Disputation ein. Es fanden sich etwa 600 geistliche und weltliche Persönlichkeiten ein. Zwingli diskutierte auf der Basis eilig verfasster 67 Artikel oder Schlussreden mit einem Vertreter des Bischofs von Konstanz. Am Ende beschloss der Rat, „Meister Ulrich Zwingli soll fürfahren."[69] Durch diese Neuerung im Glauben wurde die Eidgenossenschaft, deren Mitglied der Staat Zürich war, gespalten. Zwei Mal standen sich innerschweizerische Katholiken und zürcherische reformierte Truppen gegenüber. Beide Male nahm Zwingli bewaffnet teil. 1529 wurde die Schlacht durch einen Friedensschluss mit einem gemeinsamen Essen, der sog. „Kappeler Milchsuppe" vermieden. Doch schon 1531 kam es zur Schlacht, in der Zwingli kämpfend getötet wurde. Nach seinem Tod ging die theologische Führerschaft der Reformierten an Calvin und damit nach Genf. In Noyon, 100 km nördlich von Paris geboren, hatte Jean Cauvin, wie er ursprünglich hieß, Jurisprudenz studiert, sich dann zur Reformation bekehrt und musste 1533 fliehen. 1536 kam er nach Genf, wo man ihn dringend bat zu bleiben, denn die Bürgerschaft war zerstritten und man benötigte eine Führungspersönlichkeit. Durch seine Schriften und seinen überaus regen Briefverkehr in alle Teile Europas hat sich die reformierte Reformation stark ausgebreitet. Der heutige Protestantismus ist weltweit stark von Calvins Lehren geprägt.

Letzte Entscheide im Gewissen

Die Reformatoren nahmen, wie schon vor ihnen Ketzer und die Gründer der vorreformatorischen Bewegungen, für sich das Recht in Anspruch, in ihrem Gewissen auch über göttliche Wahrheit zu entscheiden. Damit wird das Individuum zur Entscheidungsinstanz über letzte, göttliche Wahrheit. So wollten die Reformatoren den Menschen helfen, in direkten persönlichen Kontakt mit Gott zu kommen, ohne von einer vermittelnden Hierarchie abhängig zu sein. Dadurch kam es zu einer inneren Befreiung des Einzelnen. Der Gläubige war jetzt nicht mehr von einem Priester abhängig, um Vergebung der Sünden und damit ewige Heilsgewissheit zu erlangen. Nicht die Kirche war es, welche die durch Christus am Kreuz erworbene Gnade austeilen oder zurückhalten konnte. Das konnte nur Gott allein, und jeder Gläubige durfte Gott direkt um Vergebung bitten. Dadurch griffen die Reformatoren die Autorität der Kirche in ihrem Zentrum an und sprachen ihr einen wichtigen Teil ihrer Existenzberechtigung ab. Sie befreiten den Gläubigen aus der Abhängigkeit der Kirche und erklärten ihn als mündig. Oft wurde daraus geschlossen, die Reformatoren hätten die Gläubigen zur Autonomie befreit. Das ist jedoch ein völliges Missverständnis der reformatorischen Bewegung. Die Reformation befreite die Menschen von der Gewissensbindung an die Autorität der Kirche. Aber der protestantische Gläubige blieb in seinem Gewissen gebunden an Gott und die Autorität der Bibel. Erst die folgenden Jahrhunderte sollten zeigen, was für ein gewaltiger Schritt damit getan wurde zur Umgestaltung Europas und hin zu Religions- und Gedankenfreiheit, wie wir sie heute geniessen. Allerdings wurde durch die Ablehnung der kirchlichen Autorität auch der Schritt zur Ablehnung der Autorität Gottes erleichtert. Der Weg in Autonomie und Gottlosigkeit wurde für viele zur scheinbar logischen Folge. Doch davon später.

Förderung der Bildung

Alle Reformatoren haben die Bildung der breiten Bevölkerung gefordert und Schulen eingerichtet. Alle sollten die Bibel lesen, eigene geistliche Einsichten gewinnen und sich unabhängig Informationen für ihre Gewissensentscheide beschaffen können. Eine logische Folge war die Gründung von theologischen Akademien, aus denen sich später eigentliche Universitäten entwickelten. So entstanden in der reformierten Schweiz die Universitäten von Genf, Lausanne, Bern, Neuenburg, Zürich und Basel, während die Universität im katholischen Fribourg erst im Jahr 1889 gegründet wurde. Über die Jahrhunderte entwickelte sich daraus in der Schweiz und in Deutschland ein signifikanter Bildungsvorsprung der protestantischen Regionen gegenüber den katholischen mit entsprechenden Folgen für die technologische und wirtschaftliche Entwicklung. Im deutschen Pfarrhaus des 19. Jahrhunderts pflegte man neben dem Glauben auch Bildung und Kultur. Ein großer Teil der Professoren an den deutschen Universitäten kamen aus diesen Pfarrhäusern. Für Deutschland stellt Anton Bucher noch für 1997 fest, dass Kinder aus protestantischen Häusern länger studierten und im Durchschnitt mehr verdienten. (J. Calvin und die kulturelle Prägekraft des Protestantismus S. 163)

Presbyterium als Vorform der Demokratie[70]

Da die Reformatoren die katholische Hierarchie ablehnten, mussten sie andere Strukturen schaffen. Luther hat die bischöfliche Ordnung beibehalten. Aber alle Reformatoren übertrugen den Laien wichtige Funktionen. Das entsprach der Lehre vom allgemeinen Priestertum der Gläubigen. Dabei schlossen sie an die urkirchliche Tradition der Ältestenräte an, die ihrerseits die jüdische Verwaltung der Synagoge fortsetzte. Um die Laien für ihre Aufgaben besser vorzubereiten, haben alle Reformatoren grossen Wert auf breite Bildung gelegt. Calvin hat in Genf sogar die allgemeine Schulpflicht eingeführt. Er und die aus dem Calvinismus hervorgegangenen reformierten Kirchen haben am konsequentesten die Verantwortung für die Leitung der

Kirchgemeinden auf den Ältestenrat, das Presbyterium, übertragen. Und am umfassendsten haben diese Presbyterien ihre Funktionen in der Diaspora wahrgenommen, wo ihre Gemeinden oft ohne Pfarrer ganz auf sich allein gestellt waren. Im Laufe der Geschichte wurden diesen Laienräten unterschiedliche Funktionen und Kompetenzen zugeschrieben. Sie waren zusammen mit der Pflege der Schulbildung für die Entwicklung der Demokratie von größter Bedeutung. Denn diese Ältesten wurden von der Gemeinde gewählt, und alle hatten das Recht abzustimmen. So setzte sich im Presbyterianismus durch das damals revolutionäre allgemeine Wahlrecht die Leitung der Kirche „von unten" durch.

Durch das presbyterianische Denken ist somit eine äußerst zukunftsträchtige Vorform der heutigen Demokratie geschaffen worden. Sie hat durch die nach Amerika ausgewanderten, vom reformierten Gedankengut geprägten Pilgerväter entscheidend zur Schaffung unserer Demokratie beigetragen. Zwar gab es auch im antiken Athen und im alten Rom Versuche mit Vorformen demokratischer Staatsführung. Man hoffte, durch Mitbestimmung den Machtmissbrauch von Herrschern zu vermeiden. Doch es war jeweils eine Oberschicht, welcher beschränkte Stimmrechte übertragen wurden. Und sowohl in Athen wie auch in Rom konnten sich diese halbdemokratischen Regierungsformen nicht lange halten. Für uns ist wichtig festzuhalten, dass die europäische Demokratie weder auf die antiken Demokratieversuche zurückgeht noch aus der französischen Revolution stammt. Sie hat ihr Vorbild in der calvinistisch geprägten Verfassung der USA. Unsere Demokratie hat ihre Wurzeln im biblischen Menschenbild, im Selbstverständnis des Menschen, der in seinem Gewissen Gott direkt verantwortlich ist. Aus diesem Weltbild ergibt sich, dass nicht ein ausgewählter Personenkreis Verantwortung für die Regierungsgeschäfte trägt. Alle Ebenbilder Gottes sind mit gleichen Rechten beteiligt. Ihre Stimmberechtigung ist weder durch ihre Geburt noch durch die Höhe ihrer Steuern begründet. Die Entstehung der Demokratie in den USA hat ihre Wurzeln im religiösen Selbstverständnis der Menschen und unterscheidet sich grundsätzlich von den demokratischen Versuchen der Antike.

Arbeitsethik

Wenn die Bedeutung der calvinistischen Arbeitsethik thematisiert wird, kann leicht der Eindruck entstehen, als ob erst Calvin der Arbeit eine positive geistliche Bewertung verliehen hätte. Das trifft natürlich nicht zu. In Athen als auch im alten Rom war körperliche Arbeit etwas für Sklaven und untere Schichten, nicht für Philosophen und Freie. Deshalb gab es in Athen fünfmal so viele Sklaven wie Freie.[71] Ganz anders in der Bibel. In der Schöpfung heiligt Gott die Arbeit, weil er selber sechs Tage lang arbeitete: „Er ruhte am siebten Tag von all seinem Werk, das er gemacht hatte." (1 Mose 2,2) Entsprechend fordert Gott die Menschen zur Arbeit auf: „Machet euch die Erde untertan und herrschet über sie." Das „ora et labora", (bete und arbeite) ist keine Sonderregel nur für Mönche, sondern war immer selbstverständliche Leitlinie für christliche Lebensgestaltung, auch und gerade für Adelige. So schreibt Paulus im 2. Brief an die Thessalonicher 3, 10: „Wer nicht arbeiten will, soll auch nicht essen."

Dennoch hat Max Weber wohl Recht, wenn er in seinem vielzitierten Buch „Die protestantische Ethik und der „Geist" des Kapitalismus" darauf hinweist, dass nirgends so wie im calvinistischen Denken die Arbeit als Teil einer echt christlichen Lebenshaltung begriffen wurde. Dadurch wurde Zeitverschwendung zur Sünde, die man tunlichst zu vermeiden hatte. Also war man bestrebt, die Zeit auszunützen, die Arbeit rationell zu gestalten. Und es galt das Geschäftsprinzip „honesty is the best policy". Für Calvinisten gab es kein Armutsgebot; wachsende Produktion war vielmehr ein Beweis, dass man die Zeit immer besser auszunützen verstand, also gottgefällig lebte.[72] Damit waren die geistigen Voraussetzungen gegeben für das, was wir heute rationalisierte Wirtschaft und Kapitalismus nennen. Es ist kein Zufall, dass die Finanzzentren der Welt sich zunächst in protestantisch geprägten Städten entwickelt haben, statt in Oberitalien, wo das Bankenwesen seinen Anfang nahm. Dass der ungebremste Kapitalismus auch Arbeiter in sklavenähnliche Abhängigkeiten gezwungen und bittere Not verschuldet hat, ist ein Missbrauch von Calvins Denken, den man ihm nicht anlasten kann. Im Gegenteil, er hat versucht, die vor ihm entstandene Geldwirtschaft in geordnete Bahnen zu lenken, indem er den Zinssatz auf 6,66 % beschränkte und forderte, dass ein Kredit sowohl dem Kreditgeber als dem Kreditnehmer Gewinn bringen müsse. Die Calvinisten und ihre Nachahmer in anderen protestantischen Kirchen waren und sind an Gott gebunden. Calvin fordert, den Gewinn als anvertrautes Gut zu betrachten, um Gutes zu tun und das Reich Gottes zu fördern, nicht um es für die Ausbeutung anderer zu benützen. Aus diesem Denken ist die soziale Marktwirtschaft entstanden. Ohne diese durch calvinistischen Geist aufgebaute wirtschaftliche Überlegenheit hätte sich der Westen der kommunistischen Staatswirtschaft kaum als überlegen erwiesen.

Calvin, Vater der Moderne

Calvin war ein Reformator der zweiten Generation und sowohl humanistisch, juristisch und theologisch gebildet. Dadurch hatte er ein besonderes Verständnis für die Probleme der vielen kleinen reformierten Gemeinden in der Diaspora, die oft unter Verfolgung litten, und deren Gemeindestrukturen. Indem er den Laien die Kompetenz zur Gemeindegründung und Leitung zusprach, ermöglichte er die rasche Ausbreitung über politische und sprachliche Grenzen hinweg. Während Luther an der bischöflichen Struktur festhielt, entwickelten die Reformierten und die aus ihnen hervorgegangenen pfingstlichen und evangelikalen Kirchen eine ungeheure missionarische und gesellschaftliche Dynamik. Beispielhaft dafür ist das enorme Wachstum dieser Kirchen in Lateinamerika, Afrika und China. Der Einfluss Calvins erstreckt sich aber auch auf den Bereich der Rechtsprechung. Es waren vor Allem Juristen der reformierten Universitäten, die neue Rechtsgrundsätze entwickelten und sich Schritt für Schritt von den vom katholischen Kirchenrecht beeinflussten Rechtsgrundsätzen lösten.

Calvin ging es um das ewige Heil der Menschen. Doch Gott hat durch ihn die weltweite Verkündigung des Evangeliums von hierarchischen Fesseln befreit. Damit hat er Hunderten Millionen den Weg zu Christus geebnet und durch demokratische Freiheiten, Wissenschaft und Wirtschaft das Leben von Milliarden erleichtert und so die Welt verändert. Durch die Klarheit seiner Theologie hat Calvin dafür gesorgt, dass liberale Verfälscher der Bibel sich nicht auf ihn stützen können. Er hat den vielen Kirchen, die aus der reformierten Reformation hervorgingen, ein tragfähiges theologisches Fundament hinterlassen. Calvin war zweifellos der einflussreichste Reformator, und ich stimme den Historikern zu, die ihn als Vater der Moderne bezeichnen. Für ihn selbst stand die Ehre Gottes immer im Mittelpunkt seines Denkens. Daher hat er bestimmt, bei den einfachen Leuten beerdigt zu werden, und man vergaß bald, wo man seinen Leib der Erde übergeben hatte.

Noch keine Religionsfreiheit

Trotz der wichtigen Schritte hin zur religiösen Selbstbestimmung des Einzelnen durch die Reformation wurde rasch deutlich, dass es den Reformatoren nicht um allgemeine Glaubensfreiheit ging. Sie wollten den Menschen eine direkte Beziehung zu ihrem Schöpfer ermöglichen und den Weg zur ewigen Seligkeit allein darauf abgestützt wissen, dass der Mensch einfach die von Gott angebotene Gnade annimmt und sich bei seinem Seelenheil nicht auf unsichere Eigenleistung verlassen muss. Aber für Zwingli war schon die Forderung der Täufer oder Wiedertäufer nach der Erwachsenentaufe Grund genug, in dieser Lehre das ewige Heil als gefährdet zu sehen. Denn dieses durfte nicht von einem menschlichen Werk wie der Erwachsenentaufe abhängig gemacht werden. Darum sah er sich zum gewaltsamen Eingreifen gegen die Wiedertäufer gezwungen. Auf sein Drängen ließ der Rat von Zürich alle sog. „Täufer" entweder vertreiben oder nach Gefangennahme und Folter hinrichten.[73] Ähnlich reagierte Calvin in Genf gegenüber dem spanischen Gelehrten und Arzt Michael Servet. Dieser hatte u.a. Schriften gegen die Lehre von der Trinität verfasst und lehrte, es gebe Sünden erst nach dem 20. Altersjahr. Er war auf der Flucht nach Genf gekommen, wo er Calvin als Ketzer bezeichnete und, nachdem er gefangen gesetzt worden war, forderte, dass ihm zum Ausgleich für seine Leiden der Besitz von Calvin übereignet werde! Servet wurde am 26. Oktober 1555 zum Tod durch Verbrennen verurteilt, und das Urteil wurde am folgenden Tag vollzogen. Dabei ging Calvin umsichtig vor. Vor der Verurteilung Servets befragte der Rat von Genf die Städte Basel, Bern, Schaffhausen und Zürich um ihre Meinung, die einmütig dem Todesurteil zustimmten. Selbst der milde Melanchthon schrieb an Calvin: „Ich bin völlig einverstanden, und ich bestätige zugleich, dass deine Obrigkeit recht gehandelt hat…"[74] Die Forderung nach Religionsfreiheit war nicht Teil der Anliegen der Reformatoren. Ihre Sorge war wie bei der Katholischen Kirche das Heil der anvertrauten Menschen.

7. Die Gegenreformation

Die Gegenreformation kann uns hier nur kurz beschäftigen, denn sie war kein weiterer Schritt zur Freiheit, sondern ist als deren Behinderung zu sehen. Sie hat die Entchristlichung des Abendlandes verzögert, aber die Entwicklung nicht in eine grundlegend andere Richtung gelenkt. Als Gegenreformation bezeichnet man die Versuche der Katholischen Kirche seit dem 16. Jahrhundert, eine Rekatholisierung einzuleiten, nachdem die protestantische Reformation große Teile Europas erfasst hatte. Sie wurde zunächst mit den Mitteln der Überzeugung durchgeführt, wobei katholische Orden stark beteiligt waren, später auch unter Verwendung staatlicher Repression und teilweise durch Verfolgung von Protestanten. Dennoch hat die Reformation langfristig eine starke innerkatholische Besinnung auf die biblischen Grundlagen des christlichen Glaubens bewirkt, was vor Allem die katholischen Kirchen in Nordeuropa und Nordamerika tiefgreifend verändert hat. Als Stilmittel der Kunst entwickelte sich in dieser Zeit der Barock.

8. Religionskriege und Anfänge von Toleranz

Augsburger Reichs – und Religionsfriede von 1555

Martin Luthers Anschlag der 95 Thesen war das Startsignal zur Reformation. Die politischen Folgen dieses geistlichen Aufbruchs liessen nicht auf sich warten. Schon 1530 lehnte Kaiser Karl V. das Bekenntnis der lutherischen Bewegung, die Confessio Augustana, ab, und ein Jahr später bildete sich der Schmalkaldische Bund, zu dem sich die protestantischen Reichsstände zusammenschlossen, um ihre Religion und ihre Interessen zu schützen. Doch im Schmalkaldischen Krieg von 1547 unterlagen die protestantischen Reichsstände gegen Kaiser Karl V. Damit war die Zukunft der Reformation sehr gefährdet. Aber 1552 gelang es Kurfürst Moritz von Sachsen die kaiserlich-katholischen Truppen in der Nähe von Wien zu überraschen und in die Flucht zu schlagen. Nach weiteren Unruhen kamen die protestantischen und katholischen Reichsstände im September 1555 zu einem Reichstag nach Augsburg. Dort formulierten sie einen Kompromiss, den

Augsburger Religionsfrieden von 1555. Die Fürsten und Reichstädte augsburgischer bzw. lutherischer Konfession wurden als gleichberechtigt mit denen katholischer Konfession erklärt. Das bedeutete, man verzichtete auf die gewaltsame Durchsetzung dessen, was jede Partei als göttliche Wahrheit glaubte. Jedem Landesherren wurde das Recht zugesprochen, die Konfession seiner Untertanen zu bestimmen nach dem Prinzip: „cuius regio, eius religio" (Wessen Land, dessen Religion). Andersgläubige durften oder mussten auswandern. Dazu kam eine katholische Sonderbestimmung: Wenn ein katholischer Landesfürst evangelisch wurde, musste er sein Land abgeben und verlassen.[75] Damit war wieder keine Religionsfreiheit gewährt. Aufs Ganze gesehen aber war dieser Friedensschluss doch ein wichtiger Schritt auf dem Weg zur religiösen Toleranz. Denn zum ersten Mal anerkannten die politischen Machthaber Deutschlands das Existenzrecht einer Kirche, die von Rom unabhängig war.

Und noch etwas müssen wir bei diesem Friedensschluss als Schritt in Richtung Toleranz hervorheben, weil es meist nicht erwähnt wird. Man beschloss, dass man Streitigkeiten über den Glauben nur mit friedlichen Mitteln beilegen soll. So legt ein Abschnitt der Übereinkunft von 1555 fest: „...und es soll die strittige Religion nicht anders als durch christliche, freundliche und friedliche Mittel und Wege zu einhelligem, christlichem Verständnis und Vergleich gebracht werden." Diese Grundhaltung ist wieder nur mit dem alle Beteiligten verbindenden christlichen Weltbild verständlich. Tatsächlich folgte auf diesen Reichstag die bislang längste Friedensphase der europäischen Geschichte, in der keine Großmächte Kriege gegeneinander führten. Das änderte sich allerdings im 30-jährigen Krieg gründlich.

Westfälischer Friede von 1648[76]

Der Auslöser, der zum Ausbruch des grossen Krieges führte, war ein Aufstand der mehrheitlich protestantischen böhmischen Stände 1618. Im Streit um die Nutzung einer Kirche in dem böhmischen Dorf Braunau hatte der streng katholische und gegenreformatorisch gesinnte österreichische Erzherzog und König von Böhmen Ferdinand II., der 1619 auch zum Kaiser gewählt wurde, den Majestätsbrief widerrufen, der den Protestanten in Böhmen Religionsfreiheit zusicherte. In diesem Erlass sahen die böhmischen Stände eine grundsätzliche Bedrohung ihrer Freiheit. Dagegen mussten sie sich wehren. Ihr Aufstand stellte wiederum die kaiserliche Vorherrschaft in Frage, was Ferdinand II. nicht akzeptieren konnte. Die Böhmen und Verbündete schlossen sich zur Protestantischen Union zusammen. Dagegen bildete sich unter der Führung des Kaisers die Katholische Liga, welche die Böhmen am 8. November 1620 in der Schlacht am Weissen Berge vor den Toren Prags vernichtend schlug.

Mit diesem Krieg, den man den Böhmisch-Pfälzischen Krieg (1618-1623) nennt, begann der 30-jährige Krieg. Man unterscheidet drei Phasen: Den Dänisch-Niedersächsischen Krieg (1624-1629), den Schwedischen Krieg (1630-35) und den Schwedisch-Französischen Krieg 1635-48). Die bekannten Gegenspieler, König Gustav II. Adolf von Schweden auf der protestantischen Seite und der Heerführer Albrecht von Wallenstein auf katholischer Seite, griffen erst in der Phase des Schwedischen Krieges in das Ringen ein. König Gustav Adolf fiel schon am 16. November 1632 in der Schlacht bei Lützen, Wallenstein wurde am 26. Februar 1634 auf Befehl des Kaisers ermordet. Der ursprünglich religiöse Konflikt wurde immer mehr ein Kampf um die politische Vorherrschaft mit sehr eigenartigen Situationen. So besetzten im Mai 1632 schwedische Truppen München. 1635 verbündete sich das lutherische Schweden mit dem katholischen Frankreich, um gemeinsam die Macht der katholischen Habsburger einzudämmen. Der Krieg wurde von beiden Seiten mit großer Brutalität gegenüber der Bevölkerung geführt. Die Schätzungen über die Zahl der Toten variieren, aber die Forscher sind sich einig, dass mehrere Millionen getötet wurden. Hinzu kamen vom Krieg verursachte Hungersnöte und Seuchen, sodass ganze Landstriche entvölkert wurden und verödeten.

Der Friede wurde schließlich möglich, weil durch die totale Erschöpfung der Ressourcen keine Seite mehr hoffen konnte, durch eine Fortführung des Krieges etwas zu gewinnen. Die Friedensgespräche begannen 1643, während die Kriegshandlungen weiter gingen. Erst 1648 konnte der Westfälische Friede verkündet werden. Mit Bezug auf die Konfessionen wurden die Bestimmungen des Augsburger Religionsfriedens von 1555 bestätigt. Neu wurden auch die Reformierten in die Rechtsstellung der Evangelisch-Lutherischen aufgenommen und beide Konfessionen einander gleich gestellt. Die evangelische Minorität durfte an Reichstagen in Religionssachen nicht überstimmt werden. Dieser Friedensschluss, mit dem ein Streit über die religiöse Wahrheit ohne Sieger und Besiegte beendet wurde, hatte weitreichende auch nicht- religiöse Konsequenzen:

1. Konfessionell war und blieb Europa zweigeteilt. Aus dem Gegeneinander oder dem Versuch, die katholische Einheit in Europa wieder herzustellen, wurde zwar noch kein Miteinander der Konfessionen, aber immerhin ein rechtlich bestätigtes Nebeneinander. Das war immer noch keine Religionsfreiheit und keine Toleranz, wie wir sie heute verstehen, und dennoch ein weiterer Schritt auf dem Weg dorthin.

2. Trotz dieser religiösen Zweiteilung blieb Europa eine christlich-kulturelle Einheit. Das Christentum als Grundlage der Gesellschaft wurde von niemandem in Zweifel gezogen. Es wurde eher in seiner Bedeutung für die Gesellschaft bekräftigt, denn der Friede konnte nur durch diese religiöse Regelung gesichert werden. Die Säkularisierung Europas setzte, und das ist wichtig festzuhalten, nicht mit der Reformation ein. Es waren andere Kräfte, welche das Christentum als Fundament des täglichen Lebens und der gesellschaftlichen Ordnung in Frage stellten und untergruben.

3. Indem die Landesfürsten wie schon 1555 die Konfession ihrer Untertanen bestimmen konnten, wurde die Territorialhoheit der Reichsstände bestätigt. Diese konnten noch einmal ihre Autonomie gegenüber dem Kaiser stärken. Die Macht des Kaisers wurde, ähnlich wie bei der Magna Charta, durch ein schriftliches Dokument begrenzt. Der Kaiser musste den Fürsten zusätzliche Rechte ihrer Territorialhoheit zugestehen. Wieder wurde der Bildung einer alles beherrschenden Zentralmacht eine klare Absage erteilt und die gesellschaftliche Entwicklung zu individueller Freiheit nicht unterbunden.

4. In den jahrelangen Verhandlungen, die dem Friedensschluss vorausgingen, bildete sich allmählich ein Bewusstsein heraus, dass sich das Zusammenleben der Völker nicht allein auf Machtverhältnisse abstützen kann, sondern auch auf Rechte, die man auch Minderheiten zugestehen musste, sofern man den Frieden erhalten wollte. Auch schwächere Teile der Gesellschaft erhielten 1648 ein rechtlich garantiertes Existenzrecht. Die Anerkennung der Existenzberechtigung von Minderheiten war eine Grunderkenntnis, ohne die Demokratie nicht funktioniert. Mangelnde

Rücksicht der Mehrheit auf die Bedürfnisse von Minderheiten ist noch heute in Entwicklungsländern eine Hauptursache von Konflikten und Bürgerkriegen.

5. Der Friede unter den vielen beteiligten Völkern wurde durch Verhandlungen erreicht und in einem Dokument festgehalten, das als Vertrag zwischen Völkern bewertet werden kann. Manche Historiker sehen darin den Anfang des Völkerrechts. So wurde auch die schweizerische Eidgenossenschaft damals als vom Deutschen Reich unabhängig anerkannt, womit ihre Tradition der Neutralität begann.[77].

Im Augsburger Religionsfrieden von 1555 und im Westfälischen Frieden von 1648 kamen also Kriegsparteien nicht zusammen, um der unterlegenen Partei den Frieden zu diktieren, sondern um in gemeinsamem Gespräch Wege zu einem dauerhaften Frieden zu finden, dem geschriebenes Recht zu Grunde liegen sollte. Wieder sehe ich den Grund für diesen weltgeschichtlich ziemlich einmaligen Vorgang im christlichen Gottes- und Menschenbild, dem sich alle Beteiligten verpflichtet wussten. Ihre gemeinsame Weltsicht hat ihnen den Weg zum Frieden ermöglicht und hat bewirkt, dass Europa zwar in Konfessionen gespalten wurde, aber trotz der Entsetzlichkeiten des Krieges als geistig-kulturelle Einheit bestehen blieb. Es war Einheit in Vielfalt. Wenn es auch in späteren Jahrhunderten weitere konfessionell bedingte Konflikte gab, so hat doch keine Partei heimlich ewige Rache geschworen. Es war ein echter Friedensschluss, nicht nur ein Waffenstillstand. Europa war auf dem Weg zu Toleranz und religiöser Selbstbestimmung. Das war und ist in der muslimischen Welt ganz anders.

IV. Abwehr nichtmuslimischer Eroberer

 Um den Aufstieg Westeuropas zum weltweit dominierenden Kulturkreis zu verstehen, ist es unerlässlich, neben den Auswirkungen des Gottes- und Menschenbildes auf die Entwicklung von Bildung, Wirtschaft und politischen Strukturen, auch zu beachten, wie sich diese Weltregion gegen Angriffe aus anderen Kulturkreisen behaupten konnte. Gerade weil Europa zunehmend wirtschaftlich aufblühte, war es ein verlockendes Ziel für verschiedene Eroberer. Doch das westliche Europa konnte nach der Völkerwanderung alle Eroberungsversuche von fremden Mächten erfolgreich abwehren. Es ist in allen Jahrhunderten keinem Angreifer gelungen, sich im Westen Europas festzusetzen, geschweige denn, es längerfristig zu unterwerfen. Das ist, historisch gesehen, erstaunlich, weil sowohl Araber, Mongolen und Türken gewohnt waren, Länder im Sturm zu erobern. Und sie haben die unterworfenen Gebiete zu funktionierenden Staaten gemacht oder sie sogar bleibend kolonisiert. An Westeuropa scheiterten sie. Wenn wir nach den Gründen fragen, weshalb die europäischen Verteidiger in diesen entscheidenden Waffengängen siegreich blieben, dann muss sicher heldenhafte Kampfbereitschaft der Verteidiger erwähnt werden. Immer wieder waren Führer und Soldaten bereit, eher für Heimat und Glauben zu sterben, als den Kampf aufzugeben und das Leben in der Flucht zu retten. Zudem zeigte sich, dass die größere Freiheit der westeuropäischen Gesellschaften technische Fortschritte ermöglichte, welche zu überlegener Bewaffnung und Panzerung der Reiter führte. Aber in verschiedenen dieser Kriege spielten auch Umstände eine Rolle, die außerhalb der Einflussmöglichkeiten der Verteidiger lagen.

1. Die Wikinger

Die Wikinger hielten vom 8. bis zum 11. Jahrhundert die damalige Welt in Atem. Von Schweden, Norwegen und Dänemark aus fielen sie in verschiedenen Wellen als Eroberer und Plünderer über ganz Europa her. Wie aus dem Nichts tauchten ihre Drachenschiffe auf – und ebenso schnell verschwanden sie, meist bevor eine Verteidigung organisiert werden konnte. Sie waren aber auch kluge Händler, geschickte Seefahrer und ausgezeichnete Schiffsbauer, fanden auf der Suche nach Land auch den Weg nach Nordamerika, und ihre Handelsbeziehungen reichten bis nach Bagdad. Für gewisse Zeiten gründeten sie sogar eigene Staaten. So wurde der dänische oder schwedische Rurik 859 Großfürst von Kiew. Zweimal zogen sie vor Konstantinopel. 844 fielen sie in Spanien ein und besetzten während kurzer Zeit Sevilla; sie setzten sich in Unteritalien und Sizilien fest. Und in Frankreich erinnert noch heute die Normandie an die Normannen, wie die Wikinger auch genannt wurden, als ihnen Karl III. (regierte von 893-923) erlaubte, sich anzusiedeln.[1] Doch sie waren nicht in der Lage, ein eigentliches Reich aufzubauen, das über längere Zeit Bestand gehabt hätte. Da sie den altgermanischen Göttern huldigten, waren sie von keiner religiös begründeten Idee eines Reiches mit eigener staatlicher Ordnung erfüllt, wie dies etwa den Pharaonen in Ägypten gelang. Der Wille zu erobern, zu plündern und durch Handel reich zu werden, reichte nicht aus, um eine Kultur aufzubauen. Sie unterlagen schließlich sowohl im Osten wie auch im Westen den sie umgebenden Kulturen, wurden Christen und so Teil der ansässigen Bevölkerung. Wegen der z. T. furchtbaren Zerstörungen, welche sie gerade auch an Klöstern und anderen kirchlichen Einrichtungen anrichteten, waren sie zwar ein Jahrhunderte langer Schrecken, aber keine tödliche Bedrohung der aufsteigenden christlichen Kultur Westeuropas.

2. Die Magyaren

Ähnliches ist vom Einfall der magyarischen (ungarischen) Reiterheere zu sagen. Wie die Hunnen aus dem Osten kommend, erzielten sie zwischen 862 und 955 durch die Schnelligkeit ihrer Reiter überwältigende Siege über die Heere Italiens, Bayerns, Thüringens, Frankens, Sachsens und Burgunds. Sie nahmen viele italienische und westeuropäische Städte ein und plünderten z.B. 911 die Stadt Köln. Sie kamen auf ihren Kriegszügen bis nach Dänemark, in Südfrankreich bis zum Atlantik, in Spanien bis nach Andalusien und zogen auch vor Konstantinopel. Schließlich jedoch fügte ihnen Otto I. (der Große) am 10. August 955 auf dem Lechfeld im Dreieck zwischen Augsburg, Landsberg und Mering eine vernichtende Niederlage bei, nachdem er am Tag vorher dem Heer verordnet hatte zu fasten und zu beten. Dabei spielten auf der Seite der Sieger offenbar 10 000 Panzerreiter eine wichtige Rolle. In der Folge räumten die Ungarn die Gebiete im heutigen Österreich und zogen sich ins heutige Westungarn zurück. Großfürst Geza bat Otto um Missionare, und sein Sohn Stephan heiratete die bayrische Prinzessin Gisela aus dem Haus des deutschen Kaisers. Er christianisierte die Magyaren, wurde der erste König von Ungarn und wird als Heiliger verehrt. Der Sieg auf dem Lechfeld gilt als einer der bedeutendsten in der deutschen Geschichte, und er beendete die lange Periode der Überfälle, Plünderungen und Brandschatzungen durch ungarische Reiterscharen.[2] Wie andere waren auch die Magyaren ausgezogen, um sich im aufsteigenden Westeuropa zu bereichern. Aber auch sie verfügten nicht über eine Vision für den Aufbau einer Kultur. Dafür lieferte ihr Heidentum ihnen keine Inhalte. Trotz ihrer anfänglichen Unbesiegbarkeit scheiterten sie schließlich sowohl an dem vom Glauben getragenen Kampfeswillen als auch an der überlegenen Bewaffnung der Panzerreiter der Christen. Nach der Niederlage auf dem Lechfeld setzte bei den Magyaren ein Umdenken ein. Die Bekehrung von König Stephan war zweifellos echt. Die Ungarn wurden Christen.

3. Die Mongolen

Der „Sieg" bei Liegnitz 1241

In unserem geschichtlichen Bewusstsein spielen die Mongolen höchstens die Rolle einer vorübergehenden Episode, die in den Schulen oft mehr der Vollständigkeit halber erwähnt wird, die aber für die Entwicklung Europas letztlich bedeutungslos war. Diese Sicht unterschätzt die Bedrohung Europas durch die Mongolen und wird der Bedeutung der Schlacht bei Liegnitz nicht gerecht. Denn nach der Abwehr der muslimischen Sarazenen in Frankreich und Spanien war der Mongolensturm im 13. Jahrhundert eine existentielle Bedrohung von Mittel- und Westeuropa und der ganzen christlichen Kultur und Zivilisation. Wenn es den Mongolen gelungen wäre, Europa ihrem Imperium einzugliedern, hätte die Entwicklung zum christlichen Abendland mit seiner weltbeherrschenden Zivilisation nicht stattgefunden. Die Mongolen errangen am 9. April 1241 bei Liegnitz westlich von Breslau einen vernichtenden Sieg über ein christliches Heer. Dass sie darauf abzogen, wird von Geschichtsbüchern als Rettung Europas bezeichnet. Für das Thema unseres Buches stellt sich jedoch die Frage: Warum haben die Mongolen nach ihrem Sieg bei Liegnitz nie mehr versucht, Europa ihrem Imperium einzugliedern? Der Hinweis auf den Heldenmut der christlichen Verteidiger von Liegnitz scheint mir dafür nicht zu genügen. Daher jetzt ein kurzer Blick auf die Geschichte und das Wesen der Mongolen jener Zeit.

Der Begriff Mongolen bezeichnet die ursprünglichen Völker der Mongolei. Trotz ihrer geringen Zahl – um das Jahr 1200 schätzt man sie auf ungefähr 200 000 – spielten die Mongolen eine herausragende Rolle in der Weltgeschichte. Ihr Aufstieg begann unter der Führung von Dschingis Khan 1155/1162-1227, der in der Hauptstadt Khara Khorum residierte und den Mongolen einen Staatsaufbau und ein Gesetz gab. Unter ihm errichteten die Mongolen das größte Landreich der Geschichte von 29 Mio km² (USA 9,3 Mio km²) und unterwarfen über 100 Millionen Menschen. Auf der Höhe ihrer Macht beherrschten sie die größten Teile Chinas, Koreas, Afghanistans, Georgiens, Armeniens, Russlands, Ungarns und die dazwischen liegenden Länder.[3] Ein System von Relaisposten sorgte für rasche Kommunikation im ganzen Reich. Dschingis Khan erließ der Überlieferung zufolge u.a.

zwei Yasas (Dekrete oder Grundgesetze) für sein Reich. In diesen Yasas wird deutlich, dass die militärischen Erfolge und auch der administrative Aufbau des Riesenreiches in einem rücksichtslosen, totalen Willen zur Macht begründet waren. Die erste Yasa bezog sich auf seine Nachfolge: „Wer auch immer hochmütig und auf eigene Ermächtigung hin ohne eine Wahl durch Fürsten Herrscher sein will, ist ohne Pardon zu töten." Die zweite Yasa sprach die Hauptaufgabe an, der sich die Mongolen zu widmen hatten: „Die Mongolen müssen sich die ganze Erde unterwerfen und dürfen mit keinem Volk Frieden haben, bis es vernichtet ist, außer es unterstellt sich ihnen."[4] Im Blick auf die Jahrtausendwende hat die „Washington Post" Dschingis Khan sogar zum „Mann des Jahrtausends" erklärt.

Auf Grund von verschiedenen Ereignissen, durch die Dschingis Khan an die Macht kam, folgerte er, dass der Himmel, „als höchste numinose (unbestimmt göttliche) Wirkkraft und Macht, … dem Mongolenreich wohlgesonnen war", was ihm und seiner Gefolgschaft höchste Legitimation und Sendungsbewusstsein verlieh.[5] Er wusste sich durch eine göttliche Macht für seine Taten beauftragt und rechnete mit dem Einverständnis des Himmels. Daneben bestand der außergewöhnliche Erfolg der mongolischen Armeen in der wilden Entschlossenheit ihrer Reiter, der sagenhaften Genügsamkeit und Ausdauer von Reitern und Pferden, wobei sie schier unglaublich schnell große Strecken zurücklegen konnten. So hat eine Zehntausendschaft in Ungarn in drei Tagen 300 km zurückgelegt und auf dem Weg noch die Stadt Vac verwüstet. Berühmt war die Treffsicherheit der mongolischen Bogenschützen. Der Grund für diese wilde Entschlossenheit lag allerdings nicht nur in der mongolischen Lebensweise, bei der sie in der Steppenlandschaft gelernt hatten, mit minimalen Ressourcen Maximales zu erreichen. Er lag auch in der mit Terror erzwungenen Disziplin. Schon kleine Missachtungen eines Befehls wurden mit dem Tod bestraft. Wenn etwa bei einer Treibjagd ein Soldat ein Tier verfehlte, so wurde er mit Stöcken gezüchtigt oder getötet.[6] Im mongolischen Heer galt der eiserne Zwang zum Erfolg, auch in der Schlacht. Das Leben durch Flucht zu retten, kam nicht in Frage. Zudem verfügten ihre Kampfverbände über die oft erfolgsentscheidende Fähigkeit, getrennt vorrückende Kolonnen für Angriffe zu koordinieren und während der Schlacht zu dirigieren. So konnten sie Scheinrückzüge vortäuschen und den nachrückenden Feind in eine Falle locken. Solche Rückzüge konnten innerhalb einer Schlacht erfolgen oder mehrere Tagesmärsche umfassen, bis der Feind dort war, wo man ihn überraschen, umzingeln und vernichten konnten.

Eine weitere Kriegstaktik war die Verbreitung von Schrecken durch einmalige Grausamkeit gegenüber Städten und Völkern, die sich ihnen entgegenstellten. Nichts durfte ihren Siegeszug aufhalten. Wenn eine Stadt oder eine Festung sich ihnen nicht kampflos ergab, wurde sie zur „bösen Stadt" erklärt. In diesem Fall wurden nach der Eroberung alle Bewohner vom Greis bis zum Säugling umgebracht.[7] Ganze Landstriche entvölkerten die Mongolen systematisch. Bei Belagerungen schickten sie Gefangene in die gefährlichsten Positionen und füllten mit ihren Leichen die Gräben. Verständlich, dass sie in Russland als „Rohfleischfresser" und „Christenblutvergiesser" genannt und vielfach als Strafe Gottes empfunden wurden.[8] Zu ihrer Taktik gehörte ferner, dass sie meistens die geschlagenen Armeen in ihre eigene integrierten. So wurden ihre Armeen immer größer und die mongolische Herrschaft immer mächtiger. Den unterworfenen Städten und Völkern erlaubten sie, ihre bisherige Arbeits- und Lebensweise beizubehalten, weshalb diese sich nicht selten ohne grossen Widerstand der mongolischen Oberherrschaft fügten. So konnten z.B. auch Chinesen und Perser als „fremde Mongolen", wie sie genannt wurden, in hohe militärische und zivile Führungspositionen aufsteigen.[9] Dadurch blieben dem Mongolenreich der interne Friede und die Erträge der Wirtschaft in den eroberten Gebieten erhalten. Ein Spitzelsystem sorgte dafür, dass jeder Versuch einer Rebellion im Keim erstickt wurde. Dem Zug der Mongolen nach Westen ging der Ruf der Unbesiegbarkeit voraus, denn sie hatten auch die „Große Mauer" in China überwunden.

1237 wurde nach sorgfältigen Vorbereitungen mit einem grossen Heer, der sog. Goldenen Horde, der Mongolensturm auf Westeuropa ausgelöst. Rasch eroberten die Tataren, wie sie auch genannt wurden, russische Städte und richteten entsetzliche Blutbäder an. 1239 stießen sie in den Kaukasus vor. Dann war Ungarn das Hauptziel. Um diesen Feldzug nach Norden abzusichern, trennte sich eine Zehntausendschaft unter Orda und stieß Richtung Polen vor. Die Hauptmacht eroberte Ungarn und verheerte das Land, wobei Truppenteile den ungarischen König Bela bis an die Adria verfolgten. Dann wandten sich die Mongolen wieder nach Osten, um sich mit der Zehntausendschaft unter Orda zu vereinigen. Diese hatten inzwischen polnische Aufgebote geschlagen und am 9. April 1241 in der Schlacht bei Liegnitz, westlich von Breslau, ein deutsch-polnisches Heer unter Herzog Heinrich II. dem Frommen vernichtet. Aber nachdem sich die siegreichen Mongolen aus Ungarn mit den siegreichen Truppen von Orda vereinigt hatten, traten sie den Rückzug an! Großskhan Ögödei war gestorben. Das Gesetz der Mongolen und die Sorge um die „richtige" Nachfolge bewirkten, dass sie ihren Eroberungszug sofort beendeten und sich in Khara Khorum zur Wahl des Nachfolgers versammelten.

Warum die Mongolen nicht wiederkamen

Jetzt müssen wir der Frage nachgehen, warum die Schlacht bei Liegnitz zu Recht als Rettung Europas bezeichnet wird. Die Frage verdient eine nähere Analyse, kann sie doch zum Verständnis der Geschichte Europas aus der Sicht des Glaubens wesentlich beitragen. Eine erste Antwort haben wir schon festgehalten: Die Mongolen mussten zurück in ihre Hauptstadt, um den Nachfolger von Großskhan Ögödei zu bestimmen. Dies geschah genau zu dem Zeitpunkt, als Mitteleuropa nach der Niederlage bei Liegnitz völlig schutzlos war. Kaiser Friedrich II. residierte in Apulien und Sizilien und kümmerte sich nicht um die mongolische Invasion. Rivalitäten unter den europäischen Völkern, aber auch innerhalb der Adelsgeschlechter hatten eine gemeinsame Verteidigungsstrategie verhindert. Nach dem Sieg in Ungarn und bei Liegnitz stand Europa den Mongolen offen. War es nur glücklicher Zufall, dass genau jetzt, im Jahre 1241, da niemand mehr ihren Vorstoß ins Herz Europas hinderte, der Großskhan starb und die Mongolen abzogen? Oder war es vielleicht doch die Hand Gottes, welche die westliche Christenheit bewahren und ihre Entwicklung nicht gefährden wollte? Warum gleichzeitig die russisch-orthodoxe Christenheit für Jahrhunderte unter die Herrschaft der Tataren geriet, gehört zu den geschichtlichen Ereignissen, für die ich keine Antwort habe. Durch das christliche Geschichtsverständnis erhalten wir viele Blicke hinter die Kulisse. Aber es geht uns bei der Frage nach den Fügungen der Völkergeschichte wie bei der Betrachtung unseres eigenen Lebens. In vielen Begebenheiten erkennen wir klar die Leitung Gottes. Aber es gibt auch leidvolle Ereignisse, bei denen uns der Zugang zu den Gedanken Gottes verschlossen bleibt.

Bei Liegnitz hat Gott zugunsten Europas eingegriffen, indem die Meldung vom Tod des Großkhans die Mongolen nach ihrem Sieg zum Abzug zwang. Aber weshalb sind sie nie zurückgekommen? Distanzen und technische Probleme schreckten sie keineswegs. So unternahmen sie nach Liegnitz mehrere, allerdings erfolglose Versuche, um Japan und Java zu erobern.[10] Auch stießen sie während mehrerer Jahrzehnte wieder in westlicher Richtung vor, nämlich nach Aserbeidschan, Armenien und Kurdistan.[11] Unter Großskhan Timur gelangten sie sogar bis in die heutige Türkei, wo sie 1402 in der Schlacht bei Ankara (Angora) den Osmanen eine vernichtende Niederlage beibrachten. Deshalb hatte Europa auch nach der Schlacht bei Liegnitz und dem vorübergehenden Abzug der Mongolen Grund genug, sich vor den Mongolen zu fürchten. Wohl um diese Gefahr abzuwenden, berief der Papst Innozenz IV. 1245 eine Versammlung nach Lyon, um zu beraten, wie einer erneuten Invasion der Mongolen begegnet werden sollte. Er erteilte dem 63-jährigen Franziskaner Giovanni de Plano Carpini und seinen Begleitern den Auftrag, in der Ukraine zu missionieren und Großskhan Güyük in Khara Khorum aufzusuchen, um diesen zum gemeinsamen Kampf gegen die islamischen Herrscher des Nahen Ostens zu gewinnen, und um ihn zugleich von einer Eroberung Europas abzulenken.

Die Gesandtschaft traf nach rund 15-monatiger Reise am 22. Juli 1246 dort ein. Doch die Mission misslang vollständig. Der Großskhan ließ die Abgesandten des Papstes vier Monate warten. Dann teilte er, der möglicherweise nach Michael Weiers sogar nestorianischer Christ geworden war, ihnen mit, wie er die Dinge sah. In seiner Botschaft an den Papst heißt es u.a: „In der Kraft des Ewigen Himmels. Des mächtigen und grossen Reiches und der Welt Herrscher. Unser Befehl… Jetzt musst du mit aufrichtigem Herzen sagen: Wir wollen Untertanen werden! Wir wollen (unsere) Kraft schenken! Du persönlich an der Spitze der Könige, ihr alle zusammen müsst zugleich kommen und Uns Ehrerbietung zeigen. Wir werden dann eure Unterwerfung anerkennen. Wenn du aber Gottes Befehl nicht annimmst und gegen unseren Befehl handelst, werden wir euch als Feinde betrachten." [12] Deutlicher konnte der Wille des Großkhans nicht ausgedrückt werden. Westeuropa, Rom sollte dem Mongolenreich eingegliedert werden. Den mongolischen Herrschern fehlten dazu nicht die Soldaten. Großskhan Möngke verfügte zwischen 1251 und 1259 für seine Eroberungspläne in China und

Persien über zwei Heere von je 500 000 Kriegern![13] Um so dringlicher stellt sich die Frage: Warum wagten die siegverwöhnten Mongolen nach Liegnitz keinen Versuch mehr, nach Westeuropa vorzustoßen?

Um darauf zu antworten, müssen wir die Umstände der Schlacht bei Liegnitz näher betrachten. Der in Liegnitz regierende Herzog Heinrich II. von Schlesien, der Fromme, trat mit 4 000 deutschen und polnischen Rittern sowie Templern und einigen Johannitern zur Schlacht an. Hinzu kam das Fußvolk, möglicherweise total 20 000 Mann.[14] Ihnen gegenüber standen 10 000 mongolische Reiter. Schwachpunkt war das Fußvolk. Offensichtlich konnten die Mongolen Heinrich zur Schlacht zwingen, obwohl die Verstärkung von 50 000 Mann unter dem deutschen König Wenzel nur noch einen Tagesritt entfernt war, was vermutlich Herzog Heinrich II. nicht wusste. Für ihn war es ein heiliger Kreuzzug. Er besuchte am Morgen die Messe, und fast alle seine Kämpfer befestigten ein Kreuz an ihrer Kleidung. Der Historiker Jan von Flocke berichtet: „Der Herzog kämpfte im dichtesten Gewühl. Er focht hoch in den Bügeln stehend und das Langschwert mit beiden Händen führend im Namen Gottes bis zum Tod. Eine Lanze traf ihn beim Erheben des Schwertes in die linke Achselhöhle und warf ihn sterbend vom Pferd." [15] Die Niederlage war vernichtend. Alle Kommandeure wurden getötet. Sechs schlesische Adelsfamilien verloren fast alle ihre Väter und Söhne. Den Kopf des Herzogs spießten die Mongolen auf eine Lanze und trugen ihn vor die Tore der Stadt Liegnitz, die sich aber dennoch nicht ergab. Anschließend zogen die Mongolen ab. Liegnitz war mit den Worten von Jan von Flocke „das seltene Beispiel einer total verlorenen Schlacht, die sich langfristig als Sieg erweist."

Der todesmutige Kampf der christlichen Ritter hat zweifellos die Mongolen tief beeindruckt. Doch das allein genügt nicht, um zu erklären, weshalb die Mongolen nie mehr einen Versuch zur Eroberung Europas unternommen haben. Denn auch die russisch-orthodoxen Fürsten und ihre Truppen kämpften vielfach bis zur eigenen Vernichtung gegen die Mongolen. Ich meine, die Mongolen trafen bei Liegnitz vermutlich zum ersten Mal auf ein Heer von gepanzerten Reitern, gegen die ihre Bogenschützen nur mit Mühe ankamen. Mit Sicherheit trafen sie zum ersten Mal auf Ordensritter. Zwar trugen auch die mongolischen Reiter Helme und eine gewisse Panzerung. Aber auch ihre schwere Reiterei war deutlich weniger gepanzert als die ihrer christlichen Gegner.[16] Die Mongolen haben zwar bei Liegnitz dank ihrer Übermacht an Reitern und durch überraschende Täuschungsmanöver gesiegt. Aber sie mussten, wie Flocke schrieb, auch erhebliche Verluste hinnehmen. Das war wohl neu. Die Mongolen waren gewohnt, auch in Unterzahl mit geringen Verlusten zu siegen.

Bei Liegnitz trafen sie auf eine andere Kultur mit anders bewaffneten Kriegern. Sie nahmen sich nach dem Sieg Zeit, die ganze Gegend zu verheeren, aber sie versuchten keine Belagerung oder einen Sturm auf die Stadt. Sie belagerten anschließend Städte wie Olmütz, Brünn und Neustadt vergeblich und vermieden einen Angriff auf Konstantinopel. Offenbar trafen die Mongolen im westlichen Teil Europas nicht nur auf überlegen gepanzerte Ritter, sondern auch auf überlegen befestigte Städte. Hohe, wenn möglich uneinnehmbare Mauern waren für Könige, Adelige und Städte im Westen eine Selbstverständlichkeit. Das war in den östlichen Ländern weit weniger der Fall. So Berichtet Hans-Heinrich Nolte in „Kleine Geschichte Russlands": „Der Verstädterungsgrad (Russlands) blieb in der Mongolenzeit gering. Die Städte waren Sitz fürstlicher Hofhaltungen und bischöflicher Verwaltungen, aber auch der Adel hatte seine Höfe in Palisadenringen oder Mauern." [17] Diese Befestigungen waren offenbar keine echten Hindernisse für die Mongolen. Anders die westeuropäischen Stadtmauern und Burgen. Keine einzige westeuropäische Stadt schützte sich mit Palisadenringen. Ihre starken Befestigungsanlagen waren eine Folge davon, dass es in Europa keine Zentralgewalt gab, sondern eine freiheitlichere Kultur mit Königen, grossen und kleinen Fürsten und freien Reichsstädten, die nicht nur das Recht zur Kriegführung hatten, sondern auch Kriege führten oder sich gegen Angreifer zur Wehr setzen mussten. Und der stetig wachsende Wohlstand ermöglichte sowohl die ständige Verbesserung der Panzerung als der Festungstechnik. Der Mangel einer alles umfassenden Zentralmacht in Europa machte eine gemeinsame Verteidigung gegen die Mongolen unmöglich. Doch die mongolische Diktatur mit ihrem Riesenheer, mit der durch Terror erzwungenen Disziplin und dem Schrecken maßloser Grausamkeit erwies sich der christlichen Kultur der Freiheit als unterlegen. Die Mongolen kehrten nie wieder nach Westeuropa zurück.

4. Überlegene christliche Ritter

Wie berichtet setzten die mongolischen Führer setzten bei ihren Vorstößen ganz auf ihre Reiter. Diese waren leicht bewaffnet mit Bogen, Lanze und Schild. Auf schnellen Pferden pflegten sie den Feind zuerst mit einem Regen von leichten Pfeilen aus einer Distanz von 300 Metern zu verwirren und zu schwächen, dann folgten mit anderen Bogen schwere Pfeile, die töten konnten, dann stürmten sie direkt auf den Gegner ein, wandten sich oft bald zur Flucht, worauf eine neue Welle von Reitern angriff, während sich die ersten zum nächsten Sturm formierten. Ähnlich gingen auch die türkischen Heere vor. Doch schon in der Begegnung mit den byzantinischen Heeren verfing diese Taktik oft nicht, weil die byzantinischen Reiter und ihre Pferde mit Panzern so geschützt waren, dass der Pfeilregen kaum Wirkung zeigte. In dem Buch „Fighting Techniques" wird Seite 78 ein byzantinischer General zitiert mit den Worten, man könne mit einem Batallion von gepanzerten Reitern eine Armee besiegen. Es scheint, dass schon Karl Martell seinen Sieg über die Sarazenen zwischen Tours und Poitiers 732 wesentlich durch gepanzerte Reiter errungen hat.[18] Die gepanzerten Reiter von Karl dem Grossen waren gefürchtet. Der Mönch Notker von St. Gallen berichtet, wie die Langobarden vor den eisenstarrenden Schwadronen Karls die Flucht ergriffen.[19] Aus diesen gepanzerten Reitern entwickelte sich der mittelalterliche Ritter mit seiner Ausbildung, Ethik und Ausrüstung. Es ist Zeit, dass wir uns diesen Ritter etwas genauer anschauen.

Den Mongolen war der Steigbügel, mit dem der Reiter wesentlich fester im Sattel sitzt, unbekannt. Diese Erfindung veränderte die Kampfkraft der christlichen Reiter entscheidend. Sie erlaubte es, den Sattel so auszubauen, dass ein Aufbau vor und hinter dem Reiter ihn teilweise schützte. Vor allem aber konnte er jetzt eine lange Lanze führen und den Gegner vom Pferd stoßen, während er selber den Stoß aushalten konnte, denn er „saß fest im Sattel".[20] Später verbesserte sich die Kampfkraft des Reiters zusätzlich, indem er für die Lanze eine spezielle Befestigung an seinem Panzer erhielt. Damit wurde er mit seinem Pferd zur festen Kampfeinheit. Er konnte die ganze Wucht des Pferdes für den Stoß ausnützen, während er selber durch die ständig verbesserte Panzerung immer weniger verletzbar wurde. Neuere technische Versuche haben gezeigt, dass damit die Stoßkraft gegenüber einem Reiter ohne Steigbügel vervielfacht wurde. Für eine Verwundung musste der Angreifer eine Lücke in der Panzerung finden, wie das von Heinrich dem Frommen berichtet wird. Ein Mongole konnte ihn nur in der linken Achselhöhle treffen, als er den Arm mit dem Schwert hob. Für einen Feldzug benötigte ein Ritter eine Rüstung für sich und eine Panzerung für eines der 3 bis 4 Pferde, dazu Hilfsmannschaften für deren Pflege. Das konnten sich nur Adelige leisten.

Um die Fähigkeiten eines Ritters zu erwerben, unterzogen sich schon Knaben einem jahrelangen Training. Das war auch nötig, denn eine Ganzkörperrüstung wog bis zu 50 Kilo. Dazu kamen Schild, Schwert und Lanze, alle größer und schwerer als z.B. jene der türkischen Gegner.[21] Um Hiebe auf den Panzer eher ertragen zu können, war die Rüstung innen mit Leder oder Tuch gefüttert. An warmen Tagen war also eine solche Rüstung wie ein Ofen. Später kam das Visier dazu, welches das Atmen nicht leichter machte. So wird denn auch von Karl dem Roten berichtet, er habe in der Schlacht auf dem Lechfeld gegen die Ungarn sein Visier gehoben, um mehr Luft zu bekommen. Dabei traf ihn ein Pfeil und verwundete ihn tödlich.[18] Nur große und besonders kräftige Pferde waren in der Lage, das Gewicht eines Ritters und die später hinzukommende Pferdepanzerung zu tragen. Um als Reiter in einer solchen Rüstung mit Schild, Lanze oder Schwert kämpfen zu können, waren außergewöhnliche Körperkraft und ständiges Training unabdingbar. Während die mongolischen und türkischen Reiter auf Schnelligkeit setzten und daher kleinere Pferde, leichte Panzerung und Bewaffnung vorzogen, entstand in Westeuropa der Ritter mit seinem schweren Ross, eine fast unverwundbare Kampfmaschine.

Diese Ritter waren auf allen Schlachtfeldern gefürchtet, und ihr Einsatz oft schlachtentscheidend. Die Historikerin Zoé Oldenbourg schildert verschiedentlich die erstaunliche Überlegenheit der fränkischen Ritter über die türkischen. Die grossen Pferde und die schwere Bewaffnung und Panzerung machten aus jedem Mann eine bewegliche Festung.[22] Über die Ritter im Heer der Kreuzzügler urteilte Anna Comnena, die älteste Tochter von Alexius Comnenus, dem Kaiser von Byzanz um 1097, nachdem diese einen wichtigen Sieg über Türken errungen hatten: „Niemand konnte den Rittern widerstehen… sie verfolgten ohne Schwierigkeit die besten und schnellsten türkischen Pferde."[23] Die Rüstungsschmiede an den Höfen der

Adeligen entwickelten mit der Zeit eine fast unglaubliche Perfektion. Der Türke Kara Mustafa berichtet in seinem Tagebuch über die zweite Belagerung von Wien 1683, wie eines Tages ein „Ungläubiger" in seinem Harnisch gefangen genommen wurde. Dieser anerbot sich zu beweisen, dass die Rüstung der christlichen Kämpfer auch gegen Feuerwaffen Schutz bot. Zum Beweis stellte er sich selber als Zielscheibe zur Verfügung: „Dreimal schoss man Flinten auf ihn ab; die Kugeln trafen den Panzer, ohne ihn jedoch durchschlagen zu können. Schließlich zogen sie ihm den Harnisch aus und schlugen ihm den Kopf ab." [24] Solange also der gepanzerte Ritter im Sattel saß, war er fast unverwundbar. Wenn es jedoch gelang, ihn aus dem Sattel zu heben, oder wenn sein Pferd tot war, konnte er leicht gefangen genommen werden. Denn in seiner Rüstung war er zwar immer noch ein gewandter Kämpfer, konnte aber nicht fliehen.

Wie kam es, dass in Europa diese weltweit einzigartige Kämpferelite entstand? Ich meine, dafür drei Umstände nennen zu können:

1. Wir haben schon gesehen, dass auf Grund der größeren Freiheit im Denken in Europa viele technische Fähigkeiten konsequenter entwickelt wurden als anderswo. Das erlaubte auch eine ausgefeilte Metallbearbeitung für Waffen und Panzer. Viele Adelige beschäftigten auf ihren Schlössern und Burgen Waffenschmiede, mussten doch diese Rüstungen auf individuelle Körpermasse angefertigt werden.

2. Da eine alles beherrschende Zentralmacht fehlte, wurde das Feudalsystem mit seinem Lehenswesen zur wichtigen politischen Ordnungskraft. Der untere Adel war durch den Lehenseid an den Herzog oder König gebunden und war verpflichtet, mit ihm in den Krieg zu ziehen. Allerdings hatte diese Pflicht auch ihre zeitliche Grenze, danach war der Lehnsmann unabhängig. Hinzu kam, dass gewisse Rechte und Loyalitäten erblich waren. So konnte ein Adeliger mehrere Loyalitätsverpflichtungen erben, die ihn an Herren banden, welche sich gegenseitig bekämpften. Eine Erfüllung der Lehenspflicht war ihm unter diesen Umständen gar nicht möglich. Vor allem unter dem Hochadel wurden diese Loyalitäten mit der Zeit zur Formsache. Nicht selten mussten Herren die Gefolgschaft ihrer Vasallen mit Gewalt erzwingen. Zoé Oldenbourg meint denn auch, das

Feudalsystem sei weniger als soziale Ordnung und eher als „organisiertes Chaos" zu bezeichnen.[25] Auf jeden Fall war es Anlass für ständige kleinere und größere Auseinandersetzungen, die mit Waffen ausgetragen wurden. Der untere Adel musste nicht nur sich für den Lehnsherren kampfbereit halten, sondern auch seine eigenen Rechte sichern. Alles in allem viel Anlass, die eigene Kampffähigkeit ständig zu verbessern. Selbstverständlich gehörte dazu auch eine Burg. So entstanden die zahllosen Burgen und Festungen im westlichen Europa.

3. Der Notwendigkeit zur ständigen Kampfbereitschaft des Adels, von der oft das Schicksal ganzer Landstriche abhing, entsprach auch die gesellschaftliche Stellung der Ritter. Ausbildung und Verleihung der Ritterwürde verliefen nicht überall einheitlich. In der Regel begann die Schulung mit dem 7. Lebensjahr. Mit 21 Jahren wurden die Knappen durch Schwertleite (feierliche Übergabe der Waffen) und/oder Ritterschlag zu Rittern. Dazu wurden mehrtägige Festlichkeiten veranstaltet, die Burgen mit Fahnen festlich geschmückt und die von weit her kommenden Gäste mit Fanfaren und Trompeten begrüßt. Der Ritter samt seiner Rüstung genoss außerordentliches Ansehen. Er war Produkt und Symbol für das Selbstverständnis der christlichen und wehrhaften Gesellschaft jener Zeit. Das Mittelalter ist ohne Ritterschaft und Ritterlichkeit nicht denkbar. Nicht umsonst ist ritterliches Verhalten noch heute ein hohes Lob.

5. Ordensritter – Superelite

Wahrscheinlich war die Schmiedetechnik zur Zeit der Mongolenangriffe noch nicht so ausgefeilt wie 1683 zur Zeit der zweiten türkischen Belagerung von Wien. Das war auch nicht nötig, denn es gab noch keine Feuerwaffen. Aber wir haben gesehen, dass bei Liegnitz auch Ordensritter der Johanniter und Templer gekämpft haben. Während der Kreuzzüge entstanden zum Schutz der Pilger und des Heiligen Landes drei ungewöhnliche Orden, welche die Ideale des adeligen Rittertums mit den Gelübden des Mönchtums verbanden, zweier Stände, die bis dahin streng getrennt waren.

1. Die Johanniter (Malteser, Hospitaliter), sind hervorgegangen aus der „Bruderschaft des Spitals", die nach dem ersten Kreuzzug in Jerusalem entstand, und sind 1120 zum Ritterorden geformt worden; ihre Aufgaben waren die Krankenpflege und der Waffendienst; ihre Ordenstracht im Frieden ein schwarzer Mantel mit weissem Kreuz, im Krieg ein roter Waffenrock.

2. Die Tempelherren oder Templer wurden um 1118 gegründet und wurden so genannt, weil ihre erste Unterkunft nahe beim Tempel von Jerusalem lag; ihre Tracht war ein weißer Mantel mit rotem Kreuz, ihre Aufgabe der Schutz des Heiligen Landes.

3. Der Deutsche Ritterorden, 1190 vor Akkon im Heiligen Land als Bruderschaft zur Krankenpflege gegründet, wurde 1198 zum Ritterorden; ihre Tracht war ein weißer Mantel mit schwarzem Kreuz.[26] Mit diesen Orden entstand eine Elitetruppe, deren Kampfkraft jene der Ritter noch übertraf. Sie waren wie die Ritter in jeder möglichen Kampftechnik geübt und bestens gepanzert. Doch sie hatten zusätzlich Armut, Keuschheit und Gehorsam gelobt und konnten ihr Leben ohne Rücksicht auf eine Familie rückhaltlos dem Schutz der Pilger und dem Kampf gegen die Feinde des Christentums widmen. Sie waren entschlossen, für den Glauben zu siegen oder zu sterben. Diese Ritterorden wuchsen durch Zuwendungen von Adeligen rasch und unterhielten bald auch Niederlassungen in vielen europäischen Ländern.

Es ist sehr wahrscheinlich, dass die Ordensritter zusammen mit den weltlichen Rittern die Mongolen mächtig beeindruckt haben. Durch den Zusammenprall mit diesen Rittern und durch die Tatsache, dass die Mongolen verschiedentlich die abendländischen Stadtbefestigungen nicht bezwingen konnten, erkannten sie ihre Grenzen. Bei Liegnitz begegneten sie einer überlegenen Kultur. Sie haben nie mehr eine Schlacht mit christlichen Rittern gewagt. Und so hat sich die Niederlage des christlichen Heeres bei Liegnitz tatsächlich als Sieg erwiesen. Sie ist denkwürdiges Beispiel für mittelalterlichen Heldenmut und Opferbereitschaft im Kampf für das christliche Abendland. Liegnitz ist aber auch ein Zeichen für das wirtschaftliche und technische Erstarken des Abendlandes auf Grund seiner freiheitlicheren Strukturen. Deshalb ist die Schlacht bei Liegnitz so bedeutsam für das Verständnis der Geschichte und den Aufstieg Europas. In der Schlacht von Liegnitz hat sich die christliche, freiheitliche Kultur Europas bewährt. Nachdem Gott zunächst für den Abzug der Mongolen gesorgt hat, haben die Mongolen nie mehr versucht, nach Europa vorzustoßen.

V. Abwehr der islamischen Expansion

ür das werdende Europa und seine Freiheit war der Islam die größte Gefahr. Im Unterschied zu den Wandervölkern, den Normannen, Ungarn und Mongolen, welche auszogen, um Beute zu machen und Länder zu unterwerfen, tauchte mit dem Islam eine religiös motivierte Militärmacht auf. Allah hatte seinen Anhängern befohlen, ein islamisches Weltreich zu errichten. Ihre Kriege waren – und sind – daher „Heilige Kriege". Im Islam gibt es keine Trennung von Religion und Staat. Der Islam ist eine das ganze Leben, die Wirtschaft und Politik umfassende, religiös begründete Ideologie und Kultur. Die Durchsetzung der islamischen Kultur war für die siegreichen Muslime eine Selbstverständlichkeit und befähigte sie zur Errichtung von stabilen Staaten. Da sie sich von Allah berufen wussten, die ganze Welt unter seine Herrschaft zu bringen, fühlten sie sich berechtigt, alle, die nicht freiwillig zum Islam übertraten, zu töten, zu vertreiben, zu islamisieren und zu arabisieren oder als kleine Minderheiten und als Bürger zweiter Klasse, sog. Dhimmis, am Leben zu lassen.[1] Mit dem Auftreten Mohammeds, geb. 570, begann somit für die ganze Christenheit ein gewaltiges religiös-kulturelles Ringen, über dessen Bedeutung sich im Westen nur wenige bewusst sind. Hätten die Türken 1529 Wien bei ihrer ersten Belagerung erobert, dann hätten sie das „Tor zu Europa" zur Basis für weitere Eroberungen ausgebaut. Die Möglichkeiten für große türkische Eroberungszüge bis weit ins heutige Deutschland hinein waren günstig. Das Osmanische Reich umfasste Nordafrika bis Algerien, alle Länder von Iran bis an das Kaspische Meer, die Türkei, den Balkan samt Moldawien und Ungarn und hätte somit durchaus über die Mittel für eine starke Expansion nach Westen verfügt. Das Reich der Habsburger war geteilt. Karl V. hatte den östlichen Teil des Reiches, das heutige Österreich an seinen Bruder Ferdinand I. abtreten müssen. Das übrige Deutschland war in mehrere Königreiche aufgeteilt und die Reformation noch ein schwaches Pflänzchen. Wenn auch nicht ganz Europa, sondern nur ein großer Teil des heutigen Deutschland unter türkische Herrschaft geraten wäre, so wäre die Reformation in ihren Anfängen stecken geblieben und eine Französische Revolution hätte nicht stattgefunden. Dann hätte sich Europa nicht zum Christlichen Abendland mit seiner weltbeherrschenden Zivilisation entwickeln können.

Bis Mitte des 20. Jahrhunderts wurde diese Auseinandersetzung vor allem militärisch ausgetragen und führte zur totalen Überlegenheit des christlichen Abendlandes, indem zunächst die Herrschaft der Türken auf dem Balkan gebrochen wurde. Später haben europäische Mächte die meisten muslimischen Länder erobert und kolonisiert. Im ersten Weltkrieg fand das Osmanische Reich durch die Siege der Engländer sein Ende.

1. Die Kreuzzüge

Die Auseinandersetzung Europas mit dem Islam begann lange vor den Kreuzzügen. Sie waren aber ein erster Höhepunkt im Ringen mit der muslimischen Expansion, der heute durch die Muslime häufig erwähnt wird, um Europa der Aggression und der Grausamkeit anzuklagen. Schuldgefühle sollen Europa dazu bringen, gegenüber muslimischen Forderungen eine Haltung demütigen Entgegenkommens einzunehmen. Dabei vergisst man meist, dass die Auseinandersetzung mit der muslimischen Aggression begann. Oft wird der Eindruck erweckt, als hätten die Christen ohne ersichtliche Veranlassung den Frieden mit der muslimischen Welt gebrochen und dabei historisch einmalige Verbrechen begangen. Aus der Sicht von vielen Geistlichen werden die Kreuzzüge als der große Sündenfall der westlichen Christenheit bezeichnet. Dass Bernard von Clairvaux, (1090-1153) Gründer des Zisterzienserordens und beherrschende Gestalt des frühen 12. Jahrhunderts, sich vehement für den zweiten Kreuzzug einsetze, wird meist verschämt als Beispiel einer geistlichen Verirrung eines grossen Gläubigen erwähnt. Immer wieder meinen Kirchenvertreter, sie hätten die Pflicht und auch das Recht, sich im Namen der Christenheit für die damals an Muslimen begangenen Verbrechen zu entschuldigen. Dadurch hat sich in der westlichen Christenheit ein weit verbreitetes Schuldgefühl gegenüber der ganzen muslimischen Welt eingenistet, verbunden mit der Bereitschaft, sich schon im Voraus muslimischen Forderungen zu beugen. Damit begibt sich Europa genau in die

Position, welche Muslime von allen Nicht-Muslimen fordern. So machen sich die Europäer aus der Sicht des Islam zu Dhimmis. Das sind Ungläubige, die man am Leben lässt, solange sie sich unterwerfen. Ich teile die Ansicht, dass die Kreuzzüge einen Schandfleck der Christenheit von historischem Ausmaß darstellen, allerdings aus ganz anderen Gründen. Für eine Entschuldigung gegenüber den Muslimen sehe ich keinen Grund.

Ursache

Ausgelöst wurden die Kreuzzüge, als Alexius Comnenus, Kaiser von Byzanz, Papst Urban II. im Kampf gegen die muslimischen Heere um Hilfe bat: 1095 erschienen seine Gesandten auf dem Konzil von Piacenza und legten ihre Bitte vor.[2] Der Papst hatte allen Grund, diesem Ersuchen zu entsprechen, denn Ende des 11. Jahrhunderts war die ganze Christenheit schon über 400 Jahre lang Ziel und Opfer islamischer Aggression und Expansion. Als Mohammed 632 starb, befand sich der Islam in rascher Expansion vor allem auf Kosten des byzantinischen Reiches. Ganz Nordafrika, einst eine blühende christliche Region, und große Teile der iberischen Halbinsel waren unterworfen. Um 800 erlangte das islamische Herrschaftsgebiet seine größte Ausdehnung: Es umfasste Saudi Arabien, Teile Indiens, die ehemals christlichen Länder Syrien, Jerusalem, Persien (Iran), Mesopotamien (Irak), Ägypten, Tunesien, Marokko, Kreta, Rhodos und große Teile der iberischen Halbinsel. Zeitweise hielten die Muslime Sizilien und Süditalien besetzt. 846 plünderten sie Rom. Sie marschierten ins Piemont, nach Turin, hielten Teile der französischen Provence besetzt und unternahmen durch das Rhonetal Vorstöße bis hinauf in die Berggebiete der Schweiz. Immer wieder fielen sie über Hafenstädte und Küstenregionen her, um Beute zu machen und Teile der Bevölkerung zu versklaven. Schon 674-678 hatten Araber Konstantinopel belagert und versuchten es 717-718 wieder. Zurzeit von Kaiser Alexius Comnenus hatten türkischstämmige Seldschuken fast ganz Kleinasien, also auch die ehemals christliche Türkei, unter ihre Herrschaft gebracht.

Die Jahrhunderte lange Expansion des Islam auf Kosten des Christentums war Papst Urban II wohl bekannt. Zudem wusste man auch, wie grausam die muslimischen Eroberer mit der christlichen Bevölkerung umgingen. Die Historikerin Bat Yeor hat diese Grausamkeiten in ihrem

Buch „Der Niedergang des orientalischen Christentums unter dem Islam" auf knapp 500 Seiten sorgfältig dokumentiert. So wurden z. B. bei der Einnahme von Amorium im Jahre 838 so viele Gefangene gemacht, dass man sie nur in Gruppen zu fünf und zehn verkaufte. Bei der Plünderung von Thessaloniki im Jahre 903 wurden 22 000 Christen unter die Stammesoberhäupter verteilt. Im Jahre 1064 verwüsteten die türkisch stämmigen Seldschuken Georgien und Armenien, richteten Massaker an und verbreiteten Tod und Versklavung.[3] Sklaverei ist bis heute in manchen muslimischen Ländern an der Tagesordnung. Noch 1647 wurden in Algerien viele junge christliche Männer zur Prostitution gezwungen.[4] Wenn die zu Dhimmis gemachten Christen nicht in der Lage waren, die Zusatzsteuer, Jiza, zu bezahlen, mussten sie oft ihre Frauen und Kinder verkaufen.[5] Ein Zeitgenosse berichtet, dass allein im Jahre 1102 nicht weniger als 300 Schiffe mit 140 000 Pilgern von muslimischen Piraten ausgeraubt wurden.[6]

Sieben Kreuzzüge von 1096 bis 1272

1096 begannen die Kreuzzüge und endeten 1272. Bekannt sind Heerführer wie Gottfried von Bouillon, Balduin von Flandern, Friedrich Barbarossa und Richard Löwenherz. Neben diesen sieben Kreuzzügen gab es eine Reihe von Unternehmungen, wie der sog. Volkskreuzzug von 1096, angeführt von Peter von Amiens, auch der Eremit genannt, der Kinderkreuzzug von 1212, bei dem die meisten Jungen und Mädchen in muslimische Sklaverei gerieten, und andere. Die damaligen Ereignisse sind so komplex und die Literatur so vielfältig, dass ich mich auf wenige Fakten beschränken und auf die oft umstrittene, grundsätzliche Beurteilung konzentrieren will.[7]

Die ursprüngliche Motivation für die Kreuzzüge war eine eindeutig geistliche. Aufgefordert durch Papst Urban II. zogen die ersten Kreuzfahrer unter der Führung von Gottfried von Bouillon aus, um das Grab Jesu von der Herrschaft der Muslime zu befreien und den ungehinderten Zugang für die wachsende Zahl von Pilgern zu garantieren. Als Losung wählte man das Wort „Jerusalem", als Symbol ein weisses Kreuz. Auch der europaweit bekannte Abt Bernhard von Clairvaux setzte sich vehement für die Befreiung Jerusalems von der islamischen Herrschaft ein. Man war allgemein der Ansicht: Deus lo vult. (Gott will es.) Dies entsprach der Auffassung, dass es sich dabei um einen gerechten Krieg im Sinne der Verteidigung bzw. Rück-eroberung widerrechtlich angeeigneter Gebiete handle. Die adeligen Ritter, vor allem aus Frankreich, nahmen in der Regel den Kreuzzug auf sich, indem sie öffentlich ein Gelübde ablegten. Viele mussten große Teile ihres Besitzes verkaufen, um die Kosten für sich und ihre Begleiter aufzubringen.[8] Der Aufruf von Papst Urban II. stieß auf ein so grosses Echo, dass mit dem ganzen Begleittross 320 000 Personen aufbrachen, von denen jedoch nur etwa 40 000 in Jerusalem ankamen.[9] Während des Marsches durch die Türkei kamen viele durch muslimische Angriffe um, aber auch durch Krankheiten, Hunger und Erschöpfung. Sie eroberten Gebiete des heutigen Libanon und Israel, darunter Antiochia, die drittgrößte und sagenhaft reiche Stadt der damaligen Zeit mit einer Mauer von sechs Meilen und 400 Türmen.[10] Das schon stark dezimierte Kreuzfahrerheer eroberte die Stadt vermutlich durch Verrat eines Verteidigers.

Nach dem triumphalen Einzug wandte sich jedoch das Blatt: Ein türkisches Heer erschien und fing an, die in der Stadt eingeschlossenen Kreuzfahrer auszuhungern. In ihrer Verzweiflung suchten einige Kreuzfahrer die „heilige Lanze", mit der man Jesus am Kreuz in die Seite gestochen hatte, und die nach einer alten Überlieferung in einer der Kirchen von Antiochia vergraben sein sollte. Tatsächlich fanden sie in einer Kirche so etwas wie das Metallteil einer Lanze. Den Fund der „heiligen Lanze" empfanden die Kreuzfahrer als eine göttliche Bestätigung ihres Kampfes. Er begeisterte das Heer dermassen, dass die Kreuzfahrer obwohl in großer Unterzahl einen Ausfall wagten und die Türken in die Flucht schlugen. Nach längerer Belagerung gelang auch die Eroberung von Jerusalem am 15. Juli 1099, wonach die Kreuzfahrer in ihrem Siegesrausch den Grossteil der Bevölkerung massakrierten.[11] Die meisten waren Muslime, aber auch Juden und Christen wurden getötet. Gottfried von Bouillon wurde König des Königreiches Jerusalem. Die Nachricht von der Befreiung des heiligen Grabes wurde in Europa überall mit großer Freude aufgenommen. Trotz dieses verheißungsvollen Anfangs scheiterte die Kreuzzugsbewegung schließlich. Als letztes christliches Bollwerk fiel die Stadt Akkon 1291 den Mamelucken, einer türkischen Kriegerkaste, in die Hände. Wenn wir den Gründen für dieses Scheitern nachgehen, wird auch deutlich, worin denn der eigentliche Sündenfall der Kreuzfahrer bestand.

Gründe für das Scheitern

1. Als Alexius Comnenus, Kaiser von Byzanz, wie berichtet, Papst Urban II. um Hilfe bat, meinte er Kampftruppen, also Söldner, die er bezahlen und befehligen wollte. Es kamen aber Fürsten mit Truppen unter ihrem Kommando. Und sie hatten eigene Vorstellungen von ihren Kriegszielen. So war das Verhältnis der Griechen zu den Lateinern von Anfang gespannt. Hinzu kam die unterschiedliche Kultur. Für die westlichen Ritter war Kämpfen für den Glauben eine der höchsten, christlichen Tugenden. In Byzanz war der Kriegsdienst gut bezahlt und die Ausrüstung der Heere besser als jene der türkischen Gegner. So half z. B. bei der Belagerung durch die Araber von 674-678 den Byzantinern das sog. „griechische Feuer". Es war ihnen gelungen, aus einer Mischung von verschiedenen Chemikalien eine brennbare Flüssigkeit herzustellen, die wie Napalmbomben nicht gelöscht werden konnte. Die Flüssigkeit wurde in Kesseln auf Schiffen erhitzt und wie bei Flammenwerfern durch lange schwenkbare Rohre in die Richtung der feindlichen Schiffe gespritzt. Diese fingen rasch Feuer. Trotz dieser militärischen Leistungen standen in Konstantinopel Bildung und vornehmes Auftreten höher im Kurs als der Kampf mit den Waffen. In dieser Begegnung der Kulturen empfanden die Griechen die Kreuzfahrer als Barbaren, während die Ritter die Griechen als Feiglinge betrachteten.[12] Bald verachtete man sich gegenseitig. Da die Kreuzfahrer im Verlauf der Zeit dem Kaiser von Konstantinopel gegenüber mit immer größeren Forderungen auftraten und den Eindruck hatten, der Kaiser sei undankbar für ihre Leistungen, verband er sich gelegentlich heimlich auch mit den Türken, um sich gegen die christlichen „Freunde" abzusichern. So kam es, dass im Westen das Wort von der sprichwörtlichen „Perfidie" der Griechen die Runde machte, die Griechen ihrerseits den Lateinern Verrat vorwarfen.[13]

2. Die Kreuzfahrer beschränkten sich darauf, den freien Zugang zu den heiligen Stätten zu garantieren. Sie haben keinen Versuch unternommen, die Bevölkerung dieser Gebiete langfristig zu kolonisieren und zu lateinischen Christen zu machen. Sie blieben fremde Herren.[14] Im Unterschied dazu haben die Araber in Nordafrika und die Türken im Nahen Osten ihre Herrschaft so ausgebaut und die ansässige christliche Bevölkerung so

unterdrückt, dass diese sich immer mehr der Islamisierung beugte, größtenteils zum Islam konvertierte oder die bestehende Herrschaft zu unterstütze.

3. Die Kreuzfahrer teilten die eroberten Gebiete in verschiedene Fürstentümer auf, die nach westlichem Feudalsystem verwaltet wurden. Dabei kam es, wie schon in der Heimat, auch zu Streitigkeiten unter den christlichen Regenten, sodass diese gelegentlich auch Bündnisse mit türkischen Nachbarn schlossen.[15] Manche Kreuzfahrer hofften auch, etwa in Syrien, reich zu werden.

4. Durch die Kreuzfahrer und die wachsenden Ströme von Pilgern ins Heilige Land wuchs der Handel mit dem Osten mächtig. Davon profitierten Venedig, Genua und andere italienische und französische Städte. Dadurch wuchs in diesen Städten das Interesse an der Beherrschung der Handelswege nach Osten bis nach Indien und China, und sie gewannen an Einfluss und Reichtum auf Kosten von Konstantinopel. Aus einem ursprünglich geistlichen Aufbruch wurde so auch eine Frage der Vorherrschaft und des Profites.[16]

5. Das gegenseitige Misstrauen und der Herrschaftsanspruch der lateinischen Heereskommandanten führten schließlich im vierten Kreuzzug 1202-1204 dazu, dass Konstantinopel sich den Kreuzfahrern verschloss und diese die Stadt 1203 und 1204 eroberten und plünderten. Sie setzten den Kaiser ab, ernannten einen der ihren, also einen lateinischen Christen, zum Herrscher über das orthodoxe Christentum! Zugleich teilten sie das, was vom byzantinischen Reich noch nicht an die Türken gefallen war, unter sich in verschiedene Fürstentümer auf. Das uneinnehmbare Konstantinopel hatte die westliche Christenheit während Jahrhunderten vor dem Zugriff der Türken beschützt. Die Kreuzfahrer waren die ersten, welche Konstantinopel eroberten, Kunstschätze, die in Jahrhunderten entstanden waren, raubten und die Häuser ihrer christlichen Brüder anzündeten. Es heißt, die Venezianer wären beim Plündern am planvollsten vorgegangen, und verschiedene Kunstwerke aus Konstantinopel zieren noch heute Venedig. Allerdings dauerte die Herrschaft der Lateiner nicht lange. Schon 1261 gelang es Michael VIII., Palaiologos, den Kaiserthron zurück zu erobern.

Bewertung

Wenn westliche Meinungsträger glauben, sich für die Kreuzzüge entschuldigen zu müssen, dann werden mindestens teilweise die Tatsachen auf den Kopf gestellt und Täter zu Opfern gemacht. Bei einer Bewertung der Kreuzzüge sollten aus meiner Sicht folgende Aspekte mitbeachtet werden.

1. Zum Vorwurf der Massaker durch die Kreuzfahrer: Niemand kann das Massaker der christlichen Sieger an der Bevölkerung von Jerusalem in irgendeiner Weise verteidigen, auch nicht durch den Hinweis, dass in jenen Zeiten die Bevölkerung einer Stadt, die sich der Eroberung widersetzt hatte, selten von einer siegreichen Truppe geschont wurde. Aber gleichzeitig müsste man Fragen stellen: Vor den eigentlichen Kreuzzügen führte Peter von Amiens, der Eremit, einen von religiöser Begeisterung getragenen sog. Volkskreuzzug an. Am 3. August 1096 überquerten 100 000 Teilnehmer den Bosporus. Sie wurden von den Türken fast vollständig aufgerieben.[17] Und: Gemäß „Putzger Historischer Weltatlas" S. 65 kamen von den 320 000 Teilnehmern (Zivilpersonen inbegriffen) des ersten Kreuzzuges nur 40 000 in Jerusalem an. Wie viele von den 280 000, die unterwegs starben, sind von den Türken umgebracht worden? Von den 230 000 Teilnehmern des zweiten Zuges kamen 80 000 an. Wer ist für den Tod der 150 000 verantwortlich?

2. Historisch gesehen handelt es sich bei den Kreuzzügen um eine Antwort auf die Jahrhunderte langen muslimischen Angriffe: Eroberungen und Kolonisierungen ganzer Regionen, Überfälle und Raubzüge von arabischen und türkischen Muslimen auf christliche Küstenstädte und Länder. Die Kreuzzüge waren nicht nur ein Versuch, den freien Zugang der Pilger nach Jerusalem wieder zu ermöglichen. Sie waren auch der Versuch einer Selbstverteidigung von christlichen Regionen zum Schutze ihrer Bürger und für die Erhaltung ihrer Freiheit, Identität und Kultur. Das Recht auf Selbstverteidigung bestreitet grundsätzlich niemand. Warum soll es für die Zeit der Kreuzzüge nicht gelten? Es ist auch nach Röm. 13,1-4 eine in der Bibel verankerte Aufgabe eines Staates oder einer Staatengruppe, für die Sicherheit und Unversehrtheit der Bürger zu sorgen und dafür auch das Schwert einzusetzen. Die NATO tut genau das, wenn sie

in Afghanistan die Taliban bekämpft, weil, wie es heißt, die Sicherheit der EU-Bürger auch am Hindukusch verteidigt wird. Ich meine, Papst Urban und Bernhard von Clairvaux hatten Recht, wenn sie erklärten: Deus lo volt (Gott will es).

3. Dass zudem bei der Beurteilung der Kreuzzüge auch unlogisch gedacht wird, zeigt ein Blick auf die Reconquista, auf die wir noch eintreten werden. Spanische Herrscher haben die Muslime aus der iberischen Halbinsel vertrieben. Geschichtsbücher beschreiben dies als einen heldenhaften Akt der Selbstverteidigung, so auch die berühmte Dichtung El Cid von Miguel de Cervantes. Niemandem kommt es in den Sinn, das spanische Volk moralisch dafür zu verurteilen, dass es bei dieser Rückeroberung erfolgreich war. Wären die Kreuzzüge langfristig erfolgreich geblieben und wären die Türkei und der Nahe Osten noch heute christliche Gebiete, dann wäre das ein weltweit anerkanntes geschichtliches Faktum, für die sich niemand entschuldigen würde. Frankreich hat sich auch nicht dafür entschuldigt, dass es nach dem zweiten Weltkrieg das Elsass für sich gefordert hat. Und keinem Muslim kommt es in den Sinn, sich dafür zu entschuldigen, dass islamische Heere die christlichen Länder in Nordafrika und Kleinasien erobert, grausam unterdrückt und islamisiert haben.

4. Der eigentliche Sündenfall der Kreuzfahrer hat seine Wurzeln in ihrer Arroganz, in der sie Konstantinopel eroberten und verbrannten. Vermutlich begann diese Selbstüberschätzung, als sie feststellten, wie sich ihre überlegene Bewaffnung und kämpferische Ausbildung der Ritter sowohl den byzantinischen als auch den türkischen Heeren gegenüber bewährte. Das zeigte sich schon in der Schlacht bei dem türkischen Dorylaeum, als am 1. Juli 1097 ein Teil der Ritter des ersten Kreuzzuges unerwartet von einer Überzahl von schnellen türkischen Reitern angegriffen und eingekreist wurde. Zum Entsetzen der Türken errangen die Franken, dennoch einen totalen Sieg. Bald ging ihnen der Mythos der Unbesiegbarkeit voraus.[18] Diese Überlegenheit verführte die christlichen Feldherren verschiedentlich dazu, den Gegner zu unterschätzen, worauf auch schwere Niederlagen folgten. Zu dieser Arroganz gesellte sich bald auch der Anspruch zur Ausweitung des eigenen Macht- und Herrschaftsgebietes. Als schließlich die Kriegszüge durch Venedig und Genua auch zur Festigung von Handelsvorteilen gegenüber Byzanz benutzt wurden, war mindestens bei einem Teil

der Kreuzfahrer die geistliche Motivation verloren gegangen. Dass lateinische Christen Konstantinopel, das Zentrum des griechischen, orthodoxen Christentums, eroberten und plünderten, – der Papst verwahrte sich heftig dagegen und einige der Adeligen reisten ab, als sie von dem Beschluss erfuhren – war nur eine böse Folge dieser unglaublichen Arroganz. Ja, es muss wiederholt werden: Es waren nicht muslimische Türken, sondern christliche Ritter, welche Byzanz entscheidend geschwächt und damit langfristig den Sturm der Türken auf die Festung Europa erleichtert haben. Das ist eine Ungeheuerlichkeit von historischem Ausmaß, welche die orthodoxe Christenheit bis heute nicht vergessen hat.[19] Die Tatsache, dass die Herrscher in Konstantinopel an den Streit mit den Kreuzfahrern auch ihren Beitrag geleistet haben, entschuldigt das Vorgehen der Kreuzfahrer nicht.

5. Durch eine echte Zusammenarbeit von Byzanz mit den westlichen Rittern wäre es möglich gewesen, die türkischen Eroberer zurückzudrängen und die christlichen Völker in der Türkei, Syrien und Palästina dauerhaft vor muslimischer Unterdrückung und Islamisierung zu bewahren. Dann wären die damals blühenden christlichen Länder christlich geblieben, der Balkan wäre nie unter türkische Herrschaft geraten und vielen Völkern im Balkan wäre unendliches Leid erspart geblieben. Es wäre 1915 zu keinem Völkermord an den Armeniern und Syrern gekommen. Der Nahe Osten wäre heute von Christen bevölkert, die nicht in Europa Asylanträge stellen würden. Fazit: Der eigentliche Sündenfall der Kreuzfahrer bestand darin, dass sie ihr ursprüngliches Ziel, Byzanz in seinem Kampf gegen die türkischen Invasoren beizustehen, bald vergessen, eigene Herrschaftspläne verwirklicht, die christlich-orthodoxen Brüder schwer geschädigt und so den Vormarsch des Islams begünstigt haben. Deshalb hat Gott ihre Unternehmungen letztlich nicht gelingen lassen. Es ist mir bewusst, dass ich mit dieser Deutung dem allgemein akzeptierten Geschichtsbild widerspreche. Aber ich meine, dass Kaiser Alexius Comnenus, Papst Urban II., das Konzil von Piacenza und Bernhard von Clairvaux vom Geist Gottes erfüllt waren, als sie zur Abwehr der muslimischen Aggression und der blutigen Unterdrückung und Verfolgung der Christen aufriefen. Wenn heute Kirchenpräsidenten sich für das Vorgehen der Kreuzzügler entschuldigen, dann heißen sie indirekt die Massaker an der christlichen Bevölkerung des Nahen Ostens und Nordafrikas und deren

Zwangsislamisierung, -arabisierung und -türkisierung gut und ermutigen die Regierungen in diesen Ländern, die Unterdrückung der christlichen Restbevölkerung zu intensivieren.

2. Die Reconquista

Unter Reconquista versteht man die Rückeroberung der iberischen Halbinsel durch die christlichen Nachkommen des Westgotenreiches. Wie berichtet landete im Frühjahr 711 Tariq ibn Ziyad mit seinem arabischen Heer in der Region von Gibraltar und besiegte in der Schlacht am Rio Guadalete das Heer von König Roderigo, der dabei den Tod fand. Es gelang ihnen, den größten Teil der iberischen Halbinsel zu unterwerfen.[20] Später folgten Berber aus Marokko, um die muslimische Herrschaft zu verstärken. Die Rückeroberung oder Reconquista dauerte vom 8. bis zum 15. Jahrhundert und verlief in vier Phasen. Dazwischen folgten längere Friedenszeiten, in denen christliche Herrscher sich auch gegenseitig bekämpften, mit muslimischen Regenten Bündnisse schlossen und Handel trieben und die Kulturen und Sprachen sich gegenseitig beeinflussten.[21] In dieser Zeit wurde Jakobus der Ältere zum Schutzheiligen der Spanier, besonders nach dem Sieg in der Schlacht von Clavijo 844. Zentrum des Kultes wurde sein Grab in Santiago de Compostela.

Eine wichtige Rolle spielten bei dieser Rückeroberung die in Spanien und Portugal nach dem Vorbild der Templer gegründeten geistlichen Ritterorden wie z.B. der 1158 gegründete Orden von Calatrava. Sie gewannen rasch Einfluss und Macht, weil ihnen Könige oft einen Teil der zu erobernden Gebiete als Entschädigung für ihren Kampfeinsatz versprachen.[22] Der letzte arabische Herrscher, Muhammad XII. von Granada kapitulierte und übergab am 2. Januar 1492 die Schlüssel der Stadt Granada dem Königspaar Ferdinand II. und Isabella I., genannt „Los Reyes Catolicos". Es war das Jahr, in dem Columbus nach Westen segelte. Während der Reconquista wurden viele Muslime der eroberten Gebiete getötet oder vertrieben. Verschiedene dieser Gebiete mussten wieder bevölkert werden, wozu eigentliche Programme der Repoblacion, der Wiederansiedelung, in Gang gesetzt wurden.[23] Im Laufe des 15. und 16. Jahrhunderts wurden die verbliebenen Muslime (Mauren) und Juden zur Taufe genötigt oder des Landes verwiesen.

3. Der Ansturm der türkischen Osmanen

Während also auf der iberischen Halbinsel die Muslime langsam aber stetig zurückgedrängt wurden, konnte der Vormarsch der muslimischen Türken Richtung Europa zunächst nicht gebremst werden. Vermutlich gedrängt durch die anstürmenden Mongolen wanderten verschiedene türkische Stämme aus dem Osten nach Westen und setzten sich in Kleinasien fest. Einem ihrer Führer, Osman I. gelang es, sein Gebiet zum unabhängigen Staat zu erklären. Er gewann die Oberhand über die benachbarten türkischen Stämme und gründete 1301 das osmanische Reich. Seine Nachfolger erweiterten das Reich nach Osten, nach Nordafrika und Richtung Westen, immer auf Kosten des byzantinischen Reiches. Schon 1356 überschritten sie den Hellespont und, indem sie zunächst Konstantinopel umgingen, eroberten sie 1361 Adrianopel und beschränkten somit das byzantinische Kaiserreich auf die Stadt Konstantinopel und dessen Umgebung. So lösten die osmanischen Türken die Araber als führende islamische Macht ab und stiegen zur Weltmacht auf.[24]

Wo immer sich christliche Heere sich den Osmanen entgegenstellten, wurden diese vernichtend geschlagen. Bekannt ist und als entscheidend gilt die Schlacht auf dem Amselfeld 1386 im Gebiet des heutigen Kosovo, wo unter serbischer Führung auch Bulgaren, Bosnier, Albaner, Polen, Ungaren und Mongolen gegen die Türken eine furchtbare Niederlage erlitten. Schon 1396 folgte die Schlacht bei Nikopolis in Bulgarien, wo das Heer der Christen unter dem ungarischen König Sigismund trotz Verstärkung durch Johanniter wieder vernichtend geschlagen wurde. Jetzt störte nur noch Konstantinopel, das zum Stadtstaat geschrumpfte Byzanz, den ungehinderten Vormarsch des türkischen Islam nach Westeuropa.

Zum erstaunlich raschen Aufstieg der türkischen Muslime zur Weltmacht haben die Janitscharen (yeni tscheri = neue Truppe) entscheidend beigetragen. Im Koran Sure 8, 42 steht: „Wisst, wenn ihr Beute macht, so gehört der fünfte Teil davon Allah und seinem Gesandten…" Daraus leiteten die Türken nicht nur das Recht ab, die unterworfene Bevölkerung auszuplündern, sondern auch den fünften Teil der jungen Männer für ihr eigenes Heer auszuheben.[25] Mit einigen Ausnahmen mussten die christlichen Völker im Balkan sich der sogenannten "Knabenlese" unterwerfen. An einem bestimmten Tag hatten die Väter mit ihren Söhnen an festgelegten Plätzen zu erscheinen. Dann lasen die türkischen Abgesandten unter den 12-16-Jährigen die kräftigsten aus. Diese unterwarf man einer bewusst frustrierenden Erziehung und einer Gehirnwäsche, durch die man sie zu fanatischen und besonders grausamen, zu Fuß kämpfenden Sturmtruppen erzog. Sie wurden von ihrer Vergangenheit getrennt, durften nicht heiraten, hatten also keine Angehörigen. So wurden sie zur gefürchteten, einem Roboter vergleichbaren Kriegsmaschinerie und zum Schrecken des Abendlandes.[26]

In kaum zu überbietender Perfidie wurden also die unterworfenen christlichen Völker nicht nur dazu gezwungen, mit ihren Zusatzsteuern den Luxus des türkischen Hofes und Teile des Heeres zu finanzieren. Sie mussten sogar ihre kräftigsten Söhne abliefern, um ihre eigene Unterdrückung und den Krieg gegen weitere christliche Völker zu ermöglichen. Zudem wuchs in diesen Gebieten die neu angesiedelte muslimische Bevölkerung, während die christliche reduziert wurde. Die Janitscharen waren so erfolgreich, dass später ihre Vertreter auch in der Verwaltung in höchste Positionen aufstiegen, das Heiratsverbot abgeschafft wurde und sie zum Staat im Staat wurden. Schließlich wurden sie zur Plage des Reiches, sodass Sultan Mahmut II. sie blutig vernichten ließ. Aber das geschah erst 1826. In den Kriegen gegen die christlichen Völker auf dem Balkan setzte man sie oft dort ein, wo man in einer Feldschlacht oder bei der Erstürmung einer Festung den entscheidenden Durchbruch suchte.

Europa geriet dennoch nicht unter die Herrschaft des Islam. Die Türken wurden schließlich in entscheidenden militärischen Auseinandersetzungen geschlagen. Später drängte auch das erstarkte Russland ihre Macht im Osten zurück und eroberte die Krim. Schrittweise wurde der Balkan befreit. Die Weltmacht Türkei wandelte sich zum „kranken Mann am Bosporus". Im ersten Weltkrieg verbündete sich die Türkei mit Deutschland gegen die Entente Cordiale und wurde von englischen Truppen besetzt. Das bedeutet: Der Niedergang der islamischen Weltmacht Türkei begann in Westeuropa. Und wir fragen: Wie war diese Wende möglich? Was geschah in der ersten Belagerung von Wien 1529? Warum scheiterten die Türken 1565 auf Malta? Warum verloren sie 1571 in der Seeschlacht bei Lepanto die Vorherrschaft zur See? Und was geschah bei der zweiten Belagerung von Wien 1683? Warum gingen diese Schlachten alle zugunsten der Christen aus?

Doch bevor wir dazu kommen, müssen wir schildern, wie Konstantinopel, dieses Zentrum christlicher Kultur und Macht, 1453 in die Hände der Türken fiel. Dabei zeigt sich beispielhaft, welchen Einfluss die Religion auf den langfristigen Gang der Geschichte ausübt.

4. Der Fall von Konstantinopel 1453 – Schande der Christenheit

Die Belagerung von Konstantinopel begann in den ersten Apriltagen des Jahres 1453. Sultan Murad II. hatte 1422 vergeblich versucht, dieses Zentrum der östlichen Christenheit zu erobern. Der junge Sultan Mehmed II. hatte sich in den Kopf gesetzt, es besser zu machen. Er erschien persönlich mit einer Armee von vermutlich 120 000 Mann vor Konstantinopel; (Geschichtsquellen geben unterschiedliche Zahlen an.) Das Heer bestand außer aus Türken auch aus slavischen, ungarischen, deutschen, italienischen und sogar griechischen Söldnern, [27] die wegen guter Bezahlung und der Aussicht auf große Beute zum Kampf gegen das Zentrum ihres eigenen Glaubens bereit waren. Die Hauptsturmtruppe bildeten 12 000 Janitscharen.[28] Vom Meer her wurde die Stadt durch über hundert türkische Schiffe unterschiedlicher Bauart eingeschlossen. Etwa 4 000 byzantinische Kämpfer verteidigten die Stadt. Dazu kamen auch Männer der venezianischen und genuesischen Handelsniederlassungen, welche nicht flohen, sondern sich solidarisch zeigten. Im Ganzen knapp 7 000 Mann. Die Stadt war östlich von drei Seiten vom Meer umgeben und westlich vom Land her durch eine dreifache Mauer bestens geschützt. Die Türken begannen sofort mit einer andauernden Kanonade, um die Türme und Mauern zum Einsturz zu bringen. Den Verteidigern gelang es längere Zeit, die Schäden in der Mauer in den Nächten notdürftig auszubessern.

Kaiser Konstantin XI. hatte rechtzeitig und eindringlich den Papst, Venedig und Genua um Unterstützung gebeten. Zwei Mal erhielten die Eingeschlossenen tatsächlich auch Hilfe. So gelang es jeweils drei venezianischen und genuesischen Schiffen mit Hilfsgütern, die türkische Seeblockade zu durchbrechen. Da die christlichen Schiffe höher gebaut und die Mannschaften besser bewaffnet und gepanzert waren, konnten sie sich gegen die in Überzahl andrängenden türkischen Schiffe durchsetzen.[29] Aber das war zu wenig und zu spät. Kein Entsatzheer erschien, um die Türken zu vertreiben oder zu schwächen. Nach wochenlangen ständigen Kämpfen und Scharmützeln begann der entscheidende Sturmangriff am Morgen des 29. Mai um ein Uhr dreißig. Zwei Wellen von Angreifern konnten die übermüdeten und ausgehungerten Verteidiger abwehren. Ungefähr um 5:30 Uhr befahl Mehmed II. den Angriff durch die Janitscharen. Diese Elitetruppe aus Söhnen christlicher Eltern musste den Durchbruch erzwingen, und sie schafften es. Es gelang einigen, in die Stadt einzudringen. Darauf brach der Widerstand rasch zusammen. Konstantinopel gehörte den Türken, die nach islamischem Recht drei Tage lang die Stadt plündern durften. Kaiser Konstantin XI. selber war kämpfend gefallen. Gegen Abend des 29. Mai betrat der Sultan, begleitet von Janitscharen, die Stadt und begab sich zur berühmten Kirche Hagia Sophia (Heilige Weisheit). Ein muslimischer Geistlicher stieg auf die Kanzel und sprach das islamische Glaubensbekenntnis: „Allahu Akbar. Es gibt keinen Gott außer Allah."[30]

Als Grund für den Durchbruch wird meist die Riesenkanone angegeben, welche ein gewisser Urban, ein ungarischer Ingenieur speziell für diesen Angriff gebaut hatte. Er hatte 1452, also im Jahr vor der Belagerung, seine Dienste dem Kaiser von Konstantinopel angeboten. Dieser aber wollte oder konnte das verlangte Salär nicht bezahlen und konnte die benötigten Rohstoffe nicht liefern. Darauf bot Urban seine Dienste Sultan Mehmed an, der ihm den vierfachen Lohn bezahlte und jede technische Unterstützung bot. Die Kanone, die schließlich unter enormem Aufwand vor Konstantinopel geschleppt wurde, war etwa 7 Meter lang, die Röhrendicke betrug ca. 16 Zentimeter. Damit konnten Kugeln von bisher ungeahnter Masse verschossen werden, um auch dicke Mauern und Türme zu erschüttern.[31] Diese Kanone richtete sicher grossen Schaden an. Aber sie war nicht allein siegentscheidend.

Abgesehen von der fehlenden Hilfe aus Venedig, Genua und Rom war an diesem historischen Tag vermutlich ein kleines Versehen schlachtentscheidend. Die Verteidiger hatten eine kleine Tür in der Mauer, Kerkaporta, genannt für einen Ausfall benützt. Nach dem Rückzug hatte man offenbar vergessen, sie zu schließen. Einige Türken bemerkten dies und drängten sofort in die Stadt. In der anschließenden Verwirrung gelang es einigen Janitscharen, auf der Mauer die türkische Fahne aufzupflanzen, worauf der Ruf erscholl: „Die Stadt ist erobert."[32] Damit war der Kampfeswille der übermüdeten Truppen gebrochen und das Schicksal der Stadt besiegelt. In den folgenden Monaten fanden viele der griechischen Gelehrten ihren Weg nach Italien. Diese waren wegen ihrer Kenntnisse der altgriechischen Schriften willkommen und förderten die Renaissance. Die westliche Christenheit war über das Ende von Byzanz entsetzt. Langsam dämmerte die Erkenntnis, dass mit dem Fall von Konstantinopel die Idee oder der Traum einer „christianitas", einer weltweiten Einheit und Verbundenheit der Christenheit, endgültig zerbrochen war. Doch das Unheil hatte schon Jahrhunderte vorher begonnen.

5. Die Glaubensspaltung von 1054 und die Katastrophe von 1453

Die Anfänge dieses Unheils müssen wir schon in der Gründung Konstantinopels suchen, denn durch sie entstanden zwei Zentren des römischen Reiches. Damit begannen auch die östliche, griechische und die westliche, lateinische Christenheit sich auseinander zu entwickeln. Im Laufe der Jahrhunderte entfremdeten sie sich immer mehr – eine Entwicklung, die durch die politischen Machtverhältnisse gefördert wurde. Schon im Jahre 800, als Papst Leo III. Karl den Grossen zum Kaiser krönte, waren viele Kleriker in Konstantinopel entsetzt, dass der römische Bischof es wagte, einen Barbarenfürsten zum römischen Kaiser zu krönen, als gäbe es den Kaiser von Byzanz nicht. Die Spannung eskalierte, weil Rom das Bekenntnis zur Dreieinigkeit mit dem sog. „filioque" ergänzte, was übersetzt heißt „und dem Sohn". Die Lehre von der Dreieinigkeit war für alle Christen unbestritten. Aber die Frage war, von wem innerhalb der Dreieinigkeit der Heilige Geist ausging, ob vom Vater allein oder vom Vater und dem Sohn. Rom entschied sich dafür, dass der Geist vom Vater und vom Sohn ausgeht, was im Glaubensbekenntnis mit der lateinischen Formel „filioque" ausgedrückt wurde. Das war und ist bis heute für die östliche orthodoxe Christenheit unannehmbar. Daneben gab es auch andere theologische Streitpunkte.

Die in Konstantinopel residierenden Kaiser waren sich natürlich der immer größer werdenden Gefahr einer Eroberung durch die muslimischen Türken voll bewusst. 1422 konnte die Stadt noch einmal einem türkischen Angriff widerstehen. Aber für Kaiser Johannes VIII. war die nächste Belagerung nur eine Frage der Zeit. Deshalb suchte er allen theologischen Schwierigkeiten und der belastenden Geschichte zum Trotz die Rettung in einem Bündnis mit dem Papst und den westlichen Mächten. So wichtig waren damals theologische Aspekte für politische Entscheide, dass eine theologische Übereinkunft dem Abschluss einer militärischen Zusammenarbeit vorausgehen musste. Auf dem Konzil von Ferrara 1438 versuchte man, das Schisma mit den orthodoxen Kirchen aufzuheben und eine Kirchenunion herzustellen.[33] Das Unternehmen stand jedoch von Anfang unter einem ungünstigen Vorzeichen. Viele der wichtigen östlichen Bischöfe weigerten sich daran teilzunehmen. An der Konferenz stritt man darüber, ob der Papst oder der Patriarch von Konstantinopel den Vorsitz führen solle. Dann gab es bei der Auslegung des Bekenntnisses von Nicäa endlose Diskussionen über die Bedeutung von griechischen Begriffen und deren korrekter lateinischer Übersetzung. Am Schluss wurde, wohl auf Betreiben des Kaisers, die Union beschlossen. Die anwesenden griechischen Bischöfe unterschrieben sie, indem sie gleichzeitig dagegen protestierten und sich über den Druck des Kaisers beschwerten.

Als die Delegation nach Konstantinopel zurückkehrte, wurde sie von der Bevölkerung und der höheren Geistlichkeit mit unverhohlener Feindseligkeit empfangen. Die Patriarchen von Antiochia, Jerusalem und Alexandria lehnten die Union ab und erklärten, sie wären durch die Unterschrift des Patriarchen von Konstantinopel nicht gebunden. In Konstantinopel machte sich eine starke antirömische Stimmung breit. Manche waren sogar der Ansicht, die griechische Identität wäre unter islamischer Herrschaft besser geschützt als durch ein Bündnis mit dem katholischen Rom. Vom byzantinischen Minister Lucas Notaras ist die Bemerkung überliefert: „Besser unter dem Turban des Sultan als unter dem Kardinalshut."[34] Andere waren der Ansicht, es sei besser, mit dem rechten Glauben unterzugehen, als durch ein falsches Bekenntnis im Fegefeuer zu landen. Trotz dieser inneren Widerstände gelang es Kaiser Johannes VIII., bis im Jahr 1448 die Mauern der Stadt für den kommenden Ansturm voll in Stand zu setzen. Doch er konnte die Entwicklung nicht aufhalten und den Untergang von Byzanz nicht verhindern. Er starb 1448, also vor der Katastrophe.

Mit Recht weisen Historiker darauf hin, dass die Verweigerung von militärischer Hilfe durch die westlichen Staaten, vor allem durch Venedig, auch sehr handfeste Gründe hatte. Venedig und Genua waren aus wirtschaftlichen

Gründen schon immer Konkurrenten von Byzanz. Es ging um den einträglichen Handel mit dem fernen Osten.[35] Doch dürfte diese Überlegung für Venedig und alle anderen europäischen Mächte nicht allein ausschlaggebend gewesen sein für die Verweigerung jeder militärischen Unterstützung. Die seit Jahrhunderten gewachsene geistliche Entfremdung, die sich offenbar auf beiden Seiten zu tiefer Abneigung ausgewachsen hatte, bildete einen zweiten, vermutlich tiefer liegenden Grund. Die Bewohner von Konstantinopel hätten im Interesse des eigenen Überlebens alles unternehmen müssen, um die westlichen Mächte für ein Bündnis zu gewinnen. Und die westlichen Staaten hätten wissen müssen, dass der Fall von Byzanz nicht in ihrem Interesse liegen konnte. Denn es brauchte keine besondere politische Weitsicht, um vorauszusehen, dass durch den Fall von Konstantinopel die eigene Bedrohung durch die Türken mit Sicherheit zunehmen würde. So liegt wohl ein guter Teil der Verantwortung für den Untergang von Byzanz bei den Kirchenverantwortlichen. Die mangelnde Bereitschaft vieler Bischöfe auf beiden Seiten erlaubte es nicht, die Gemeinschaft des Glaubens und die Liebe zu den Glaubensbrüdern trotz dogmatischer Unterschiede aufrecht zu halten. Gott ist Liebe (1. Joh. 4,5), und Jesus bezeichnet die Liebe zu Gott und dem Nächsten als „das ganze Gesetz" (Matth. 22,40).

So bestätigt der Untergang von Byzanz zwei herausragende Aspekte unserer Deutung der Geschichte: Wir erkennen einmal die ungeheure Kraft dessen, was ein Volk oder ein Reich glaubt. Der Kult prägt nicht nur die Kultur, er hat auch grossen Einfluss auf die Geschichte der Völker. Während Jahrhunderten hatte man in Byzanz und in Rom eine so tiefgreifende Entfremdung zugelassen und mitgeprägt, dass sie auch angesichts der Katastrophe nicht mehr überbrückt werden konnte. Zum anderen meine ich, die schuldhafte Uneinigkeit der Christenheit angesichts dieser historischen Bedrohung war wohl auch der Grund, weshalb Gott die Eroberung von Konstantinopel nicht durch besondere Fügungen verhindert hat.

6. Die Erste Belagerung von Wien 1529 und das Wetter

Es war im Jahre 1529, – übrigens das Jahr, in welchem Luther und Zwingli sich nicht auf eine gemeinsame Abendmahlslehre einigen konnten und die Reformation sich spaltete – als Sultan Süleyman I., der Prächtige befahl, Wien zu erobern. Die strategische Lage in Europa war für ihn sehr günstig. Ein großer Teil des Heeres des Habsburger Kaisers Karl V. war in Italien in Kämpfen gegen französische Truppen gebunden. Um Karl V. weiter zu schwächen, schloss Süleyman mit dem König Franz I. von Frankreich eine Allianz. Das Reich der Habsburger konnte so in die Zange genommen werden. Während Franz I. 1526 in Italien angriff, marschierte Süleyman nach Ungarn und besiegte die ungarischen Truppen 1526 in der Schlacht von Mohacs.[36] Jetzt versperrte nur noch Wien den Zugang zum westlichen Europa. Also konnte Süleyman es wagen, das Heilige Römische Reich Deutscher Nation anzugreifen und Wien zu erobern. Es war der erste muslimische Griff nach dem „Goldenen Apfel", wie Wien von den Türken genannt wurde. Offensichtlich wollte Süleyman das Risiko eines Misserfolges zum vornherein ausschließen. Deshalb brach er am 10. April mit einer riesigen Streitmacht auf: 80 000 türkische Soldaten, darunter 20 000 Janitscharen; dazu stießen später Hilfstruppen vor allem aus Ungarn. So schwoll die Zahl mit dem Tross auf vermutete mindestens 150 000 an. Man führte 300 leichtere Kanonen mit, da man beim Transport schwerer Geschütze über diese Distanz Verzögerungen befürchtete. 22 000 Kamele und 300 Lastkähne waren für den Transport von Waffen, Munition und Nahrungsmitteln eingesetzt.[37] Der Sultan rechnete damit, dass ihm für die Belagerung mindestens zwei Monate Zeit blieben, bevor der Winter einbrach. So lange würden die Belagerten nicht aushalten. Doch es kam anders. In Ungarn gab es kaum ein richtiges Strassennetz. Vor allem aber fiel ungewöhnlich viel Regen. Verschlammte Wege behinderten den Marsch. Die gewaltige Kolonne von Menschen und Material kam viel zu langsam vorwärts. Immer wieder versanken die schwer beladenen Wagen und Kamele im Schlamm. Die Errichtung von Nachtlagern für die über 150 000 Menschen und der Schutz von Nahrungsmitteln und Schießpulver vor dem Regen wurden zum Albtraum.

Erst nach etwa fünf Monaten, am 23. September tauchten die ersten Truppen vor Wien auf. Sie begannen sofort, das Land zu verwüsten, Dörfer zu verbrennen und unter der Bevölkerung Blutbäder anzurichten, um durch Terror den Widerstand zu brechen. Diese Aufgabe übernahmen die Akindschi, eine osmanische Reitergruppe. Ihr Name bedeutet so viel wie Renner. Sie waren auch als „Renner und Brenner" bekannt. Sie erhielten keinen Sold und finanzierten sich durch Beutezüge und Sklavenhandel.[38] Ein Chronist, und zwar ein türkischer, berichtet: „Dieses schöne Land wurde von den Reitern zerwühlt und mit Rauch gefüllt. ..."In den Zelten und auf den Märkten wurden schöne Gesichter verkauft, und der Beute war kein Ende. Die Familien der Ungläubigen waren verbrannt und verheert ihr ganzes Land."[39] Am 27. September war Wien von den Belagerern ganz eingeschlossen, und der Sultan forderte die Stadt durch eine Delegation zur Kapitulation auf und versprach, die Bevölkerung zu schonen; andernfalls würde die Stadt im Sturm erobert mit den entsprechenden Konsequenzen.

Doch die Stadt beantwortete das Angebot nicht, denn dasselbe hatte Süleyman den Einwohnern der Stadt Ofen versprochen. Dennoch wurden diese während ihres Abzuges aus der Stadt von den Janitscharen niedergemacht. Zwar waren die Befestigungen Wiens nicht besonders gut auf eine Beschießung vorbereitet. Aber Graf Niklas Salm und die Besatzung von 22 000 Fußsoldaten (andere geben 17 000 an) und 2 000 Reitern waren zum Kampf entschlossen, obwohl sie nicht auf rechtzeitigen Entsatz hoffen konnten. Sie waren gut bewaffnet. Die Pikeniere mit ihren fünf Meter langen Lanzen und die Arkebusiere mit ihren Vorderladergewehren waren gefürchtet. Zudem waren die Truppen gut gepanzert. Die Türken besassen nur wenige Feuerwaffen. Der Grosteil des Heeres kämpfte mit Pfeil und Bogen und dem typischen türkischen Krummsäbel. Die Stadtmauern aus dem 13. Jahrhundert waren mit Erdbefestigungen verstärkt und 72 Kanonen in gute Schusspositionen gebracht worden. Dazu hatte Graf Salm alle Gebäude vor den Stadtmauern niederreissen lassen, um freie Schussbahn zu haben und den Angreifern keine Deckung zu geben.

Der Kampf begann am 29. September mit Artilleriebeschuss und einem vergeblichen Sturm der Janitscharen. Da die Artillerie wenig bewirkte, beschloss man türkischerseits, mit Hilfe von unterirdischen Gräben die Stadtmauer an kritischen Stellen mit Minen zu sprengen, um so Breschen zu schlagen. Zunächst misslangen diese Versuche, da es heftig regnete, die Gräben sich mit Wasser füllten und das Schießpulver nass wurde. Doch dann besserte sich das Wetter, und die Belagerer nahmen die Sprengvorbereitungen wieder auf. Die Verteidiger erfuhren davon erst durch einen Gefangenen. Darauf versuchten sie, wie der österreichische Kriegssekretär Peter von Labach berichtet, die Grabgeräusche zu orten, um dann den Angreifern entgegen zu graben.[40] Es kam in den engen Gängen zu dramatischen Nahkämpfen, in denen die Verteidiger die Oberhand behielten, weil sie besser gepanzert waren. Zwei Mal unternahm der 70-jährige Graf Salm einen Ausfall, um den Belagerern klar zu machen, dass sie auf keinen Fall kapitulieren würden, und fügte den Türken schwere Verluste bei. Doch schließlich zeigte der andauernde Beschuss doch Wirkung. Nicht alle Sprengungen konnten verhindert werden, und eine Bresche wurde geschlagen. Doch die mehrmals anstürmenden Janitscharen trafen hinter der Bresche auf eine Mauer von Pikenieren und Arkebusieren und mussten sich mehrmals unter schweren Verlusten zurückziehen. Die Zeit drängte. Bereits machte sich türkischerseits Mangel an Munition und Nahrungsmitteln bemerkbar. Kälte setzte den Belagerern zu. Die Moral der Truppe sank, sodass sogar eine Meuterei drohte. Zudem drohte ein außergewöhnlich früher Wintereinbruch. Eine lange Belagerung kam nicht in Frage, denn der Winter machte erneut viele Strassen in Ungarn unpassierbar.

Sultan Süleyman wollte abziehen. Doch die Janitscharen wollten keine Niederlage zugeben und hofften auf große Beute. So wurde für den 14. Oktober ein letzter Angriff beschlossen. Tatsächlich gelang den türkischen Mineuren beim Kärntnertor eine riesige Sprengung. Aber, – und da sind sich die Berichterstatter einig, – der Schutt der Mauer fiel nicht in die Stadt, was den Angreifern ein Eindringen erleichtert und die Verteidiger in eine sehr schwierige Lage versetzt hätte. Der Schutt fiel nach aussen. Die Mine war wohl ein wenig zu weit unter die Mauer vorgetrieben worden. Die Angreifer mussten also zuerst diesen Schutthaufen mühsam ersteigen. Dabei konnten die Verteidiger sie von den Seiten unter Beschuss nehmen. In der Bresche standen die Arkebusiere, also vom Schutthaufen gesehen, niedriger. Wenn es nun Janitscharen gelang, trotz des Beschusses von den Seiten auf die Höhe des Schutthaufens zu klettern, so hoben sich ihre Silhouetten gegen den Himmel ab und boten den Arkebusieren ein ideales Ziel. Auf beiden Seiten gab es viele Tote, aber am Abend war die Stadt nicht eingenommen. Am nächsten Tag, dem 15. Oktober, begann es zu schneien, und die Türken zogen ab. Ihre Verluste betrugen etwa 20 000 Tote, darunter viele Janitscharen. Auch die Besatzung von Wien hatte schwer gelitten. Ihre Zahl war durch die Gefallenen, Verletzten und Kranken auf wenige Tausend einsatzfähige Kämpfer geschmolzen. Auf ihrem Rückweg nahmen die osmanischen Akindschi furchtbare Rache an der Bevölkerung der Umgegend von Wien, die weitgehend entvölkert wurde. Peter Stern von Labach berichtet dazu: „Die Weiber und Kind sind zu mehrerem Teil in der Türken Hand gekommen und so tyrannisch und erbärmlich behandelt worden, dass es nicht zu beschreiben ist."[41] Graf Niklas Salm starb wenige Wochen später an den Folgen einer Verwundung. Die Belagerung von Wien dauerte drei entsetzliche Wochen. Aber danach war Wien gerettet. Der Weg nach Europa blieb den türkischen Muslimen versperrt.

Die Verteidiger von Wien haben mit Todesmut und Gottvertrauen gekämpft und mit ihrem Opfer den unbedingt nötigen Beitrag zur Rettung der Stadt geleistet. Aber offensichtlich kamen vier besondere Umstände den Belagerten zu Hilfe:

1. Die von Süleyman aufgebotene Armee war viel zu groß. Für eine wirkungsvolle Umschließung von Wien hätten 50 000 Mann vollauf genügt. Ein Heer von über 150 000 Mann mit dem dazu gehörigen Tross und der notwendigen Versorgung für Mannschaften und Tiere kommt auch unter guten Wegbedingungen nur sehr langsam vorwärts. Ein kleineres Heer wäre trotz der aufgeweichten Strassen in Ungarn früher in Wien angekommen. Wenige Tage, vielleicht ein einziger hätte genügt, und die Stadt wäre gefallen.

2. Normalerweise sind die Sommer in Ungarn ausgesprochen heiß und trocken. Süleyman konnte damit rechnen, dass seine Armee Ende Juni vor Wien ankommen würde, was bis zum Wintereinbruch genügend Zeit für eine Belagerung ergeben würde. Einer langen Belagerung hätten auch die tapfersten Verteidiger nicht widerstehen können. Aber in diesem Sommer regnete es ungewöhnlich häufig, und der Anmarsch dauerte bis Mitte September.

3. In diesem Jahr setzte der Winter mit Schneefall im Oktober ungewöhnlich früh ein und ließ eine Verlängerung der Belagerung nicht zu.

4. Trotz dieser besonderen Umstände wäre die Eroberung der Stadt mit großer Wahrscheinlichkeit gelungen, wenn die türkischen Mineure sich nicht um wenige Meter verrechnet hätten und die Mauer bei der Sprengung des Kärntner Tores nach innen gefallen wäre. Dann hätten die Verteidiger kaum dem Ansturm der Janitscharen standhalten können. Der Sieg wäre den Türken am letzten Tag doch noch zugefallen.

Ist es nicht merkwürdig, dass alle vier Umstände, die zur Rettung Wiens nötig waren, tatsächlich eintrafen, und dass alle vier sich in der genau richtigen Reihenfolge abspielten und so die Eroberung von Wien trotz einer überwältigenden türkischen Übermacht verhinderten? Wer Gott leugnet, muss diese vier genau auf einander abgestimmten Umstände durch Zufall erklären. Es ist einfacher und plausibler, in dieser Reihe besonderer Umstände Gottes Wirken zu sehen. Er hat seine schützende Hand über Wien und Europa gehalten.

7. Warum die Türken Malta 1565 nicht erobern konnten

Nach der gescheiterten Belagerung von Wien wollte Sultan Süleyman I. einen Erfolg vorweisen, seinen Herrschaftsbereich im Mittelmeer ausdehnen und sichern. Dazu dienten Überfälle auf ungeschützte Küstenregionen, deren Städte geplündert und deren Bevölkerung versklavt wurden. So überfielen die Osmanen 1542 die katalanische Küste, 1543 Nizza, 1544 die italienische Küste. Süleymans Vorherrschaft im Mittelmeer stand Malta im Wege. Diese kleine Insel auf halbem Weg zwischen Spanien und dem Orient und zwischen Italien und Nordafrika verfügt über einen ausgezeichneten natürlichen Hafen. Er wird von zwei Landzungen gebildet, zwischen denen Schiffe einen grossen und gut geschützten Ankerplatz finden. Darum war Malta noch im Zweiten Weltkrieg ein wichtiger Stützpunkt im der englischen Kriegsführung. Wer Malta beherrschte, war Herr im Mittelmeer.

Kaiser Karl V. hatte Malta 1530 dem Johanniterorden zum Besitz gegeben, nachdem der Orden 1523 durch Sultan Süleyman I. aus Rhodos vertrieben worden war. (Nach der Abspaltung der protestantischen Johanniter bürgerte sich später für den katholischen Teil der neue Name Malteser ein.) Nachdem

1551 der Orden Tripolis auf dem afrikanischen Festland an die Osmanen verloren hatte, zitterte Malta vor Süleyman. Es war nur eine Frage der Zeit, wann er versuchen würde, die Insel zu erobern. Dieser Herausforderung stellte sich der Großsmeister des Ordens Jean Parisot de la Vallette. Er war 1494 in der Provence geboren und verwandt mit den Grafen von Toulouse, wird als ruhig und besonnen beschrieben und sprach neben Französisch auch Italienisch, Spanisch, Griechisch, Türkisch und Arabisch. Die beiden letzten Sprachen hatte er als Sklave auf einer Galeere gelernt, von wo er nach einem Jahr durch einen Gefangenenaustausch frei kam. Er war in jungen Jahren in den Orden eingetreten und 1558 zum Großsmeister gewählt worden. Darauf hatte er sofort begonnen, den Hafen von Malta zu befestigen. Er war mithin 70-jährig, als die Belagerung begann.[42]

Für die Eroberung von Malta hatte Sultan Süleyman sorgfältige Vorbereitungen getroffen. Als Fischer getarnte christliche Spione hatten den Hafen, die Befestigungen und die Positionen der Kanonen von Malta ausgespäht. Sie berichteten, Malta könne in wenigen Tagen genommen werden.[43] Der Sultan erklärte schließlich: „Diese Hundesöhne (nämlich die Johanniter), die ich schon einmal besiegt habe und die ich nur durch meine Milde 43 Jahre früher in Rhodos geschont habe – jetzt sage ich, wegen ihrer ständigen Angriffe und Beleidigungen werden sie schließlich zermalmt und vernichtet." Die osmanische Flotte stand unter dem Befehl von Großadmiral Piale Pascha und umfasste mehr als 200 Schiffe. Das Heer von 40 000 Mann stand unter dem Befehl von Mustafa Pascha, der in vielen Kriegen seine Tüchtigkeit bewiesen hatte. Der Sultan hatte Piali Pascha und Mustafa Pascha angewiesen, dass der als Pirat und Versklaver von sizilianischen Städten[44] gefürchtete bekannte Dragut (auch Turgut genannt) aus Tripolis als Oberbefehlshaber der ganzen Operation zu betrachten sei. Dragut war es auch gewesen, der die Malteser aus Tripolis[45] vertrieben hatte. Für die Verteidigung verfügte de la Vallette über 750 Ordensritter, 8000 maltesische Soldaten und 600 spanische Söldner.[46] Letztere landeten zwar erst nach Beginn der Kämpfe, konnten aber dennoch unbehelligt bis in die Festung gelangen. Die osmanische Flotte lief am 1. April von Konstantinopel aus und wurde am 18. Mai vor Malta gesichtet. Am 2. Juni traf Dragut von Tripolis mit einem kleinen Geschwader ein. Er starb während der Belagerung an einer Verwundung. Das Fehlen eines Oberbefehlshabers sollte sich als folgenschwer erweisen.

Die Kämpfe tobten fast ausschließlich um die Herrschaft über den Hafen. Der befestigte Teil des Grossen Hafens an der nordöstlichen Küste der Insel umfasste die parallel verlaufenden Landzungen, nämlich die westliche Senglea und die östliche Birgu. Deren Enden waren durch eine große Kette miteinander verbunden, um gegnerischen Schiffen den Zugang zu verwehren. Zwischen den beiden Landzungen, an der Südseite des Grossen Hafens, wurde eine provisorische Brücke errichtet, während in den niedrigen Gewässern westlich Sengleas eine Palisade aus spitzen Holzpfählen die Landung feindlicher Truppen verhindern sollte. An der Spitze Birgus befand sich die große alte Festung St. Angelo, das Hauptquartier der Ordensritter, während sich an der Basis der Landzunge Senglea das Fort St. Michael erhob. Nordöstlich des Hafens, auf der Landspitze des Monte Sciberras, befand sich das als Vorposten erbaute Fort St. Elmo, das vor allem die Einfahrt in den Grossen Hafen sichern sollte.[47]

Auf beiden Seiten wurde mit letzter Entschlossenheit gekämpft. Mustafa war es gewöhnt zu siegen und wusste, dass eine Niederlage ihm den Kopf kosten konnte. Die Janitscharen im türkischen Heer waren bekanntlich eine bedingungslos zum Sieg entschlossene Elitetruppe. Der Großmeister der Johanniter seinerseits und mit ihm alle Verteidiger wussten, dass der Augenblick gekommen war, für den Glauben zu kämpfen bis zum Sieg oder Tod. De la Vallette gab von Anfang klaren Kurs: Es werden keine Gefangenen gemacht. Während der Belagerung und Bestürmung der Festung St. Elmo wurden auf beiden Seiten auch Feuergranaten verwendet, die eine brennende Flüssigkeit enthielten. Oft mussten die Verteidiger von St. Elmo ihre Rüstung kühlen, indem sie diese in Wasserfässer tauchten. Von den 1 500 Verteidigern fielen nur 9 lebend in die Hände der Türken. Den sterbenden Christen hatten zwei Priester die Sakramente gereicht.[48] Mustafa Pascha ließ die Überlebenden köpfen und kreuzigen und übergab die Leichen dem Meer so, dass die Strömung sie ans Ufer der Verteidiger schwemmte, um diese zu demoralisieren. Als Antwort ließ der Großmeister türkische Gefangene enthaupten und ihre Köpfe mit Kanonen ins Lager der Türken schiessen. Da sich die Belagerung länger hinzog, als Mustafa gerechnet hatte, hoffte er, die Johanniter wären vielleicht bereit aufzugeben, wenn er ihnen ehrenvollen Abzug zusichern würde wie seinerzeit in Rhodos. De la Vallette ließ ihm[49] ausrichten, das einzige Land, das er ihm preisgeben werde, sei der Graben vor der Mauer.

Als immer deutlicher wurde, dass das dringend erbetene und in Aussicht gestellte Entsatzheer nicht rechtzeitig eintreffen würde und die Verteidiger sich verraten fühlten, wandte sich der Großmeister an einer der allabendlichen Sitzungen an den Sacro Consiglio[50] mit den Worten: „Ich will euch, meine Brüder, ganz offen sagen, dass es vergeblich ist, auf etwas zu hoffen außer auf die Hilfe des Allmächtigen Gottes – die einzige wahre Hilfe. Er, der bis jetzt nach uns geschaut hat, wird uns nicht verlassen, noch wird er uns in die Hände der Feinde des heiligen Glaubens übergeben." Als es schließlich aus Sicht der Eingeschlossenen feststand, dass ihr Ende bald bevorstand, ließ de la Vallette die Schiffe,[51] welche ihnen vielleicht eine Flucht ermöglicht hätten, verbrennen.

Die Belagerung wurde von Zeitzeugen als die größte der Geschichte bezeichnet.[52] Sie dauerte vom 18. Mai 1556 bis zum 8. Oktober, also fast vier Monate. Um die Mauern zum Einsturz zu bringen hatten die Türken 70 Kanonen herbeigeschafft. Sie verschossen Kugeln zwischen 60 und 80 kg. Die manchmal mehrere Tage andauernden Kanonaden konnte man bis in das 200 km entfernte Catania auf Sizilien hören. Im Ganzen sollen 70 000 Schuss abgefeuert worden sein. Bei einem Durchschnittsgewicht von 70 kg sind das 4 700 Tonnen, die per Schiff herangeschafft werden mussten, ganz abgesehen vom übrigen benötigten Nachschub, denn die Insel war nicht im Stande, die 40 000 Mann und ihre Pferde zu ernähren. Verschiedentlich fanden an einem Tag bis zu fünf Sturmangriffe statt. Immer wieder gelang es den Angreifern, die Mauern mit Leitern zu erklettern, und es kam zu Nahkämpfen Mann gegen Mann. Frauen und Kinder halfen mit Steinen und heißem Wasser, die Sturmtruppen zurückzuwerfen. Einmal hatten türkischen Ingenieure eine große Röhre mit Sprengstoff gefüllt und so zur Riesengranate gemacht. Es gelang ihnen, das Ungetüm über eine Welle in die Verteidigungslinien hinein zu rollen. Aber die Zündung war langsam. Die Verteidiger rollten die Mine zurück, wo sie genau unter den auf den Angriff wartenden Türken explodierte. Unter dem Dauerbeschuss stürzten Mauerteile ein, die nicht mehr repariert werden konnten. Schließlich gab es in Birgu kaum mehr ein Haus, das nicht zerstört oder doch beschädigt war. Aber immer wieder, oft mit letztem Einsatz, gelang es, die Angreifer zurück zu werfen. Einmal konnte de la Vallette die Lage nur noch retten, indem er selber, obwohl verwundet, an die Stelle rannte, wo der Durchbruch drohte.

Unter den vielen dramatischen Begebenheiten, bei denen immer wieder von Kühnheit und todesmutigem Kampfeswillen zu berichten wäre, sind zwei Ereignisse besonders zu erwähnen. Am 7. August geschah das Unglaubliche: Nach einem Bombardement von fünf Tagen setzten die Janitscharen zum entscheidenden Sturmangriff auf die südwestliche Festung Senglea an und hatten Erfolg. De la Vallette musste von der Festung St. Angelo auf der nordöstlichen Landzunge Birgu aus ohnmächtig zuschauen, wie die Janitscharen über die zerstörten Mauern stiegen und von den wenigen noch vorhandenen Ordenskämpfern nicht mehr aufgehalten werden konnten. Offenbar war jetzt das lange befürchtete Ende gekommen.[53] Denn wenn Senglea fiel, konnten die anderen Festungen nicht gehalten werden. Doch in dem Augenblick, wo der Sieg den Janitscharen schon sicher war, ertönte plötzlich das Signal zum Rückzug. Mit ungläubigem Staunen beobachtete de la Vallette, wie die Janitscharen das gewonnene Gelände aufgaben und offensichtlich konsterniert umkehrten. Was war geschehen? Mustafa Pascha hatte die Meldung erhalten, dass das Hauptlager angegriffen, viele Verwundete und Pferde getötet und Zelte verbrannt worden seien. Mustafa hatte gefürchtet, das Entsatzheer sei eingetroffen und befahl den Rückzug, um sich ihm entgegen zu stellen. Es stellte sich dann heraus, dass die Besatzung von Mdina, der Hauptstadt Maltas, mit Reitern einen Ausfall gemacht hatten. Als diese sahen, dass das türkische Lager nur von wenigen Wachen geschützt war, richteten sie so viel Schaden an wie möglich und zogen sich zurück. Am Abend tobte Mustafa vor Wut, denn eine kleine Gruppe kühner Reiter und seine Fehleinschätzung der Lage hatten ihn den sicheren Sieg gekostet.

Das zweite Ereignis ist der „Bluff von Mdina". Da sich die Belagerung immer weiter hinzog und man an den Winter mit seinen heftigen Stürmen denken musste, wollte Mustafa in Malta überwintern. Admiral Piali dagegen wollte auf keinen Fall mit seiner Flotte in Malta bleiben. Er fürchtete, die stürmische See könnte den Schiffen Schaden antun, berief sich auf seine Verantwortung für die Flotte und machte klar, dass er vor den Winterstürmen nach Konstantinopel zurückkehren werde. Also beschloss Mustafa, die Hauptstadt Mdina einzunehmen, um für seine Kämpfer ein angenehmes Winterquartier zu beschaffen, und zog mit einer Truppe vor die Stadt.[54] Diese liegt auf einer leichten Anhöhe, war sehr gut befestigt, wie ein Besucher noch heute feststellen kann, verfügte jedoch nur über eine schwache

Besatzung und über wenig Munition. Auch eine kürzere Belagerung hätte sie nicht überstanden. Der Kommandant von Mdina beschloss angesichts der herannahenden türkischen Truppen, alles auf eine Karte zu setzen und Mustafa zu täuschen. Er befahl alle verfügbaren Männer und Frauen auf die Stadtmauern, wo sie Uniformen und Waffen erhielten und sich so auf den Zinnen aufstellten, dass man sie von weitem sah. Als Mustafa sich mit seiner Truppe näherte, wurde er von pausenlosen Salven aus Kanonen und Gewehren empfangen. Beides war ziemlich wirkungslos. Aber jetzt vermutete Mustafa, dass die Stadt ein ebenso harter Brocken sei wie die Festungen Birgu und Senglea. Er zog ab, ohne einen ernsthaften Angriff zu versuchen, während man in der Kathedrale einen Dankgottesdienst feierte.

Die Frage einer Überwinterung stellte sich bald nicht mehr. Am 7. Oktober kam die Meldung, dass im Norden ein Entsatzheer gelandet sei. Tatsächlich war endlich die versprochene Hilfe von Sizilien her eingetroffen. Zwar waren es nur 8 000 statt der ursprünglich versprochenen 20 000 Mann. Aber die türkischen Truppen hatten enorme Verluste erlitten, waren erschöpft, Nahrung und Munition waren knapp geworden, da der Nachschub oft durch christliche Kriegsschiffe unterbrochen wurde. Viele Türken litten an der Ruhr und waren nicht einsatzfähig. Deshalb befahl Mustafa, als er von der Landung eines Entsatzheeres erfuhr, sofort den Abzug. Nachdem seine Truppen schon verschifft waren, erkannte er, dass das Heer der Christen wesentlich kleiner war, als er angenommen hatte. Jetzt befahl Mustafa, umgehend wieder zu landen und den Feind anzugreifen. Aber die neu Angekommenen stürzten sich mit solcher Wut auf die müden und entmutigten Türken, dass diese bald geschlagen waren, die Schiffe bestiegen und endgültig die Anker lichteten.

Einer der dramatischsten Kämpfe der Geschichte überhaupt fand damit sein Ende. Die Verteidiger, welche die abziehenden Schiffe beobachteten, begriffen nur langsam, dass sie nach vier Monaten Kampf, Erschöpfung und Tod dennoch gesiegt hatten und Malta nicht an die Muslime verloren war. Das Unmögliche war geschehen. Die Worte von de la Vallette, dass nur Gott ihre Hilfe sei, hatten sich bewahrheitet. Allerdings mischte sich in die kaum zu fassende Freude die große Trauer um die Toten. Von den ungefähr 10 000 Mann Besatzung waren 8 000 getötet und 1 300 verwundet worden. An kampffähigen Soldaten blieben am Schluss noch etwa 600! Es war keine siegreiche Armee, welche jetzt ihren Triumph feierte, sondern eine Schar von Überlebenden, die davon gekommen waren, in den Ruinen ihre Toten suchten und mit den verbliebenen Kräften begannen, die Trümmer aufzuräumen. In vielen Hauptstädten Europas fanden Dankgottesdienste statt. Malta wurde zum „Bollwerk des Glaubens" und de la Vallette zur Legende. An Stelle der Festung St. Angelo erhebt sich heute die bekannte Stadt La Valletta. Die Türken ihrerseits hatten von den 40 000 herangeführten Kämpfern 24 000 an Toten verloren, (die Angaben über diese Zahlen schwanken)[55] etwa 10 000 waren krank oder verwundet und 1 000 von den Maltesern gefangen genommen.

Für uns stellt sich jetzt die entscheidende Frage: Kann man aus dem Ablauf der Ereignisse darauf schließen, dass Gott die Geschichte lenkt und dass er das christliche Europa vor einem weiteren Vordringen des Islam schützte? Sicher ist, dass die türkische Vormachtstellung im Mittelmeer durch die Niederlage auf Malta empfindlich geschwächt und eine weitere Ausdehnung des Osmanen Reiches Richtung Westen definitiv verhindert wurden. Der Nimbus von der türkischen Unbesiegbarkeit war durch eine verhältnismäßig kleine Truppe von Ordensrittern und todesmutigen Soldaten zerstört worden. Dieses Resultat wäre trotz des beispiellosen Einsatzes der Verteidiger nicht zu Stande gekommen, wenn nicht einige besondere Umstände eingetroffen wären, die nicht in der Verfügungsgewalt der Malteser lagen.

1. Mit Jean Parisot de la Vallette als Großmeister stand dem Orden eine Ausnahmepersönlichkeit vor, der wie kein anderer für diese Verteidigung geeignet und vorbereitet war. Er war die richtige Persönlichkeit zur richtigen Zeit am richtigen Ort. Er nahm sein Gelübde so ernst, dass er nach seinem Eintritt in den Orden seine Familie nie mehr besuchte. Er hatte 1523 miterlebt, wie die Johanniter auf Rhodos unter dem Druck der türkischen Übermacht den freien Abzug gewählt und die Insel den Muslimen überlassen hatten. Dann geriet de la Vallette in Gefangenschaft und erfuhr, wie es den christlichen Galeerensklaven unter türkischem Kommando erging.

2. De la Vallette besass trotz seiner 70 Jahre und einer leichten Verwundung immer die physische und geistige Kraft, als Feldherr die richtigen Entscheidungen zu treffen. Mit schier übermenschlichen inneren Kräfte

gelang es ihm auch in den kritischsten Augenblicken, in denen die Weiterführung des Kampfes einzig von seiner Haltung abhing, der ganzen Besatzung und der maltesischen Bevölkerung klare Führung zu geben.

3. Während La Vallette in allen Kämpfen überlebte, war der Seeräuber Dragut, der von Sultan Süleyman mit dem Oberbefehl betraut worden war, schon zu Beginn der Kämpfe an einer Verletzung gestorben. Für diesen Fall hatte Süleyman nicht vorgesorgt. Je länger der Kampf dauerte, desto deutlicher wurden die Rivalitäten zwischen dem Heerführer Mustafa Pascha und Admiral Piali Pascha, was sich auf die Moral der Truppe entsprechend auswirkte.

4. Der unerwartete Rückzug der Janitscharen aus der schon fast eroberten Festung Senglea am 7. August ist ein Umstand, der unmöglich mit Zufall erklärt werden kann. Das absolut Besondere besteht im Zeitpunkt des Überfalls durch die Reiterei aus Mdina. Denn die Kavallerie von Mdina unternahm öfters Überfälle, um den Nachschub der Türken zu stören, doch immer so, dass sie sich bei Gefahr rasch in die Stadt zurückziehen konnten. Für ein Gefecht mit einer türkischen Abteilung wären sie zu schwach gewesen. In Mdina hörte man während all den Wochen die Kanonaden, man wusste von den blutigen Kämpfen und wagte doch nicht einzugreifen. Aber ausgerechnet am 7. August, und nur an diesem Tag, näherte sich diese Kavallerie dem türkischen Basislager so weit, dass sie aus der Distanz dessen geringen Schutz erkennen und den mörderischen Angriff wagen konnten, der Mustafa bewog, den siegreichen Janitscharen den Rückzug zu befehlen. D. h. die Kavallerie aus Mdina griff die Türken an, ohne von der sich gerade anbahnenden Niederlage der Verteidiger zu wissen. Und die Nachricht vom vermeintlichen Entsatzheer erreichte Mustafa genau in den Minuten, als die Janitscharen den Sieg in Griffnähe hatten. Wäre die Nachricht eine halbe Stunde später gekommen, so hätten die Türken die Festung besetzt, und niemand hätte sie vertreiben können. Damit wäre aber die ganze Verteidigung zusammengebrochen. Sollte dieses auf die Minute genaue Eintreffen der Nachricht im alles entschieden Augenblick wirklich nur ein Zufall gewesen sein?

5. Wäre Mustafa nicht auf den „Bluff von Mdina" hereingefallen, dann hätte er seinen Plan zur Überwinterung leicht ausführen und im Frühjahr mit neuen Kräften jeden Widerstand brechen können. Auch das Entsatzheer

Im Ferienort Pompeji feierten reiche Römer ausgelassene Feste, bedient von Sklaven und Sklavinnen. Trotz der blutigen Verfolgungen waren die Errungenschaften des Römischen Reiches (einmalige Verkehrswege zu Wasser und zu Land, Griechisch als Umgangssprache) der Ausbreitung des Christentums sehr förderlich.

Fresko aus Pompeji, ein Bankett oder eine Familienzeremonie, Museo Archeologico Nazionale (Neapel), 79 n. Chr.
Quelle: Wikipedia/Theodore H. Feder

Mit 360 Metern Länge und einer Höhe von 50 Metern ist der Pont du Gard das höchste Aquädukt der antiken Welt und wurde von den Römern Mitte des 1. Jh. n. Chr. in nur 5 Jahren erbaut! Die Einwohner von Nimes wurden so über 500 Jahre lang mit frischem Wasser versorgt. Die technischen Leistungen Roms sind für die damalige Zeit einmalig. Sie waren Teil von Roms weit überlegener Kultur und weckten den Neid aller umliegenden Völker.

Gemälde von Hubert Robert (1722-1808), Pont du Gard, 1787, Museum Louvre, Paris, Quelle: Wikipedia

Das von Konstantin dem Großen im Jahre 330 gegründete Konstantinopel löste Rom als Macht-
zentrum des Römischen Reiches ab. Im Osten von drei Seiten durch das Meer und im Westen durch
die dreifache, sogenannte theodosianische Mauer geschützt, war diese Stadt fast 1000 Jahre
lang uneinnehmbar und zwang die Wandervölker nach Westeuropa.

Wichtige frühe Karte, Vogelperspektive von Istanbul, aus der Städtesammlung von Braun & Hogenberg.
1572 Byzanz Nunc Constantinopolis - Georg Braun (1541-1622) und Frans Hogenberg (1535-90)

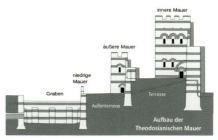

Quelle: Wikipedia/Glz19

Das Bild zeigt die drei Stände des Mittelalters, die Geistlichkeit, den Adel, dann Bürger und Bauern, alle durch den Glauben in friedlicher Harmonie vereint. Blumen symbolisieren Lebensfreude und Offenheit für die Wunder der Schöpfung.

Mittelalterliche Darstellung traditioneller sozialer Schichten des Abendlandes im 15. Jahrhundert, entworfen im Auftrag der Kirche, Buchmalerei, 1. Hälfte des 15. Jahrhunderts. Europa und die Welt um 1500. Quelle: Wikipedia

Das Mittelalter war weder finster noch rückständig. Anders als in den meisten damaligen Kulturen kamen Frauen oft zu Ansehen, Reichtum und Macht als Königinnen, Regentinnen, Geschäftsfrauen oder in seltenen Fällen als Fürstäbtissinnen.

Exponat der Essener Domschatzkammer. Detail eines Tafelbildes von Bartolomäus von Bruyn d. Ä., Portrait Margaretha von Beichlingen; ab 1525, Fürstäbtissin von Essen. Quelle: Wikipedia/Elke Wetzig

Im Mittelalter wurden die Grundlagen der heutigen Naturforschung erarbeitet. Führend waren Klöster mit ihren Schulen, forschenden Mönchen und Bischöfen. Die Stiftsbibliothek St. Gallen, gegründet 719, beherbergt u. a. 2100 Handschriften und 2100 Inkunabeln, Frühdrucke vor 1500.

*König Otto der Große brachte 955 den Ungarn
auf dem Lechfeld eine vernichtende Niederlage bei.
Dank überlegener Panzerung und Befestigung der
Städte gelang die Abwehr der marodierenden
ungarischen Reiterheere, der Überfälle der
Wikinger und der Mongolen.*

Eine Illustration in Sigmund Meisterlins Kodex über
die Geschichte von Nürnberg, 1457.

*Bewaffnung von König Sigismund Augustus II
(1520 – 72) von Polen.*
The Royal Armoury, Stockholm

Mit Marin Luther, – im Bild bei seiner Verteidigung vor dem Reichstag in Worms am 17. April 1521 – Huldrych Zwingli, Zürich und Johannes Calvin, Genf, begann die Reformation mit weltweiten Folgen für die westliche Christenheit, Gesellschaft und Politik. Sie war ein entscheidender Durchbruch in Richtung Freiheit.

Luther vor dem Reichstag in Worms 1877, Anton Alexander von Werner (1843–1915), Staatsgalerie Stuttgart. Öl auf Leinwand. Wikipedia

Der Westfälische Friede von 1648 beendete den 30jährigen Krieg um das wahre Bekenntnis und um politische Macht in Europa. Man anerkannte neu neben der katholischen auch eine lutherische und eine reformierte Wahrheit. Der Vertrag gilt vielen auch als der Beginn des Völkerrechts.

Westfälischer Friede in Münster, die Ratifizierung des Vertrags am 15. Mai 1648, Gerard ter Borch (1617–1681), Rijksmuseum in Amsterdam, Öl auf Leinwand. Wikipedia

Im Vordergrund das christliche Entsatzheer unter Johann III. Sobieski, König von Polen, im Hintergrund das belagerte Wien 1683. Die Schlacht um Wien am Kahlenberg mit dem Sieg der zahlenmässig weit unterlegenen Christen verstanden beide Seiten als einen Kampf der Religionen und Kulturen, Islam gegen Christentum.

Zweite Wiener Türkenbelagerung, Kampf um Wien 1683, Frans Geffels 1625 – 1694, Wiener Museum am Kahlenberg.
Wikipedia/Badisches Landesmuseum

Am 11. November 1620 erreichten 102 puritanische (streng reformierte) Flüchtlinge aus Nordengland – später Pil-gerväter genannt – die neue Welt. Ihr Traum von einem Staat mit völliger Religionsfreiheit begeisterte die Neusiedler und war ein entscheidender Anstoß zum Kampf um Unabhängigkeit.

„Mayflower in Plymouth Harbor", von William Halsall, 1882 im Pilgrim Hall Museum, Plymouth, Massachusetts, USA; Wikipedia

Der Unabhängigkeitserklärung der 13 englischen Kolonien vom 4. Juli 1776 folgte ein verlustreicher Krieg gegen die gut gerüsteten Truppen des Mutterlandes. Doch schließlich siegten Unabhängigkeit, Freiheit und Demokratie.

John Trumbulls Gemälde „Die Unabhängigkeitserklärung", zeigt das fünfköpfige Verfasser-Komitee der Unabhängigkeitserklärung, das seine Arbeit dem Kongress vorstellt. Das Gemälde befindet sich auf der Rückseite des 2-Dollar-Scheins. Das Original hängt in der Rotunde des US-Kapitols.
Quelle: Wikipedia

Die Französische Revolution war ein Aufstand im Namen der Vernunft gegen das Königtum und gegen das Christentum. Nach dem Terror im eigenen Land folgten Kaiser Napoleon und seine Kriege, die sich bis nach Moskau erstreckten.

Hinrichtung von König Ludwig XVI. durch die Guillotine, Kupferstich aus dem Jahr 1783; Quelle: Wikipedia

Vorkämpfer der Abschaffung der Sklaverei waren neben Quäkern und Methodisten der evangelische Abgeordnete William Wilberforce und der anglikanische Priester John Newton. 1807 stellte das englische Parlament den Sklavenhandel gleich mit Piraterie.

Proklamation der Abschaffung der Sklaverei in den französischen Kolonien am 27. April 1842; Gemälde von Francois Auguste Biard, (1799 – 1882), Palast von Versailles. Quelle: Wikipedia/assemblee-nationale.fr

René Descartes (1596-1650) – der Weichensteller
Gemälde von Frans Hals, 1582-1666, Louvre Paris,
Jean Jacques Rousseau (1712–1778) – der Verführer
Pastellzeichnung von Maurice Quentin de La Tour, Musée Antoine-Lécuyer Saint-Quentin
Immanuel Kant (1724-1804) – der Pseudoretter des Glaubens
Gemälde aus dem 18. Jh., Künstler und Ort unbekannt
Charles Darwin (1809-1882) – Wissenschaft gegen Schöpfung
Gemälde von John Collier 1881, National Portrait Gallery, London
Karl Marx (1818-1883) – Anstifter zum Massenmord
Gemälde von John Jabez Edwin Mayall 1920, Ort unbekannt
Friedrich Wilhelm Nietzsche (1844-1900) – „Wir haben Gott getötet!"
Gemälde von Edvard Munch 1906, Thielska Galleriet Stockholm
Die fehlgeleitete Vernunft leugnet die Offenbarung Gottes in der Bibel.
Alle Gemälde gemeinfrei aus Wikipedia

Pieter Bruegel lässt den Turm von Babel nach vorne offen. Ähnlich fehlen in der Metalldekoration beim Turm des Europaparlaments in Strassburg Teile. Sollte das nur Zufall sein?

Turmbau zu Babel (Wiener Version), Pieter Bruegel der Ältere, 1563, Öl auf Eichenholz, Kunsthistorisches Museum Wien; Wikipedia

Quelle: Europäisches Parlament" oder „© Europäische Union, [2013] – EP

hätte daran nichts geändert, denn die 8 000 Kämpfer hätten unmöglich Mustafa aus der Stadt vertreiben können. Warum nur ließ sich der kriegserfahrene Heerführer narren, ohne es auf eine Belagerung von einigen Tagen ankommen zu lassen, zumal er doch auf keinen Fall abziehen wollte? Eigentlich hätte Mustafa die Täuschung durchschauen müssen. Denn, wenn in Mdina wirklich so viele Truppen und so große Vorräte an Munition vorhanden gewesen wären, wie die Kanonade vortäuschte, dann hätten sie mit einem Angriff auf das türkische Lager nicht so lange gewartet. Und sie hätten sich nicht so rasch zurückgezogen. Mustafas Entscheidung, Mdina nicht einzunehmen, war eine unverständliche Fehleinschätzung und ein wichtiger Schritt zur Niederlage der Türken.

6. Auch nach der wunderbaren Wende in höchster Not und nach der Täuschung von Mdina gingen die mörderischen türkischen Angriffe weiter, bis der Entsatz landete und eingriff. Die Hilfe kam viel später, als die Verteidiger gefordert und gehofft hatten. Aber wenn die 8 000 Soldaten und Reiter zwei Monate früher gelandet wären, also zu der Zeit, die man versprochen und wo de la Vallette sie erwartet hatte, dann wären sie auf einen gut versorgten und übermächtigen Gegner gestoßen und wären vermutlich vernichtend geschlagen worden. Aber als sie endlich eintrafen, waren die Türken reif für den letzten Schlag.

In jedem Krieg ereignen sich unvorhergesehene Ereignisse. Aber dass in diesen Wochen sechs besonderen Umstände eintrafen, und zwar wieder in der genau richtigen Reihenfolge, darin sehe ich einen klaren Hinweis auf Gottes Wirken in der Geschichte der Völker. Gott schütze Westeuropa und gab ihm Zeit, um weiter zu erstarken. Und die türkische Vorherrschaft zur See sollte bei Lepanto bald einen weiteren schweren Schlag erhalten.

8. Der Sieg der Heiligen Liga in der Seeschlacht bei Lepanto 1571

Die Seeschlacht von Lepanto – so bezeichnet nach der Stadt Lepanto auf dem griechischen Festland zwischen dem Golf von Korinth und dem Golf von Patras – ist wenig bekannt, obwohl sie als größte Seeschlacht jener Zeit bezeichnet wird. Manche Historiker sind der Meinung, sie habe kaum historische Bedeutung, weil die christlichen Mächte ihren Sieg nicht strategisch ausnützten und die türkische Flotte ein Jahr nach ihrer vernichtenden Niederlage wieder dieselbe oder erhöhte Stärke aufwies. Auslöser war die Eroberung der unter venezianischer Herrschaft stehenden Insel Zypern durch die Türken im Jahr 1570. Die Stadt Nicosia wurde ziemlich bald im Sturm genommen, und gemäß zeitgenössischen christlichen Quellen, wurden 20 000 Bewohner massakriert. Etwa 1000 überlebten und wurden in die Sklaverei verkauft.[56] Darauf begann am 18. September die türkische Armee unter der Führung von Mustapha Pascha die Belagerung von Famagusta an der Ostküste der Insel. Obwohl kleiner und weniger gut befestigt, hielt die Besatzung unter Marc Antonio Bragadino sieben Monate aus. Am 1. Mai 1571 leitete Mustapha die Entscheidung ein. 74 Kanonen[57] beschossen die Mauern. Allein am ersten Tag zählte man 5 000 Geschosse. Die Stadtbevölkerung bat schließlich Bragadino, Verhandlungen über eine Übergabe der Stadt aufzunehmen. Da es keine Hoffnung auf Entsatz gab und die Besatzung kaum mehr über Schießpulver verfügte, willigte Bragadino ein. Mustapha versprach freien Abzug und Transport der Besatzung nach Kreta. Die Bevölkerung sollte geschont werden. Aber als die unbewaffneten Führer der Verteidiger sich gebührend von Mustapha in dessen Zelt verabschieden wollten, wurden sie überwältigt und die ganze Besatzung umgebracht außer Bragadino. Er wurde während mehreren Tagen auf dem Hauptplatz der Stadt gefoltert und dann lebendig gehäutet. Mustapha wollte auf diese Weise jeden Gedanken an weiteren Widerstand von Seiten der christlichen Bevölkerung im Keim ersticken.

Diese niederträchtige Tat brachte die europäische Christenheit in Rage und bestärkte die christlichen Truppen und ihre Kommandeure in ihrer Entschlossenheit zum Kampf. Zunächst hatten die venezianischen Gesandten mit der Türkei Verhandlungen aufgenommen; aber jetzt riefen sie zum Kreuzzug gegen den Islam auf, wohl auch in der Hoffnung, Zypern zurückerobern zu können. Papst Pius V. ging es darum, den Verlust von christlichem

Territorium zu verhindern. Von den europäischen Mächten erklärte der französische König, er sei mit dem Krieg gegen die Hugenotten gebunden. Kaiser Maximilian von Deutschland fühlte sich gebunden durch einen Vertrag mit Sultan Selim II. Venedig war allein zu schwach für eine Seeschlacht gegen die osmanische Flotte. Schließlich willigte König Philipp II. von Spanien ein, sich an einem gemeinsamen Krieg gegen die Vorherrschaft der Türken zu beteiligen. So wurde am 25. Mai 1571 im Dogenpalast von Venedig der Vertrag für die Heilige Liga vom Dogen, den Vertretern des Papstes und des spanischen Königs feierlich unterzeichnet. Sie sollte einen dauernden Kampf gegen das osmanische Reich ermöglichen, wobei Venedig 35%, der Papst 15% und Spanien 50% der Kosten tragen würden. In Zukunft sollten jeden Frühling 200 Galeeren und 50 000 Mann für die nächste Kampagne zur Verfügung stehen.[58]

Im Sommer 1571 versammelte sich nach und nach die Seemacht der Heiligen Liga in verschiedenen Häfen Italiens. Das türkische Heer und seine Flotte hatten sich von Zypern nach Griechenland zurückgezogen und benutzten die Stadt Lepanto zwischen dem Golf von Korinth und dem westlich sich anschließenden Golf von Patras als Basis. Die „Schlacht von Lepanto" fand daher im Golf von Patras statt. Auf türkischer Seite waren zwischen 260 und 290 Galeeren beteiligt, die Heilige Liga verfügte über 210 Galeeren, dazu sechs Galeassen. Die Flotte der Heiligen Liga war schon auf dem Weg zum Golf von Patras, als es fast zur Katastrophe kam.[59]) Die Galeeren der Venetianer waren unterbesetzt, weshalb sie mit spanischen Truppen aufgefüllt worden waren. Auf einer Galeere kam es zwischen den Venezianern und den Spaniern zu einem Streit, in dessen Folge der zuständige venezianische Kommandant, Sebastian Venier, einen spanischen Offizier hängen ließ. Darauf wurden von beiden Volksgruppen die Waffen gezogen und die Gewehre geladen. Nur die Intervention von Marc Antonio Colonna verhinderte, dass die Liga auseinanderfiel. Zu guter Letzt erinnerte man sich wieder an den gemeinsamen Feind.

Die Schlacht bei Lepanto fand am 7. Oktober 1571 statt. Es waren im Ganzen rund 200 000 Mann daran beteiligt. Seeschlachten waren damals von den Kämpfen am Land nur dadurch verschieden, dass sie auf dem Meer ausgetragen wurden. Die niedrigen Galeeren waren sehr wendig. Sie trugen im Bug wenige Kanonen und konnten daher nur in Fahrtrichtung schiessen. Während die gegnerischen Flotten auf einander zu fuhren, griff man zuerst den Feind mit Pfeil und Bogen, Armbrüsten und Gewehren an in der Hoffnung, mit einem Kanonenschuss die feindliche Galeere zu versenken oder mit dem Bug zu rammen. Darauf verkeilten sich oft viele Galeeren ineinander, und die Kämpfer versuchten, auf das gegnerische Schiff zu klettern. Dabei wurde natürlich nicht in geordneten Schlachtreihen gekämpft wie auf dem Land. Es begann ein oft chaotischer und mörderischer Kampf Mann gegen Mann mit schweren Verlusten. So auch am 7. Oktober 1571. Die Soldaten schossen mit Bogen, Armbrust und Gewehren und warfen Granaten und, von christlicher Seite, Töpfe mit einer Flüssigkeit, die auch im Wasser brannte. Ein Augenzeuge berichtet: „Vor lauter Pfeilen und Schüssen konnte man den Himmel nicht sehen. Es war Mittag, aber es war dunkel vom Pulverdampf der Granaten und von den Feuertöpfen." [60] Der Kampflärm war so ohrenbetäubend, dass Kommandant Barbarigo das Visier seines Helms hob, um seine Befehle zu geben. In diesem Moment wurde er von einem türkischen Pfeil ins rechte Auge tödlich getroffen. Er starb am folgenden Tag, nachdem er Gott für den Sieg gedankt hatte.

Schlachtentscheidend war einmal die modernere Bewaffnung der christlichen Truppen. Sie verfügten über viele Gewehre, während die Türken hauptsächlich auf Bogen und Armbrust vertrauten. Vor allem aber hatten die Venetianer mit den Galeassen einen ganz neuen Typ eines Kriegsschiffes entwickelt. Bei Lepanto kamen sechs von ihnen zum Einsatz. Sie waren jeder Galeere weit überlegen. Galeeren waren möglichst niedrig gebaut, um Gewicht zu sparen, wendig zu bleiben und ein kleines Angriffsziel zu bieten. Und sie konnten nur nach vorne schiessen. Die Galeassen jedoch waren durch ein zweites Deck sehr viel höher. Es war praktisch unmöglich, sie zu stürmen. Zudem war das zweite Deck auf allen Seiten mit Kanonen bestückt. So konnte man den Feind auch bei Wendemanövern immer unter Beschuss nehmen, also auch mit allen Kanonen einer Breitseite. Damit war eine viel höhere Trefferwahrscheinlichkeit verbunden. So war eine Galeasse eine schwimmende Festung. Ihre Kanonen richteten unter den türkischen Galeeren verheerende Schäden mit vielen Toten an. Gegen die Galeassen fanden die türkischen Kräfte kein Mittel, und keine wurde während der Kämpfe ernsthaft beschädigt. Am Abend des 7. Oktober 1571 war der Sieg der Heiligen Liga total.[61] 30 000 Türken waren getötet oder verwundet, 3 000 gefangen, 170 Galeeren erbeutet, und 15 000 christliche Galeerensklaven befreit worden. Nur ein kleiner Teil der türkischen Flotte war entkommen. In der Dämmerung versammelten sich die Kommandanten auf dem Flaggschiff und dankten Gott für den Sieg mit einem Te Deum. Die eigenen Verluste waren allerdings auch beträchtlich: Zwar waren nur 10 eigene Galeeren versenkt worden, aber 8 000 Soldaten waren gefallen und 21 000 verwundet, von denen noch viele starben. Mit den befreiten Galeerensklaven wurden die Lücken gefüllt. Die große Beute wurde nach einem im Voraus ausgehandelten Schlüssel verteilt. Auf eine weitere Verfolgung des Gegners verzichtete man, denn man hatte genug zu schaffen mit der Pflege der Verwundeten. Die siegreiche Flotte teilte sich auf, und jeder fuhr in seinen Heimathafen.

Durch den Zusammenschluss der Kräfte war ein gewaltiger Sieg errungen worden. Doch bald verhandelten die Venezianer mit den Türken über einen Separatfrieden. Die Heilige Liga, welche gegründet worden war, um die weitere Expansion des ottomanischen Reiches dauernd einzuschränken, brach auseinander. Und als Papst Pius V. 1573 starb, war der Traum einer gemeinsamen Abwehr der Türkengefahr schon gestorben. Die christlichen Mächte sahen die allen drohende Gefahr wohl. Aber die je eigenen Handelsinteressen bestimmten das Tagesgeschäft. Die alte Konkurrenz zwischen Venedig und Genua war wieder im Focus der Politik.

In Bezug auf die historische Bedeutung von Lepanto weist der Historiker Angus Konstam darauf hin, dass mit Lepanto der Mythos der türkischen Unbesiegbarkeit zur See zerstört war. Die christlichen Streitkräfte hatten den Sieg trotz zahlenmäßiger Unterlegenheit gegen disziplinierte und motivierte türkische Kräfte gewinnen können. Letztere waren sieggewohnt und todesmutig, da sie auf das Versprechen Mohammeds vertrauten, dass, wer im Kampf stirbt, als Märtyrer direkt ins Paradies mit Wein und vielen Jungfrauen eingeht. Aber die Heilige Liga war siegreich, weil sie mit einer neuen Waffe, den Galeassen, antraten. Es war also eine technische Innovation, welche den Ausschlag gab. Ein Jahr später hatten auch die Türken Galeassen. Aber die Christen hatten die Nase vorn. Die größere Freiheit im Denken hatte die Entscheidung gebracht. Denn von Lepanto an begann im ottomanischen Reich der „sozial-ökonomische Niedergang mit militärischer und politischer Stagnation", so Angus Konstam.[62] Allerdings war mit der Niederlage bei Lepanto die Macht des osmanischen Reiches noch nicht gebrochen. Erst mit der Zweiten Belagerung von Wien begann sich dies zu ändern.

9. Die Zweite Belagerung von Wien 1683

Der Sieg der christlichen Armeen vor Wien von 1683 gehört zu den ganz grossen Wendepunkten in der Geschichte des Abendlandes und damit auch der Weltgeschichte. Die Expansionspolitik der Osmanen hatte damals ihren Höhepunkt erreicht. Im Osten herrschten sie über weite Teile der Ukraine, über Moldavien, Persien und Armenien, im Süden über Palästina und Nordafrika von Ägypten bis Algier. Der größte Teil des Königreiches Ungarn unterstand ihrer Kontrolle.[63]. Der „Goldene Apfel", wie die Moslems Wien nannten, war zum Greifen nahe. Aus militärischer Sicht war Wien zum flachen Ungarn hin schwer zu verteidigen. Die Donau stand Angreifern und Verteidigern als Nachschubweg zur Verfügung, für die Verteidiger allerdings nur, solange Wien nicht umzingelt war. Strategisch gesehen war die Stadt nach dem Fall von Konstantinopel ein Symbol für die ganze Christenheit. Militärisch war die Stadt das entscheidende Bollwerk gegen das Vordringen des osmanischen Reiches. Für den Islam war Wien das Tor zum ganzen christlichen Westen. In Wien hatte man aus der Belagerung von 1529 gelernt. Die Verteidigungsanlagen entsprachen dem modernsten Standard.

Im Vorfeld des Angriffs spielten sich in der christlichen Welt Dinge ab, die man heute nur mit Kopfschütteln zur Kenntnis nehmen kann. Die christlichen Mächte, Frankreich unter Ludwig XIV. und Kaiser Leopold I., waren vor allem mit sich selber beschäftigt und kämpften um die Vorherrschaft in Europa. Am 11. August 1682, als sich die Möglichkeit eines türkischen Angriffs auf Wien abzeichnete, berief Kaiser Leopold einen Kriegsrat. Man war sich einig, dass man nicht nach zwei Seiten – gegen Frankreich und die Türken gleichzeitig – Krieg führen konnte. Frankreich wurde als die größere Gefahr eingestuft, und man beschloss, den Frieden mit den Türken auch unter noch so schweren Bedingungen aufrecht zu halten.[64] Der Kaiser wollte sich lieber allen Forderungen der Türken und des abtrünnigen ungarischen Grafen Emmerich Tököly beugen, als einen Sonderfrieden mit Frankreich eingehen. Dies obwohl der österreichische Botschafter in Istanbul dringend riet, man solle mit Frankreich Frieden schließen und sich auf einen Krieg vorbereiten, „denn weder Gründe, noch Geld, noch Landabtretung, wenn nicht überragend groß, können noch den Frieden erhalten." [65] Zur Täuschung allerdings ließ Großwesir Kara Mustafa dennoch weiter über den Frieden verhandeln.

Der endgültige Beschluss, Wien zu erobern, wurde auf türkischer Seite erst im März 1683 getroffen. Den Ausschlag gab die Unterstützung Tökölys, einem ungarischen Grafen, der sich auf die türkische Seite geschlagen hatte. Man war sich einig, dass Wien mit einem Griff zu nehmen und große Reichtümer zu holen seien.[66]) Ludwig XIV. von Frankreich wusste offenbar als einziger in Westeuropa, dass dieser Kriegszug schon seit Jahren vorbereitet wurde. Um der Sache nachzuhelfen, sandte er, der sich rex christianissimus, allerchristlicher König, nennen ließ, 600 000 Gulden (!), nein nicht an den Sultan. Das sollte ihm niemand vorwerfen können. Vielmehr übergab er die Summe an dessen Verbündeten, den Fürsten Abaffi von Siebenbürgen und an Graf Tököly.[67] So signalisierte er unmissverständlich, dass er bei einem Angriff auf Wien nicht auf der Seite Kaiser Leopolds eingreifen werde. Damit war das letzte Hindernis beseitigt, das Sultan Mohammed IV. hatte zögern lassen.

Als man die Nachricht von der bevorstehenden Belagerung erhielt, befahl der Verteidiger von Wien, Graf Ernst Rüdiger von Starhemberg, zusätzliche Geschütze aufzustellen. Ein ca. hundert Meter breiter Graben wurde vor den Verteidigungsanlagen ausgehoben. Die Vorstädte wurden zum grossen Teil niedergelegt, um freie Schussbahn zu haben. Kaiser Leopold floh mit seiner hochschwangeren Frau nach Passau, um das Entsatzheer zu organisieren. Mit ihm verliessen rund 60 000[68] Bewohner die Stadt. Graf Starhemberg hoffte, mit 11 000 Soldaten, 5 000 Bürgern und Freiwilligen und 141 Geschützen die Stadt so lange halten zu können, bis das Entsatzheer eintreffen würde.

Am 14. Juli 1683 erreichte die türkische Armee Wien. Sie stand, unter der Führung von Großwesir Kara Mustafa mit etwa 200 000 Mann, darunter 40 000 Krimtataren, unterstützt von Graf Tököly, und ca. 300 Geschützen.[69] Auf dem Weg hatten sie mehrere ungarische und österreichische Festungen und Städte erobert und unter der Bevölkerung entsetzliche Massaker angerichtet. Eine riesige Zeltstadt wurde aufgebaut und Wien nach und nach von allen Seiten eingeschlossen. Kara Mustafa setzte ein Schreiben auf, in dem er die Stadt zur Übergabe aufforderte; andernfalls hätte sie die Konsequenzen zu tragen. Graf Starhemberg lehnte die Kapitulation umgehend ab. Türkische Truppen begannen sofort mit Sengen und Brennen der umgebenden Dörfer, was auch von türkischer Seite bestätigt wird.[70] Ein christlicher Zeitzeuge berichtet: „In dem Gerichtsbezirk Lilienfeld, Wilhelmsburg,

Hainfeld und Türnitz wurden erschlagen Eheleute 225, Kinder 46, Dienstboten 89, zusammen 360 Personen. In die Sklaverei abgeführt Eheleute 215, Kinder 518, Dienstboten 275, zusammen 1008 Personen. Häuser wurden niedergebrannt, verwüstet, verödet 284."[71] So sah es überall in der Umgebung von Wien aus.

Die türkischen Truppen waren nicht nur wegen Überzahl und ihren ungefährdeten Nachschublinien im Vorteil. Sie hatten auch französische Ingenieure bei sich, welche im Minenkampf große Erfahrung hatten. Dagegen mussten die Verteidiger erst lernen, wie sie die unterirdischen Minen-Grabarbeiten der Türken entdecken und stören konnten. In tiefen Kellern stellten sie Wasserbottiche auf. Wenn die Wasseroberfläche leicht zitterte, wussten sie, dass nicht allzu weit entfernt gegraben wurde. Aus der Aufstellung von mehreren Bottichen in verschiedenen Häusern entlang der Stadtmauer konnten sie die ungefähre Richtung bestimmen und selber einen Stollen den Türken entgegen graben. Beim Zusammentreffen kam es dann zu Kämpfen Mann gegen Mann, bei dem die besser gepanzerten Verteidiger meist gewannen. Vom türkischen Zeremonienmeister im Dienste von Kara Mustafa gibt es über die Belagerung und die Schlacht ein aufschlussreiches Tagebuch mit einem Anhang. Aus christlicher Sicht schildert das Buch „Die Türken-Belagerung von Wien" vom Verlag Melchior die Ereignisse auf Grund von zeitgenössischen Dokumenten. Beide Seiten kämpften mit Todesmut. Immer wieder kam es zu Nahkämpfen mit Handgranaten. Auch hier waren es vor allem die Janitscharen, welche die Sturmangriffe ausführten. Die Verluste waren ebenfalls auf beiden Seiten hoch. Die Türken verloren bei Sturmangriffen 48 000 Mann. Doch verfügte Kara Mustafa immer noch über ca. 140 000 Mann. Andere Quellen nennen 168 000 Mann.[72] Die Verteidiger konnten die Stadt halten; allerdings wurden die Nahrungsmittel und Munition sehr knapp und die Breschen in der Stadtmauer immer größer. Viele Verteidiger starben an der Ruhr. Mit drakonischen Maßnahmen musste Graf Starhemberg gegen Deserteure und Wehrdienstverweigerer vorgehen, um den Willen zur Verteidigung aufrecht zu erhalten. Von den ursprünglich 11 000 Verteidigern waren am Schluss noch etwa 5 000 einsatzfähig. Als das Entsatzheer endlich eintraf, waren die Verteidiger der Erschöpfung nahe. Wären die Entsatztruppen eine Woche später eingetroffen, so wären sie wahrscheinlich zu spät gekommen.

Die Schlacht am Kahlenberg

Papst Innozenz XI. gelang es, Kaiser Leopold I. zu einem Bündnis mit dem polnischen König Johann III. Sobieski zu bewegen. Mit einer Zahlung von fast unglaublichen 1,2 Millionen Gulden machte der Papst die Versorgung des Entsatzheeres möglich. Denn für die Kosten wollten die deutschen Fürsten nicht aufkommen. So versammelten sich rund 70 000 Mann 30 km von Wien aus Donau aufwärts, zusammengesetzt aus Truppen von Venedig, Bayern, Sachsen, Franken, Schwaben, Baden, Oberhessen und natürlich aus Polen. Sie führten 168 Geschütze mit sich.[73] Die Zusammenführung einer aus so vielen Landesteilen zusammengesetzten Truppe ist an sich als logistische Meisterleistung zu bezeichnen. Sobieski beschloss, die Türken bei Wien vom Westen her anzugreifen. Dazu musste das Heer die Donau überschreiten.

Am Morgen des 12. September griffen die christlichen Truppen an. Dabei marschierten sie in guter Ordnung vom Kahlenberge herab auf Wien zu, verschwanden zeitweise in kleinen Talsenken, tauchten dann wieder auf, um schließlich auf die Hauptmacht der Türken zu treffen. Der türkische Zeremonienmeister berichtet dazu: „Die Giauren (Ungläubige, Christen) hatten die Palanke (Festung) auf dem Berg erreicht und tauchten nun mit ihren Abteilungen auf den Hängen auf wie die Gewitterwolken, starrend von (dunkelblauem) Erz… Sie bedeckten Berg und Feld und formierten sich in sichelförmiger Schlachtordnung. Es war, als wälze sich eine Flut von schwarzem Pech (Anspielung auf die Panzerung) bergab, die alles, was sich ihr entgegenstellt, erdrückt und verbrennt."[74] Die Türken leisteten erbitterten Widerstand, und die Kämpfe dauerten bis in den späteren Nachmittag. Aber die auf türkischer Seite kämpfenden 48 000 Tataren wandten sich als erste zur Flucht, worauf der Kampfeswille auch bei den übrigen Truppen zusammenbrach und bald eine kopflose Flucht einsetzte. Dazu der Zeremonienmeister: „Die meisten flohen geradewegs zu ihren Zelten hin und dachten nur noch daran, ihr Leben und ihre Habe zu retten… Auch der Privatschatz des Großwesirs und sein ganzes sonstiges Eigentum blieb in den Zelten zurück. Nur solche Kleinigkeiten, die man in den Brustbausch stecken und in den Arm nehmen konnte, wurden gerettet."

Auf christlicher Seite fielen nur 500 Mann, auf türkischer 8 000. Die Beute war ungeheuer: Die ganze Zeltstadt, Waffen, Munition, 200 Geschütze, Lebensmittel, Tiere, gefangene Christen, Frauen und Kinder. Das eigentliche

Blutbad der Türken an denjenigen, die nicht kräftig genug waren, um den Rückweg in die Türkei zu überleben und als Sklaven zu dienen, hatte bereits einige Tage zuvor stattgefunden.[75] Die Tradition will es, dass die Wiener am Tag nach dem Sieg beim Beutesuchen im türkischen Lager Unmengen an Kaffee vorgefunden hätten, womit die heutige Wiener Kaffeekultur ihren Anfang genommen habe. Auch das so beliebte mondsichelförmige Hörnchen wird auf die Türkenbelagerung zurückgeführt. Und natürlich erinnern Wiener Strassen und Gebäude an die historische Wende von 1683.

Soweit die äußeren Ereignisse. Uns interessiert aber nicht nur der Ablauf der Schlacht. Für unser Verständnis der Geschichte stehen zwei Fragen im Vordergrund: Was für eine Rolle spielte die Religion in dieser historisch entscheidenden Auseinandersetzung? Ging es in erster Linie um Macht und materiellen Gewinn, oder ging es auch um Religion? Und zweitens: Warum haben die Türken diese Entscheidungsschlacht verloren, obwohl sie sowohl gegenüber den Verteidigern von Wien als auch gegenüber dem Entsatzheer in jeder Hinsicht gewaltig im Vorteil waren?

Kampf der Kulturen

Dass für die Türken dieser Feldzug eine religiöse Dimension hatte, war und ist für Muslime keine Frage. Der Islam kennt keine Trennung von Religion und Politik. Der Glaube umfasst die Privatsphäre, den Handel und die Politik. Die Eroberung von Ländern ist für Muslime sowohl Machtzuwachs als auch Ausbreitung des Islam. Schon während des Marsches nach Wien erlebten die Türken so etwas wie einen Kulturschock. Sie staunten über den Reichtum, der sich in diesen christlichen Gebieten entwickelt hatte. Was sie sahen, übertraf alles, was sie von ihrer Heimat her gewöhnt waren. Im Anhang zum Bericht des Zeremonienmeisters lesen wir: „An sechs Tagen ging der Marsch durch derartig wohl bebaute und blühende Landstriche, dass man es gar nicht beschreiben kann... Der deutsche Kaiser soll außerdem noch weitere 17 Schlösser besitzen, von denen jedes mehrere tausend Beutel Geldes wert ist; sie sind von solcher Festigkeit und Schönheit und weisen einen derartigen Reichtum an Porphyr und Marmor.... auf, dass es unmöglich zu beschreiben ist... Und die Weingärten waren dort so wohl bebaut und die Trauben gediehen darinnen in derartiger Üppigkeit, dass sich die

Weinberge um Stambul gar nicht vergleichen lassen… Auch die Häuser der allerärmsten Giauren waren noch schöner als die Herrschaftshäuser in Stambul…" [76] Die Türken begegneten im christlichen Österreich einer Kultur, welche der ihren offensichtlich überlegen war.

Auch das Tagebuch des Zeremonienmeisters schildert die Kämpfe ganz aus der Sicht eines gläubigen Muslim. Die Daten werden in muslimischer Zeitrechnung angegeben. Die christlichen Gegner sind die Ungläubigen, die Giauren. Die Aufforderung zur Kapitulation und Unterwerfung vor dem Angriff entspricht genau dem Vorgehen im Krieg, wie es Mohammed vorgeschrieben hat. Der Kampf wurde im Namen Allahs geführt. [77] Unter den Gründen, die zur Niederlage führten, nennt der Zeremonienmeister auch zu wenig Dankbarkeit gegen Allah: „Voller Undankbarkeit wähnte man also die Festung Wien bereits dem Reiche des Islam einverleibt; und man irrte ab vom Pfad der gottwohlgefälligen Werke und schlug den Weg der Selbstgefälligkeit, der Hoffart und des schnöden Undanks ein." Der Großwesir Kara Mustapha wurde zur Strafe für die Niederlage von seinem Schwager, dem Sultan, zum Tod mit der Seidenschnur verurteilt. Er starb am 25. Dezember 1683 in Belgrad. Im Anhang zum Tagebuch des Zeremonienmeisters wird berichtet: „Als der Oberstkämmerer Kara Mustafa besuchte, fragte er: Ist mir der Tod bestimmt? Gewiss, es muss sein, antwortete der Oberstkämmerer. Allah möge dich im wahren Glauben sterben lassen! Darauf antwortete der Großwesir: Wie es Allah gefällt! Nun breitete er seinen Gebetsteppich aus. Die anderen verliessen den Raum… Dann verrichtete er sein Mittagsgebet… Und als nun die Henker hereinkamen und ihre Stricke bereit machten, hob er mit eigenen Händen seinen Vollbart hoch und fügte sich in das Verhängnis mit den Worten: „Legt mir die Schlinge auch richtig an." Kara Mustafa starb, wie er gelebt und gekämpft hatte, als gläubiger Muslim. [78]

Auch die zeitgenössischen Urteile auf christlicher Seite lassen keinen Zweifel daran, dass man in diesem Kampf nicht nur die Eigenständigkeit verteidigte und Besitz vor Plünderung und Ausbeutung schützte, sondern man kämpfte auch auf der Seite Gottes, rechnete mit seiner Hilfe und gab ihm nach dem Sieg die Ehre. Heute hat man sich daran gewöhnt, bei politischen Entscheiden alle geistliche Motivation als unecht zu bezeichnen, weil sich, wie man behauptet, hinter den geistlichen die materiellen Gründe als die eigentlichen verbergen. Politik ist für manche Analysten und Journalisten nichts anderes als ein materieller Interessenausgleich. Dass es auch geistliche Gründe sein könnten, welche die Menschen bewegen, und dass diese sich gerade in Notzeiten als mächtige Kräfte erweisen, ist denen unverständlich, die selber nichts glauben.

Die Verteidiger Wiens und die Fürsten, welche sich zum Entsatzheer versammelten, waren sich der welthistorischen Bedeutung dieses Kampfes als entscheidende Auseinandersetzung zwischen dem Christentum und dem Islam voll bewusst. Als die Niederlage kaum mehr abwendbar schien, richtete Graf Starhemberg sich so an die Truppe: „Ihr Brüder und ausgewählte Soldaten, durch deren Fall die Freiheit Europas auch zugleich erliegen muss, waffnet Eure Herzen wider die grausamen Barbaren, und zeigt ihnen, dass Eure geringe Anzahl von Gott würdig erachtet worden, die Christen wider diese Ungläubigen zu verteidigen....“ (Seite 64) Papst Innozenz XI zögerte nicht, die Summe von 1,2 Millionen Gulden bereit zu stellen, damit das Entsatzheer ausgerüstet werden konnte. Dabei konnte er sich durch einen Sieg über die Türken keinen materiellen Vorteil erhoffen.[79] Am Morgen der Schlacht besuchte Johann III. Sobieski, König von Polen, die Messe.[80]

Zwei Tage nach dem Sieg, also am 15. September, inspizierte der Kaiser außerhalb von Wien die Truppen. Der bayerische Kurfürst, der seine Männer in der Schlacht geführt hatte, salutierte und sagte: "... Ich habe den Degen geführt gegen die Feinde Ew. K. (Eurer kaiserlichen) Majestät und der ganzen Christenheit, und werde ihn weiter führen.“ Später dankte der Kaiser in einer wohlgesetzten lateinischen Rede dem polnischen König für seinen Einsatz. Darauf erwiderte dieser: „Gott allein gebührt der Dank für den herrlichen Sieg über den grimmigen Feind der Christenheit. Habe er darin etwas geleistet, so habe er nur die Pflicht eines christlichen Fürsten erfüllt.“ [81] Der Doge von Venedig richtete einen Brief mit überschwänglichem Dank und Lob an den Herzog von Lothringen. Dieser fühlte sich verpflichtet, das Lob seiner Taten zu korrigieren und fasste seine Sicht des Sieges in seiner Antwort an den Dogen so zusammen: „Das Zusammengehen so vieler Fürsten und die Verschmelzung so vieler verschiedener Interessen, die sich in der Ansammlung und in der Aktion der christlichen Waffen vereinigten, ist eine sichtbare Wirkung der Hand Gottes, dass man ihm allein den Entsatz von Wien beimessen soll.“ König Johann III. Sobieski, König von Polen sandte die erbeutete Hauptfahne der Türken an den Papst Innozenz XI. Sie wurde

ihm am 29. September in Rom im Anschluss an die Messe feierlich übergeben.[82] Der Papst nahm die Fahne an und setzte auf den nächsten Tag ein See-
lenamt an für alle diejenigen, die bei der Verteidigung und dem Entsatz von
Wien gefallen waren. Nachdem er dann zum Zeichen seines Abscheus seinen
Fuß auf die Fahne gesetzt hatte, ließ er sie als Triumphzeichen in der Peter-
skirche aufhängen. Diese Selbstaussagen von türkischer und christlicher Seite
zeigen, dass beide den Kampf und seinen Ausgang aus der jeweiligen Sicht
ihres Glaubens beurteilten.

Warum wurde die türkische Übermacht geschlagen?

Jetzt gehen wir der zweiten Frage nach. Gibt es auch bei dieser Entscheidungsschlacht besondere Umstände, welche die Niederlage der Türken mit
beeinflusst haben oder vielleicht sogar schlachtentscheidend waren? Dafür
müssen wir uns mit Einzelheiten im Ablauf der Ereignisse befassen.
Zuerst die besonderen Umstände auf der Seite der Christen:

1. Schon früher haben wir festgestellt, dass die Türken die überlegene Panzerung der Christen bestaunten. Bei den Nahkämpfen während der Schlacht
am Kahlenberg war diese Überlegenheit zum mindesten sehr hilfreich. Sie
erklärt mindestens teilweise die erstaunlich niedrige Zahl von 500 Gefallenen.
2. Aus der Sicht der Verteidiger dauerte es viel zu lange, bis das Entsatzheer
endlich aufbrechen konnte. Und es brauchte das Geld des Papstes, der
zuerst mit Kaiser Leopold I. einen komplizierten Vertrag unterzeichnen
musste, weil die deutschen Fürsten ohne das Geld aus Rom nicht zum
Kampf bereit waren. Diese lange Vorbereitungszeit schloss das Risiko ein,
dass Wien erobert wurde oder kapitulierte, bevor das Entsatzheer überhaupt aufbrach. Doch dank der Unnachgiebigkeit von Graf Starhemberg,
seinem unerhörten Mut und der Opferbereitschaft der Verteidiger war
der Kampf um Wien noch nicht entschieden, als die christlichen Truppen
unter Sobieski endlich eintrafen. Ähnlich wie im Falle von Malta war diese
Verzögerung der Hilfe einer der Umstände, welche den Sieg begünstigte.
Denn als die christlichen Truppen eintrafen, war das türkische Heer durch
verschiedene Mängel und viele Verluste an Toten mindestens geschwächt.

Die Moral war gesunken, und der Führer der tatarischen Reiter in einen bitteren Streit mit Kara Mustafa geraten. Die langwierigen Vorbereitungen zum Aufgebot eines Entsatzheeres führten also dazu, dass die Hilfe genau im denkbar günstigsten Zeitpunkt eintraf.

3. Erstaunlich ist dabei vor allem, dass der König von Polen, Johann III. Sobieski, sich zum Eingreifen entschloss. Was hatte er, was hatte Polen im fernen Wien verloren? Er hätte Gründe gehabt zuhause zu bleiben, denn dort war seine Position gefährdet. Er wurde von den Grossen seines Landes heftig angefeindet. Sogar seine eigene Frau konspirierte mit dem Adel gegen ihn. Es ist sehr zweifelhaft, dass ohne seinen persönlichen Entschluss zum Kampf und ohne die polnische Unterstützung die deutschen Fürsten überhaupt zum Kampf bereit gewesen wären. Doch Sobieski gehörte zu den wenigen, welche in der Ausbreitung des osmanischen Reiches eine Gefahr für die ganze Christenheit erkannten und konsequent handelten. Er hatte schon vor der Schlacht bei Wien zweimal türkische Heere besiegt. Als Oberkommandierender der Schlacht am Kahlenberg konnte er seine Erfahrung mit einbringen.

4. Durch Verluste war das Heer der Türken auf ca 140 000 reduziert. Doch was gab Sobieski und den anderen christlichen Feldherren den Mut, mit 70 000 Mann den Kampf gegen 140 000 Türken zu wagen. Denn aus militärischer Sicht muss ein Angreifer mit einer klaren Übermacht antreten, damit er mit einem Sieg rechnen kann. Zudem musste Sobieski fürchten, dass die Türken schon die Vereinigung der christlichen Truppen behindern, den Übertritt über die Donau erschweren und ihren Vormarsch nach Wien durch Angriffe aus dem Hinterhalt empfindlich stören würden. Das hätte das christliche Heer nachhaltig geschwächt, bevor es überhaupt zum Kampf antreten konnte. Warum hat Sobieski die Schlacht dennoch gewagt? Die Frage wird noch drängender, wenn man in Rechnung stellt, dass die Türken genügend Zeit hatten, um Verteidigungsbauten zu errichten, Wälle aufzuschütten und Gräben auszuheben bauen, welche die Angreifer an der Entfaltung ihrer Kampfstärke schwer behindert hätten. Dass das Entsatzheer mit seinen 70 000 Kämpfern die 140 000 durch Verteidigungsbauten geschützten Verteidiger hätte besiegen können, ist militärisch gesehen schlicht unmöglich. Unter diesen Umständen die Schlacht zu wagen, muss man als Tollkühn-

heit oder Verantwortungslosigkeit bezeichnen. Das alles war Sobieski wohl bewusst, dennoch hat er den Kampf gewagt. Die einzige plausible Erklärung für sein Vorgehen besteht darin, dass Sobieski offenbar eine „Geheimwaffe" hatte, wie wir gleich sehen werden.

Auf Seiten der Türken traf Kara Mustafa eine Reihe von Fehlentscheiden, die einem erfahrenen Feldherrn wie ihm nicht hätten passieren dürfen. Aus meiner Sicht ist Folgendes festzuhalten:

1. Das von Kara Mustafa herangeführte Heer war wie schon bei der ersten Belagerung von Wien 1529 viel zu groß. Während der Belagerungsarbeiten, dem Ausheben von Laufgräben, dem Graben von Tunnels für die Sprengung der Stadtmauern und für das Verhindern von Nachschub für die Stadt konnten höchstens mehrere Zehntausend Mann beschäftigt werden. Es gab Tage und Wochen ohne Sturmangriffe. Was tat der Grossteil des türkischen Heeres in dieser Zeit? Ein Teil terrorisierte und massakrierte die Bevölkerung der umliegenden Dörfer und verbrannte die Felder. Sie taten das so gründlich, dass sie dabei bis zum Mittelmeer und an die Grenzen von Venedig vorstießen.[83] Sie wollten die Bevölkerung einschüchtern, um jede Unterstützung der Belagerten zu verhindern. Doch diese Maßnahme richtete sich bald gegen die Belagerer. Denn sie zerstörten selbst die Nahrungsgrundlage, von der sie eigentlich leben sollten. Plötzlich war Hunger da. Zwar konnte man in den ersten Wochen noch mit Lieferungen aus Ungarn rechnen. So trafen einmal 2 000 Wagen mit Nachschub ein.[84] Aber der waren bald verbraucht, und die Preise für Lebensmittel stiegen derart, dass die Verkäufe nur noch in der Nähe des Zeltes des Scharfrichters stattfinden durften, um Wucherpreise zu verhindern.[85] Sogar um Heu musste man drei oder vier Tagereisen heran fahren. Der Zeremonienmeister sieht darin eine Hauptursache für die Niederlage: „Die Pferde, welche die berittenen Truppen hätten in die Feldschlacht tragen sollen, hatten schon seit über zwei Monaten keine Gerste mehr bekommen, waren derartig abgemagert und entkräftet, dass die Sipah (eine türkische Elitetruppe) und die übrigen Reiter nicht im Stande waren, auf ihren Tieren wirksam in den Kampf einzugreifen."[86]

2. Mit dem türkischen Riesenheer kam eine entsprechende Menge von Kaufleuten und wohl auch Frauen, die aus Gewinnsucht und Abenteuerlust dabei waren. Und die Hoffnungen auf Gewinn erfüllten sich auch. Durch die Plünderungen der Wien umgebenden Orte fielen den Soldaten und Offizieren viel mehr Beute zu als erwartet: „Nur Allah der Allwissende kennt die Anzahl der... Beute ...an Schafen, Rindern und Pferden, an goldenem und silbernem Geschirr und an Edelsteinen, an schlankhüftigen, hochwüchsigen und blondhaarigen Mädchen mit Augenbrauen wie der Halbmond und mit mandelförmig geschnittenen Augen (eine Anspielung an die Huris im Paradies), an Goldstoffen und Brokaten ...So konnte man die schönsten Sklavinnen schon um vierzig bis fünfzig Piaster erstehen... Die Tataren liessen (in den ersten Wochen) eine Herde Ochsen, die sie eingebracht hatten, auf den Feldern wieder frei, weil sie damals niemand haben wollte." [87] Man kann sich ohne weiteres vorstellen, wie sich auch in den Zelten der Truppe ein Lagerleben entwickelte, in welchem Geld, Alkohol und Frauen im Mittelpunkt standen. Die Zahl der Händler verstärkte mit fortschreitender Zeit den Mangel an Nahrungsmitteln. Zudem war ihre Anwesenheit der militärischen Disziplin abträglich. Für jeden Heerführer ist die Aufrechterhaltung der Disziplin ein absolutes Muss. Wenn irgendwo, dann gilt hier: Müßiggang ist aller Laster Anfang. Je größer die Truppe, desto schwieriger die Disziplin. Der Zeremonienmeister berichtet denn auch, dass schon am Morgen der Schlacht diese Händler anfingen, ihre Schätze auf Tiere zu laden, um sie eventuell in Sicherheit bringen zu können. Das hätte ein Feldherr unter Androhung der Todesstrafe verbieten müssen. So hat bekanntlich Tarik, nachdem er mit seiner Truppe im Jahre 711 von Algerien nach Spanien übergesetzt hatte, die Schiffe verbrennen lassen, um jeden Gedanken an Flucht oder Umkehr auszuschalten. Ähnlich hat La Valette in Malta gehandelt. Kara Mustafa hat es offenbar versäumt, durch entsprechende Befehle jeden Gedanken an Flucht auszuschalten. Die Fluchtvorbereitungen der Händler taten zweifellos auch ihre Wirkung auf die in die Schlacht ziehenden Kämpfer, denn auch sie hatten Güter und Sklaven zu verlieren.

3. Sieg oder Niederlage waren für Kara Mustafa vor allem eine Frage der Zeit. Er musste die Verteidiger in die Knie zwingen, bevor Hilfe kam. Doch Kara Mustafa hatte es nicht für nötig befunden, die größten Geschütze, die auf dem Marsch durch Ungarn gewissermassen am Wegrand standen, mitzunehmen, wie es übliche Praxis war. Das wird auch durch türkische Berichte[88] bestätigt. Größere Breschen hätten es den Verteidigern unmöglich gemacht, so lange auszuhalten. Wien wäre erobert worden, bevor das Entsatzheer eintraf.

4. Während der Belagerung befahl Kara Mustafa, beim Beschuss zuerst die stärkeren Bollwerke anzugreifen, während die schwächeren, die am Fluss lagen, zunächst verschont wurden. Darüber konnte sich der Verteidiger, Graf Starhemberg nur freuen. Denn es ist lang erprobte Taktik jedes Heerführers, den Feind an seiner schwächsten Stelle anzugreifen. Kara Mustafa entschied sich für das Gegenteil. Graf Starhemberg selber urteilt: „Wenn die Türken den anderen Plan verfolgt hätten, so würde eine längere Verteidigung des Platzes wohl zweifelhaft gewesen sein." [89]

5. Während der Belagerung geschah Unglaubliches. Kara Mustafa verpasste eine einmalige Chance zum Sturm. Er hatte offenbar eingesehen, dass er mit dem Verzicht auf die größeren Geschütze einen schweren Fehler begangen hatte. Jetzt wollte er die Stadt unbedingt vor dem Eintreffen des Entsatzheeres erobern. Er befahl am 4., 5. und 6. September, also wenige Tage vor der Schlacht gegen das Entsatzheer am 12. September, heftige Sturmangriffe, wo 4 000 Türken unter lautem Gebrüll versuchten die Mauerreste zu übersteigen. Die Angriffe dauerten bis in den Abend. Am 7. September waren zudem Minen zur Sprengung vorbereitet, und Graf Starhemberg und seine Truppen erwarteten in angstvoller Spannung deren Explosion und den Generalsturmangriff. Aber zur grossen Verwunderung der Verteidiger blieb alles ruhig. Von den Stadtmauern aus konnten sie staunend beobachten, wie der Großwesir vor den Toren der Stadt eine große Truppeninspektion abhielt. Offenbar dachte er, Starhemberg werde unter dem Eindruck dieser Machtdemonstration kapitulieren. Tatsächlich hatten die Verteidiger an diesem Tag das Ende befürchtet. Ein Zeitgenosse vermutet, dass Kara Mustafa den Sturmangriff nicht befahl, weil er auf die Kapitulation der Stadt hoffte, um die Reichtümer der Stadt selber einsammeln zu können.[90] Bei einem Sturmangriff hätte die

Beute den Soldaten gehört. Was genau Kara Mustafa bewogen hat, statt eines Sturmangriffes eine Truppenparade zu befehlen, wissen wir nicht. Der Großwesir ließ an diesem Tag eine einmalige die Chance zum Sieg vorbei gehen, und die Verteidiger gewannen Zeit, die Schäden an den Mauern notdürftig auszubessern.

6. Kara Mustafa unterschätzte und verachtete er den anrückenden Gegner. Gemäß christlichen Quellen[91] glaubten der Großwesir und Tököly zunächst gar nicht, dass sie mit einem Entsatzheer rechnen müssten. Sie sandten keine Kundschafter aus und schenkten eintreffenden Berichten über die Sammlung des christlichen Heers lange keinen Glauben. Als der Polenkönig Sobieski sich mit den übrigen christlichen Truppen versammelt hatte, sandte Kara Mustafa zwar die Tataren ihnen entgegen, und sie beobachteten aus der Ferne, wie die „Giauren" die Donau überschritten, unternahmen aber keinen Versuch, sie daran zu hindern. Dabei hätten sie den christlichen Truppen sicher schwere Verluste beibringen können. Denn während einer Flussüberquerung ist ein Heer sehr verwundbar. Doch die Tataren zogen sich – vermutlich auf Befehl von Kara Mustafa – nach Wien zurück, während die christlichen Truppen hinter ihnen her marschierten![92]

7. Obwohl Kara Mustafa jetzt wusste, von welcher Seite der Angriff kommen würde, ließ er kaum Hindernisse wie Gräben oder Wälle errichten. Er befahl lediglich, Geschütze in entsprechende Positionen zu bringen. Sein Kriegsrat, darunter auch der Tatarenkhan Ibrahim Pascha, schlugen ihm zwar den Bau von Verteidigungsanlagen vor. Der Großwesir jedoch entgegnete, das Entsatzheer hätte für eine Schlacht in der Ebene viel zu wenig Kavallerie. Er verzichtete auf den Bau von Hindernissen, um die Christen möglichst rasch vom Kahlenberg in die Ebene und damit in eine Falle zu locken. Er wollte das Heer der Christen im offenen Feld durch seine weit überlegene Kavallerie an *einem* Tag vernichten, worauf die Stadt sich am nächsten Tag ergeben würde.[93] Diese Überlegung muss vom militärischen Gesichtspunkt aus als kühn, aber im Prinzip als richtig bezeichnet werden. Gegen eine überlegene Kavallerie konnten auch gut gepanzerte Fußtruppen schwer bestehen.

8. Wenn Kara Mustafa damals gesiegt hätte, wäre er als einer der größten muslimischen Feldherren aller Zeiten in die Geschichte eingegangen. Er hätte nicht nur Wien, das Symbol des Christentums, erobert, sondern auch noch ein grosses Entsatzheer geschlagen. Das Tor zur Christenheit hätte sich ihm geöffnet, und die christlichen Fürsten, unter ihnen der Kaiser von Österreich, der König von Polen, der Herzog von Lothringen, die den Widerstand gewagt hatten, wären getötet oder gefangengenommen worden. Die christlichen Mächte hätten für einen Frieden riesigen Landabtretungen zustimmen müssen. Kara Mustafa wäre als Sieger und mit unermesslichen Reichtümern nach Istanbul zurückgekehrt, um später von Wien aus die nächsten Eroberungszüge in christliche Länder vorzubereiten. Er war sich seiner Überlegenheit so sicher, dass er am Tag der Schlacht eine weitere Fehlentscheidung traf. Als das christliche Heer schon im Anmarsch war, befahl er, die Belagerung fortzusetzen. Janitscharen feuerten noch gegen die Stadt, als das Gros der Türken bereits auf der Flucht war.[94] Was Kara Mustafa nicht wusste, war, dass durch ein Leck in seinem Kriegsrat die christlichen Heerführer über seinen Plan, die 70 000 christlichen Kämpfer in eine Falle laufen zu lassen, sofort informiert worden waren und ihre Angriffstaktik entsprechend ausrichten konnten.[95]

9. Trotz all dieser Fehlentscheide wäre der türkische Sieg nach normalen militärischen Überlegungen immer noch unzweifelhaft gewesen. Es war, um das noch einmal in Erinnerung zu rufen, ein Kampf von 70 000 zwar sehr motivierten aber vom Anmarsch ermüdeten Christen gegen 140 000 Türken, mit dem Platzvorteil des Verteidigers und mit einer starken Übermacht an Kavallerie. Doch dann geschah das Unglaubliche, mit dem wahrscheinlich König Sobieski auf Grund des Lecks im türkischen Kriegsrat gerechnet hatte. Die Tataren unter Ibrahim Pascha, die das Gros der Reiterei stellten und den Sieg hätten garantieren sollen, wendeten sich zur Flucht und leiteten damit die Niederlage ein. Aus christlicher Sicht taten sie dies nach heftigen Kämpfen gegen die Polen, denen die Kaiserlichen zu Hilfe eilen mussten. Auch habe Ibrahim Pascha bei den Zelten des Großwesirs noch einmal erbitterten Widerstand geleistet und floh erst, nachdem er fürchten musste, umgangen und abgeschnitten zu werden.[96] Gemäß dem Bericht des Zeremonienmeisters hingegen hatte sich Ibrahim Pascha als erster sich geschlagen

gegeben… und dadurch die völlige Niederlage des islamischen Heeres verursacht. „Derartige Feigheit hat man bisher noch von keinem anderen Tatarenkhan erlebt."[97] Demnach wäre er ohne Notwendigkeit geflohen. Nach einem Bericht von anderer Seite wollte der Tatarenkhan sich möglicherweise durch diese Flucht dafür rächen, dass der Großwesir ihn mehrfach persönlich beleidigt hatte und auf seinen Rat, die Verteidigung gegen das Entsatzheer zu organisieren, nicht gehört hatte. Jedenfalls, und das ist für unsere Schlussbewertung wichtig, war es nicht, oder nicht in erster Linie der Mangel an Gerste für die Pferde, welcher den Einsatz der Reiterei unter dem Tatarenkhan unmöglich gemacht hätte. Denn es war seinen Reitern möglich, nach der Flucht am selben Tag noch den Weg bis zur Festung Raab zurückzulegen.[98]

So komme ich zum Schluss: Aus militärischer Sicht ist die Niederlage der Türken nicht erklärbar. Dass einem Feldherrn ein gravierender Fehler unterlaufen kann, ist verständlich. Kara Mustafa beging aber eine ganze Reihe. Die Vermeidung jedes einzelnen hätte ihm den Sieg gebracht. Kann man vernünftigerweise diese Häufung von Fehlentscheidungen durch einen erfahrenen Feldherrn einfach dem Faktor Zufall zuschieben? Und wie sollen wir die Flucht der Tataren verstehen? Wenn es Rache oder Verrat war, dann ist auch dafür der Großwesir wegen seiner Verachtung für die Tataren verantwortlich. Dass ein Heerführer seinen wichtigsten Verbündeten beleidigt und verachtet, und dies kurz vor einer alles entscheidenden Schlacht, widerspricht jeder, aber wirklich jeder militärischen Logik. Deshalb schließe ich mich dem Urteil des Herzogs von Lothringen an, der im Sieg bei Wien die „sichtbare Wirkung der Hand Gottes" erkannte, und „dass man ihm allein den Entsatz von Wien beimessen muss".[99] Auch in dieser zweiten Belagerung von Wien haben die Opferbereitschaft der Verteidiger, der Mut des Entsatzheeres und das bewahrende Eingreifen Gottes Europa gerettet.

Europa nach 1683

Mit der Niederlage bei Wien begann der langsame, aber stetige Zerfall des osmanischen Reiches. Die österreichisch-kaiserlichen Truppen konnten nach und nach den Balkan erobern. Schließlich befreiten sich die Griechen 1829 selber vom türkischen Joch. Zudem drängte Russland die türkische Herrschaft im Osten zurück. Als Napoleon im Jahre 1798 mit seinen modern ausgerüsteten Truppen im osmanischen Ägypten an Land ging, fand er kaum ernsthaften Widerstand. Die aufgeschreckte Bevölkerung staunte über die Waffen der Europäer. Nicht die muslimischen Ägypter, sondern der britische Admiral Nelson brachte der französischen Flotte eine schwere Niederlage bei und vertrieb sie aus Ägypten. Und vom 19. Jahrhundert an waren es die christlichen, europäischen Staaten, welche weltweit die Machtkämpfe unter sich aus machten.

Das freiheitliche, innovative und an wissenschaftlicher Beobachtung orientierte Denken blieb für Europa prägend und beschleunigte den Aufstieg Europas zur Weltmacht. Als die Heerführer nach dem Sieg von 1683 über die Türken in Wien die Ereignisse beurteilten, war die Herrschaft Gottes über die Völkerwelt für sie selbstverständlich. Aber dann wurde aus der vom biblischen Weltbild gesteuerten Bewegung immer mehr ein Selbstläufer ohne Gott. Die Zivilisation, die sich ganz aus dem biblischen Weltbild entwickelt hatte, löste sich langsam, aber unaufhaltsam von diesem Wurzelgrund. Doch bevor wir uns mit dem Abgleiten Europas in Gottlosigkeit und Neuheidentum und dem damit verbundenen Niedergang beschäftigen, wenden wir uns den vielfältigen Missionsbewegungen zu, durch welche von Europa aus die ganze Welt verändert wurde.

VI. Missionierung der Welt

ie Missionierung der Welt wird heute von vielen äußerst kritisch beurteilt. Nicht wenige sehen darin einen Missbrauch westlicher Macht, religiösen Imperialismus und eine irreparable Schädigung der indigenen Kulturen, die unter dem Einfluss des Christentums verändert wurden oder ganz verschwunden sind. Diese Einschätzung entspricht einer Sicht der Geschichte, die Gott ausklammert. Zudem übersieht man dabei die gewaltigen Anstrengungen, welche viele Tausende von Missionaren im Bereich der Bildung, der Krankenpflege und ganz allgemein an die Entwicklung dieser oft unentwickelten Völker geleistet haben. Man idealisiert das Leben der indigenen Völker, als ob diese vor ihrer Begegnung mit dem Christentum in paradiesähnlichen Verhältnissen gelebt hätten. Dabei übergeht man bewusst den Dämonenglauben, Zauberei und Magie, welche die Menschen noch heute in Angst und Schrecken versetzen. Und man vergisst die oft menschenunwürdige Armut, Rückständigkeit und das Fehlen von medizinischer Pflege, in denen viele dieser Völker lebten.

Durch die weltweite Missionsarbeit wurde und wird Europa seiner grossen, weltgeschichtlichen Aufgabe ein Stück weit gerecht. Gott hat das westliche Ende der asiatischen Kontinentalplatte ausgewählt und durch die geschilderten geschichtlichen Entwicklungen zum Zentrum des Christentums mit freiheitlich-rechtsstaatlicher Demokratie, technischem und medizinischem Fortschritt gemacht und zum Christlichen Abendland werden lassen. Damit entstanden die Voraussetzungen für die Verwirklichung von Gottes Heilsplan. Dass der Heilswille Gottes die ganze Welt umschließt, wird in vielen Texten des Neuen Testamentes deutlich. So heißt es in Joh. 3,16: „So sehr hat Gott die Welt geliebt, dass er den einzigen Sohn gab, damit jeder, der an ihn glaubt, nicht verloren gehe, sondern das ewige Leben habe."

Oft wird übersehen, dass Gott durch seine Jünger allen Menschen das Evangelium verkünden will, aber gleichzeitig auch denen, die sich nicht für den Glauben gewinnen lassen, Gutes tun will. Sein Heilswille, deutlich gemacht im Noahbund und dem Bild des Regenbogens (1. Mose 8-9), gilt auch den Menschen in der Gottferne. Christen haben den Auftrag, auch dann Gutes zu tun, wenn damit keine Hoffnung auf Bekehrung verbunden werden kann. Gott lässt die Sonne scheinen und den Regen fallen über Gute und Böse. (Matth. 5,14). Am deutlichsten wird dieser bedingungslose Auftrag zum guten Werk im Gleichnis vom Weltgericht und dessen zentraler Aussage: „Was ihr einem dieser meiner geringsten Brüder getan habt, das habt ich mir getan." (Matth. 25,40) Das gilt, wohlgemerkt, unabhängig davon, ob diese Menschen durch die geleistete Hilfe zum Glauben kommen oder nicht. Durch die Christen Europas wollte Gott das Heil in Jesus Christus allen Menschen verkündigen und sie zur Entscheidung rufen. Aber er wollte auch allen Völkern Gutes tun und sie ein Stück weit aus religiösen Ängsten, aus Sklaverei, Hunger, Krankheit und Tyrannei befreien. Christen sollten mit dem Evangelium auch Gottes Schöpfungsordnung, persönliche Freiheit, Wohlstand und rechtsstaatliche Demokratie allen Völkern bringen.

1. Frühe Mission über die Grenzen Roms hinaus

Wie die ersten Christen vom Missionsauftrag Jesu bewegt waren, bezeugen die Apostelgeschichte und die Briefe des Neuen Testaments. Und wir haben gesehen, dass das Römische Reich trotz blutiger Verfolgungen der Christen besonders gute Voraussetzungen zur Ausbreitung des Christentums bot. Weniger bekannt ist, dass Christen das Evangelium schon früh weit über die Grenzen Roms hinaustrugen. Schon am Ende des zweiten Jahrhunderts war das Christentum syrische Staatsreligion. Unter König Tiridates III wurde Armenien 301 ein christliches Königtum. Um das Jahr 525 war das Christentum in der arabischen Halbinsel fest etabliert.[1] Nach der Überlieferung wanderte der Apostel Thomas nach Indien, wo im dritten Jahrhundert die Mar Thomaskirche bezeugt ist.[2] Die Christianisierung Äthiopiens begann Mitte des vierten Jahrhunderts. Und die byzantinische Kaiserin Theodora (ca. 497-548) sandte Missionare nach Nubien, in den heutigen Sudan, wo noch Ruinen von grossen Kirchen erhalten sind.

Für die Mission in Europa war Patrick, besonders einflussreich. In England um das Jahr 389 geboren, wurde er als Gefangener nach Irland gebracht. Dort gelang ihm die Flucht, nach Frankreich, wo er in einem

Kloster Aufnahme als Mönch fand. Von dort wanderte er auf Grund einer Berufung in einem Traum nach Irland aus, wo er trotz vieler Anfeindungen und Gefährdungen von Druiden und Räubern, Tausende taufte, Hunderte von Kirchen gründete und viele Priester weihte. Von den in der Folge gegründeten Klöstern begannen am Ende des sechsten Jahrhunderts irische Mönche nach Europa auszuwandern. Vor allem in Frankreich und der Schweiz gründeten sie Klöster, die zu Zentren der Evangelisierung Europas nördlich der Alpen wurden.[1] Nach China wurde das Evangelium im Jahr 635 durch einen nestorianischen Christen namens Alopen gebracht. Er wurde vom Kaiser herzlich empfangen und übersetzte die Bibel ins Chinesische. Die neue Religion breitete sich rasch aus, und es wird von Klöstern in hundert Städten berichtet.[2] Doch im Jahr 845 löste der Kaiser, der sich ganz dem Kult des Tao verpflichtet hatte, alle Klöster auf. Die nestorianische Kirche in China erholte sich davon nicht mehr, konnte aber mit einigen Zehntausend Mitgliedern bis ins 20. Jahrhundert überleben.

2. Katholische Mission

Während der Völkerwanderung war die Kirche mit der Evangelisierung und Integration dieser Wandervölker mehr als gefordert. In den späteren Jahrhunderten verhinderten die Kämpfe gegen die Wikinger, die Ungarn, Mongolen und den Islam Missionsanstrengungen. Das änderte sich grundlegend mit der Entdeckung der Seewege nach Asien und der Neuen Welt, als für die Mission ein neues Zeitalter anbrach. Die neu sich bietenden Gelegenheiten zur Mission wurden zunächst von der katholischen Kirche unter der Führung von katholischen Mächten ausgenutzt.[3] Schon von 1420 an begleiteten Franziskaner Mönche portugiesische Expeditionen nach Madeira, auf die Azoren und die Cap Verdischen Inseln. Als Vasco da Gama 1498 nach Indien segelte, begleitete ihn eine Gruppe Trinitarier, und als 1500 Pedro Alvares Cabral in Brasilien landete, waren wieder Franziskaner dabei. Portugiesische und spanische Könige waren, ebenso wie die Päpste, vom Eifer für die Bekehrung der Heiden erfüllt. Durch päpstliche Entscheidung wurden die neu entdeckten Gebiete in so genannte Patronate aufgeteilt. Afrika, Westindien und Brasilien wurden Portugal zugeschlagen;

Spanien erhielt das Patronat über die Neue Welt. In diesen Privilegien waren auch die Rechte zum Handel, sprich Aufbau, aber auch die Ausbeutung der eroberten Gebiete enthalten. Zugleich waren beide Staaten verpflichtet, den Glauben zu verbreiten und kirchliche Strukturen zu errichten, also auch Bischöfe zu ernennen und die Heiden in ihren überseeischen Gebieten zu bekehren. Die Kosten fielen diesen Staaten zur Last. Die Missionare hatten also bei der Missionierung den Schutz der staatlichen Macht auf ihrer Seite. Zugleich leisteten sie bei der Erkundung der neuen Gebiete und beim Aufbau von Infrastrukturen entscheidende Beiträge. Die Schwäche dieses Systems bestand darin, dass die Kirche gegenüber den staatlichen Behörden wenig Einfluss hatte. Daher hat Papst Gregor XV. im Jahr 1622 die „Heilige Kongregation für die Verbreitung des Glaubens" gegründet. Durch sie hatte der Heilige Stuhl direkteren Einfluss auf die Arbeit der Missionare und konnte auch den Übergriffen der Konquistadoren entgegenwirken.[6] Die Christianisierung weiter Teile der Welt sind diesem System zuzuschreiben.

Die Katholische Kirche war in der glücklichen Lage, in ihren Orden Männer und Frauen in großer Zahl zur Verfügung zu haben, welche durch ihr dreifaches Gelübde, Armut, Keuschheit und Gehorsam, bestens vorbereitet waren für den anspruchsvollen und entbehrungsreichen Dienst in der Mission. Durch königlichen oder päpstlichen Beschluss konnten sie in jeden Erdteil aufgeboten werden. Zunächst wurden mit dieser Aufgabe vier Orden beauftragt: Franziskaner, Dominikaner, Augustinianer und Jesuiten. Später kamen weitere Orden hinzu, welche z. T. als eigentliche Missionsorden gegründet wurden. So entstanden weltweite missionarische Netzwerke mit Tausenden von Missionaren, die neben der Verkündigung des Evangeliums schon früh auch Schulen, Kranken- und Waisenhäuser errichteten und betrieben. Um Zweigleisigkeit und Konkurrenz unter den Orden zu vermeiden, hat die Katholische Kirche später gewisse Regionen einzelnen Orden zugeteilt.

Lateinamerika

Auch in der Neuen Welt begann mit der Entdeckung und Eroberung der beiden Amerikas die Missionierung. Wo immer Kolumbus hinkam, errichtete er Kreuze zum Zeichen, dass hier das Christentum Einzug halten sollte. Die Missionierung der verschiedenen Teile dieses grossen und unerschlossenen Kontinents war ein komplexer Vorgang und verlief in den verschiedenen Regionen sehr unterschiedlich. Die Landung von Christoph Kolumbus in Amerika am 12. Oktober 1492 wird in jüngerer Zeit wird von manchen als historisch einmalige und traurige Katastrophe bezeichnet. Die spanischen Eroberer werden ungeheurer Grausamkeiten beschuldigt. Heute müsste man, heißt es, von Verbrechen gegen die Menschlichkeit sprechen, welche der Katholischen Kirche als historische Verschuldung angelastet werden. Gestützt auf Doris Kuriella (Kulturen und Bauwerke des Alten Peru) Francisco de Xerez (Geschichte der Entdeckung und Eroberung Perus) und Walther L. Bernecker (Eine kleine Geschichte Mexikos) folgt in aller Kürze eine differenziertere Sicht.

Fraglos sind in Lateinamerika staunenswerte Hochkulturen entstanden. Die älteste Epoche begann um 7000 v. Chr. In Peru haben Forscher mindestens neun Kulturen ausgegraben, welche dem Inka-Reich vorausgingen. Allein von der Moche-Kultur sind in privaten und öffentlichen Sammlungen über 150 000 kunstvolle Keramiken erhalten. Viele Pyramiden sind lokalisiert, aber noch nicht ausgegraben. Bei einer Pyramide hat man geschätzte 143 Millionen Lehmziegel verbaut. Intelligent ausgebaute Bewässerungssysteme versorgten Städte mit 100 000 und mehr Einwohnern. Die älteste Mumie ist 2000 Jahre älter als die älteste ägyptische Mumie. Im Lambayeque-Tal wurden fast so reiche goldene Grabbeigaben gefunden wie bei Pharao Tutanchamon. Allerdings wurden diese Leistungen meist durch rigorose Kontrolle der Bevölkerung erreicht. Pietschmann (Surkamp) spricht von theokratischem Militarismus. Das Imperium der Inka hatte rund 200 Völker unterworfen und erstreckte sich von Norden nach Süden über rund 5 500 km. Der oberste Herrscher war zugleich oberster Priester, dem gottähnliche Verehrung zukam. Die Bevölkerung von geschätzten 10 bis 12 Millionen war in Familien-Gruppen von 10, 50, 100, 1000, 5000 und 100 000 eingeteilt. Von der Geburt bis zum Tod durchliefen die Menschen zehn Lebensabschnitte, in denen genau vorgeschrieben war, welche Arbeiten jeweils auszuführen waren. Möglicherweise mussten sie sogar in jeder Phase entsprechende Kleidung tragen. Von der Ernte mussten große Teile abgeliefert werden, welch in Vorratshäusern für Hungerzeiten gelagert wurden. Zugleich wurde dadurch die Bevölkerung von staatlicher Zuteilung abhängig. Die Vorratshäuser ermöglichten zudem Kriegführung ohne lange Vorbereitung. Die jungen Männer wurden systematisch im Ertragen von Hunger, Durst, Anstrengungen und Schmerzen geübt und so zu rücksichtslosen Kriegern ausgebildet. Aufstände wurden so unterdrückt, dass der Grossteil der rebellierenden Männer umgebracht wurde. Die Götter, symbolisiert durch zähnefletschende Raubtiere, forderten regelmäßige Menschenopfer. Die Kontrolle, gestützt auf religiösen und physischen Terror, war von einer erschreckenden Vollständigkeit.

Die religiöse Verehrung der Götter spielte im Leben dieser Völker eine zentrale Rolle, wobei Menschenopfer offenbar schon um 2000 v. Chr. belegt sind. Auch tote Fürsten erhielten Menschenopfer als Grabbeigaben, einmal waren es 20 junge Frauen. Aber auch Kinder wurden geopfert. Z. T. mussten junge Männer zu Zweikämpfen antreten, worauf der unterlegene geopfert wurde. Die Azteken benötigten offenbar besonders viele Opfer; ihre zentrale Gottheit war Huitzilopochtli, der Gott des Krieges, der mit Menschenopfern immer wieder günstig gestimmt werden musste. Daher führten sie extra Kriege, um Tausende von Gefangenen für ihre Opferrituale heimzuführen. Diese wurden auf den Pyramiden getötet und anschließend hinuntergestürzt. Zweifellos trugen diese religiös begründeten Blutopfer wesentlich dazu bei, die Bevölkerung in ständiger Angst zu halten. Menschenopfer sind über einen Zeitraum von 3500 Jahren bezeugt und sind erst von den spanischen Eroberern ab 1520 und später beendet worden. Wenn man pro Jahr nur 1000 Opfer schätzt, so sind dies 3,5 Millionen! Es könnte sich aber auch um ein Vielfaches handeln.

Die Eroberung von Mexiko leitete Hernan Cortes von 1519-1521, diejenige von Peru Francisco Pizzaro von 1524 bis 1537. Dabei darf man nicht übersehen, dass mindestens im Falle von Mexiko die Azteken schon seit der Entdeckung 1492, also über 30 Jahre lang, verschiedentlich mit Spaniern in Berührung gekommen waren. Oft werden diese Eroberungen so dargestellt, dass die Spanier mit verhältnismäßig wenigen Reitern und Fußsoldaten die ahnungslosen, friedlichen und unterlegenen Indianer einfach massakriert hätten. Dies trifft weder für die Eroberung des Inka-Reiches noch für das

Reich der Azteken zu. Es kam mehrfach vor, dass die indianischen Truppen die Spanier zu Rückzügen zwangen und ihnen empfindliche Verluste zufügten. Vor allem aber verbündeten sich große Teile der unterdrückten Völker mit den Spaniern. Ihre Zahl wuchs im Falle von Mexiko bis auf geschätzte 150 000 bis 200 000. So berichtet Pietschmann, dass nach der Eroberung von Tenochtitlan, der Hauptstadt der Azteken, die 50 000 aufständischen Tlaxcalteken an den Azteken entsetzliche Rache nahmen, während Cortes versuchte, dem Morden von Frauen und Kindern Einhalt zu gebieten. Pietschmann hält darum fest, dass die Eroberung des Aztekenreiches vor allem durch dessen innere Konflikte ermöglicht wurde. Ähnlich fand Pizarro in Peru unter den unterdrückten Völkern im Inka Imperium Verbündete.

Es ist mir unverständlich, wie man die Beendigung des Staatsterrors der Inkas und Azteken und den Abschied von Göttern, welche jedes Jahr durch Tausende von Menschenopfern günstig gestimmt werden mussten, als traurige Katastrophe bezeichnen kann.

Damit soll keine Rechtfertigung ausgesprochen werden für die spanische Unterdrückung der indianischen Bevölkerung, deren Ausbeutung und Diskriminierung, die Zerstörung von einmaligen Kunstwerken und den tonnenweisen Abtransport von Gold und Silber. Die missionierenden Orden können von der Mitschuld an diesen Verbrechen darum nicht ganz freigesprochen werden, weil sie mit den Eroberern kamen und unter deren Schutz arbeiten konnten. Aber es ist unfair, sie für die Verbrechen hauptverantwortlich zu machen. Im Gegenteil. Es war u. a. Pater Bartholomäus de las Casas (1484-1566), ein Dominikaner Missionar, der siebenmal nach Spanien reiste, um beim König und den zuständigen Behörden die grausame Behandlung der Indianer durch die Vertreter der Krone zu schildern und um Abhilfe zu bitten, – freilich ohne grossen Erfolg.[4] Auch Papst Paul III. schrieb 1537, dass man „die Indianer zu Christus bringen solle durch die Predigt des göttlichen Wortes und mit dem Beispiel eines guten Lebens."[5] Und wenn Sklavenschiffe in Brasilien ankamen, so kümmerten sich Jesuiten, insbesondere Peter Claver (1581-1654) um die Hungernden und die Kranken.[4]

Zum Schutz vor Übergriffen durch Beamte und Militärs ordnete schließlich die spanische Krone an, dass für die Eingeborenen besondere Zonen eingerichtet wurden, für welche die Vertreter der Kirche in allen Belangen ausschließlich zuständig waren. Hier lebten die Eingeborenen als „Schützlinge der Krone". Den Staatsbeamten war es verboten, dort irgendwie einzugreifen und mehr als drei Tage in dem Gebiet zu verbringen.[9] In diesen Zonen wurden die Eingeborenen auf das Leben unter spanischer Herrschaft vorbereitet. Erst nach Jahrzehnten der Christianisierung und Zivilisierung wurden diese Zonen in die öffentliche Verwaltung eingegliedert. Beispielhaft arbeiteten die Jesuiten, indem sie auf diese Weise den Staat Paraguay schufen. Jede Zone war eine kleine Stadt, in der die Häuser alle gleich gebaut waren, um Neid zu vermeiden. In der Mitte stand eine aus Stein gebaute Kirche. Der Tag begann und endete mit gemeinsamem Gebet. Erfolgreich wurde angepflanzt, Vieh gezüchtet und handwerkliche Ausbildung für die Bearbeitung von Holz, Stein, Silber und Gold vermittelt. Als die Jesuiten 1767 vertrieben wurden, konnte sogar Voltaire, kein Freund der Jesuiten, nicht anders als die Arbeit in Paraguay als einen „Triumph der Humanität" bezeichnen.[10] Ganz allgemein werden die echt christliche Motivation dieser Missionare und ihre Distanzierung vom Verhalten der Eroberer auch an einem Ausspruch von Samuel de Champlain, dem Gründer von Quebec, deutlich: „Die Rettung einer einzigen Seele ist mehr wert als die Eroberung eines ganzen Imperiums."[11] Leider verachteten die Spanier in Lateinamerika die Nachkommen von Mischehen, die Kreolen. Auch unterließ es die Kirche, anders als auf den Philippinen, genügend eingeborene Priester heranzubilden. Dieser Mangel hat sich bis heute für das Leben der katholischen Kirche in Lateinamerika negativ ausgewirkt. Im Zuge der Unabhängigkeitskriege wendete sich der Hass der Revolutionäre auch gegen die Kirche und ihre Vertreter. Vieles, was mühsam aufgebaut worden war, wurde sinnlos zerstört und die Entwicklung ganzer Regionen weit zurückgeworfen.

Afrika

In Afrika stießen die katholischen Missionare auf große Widerstände. Zwar hieß man sie zunächst im Kongo willkommen. 1521 wurden sogar königliche kongolesische Botschafter nach Rom gesandt, um als Priester ausgebildet zu werden. Aber manche afrikanische Könige wandten sich nach einer Zeit der „Bekehrung" wieder den alten Göttern zu. Verhältnismäßig erfolgreich waren Missionare aus Goa, portugiesisch Indien, welche nach Mozambique gesandt wurden und den Sambesi aufwärts wanderten. Dort gewannen sie im Königreich Monomotapa den König und konnten viele taufen. Doch eine muslimische Verschwörung beschuldigte die Missionare, für eine politische Machtübernahme Portugals zu arbeiten. Es kam zur Verfolgung, und die Mission wurde beendet. Nicht viel besser erging es späteren Missionsversuchen in Mozambique. In Madagaskar gab man auf, weil mehrmals die dorthin geschickten Missionare wenige Monate nach ihrer Ankunft starben. Mitte des 18. Jahrhunderts gab es in Afrika kaum mehr eine Spur katholischer Mission. Neben dem mörderischen Klima war wohl der hauptsächlich von den Portugiesen betriebene Sklavenhandel ein Hauptgrund für dieses traurige Resultat. Die meisten Missionare kamen aus Portugal.[12]

Asien

Der Jesuit Matteo Ricci (1552-1610) unternahm einen neuen Vorstoß zur Mission in China, indem er sich zuerst ganz der chinesischen Kultur anpasste und als Lehrer des Konfuzianismus auftrat. Schon im Jahr 1650 zählte man eine Million Bekehrte. Aber anfangs des 18. Jahrhunderts schränkte der Kaiser die Mission ein, und von 1736 an wurde die Kirche verfolgt. In Japan begann Franz Xavier, ebenfalls Jesuit, 1549 eine missionarische Arbeit, wo er sich mit anderen Ordensbrüdern über rasche Erfolge freuen durfte. Schon 1581 gab es 200 Kirchen und 150 000 Konvertiten aus allen Schichten, auch von buddhistischen Mönchen, Shintopriestern und Samurais. Am Ende des Jahrhunderts war die Zahl der Bekehrten auf eine halbe Million angewachsen. Doch dann, zwischen 1606 und 1614, wurden die Missionare vertrieben, und die japanischen Christen zum Widerruf gezwungen. Es folgten grausame Verfolgungen. 1638 zogen sich 37 000 Christen in eine alte Festung zurück. Nach heldenhaftem Widerstand ergaben sie sich und wurden alle massakriert.[7]

In Indochina war es der Jesuit Alexander von Rhodes (1591-1660), dem es in verhältnismäßig kurzer Zeit gelang, 300 000 Konvertiten zu gewinnen. Diese Kirche konnte sich auch unter kommunistischer Herrschaft bis heute halten. – Franziskaner, welche 1498 Vasco da Gama begleiteten, begannen ihre missionarische Arbeit sofort nach ihrer Ankunft in Goa in Indien. Aber etwa zur selben Zeit überrannten muslimische Moguls den Subkontinent. Auch stellte das Kastensystem ein schweres Hindernis für Bekehrungen dar. Später gelang es dem Jesuiten Robert de Nobili, Zehntausende von Konvertiten zu gewinnen, weil er die Lebensweise der Hindus annahm und ihre heiligen Schriften studierte. – Die Philippinen wurden 1521 von Magellan entdeckt. Die systematische Missionierung der Inseln begann 1564 durch Vertreter verschiedener Orden. Diese konzentrierten sich neben der Verkündigung auf die Zivilisierung der halbwilden Filippinos. Der sklavenähnliche Status der Frauen wurde durch die Einführung des Konzeptes der christlichen Familie beendet. Schon 1593 wurde eine Schule für Mädchen eingerichtet; 1601 entstand in Manila das Jesuitenkollegium San Jose. Aus dem dominikanischen Kollegium Santo Thomas ging die dortige päpstliche Universität hervor. Hundert Jahre nach der Entdeckung der Inseln waren zwei Millionen Filipinos getauft. Einheimische Priester wurden ausgebildet. Die Spanier heirateten auch Eingeborene. So gelang die Bildung einer eigenen, christlichen, philippinischen Kultur, die unter spanischer Herrschaft fast vier hundert Jahre Zeit hatte, sich zu festigen. Dadurch wurde auch der von Süden begonnene Vormarsch des Islams gestoppt.[8]

3. Protestantische Mission

Von den aus der Reformation hervorgegangenen Kirchen gingen zunächst keine missionarischen Impulse aus. Dazu trugen zunächst theologische Gründe bei. So schrieb Calvin: „Wir werden gelehrt, dass das Reich Christi weder gefördert noch aufrechterhalten wird durch den Fleiß der Menschen, sondern dies ist allein Gottes Werk." Und Luther hat in einer seiner Tischreden seine Sicht der Zukunft so ausgedrückt: „Noch hundert Jahre und alles wird vorbei sein. Gottes Wort wird verschwinden, weil niemand es predigen will."[13] In beiden Aussagen ist zwar kein Verbot der Mission enthalten, aber beiden Reformatoren ist offensichtlich ein Aufbruch zur Weltmission fremd. Hinzu kommt, dass die protestantischen Kirchen klein waren und schon bald von der Gegenreformation bedrängt wurden. Auch Streit untereinander verhinderte eine Vision zur Mission der Heiden. Zudem legte der Dreißig Jährige Krieg (1618-1648) alle geistlichen Kräfte zu einem missionarischen Aufbruch lahm. Auch die Zeit der protestantischen Orthodoxie löste keine Missionsbewegungen aus. Man war mit dem Halten der richtigen Lehre und sich selber beschäftigt, haben doch „richtige" Lutheraner sogar bestritten, dass Calvinisten, also Reformierte, überhaupt Christen seien.

Ferner gilt es zu bedenken, dass die protestantischen Länder vom Zugang zu den Weltmeeren weitgehend ausgeschlossen waren und dass keine Weltmächte wie Portugal oder Spanien ihre Missionsunternehmungen förderten. Im Gegenteil. Die Kolonialisierung durch protestantische Mächte wie Holland und England hat zu Beginn die Mission behindert. So hat die British East India Company, die für alle Angelegenheiten in Indien zuständig war, zwar für Pfarrer für den Eigenbedarf gesorgt, sich aber lange Zeit mit allen Mitteln der Mission der indischen Bevölkerung widersetzt.[14] Und schließlich, als in gewissen protestantischen Kreisen das Bewusstsein für die Notwendigkeit der Weltmission langsam erwachte, standen keine Orden zur Verfügung, deren Männer und Frauen zu Tausenden zur Aussendung bereit waren wie in der Katholischen Kirche. So waren die Anfänge protestantischer Mission äußerst bescheiden. Als der österreichische Baron Justinian von Weltz 1664 mehrere Aufrufe zur Mission veröffentlichte, wurde er als Träumer, Fanatiker und Häretiker bezeichnet. Er ließ sich jedoch nicht abschrecken, legte seinen Adelstitel ab, reiste nach Surinam (Holländisch Guayana), wo er nach wenigen Jahren starb.[15]

Die Situation änderte sich erst, als die pietistische Erweckung durch Philip Spener (1635-1705) und andere neues geistliches Leben weckte und damit auch die Sorge für die Heiden erwachte. Erst jetzt rückte die Mission als integraler Teil des Glaubens in das Verantwortungsbewusstsein der protestantischen Gläubigen: Auch die Heiden mussten die Botschaft vom ewigen Heil in Christus hören. Die Erziehungs- und Bildungsanstalten von August Hermann Francke (1663-1727) wurden zu Zentren des Pietismus und der missionarischen Bewegungen im 18. Jahrhundert. Allerdings war der offizielle kirchliche Widerstand noch nicht gebrochen. Als Bartholomäus Ziegenbalg und Heinrich Plütschau, die in Halle studiert hatten, nach Trankebar an der südostindischen Küste ausreisten, nannte sie die theologische Fakultät in Wittenberg „falsche Propheten".[16] Der Durchbruch kam durch Nicolaus Ludwig Graf von Zinzendorf (1700-1760), den Gründer der Herrenhuter Brüdergemeinde. Durch direkte Begegnung mit einem Schwarzen von den westindischen Inseln und zwei Eskimos, die Zinzendorf um Missionare baten, beschloss er, sich auch dieser Aufgabe zu widmen. Das war 1730. Schon zwei Jahre später konnte Zinzendorf Missionare aussenden. Die ersten zehn starben bald nach ihrer Ankunft auf den Jungferninseln. Aber andere waren sofort bereit, die Reihen zu füllen. In wenigen Jahren wurden Missionsstationen in sieben Ländern eröffnet, die alle sehr erfolgreich waren. Die Zahl der überseeischen Gläubigen übertraf bald die der deutschen um das Dreifache. Erst im 19. Jahrhundert erwachte auch in anderen protestantischen Kirchen die Liebe zur Heidenmission. Dann aber kam es zu einem grossen missionarischen Aufbruch: In wenigen Jahrzehnten wurden in Deutschland, Frankreich, den vier Skandinavischen Ländern und der Schweiz insgesamt 15 Missionsgesellschaften gegründet wurden, die erste 1815 in Basel.[17]

Etwa zur gleichen Zeit bildeten sich auch in England und in den USA Missionsgesellschaften. Den Anfang machte William Carey (1761-1834), der auch „Vater der modernen Mission" genannt wird: Von Beruf Schuhmacher und lernbesessener Autodidakt, konnte er Latein, Griechisch, Hebräisch, Italienisch, Französisch und Holländisch, wurde Baptist und zum Prediger ordiniert. Trotz vieler Hindernisse segelte er mit seiner innerlich widerstrebenden Frau und vier Kindern am 13. Juni 1793 nach Indien. Dank seiner totalen Hingabe an die Mission entstanden durch ihn nicht weniger als acht Missionsgesellschaften, darunter die British and Foreign Bible Society und die American Bible Society.[18] Besonders erfolgreich waren protestantische Missionare im Afrika südlich der Sahara. Viele dieser Staaten sind heute stark vom Christentum geprägt. In den letzten Jahrzehnten wuchsen vor allem pfingstliche Kirche in Lateinamerika und Asien. Nach dem Koreakrieg wuchsen die protestantischen Kirchen so rasant, dass sie heute die koreanische Gesellschaft wesentlich bestimmen. In China findet trotz regionaler Unterdrückung und z. T. blutiger Verfolgung vor allem durch die stark pfingstlerisch beeinflussten Hauskirchen ein geradezu explosives Wachstum statt. Diese Bewegung vollzieht sich fast ohne missionarische Hilfe von aussen und ist in ihrer Dynamik in der Geschichte der Kirche beispiellos. Es ist eine späte Frucht der 1865 gegründeten China-Inlandmission.

Heute unterscheidet man generell vier Arten von Missionsorganisationen:
1. Interkonfessionelle von Privaten getragene.
2. Konfessionelle, die unter der Leitung einer Kirche stehen.
3. Glaubensmissionen, bei denen die Missionare selber ihren Unterhalt sammeln.
4. Spezialisierte Missionen, z. B. für die Eskimos, für Blinde, für Militärpersonen, für Flugpersonal, durch Literaturverteilung etc.

Unter den letztgenannten sind die Wycliffe – Bibelübersetzer besonders zu erwähnen, welche die Bibel in Sprachen von Eingeborenen übersetzen, wobei sie oft zuerst deren Sprache erfassen müssen. Längst werden auch moderne Kommunikationsmittel weltweit für die Mission eingesetzt. Unter den vielen Radiomissionen sind die FEBC (Far East Broadcasting Corporation) und TWR (Trans World Radio) hervorzuheben. Sie senden über eigene und säkulare Radiostationen, arbeiten mit lokalen Missionen zusammen und erhalten monatlich viele Zehntausende von Briefen. In jüngerer Zeit kamen missionarisch tätige internationale Organisationen hinzu, wie Campus Crusade for Christ, Operation Mobilization, Student Volunteer Mission und viele andere. Heute wird das Evangelium über viele Fernsehkanäle in vielen Sprachen ausgestrahlt. In den USA sind so viele Gesellschaften missionarisch tätig, dass ich auf eine Übersicht verzichte; zudem entstehen immer wieder neue. Die protestantischen Missionsanstrengungen werden heute überwiegend von Christen in den USA getragen. In allerjüngster Zeit haben ehemalige Missionskirchen angefangen, selber Missionare auszusenden, auch nach Europa.

4. Resultate der Missionierung in Zahlen

Übersicht über die missionarischen Aktivitäten der Christenheit gemäß International Bulletin of Missionary Research Vol. 33, No. 1

	1900	2009	2025
Weltbevölkerung	1 619 625 000	6 828 157 000	8 010 511 000
Weltbevölkerung nach Religionen:			
Christen alle Kirchen	558 158 000	2 271 727 000	2 714 741 000
Muslime	199 901 000	1 449 614 000	1 880 731 000
Hindus	202 973 000	913 455 000	1 091 008 000
Chinesische Unversisten	380 207 000	388 609 000	425 919 000
Buddhisten	126 919 000	387 872 000	438 079 000
Animisten	117 527 000	266 281 000	287 041 000
Atheisten	226 000	148 346 000	149 110 000
Neue Religionen	5 951 000	106 183,000	110 814 000
Sikhs	2 962 000	23 988 000	29 483 000
Juden	12 292 000	15 088 000	16 779 000
Nicht Christen total	1 061 467 000	4 556 430 000	5 205 770 000
Christliche Denominationen	1 900	40 000	55 000
Gemeinden (worship centers)	400 000	3 751 000	5 000 000
Christliche Mitarbeiter:			
Nationale	2 100 000	11 982 000	14 000 000
Fremde (Missionare)	62 000	463 000	550 000
Spenden:			
Christliche Aufgaben	allg. 8 Mrd $	410 Mrd $	870 Mrd $
Weltweite Missionen	200 000 000 $	25Mrd $	60 Mrd $
Verteilung von Bibeln pro Jahr	5 452 600	83 000 000	180 000 000
Christliche Radiohörer, TV-Zuschauer pro Monat	0	2 639 000 000	3 800 000 000
Nicht-evangelisierte Bevölkerung	879 583 000	1 966 911 000	2 280 236 000

Auf zwei Zahlen weise ich besonders hin: Um 1900 betrug der Anteil der Christen an der Weltbevölkerung 34,5 %; heute sind es 33,3%. Das bedeutet, dass trotz enormer Zunahme der Weltbevölkerung der prozentuale Anteil der Christen an der Weltbevölkerung nicht wesentlich zurückgegangen ist. Dies war möglich, weil in Afrika und Asien die christlichen Kirchen sehr rasch gewachsen sind. Im Vergleich dazu ist jedoch die Zahl der Muslime rascher gestiegen als jene der Christen. Sie hat sich in diesem Zeitraum mehr als versechsfacht, während die Zahl der Christen sich rund vervierfacht hat.

Dennoch kann man festhalten: Die europäische bzw. die westliche Christenheit hat den Auftrag zur Weltmission zwar spät wahr genommen, doch die zahllosen Opfer von Männern und Frauen, oft von ganzen Familien, haben auf den Feldern der Mission reiche Frucht getragen. Hinzu kommt die gewaltige Arbeit, welche die christlichen Missionen im Dienste der kulturellen und zivilisatorischen Entwicklung dieser Länder geleistet haben. Allerdings: Trotz der grossen Zahl von Missionaren wächst die nicht-evangelisierte Weltbevölkerung.

5. Mission als Entwicklungshilfe

Staatenbildung

Kritiker der Mission erklären, die Kolonialmächte hätten den kolonisierten Völkern den militärisch-politischen und wirtschaftlichen Imperialismus aufgezwungen, die Missionen hätten für den kulturellen Imperialismus gesorgt. Gewiss haben die Kolonialmächte die eroberten Länder auch ausgebeutet und gedemütigt. Aber die heute üblichen Schuldzuweisungen stellen eine sehr einseitige Sicht dar und übersehen die gewaltigen zivilisatorischen Leistungen, welche von den Kolonialmächten und den Missionen zum Vorteil der betreffenden Länder erbracht worden sind. Mit Lateinamerika haben wir uns schon beschäftigt. Die Spanier haben zwar uralte indianische Kulturen zerstört. Aber die Frage muss erlaubt sein, inwiefern Gesellschaftsstrukturen, welche vom Glauben durchdrungen waren, durch Tausende von Menschenopfern ihre Existenz sichern zu müssen, als Kulturen bezeichnet werden können? Menschenopfer, deren Bedeutung so hoch eingeschätzt wurde, dass an deren Verspeisung vermutlich nur die vornehmsten Mitglieder der Gesellschaft teilnahmen?[19] Eine eigentliche, zivilisatorische Entwicklung war nur durch die Zerstörung dieser Strukturen möglich.

In Afrika haben die Kolonialmächte die zahllosen Stammeskriege beendet und den innerafrikanischen Sklavenhandel, der vor Allem von Arabern betrieben wurde, unterbunden. Erst nach dem Abzug der Engländer wurde er vom arabisch-muslimischen Nordsudan im Krieg gegen die christlich-animistischen Südsudanesen wieder aufgenommen. Auch Gewaltausbrüche und Massaker unter den Stämmen behinderten nach der Erlangung der Unabhängigkeit den Aufbau einer Zivilgesellschaft in schwerwiegendem Masse. Das heißt nicht, dass der Abzug der Kolonialmächte ein Fehler war; doch bei einer Beurteilung darf man die Aufbauarbeit, die sie geleistet haben, nicht unterschlagen. Sie haben auch die Arbeit der Missionsschulen und Spitäler finanziell gefördert. Sie haben in den eroberten Gebieten Grenzen gezogen, die aus heutiger Sicht oft problematisch erscheinen. Aber diese Grenzen haben vielfach die Bildung von Staaten, in denen zahlreiche Stämme mit unterschiedlichen Sprachen und Kulturen leben, erst möglich gemacht.[20] So zählt man z. B. in Kenia 48 Ethnien. Was für Schwierigkeiten der Staatenbildung entgegenstanden, zeigt eine mündliche Auskunft von Dr. John Garang, dem verstorbenen Präsidenten der südsudanesischen Befreiungsbewegung, der mir gegenüber erklärte, es gebe unter den acht Millionen Südsudanesen über 500 Sprachen. In Papua Neuguinea soll es unter den 6,5 Millionen Einwohnern 800 Sprachen geben.[21] In Indien zählt man 14 Hauptsprachen und 500 weitere.

Das heißt, dass noch heute in manchen dieser Staaten das Bewusstsein einer nationalen Zusammengehörigkeit erst wachsen muss. Engländer und Franzosen haben ihre eigene Sprache zur Amtssprache der Kolonien gemacht. Das brachte den kolonisierten Völkern einen doppelten Vorteil. Einmal erhielten sie eine nationale Sprache, durch welche sich die vielen Stämme untereinander verständigen können. In Indien ist auf diesem Wege auch die Bildung eines starken Nationalbewusstseins gelungen. Zudem lernten sie mit Englisch oder Französisch eine Sprache, die sie zu internationaler Kommunikation befähigt, ein Vorteil gegenüber vielen europäischen Ländern. Die Kolonialherren haben zivile Infrastrukturen aufgebaut, zugegebenermassen nicht überall mit derselben Qualität. Aber alle haben Verkehrswege gebaut und große Regionen überhaupt erst zugänglich gemacht, eine Verwaltung und eine auf geschriebenem Recht basierende

Rechtsprechung eingeführt. Nicht umsonst tragen in manchen ehemals englischen Kolonien die Richter noch heute mit grossem Stolz die in England üblichen Perücken. Schließlich ist darauf hinzuweisen, dass die im christlichen Europa beheimateten Kolonialmächte aus ihren eroberten Gebieten wieder abgezogen sind und die Kolonien in die Unabhängigkeit entlassen haben, was die muslimischen Eroberer nicht getan haben.

Zivilisatorische Arbeit der Missionen

Was die Arbeit der Missionen für den Aufbau einer Zivilgesellschaft betrifft, so sind sicher auch da Fehler gemacht worden. Doch die pauschale Kritik, die Missionen seien für diese Länder ein Unheil gewesen, halte ich für unangebracht und ideologisch bedingt. Vielfach ist sie auch unehrlich, weil sie von Personen kommt, welche ohne die zivilisatorischen Dienste der Missionen mit großer Wahrscheinlichkeit weder lesen noch schreiben könnten und das auch wissen. Dass durch die Christianisierung sich auch die Kultur eines Landes verändert hat, ist nur logisch, denn der Kult bestimmt die Kultur eines Volkes. Das war in allen Jahrhunderten so, auch in Europa und Nordamerika. Die Christianisierung erlöste große Teile der eingeborenen Bevölkerung aus grauenhaften so genannten „kulturellen" Traditionen.

Sehr oft hat die Christianisierung eine zivilisatorische Entwicklung erst möglich gemacht. So glaubten beispielsweise, wie berichtet, die Batakter in Indonesien, sie dürften nach der Rodung des Urwaldes den Boden nur zwei Jahre bebauen, denn sonst würden die Geister, denen der Wald gehörte, böse. Sie mussten also alle zwei Jahre ihre Hütten verlassen und in ein neues Gebiet aufbrechen. Diese Kultur verhinderte jede Weiterentwicklung. Ähnliche Beispiele gibt es zu Hauf. In vielen indigenen Völkern, nicht nur bei den Azteken und den Mayas, waren Menschenopfer und Kannibalismus über Jahrhunderte integraler Bestandteil ihrer Kultur. Noch heute gibt es in Uganda Ritualmorde an Kindern, weil Zauberer für bestimmte Rituale Menschen fordern.[22] Nachdem das biblische Menschenbild eingeführt worden war, hörte in vielen Völkern die Sitte der Tötung von neugeborenen Mädchen auf. Die soziale Stellung der Frauen verbesserte sich grundlegend. Missionsschulen waren die ersten, welche auch Mädchen ausbildeten. In Indien wurde die Verbrennung von Witwen verboten. Ausführlich schreibt darüber Alvin J. Schmidt in seinem Buch: „Wie das Christentum die Welt veränderte."

Missionare waren oft auch Pioniere bei der Erforschung vieler Länder. So hat der Schotte David Livingstone (1813-1873) Wege für die Evangelisierung und für die Befreiung des Kontinents von der Sklaverei gesucht. Dabei hat er als erster Weißer die Kalahari-Wüste durchquert, den Sambesifluss und die Route an die Ostküste gefunden, die Victoriawasserfälle entdeckt und sich auf die Suche nach den Quellen des Nil gemacht, wo er tief im Inneren des Kontinents starb. Im Afrika südlich der Sahara gab es Anfang des 19. Jahrhunderts nur wenige, die lesen und schreiben konnten. Die Missionen haben Zehntausende von Schulen eingerichtet. Noch 1961 standen in Afrika 68% der Schulen unter der Leitung von Missionaren. Dabei mussten die Missionare zuerst die Sprachen der wichtigsten Stämme lernen, grammatikalisch erfassen und in schriftliche Form bringen.[23] Viele Universitäten in diesen Ländern gehen auf von Missionaren gegründete Institutionen zurück. Ähnlich gewaltige Leistungen erbrachten die Missionen im Bereich der Gesundheitspflege. So waren 1930 in China 90% aller Krankenschwestern Christinnen. Nicht zu vergessen ist die Vermittlung von landwirtschaftlichen und Handwerklichen Fähigkeiten. Die Missionen leisteten einen unschätzbaren zivilisatorischen Aufbau, Jahrhunderte bevor das Wort Entwicklungshilfe erfunden wurde. Denn dieser Dienst entspricht dem christlichen Menschenbild.

Herbert Kane fasst die zivilisatorischen Leistungen der christlichen Missionen so zusammen:

„Mit grossem Mut haben sie (die Missionare) die sozialen Übel ihrer Zeit angepackt: Verheiratung von Kindern, die Tötung von Witwen, Tempel Prostitution, (Verbindung der Verehrung einer weiblichen Gottheit mit Prostitution) die Unberührbarkeit (von gewissen Kastenangehörigen) in Indien; das (zur Verkrüppelung führende) Einbinden von Füßen, Opiumsucht, das Aussetzen von Kindern in China, die Polygamie, den Sklavenhandel, die Tötung von Zwillingen in Afrika. In allen Teilen der Welt eröffneten sie Schulen, Krankenhäuser, Kliniken, medizinische Schulen, Waisenhäuser und Leprastationen... Unter grossen Risiken für sich und ihre Familien haben sie gekämpft gegen Hungersnöte, Überschwemmungen, und Seuchen. Sie waren die Ersten, welche unerwünschte Kinder retteten, Mädchen ausbildeten und Frauen befreiten." [24] Kurz: Die nach dem 2. Weltkrieg von westlichen Staaten in die Weg geleitete Entwicklungshilfe ist ohne die von den Missionen gelegten Fundamente nicht denkbar.

Dankbarkeit von Politikern aus Entwicklungsländern

Dass Kolonialmächte äußerst positive Aufbauarbeit hinterlassen und Missionen unschätzbare Entwicklungshilfe geleistet haben, ist auch durch Unabhängigkeitskämpfer bestätigt worden. So hat 1920 Emir Feisal erklärt: „Dr. Daniel Bliss, der Gründer des Kollegs (später die Amerikanische Universität von Beirut) war der Großvater von Syrien. Sein Sohn, Dr. Howard Bliss, der jetzige Präsident, ist der Vater von Syrien. Ohne die Bildung, welche dieses Kolleg vermittelt hat, wäre der Kampf um die Freiheit niemals gewonnen worden."[25] Nkwame Nkrumah, der erste Präsident von Ghana, erklärte 1957: „Wir schulden den Missionaren viel, und wir werden sie auch in Zukunft willkommen heißen." Der Premierminister von Nigeria sagte 1960, als er dem Parlament die Erklärung der Unabhängigkeit vorschlug: „Wir sind den Missionaren dankbar, welche so viel getan haben, um die Unabhängigkeit zu fördern… Sie können mit Befriedigung zurückschauen auf bedeutende Erfolge in der Erziehung…" Und auch Jomo Kenyatta, einst Führer der Mau-Mau Rebellen, später Präsident von Kenia, erklärte öffentlich seinen Dank für den Beitrag der Missionare für die Unabhängigkeit und lud sie ein, zu bleiben und weiter am Aufbau des Landes mitzuwirken.[26] Schließlich darf nicht vergessen werden, dass Christen oft in vorderster Front für sozial-politische Reformen kämpften. Mahatma Gandhi hat seine Strategie des gewaltlosen Widerstandes dem Neuen Testament entnommen, nicht der Bhagavadgita. In Liberia, Ghana, Nigeria, Tschad, Zaire, Uganda, Tanzania und Zambia wurden Christen zu Premierministern gewählt.

Heute sind Milliarden von Menschen nur darum am Leben, weil Hunderttausende von Missionaren ihr Leben auch für die Entwicklung, Bildung, die medizinische Versorgung und soziale Besserstellung der missionierten Völker gaben und weil die aus christlichen Ländern stammenden Kolonialmächte die Grundlagen für den Aufbau der Zivilisation legten. Gott wollte Europa, weil er von Europa aus der Welt das Evangelium, aber auch eine menschenfreundliche Zivilgesellschaft geben wollte. Das Christentum hat direkt und indirekt die ganze Welt grundlegend verändert. Auch die Demokratisierung vieler Staaten und internationaler Gremien ist auf westlichen Einfluss zurückzuführen und wäre eine eigene Untersuchung wert. Gewiss, die Kolonialmächte haben in erster Linie nationale Macht und wirtschaftliche Vorteile gesucht. Sie haben auch Fehler gemacht, und zwar katastrophale, die sich noch heute in manchen

Regionen der Welt rächen. Aber Gott hat auch diese Mächte dazu benutzt, um die kolonisierten Völker zu fördern. Man stelle sich nur vor, in welchen Verhältnissen der Grossteil dieser Völker ohne die Arbeit der Missionare und ohne koloniale Entwicklung heute leben würde.

VII. Demokratie – Wende zur Freiheit

ehr als 7000 Jahre lang galt für jede Hochkultur, dass sie sich nur erfolgreich entwickeln kann, wenn Religion und Staat eine Einheit bilden und niemand an individuelle Freiheit denkt, sondern sich als Teil einer grossen Einheit fühlt und sich ins Staatsganze einfügt. Dies zeigt die Geschichte sowohl bei den Kulturen des Zweistromlandes, Ägyptens oder in Lateinamerika. Das Römische Reich erlaubte jede Religion, solange das Opfer vor der Kaiserstatue nicht angetastet wurde. Im Islam ist diese Einheit durch den Koran für immer festgeschrieben. Auch im christlichen Europa war es über die Reformation hinaus undenkbar, dass eine Gesellschaft im Frieden leben könnte ohne Einheit von Staat und Religion. Freiheiten waren nur möglich innerhalb des Rahmens, der von Staat und Kirche gesetzt wurde. Mit der Gründung der Demokratie der Vereinigten Staaten von Amerika entstand ein Staat, dessen oberstes Ziel die individuelle Freiheit ist, und der sich dennoch zur Weltmacht entwickelte. Damit begann eine Zeitenwende: Freiheit für alle. Freiheit zum „Pursuit of Happiness", wie es die Unabhängigkeitserklärung der USA formuliert. Darin erkenne ich besonders deutlich Gottes Lenkung der Geschichte. Er wollte und will, zusätzlich zur Versöhnung und ewigem Leben für die Gläubigen, auch eine Gesellschaft mit Frieden, Freiheit und Wohlstand für alle. Gott lässt regnen über Gute und Böse (Matth. 5, 45) in der Hoffnung, dass alle seine Liebe erkennen. Er sorgt für die Entstehung der Demokratie, die sich auf das christliche Menschenbild stützt, und den Westen zur Zivilisation macht, welche die politischen Strukturen aller Völker beeinflusst. Freiheit, Frieden, Menschenwürde und Wohlstand in einer solidarischen Gesellschaft werden weltweit zum Traum von Milliarden.

1. Die Demokratie der USA

Die Gründung der Vereinigten Staaten von Amerika war die Geburtsstunde der freiheitlichen Demokratie. Es war ein Sieg des biblischen Menschenbildes. Der nach Gottes Ebenbild geschaffene Mensch ist zur Freiheit bestimmt, weil Gott absolut frei ist. Als Erstes schenkt Gott dem in Sünde und Unfreiheit gefallenen Menschen die Vergebung der Sünden und damit innere Erneuerung, ein neues Leben in einer freien Gemeinschaft mit Gott. Jesus sagt: „Wen der Sohn freimacht, der ist recht frei." (Joh. 8, 36) Und Paulus schreibt: „Wo der Geist Gottes ist, da ist Freiheit." (2. Kor. 3,17) Diese Freiheit ist zuerst eine innere, geistliche Freiheit in der Beziehung zu Gott. Doch das Bewusstsein, zur Freiheit bestimmt zu sein, schuf in den vom Christentum geprägten Ländern auch politische Freiheit. Zuerst waren es Teilfreiheiten. Dann, in der Gründung der Vereinigten Staaten von Amerika der Höhepunkt, die Umsetzung der inneren Freiheit in einen Staat mit dem Ziel, allen Bürgern individuelle Freiheit zu garantieren. Und dabei hat Gott zugleich eine Weltmacht entstehen lassen, welche für Europa zur Friedensbringerin wurde, die menschenverachtenden Ideologien des Nationalsozialismus und Marxismus besiegte und die Freiheit rettete. Ich fasse zusammen:

1. Die USA-Demokratie hat der Welt gezeigt, dass eine staatliche Struktur möglich ist, welche die Ur-Sehnsucht des Menschen nach „einer besseren Welt", nach Freiheit, Frieden und Wohlstand weitgehend erfüllt. Der Jahrtausende alte Zwang zur Einheit von Religion und Staat hat jetzt ein erfolgreiches Gegenmodell. Freiheit ist möglich.

2. Die USA haben im blutigsten aller ihrer Kriege der Sklaverei ein Ende gesetzt. Die Behauptung, eine erfolgreiche Gesellschaft stütze sich immer auf Sklaven, stimmt nicht mehr. Kein Staat hat für die Befreiung seiner Sklaven mehr Opfer gebracht.

3. Die USA haben durch ihr Eingreifen in den Ersten Weltkrieg dem sinnlosen Abschlachten der französischen und deutschen Jugend ein Ende gesetzt und den Friedensschluss möglich gemacht.

4. Die USA haben durch ihr Eingreifen im Zweiten Weltkrieg das Ringen um die militärische Vorherrschaft in der Welt entschieden, das Terrorregime von Hitler in die Kapitulation gezwungen und damit die Freiheit Westeuropas und die Respektierung des christlichen Menschenbildes gerettet.

5. Die USA haben durch Machtdemonstrationen, kluges Taktieren und wirtschaftliche Übermacht den Kalten Krieg zwischen der kommunistischen Sowjetunion und der westlichen Welt für den Westen und damit für die Freiheit gewonnen. Die Folgen waren u. a. die Selbstauflösung der Sowjetunion und die Wiedervereinigung der DDR mit der Bundesrepublik.

6. Die USA sind auch heute die einzige Weltmacht, welche dem chinesischen Streben zur Vorherrschaft und den Drohungen und Annexionen Russlands Paroli bieten und als Schutzmacht für die freie Welt auftreten kann.

7. Durch die enge kulturelle Verbindung von Nordamerika und Europa entstand der „Westen" als die zivilisatorische und technologische Supermacht, welche heute die ganze Welt mit ihrer wissenschaftlichen und wirtschaftlichen Überlegenheit beeinflusst und viele Staaten zu eigenen Entwicklungen anregt.

Gewiss, die USA sind kein heiliges Volk, und ihre politischen Führer haben z. T. fatale Fehlentscheidungen getroffen. Aber im Blick auf die Geschichte sind alle freiheitsliebenden Menschen und Völker den USA zu bleibendem Dank verpflichtet. Es ist nicht auszudenken, was aus Europa und der Welt geworden wäre, wenn die Schreckensherrschaften von Hitler und Stalin nicht beendet worden wären. Und als im 20. Jahrhundert der Größenwahn der Herrschenden die Völker Europas in der Ersten Weltkrieg stürzte und als Hitler als Volksverführer und Massenmörder die Macht ergriff und den Zweiten Weltkrieg lostrat, da hatte Gott längst Vorsorge getroffen. Die USA, gegründet 1776, waren ein gut organisierter und mächtiger Staat. So konnten sie rettend eingreifen. Es lohnt sich, einen Blick auf die epochale Gründung der USA-Demokratie zu werfen.

2. Die Entstehung der Demokratie

Wie im Samen einer Eiche alle Kräfte und Programme enthalten sind, so dass daraus ein riesiger Baum wachsen kann, so sind in den Worten der Bibel „Gott schuf den Menschen nach seinem Bilde" (1. Mose 1, 26) alle Kräfte verborgen, welche letztlich zur inneren Freiheit der Gläubigen auch die politische Freiheit der Bürger, also die Demokratie, geschaffen und die Welt verändert haben. Gott hat die Menschen zur Freiheit, zu einem Leben als Individuen bestimmt. Er spricht im Alten Testament zu Israel als Volk aber auch zu Einzelnen. Im Römischen Reich leisteten einzelne Christen Widerstand bis zum Märtyrertod gegen das staatlich verordnete Kaiseropfer. Sie gewannen durch ihre Liebe zu Armen und Kranken Sympathien in der Gesellschaft. So entwickelten sich über die Jahrhunderte Völker zu Gemeinschaften, welche die Grenzen von Clan- und Stammesdenken überwanden und langsam lernten, als Individuen denken, eine wichtige Voraussetzung für die Demokratie.

Vorformen der Demokratie entstanden im Mittelalter. In Klöstern wählten Mönche ihre Äbte. In den Städten wählten die Mitglieder der Zünfte und Innungen ihre Vertreter und Stadtväter usw. Möglich wurde diese einzigartige Entwicklung in Richtung Freiheit, weil Christen wussten, dass sie als Ebenbilder Gottes Rechte hatten, die auch Könige und Kaiser respektieren mussten. Beispielhaft für viele Verträge, durch welche Städte und Bünde ihren adeligen Herren Rechte abforderten, ist die Magna Charta, das „Große Papier" von 1225. Damals zwangen englische Adelige ihren König, Johann ohne Land, zu einem Vertrag, der Steuern von ihrer Zustimmung abhängig machte.

Doch das waren erst Vorläufer der Demokratie. Der Kreis der Wahlberechtigten und die Wahlbefugnisse waren eng beschränkt. Erst in der amerikanischen Demokratie triumphierte die Freiheit als eigentlicher Sinn des Staates. Den Geist, aus dem die amerikanische Demokratie geboren wurde, erkennt man am besten aus den Worten der Unabhängigkeitserklärung, welche 1776 von Thomas Jefferson verfasst und vom ersten Kongress, von den sog. „Gründervätern", angenommen wurde, und mit der die 13 englischen Kolonien in Amerika ihre Trennung vom Mutterland bekannt gaben.

Diese Unabhängigkeitserklärung jedoch ist nicht denkbar ohne die Vision einer freien Gesellschaft, welche die „Pilgerväter" mit sich brachten. Das waren rund 120 Männer und Frauen, welche 1620 mit der „Mayflower" von Holland kommend in der Nähe des heutigen Plymouth im bitter kalten November an Land gingen. Als streng gläubige reformierte Puritaner waren sie aus England nach Holland geflohen, weil sie sich dem Diktat der anglikanischen Staatskirche nicht beugen wollten. Sie hatten sich zusammengetan, um in der Neuen Welt ihren Glauben in Freiheit leben zu können. Der Staat durfte nicht in ihren Glauben eingreifen. Deshalb mussten Kirche und Staat getrennt sein. Oberste Aufgabe des Staates sollte die Freiheit sein. Um möglichst unabhängig zu sein, sollten die Bürger für sich selber sorgen und wenig Steuern bezahlen. Viele der Neuankömmlinge starben schon im ersten Winter. Doch der Traum der kleinen Gemeinschaft von der umfassenden Freiheit und Selbstbestimmung eroberte die Herzen der Neusiedler.

Dieser Wille zur „Freiheit für alle" bildete für die Gründerväter die Mitte ihrer grossen Vision einer neuen Weltordnung. Sie waren zudem Kinder der Aufklärung, begeistert von Naturforschung und neuen Techniken. Und, das mag erstaunen, sie beschäftigten sich intensiv mit der Geschichte und den Philosophien der Antike. Beispielsweise konnte John Adams, Anwalt aus der Provinz und zweiter US Präsident, die antiken Schriftsteller in Griechisch und Latein lesen. Die Gründerväter hatten über Jahre geprüft, welche Strukturen ein Staat haben musste, um langfristig Freiheit, Frieden und Wohlstand zu sichern. Ihr Kampf um Freiheit war ein Aufbruch von weltgeschichtlicher Bedeutung, ein Abschied von der Ordnung, welche über 7000 Jahre zur Grundvoraussetzung einer erfolgreichen Gesellschaft gehörte. Die USA wagten diesen gewaltigen Schritt und hatten Erfolg. Zwar dient heute die Demokratie vielfach als Feigenblatt für Diktaturen. Und die meisten Staaten Europas kennen die Demokratie erst seit dem Zweiten Weltkrieg, viele erst seit dem Zusammenbruch der Sowjetunion von 1991. Doch die USA haben mit rund 250 Jahren Demokratie den Praxistest hinter sich.

Wie haben die Gründerväter ihren Staat so aufgebaut, dass sich ihre Demokratie trotz blutiger interner Auseinandersetzungen und äußerer Bedrohungen bis heute bewährt? Was ist ihr Geheimnis? Die Antwort lautet:

1. Der Staat stützt sich auf die Werte des jüdisch-christlichen Menschenbildes.
2. Beschränkung der Macht auf allen Stufen der staatlichen Strukturen. Diese Beschränkung, „Checks and Balances" genannt, verleiht dem Staat Stabilität und Schutz vor Machtmissbrauch und Korruption. Die Einsicht in die Notwendigkeit, die Befugnisse auf jeder Ebene staatlicher Macht einzugrenzen, stammt aus dem christlichen Menschenbild.

3. Das Menschenbild der Unabhängigkeitserklärung

Nach intensivem brieflichem Austausch mit befreundeten Vorkämpfern für die Unabhängigkeit hat Thomas Jefferson mit gerade mal gut 32 Jahren dieses welthistorische Dokument verfasst. Es lohnt sich, die ersten Sätze zu analysieren und nach dem Geist zu fragen, der sich darin wiederfindet. Ich verwende in meinen Zitaten die Originalfassung, incl. Groß- und Kleinschreibung. Der Anfang lautet:

„We hold these truths to be self-evident, that all men are created equal, that they are endowed by their Creator with certain unalienable Rights, that among these are Life, Liberty and the pursuit of Happiness. – That to secure these rights, Governments are instituted among Men, deriving their just powers from the consent of the governed. – That whenever any Form of Government becomes destructive of these ends, it is the Right of the People to alter or abolish it, and to institute new Governments, ..."

Werfen wir einen Blick auf die wichtigsten Teile:

Truths to be self-evident: Ein Schlüsselbegriff für das Denken und die Überzeugungen der Gründerväter. *Self-evident* meint, dass etwas, in diesem Fall die nachfolgenden Aussagen, für jeden einsichtig sind, ohne dass es bewiesen werden muss. Wenn an einem klaren Tag die Sonne scheint, muss man nicht beweisen, dass sie scheint. Sie beweist sich selber. Dass zwei Mal zwei gleich vier ist, leuchtet jedem ein, also allen Menschen auf der Welt, in allen Kulturen. Dies ist zunächst eine hochbedeutsame philosophische Aussage. Es gibt Wahrheiten, die man nicht beweisen muss. Sie sind *self-evident*. Jeder mit Verstand Begabte muss das auch so sehen.

Und das ist zugleich eine bedeutsame theologische Aussage. Auch was die Gründerväter theologisch über Gott, die Menschen und die Staatsordnung schreiben, ist *self-evident*. Auch diese in der Bibel begründeten Aussagen über Gott, den Menschen und den richtigen Staat brauchen keinen Wahrheitsbeweis! Sie können oder könnten von allen Menschen in allen Kulturen von selber als Wahrheit erkannt werden. Sie sind in dem enthalten, was man das Naturrecht und Schöpfungsordnung nennt. D. h. Gott hat in der Schöpfung allen Menschen hilfreiche, schützende Werte, Rechte und Lebensordnungen gegeben. Das muss man nicht beweisen. Jeder, der die Natur beobachtet, muss das erkennen.

Die Kühnheit dieser Behauptung war den Gründervätern wohl bewusst. Dank ihrer Bildung wussten sie genau, dass Muslime, Hindus und Buddhisten über Gott und die Natur ganz anders lehrten. Und sie hatten die Bücher der aufgeklärten Philosophen Europas sorgfältig gelesen. Dennoch erklärten sie, ihre Aussagen seien *self-evident*. So durchdrungen waren sie von ihren Überzeugungen.

That all men are created equal: Dass alle Menschen gleich sind, kann man nur im Sinne des biblischen Schöpfungsberichts verstehen. Der Ausdruck „created" weist auf die Kreation, die biblische Schöpfung aus dem Nichts durch Gottes Wort. Nur dort wird allen Menschen, unabhängig von Hautfarbe, Geschlecht oder Geburt, gleiche Würde zugesprochen. Sowohl der Islam als auch Hinduismus, Buddhismus und Shintoismus sehen das ganz anders.

By their Creator: Der Großbuchstabe beseitigt jeden Zweifel: Gemeint ist der Schöpfergott der Bibel. Die Mehrheit der Gründerväter war liberal und glaubte nicht an Jesus Christus, den Sohn Gottes, als Versöhner und Erlöser, sondern an ein göttliches Wesen, ein Oberstes Sein. Aber die sichtbare Natur konnte nur von einem intelligenten Wesen, einem Schöpfer stammen. Hinduismus und Buddhismus kennen keinen Gott als alleinigen Schöpfer des Alls, und für Allah sind nicht alle Menschen gleich. Also noch einmal: Gegen alle anderen religiösen und philosophischen Weltsichten ist für die Gründerväter, die intellektuell führende Schicht der USA um 1776, klar: Die biblische Sicht der Natur als Schöpfung durch eine intelligente und personhafte göttliche Macht ist *self-evident*, selbsterklärend, unbestreitbar.

Endowed with certain unalienable Rights: Auch diese Formulierung betont die göttliche Herkunft des Menschen. Denn unverlierbare Rechte gibt es nur, wenn diese von Gott stammen. Kein Mensch hat sie selber erarbeitet, auch nicht durch adelige Geburt erhalten. Sie sind ihm verliehen worden. Nur darum sind sie unverlierbar. Keine Regierung kann diese Rechte einem Menschen absprechen, also ihn als minderwertig, als Untermensch, als unrein oder unberührbar erklären oder ihn zum Sklaven machen. Es sind göttliche Rechte.

Among these are Life, Liberty and the pursuit of Happiness: Mit dem Recht auf Leben bilden Liberty und pursuit of Happiness eine Einheit. Aus dem Recht auf Leben folgt das Recht auf Freiheit, um das Leben nach eigenen Glücksvorstellungen zu gestalten. Dabei gilt Freiheit umfassend und schließt Gedanken-, Meinungsäußerung- und Religionsfreiheit ebenso ein wie Arbeits-, Versammlungs-und Niederlassungsfreiheit. Für uns freilich sind das Selbstverständlichkeiten, wir kennen nichts anderes. Historisch gesehen aber sind solche staatlich gewährte Freiheiten revolutionär. In Europa forderten zwar Dichter und Philosophen Gedankenfreiheit. Doch damals dachte kein Herrscher in Europa daran, seinen Untertanen politische Freiheit zu gewähren. Und in keiner Religion ist Freiheit ein integrierender Teil des jeweiligen Menschenbildes, außer im Christentum.

Powers are instituted ... from the consent of the governed: Aus der Gleichheit aller Menschen und den (von Gott) verliehenen unverlierbaren Rechten ergibt sich weiter, dass Menschen nur dann würdig leben, wenn sie sich selber regieren, bzw. wenn die Befugnisse der Regierenden von der Zustimmung der Regierten abhängen. Damit ist die Grundregel der Demokratie definiert. Das Volk ist der Souverän. Und daraus folgt auch das Nächste.

The Right of the people to alter or abolish it (the government) oder im *Extrem-fall to throw it off:* Das Volk als oberster Entscheider hat das Recht, eine Regierung abzuändern oder abzuschaffen oder, wenn sich die Regierung zur Tyrannei wandelt, diese auch durch eine Revolution gewaltsam abzuwerfen.

4. Die Beschränkung der Macht

Aus diesen philosophischen und theologischen Grundlagen ergibt sich für die Gründerväter die Beschränkung der Machtbefugnisse aller Regierungsgremien und ihrer Vertreter durch „Checks and Balances". Diese Beschränkungen gehören zu den fundamentalen Strukturteilen der US-Demokratie. Sie sind Grundbedingungen der Stabilität in Freiheit. Sie verhindern nicht nur einen ständigen Regierungswechsel, sie verunmöglichen vor allem Machtmissbrauch und Korruption. Dazu gehören:

1. Gewaltenteilung in Legislative, Exekutive und Judikative: Die Aufteilung der Gewalten in die drei Grundfunktionen der Regierung geht auf den französischen Schriftsteller Charles de Secondat, Baron de Montesquieu (1698 – 1755) zurück. In der Aufspaltung der Befugnisse und in der gegenseitigen Unabhängigkeit der Gremien liegt die wichtigste Beschränkung der staatlichen Macht zum Schutz des Bürgers vor Willkür und zur Verhinderung der Korruption. Sie ist denn auch der wichtigste Unterschied zu den antiken Demokratien in Athen und Rom.

2. Dezentralisierung: Die USA sind eine Föderation von Staaten. Jeder Gliedstaat hat im Rahmen des Bundes sein eigenes Parlament, Exekutive und Gericht. Jeder Staat hat ein Recht auf seine Besonderheiten und wählt seine Abgeordneten und Senatoren. Das garantiert Vielfalt der Meinungen.

3. Parlament mit zwei Kammern: Im House of Representatives entspricht die Zahl der Abgeordneten der Größe der Bevölkerung eines Staates, im Senat sitzen von jedem Staat zwei Senatoren. Wichtige Gesetze erfordern eine Mehrheit beider Kammern. Das zwingt oft zu Kompromissen, schützt Minderheiten und festigt Stabilität.

4. Das Parlament kann den Präsidenten nicht stürzen: In manchen Demokratien kann das Parlament den Präsidenten stürzen und Neuwahlen herbeiführen. Das bringt Instabilität und verhindert längerfristige Regierungsprogramme. Der amerikanische Präsident ist vom Volk gewählt.

5. Wahlgesetze: Die Stabilität wird zusätzlich verstärkt, indem das Abgeordnetenhaus alle zwei Jahre neu bestellt wird, die Senatoren jedoch auf sechs Jahre gewählt sind, und alle zwei Jahre nur ein Drittel erneuert wird. Wenn also im Abgeordnetenhaus eine Partei durch einen Umschwung in der politischen Stimmung eine starke Mehrheit erringt, heißt das nicht, dass auch im Senat diese Wechselstimmung dominiert. Es gibt keine Mehrheitspartei, welche über längere Zeit Gesetze allein bestimmt und die Minderheit unterdrückt. Schon die ersten Nachwahlen im Senat können die Mehrheitsverhältnisse ändern. Das zwingt jeden Präsidenten zur Vorsicht.

6. Machtbeschränkung des Präsidenten: Offenbar erwarteten die Gründerväter, dass die USA zur Großmacht aufsteigen würden. Daher wollten sie einen starken Präsidenten mit weitreichenden Kompetenzen, vor allem in der Aussenpolitik. Gleichzeitig beschränkte man seine Macht, indem wichtige Gesetze von beiden Kammern angenommen werden müssen. Auch kann der Präsident das Parlament nicht auflösen und Neuwahlen ausschreiben, um eine politische Stimmung im Volk zu seinen Gunsten zu nutzen.

7. Amtszeit des Präsidenten: Nach vier Jahren muss der Präsident sich erneut einer Wahl durch das Volk stellen, und nach zwei Amtsperioden geht auch der erfolgreichste Präsident in den Ruhestand. Daher kann niemand ein Interesse daran haben, durch die Bildung eines Kreises von Vertrauten ein System von Privilegierten aufzubauen, in dem sich in Machtmissbrauch und Korruption einnisten könnten.

8. Kontrolle durch das Oberste Gericht: Und um jede Willkür auszuschließen, wacht der Supreme Court darüber, ob die Gesetze des Präsidenten der Verfassung entsprechen, und kann sie notfalls für illegal erklären.

9. Amtsenthebung des Präsidenten: Dies als letzte Konsequenz der Machtbeschränkung. Sie ist jedoch sehr streng gefassten Regeln unterworfen. Eine einfache Parlamentsmehrheit reicht nicht.

In der mehrfach abgesicherten Beschränkung der Macht wird der Einfluss des biblischen Menschbildes mit Händen greifbar. Sie ist unverzichtbar, weil alle Menschen der Versuchung zum Missbrauch erliegen können. Viele Ideologien haben versucht, die uralte Sehnsucht nach einer besseren Welt zu beantworten. Dass gilt für die Französischen Revolution, den Marxismus der Sowjetunion, den Steinzeitkommunismus der Roten Khmer in Kambodscha etc., alle hatten sie große Visionen für den Umbau der Welt und versprachen Freiheit, Frieden und Wohlstand. Und alle gingen davon aus, dass der Mensch moralisch gut ist. Es sind die äußeren Umstände, die Herrschaftsstrukturen und Besitzverhältnisse, welche die Ausbeutung der Unterschichten erlauben, also das Böse fördern. Daher müssen die Verhältnisse geändert werden und die Menschen, welche von den Verhältnissen auf Kosten der Armen profitieren, müssen sich ändern oder verschwinden. Aber alle diese „Der Mensch-ist-gut"-Ideologen sind an der Realität der menschlichen Verführbarkeit zum Bösen gescheitert. Ihre Führer haben die Völker geknechtet, terrorisiert, Millionen ermordet und ihnen schlimmste Armut und Hungertod beschert. Sie haben mit ihrem Verhalten selber gezeigt, wie grauenhaft tief Menschen der Macht des Bösen verfallen können. Auch die Gründerväter hatten eine Vision für die ganze Welt. Aber sie wussten: Macht korrumpiert, totale Macht korrumpiert total. Das Böse kommt aus dem Herzen des Menschen. (Matth. 15, 19) Verhältnisse und Strukturen können Machtmissbrauch und Terror erleichtern. Darum muss die Macht jedes Regierungsgremiums eingegrenzt und der Kontrolle durch andere unterworfen werden.

Die Gründerväter waren davon überzeugt, dass sie mit ihrer visionären Konzeption der Demokratie eine neue Epoche der Weltgeschichte einleiten würden. Sie hatten für die Sehnsucht nach einer besseren Gesellschaft die richtige Antwort. Ihre Form der Demokratie, aufgebaut auf dem Menschenbild des Naturrechts und der Bibel, wird allen Menschen mit gesundem Verstand als die realistische Erfüllung der uralten Sehnsucht nach einer besseren Welt einleuchten. Deshalb würde ihre neue Staatsform sich durchsetzen und eine neue Weltzeit einläuten. Dass ihr liberales Gottesverständnis mit einem biblischen, also von Gott offenbarten Menschenbild, verbunden war, bildete für die Gründerväter keinen Widerspruch. Auch das gehörte für sie zur Wahrheit, die sich selbst erklärt. Tatsächlich bilden das Naturrecht und die biblischen Werte eine Einheit.

5. Religion bleibt

Demokratie wird häufig gleichgesetzt mit einem völlig säkularisierten Staat, in dem Religion nicht nur keine Rolle spielt, sondern keine Rolle spielen darf. Für viele ist Religion, egal welche, ein Unheil. Sie verstehen unter demokratischer Freiheit eine Gesellschaft ohne Wertefundament; sie kämpfen für ein autonomes Verhalten. Dabei ist ihnen gerade das Leitbild des jüdisch-christlichen Menschenbildes ein rotes Tuch. In der Sicht der Autonomen hat jeder das Recht auf totale Selbstbestimmung, also auch auf das Recht, nur seiner eigenen Moral zu folgen und selber Recht zu setzen. Sogar das Recht auf Leben muss verschwinden, und Aktionen zum Schutz des ungeborenen Lebens werden mit legalen und gelegentlich auch illegalen Mitteln bekämpft. Demokratie, so die Meinung, muss jede Überzeugung schützen, auch wenn sie der Gesellschaft schadet.

Dagegen muss ich festhalten: Die Gründerväter der US-Demokratie trennten den Staat von der Kirche. Aber sie trennten den Staat nicht von Gott. Sie garantierten Religionsfreiheit, meinten aber nicht einen Staat ohne Religion. Die in den USA geschaffene Form der Demokratie gründet sich, wie ausgeführt, auf das jüdisch-christliche Menschenbild und die damit verbundenen Werte und Tugenden gemäß der Tradition der Schöpfungsordnung und des Naturrechts. Dieses Staatsverständnis hat sich sowohl in der Politik als auch in der Wirtschaft der USA bewährt und immer wieder als staatstragendes Fundament durchgesetzt. Trotz der fortschreitenden Säkularisierung sind auch heute die Auswirkungen der Überzeugungen der Gründerväter in den USA unübersehbar.

Die Kirchen in den USA sind gut besucht. Viele Geschäftsleute, auch in obersten Etagen, bekennen sich offen zum Glauben an Christus. So auch Walt Disney, als er 1955 in Kalifornien vor prominenten Gästen, mit der Assistenz eines jüdischen, eines katholischen und eines protestantischen Geistlichen und mit ABC-Fernsehübertragung das erste Disneyland eröffnete. Seit 1956 steht auf der Ein-Dollar-Note: „In God we trust." Ein großer Teil der Amerikaner versteht sich bei aller Verschiedenheit als „One Nation under God". Viele Christen bilden eigene Berufsgruppen wie das Christliche Flugpersonal, oder christliche Polizeivereinigungen etc. Christliche Politiker geniessen grosses Vertrauen und sind in Parlamenten im Vergleich zur christlichen Wählerschaft übervertreten. Alle Präsidenten der letzten Jahrzehnte waren aktive Mitglieder einer Kirche und besuchten Gottesdienste während ihrer Amtszeit. Präsident Ronald Reagan (1967 - 1975) schloss eine seiner Reden mit den später oft zitierten Worten: „If we ever forget, that we are one nation under God, then we will be a nation gone under." Bei der feierlichen Inauguration des Präsidenten betet immer ein Prediger; der Präsident legt seinen Eid auf die Verfassung ab mit der Hand auf einer Bibel. Und die Reden eines Präsidenten enden gewöhnlich mit den Worten: „God bless you."

Amerikaner sind stolz auf ihre Nation, auf die beste aller möglichen Gesellschaften, auf „Amerika, the Beautiful", wie viele es nennen, oder wie die Nationalhymne sagt: „The land of the free and the home of the brave." Amerikaner sind überzeugte Patrioten und identifizieren sich mit ihrem Staat. So ist auch verständlich, dass Amerika sich wie die Gründerväter beauftragt fühlt, anderen Völkern Freiheit zu bringen, was freilich nicht immer gelingt.

6. Wehrhafte Demokratie

Die Gründerväter wussten, dass sie bereit sein mussten, ihr Recht auf Freiheit mit Waffen zu erkämpfen. Der Krieg gegen die gut gerüsteten und kriegserfahrenen englischen Truppen war lang und voller Fast-Niederlagen. Doch die mutigen und opferbreiten Soldaten unter der klugen Führung von George Washington durften mit Hilfe aus Frankreich endlich den Sieg feiern. Auch heute gilt in den USA unbestritten: Eine friedliebende Gesellschaft muss bereit sein, ihren Frieden mit Waffen zu schützen. Auch das ist biblisch. Paulus fordert einerseits von den Gläubigen in Rom: „Die Liebe sei ungeheuchelt … haltet mit allen Menschen Frieden … rächet euch nicht selbst … wenn dein Feind hungert, so speise ihn …" (Röm. 12, 9- 20) Das gilt für das persönliche Verhalten. Vom Staat und den Pflichten der Obrigkeit hingegen schreibt Paulus: „Gottes Dienerin ist sie, eine Rächerin zum Zorngericht für den, der das Böse tut." Der Staat hat die Aufgabe, die Macht des Bösen in Schranken zu halten und das Leben der Bürger zu schützen, auch mit Gewalt. Das Böse ist Realität. Friedensaktivisten können sich nicht auf die Bibel berufen und gefährden die Gesellschaft, wenn sie vom Staat Gewaltlosigkeit fordern.

7. Zeitenwende

Mit der amerikanischen Demokratie hat eine weltgeschichtliche Wende hin zu mehr Freiheit begonnen, eine politische Veränderung der Welt, die noch lange anhalten wird. Die Demokratie wurde zum Vorbild, auch für Europa. Durch die Demokratien der beiden Kontinente entstand das, was man unter dem „Westen" versteht. Der beispiellose die ganze Zivilisation und Kultur umfassende Erfolg des Westens hatte und hat in Ansätzen eine Verchristlichung der Welt zur Folge, die in unterschiedlichem Masse alle Kulturen und Länder, wenn nicht mitgeprägt so doch beeinflusst hat, und die weit über den Siegeszug westlicher Kleidung hinausgeht:

Fast die ganze Welt arbeitet im Wochen-Rhythmus der Bibel. Englisch ist dominierende Weltsprache; die lateinischen Buchstaben sind Weltschrift; die christliche Zeitrechnung ist vorherrschend; westliche Technologie und Forschungsmethoden werden weltweit nachvollzogen und haben viele Nationen reich gemacht. Der US-Dollar ist die Hauptweltwährung. Westliche Wirtschafts-Formen und –Zentren dominieren die Welt. Der westliche Rechtsstaat, mit seinem Grundsatz „ohne Ansehen der Person" (Röm. 2,11 u. a.) ist weltweit Vorbild. Die Erklärung der Menschenrechte durch die UNO 1948 schützt die im biblischen Menschenbild begründeten Individual-Rechte. Klassische europäische Musik füllt auch in Japan und China Konzertsäle, und auch Popbands benützen weltweit Musiknoten von einem Mönch aus dem Mittelalter. Bei Naturkatastrophen in Drittweltländern und bei der Bekämpfung des Hungers helfen vor allem westliche Nationen. Die westlichen Fortschritte der Medizin haben weltweit Milliarden von Menschenleben gerettet. Und es sind westliche private Stiftungen, welche in Tropenländern Malaria und Kinderlähmung bekämpfen.

Auch wenn die christlichen Werte, vor allem die unantastbare Würde und Gleichwertigkeit und Freiheit aller Menschen in vielen Ländern mit Füßen getreten werden, so sind sie doch moralische Vorbilder, auf die sich Andersdenkende berufen und Teilerfolge erkämpfen. Die christlichen Strukturen der Demokratie haben trotz vielfältigem Missbrauch vielen Völkern zu mehr Freiheit verholfen. Die Bekämpfung der weltweit grassierenden Korruption wird aus dem Westen angeprangert. Monogamie, das Verbot von Kinder- und Zwangsehe und Mädchenbeschneidung sowie die Ächtung von Sklaverei sind mindestens offiziell zur Weltnorm geworden. Und Völker, in denen Liebe zu allen Menschen gepredigt wird, Spenden und humanitäre Hilfe selbstverständlich sind und jeder ein Recht auf eine zweite Chance hat, entwickeln einen völlig anderen Umgangston unter einander, als Staaten, in denen Hass gegen bestimmte Volksgruppen zum offiziellen Benimm gehört. Westliche Hilfe wird gelegentlich als Kolonisierung abgelehnt, und nicht alle Hilfsgelder bewirken Gutes. Dennoch hat die Verchristlichung von staatlichen Strukturen und Verhaltensnormen die Welt zum Besseren verändert.

Allerdings: Die staatlichen Strukturen der Demokratie verhindern Machtmissbrauch, Korruption und Staatsterror nur solange, wie die Bürger aus innerer Überzeugung sich an die Gesetze halten. Wenn der Geist, aus dem diese Strukturen hervorgegangen sind, verschwindet, wenn die Bürger sich von den staatstragenden Werten verabschieden, dann finden sich auch Mittel und Wege, um Gesetze und Strukturen zu umgehen. Und immer gibt es Mitbürger, die bei Korruption und Terror mitmachen und profitieren. Daher hat schon John Adams gewarnt, „dass die Amerikanische Verfassung nicht funktionieren kann, ... wenn die Menschen keine Moral haben."[1]

Ist also die Demokratie göttlich? Die Antwort ist nicht einfach, weil es so viele Scheindemokratien gibt. Auch in Nordkorea und China wird „gewählt"! Aber ja: Die Entstehung der freiheitlichen Demokratie ist kein Zufall der Geschichte. Hinter dieser Entwicklung erkenne ich Gottes Liebe, der allen Menschen zu Freiheit, Frieden, Wohlstand in einer solidarischen Gesellschaft verhelfen und sie vor den Exzessen des Bösen schützen will. Die von den USA geschaffene Struktur des Staates, getragen von einem Volk, in dem das jüdisch–christliche Menschenbild zum Selbstverständnis der Mehrheit gehört, bietet seinen Bewohnern am meisten Freiheit, Sicherheit, Wohlstand und Solidarität und erlaubt den „pursuit of Happiness" mehr als jede andere Staatsform.

Jede Gesellschaft baut ihren Staat nach dem, was sie glaubt und ihren Werten entspricht. Eine Gesellschaft ohne Werte hat keine stabile Grundlage. Für Europa und den Westen war das christliche Menschenbild Grundlage für Zivilisation, Kultur und Staat. Doch der Westen hat sich weitgehend von Gott verabschiedet und damit seine Herkunft verraten. Das ist Grund zu höchster Besorgnis. Hinzu kommt die starke Zunahme judenfeindlicher Übergriffe in Frankreich und Deutschland.

Darum erinnere ich an den Beter und Heiligen Nikolaus von Flüe (1417 – 1487). Die heillos zerstrittenen schweizerischen Kleinstaaten waren auf bestem Wege zum Krieg. Dann hörten sie auf Niklaus von Flüe und fanden über Nacht zum Frieden. Seine Mahnung lautet:

Was die Seele für den Leib, das ist Gott für den Staat.
Wenn die Seele aus dem Leib weicht, zerfällt er.
Wenn Gott aus dem Staat vertrieben wird, ist er dem Untergang geweiht.

Teil 2

Der Verrat

Vorbemerkungen

ott hat den unterentwickelten Teil der asiatischen Landplatte erwählt, um einen Kontinent der Freiheit und des Wohlstandes entstehen zu lassen. Er hat dazu in die Geschichte eingegriffen. Freiheit und Wohlstand in einer auf christliche Werte gegründeten Gesellschaft sollten als Hinweis für Gottes Liebe zu den Menschen in die ganze Welt ausstrahlen. Heute wissen die meisten Europäer nichts mehr davon, ja sie wollen auch nichts davon wissen. Im Gegenteil. In den letzten Jahrzehnten hat Europa sich von Gott verabschiedet, seine Herkunft verleugnet und Gottes besondere Zuwendung verraten. Dazu zwei Bemerkungen.

Einmal möchte ich zeigen, dass dieser Verrat eine sehr lange Vorgeschichte hat. René Descartes, den ich als Weichensteller bezeichne, wollte eigentlich den Glauben auf eine sichere Basis stellen. Er ahnte nicht, dass er eine Entwicklung einleitete, welche zuletzt im Nihilismus endete. Tatsächlich wurde durch ihn der Aufstieg Europas zu Reichtum und Macht zunächst nicht behindert, sondern gefördert. Es dauerte lange, bis seine Grundidee, nämlich die Vergottung der menschlichen Vernunft, in gottlose politische Aktionen umgesetzt wurden: Etwa in der Französischen Revolution, in den Massenmorden der kommunistischen Revolution und in den grauenvollen Ereignissen des Zweiten Weltkrieges. Jedes Mal stürzten sich die Menschen mit Begeisterung und Hingabe in die absurdesten Programme zur „endgültigen" Schaffung einer neuen Welt; bis es zu spät war und man in Ruinen Tote begrub.

Wer also wissen will, in welche Richtung sich unsere Gesellschaft bewegt oder welche Gefahren drohen, der muss fragen, wo haben Politiker das Saatgut her, das sie ausstreuen? Was kann aus diesen Samen wachsen? Welche Ideologie steht hinter ihren Worten? Oft verfolgen sie eine „hidden agenda". Sie legen nur Teilziele offen und verbergen, wohin sie die Gesellschaft eigentlich führen wollen.

Mit anderen Worten: Harmlos anmutende Ideen, die zunächst als reine Gedankenspiele erscheinen, können nach Jahren in eine Hölle führen. Diese Tatsache sollten wir heute bedenken. Aber: Viele EU-Führer sind stolz auf das Erreichte und denken, sie stünden am Anfang eines wunderbaren Aufstiegs in eine neue Weltzeit mit Frieden und Wohlstand für alle. Aus meiner Sicht ist das eine Illusion. Die Zeichen einer kommenden Krise mehren sich. Europa bzw. die EU hat sich für einem Weg in die Gottlosigkeit entschieden und bewegt sich immer weiter aus dem Schutzbereich Gottes hinaus. Das kann nicht gut gehen. Man sollte über Umkehr nachdenken, bevor es zu spät ist.

Zweitens: Die folgenden Seiten berichten über wichtige geschichtliche Schritte, an deren Ende der Verrat Europas an seinem christlichen Erbe steht. Der Historiker muss sich mit der Schilderung dieser Schritte begnügen. Er erklärt die Geschichte, indem er die zeitliche Abfolge der Fakten schildert, aus denen sich dann die nächsten Ereignisse entwickeln. Aus christlicher Sicht wird damit nur das Vordergründige deutlich, wie beim Theater der Zuschauer nur die Schauspieler auf der Bühne sieht, nicht wer hinter der Bühne die Regie führt..

Konkret stellen sich Fragen wie: Warum hat Karl Marx (1818 – 1883) in seinem Abitur-Aufsatz sich zum Christentum bekannt, sich dann aber zum Schöpfer des gottlosen Marxismus gewandelt, dem Hunderte von Millionen zum Opfer gefallen sind? Warum hat er angesichts der Armut der englischen Arbeiterschaft nicht, wie sein Zeitgenosse Charles Dickens (1812 – 1870), durch seine Publikationen die Bürger Englands aufgerüttelt und so den Armen geholfen? Weshalb ist aus Wladimir Iljitsch Uljanow, aufgewachsen in einer tiefgläubigen orthodoxen Familie, jener Lenin geworden, der Russlands Revolution anstiess, die Gottlosigkeit zur Staatsdoktrin erhob und direkt und indirekt Millionen russischer Bürger und Bauern in den Tod schickte? Und wie kommt es, dass Adolf Hitler, der in Jugend erwog, katholischer Priester zu werden, eine Maschinerie zur Vernichtung der Juden beschloss und sein Volk in Abgründe des Bösen führte?

Die Bibel lässt uns Blicke hinter die Kulissen tun. Sie eröffnet uns ein vertieftes Verständnis für Geschichte, indem sie uns hinweist auf geistige Mächte, die anderen verborgen bleiben. So schreibt Paulus an die Kolosser von Gott: „Er hat uns aus der Macht der Finsternis errettet und in das Reich des Sohnes seine Liebe versetzt." (Kol. 1, 13) Es gibt also Mächte der Finsternis und ein Reich des Bösen. Dessen Geister können sich in Menschenherzen festsetzen und von ihnen Besitz ergreifen. Von Jesus wird mehrfach berichtet, dass er Menschen von Dämonen befreite, indem er sie aus den Menschen hinaustrieb. Manchmal sprachen die Geister ihn als den Sohn Gottes an. (Mk. 3,10ff) Bei der Heilung des Geraseners am See Genezareth erklärten die Dämonen, sie seien Legion, also sehr viele. Darauf erlaubte er ihnen, in weidende Schweine zu fahren, worauf diese sich, 2000 an der Zahl, in den See stürzten und ertranken. (Mk. 5, 1-20) Paulus spricht in diesem Zusammenhang u. a. von „Thronen, Gewalten und Mächten" (Kol. 1, 16) oder im Epheserbrief von „Gewalten, Mächten, Beherrschern diese Welt der Finsternis, von Geisterwesen der Bosheit in den himmlischen Regionen" (Eph. 6, 12). Was er genau darunter versteht, bleibt vage und verborgen.

Die Bibel weist uns unmissverständlich darauf hin, dass es finstere Mächte gibt. Deren Wirken in den Menschen ist sehr vielfältig und mit wechselnden Gesichtern. Gott hat den Menschen Entscheidungsfreiheit anvertraut in der Hoffnung, dass sie seine Liebe erwidern und sich in Liebe ihm zuwenden. Und wenn sie sich für Gott entscheiden und ihn als Herrn bekennen, kann der Teufel sie nicht vereinnahmen. Dennoch kann er sie versuchen. Alle Menschen, auch die Gläubigen, sind Versuchungen ausgesetzt. Auch in ihren Herzen tauchen unheilige, unreine und böse Gedanken auf. Doch wenn Gläubige zu Gott kommen und ihn um Vergebung bitten, dann nimmt er die Schuld, auch die Schuld von bösen Taten, von ihnen, reinigt und heiligt sie.

Manche Menschen dienen bösen Mächten ohne es zu wissen. Das hat sogar Goethe in „Faust" festgehalten: „Den Teufel merkt das Völkchen nie, und wenn er es am Kragen hätte". Andere leiden darunter, dass eine fremde Macht sie beherrscht und quält. Öfter als bekannt, sind „Fromme" gleichzeitig als Diener von finsteren Ritualen tätig. (Vgl. Ruth Mauz: Das Schweigen brechen) Doch es kommt auch vor, dass Menschen sich direkt bösen

Mächten zuwenden; sie dienen ihnen bewusst und nennen sich Hexen und Satanisten. Die „Kirche Satans" ist auch in unseren Breiten als solche tätig.

Heute ist es üblich, jedes auffällige Benehmen psychologisch zu erklären. Und oft trifft die Wissenschaft mit ihren Analysen von merkwürdigem menschlichen Verhalten und bösen Taten ins Schwarze. Jedoch nicht immer. Die Auswirkungen und Erscheinungen von bösen Mächten und Geistern, oft zusammengefasst unter dem Begriff des Okkultismus, sind von nüchternen Autoren als Realitäten beschrieben worden. Ich erinnere an Dr. Kurt Koch: Seelsorge und Okkultismus. In der katholischen Kirche arbeiten Priester, die als Exorzisten Besessene befreien. Auch viele Schilderungen der Parapsychologie gehören dazu, und ihre Literaturliste ist lang. Alle diese Berichte einfach in das Reich der Phantasie zu verweisen, zeugt nicht von Sachlichkeit. Die Tatsache, dass wir gewisse Phänomene nicht erklären können, ist kein Beweis dafür, dass sie nicht existiert.

Wer auf die Bibel hört, rechnet mit einem Reich der Finsternis unter der Herrschaft Satans. Es gibt ein Hineinwirken aus diesem Reich in unsere sichtbare und fassbare Welt. Dann tun die Besessenen, was der böse Geist will. Nicht selten wird dies aufrüttelnd deutlich. Wie im März 2019 in Basel, als eine ältere Frau ein Messer nahm, sich auf die Strasse begab und auf einen Erstklässler einstach, ihn tödlich verletzte und sich dann der Polizei stellte. Oder bei Amokläufen, wenn Menschen ohne Vorwarnung so viele wie möglich töten. Zeitungen reagieren dann mit „Fassungslosigkeit". Für mich sind das Explosionen des Bösen wie plötzliche Eruptionen von Vulkanen. Oder böse Mächte können Menschen so bewegen und steuern, dass sie gottlose Philosophien entwickeln, und ganze Völker verführen und unter die Herrschaft der Finsternis bringen.

Gott ist Herr über alles. Ihm dienen die „Heerscharen", unzählige Engel, die seinen Willen erfüllen (Ps. 103,20ff). Er wirkt auf viele Weisen in unsere Welt hinein. Auch durch Engel. So berichtet die Bibel, wie Engel Menschen aufsuchen. (Übrigens nicht alle tragen Flügel.) Gott sendet sie als Boten mit bestimmten Aufträgen. Oder Gott erlaubt von ihm erwählten Menschen einen Blick in die Himmel zu tun, wie bei der Berufung des Propheten Jesaja (Kap. 6;) oder bei der Entrückung von Paulus in den Himmel. (2. Kor. 12, 1ff) Oder Gott kann Menschen, die sich ihm ergeben haben, Aufträge übergeben und ihnen besondere Kräfte, geistliche Gaben verleihen, wie das

Gleichnis von den anvertrauten Talenten zeigt. (Matth. 25,14ff) Und wieder gilt: Wenn Leser so wie ich noch keine Engel gesehen haben, so ist das kein Beweis dafür, dass es sie nicht gibt. Ich kenne verschiedene Personen, die mir von Engelserscheinungen erzählt haben. Ihre Glaubwürdigkeit steht für mich ausser Zweifel.

Diese Vorbemerkungen gelten für den folgenden zweiten Teil. Ich werde nicht immer auf Einwirkungen von bösen Mächten hinweisen. Der Leser kann selber prüfen, ob und wo er den Einfluss von widergöttlichen Kräften erkennt. Gott verwirklicht in Kirchen- und Weltgeschichte seinen Heilsplan für die von ihm abgefallene Menschheit. Böse Mächte tun alles, um seinen Plan scheitern zu lassen. Die gute Botschaft ist, dass Gott uns aus dem Reich der Finsternis errettet und in das Reich des Sohnes seiner Liebe versetzt hat. Christus hat am Kreuz die Macht der Finsternis gebrochen. Wo er ist, ist das Reich Gottes, das Reich der Freiheit und des Friedens. Und wo wir im Namen Jesu dessen Herrschaft ausrufen, sind wir vor bösen Mächten geschützt. Darum mahnt uns die Bibel: „So unterwerft euch nun Gott; widersteht aber dem Teufel, so wird er von euch fliehen. (Jak. 4,7)

Verrat der eigenen Identität

ie Europäische Union hat in ihrem Vertragsentwurf von 2007 jeden Bezug auf eine christliche Vergangenheit Europas weggelassen. Damit fand der Verrat an der Geschichte und Identität Europas und zugleich am Evangelium seinen vorläufigen Höhepunkt. Es war ein Verrat an den Millionen von Gläubigen aus allen Schichten und Berufen samt Soldaten und Heerführern, die während 1500 Jahren sich mit ganzer Kraft für den Aufbau einer auf dem biblischen Gottes- und Menschenbild gegründeten Gesellschaft eingesetzt haben. Millionen haben dafür auch ihr Leben geopfert. Die Loslösung des Christlichen Abendlandes von seinen eigenen Wurzeln begann mit den Ideen der Aufklärung. In der Philosophiegeschichte wird die Aufklärung als eine Antwort auf die Religionskriege des 17. Jahrhunderts verstanden, vor Allem auf den 30-jährigen Krieg, dem in Frankreich die blutigen Verfolgungen der reformierten Hugenotten folgten. Danach suchte man eine neue Religion oder eine von Autoritäten, sprich der Kirche, befreite Philosophie, also eine von der Bibel unabhängige Weltsicht. Man suchte Freiheit und Tugend, die durch vernünftiges Denken und nicht durch die biblische Offenbarung begründet waren. In diesem Sinne steht das 18. Jahrhundert für die Zeit der Aufklärung, die ansatzweise schon früher erkennbar war und bis heute immer neue Triumphe feiert.

Theologisch gesehen fand eine schrittweise Ablösung von der Offenbarung Gottes in der Bibel statt, wobei die Vernunft zur einzigen Quelle ewiger Wahrheit wurde. Selbstverständlich würden sich liberale Theologen und Philosophen vehement gegen den Vorwurf des Verrates wehren. Aus ihrer Sicht haben sie im Gegenteil versucht, den christlichen Glauben in die jeweils neue Zeit hinüber zu retten und den Menschen den Zugang zur Bibel zu erleichtern. Dieses Denken halte ich für ein fundamentales Missverständnis des Evangeliums oder eben für einen bewussten Verrat. Der lebendige Gott lässt sich in keiner Weise dem Zeitgeist anpassen. Ein mit dem Modetrend kompatibler Gott ist immer ein selbst erfundener Götze. Tatsächlich wurde durch die Aufklärung auch der selbst erdachte Gott vielfach abgeändert und angepasst, wie es die jeweilige Zeitströmung erforderte. Aus dem Gott, der sich in Christus über die Verlorenheit der Menschen erbarmt, wurde zunächst ein von Philosophen gemachter Gott, dann ein unbestimmtes göttliches Wesen. Dann wurde Gott für tot erklärt, und aus der Gleichgültigkeit gegenüber dem christlichen Glauben wuchs der Hass gegen den dreieinigen Gott. Richard Dawkins bezeichnet denn auch in seinem Buch „Der Gotteswahn" Seite 53 den Monotheismus als „unsagbares Übel". So verbirgt sich letztlich hinter dem Willen zur autonomen Vernunft das, wovor die Bibel in der Geschichte von Adam und Eva im Paradies warnt. Im Ausstieg aus der Gemeinschaft mit Gott manifestiert sich der Wille, selber zu „sein wie Gott". (1. Mose 3,5)

Immer wieder wird auch von kompetenter Seite als fraglose Tatsache festgestellt, dass Demokratie und Gedankenfreiheit Früchte der Aufklärung seien, wobei man vor Allem an die Französische Revolution als treibende Kraft denkt. Demgegenüber erinnere ich daran, dass Freiheit des Individuums und Demokratie mit allgemeinem Wahlrecht undenkbar sind ohne die in der Bibel erklärte Würde der Gottebenbildlichkeit aller Menschen und die im Mittelalter und der Reformation entstandenen Vorformen demokratischer Strukturen. Als am 14. Juli 1789 in Paris der Sturm auf die Bastille losbrach, hatte in England die Entwicklung zur parlamentarischen Demokratie schon eine längere Geschichte hinter sich, und in den USA war die Demokratie fest verankert.

Trotz des immer deutlicher zu Tage tretenden Verrates an seinen christlichen Grundlagen durch die Französische Revolution, den Darwinismus und die liberale Theologie setzte sich der wirtschaftliche, technische und militärische Aufstieg Europas zunächst ungebremst fort. Der Schaden in Folge der Entchristlichung wurde lange nicht sichtbar. Immer noch entstanden durch urwüchsige Glaubenskräfte großartige Werke wie die erwähnten Missionsbewegungen des 19. Jahrhunderts. Hinzu kam eine große Zahl von hier nicht geschilderten ebenfalls bewundernswerten Werken der Inneren Mission wie christliche Schulen, Krankenhäuser, Hilfe für Obdachlose usw. Dennoch brachte der Abschied vom offenbarten Gott immer mehr gottlose Früchte hervor. Sowohl der Marxismus und der Nationalsozialismus sind letztlich eine Folge dieser Entchristlichung.

Nach dem Zweiten Weltkrieg erholte sich das Christliche Abendland im westeuropäischen Teil zunächst. Doch heute stehen wir an einer Wende. Nicht bewaffnete Mächte bedrohen die christliche Identität Europas, sondern geistige Strömungen haben sich zum Ziel gesetzt, das Christentum auszurotten. Diese Bewegungen sind nur scheinbar moderne Entwicklungen. Im Grunde sind sie die logische Folge des Verrates am Evangelium, der Jahrhunderte früher seinen Anfang nahm. Für die Zukunft des Abendlandes bedeuten diese Bewegungen eine tödliche Gefahr. Die Freiheit des Denkens, die Rechtsstaatlichkeit und ein demokratisches Gesellschaftsverständnis sind nicht denkbar ohne das christliche Menschbild vom zur Freiheit bestimmten Individuum, das als Ebenbild Gottes in moralischer Verantwortung vor Gott Leben und Gesellschaft gestaltet. Wenn Europa das geistliche Fundament entzogen wird, auf dem es gebaut wurde, werden diese Errungenschaften ebenfalls zerfallen. Denn ohne den Rückbezug auf die Bibel werden Freiheit und Wohlstand langfristig bedroht.

VII. Vordenker der Gottlosigkeit

1. René Descartes (1596-1650) – der Weichensteller

ie Aufklärung beginnt nicht mit René Descartes. Aber an seinem inneren Weg wird beispielhaft anschaulich, wie in der Aufklärung die Entchristlichung der Gesellschaft begann. Bei ihm sieht man die entscheidende Weichenstellung, welche die menschliche Vernunft zum alleinigen Maßstab der Wahrheitsfindung machte. Es war nicht Descartes Absicht, die Ablösung Europas von Gott zu ermöglichen. Im Gegenteil, er wollte die Existenz Gottes als unzweifelhaft nachweisen und so den Glauben absichern. Tatsächlich aber förderte er maßgeblich eine geistige Bewegung, die schließlich Gott verabschiedete. Descartes machte die Vernunft (ratio) zur Quelle der Wahrheitsfindung. Damit wurde das Denken über Gott und den Sinn des Lebens von der biblischen Offenbarung abgespalten. Der Gott, der dabei erdacht wurde, konnte nur ein selbstgemachtes Wesen sein.

René Descartes wurde am 31. März 1596 im französischen La Haye (Heute: La Haye-Descartes) in der Touraine südwestlich von Paris geboren. Er wurde zuerst bekannt als genialer Mathematiker, führte absichtlich ein zurückgezogenes Leben und bereiste dennoch viele Länder. Seine philosophischen Ausführungen brachten ihn in Widerspruch zur katholischen Hierarchie. Deshalb emigrierte er 1628 in die Niederlande, wo er am meisten Gedanken- und Religionsfreiheit fand. 1649 zog er auf Grund einer Einladung der Königin Christine von Schweden nach Stockholm. Dort unterwies er die Königin dreimal in der Woche morgens um 5 Uhr in Philosophie. Descartes, alles andere als ein Frühaufsteher, holte sich eine Lungenentzündung. Da er allen Ärzten misstraute und jede Hilfe von sich wies, starb er schon am 11. Februar 1650. Seine sterblichen Überreste wurden nach Frankreich überführt.[1]

Descartes wollte die Erkenntnis der Wahrheit auf absolut sicheren Grund stellen. Dazu musste er alle bestehenden Autoritäten der Bibel und der Tradition der Katholischen Kirche, aber auch die verehrten griechischen Philosophen als Quellen von Erkenntnis ablehnen. Die Wahrheit konnte ja nicht mit dem bloßen Hinweis auf deren historische Autorität begründet werden. Gemäß Descartes muss alles hinterfragt und bezweifelt werden. Wenn er aber alles, auch die Richtigkeit einfacher arithmetischer Rechnungen bezweifelte, so konnte er doch nicht daran zweifeln, dass er zweifelte. Sein Zweifeln und also sein Denken ist das einzig Gewisse. Aus seinem Denken und Zweifeln schloss Descartes, dass er existiert. Denn wenn er nicht existieren würde, könnte er auch nicht zweifeln und denken. Daher fasst Descartes seine Grunderkenntnis im bekannten Satz zusammen: Ich denke, also bin ich. (Cogito, ergo sum) Er selbst mit seinem Denken ist also der feste Grund, auf dem sich jede Erkenntnis aufbaut.[2] Er und sein Denken, d.h. die Vernunft des Individuums ist die Quelle der Wahrheit über sich, die Welt und Gott. Descartes leistete damit einen wichtigen Beitrag für die Begründung einer Philosophie der Vernunft, aber auch einer Philosophie des Individualismus.

Nun fand Descartes in seinem Denken auch die Vorstellung oder den Begriff eines unendlichen Wesens. Da er selber aber endlich ist, folgerte er, kann diese Vorstellung nicht von ihm stammen. Sie kann nur von einem Wesen stammen, das unendlich ist, und das kann nur Gott sein. Somit führte ihn sein eigener Verstand zur Erkenntnis, dass Gott existiert.[3] Da dieses Wesen auch ihn und somit die Natur geschaffen haben muss, können er und die Natur nur nach dem Ebenbild dieses Wesens geschaffen sein. Dazu schreibt der Autor Hans Poser: „In systematischer Hinsicht ist damit ein neues, einheitliches Weltverständnis entworfen, an dessen Spitze Gott steht und das hierarchisch untergliedert ist in eine Ordnung oder Stufung des Seins."[4] Da aus der Vernunft letzte Wahrheit kommt, ist sie für Descartes konsequenterweise auch die Quelle des richtigen moralischen Verhaltens. Dabei stellte sich für Descartes die Frage nach dem Bösen. Wenn Gott vollkommen ist, wie können dann seine Geschöpfe Böses tun oder irren? Darauf antwortete er, dass „der Irrtum als solcher nichts Wirkliches, von Gott Herrührendes, sondern nur ein Mangel ist, denn Gott hat mir nicht eine Irrtumsfähigkeit verliehen, sondern eine – allerdings nicht unendliche – Fähigkeit, das Wahre zu beurteilen".[5] Descartes vermeidet also den Begriff der Sünde; er spricht vom

Irrtum. Weil Gott dem Menschen die Fähigkeit verliehen hat, das Wahre zu beurteilen, kann er höchstens aus einem Mangel an Verstand von dieser Erkenntnis abirren, jedoch nicht auf Grund einer bösen Macht.

Damit setzte sich Descartes in fundamentalen Gegensatz zur biblischen Offenbarung. Der von ihm im Verstand gefundene Gott ist ein abstraktes höchstes Wesen, das mit dem lebendigen und heiligen Gott der Bibel nichts zu tun hat. Denn die Bibel bescheinigt dem Menschen nicht nur Irrtumsfähigkeit, sondern Abfall, Sünde und Aufruhr. Weil sich der Mensch gegen Gott aufgelehnt hat, eilt Gott ihm zu Hilfe. Er setzt sein Erlösungswerk in Gang und rettet die Menschen aus ihrer Verlorenheit durch Jesu Tod und Auferstehung. Wenn jedoch Descartes die Sünde leugnet, nur Fehler und Irrtümer feststellt, dann braucht der Mensch auch keine Erlösung und keinen Erlöser. Er löst vielmehr jedes Problem selber mit seinem Verstand. Noch einmal Hans Poser: „So entwickelt Descartes jene für die ganze Aufklärung einschließlich ihrer heutigen Nachfolger konstitutive Auffassung, ein Zuwachs an Erkenntnis bedeute auch einen Zuwachs an moralisch gesteuertem Handeln." [6] Oder einfach ausgedrückt: Je mehr der Mensch weiß, desto besser ist er. Descartes traute dem Menschen zu, dass er seinen Verstand so ausrüsten kann, dass „wir das Gute und Schlechte auseinander halten und den wahren Unterschied von Tugend und Laster erfassen, denn so weit reicht fraglos das natürliche Licht des menschlichen Verstandes." [7] Der Mensch benötigt also die Bibel und den Geist Gottes nicht, um das Gute und Böse zu unterscheiden. Dem im Verstand als richtig Erkannten zu folgen, „das bedeutet, in vollkommener Weise der Tugend zu folgen." [8] Der Mensch braucht weder das Wort der Bibel noch den Geist Gottes, um der Tugend zu folgen.

Kein Wunder, dass die Bücher von Descartes von der Katholischen Kirche auf den Index gesetzt wurden; sie zu lesen war den Gläubigen bis zum Zweiten Vatikanischen Konzil (1962-1965) verboten. Descartes lebte zurzeit des 30-jährigen Krieges, als man um das biblische Gottes- und Menschenbild kämpfte, weil es in der Öffentlichkeit noch völlig unbestritten war und es noch lange blieb. Das sehen wir bei Johann Sebastian Bach (1685-1750). In den Texten, die er für seine Kompositionen verwendete, erscheint das biblische Gottes- und Menschenbild völlig unangefochten. Und Bach war vom Rat der Stadt Leipzig als Thomaskantor angestellt und bezahlt. Aber Descartes` Ideen von der Vernunft als Quelle aller Wahrheit eroberten unter dem Begriff des Cartesianismus die Universitäten.

Intellektuelle waren begeistert von der Idee, den Glauben auf ein unerschütterbares Fundament zu stellen, so sicher wie das vom Verstand bewiesene Wissen. Es leuchtete ein,– wie es noch heute vielen einleuchtet – dass gut ist, was verstandesmäßig, was rational ist, schlecht hingegen alles, was unvernünftig ist.[9] Endlich wurde Gott, die Welt und ihre Ordnung dem Verstand zugänglich gemacht. Darum, wer rational handelt, der handelt gemäß dem Willen Gottes. "Denn", wie schon zitiert, „so weit reicht zweifellos das natürliche Licht des menschlichen Verstandes." Dieses Denken hat die Aufklärung in allen ihren Aspekten begründet. Sie heißt denn auch, wie erwähnt, im Englischen „Enlightenment" oder „Age of Reason" und im Französischen „Siècle Philosophique" oder „Siècle des Lumières". Die vernunftgeleitete Ethik war die Wurzel jener Herrschaft der Vernunft, welche die Französische Revolution errichten wollte.[10] Descartes hat es, entgegen seiner Absicht, den nachfolgenden Generationen möglich gemacht, dem Verstand, und das heißt auch, sich selber alles zuzutrauen. Er hat nicht vorausgesehen, dass in letzter Konsequenz die autonome Vernunft auch Gott selber abschaffen und die Regeln der Moral selber setzen wird. Mit Descartes beginnt der Weg zum autonomen Menschen ohne Gott, der selbst bestimmt, was gut und was böse ist, wer leben und wer sterben soll.

Dieses autonome Denken kommt der menschlichen Natur sehr entgegen. Denn dass der Mensch seine Sündhaftigkeit erkennen soll, widerstrebt ihm im Innersten. Wenn er ein Sünder ist, dann braucht er die Hilfe Gottes. Dann muss er zugeben, dass er auf Gott angewiesen, also nicht autonom ist. Doch genau diese Autonomie will er unbedingt erhalten. Und warum sollte es nicht zutreffen, dass alles Vernünftige auch gut ist? Warum kann der Mensch sich nicht einfach auf sein eigenes Denken verlassen? Das leuchtet unmittelbar ein. Descartes und mit ihm die Aufklärer befreien den Menschen von Gott. Die Bibel hingegen sagt uns, dass der Mensch seine Freiheit immer wieder zum Ungehorsam und Unglauben missbraucht. Er hat im Paradies vom Baum der Erkenntnis gegessen. Seither kennt er nicht nur das Gute, sondern auch das Böse. Er kann seinen Verstand dazu benutzen, Nothilfe für Katastrophenopfer möglichst effizient zu organisieren. Er kann aber denselben Verstand einsetzen, um die Nachbarin zu verführen oder einleuchtende Gründe für einen Völkermord zu finden. Der Verstand irrt nicht nur und lässt den Menschen Fehler machen, die er korrigieren kann. Der Verstand kann auch zum Werkzeug des Teufels werden und abgrundtiefe Bosheiten ausdenken. Deshalb hat Gott dem Menschen die Zehn Gebote gegeben, die ihn auf dem guten Weg leiten sollen. Und der Mensch braucht die Erlösung durch Jesus Christus. Erst wenn das Licht der Welt, den Menschen erleuchtet, wird der Verstand wieder zum Licht, zum hilfreichen Instrument für die Gestaltung des Lebens. Darum heißt es in Psalm 119, 105: „Dein Wort ist eine Leuchte meinem Fuß und ein Licht auf meinem Pfad." Descartes hat zwar versucht hat, seine Ethik den Lehren der Katholischen Kirche anzunähern. Aber jede Ethik wird von dem bestimmt, woran man glaubt. Darum unterscheidet sich die christliche Ethik von jeder anderen Moral, weil der Gott der Bibel ein anderer ist als irgendein göttliches höchstes Wesen. Wer sich ganz von Gott als dem Gesetzgeber löst, der muss für seine Ethik selber Grundsätze aufstellen. Diese führen langfristig zwangsläufig zu einer Ethik des Relativismus. Mit dem Abschied vom biblischen Gottesbild verabschiedete man sich auch vom biblischen Menschenbild, und die Folgen liessen nicht auf sich warten.

2. Jean Jacques Rousseau (1712–1778) – der Verführer

Sein Leben

Rousseau hat wohl am meisten dazu beigetragen, um den Ideen der Aufklärung in der Öffentlichkeit zum Durchbruch zu verhelfen. Durch seine Staatslehre „Gesellschaftsvertrag" (Contrat Social) und seinen Erziehungsroman „Emile" hat er nicht nur der französischen Revolution als Vordenker gedient; seine Gedanken faszinieren heute noch Millionen. Deshalb müssen wir uns mit ihm ausführlicher beschäftigen. Seine geniale Persönlichkeit und sein Leben sind von schärfsten Gegensätzen, Höhen und Tiefen geprägt. Sein Wesen wird durch die Schilderung dieser Widersprüche besonders deutlich, denn auch sein Denken ist voll von Gegensätzen, die radikaler kaum sein könnten.

Rousseau wurde am 28. Juni 1712 als Sohn eines Uhrmachers im calvinistischen Genf geboren. 1722 verletzte sein Vater im Streit auf offener Strasse seinen Gegner mit dem Degen und entzog sich dem Gefängnis durch Flucht. Rousseau kommt jetzt zur Ausbildung in die Obhut eines calvinistischen Pfarrers im nahen Bossey. Doch schon in jungen Jahren konvertiert er zum Katholizismus. Sein Buch „Gesellschaftsvertrag" enthält so viele liberale, d. h. gottlose Ideen, dass es von der Pariser Polizei eingezogen und verbrannt wird.[11] Der Erzbischof von Paris und das calvinistische Genf verbieten den „Gesellschaftsvertrag" und seinen Erziehungsroman „Emile". Später wird Rousseau wieder Calvinist, weil er in Genf wohnen möchte. Dennoch behauptet er, das Christentum predige „nichts als Sklaverei",[12] will nichts wissen von einem Erlöser, der die Menschen mit Gott versöhnt, und ist doch glücklich, dass ihn der Pfarrer von Môtiers (Schweiz) ohne Bedenken am Abendmahl teilnehmen lässt.[13] Als er öffentlich angefochten wird und sich mit seiner Selbstrechtfertigung beschäftigt, will er Gott zum Zeugen seiner Unschuld anrufen, indem er eine Schrift auf dem Altar der Notre Dame de Paris zu deponieren versucht,[14] das Gitter aber verschlossen vorfindet.

Als schüchterner junger Mann lebt er als Lakai von Diensten für seine Wohltäterin Madame de Warens, die er Mama nennt. Er wird auch deren Geliebter, obwohl er sie mit einem anderen teilen muss.[15] Er korrespondiert mit den intellektuellen Größen seiner Zeit und lebt zugleich 25 Jahre lang bis zu seinem Tod mit Thérèse Levasseur, einem einfachen Bauernmädchen, der er kaum das Lesen beibringen konnte. Dazu schreibt er: „Ich lebte mit meiner Thérèse so vergnügt als mit dem ersten Genie der Erde."[16] Das hindert den 50-jährigen nicht, sich heftig in die Gräfin Sophie d`Houdetot, eine jüngere Schwägerin seiner derzeitigen Wohltäterin, Madame d`Èpinay, zu verlieben, obschon diese seine Liebe nicht erwidert. Er schreibt einen Erziehungsroman „Emile", mit dem er berühmt wird und dessen Gedanken Generationen von Erziehern beeinflussen. Darunter sind Johann Heinrich Pestalozzi, Johann Gottfried Herder und Maria Montessori. Zugleich überredet er seine widerstrebende Thérèse, die gemeinsamen fünf Kinder in Pariser Findelhäuser abzugeben. Er lässt sich Unterhaltszahlungen von reichen, meist adeligen Wohltätern schenken und spricht doch in seinem „Discours sur les sciences et les arts", einer Schrift, mit der er einen Wettbewerb gewinnt und berühmt wird, sein Verdammungsurteil über eben diese Gesellschaft.[17] Er bittet während des Siebenjährigen König Krieges Friedrich den Grossen von Preußen um Unterstützung und dankt ihm dafür mit einem ebenso untertänigen wie aufsässigen Brief.[18]

Er hofft, mit dem „Gesellschaftsvertrag" die Freiheit des Volkes zu begründen, und wird vom Exponent der jakobinischen Schreckensherrschaft Maximilien de Robespierre verehrt, der Tausende durch die Guillotine hinrichten ließ. Der Gesellschaftsvertrag und „Die neue Héloise" sind literarische und finanzielle Erfolge. Rousseau schafft mit seinem Pygmalion das Theatermelodrama. Er greift die französische Oper an und behauptet, dass die Franzosen überhaupt keine Musik haben und haben können, weil schon ihre Sprache sich dafür nicht eigne! Er versteift sich in seine Ansichten, bis man ihm den Besuch der Oper verbietet und aufgebrachte Musiker ihm Prügel androhen. Dennoch begründet er die Opéra Comique und wird durch sein „Musikalisches Lexikon" zum vielzitierten Ästhetiker.[19] Er streitet mit Voltaire, worauf dieser ihn wegen seiner Findelkinder bloßstellt und ihn einen Narren und Verleumder nennt.[20] Er will Muße zum Schreiben und zerstreitet sich mit allen seinen Wohltätern, die ihm Unterkunft bieten. Er wird von Verfolgungswahn geplagt und sucht Ruhe, aber er verhält sich so, dass er sich mehrfach nur durch Flucht vor dem Gefängnis retten kann.

Rousseau hat nie eine Ausbildung oder ein Studium abgeschlossen, bringt sich oft mit dem Abschreiben von Musiknoten bescheiden durch, bettelt in Paris mit Handzetteln, die er wahllos an Strassenecken verteilt und auf seine Not aufmerksam macht, und wird doch weltberühmt.[21] Vom Persönlichkeitszerfall gezeichnet, nimmt er ein Angebot des Marquis de Girardin an und bezieht mit seiner Frau im Haus des Kastellans im Schloss von Ermenonville, nördlich von Paris, einige Zimmer. Dort bricht er nach seinem gewohnten Morgenspaziergang am Frühstückstisch zusammen und stirbt. Ohne jedes Aufsehen wird er zwei Tage später auf der kleinen Pappelinsel des Schlosses beigesetzt. Wohl aus Angst, vergiftet zu werden, hat er dafür gesorgt, dass Chirurgen ihn obduzierten; doch sie finden nichts Verdächtiges. Obwohl er in Ermenonville von der Öffentlichkeit nicht beachtet wird, hatte er im Bewusstsein seiner historischen Bedeutung angeordnet, ihm die Totenmaske abzunehmen. Die Pappelinsel wird zum Wallfahrtsort, im Übrigen aber wird es ruhig um ihn. Doch wenige Jahre später wird, so der Autor Hans Brockard, „der Name Rousseaus, unterirdisch zunächst und dann offen, zum Schlachtruf der Revolution, sein Gesellschaftsvertrag zu deren Bibel... Am 11. Oktober 1784 holt die Revolution seine sterblichen Überreste nach Paris. Sein Sarkophag wird von Ermenonville feierlich in das Pantheon überführt und erhält einen Ehrenplatz, neben Voltaire."[22]

Der Gesellschaftsvertrag

In seinem Buch „Gesellschaftsvertrag" will Rousseau der Menschheit den Weg zur Überwindung aller Not und in die Freiheit zeigen. Diese in bewusstem Gegensatz zum biblischen Gottes- und Menschenbild aufgebaute Ideensammlung zum Weg in die große Freiheit enthält gleichzeitig die Ansätze zu staatlicher Überwachung, Gehirnwäsche, Willkürjustiz und Terror, wie sie die Welt seit dem letzten Jahrhundert mehrfach erlebt hat und noch erlebt. Der Gesellschaftsvertrag beginnt mit den Worten: „Der Mensch ist frei geboren, und überall liegt er in Ketten."[23] Diese Gefangenschaft ändert sich, wenn man die Gesellschaft auf die Vernunft aufbaut und so jede Unterdrückung und Ausbeutung ausschaltet. Denn, so Rousseau: „Da kein Mensch von Natur aus Herrschaft über seinesgleichen ausübt und da Stärke keinerlei Recht erzeugt, bleiben also die Vereinbarungen als Grundlage jeder rechtmäßigen Herrschaft."[24] Rousseau setzt voraus, dass der Mensch einmal in einem Urzustand gelebt hat, wo er ohne Besitz und darum auch im Frieden lebte. Er befriedigte alle seine Bedürfnisse, indem er seiner Natur folgte. Dieser Zustand ist nicht wieder herstellbar. Die Menschheit hat sich zu sehr entwickelt. Aber der Mensch ist im Grunde gut. So schreibt er in Vorwegnahme des materialistischen Menschenbildes von Karl Marx: „Es sind die Verhältnisse und nicht die Menschen, die den Krieg begründen."[25] Auch im „Emil" taucht das Bild vom Menschen im Urzustand, vom unverdorbenen Wilden auf: „Wer kann, was er will, und nur will, was er kann, ist stark und glücklich. Dieses Gleichgewicht besitzt der „Wilde" von Natur, weil sein Begehren nie seine leiblichen Bedürfnisse übersteigt. Dieses Gleichgewicht ist beim gesellschaftlichen Menschen gestört."[26]

Dieser idealen Lebensart der Wilden soll die Erziehung der Kinder möglichst nahe kommen. Sie sollen also möglichst wenig erzogen werden: „Nur wenn sie (die Kinder) keine Amme, keine Erzieherinnen, keine Lehrer mehr haben, sieht man sie so, wie die Natur sie gemacht hat."[27] Zwar sieht Rousseau bei den Menschen durchaus auch das Böse: „Sie werden sie lügnerisch finden, eigensüchtig, voller Laster." Doch das Böse kommt, wie er meint, nicht aus dem Herzen der Menschen, sondern von aussen. So urteilt er über sein Buch „Emil": Es „ist nur ein Traktat über die ursprüngliche Güte des Menschen, bestimmt darzutun, wie Laster und Irrtum, die seiner

Konstitution fremd sind, von aussen da hineindringen und sie unmerklich verändern." [28] Das Böse kommt von aussen, also von der Gesellschaft, welcher Rousseau gleichzeitig die Lösung aller Probleme zutraut.

Da man nicht zum ursprünglichen Zustand zurückkehren kann, so haben die Menschen kein anderes Mittel, als durch Zusammenschluss (Vertrag), eine Summe von Kräften zu bilden, um im Frieden zu leben. Das Problem heißt gemäß Rousseau also: „Finde eine Form des Zusammenschlusses, die mit ihrer ganzen gemeinsamen Kraft die Person und das Vermögen jedes einzelnen Mitglieds verteidigt und schützt, und durch die doch jeder, indem er sich mit allen vereinigt, nur sich selber gehorcht und genau so frei bleibt wie zuvor." [29] Der Mensch kann sich also mit einer unbeschränkten Zahl von anderen zu einem Gemeinwesen zusammenschliessen, sich ins gemeinsame Handeln einfügen. Gleichzeitig kann er so frei bleiben, wie wenn er sich für dieses gemeinsame Handeln keine Beschränkungen auferlegen müsste und alles ganz allein zu entscheiden hätte! Dass hier zwei Dinge in eins gesetzt werden, die sich gegenseitig ausschließen, merkt Rousseau nicht. Er stellt sich vor, dass ein Staat, der sich auf den freiwilligen und vertraglich geregelten Zusammenschluss aller betroffenen Menschen stützt, die friedliche Regelung aller Probleme erlaubt. Er behauptet also die Lösung oder Methode gefunden zu haben, welche die Völker aus der Jahrtausende dauernden Geschichte von Krieg und Not für immer befreien wird. „Gemeinsam stellen wir alle, jeder von uns seine Person und seine ganze Kraft unter die oberste Richtschnur des Gemeinwillens; und wir nehmen, als Körper, jedes Glied als untrennbaren Teil des Ganzen auf." [30]

Indem sich der Mensch in diese Gesellschaft fügt, gibt er zwar seinen Naturzustand und damit auch seine durch die Natur gegebene Freiheit auf. Aber er gewinnt dabei: „Was der Mensch durch den Gesellschaftsvertrag verliert, ist seine natürliche Freiheit und ein unbegrenztes Recht auf alles, was ihn gelüstet und was er erreichen kann; was er erhält, ist die bürgerliche Freiheit und das Eigentum an allem, was er besitzt." [31] Es werden also gegenüber dem herrschenden Feudalsystem, das Rousseau das widersinnigste System nennt, neue Besitzverhältnisse geschaffen. Dadurch erhält der Einzelne, mindestens in Rousseaus Sicht, die Freiheit des Besitzes . Dabei entgeht ihm, dass nach seiner Vorstellung der Mensch im Urzustand deshalb friedlich war, weil er besitzlos war. Doch wenn der Mensch in dieser Gemeinschaft auf die Idee kommen sollte, sich in diesem Gemeinwillen nicht frei zu fühlen und vielleicht Fluchtwege diesem Gemeinwillen suchten möchte, dann wird er „von der gesamten Körperschaft gezwungen, was nichts anderes heißt, als dass man ihn zwingt, frei zu sein"![32] Diese Logik kann verstehen, wer will.

Neben der *Freiheit* bringt der Gesellschaftsvertrag auch die Gleichheit aller Bürger. Rousseau schreibt: „...dass nämlich der Gesellschaftsvertrag unter den Bürgern eine Gleichheit von der Art schafft, dass sie sich alle unter den gleichen Bedingungen verpflichten und sich der gleichen Rechte erfreuen."[33] Der Vertrag korrigiert sogar Ungleichheiten wie Aussehen, Größe, Kraft oder Intelligenz, welche Menschen von Geburt aus unterscheiden. Der Gesellschaftsvertrag setzt an die Stelle von „physischer Ungleichheit" die „sittliche und rechtliche *Gleichheit*" aller Bürger.[34] – Rousseau will keine Revolution. Er will auch die Religion nicht abschaffen. Im Gegenteil, die Religion, die er sich vorstellt aber auch nicht näher definiert, fasst alle Bürger in eine große *brüderliche* Gemeinschaft zusammen: „Es bleibt also die Religion des Menschen oder das Christentum, nicht das heutige, sondern das Evangelium, das davon ganz und gar verschieden ist. Durch diese heilige, erhabene und wahre Religion erkennen sich die Menschen – Kinder des nämlichen Gottes – alle als Brüder, und die Gemeinschaft, die sie vereinigt, löst sich auch im Tod nicht auf."[35]

Und so findet denn die Französische Revolution bei Rousseau ihren Schlachtruf: „Liberté, Égalité, Fraternité." Der Mensch kann aus eigener Kraft die Überwindung aller Not schaffen. Er kann die Utopie Wirklichkeit werden lassen, wenn er nur seinen Verstand gebraucht und auf seine ihm innewohnende Güte vertraut. Denn in seiner Natur ist der Mensch gut. „Verdorben wird das Volk niemals, aber oft irregeführt, nur dann scheint er, das Schlechte zu wollen."[36] Aus diesem Vertrauen in den guten Menschen wächst die Idee einer die ganze Menschheit umfassenden Bruderschaft, eine Idee, der auch heute Millionen anhängen. Friedrich von Schiller (1759-1805) ließ sich dadurch zu seiner Hymne an die Freude inspirieren. Dort heißt es u. a: ...Alle Menschen werden Brüder ...seid umschlungen Millionen! Diesen Kuss der ganzen Welt..." Es ist nicht von Ungefähr, dass die Europäische Union diesen Text zu ihrer Hymne erklärt und in ihrem Verfassungsentwurf auf jeden Hinweis auf die christliche Vergangenheit Europas verzichtet hat.

Seine Kinder

Rousseau hielt sich, wie er selbst sagt, „alles in allem genommen stets für den besten aller Menschen".[37] Eine solche Aussage kann man als naive, kindlich-egozentrische Selbsttäuschung abtun. Dennoch muss man die Frage stellen, wie sein persönliches Verhalten zu seinen Ideen für den Weltfrieden passt. Er hatte bekanntlich mit seiner Thérèse fünf Kinder, die er alle sofort nach der Geburt in Findelhäuser abgab. Als ihn Voltaire deswegen bloßstellte, reagierte er zunächst mit einem glatten Dementi und verleugnete seine Kinder. Erst auf öffentlichen Druck gab er seine Vaterschaft zu. In einem wortreichen Brief beschönigte er sein Verhalten. Er behauptete, er hätte trotz Ruhm ein Leben in Dürftigkeit und Unsicherheit gewählt, weshalb er die Kinder nicht habe ernähren können.[38] „Und gewiss ist, dass ich keinerlei Verpflichtung (gegenüber Thérèse) eingegangen bin und auch nicht eingehen will."[39] Rousseau stand also notgedrungen zu seiner Vaterschaft, lehnte aber jede Verantwortung mit dem Hinweis ab, er hätte seiner Frau nichts versprochen, als ob Heirat und Kinder zeugen zu nichts verpflichten würden! Diese Argumentation würde heute kein Gericht anerkennen. Zudem beschuldigte er andere: „…es ist der Stand der Reichen, es ist Ihr Stand, der dem meinigen das Brot meiner Kinder stiehlt." Er ist also nicht in der Lage, seine Kinder zu ernähren, weil sie, seine Ankläger, ihn nicht genügend unterstützen! Ja, er sieht sich als das Opfer, der seine Kinder weggeben musste. Und er bemitleidet sich selbst, dass er so „niemals die Süße natürlicher Liebkosungen gekostet" habe. Gleichzeitig erklärt er unumwunden, „er habe bei der Preisgabe seiner Kinder nicht die leisesten Gewissensbisse empfunden." Jahre später beichtete er der Marschallin von Luxemburg seine bittere Reue über sein Verhalten.[40] Aber zugleich ließ er sich von dieser nur mit Mühe die Erlaubnis abringen, nach seinen Kindern zu forschen, und scheint erleichtert gewesen zu sein, als ihre Suche ergebnislos verlief.

Was soll man zu so viel Gefühlskälte, ja Brutalität den Kindern und der Mutter gegenüber, zu so viel Feigheit, Zynismus und innerem Widerspruch sagen? Ist es zulässig, dies alles zu entschuldigen, weil ein Genie nicht nach üblichen Maßstäben beurteilt werden darf? Ist unmoralisches Verhalten eine unvermeidbare Nebenwirkung oder sogar Voraussetzung von genialer Kreativität? Wenn ja, dann war Johann Sebastian Bach (1685-1750) kein Genie!

Denn er schuf nicht nur die Matthäuspassion, sondern er zog alle seine 20 Kinder (von zwei Frauen) auf, und zwar so, dass vier von ihnen selbst bekannte Komponisten wurden. Und wie ganz anders als Rousseau hat der Pädagoge und Sozialreformer Johann Heinrich Pestalozzi (1746-1827) sich verhalten! Er hat sein ganzes Leben der Pflege und Bildung von Kindern gewidmet. Für Bach und Pestalozzi waren Kinder Ebenbilder Gottes. In der Liebe zu den Kindern, zeigte sich ihre Liebe zu Gott. Das war bei Rousseau offensichtlich anders. Damit soll nicht gesagt sein, dass Menschen ohne das biblische Menschenbild Kinder nicht lieben könnten. Aber aufs Ganze gesehen gibt es doch einen Zusammenhang zwischen dem Menschenbild, dem sich eine Gesellschaft verpflichtet weiß, und der Art und Weise, wie man Kindern begegnet, sie pflegt und bildet. Die heutige Zunahme von Kindesmisshandlungen und sexuellem Kindesmissbrauch hat auch damit zu tun, dass die Öffentlichkeit sich vom biblischen Menschenbild verabschiedet hat. So auch bei Rousseau. Es ist derselbe Mensch, der seine Kinder verleugnet und der zum Staatsterror anleitet. Die Bibel sagt: „Jeder Baum wird an seiner Frucht erkannt." Luk. 6, 44

Für viele ist Rousseau ein Idol; niemand darf ihn angreifen. Seine Genialität ist unbestreitbar; seine Kritik an der feudalen Gesellschaft war leider nur allzu berechtigt; und gewiss sind von „Emil" auch positive Denkanstöße ausgegangen. Doch bei aller Faszination dieser Persönlichkeit muss es erlaubt sein, Fragen zu stellen. Waren diese Ideen wirklich ein so einmaliger Beitrag zur Befreiung der Menschheit? Vor allem interessiert uns, welche kurz- und langfristigen Wirkungen seine Ideen für eine Welt ohne Gott, ohne Bibel, ohne Sünde und ohne Vergebung indirekt ausgelöst haben.

Utopie – Revolution – Staatsterror

Rousseau hat nicht zur Revolution aufgerufen. Doch wie Saatkörner die Frucht in sich tragen, so enthält der Gesellschaftsvertrag Aussagen, welche im Kern Manipulation der Persönlichkeit, staatliche Versklavung, blutigen Terror und Staatsvergötzung enthalten. Manche dieser Sätze klingen zunächst harmlos. Doch, wenn man sie ernst nimmt, – und Rousseau hat gemeint, was er geschrieben hat, – dann enthalten sie gigantische soziale und politische Zeitbomben. Lesen Sie selbst:

Scheinbar will Rousseau, dass man Kinder zu freien und mündigen Personen erzieht. Aber, wenn man es richtig macht, kann man das Werden der kindlichen Persönlichkeit nach eigenem Willen manipulieren: „Es gibt keine so vollständige Unterwerfung als die, die den Anschein der Freiheit wahrt; man nimmt dadurch seinen (des Zöglings) Willen selbst gefangen… Er darf hier nur wollen, was du willst, dass er es will."[41] Hier wird nicht auf Erziehung verzichtet, sondern die Erziehung wird zum Mittel der seelischen Unterwerfung, zur Aufzucht einer Marionette, nicht zur Förderung einer eigenständigen Persönlichkeit.

Oder: „Daraus sieht man, dass es für den Volkskörper keinerlei verpflichtendes Grundgesetz geben kann… nicht einmal den Gesellschaftsvertrag."[42] Diese Aussage ist ungeheuerlich. Für den Volkskörper, und das ist doch der Staat, gibt es kein verpflichtendes Grundgesetz! Ist das nicht eine Absage an den Rechtsstaat und begründet jede Diktatur? Der Satz könnte von Hitler oder Mao stammen.

Oder: „Aus dem Vorangehenden folgt, dass der Gemeinwille immer auf dem rechten Weg ist und auf das öffentliche Wohl abzielt…"[43] Haben wir verstanden? Der Gemeinwille hat immer Recht! Bei diesen Worten höre ich den Text eines DDR-Liedes: Die Partei, die Partei, die hat immer Recht, die Partei, die Partei, die Partei.

Oder: „Alle Dienste, die ein Bürger dem Staat leisten kann, muss er ihm leisten, sobald der Souverän das verlangt."[44] Alle Dienste meint doch wohl alle Dienste. Gegenüber den Forderungen des Staates gibt es keinen Vorbehalt. Der Staat ersetzt das Gewissen und macht die Bürger zu Sklaven.

Oder: „Beide (die Öffentlichkeit und der Einzelne) bedürfen gleicherweise der Führung… müssen gezwungen werden, ihren Willen der Vernunft anzupassen."[45] Das Volk denkt offenbar nicht immer das, was es denken soll. Dann muss Zwang die Bürger zur Vernunft bringen, bis der Einzelne und die Öffentlichkeit erkennen, was für sie gut ist! Dieser Zwang, das richtige Denken des Volkes zu garantieren, ist die Aufgabe des Staates. Heute nennen wir das Meinungsdiktatur.

Genau diesen Gedanken haben u. a. lateinamerikanische Befreiungsbewegungen, etwa die Sandinisten in Nicaragua oder der Leuchtende Pfad (Sendero Luminoso) in Peru, in die Tat umgesetzt. Die Leiter dieser Terrorgruppen bezeichnen sich als Volksvertreter, weil sie allein wissen, was für das Volk gut ist. Dieses Wissen rechtfertigt auch die Anwendung von Gewalt. So schreibt der Befreiungstheologe Gustavo Gutierrez: „Aber dies (die Befreiung

des Volkes) kann nur durch entschlossenes Eintreten für die Unterdrückten erreicht werden, das heißt kämpfen gegen die unterdrückende Klasse.
Es muss echter und wirkungsvoller Kampf sein ...Bei solchem Kampf dürfe
man allerdings nicht handeln aus Hass, sondern aus Liebe! Das sei die neue
Art des Evangeliums, die Feinde zu lieben." Was man unter dieser Form
christlicher Liebe zu verstehen hat, erläutert James Cone. In letzter Konsequenz bedeutet es, "einen Molotow Cocktail in das Haus eines Weissen zu
werfen und zuzuschauen, wie es in Flammen aufgeht."[46]

Es wundert denn auch nicht, dass Rousseau die Einführung von Zenso-
ren, also eine geheime Staatspolizei, fordert.[47] Auch der Begriff „Staatsfeind"
taucht bei ihm auf. Für Staatsfeinde fordert Rousseau nicht ein rechtsstaat-
liches Urteil, nach dessen Verbüßung der Verurteilte wieder in die Gesellschaft zurückkehren kann. Für sie sind Sondergerichte zuständig, welche
Ausschluss, Verbannung oder Tod beschließen können. Und dabei gilt: „Das
Verfahren und das Urteil sind die Beweise und die Erklärung, dass er (der
Staatsfeind) den Gesellschaftsvertrag gebrochen hat." Haben wir verstanden,
was das heißt? Also braucht es für eine Verurteilung weder Indizien noch ein
Geständnis. Schon die Anklage, das Verfahren und das Urteil genügen als
Schuldbeweis! Das ist Justizterror pur. Der Staatsfeind
„muss aus dem Staat ausgeschlossen werden, durch Verbannung als Vertrags-
brüchiger oder durch Tod... unter diesen Umständen ist es Kriegsrecht, den
Besiegten zu töten."[48] Wer denkt bei diesen Worten nicht an die Guillotine
der Französischen Revolution und an die Millionen, die im 20. Jahrhundert
als Staatsfeinde aus dem Volkskörper ausgemerzt wurden? Auch dafür hat
Rousseau Weichen gestellt.

Schließlich wird durch Rousseau die Gesellschaft religiös überhöht, erhält
gottähnliche Ehre und Würde. Sie existiert nicht um der Menschen willen,
sondern hat ihr Existenzrecht in sich selber und verdient deshalb auch totale
Hingabe von Seiten der Menschen: „Hieraus sieht man, dass die souve-
räne Gewalt, völlig uneingeschränkt, geheiligt und unverletzlich ist ...."[49]
Und: „Der Souverän ist, allein weil er ist, immer alles, was er sein soll."[50]
Auch diese Sätze muss man zweimal lesen. Damit wird der Staat für absolut
und göttlich erklärt. Wir erinnern uns an die gottgleiche Ehre, die in Nordkorea dem verstorbenen Gründer und Grossen Führer Kim Il Sung entgegen-
gebracht wird.

Rousseau erwartet auch, dass der Mensch sich dem Staat ganz übereignet und auf alle eigenen Rechte verzichtet. Er schreibt: „Diese Bestimmungen lassen sich bei richtigem Verständnis sämtlich auf eine einzige zurückführen, nämlich die völlige Entäußerung jedes Mitgliedes mit allen seinen Rechten an das Gemeinwesen als Ganzes."[51] Sie haben richtig gelesen: Rousseau fordert die Selbstentäußerung des Menschen für den Staat; der Mensch soll freiwillig auf alle seine Rechte verzichten und sich als Sklave in die Hände des Staates geben. Soviel fordern nicht einmal katholische Orden von ihren Mitgliedern. Es sind eher ideologische Diktatoren und islamische Terrorgruppen, welche solche Selbstaufgabe von ihren Mitgliedern erwarten.

Aus heutiger Sicht ist es völlig unverständlich, dass nicht schon damals den Zeitgenossen beim Lesen dieser Texte sämtliche Alarmglocken zu läuten anfingen. Rousseaus Äußerungen widersprechen diametral all dem, was die bald beginnende Revolution den Menschen versprach – Freiheit, Gleichheit und Brüderlichkeit. So wird bei Rousseau besonders anschaulich, wohin der Abschied vom biblischen Gottes– und Menschenbild führt. Er hat bewusst eine Philosophie gelehrt und gefordert, in welcher es keinen Teufel gibt, der Mensch nicht mit Sünde behaftet ist und darum auch keinen Erlöser braucht. Im Gegenteil, erst wenn er auf göttliche Hilfe verzichtet und auf sich selber vertraut, auf seine Kräfte und den eigenen Verstand, wird er zum Bau einer Gesellschaft befähigt, in welcher alle Menschen in Frieden, Freiheit, Gleichheit und Brüderlichkeit leben. Zwar erwähnt Rousseau Gott gelegentlich als Quelle der Macht und als Quelle von Gerechtigkeit.[52] Aber das ist nicht der Gott der biblischen Offenbarung, sondern ein selbsterdachtes „Höchstes Wesen". Und genau darin besteht der Generalaufstand des Menschen gegen Gott: Er macht sich selbst einen Gott. Die Bibel mahnt, dass die Realität dieser Welt mit Gott beginnt. Wer den lebendigen Gott verlässt, verlässt die Realität, baut sich eine Utopie und gerät in die Fänge des Teufels.

Utopien sind oft der Anfang einer Katastrophe. Die Geschichte hat gezeigt, wie ganze Völker der rousseauschen Verführung zur Selbsterlösung und zur Schaffung eines irdischen Paradieses ohne Gott gefolgt sind. Aus der Verführung zur Utopie entstanden gigantische Versuche der politischen Umsetzung, welche Opfer in gigantischem Ausmaß forderten. Man sagt, die Revolution frisst ihre Kinder, und meint damit, dass viele französische Revolutionäre selber unter der Guillotine endeten. Doch was in Paris geschah, war nur ein Vorspiel.

3. Immanuel Kant (1724-1804) – der Pseudoretter des Glaubens

Einen Höhepunkt dieser Verselbstständigung des Menschen in der Aufklärung finden wir in Immanuel Kant, der zu den bedeutendsten Philosophen der Geschichte gerechnet wird. Zu seinen Hauptschriften gehören „Kritik der reinen Vernunft" und „Kritik der praktischen Vernunft". Er bestärkt den aufgeklärten Menschen, in allen Dingen auf die Vernunft zu trauen. So schreibt er: „Aufklärung ist der Ausgang des Menschen aus seiner selbst verschuldeten Unmündigkeit. Unmündigkeit ist das Unvermögen, sich seines Verstandes ohne die Leitung eines anderen zu bedienen …Wage zu wissen! (Sapere aude)." Habe den Mut, dich deines Verstandes zu bedienen, ist also der Wahlspruch der Aufklärung.[53] Mit dem Hinweis auf „die Leitung eines anderen" hat Kant offensichtlich Gottes Offenbarung in der Bibel gemeint. Von einer solchen Fremdbestimmung will er nichts wissen. Dann, mit dem Blick in die Natur und im Hören auf die Stimme seines Gewissens, kommt er doch nicht ohne etwas Göttliches aus. In seiner zweiten Hauptschrift „Kritik der praktischen Vernunft" hat er, gestützt auf die allgemeine Erfahrung des Menschen und im Blick auf „den gestirnten Himmel über mir und das moralische Gesetz in mir" Gott als Denknotwendigkeit wieder eingeführt. Dieser Gott hat aber keine direkte Auswirkung auf das ethische Verhalten des Menschen. Der Mensch bestimmt selber, was gut ist. Dafür formuliert Kant für den mündig gewordenen Menschen seinen berühmten kategorischen Imperativ wie folgt: „Handle so, dass die Maxime deines Willens jederzeit zugleich als Prinzip einer allgemeinen Gesetzgebung gelten könnte."[54]

Kants Denken beeindruckt noch heute. Denn er war kein Gottesleugner. Es spricht manches dafür, dass er sich, gewissermassen neben seiner Philosophie, einen schlichten persönlichen Glauben an den offenbarten Gott der Bibel bewahrt hat. Für viele hat er Gott und den christlichen Glauben noch einmal gerettet, indem er ihn in der Kritik der praktischen Vernunft wieder einführte. Doch Kants Philosophie ist nur scheinbar eine Rettung des christlichen Glaubens. In Wahrheit widerspricht sein Gottesbegriff diametral jenem der Bibel. Der Philosoph Volker Gerhardt fasst Kants Gottesvorstellung so zusammen: „Für diesen weltumspannenden vernünftigen Zweck (Sinn des Universums) haben wir den Namen Gottes. Gott ist das Urwesen, bei dem wir völlig offen lassen können, wo und wie es ihn gibt, wann und warum er alles gemacht hat."[55] Doch der lebendige und heilige Gott offenbart sich dem Menschen nicht als Denkmöglichkeit, nicht als Urwesen, sondern als Herr und liebender Vater, der mit den Menschen Gemeinschaft haben will. Da Kant Gott als Urwesen definiert, ist der Mensch auch nicht Ebenbild Gottes, sondern ein Tier, allerdings ein vernünftiges Tier (animal rationale).[56] Lange vor Darwin schreibt Kant unmissverständlich: „Der Mensch ist ein Tier, das, wenn es unter anderen seiner Gattung lebt, einen Herrn nötig hat. Denn er missbraucht gewiss seine Freiheit... Er bedarf also eines Herrn, der ihm den eigenen Willen breche, einen allgemeingültigen Willen, dabei jeder frei sein kann, zu gehorchen."[57] Dieser Herr über den Menschen kann nur der Mensch selber sein. Er ist das Tier, das sich selbst zu erziehen hat. Er muss sein eigenes Vorbild sein.[58] Da Gott ein undefinierter Urgrund ist, der sich nicht um die Menschen kümmert, der Mensch jedoch Vernunft hat, ist er zur Selbstgesetzgebung aufgerufen, also zur Autonomie.[59] Dementsprechend muss der Mensch auch den Sinn seiner Existenz selber finden: „Es bleibt also wohl nichts übrig als der Wert, den wir unserem Leben selbst geben..."[60]

Kants kategorischer Imperativ hat Millionen begeistert und tut es noch. Sie finden, wie sie meinen, in diesem Imperativ die letzte und gültige Zusammenfassung der Bibel. Gerade die Tatsache, dass Kant nicht die Existenz Gottes leugnete, verleitet viele dazu, ihn als christlichen Denker zu verstehen. Es klingt ja auch so gut, wenn bei Kant Freiheit, Vernunft, Mensch und Menschlichkeit eine Einheit bilden und Menschlichkeit und Freiheit sich aus der Vernunft des „sich selbst bildenden Individuums" begründen.[61] Dabei übersieht man vollständig, dass Kants kategorischer Imperativ es den Menschen überlässt, den Inhalt dessen zu bestimmen, was als allgemeine Gesetzgebung gelten könnte.

Auch Lenin und Hitler haben ihre Ideologie „zum Prinzip einer allgemeinen Gesetzgebung" erhoben. Die Vernunft ohne Gott oder mit einem selbst gemachten Gott kann auch einen Völkermord begründen. Kant hätte selbstverständlich solche Konsequenzen weit von sich gewiesen. Dafür war er selber viel zu sehr von christlichen Ethikvorstellungen durchdrungen. Das zeigt sich beispielsweise in seinem Buch „Die Religion innerhalb der Grenzen der bloßen Vernunft". Aber der Weg, den er gewiesen hat, und die von ihm geforderte Autonomie des Menschen veranlassten Millionen, jeden

Gedanken an Gott, seine Offenbarung in Christus und seine Gebote als überwundene Beschränkung abzutun. Und Werte, die man selber setzt, kann man bekanntlich auch selber absetzen. Deshalb meine ich, Kants Philosophie begründet nur scheinbar den christlichen Glauben. Auch Kant übersieht oder leugnet die Sündhaftigkeit des Menschen und traut der menschlichen Natur nur Gutes zu. Sein Ausgang aus der „selbstverschuldeten Unmündigkeit" ist ein wichtiger Schritt zur totalen Autonomie und in letzter Konsequenz zur Gottlosigkeit. Wenn er hier als Scheingläubiger bezeichnet wird, so ist dies kein Versuch, Kants historische Größe herabzusetzen, sondern der Versuch, seine Philosophie aus der Sicht der Bibel einzuordnen.

Noch ein Wort zum Begriff der Vernunft. In der Philosophie wird oft unterschieden zwischen Verstand und Vernunft. Verstand wird dann definiert als die Fähigkeit zu denken. Von Vernunft redet man oft, um anzudeuten, dass man damit eine moralisch höhere Ebene oder Qualität des Denkens meint. Wenn der Mensch sinnvoll und gut handelt, dann ist er vernünftig, tut er es nicht, dann handelt er unvernünftig. Man verbindet also mit dem Begriff Vernunft eine ethische Qualität. So sieht Kant den Wert des Lebens im selbstbestimmten Gebrauch der eigenen Vernunft und meint selbstverständlich, dass der Mensch immer dann etwas Gutes tue, wenn er seine Vernunft einsetzt. Dabei war für Kant klar, dass das Gute sich wesentlich aus christlichen Inhalten zusammensetzt. Doch dies ist eine Annahme ohne Begründung. Auch ein Verbrecher benützt für sein Vorgehen seine Denkfähigkeit, und was er tut, ist für ihn durchaus vernünftig. Misst man der angeborenen Vernunft eine höhere ethische Qualität als dem Verstand zu, wie das in der Philosophie oft geschieht, dann muss man auch zugeben, dass diese Qualität nur vom Schöpfer stammen kann, der sie in den Menschen hineingelegt hat. Dann ist der Mensch jedoch nicht mehr autonom. Er hat dann zwar den Mut, sich seines Verstandes ohne fremde Anleitung zu bedienen, merkt aber nicht, dass sich sein vernünftiges Denken an der Ordnung orientiert, welche der Schöpfer gegeben hat. Deshalb kann man der Vernunft keine in ihr selbst liegende, von Gott unabhängige ethische Qualität zuschreiben.

Die Menschen der Aufklärung beflügelte der Glaube, Vernunft und Freiheit würden die Menschheit in absehbarer Zeit von Unterdrückung und Armut erlösen. Dazu war vor allem Wissen wichtig. So entstand im Bemühen, das ganze Wissen der Zeit zusammen zu fassen und allen zugänglich zu machen, die berühmte Enzyclopädie, herausgegeben von Denis Diderot und Jean Le Rond d`Alembert. Dahinter stand nicht nur der Wille, Informationen weiter zugeben, sondern auch die Überzeugung, dass mehr Wissen das moralische Verhalten des Menschen bessere. Das Menschenbild entsprach dem Satz: „Der Mensch ist gut, man muss es ihm nur zeigen." Vor allem die Katholische Kirche, aber auch die der Bibel verpflichteten Protestanten haben richtigerweise erkannt, dass das Gottes- und Menschenbild der Aufklärung der biblischen Offenbarung und der katholischen und reformatorischen Lehre widersprach. Rom antwortete mit dem Index, dem Verbot von bestimmten Büchern und also mit einer Beschränkung des Denkens. Auch auf die in der Aufklärung auftauchende Forderung nach Toleranz und Demokratie hat man mit Abwehr reagiert. Von dem Image, das Denken und den Fortschritt zu behindern, haben sich die Kirchen bis heute nicht ganz befreien können. Dabei ist heute dieser Vorwurf in keiner Weise mehr berechtigt.

4. Charles Darwin (1809-1882) – Wissenschaft gegen Schöpfung

Mit Charles Darwin verbindet sich die Theorie der Evolution, welche heute von vielen als einzig intellektuell verantwortbare Grundlage der Biologie und der Herkunft des Menschen betrachtet wird. Viele sind der Überzeugung, dass durch die Evolutionstheorie der Glaube an einen Schöpfergott wissenschaftlich endgültig widerlegt wurde und nur Ungebildete noch daran festhalten. Zweifellos ist Darwin einer der einflussreichsten Menschen der Weltgeschichte. Darwin hat zu seinem Glauben widersprüchliche Aussagen gemacht. So hält er zunächst an einem unbestimmten Gott fest und schließt sein grundlegendes Werk über die Entstehung der Arten mit dem Satz: „Es liegt etwas Großartiges in dieser Auffassung, dass das Leben mit seinen mannigfaltigen Kräften vom Schöpfer ursprünglich nur wenigen Formen oder gar nur einer einzigen eingehaucht worden ist..." [62] Doch Charles Darwin lieferte der Menschheit den „Beweis", dass man unsere Welt eigentlich nur ohne Gott verstehen könne. Denn für darwinistische Ideologen gilt unumstößlich, dass Darwin jeden Gottesglauben widerlegt hat. Die heute von vielen erkannte Möglichkeit einer Verständigung zwischen Naturwissenschaft und Glauben sah man damals kaum. Auf Grund von Darwins Forschungen war für viele der Glaube an eine Schöpfung nicht mehr zu halten. So begann mit Darwin eine weitere, äußerst folgenschwere Runde in der Zerstörung des christlichen Weltbildes.

Charles Darwin wurde am 12. Februar 1809 in Shrewsbury, England geboren. Schon als Kind interessierte er sich für Muscheln, Münzen und Mineralien. Mit 16 Jahren begann er, in Edinburgh Medizin zu studieren. Da er sich aber damit schwer tat, schlug sein Vater ihm vor, Geistlicher der Kirche von England zu werden. Er studierte am Christ`s College in Cambridge und bestand das Examen 1831 als einer der Besten. Am 27. Dezember desselben Jahres brach er mit anderen Forschern auf der HMS Beagle zu einer Expeditionsreise auf, die ihn nach Rio de Janeiro, Montevideo, La Plata, Kap Horn, den Falklandinseln, Chile, Peru, die Galapagosinseln und nach Südafrika führte. Nach fünf Jahren, am 6. Oktober 1836, traf er wieder im Elternhaus ein. Am 29. Januar 1839 heiratete er seine Cousine Emma Wedgwood.[63] Er war ein liebevoller Vater. Die Familie hatte zehn Kinder, von denen drei früh starben. Er litt Zeit seines Lebens an Krankheiten, hatte immer wieder Magenbeschwerden, Übelkeit, Hautausschläge und Herzbeschwerden, vor Allem, wenn er unter Stress stand. Mit dem Erbe seines Vaters konnte er das Leben eines Privatgelehrten mit festgelegtem Tagesablauf führen. Dabei wechselten Arbeiten, Spaziergänge, Ruhezeiten auf dem Sofa und Sich-Vorlesen-Lassen ab. In seinem Denken wurde Darwin auch von anderen Forschern angeregt. So hat Alfred Russel Wallace die Grundgedanken der Evolution zeitgleich mit Darwin niedergeschrieben.[64] Aber es waren Darwins spätere Veröffentlichungen, welche der Evolutionstheorie weltweite Anerkennung verschafften. Darwin starb am 19. April 1882 im Alter von 73 Jahren in Downe, Kent und wurde am 26. April mit einem Staatsbegräbnis und einem Grab in der Westminster Abbey geehrt.

Entscheidend für Darwins Evolutionstheorie war sein Aufenthalt auf den Galapagosinseln. Bei den von ihm gesammelten Vögeln fielen ihm Finken auf, die er auf allen Inseln fand, die einander sehr ähnlich und doch verschieden waren. Er kam zum Schluss, dass es sich immer um dieselbe Finkenart handelte, die sich jedoch auf den verschiedenen Inseln unterschiedlich entwickelt und angepasst hatten. Auch stellte ein Mitglied des Teams fest, dass die Schildkröten auf den verschiedenen Inseln ebenfalls kleine Unterschiede aufwiesen. Daraus gewann Darwin die Überzeugung, dass die Tierarten auf den Inseln einem fortlaufenden Veränderungsprozess unterworfen waren.

Deshalb schloss er, dass die verschiedenen Arten von einer einzigen abstammten und sich wegen der unterschiedlichen Lebensbedingungen der verschiedenen Inseln auch verschieden entwickelt hatten. Entwicklung oder Evolution erklärte die ganze Vielfalt der Natur: Kleine Änderungen der Gene (Mutationen) führen über grosse Zeiträume zur Entstehung von neuen Arten. Auch stellte er fest, dass eine Art immer mehr Nachkommen erzeugt, als Ressourcen vorhanden sind, um alle am Leben zu erhalten. Das bewirkt, dass nur die besten Variationen in diesem Kampf überleben, während unvorteilhafte ohne Nachkommen sterben.

1859 erschien Darwins Hauptwerk: „On the Origin of Species by means of Natural Selection, or the Preservation of Favoured Races in the Struggle for Life". (Die Entstehung der Arten durch natürliche Zuchtwahl oder Die Erhaltung der bevorzugten Rassen im Kampf ums Dasein) Die erste Auflage von 1250 Exemplaren war schon am ersten Tag ausverkauft. Das Buch wurde zum meistgelesenen wissenschaftlichen Werk seines Jahrhunderts. Es begründete Darwins Ruhm und den Darwinismus. Darwins Grundthesen sind zu den bekannten Begriffen der Evolutionstheorie geworden: Kampf um Dasein, natürliche Zuchtwahl, Mutation und Selektion.[65] D.h.: Vier wichtige Aussagen charakterisieren den Darwinismus: 1. Unter den Individuen einer Population findet ein Kampf ums Dasein statt, weil zu viele produziert werden und nur ein Teil überleben kann. 2. Dieser Kampf ums Überleben hängt zum grossen Teil von der erblichen Konstitution der überlebenden Individuen ab. 3. Im Verlauf von Generationen führen die natürliche Auslese sowie die Mutationen in den Genen zu allmählichen Veränderungen der Population, d.h. zur Evolution von neuen Arten. 4. Dieser Prozess von Anpassung und Selektion verläuft über Jahrmillionen nach dem Zufallsprinzip.

Auch die Entstehung des Menschen ist so zu erklären. Das Gehirn, das Verhalten und die Emotionen der Menschen sind ebenfalls Produkte der Evolution.[66])

In den folgenden Jahrzehnten haben andere Forscher diese Theorie immer wieder neu bestätigt. Vor allem, als man feststellte, dass das Alter der Erde in Millionen, wenn nicht in Milliarden von Jahren gerechnet werden müsse, wurde die Vorstellung von der Entstehung der Arten durch Zufall über lange Zeiträume immer plausibler. Und wenn der Zufall die Entstehung der Pflanzen, Tierarten und der Menschen besorgte, dann blieb für einen planenden Schöpfergott kein Platz. Darwin hatte in den Augen der aufgeschlossenen Wissenschaftler bewiesen, dass intelligente und gebildete Menschen nicht mehr von Gottes Schöpfung reden durften, weil es diesen Gott gar nicht geben konnte. Aus der Schöpfung wurde die Natur oder die Umwelt. Der Mensch war nicht mehr Kind Gottes und nicht nach seinem Ebenbild geschaffen. Vielmehr ist er ein zwar wunderbares, hoch entwickeltes Tier, aber dennoch ein letztlich sinnloses Zufallsprodukt der Evolution ohne eine göttliche Bestimmung und ohne Ewigkeitswert. Da die Naturwissenschaft immer neue Beweise für diese Thesen erbrachte, war für viele Gebildete der Weg in den Atheismus eine Frage der intellektuellen Ehrlichkeit. Die Hoffnung auf ewiges Leben wurde zur tröstlichen Illusion für Schwache und Ungebildete. Diese wissenschaftlich begründete Erkenntnis traf die Kirchen völlig unvorbereitet und widersprach scheinbar fundamental den biblischen Aussagen zur Schöpfung. Die Theologie hatte nicht oder nur ungenügend begriffen, dass zwar die Bibel durchgängig von Gott als dem Schöpfer des Universums spricht, dass sie aber nicht als Quelle von naturwissenschaftlicher Erkenntnis über das Wie der Schöpfung verstanden werden will.

Der damaligen Kirche muss man allerdings zu Gute halten, dass sie in dieser Auseinandersetzung einen sehr schweren Stand hatte. Denn es standen ihr nur schwache wissenschaftliche Argumente gegen den Beweis der Nichtexistenz Gottes zur Verfügung. Heute liegen für den interessierten Leser zahlreiche, wissenschaftlich gesicherte Forschungsergebnisse vor, welche große Lücken und Ungereimtheiten in der reinen Evolutionslehre nachweisen. Biologen, Kosmologen und neuerdings Informatiker von Weltrang legen wissenschaftlich unbestreitbare Resultate vor, die ohne einen Schöpfer (intelligent design) nicht verständlich sind. Doch zur Zeit Darwins trat die Evolutionstheorie ihren Siegeszug an und überzeugte große Teile der europäischen Gebildeten. Für diese Schicht von Intellektuellen steht beispielhaft Friedrich Nietzsche, dessen inniger Jesus-Glaube vor Allem an der Beweiskraft der darwinschen Argumentation zerbrach. Auch Karl Marx hat Darwins Menschenbild übernommen und hat ihm ein Exemplar seines Buches „Das Kapital" mit einer persönlichen Widmung übergeben.

Die spätere Anwendung des darwinschen Menschenbildes auf die Gesellschaft nennt man Sozialdarwinismus. Der Marxismus- Leninismus, der Nationalsozialismus und andere Ideologien zur Begründung von Völkermorden wurden erst möglich, als man den Menschen als ein hochentwickeltes Tier verstand, dessen schädliche Populationen notfalls ausgerottet werden müssten, um die Weiterentwicklung zu höheren und moralisch besseren Ausformungen des Menschseins zu ermöglichen. Wenn es keinen Gott gibt, dann darf und muss der Mensch ethische Maßstäbe selbst setzen. Damit wird dem Teufel Tür und Tor geöffnet. Dostojewski fasst die moralische Konsequenz der Evolution, bzw. des Abschiedes von Gott so zusammen: „Wenn Gott nicht existiert, ist alles erlaubt."[67] Der Mensch wird zum obersten Gesetzgeber und darf die Gesetze so gestalten, wie sie ihm gefallen. Dann gibt es letztlich keinen Maßstab mehr für ethisches Verhalten.

Offensichtlich hat Darwin, der ja Theologie studiert hatte, diese katastrophale Auswirkung seiner Lehre geahnt. Seine eigenen Aussagen zu seinem Glauben sind, wie berichtet, widersprüchlich. Doch hat er wohl am Glauben an ein höheres Wesen festgehalten. In seinem Buch „The Descent of Man" wollte er die Moral retten, indem er Moral in die Selektion einzubauen versuchte. Er betont dabei, dass moralische Fähigkeiten höher einzustufen seien als intellektuelle. Auch würden moralische Eigenschaften durch Vernunft, Unterricht und Religion die Entwicklung der Menschheit weit mehr fördern als durch natürliche Auslese. Er meinte also, die natürliche Auslese würde auch die Moral fördern. Doch sein Versuch, mit Hilfe der Evolutionstheorie dem Totalverlust der Moral entgegenwirken, konnte keine tragende Grundlage einer verbindlichen Ethik schaffen. So gehört auch Darwin wie Rousseau und Descartes zu denen, die nicht wollten, was spätere Generationen aus ihrer Leugnung der biblischen Offenbarung und dem Abbau des christlichen Gottes- und Menschenbildes gemacht haben. Das langsame, aber unaufhaltsame Abrutschen in die heutige Orientierungslosigkeit und unbiblische Ethik ist durch Darwin entscheidend gefördert worden. Lenin, Stalin, Mao, Hitler, Pol Pot und andere haben die darwinsche Lehre vom Menschen als einem hoch entwickelten Tier konsequent in den politischen Aufbau ihrer Staaten und in die Bewertung und Behandlung ihrer Freunde und Feinde umgesetzt. Die Entwicklung verlief nach dem verschiedenen Autoren zugeschriebenen Wort: „De la divinité à l`humanité à la bestialité. (Vom Göttlichen zum Menschlichen zum Bestialischen)

5. Karl Marx (1818-1883) – Anstifter zum Massenmord

Sein Leben

Karl Marx wurde am 5. Mai 1818 in Trier als Sohn einer bedeutenden Rabbinerfamilie mit dem ursprünglichen Namen Moses Mordecai Marx Levi geboren. Er wuchs jedoch als Protestant auf. Sein Vater hatte zum Protestantismus konvertiert, weil er sonst sein Amt als Justizrat nicht hätte weiterführen können. Karl besuchte das Trier Gymnasium und begann mit 17 Jahren in Bonn Jura zu studieren. Mit 25 Jahren heiratete er die vier Jahre ältere Bankierstochter Jenny von Westphalen. Dem Ehepaar wurden sieben Kinder geboren, von denen aber nur drei Töchter überlebten. Den Grossteil seines Lebens verbrachte Marx im Exil in London, wo er auch seinen Mitkämpfer Friedrich Engels (1820-1895) fand. In London wurde von seiner aus Deutschland stammenden Hausangestellten auch sein unehelicher Sohn Frederick geboren. Offiziell übernahm Engels die Vaterschaft.

Die weiteren Lebensumstände von Karl Marx müssen uns hier nicht interessieren. Doch zwei Besonderheiten in seinem Leben dürfen nicht übergangen werden. Die eine ist die Tatsache, dass der Mann, welcher der ganzen Welt ein neues ökonomisches Konzept geben wollte und nach dessen Ideen in Russland, in China und in anderen Staaten gigantische ökonomische und politische Umwälzungen brutal erzwungen wurden, – dieser Urheber der Vision einer neuen Weltwirtschaft kam sein Leben lang mit seinen eigenen Finanzen nicht zurecht. Die meiste Zeit lebte vom Geld anderer Leute und schämte sich deswegen überhaupt nicht. Wie der Biograph Richard Friedenthal schreibt, war Karl Marx „von einer geradezu grandiosen Unwissenheit in Gelddingen".[68] Der Ausdruck „Unwissenheit" enthält dabei eine große Portion Nachsicht. Schamloser Parasit kommt der Wahrheit viel näher. Die Familie seiner Frau war wohlhabend. Marx erwartete, dass sie „ihn daher standesgemäß zu unterhalten hätte... Er schrieb Wechsel aus, nach rechts und links... ohne die geringsten Bedenken, wie sie zu decken wären." An einen Freund schrieb er: „Meinem Onkel habe ich zunächst 160 Pfund abgepresst, so dass wir den größten Teil unserer Schulden abzahlen konnten." Und wenig später: „Ich schreibe mit diesem Brief gleichzeitig an meine Alte (seine Mutter!), ob etwas aus ihr herauszupressen ist." Und 1852 schreibt er in London an seinen Freund Engels, dass er nicht mehr ausgehen könne, da alle seine Röcke im Pfandleihhaus seien. Die einzig gute Nachricht könne von seiner Schwägerin über seinen Onkel kommen: „Stirbt der Hund jetzt, so bin ich aus der Patsche heraus." Als der Onkel tatsächlich starb, bezeichnete Marx dies als „a very happy event." (ein sehr glückliches Ereignis).[69]

Friedenthal fasst Marx`s Verhältnis zum eigenen Lebensunterhalt wie folgt zusammen: „Marx erwartet immerzu und unweigerlich, dass seine Lebensführung von anderen irgendwie finanziert wird; er ist bereits gereizt und grob, wenn darin eine Verzögerung eintritt."[70] Der „große Ökonom" wollte offenbar die einfachste ökonomische Grundregel nicht zur Kenntnis nehmen, wonach nämlich ein Kuchen erst dann verteilt werden kann, wenn ihn vorher jemand gebacken hat. Damit soll nicht gesagt sein, dass Marx ein bequemes Leben führte. Er pflegte nächtelang bei Talglicht zu lesen und zu schreiben, war deswegen oft kränklich und litt an dem, was man heute „psychosomatische Krisen" nennt.[71] Doch wenn jemand als großer Lehrer der Menschheit auftritt, dann muss man für ein Urteil über die Tauglichkeit seiner Lehren auch fragen dürfen, ob sein Leben seiner Lehre entspricht. Bei Marx wurde, soweit ich sehe, diese Frage nie gestellt. Die Übereinstimmung zwischen Leben und verkündigtem Ideal war auch bei Friedrich Engels, dem Freund und Weggefährten von Marx, nicht weniger merkwürdig. Er hat zwar auf die Erbschaft aus dem Familienunternehmen seines Vaters in Deutschland verzichtet und unterstützte arbeiterfreundliche Fabrikationsgrundsätze. Doch er war ein erfolgreicher Geschäftsmann, hatte an der Baumwollbörse eine sichere Hand und verkehrte in der höheren Geschäftswelt von Manchester. Er liebte gutes Essen, besaß ein Reitpferd, nahm an Fuchsjagden teil, war als Weinkenner bekannt und hatte kein Problem, seine Einkünfte durch die Börse, also gemäß marxistischem Denken, durch eine Tätigkeit ohne Arbeit und durch Ausbeutung des Proletariats, zu vermehren.[72] Er gehörte genau zu jenem Bürgertum, das nach Marx den Weltfrieden verhinderte und deshalb zu vernichten war.

Die andere Besonderheit von Karl Marx, den heute noch Abermillionen als Befreier der Arbeiterschaft und als Wohltäter der Menschheit verehren, besteht darin, dass er sich nie die Mühe gemacht hat, sich konkret mit Arbeitern zu beschäftigen. „Er hat nie eine englische Fabrik aufgesucht...

Der Gedanke an Feldarbeit auf diesem Gebiet, die persönliche Befragung von Arbeitern, das Aufsuchen von Elendsvierteln... war ihm völlig fremd."[73] Dabei gab es damals in England tatsächlich Arbeiternot und Kinderelend, die zum Himmel schrien. Man lese die Bücher von Charles Dickens. Marx begab sich meist am Morgen in das Britische Museum und las, bis der Lesesaal schloss. „Da fühlt er sich wohl, ...gesichert vor jeder Störung, auch der unvermeidlichen durch das laute Familienleben und die ständig nervöser... werdende Frau." Für die Verbesserung der grossen Armut haben sich in England engagierte Christen eingesetzt, die dafür keine soziale Theorie brauchten, und denen es gelang, bessere Gesetze zu erreichen.

Klassenkampf als geschichtliches Gesetz

In seinem Geschichtsverständnis ist Marx stark bestimmt vom Philosophen Georg Wilhelm Friedrich Hegel (1770-1831). Im Mittelpunkt von Hegels Denken steht das Absolute, das sich als subjektiver Geist im menschlichen Individuum und als objektiver Geist in Kunst, Familie, Gesellschaft etc. konkretisiert. Die Entwicklung der Geschichte verläuft im Dreischritt von These, Antithese und Synthese. Die Weltgeschichte sieht Hegel als notwendig fortschreitenden Prozess. Die Idee vom notwendig fortschreitenden Prozess geschichtlicher Entwicklung finden wir bei Marx in abgewandelter Form wieder. Er lehrt die zwangsläufige Entwicklung der Geschichte hin zum Klassenkampf. Das Menschenbild von Marx entspricht dem darwinschen. Marx redet nicht von der Menschheit, sondern getreu nach Darwin von der Gattung Mensch. Da es in diesem Denken keinen Platz für Gott gibt, ist es nur logisch, dass die Religion neu erklärt und eine radikale Umkehrung vorgenommen wird: Nicht Gott schafft die Welt und den Menschen, sondern der Mensch schafft sich Gott nach seinem eigenen Bild, d.h. nach seinen Wünschen und Vorstellungen.[74] Die Theologie, die Lehre von Gott, wird zur reinen Anthropologie, zur Lehre vom Menschen.

Wenn aber kein Gott die Geschicke der Menschheit lenkt, wovon wird dann die Geschichte bestimmt? Und wenn der Mensch keine Seele hat und keine ewige Sinngebung sein Leben bestimmt, was motiviert dann sein Planen und Tun? Mit anderen Worten, wie entsteht überhaupt Geschichte, was bestimmt den Gang der Geschichte? Darauf antwortet Marx: Durch die

Arbeitsteilung, die schon in der Frühgeschichte der Menschheit beginnt, werden Menschen von anderen abhängig, denen sie ihre Produkte verkaufen müssen. Also bestimmen die Produktionsbedingungen die Geschichte. Der Mensch wird also in seinem Tun durch die materiellen Bedingungen seiner Umwelt bestimmt. Marx schreibt: „Es ist nicht das Bewusstsein der Menschen, das ihr Sein, sondern umgekehrt ihr gesellschaftliches Sein, das ihr Bewusstsein bestimmt."[75] Diese Erkenntnis war für ihn der Schlüssel zum Verständnis menschlichen Handelns. Friedenthal zitiert folgendes Beispiel aus Marx`s Schriften: „Raffael, so gut wie jeder andere Künstler, war bedingt durch die technischen Fortschritte der Kunst... durch die Organisation der Gesellschaft und die Teilung der Arbeit in allen Ländern… Ob ein Individuum wie Raffael sein Talent entwickelt, hängt ganz von der Nachfrage ab, die wieder von der Teilung der Arbeit…"[76]

Das heißt nicht, dass die Menschen bloß Roboter wären. Sie machen ihre eigene Geschichte, aber sie sind in ihren Entscheidungen von den Umständen abhängig, die sie vorfinden. So verläuft die Geschichte nach einsehbaren Gesetzen. Durch Arbeitsteilung entstehen innerhalb einer Gesellschaft Klassen, welche um die Herrschaft kämpfen. Gemäß dieser materialistischen Geschichtsdeutung ist die Geschichte der Menschheit eine Geschichte von Klassenkämpfen und damit auch eine Geschichte von Revolutionen.[77] Auf diese Theorie gründete Marx seine Forderung zur Umgestaltung der wirtschaftlichen und politischen Strukturen der ganzen Menschheit. Um die Geschichte zu verändern, müssen die Produktionsverhältnisse geändert werden. Durch die Veränderung der Produktionsmittel entstehen neue Klassen mit anderem Verhalten und Ideen, welche durch die Produktionsmittel bestimmt sind. Die damals in England besonders rasche Industrialisierung und der entsprechend wachsende Welthandel leisteten tatsächlich einer immer weitergehenden Arbeitsteilung Vorschub. Davon profitierten lange ausschließlich die Besitzer der Produktionsmittel, die Eigentümer von Fabriken, Schiffen und Handelsgesellschaften. Parallel dazu entstand eine ebenso rasch wachsende Arbeiterschaft. Marx nannte sie das Proletariat, vom lateinischen „proles", Nachkommen, weil sie außer ihren Nachkommen nichts besitzen. Die Arbeiter hatten tatsächlich wenig Rechte, und die Arbeitsbedingungen, auch der Kinder, waren oft unmenschlich. Die Arbeiter und ihre Familien verarmten. Insofern hatte Marx mit diesem Aspekt seiner Analyse Recht.

Einer Veränderung der Gesellschaft stand das Bürgertum entgegen, das jetzt im Besitz der Produktionsmittel war. Das Bürgertum war also das Hindernis auf dem Weg zur neuen Weltordnung in Frieden, Freiheit und Wohlstand. Dem Hegelschen Gesetz vom fortschreitenden Prozess der Geschichte musste man nachhelfen. Das Bürgertum hatte seine Mission erfüllt. Es hatte die Produktionsmittel verbessert, Welthandel und Verkehr geschaffen und so den Lebensstandard gehoben. Aber jetzt war seine Zeit abgelaufen. Die nächste Phase der Geschichte musste beginnen: Nur die Beseitigung des Bürgertums durch eine gewaltsame Revolution konnte die Menschheit ans endgültige Ziel bringen. Die Proletarier mussten die Macht ergreifen. Nur die Diktatur des Proletariates und die Verstaatlichung aller Produktionsmittel wird, so Marx, eine Gesellschaft hervorbringen, in der keine Klassenbildung mehr möglich ist. Und wenn niemand mehr die Produktionsmittel besitzt, weil es keine herrschende Klasse mehr gibt, dann kann auch niemand mehr die Produktionsmittel einsetzen, um eine andere Klasse zu unterdrücken. Dadurch löst sich der Staat selber auf![78] Und so entsteht ein Zustand, in welchem „die Gesellschaft die allgemeine Produktion regelt und mir eben dadurch möglich macht, heute dies, morgen jenes zu tun, morgens zu jagen, nachmittags zu fischen, abends Viehzucht zu treiben, nach dem Essen zu kritisieren, wie ich eben Lust habe, ohne je Jäger, Fischer, Hirt oder Kritiker zu werden."[79] Nicht durch Gottes Vergebung und durch Gottes Geist wird der neue Mensch, sondern durch die nach materialistischen Prinzipien staatlich gesteuerte Produktion.

Diese Erkenntnisse hat Marx 1848 im sog. „Kommunistischen Manifest" zusammengefasst. Es endet mit den Worten: „Proletarier haben nichts zu verlieren als ihre Ketten. Sie haben eine Welt zu gewinnen. Proletarier aller Länder, vereinigt euch!"[80] Marx war, und seine Anhänger sind es noch heute, davon überzeugt, dass dies keine Ideologie sei, keine Geschichtsdeutung, neben der es auch andere geben könnte, sondern aus dem Gang der Geschichte abgeleitete Wissenschaft. Marx hatte das Rätsel der Weltgeschichte gelöst. Wer nach diesem Gesetz mit politischen Mitteln die Welt verändert, wird die Welt in ein irdisches Paradies führen, in welchem jeder morgens jagen, mittags fischen und dann einfach tun kann, wozu er gerade Lust hat. Es wird keine Unterdrückung und keine Not mehr geben.

Diese utopische Weltvision ohne und gegen Gott hat in Menschen, die davon überzeugt waren, ungeheure Kräfte und auch echte Opferbereitschaft freigesetzt, um ein für alle Mal der Menschheit das Tor zum Paradies zu erzwingen. Doch diese Weltvision hat unvorstellbar vielen Menschen Unterwerfung, Not und Tod gebracht. Die Geschichtswissenschaft von Karl Marx ist eine Anstiftung zum millionenfachen Mord nicht nur der bürgerlichen Klasse, zu der auch Bauern mit Landbesitz gehörten, sondern aller Andersdenkenden. Dazu gehörten und gehören vor Allem die Gläubigen der christlichen Kirchen. Mit ihrem Gottes- und Menschenbild, das sich nicht auf Gewalt, sondern auf Liebe stützt, standen und stehen sie der marxistischen „Wissenschaft" und dem Klassenkampf im Weg. Bischöfe, Priester und einfache Gläubige wurden darum in vielen Ländern bevorzugtes Ziel der marxistischen Unterdrückung. Die marxistische Lehre von der Geschichte ist eine Gegenvision zu dem, was Karl den Grossen und das Mittelalter bewegte. Sie verlangt nicht nur die Vernichtung der besitzenden Klasse, sondern auch die Ausrottung des Christentums. Bekanntlich hat die kommunistische Verstaatlichung der Produktionsmittel nicht zur Befreiung der Massen geführt, sondern zu Hunger, Verarmung und Versklavung. Marx und seine Schüler wollten und wollen nichts davon wissen, dass der Verstand des von Gott losgelösten Menschen unter die Herrschaft von finsteren Mächten geraten kann. Doch je direkter die Menschen Gott den Kampf ansagen, desto mehr geraten sie unter die Macht des Bösen.

6. Friedrich Wilhelm Nietzsche (1844-1900) – „Wir haben Gott getötet!"

Wir beschäftigen uns mit Nietzsche ausführlicher als vielleicht erwartet. Denn bei ihm ist der Weg von inniger Jesusliebe in die Gottlosigkeit, ja in antichristliche Positionen, wie wir sie heute vielfach erleben, besonders anschaulich und bewegend. Er hat vorausgesehen und durch seine Gedanken gefördert, was zu den Katastrophen des 20. Jahrhunderts geführt hat. Bei ihm wird beispielhaft deutlich, wie philosophische Gedanken aufgenommen und später in die Tat umgesetzt werden. Diese Gedanken sind zunächst wie akademische Sandkastenspiele, die man in gewissen Zirkeln bei Kaffee und Kuchen diskutiert und sich dabei die Zeit vertreibt, weil kaum jemand an ihre Wirkung glaubt. Die große Mehrheit der Bevölkerung wird davon gar nicht erreicht. Doch dann, nach einem halben Jahrhundert oder später, tauchen die Gedanken scheinbar aus dem Nichts auf und erschüttern die Welt. Die Gesellschaft hat die Anfänge nicht beachtet. Darum treffen solche Erschütterungen sie meist ahnungslos und richten um so größere Schäden an.

Die Gedanken Nietzsches wirken oft wie Ausgeburten eines psychisch Kranken. Nur, erschreckend viele seiner „Verrücktheiten" erwiesen sich später als prophetische Sicht dessen, was kommen sollte. Darum lohnt sich die Beschäftigung mit diesen Hirngespinsten. Die russische Revolution und die Hitlerkatastrophe stürzten die ganze Welt scheinbar über Nacht ins Unheil. Tatsächlich aber wurde die Saat für die Nöte der letzten hundert Jahre, für politische Gewaltexzesse, Orientierungslosigkeit, Jugendkriminalität, Suchtanfälligkeit und die chaotischen Sexuallehren des Gender Mainstreaming lange vorher ausgestreut, bevor sie mit entsetzlicher Konsequenz Früchte trug. Darüber hinaus ist Nietzsche ein Vorbote für gottlose, antichristliche und satanistische Bewegungen, die im Wohlstand der Nachkriegszeit immer mehr Europäer erfasst haben und deren Höhepunkt heute wohl noch nicht erreicht ist.

Nietzsche ist eine äußerst komplexe Persönlichkeit und durch Gottessehnsucht und Gotteshass in sich widersprüchlich; man muss wohl sagen, er ist zwei Persönlichkeiten in einer. Sein Denken ist von genialer Präzision. Seine Analyse der geistesgeschichtlichen Entwicklung ist von atemberaubender und erbarmungsloser Logik, durch keine Ehrfurcht vor traditionellen Werten gebremst. Edith Düsing zeigt in ihrem bewundernswerten Buch „Nietzsches Denkweg" auf, wie sich in der Seele Nietzsches Ungeheuerliches abspielt und wie Gegensätzliches und Anrührendes in seiner Person nebeneinander Platz finden oder gar in einander verwoben sind. Wir wenden uns wieder jenen Aspekten zu, die für das Verständnis der weiteren Entwicklung Europas und für den Abschied vom christlichen Menschenbild bedeutsam sind. Nietzsche vollzog für sich den Bruch mit dem Glauben, den Europa als Kontinent immer noch vollzieht. Er hat sich in heftigen inneren Schmerzen vom geliebten Jesus losgerissen und blieb doch an ihn gebunden. Er hat

Gott geflucht und war zugleich über sein eigenes Tun entsetzt. Und er hat das Furchtbare und die innere Leere der Gottlosigkeit unseres Jahrhunderts voraus erlebt und vorausgeschaut. Er nahm in mancher Hinsicht unsere Zeit vorweg.

Friedrich Nietzsche wurde am 1. Oktober 1844 in Röcken bei Lützen in der preußischen Provinz Sachsen in einem lutherischen Pfarrhaus geboren. In den Familien beider Elternteile gab es viele Geistliche. Auf Grund seiner besonderen Begabungen konnte er das angesehene Internat Schulpforta besuchen, wo er neben der Arbeit für gute Noten Zeit fand zum Dichten und Komponieren. Im Alter von 24 Jahren wurde er zum Professor für Klassische Philologie in Basel berufen. Bereits nach zehn Jahren legte er wegen Krankheiten sein Amt nieder. Von da an reiste er als heimatloser und eher unbekannter Autor in Frankreich, Italien, Deutschland und der Schweiz umher. Mit etwa 45 Jahren brach seine Geisteskrankheit aus. Die letzten elf Jahre verbrachte Nietzsche in der Pflege seiner frommen Mutter und seiner Schwester. Erst in dieser Zeit erlangten seine Schriften größere gesellschaftliche Beachtung. Er starb am 25. August 1900 in Weimar.

Jesusliebe und Gottessehnsucht

Im Pfarrhaus Nietzsche gehörte der Glaube und die persönliche Liebe zu Jesus zum Alltag, und zwar in Ablehnung der liberalen Theologie und des Entmythologisierungs-Programm von David Friedrich Strauss. Der junge Nietzsche wurde vom Bibelglauben dieser lutherisch-pietistischen Erweckungsbewegung besonders tief ergriffen. Sein Konfirmator Buddensieg bestätigt, dass für Nietzsche während seiner Zeit im Internat Schulpforta Sündenerfahrung, Bekehrung und Wiedergeburt in Christus zentrale Inhalte seines Glaubens waren. Dabei war für Nietzsche die erfahrbare Heilsgewissheit bedeutsamer als dogmatische Richtigkeit der Lehre. In Schulpforta wurde die noch aus der Zeit der Zisterzienser Mönche stammende, fortlaufende Bibellektüre gepflegt.[81] Übrigens eine Gewohnheit, an der Nietzsche trotz seiner Gottlosigkeit bis zum Ausbruch seines Wahnsinns festhielt. Als Gymnasiast sehnte er sich nach Heiligung und Errettung, denn nur ein heiligmäßiges Leben ist dazu geeignet, das Dasein zu rechtfertigen.[82] Von ergreifender Innigkeit ist ein Gedicht des jungen Nietzsche:

Du hast gerufen:/ Herr, ich eile/ und weile/ an deines Thrones Stufen.
Von Lieb entglommen / strahlt mir so herzlich,
Schmerzlich/ dein Blick ins Herz ein: Herr, ich komme.-…
Du standst von ferne:/ dein Blick unsäglich/ beweglich
Traf mich so oft: nun komm` ich gerne.–….
Kann dich nicht lassen/ in Nächten schaurig/ traurig
Seh`ich auf dich und muss dich fassen.–
Du bist so milde, / treu und innig; / herzminnig
Lieb`Sünderheilandbilde!
Still`mein Verlangen/ mein Sinn`n und Denken
Zu senken/ in deine Lieb`; an dir zu hangen."[83]

Dieses Hangen an Gott hat ihn Zeit seines Lebens nicht verlassen. Trotz seiner „Erkenntnis" vom Tode Gottes und seines Hasses auf ihn, begleitet ihn unterschwellig der Glaube, „dass ihm jedes zum Besten gereiche", wie Paulus in Röm. 8,28 schreibt.[84] Schon von Krankheit gezeichnet, schreibt Nietzsche im Winter 1884/85: „Was willst du, unbekannter Gott? Gib Liebe mir… Mein Unbekannter! Mein Henker-Gott! Nein! Komm zurück… oh komm zurück! – all meine Tränenbäche strömen zu dir den Lauf! Und meine letzte Herzensflamme – dir glüht sie auf! Oh komm zurück, mein unbekannter Gott! Mein letztes Glück!"[85] Seine Mutter hat ihn aufopfernd gepflegt. Im Sommer 1890 waren sie in Turin. Nietzsche ließ sich am Sonntag wie ein Kind in die Kirche führen. Anschließend animierte er bibelkundig seine Mutter, ihm bestimmte Psalmen oder andere Teile der Bibel vorzulesen. Am aufschlussreichsten für Nietzsches Erschrecken über das Sterben Gottes und des Glaubens ist seine berühmte Geschichte vom tollen Menschen. Sie ist zugleich eine prophetische Beschreibung der inneren Zustände der Menschen unserer Zeit, die ohne Geborgenheit in Gott leben müssen. Es lohnt sich, die ganze Erzählung zu lesen.

„Der tolle Mensch – Habt ihr nicht von jenem tollen Menschen gehört, der am hellen Vormittag seine Laterne anzündete, auf den Markt lief und unaufhörlich schrie: „Ich suche Gott!" – Da dort gerade viele von denen zusammenstanden, welche nicht an Gott glaubten, so erregte er ein grosses Gelächter. „Ist er denn verlorengegangen? Sagte der eine.– „Hat er sich verlaufen wie ein Kind," sagte der andere. – „Oder hält er sich versteckt?

Fürchtet er sich vor uns? Ist er zu Schiff gegangen, ausgewandert? – so schrieen und lachten sie durcheinander. Der tolle Mensch sprang mitten unter sie und durchbohrte sie mit seinen Blicken. „Wohin ist Gott?" rief er. „Ich will es euch sagen! Wir haben ihn getötet – ihr und ich! Wir alle sind seine Mörder! Aber wie haben wir dies gemacht? Wie vermochten wir das Meer auszutrinken? Wer gab uns den Schwamm, um den ganzen Horizont wegzuwischen? Was taten wir, als wir die Erde von ihrer Sonne losketteten? Wohin bewegt sie sich nun? Wohin bewegen wir uns? Fort von allen Sonnen? Stürzen wir nicht fortwährend? Und rückwärts, seitwärts, vorwärts, nach allen Seiten? Gibt es noch ein Oben und Unten? Irren wir nicht wie durch ein unendliches Nichts? Haucht uns nicht der leere Raum an? Müssen nicht Laternen am Vormittag angezündet werden? Hören wir noch nichts vom Lärm der Totengräber, welche Gott begraben? Gott ist tot! Gott bleibt tot! Und wir haben ihn getötet! Wie trösten wir uns, die Mörder aller Mörder? Das Heiligste und Mächtigste, was die Welt bisher besass, ist unter unseren Messern verblutet – wer wischt dieses Blut von uns ab? Welche Sühnefeiern, welche heiligen Spiele werden wir erfinden müssen?" Nietzsche gibt dazu selber einen Kommentar: „Aber wohin bewegen wir uns? …Irren wir nicht wie durch ein unendliches Nichts?"[86] Ist dieser letzte Satz nicht wie eine Zusammenfassung des Lebensgefühles von Millionen in unserer Zeit, nachdem die Beziehung zu Gott verloren gegangen ist?

Wirkung der Evolutionstheorie

Die Begegnung mit der darwinschen Evolutionstheorie hat Nietzsches Glauben in seinen Grundfesten erschüttert. Düsing meint zwar, er sei sich des hypothetischen Charakters dieser Lehre bewusst gewesen.[87] Aber sowohl Nietzsches Erkenntnis, dass Gott tot ist, und wir Menschen ohne ihn leben müssen, als auch seine Bewertung des Menschen sind nur auf Grund von Darwins Menschenbild verständlich. Nietzsche löst sich völlig von der Vorstellung, dass der Mensch Kind und Ebenbild Gottes ist. Der Mensch ist jetzt für ihn ein Zufallsprodukt, dem keine Schuld gegenüber einem Gott anzulasten sei.[88] „Die Wissenschaft sei", so Nietzsche, „ein Werkzeug zur Einsicht in die Ziellosigkeit der Menschen und in das Täuschende aller Zielsetzungen." Mit Blick auf den Darwinismus erklärt Nietzsche: „Ehemals suchte man zum Gefühl der Herrlichkeit des Menschen zu kommen, indem man auf seine göttliche Abkunft hinzeigte: dies ist ein verbotener Weg geworden, denn an seiner Tür steht der Affe, nebst anderem gräulichem Getier; fletscht verständnisvoll die Zähne."[89] Die Lehre von der Abstammung des Menschen vom Affen hat den Tod der Religion zur Folge. So entfällt mit Darwin auch die Möglichkeit, Gutes oder Böses zu tun, denn ohne Gott gibt es keine Moral. Düsing schreibt: „Es gibt in seiner (Nietzsches) Sicht keine Sünden oder Tugenden im metaphysischen Sinne mehr, gute Taten sind „sublimierte böse", ja das ganze Reich sittlicher Vorstellungen ist fortwährend im Schwanken."[90] Im Gegenteil, Nietzsche verherrlicht die Bestie im Mensch, indem die „unauslöschliches Entsetzen erregende blonde Bestie bei aller evozierten Furcht vor ihr zugleich Bewunderung heischt."[91]

Der Abschied vom biblischen Gottes- und Menschenbild hat Nietzsche ungeheure innere Nöte verursacht. Seine Gottlosigkeit, auf die wir noch kommen werden, hatte nichts von triumphierender Befreiung an sich, sondern war leidvolles Entsetzen. Die grausame Logik seines Denkens lässt Nietzsche keinen frommen Ausweg mit einem selbst gemachten göttlichen Wesen zu, wie es Philosophen und liberale Theologen noch immer versuchen. Für Nietzsche gibt es jetzt nichts Absolutes mehr. So kann Düsing für Nietzsche zusammenfassen: „Und was einst heiliges Zentrum des Glaubens war, nämlich die Rechtfertigung des Sünders durch den Sühnetod Jesu am Kreuz, ist dann nur der „sublime, in Wahrheit selbstbetrügerische Versuch der Selbstbegnadigung eines missratenen, kranken und sich selbst verachtenden Tieres, das sich aber als heil und geborgen wissen will."[92]

Nihilismus – Gotteshass – Antichrist

So wird Nietzsche zum Freigeist und Vorkämpfer des Nihilismus. Nichts gilt, alles ist relativ. Aber sein Nihilismus ist immer wieder und vielleicht vor allem auch ein Hass auf den Gott, den er einst so sehr geliebt hatte. Manche seiner Aussagen sind erschreckende Gotteslästerungen und machen zugleich deutlich, wie er in Hass und Feindschaft nicht von Gott loskommt. Dann sieht er sich nicht als Nihilist, dem alles gleichgültig sein muss, sondern er ist selber der Feind Gottes. Er verachtet das Christentum. „Das Christentum ist die Verfallsform der alten Welt in tiefster Ohnmacht, sodass die kränksten und die ungesündesten Schichten und Bedürfnisse obenauf kommen."[93] Er hält die christliche Moral in der Unbedingtheit ihrer Forderungen als das Kapital-Verbrechen am Leben. „Der Gott am Kreuz ist ein Fluch auf das Leben, ein Fingerzeig, sich von ihm zu erlösen."[94] Dazu Düsing: „Es ist wichtig zu sehen, dass Nietzsches Hassmotiv auf das Christentum keiner areligiösen, sondern seiner darwinistischen Obsession entspringt, wonach das Hindernis für den einzig verbleibenden postmetaphysischen Sinn des Seins, wie er ihn definiert, nämlich die höhere Spezies Mensch, um jeden Preis rücksichtslos beseitigt werden muss." Nietzsche will einen Gegengott. Im Namen des Antichrists, den Nietzsche nach dem griechischen Gott des Weines und der Ausschweifung „Dionysos" nennt, fordert er, da jede Moral abgeschafft ist, die vorbehaltlose Bejahung der Sexualität.[95]

Er setzt sich konsequenterweise zum Ziel, das Christentum systematisch zu diffamieren und ihm jegliche Autorität abzusprechen. Düsing schreibt: „Durch ausufernde kritische Historie will er Misstrauen säen und mit Jesus als Referenz- und Projektionsfigur des Christentums fertig werden zum Zwecke einer die Weltgeschichte erschütternden Umwertung christlicher in antichristliche Werte." Und: „Als Ersatz- und Gegenchristus fühlt er sich selbst berufen, – freigeistige Gelassenheit hinter sich lassend,– das Endgericht der Weltgeschichte zu inszenieren, ein säkulares Jüngstes Gericht in gellendem Empörungston, indem er die in Jesus Christus angebrochene christliche Heilsgeschichte in eine Unheilsgeschichte umdeutet... Aus der die Psyche des Menschen zerrüttenden Hölle christlicher Moral steigt nun der Antichrist als neuer Heilsbringer hervor."[96]. So wird für Nietzsche der Gott, den er so innig geliebt, zum „Deus malignus", zum bösartigen Gott.[97] Ja, er geht soweit, dass er mindestens zeitweise sich selber als Antichrist versteht.[98]

Selbstverachtung – Übermensch

Der Mensch verliert mit der Anerkennung Gottes auch seine Identität, seine Würde und damit auch seinen Eigenwert. Er verachtet sich selbst und findet in sich einen Trieb der Selbstzerstörung: „Es müsste ein Wesen geben, welches ein sich selbst verachtendes Geschöpf, wie ich es bin, am Entstehen verhindert hätte."[99] Dass er einmal sich selbst als Gottes Ebenbild verstand, findet er absurd. „Ich hoffe, man kann über diese Emporschraubung einer kleinen Spezies zum absoluten Wertmaß der Dinge noch lachen."[100] Doch sein Spott über die Gottebenbildlichkeit ist nur die eine Seite des Gottesverlustes. Gleichzeitig kommt er nicht über den Verlust der eigenen Identität hinweg, denn der Mensch kann nicht leben, ohne sich selber zu verstehen und zu achten. So sucht Nietzsche einen Ersatz für seine verlorene Gottebenbildlichkeit. Gemäß Darwin hat er keine unsterbliche Seele, dafür redet er jetzt von der Tierseele in ihm, hofft aber dennoch auf eine „unbedingte Bejahung des Seins". Er fürchtet die „verborgene Bestie in uns", spricht von den „wilden Tieren" im Untergrund seiner selbst.[101] Da es aber diese Bejahung durch ein Unbedingtes nach Darwin nicht gibt und alles durch Zufall entstanden ist, der Mensch sich also in der Leere des Weltraumes allein vorfindet, wird er sich selbst zum Gott.

Mit dauernder Selbstverachtung kann der Mensch nicht leben. Um den „hässlichen Menschen" loszuwerden, muss er „sich selbst überschreiten und sich zu etwas weit über ihm Stehenden entwickeln."[102] Durch biologische Züchtung kann aber der Übermensch geschaffen werden. Nietzsche spricht öfters von der Notwendigkeit, den Übermenschen zu schaffen. Der Grund dafür ist die Einsicht in das Ungenügen des jetzigen Menschen. Wenn der Mensch das höchste Wesen in der Welt ist, dann muss er besser sein, als er in seiner jetzigen Verfassung ist. Wenigstens ein Teil der Menschen muss zu einer Herrenrasse empor gezüchtet werden.[103] Düsing schreibt: „Das Ziel ist die Züchtung von „höherwertigen" und „liebenswürdigeren" Typen, die zugleich die herrschende Rasse oder als herrschaftliche Menschen die Spitze der Rangordnung innerhalb der Gattung Menschen bzw. deren höhere Art repräsentieren sollen."[104] Nach dem Wegfall des christlichen Gottes- und Menschenbildes entwickelt Nietzsche konsequent eigene Ideen über den Menschen, welche sich an keinem Schöpfergott orientieren. So sieht er die Menschen als Herdentiere. Völlig illusionslos beurteilt er die Folgen von Aufklärung und Demokratie, die jedem Menschen das Recht auf Mitbestimmung zusprechen: „Die geistige Aufklärung ist ein unfehlbares Mittel, um die Menschen unsicher, willensschwächer, anschluss- und stütze- bedürftiger zu machen, kurz das Herdentier im Menschen zu entwickeln."[105]

Konsequenterweise hat Nietzsche jetzt für die christliche Liebe zum Schwachen und Kranken nur noch Verachtung übrig. „Das höchste Gesetz des Lebens, von Zarathustra formuliert, verlangt, dass man ohne Mitleid sei... mit allem Ausschuss und Abfall des Lebens."[106] Altruismus ist für ihn die verlogenste Form des Egoismus, Mitleid kündet das Ende der Kultur an.[107] Gefühle wie Mitleid oder Hilfsbereitschaft fördern die Sklaven- oder Herdentiermoral. Sie sind das erprobte Mittel der Schwachen, sich durchzusetzen oder um Prestige zu erhalten. Nietzsche leidet darunter, dass die mittelmäßig begabten oder gar die schwachbegabten Typen die gesellschaftliche Herrschaft ausüben und Ausnahme-Menschen nicht dulden.[108] Da für Nietzsche der Mensch eine Gattung von Tieren ist, muss auch unter den Menschen die natürliche Selektion für den Fortbestand der Tüchtigen sorgen: „Die Gattung braucht den Untergang der Missratenen, Schwachen, Degenerierten."[109] Ja, er geht noch einen Schritt weiter. Vielleicht genügt es nicht, nach und nach den Übermenschen zu züchten. Er überlegt auch, vielleicht müsste man die höhere Spezies Mensch, um jeden Preis, ja rücksichtslos beseitigen oder die Entwicklung der Menschheit opfern, um einer höheren Art, als der Mensch ist, zum Dasein zu verhelfen.[110]

Nietzsche sieht unsere Zeit

Viele Leser haben längst die Verbindung von Nietzsches Aussagen zu den durch Hitler und Lenin/Stalin verursachten Katastrophen hergestellt. Sie haben umgesetzt, was Nietzsche gedacht und ausgesprochen hat. Die marxistische Revolution wollte den neuen, den aufsteigenden Menschen schaffen. Für dieses Ziel waren Lenin, Stalin, Mao und andere bereit, Millionen von Klassenfeinden auszumerzen. Und Hitler hat sich gelegentlich wörtlich wie Nietzsche ausgedrückt, um Herrenmenschen zu züchten und Behinderte, Angehörige von minderwertigen Rassen und Juden auszurotten.

Die von der Aufklärung her kommenden Philosophen und liberalen Theologen haben Gott ihren Vorstellungen angepasst. Aber sie haben in der Regel an Gott oder einem göttlichen Wesen wie an einem Tabu festgehalten. Damit hat Nietzsche aufgeräumt. Für ihn war klar, dass niemand den lebendigen Gott umformen, vermischen und so den menschlichen Wünschen gefügig machen oder relativieren kann, wie es z. B. Gotthold Ephraim von Lessing (1729-1781) in seiner Ringparabel getan hat. Das hieß, auf halbem Wege stehen bleiben. Nietzsche dachte gnadenlos konsequent. Er wusste, wer den lebendigen Gott verlässt, dem bleibt nur die Gottlosigkeit.

Da gibt es keine fließenden Übergänge. Darum hat er bis in unser Jahrhundert auch viele Entwicklungen vorausgesehen: Die heutige Orientierungslosigkeit, die Suchtanfälligkeit, die Sexualisierung des Alltags, die Flucht aus der persönlichen Verantwortung in die Haltung, „Der Staat soll es richten", den Zusammenhang von gottlos – hoffnungslos – kinderlos und auch die künstlerische Verherrlichung der Hässlichkeit hat Nietzsche vorausbeschrieben. Er hat den Weg frei gemacht für ein Leben ohne Gott. Sein eigener Weg stürzte ihn in größte Verzweiflung, Selbstverachtung, Desorientierung und zugleich in maßlose Selbstüberhebung, Gotteshass und grausame Verachtung der Mitmenschen.[111] So ist seine Welt beides, erschreckend und faszinierend zugleich. Nietzsches Feststellung in der Geschichte vom tollen Menschen „Wir haben ihn getötet" bringt ihm keine Befreiung. Es ist vielmehr der Aufschrei einer tödlich verwundeten Seele, die aus ewiger Geborgenheit ins Nichts hinausgestoßen wurde. Nietzsches Leben und Werk ist eine aus furchtbarer Not geborene Warnung an seine und unsere Zeit und zugleich ein Vorwurf an die Kirche, welche den "Tod Gottes" nicht verhindern konnte und damit Millionen ins Nichts fallen ließ.

VIII. Terroristische Ideologien gegen Gott

er Verrat am biblischen Gottes- und Menschenbild zeitigte furchtbare Resultate. Sowohl die Französische Revolution wie auch der Nationalsozialismus und die kommunistische Revolution sind nicht denkbar ohne den Abschied vom christlichen Weltbild. Mit der Französischen Revolution von 1789-1799 beginnt ein neuer Abschnitt in der Geschichte Gottes mit den Menschen. Sie ist der erste Versuch, das Christentum aus der Geschichte zu entfernen, der aus Europa selber stammt, und der im 20. Jahrhundert im Marxismus und im Nationalsozialismus seine Fortsetzung findet. Die Vordenker der Gottlosigkeit hatten viel Wind gesät, und Europa erntete Stürme, die es an den Rand seiner Existenz brachten. Es passt in unser Verständnis der Geschichte, dass nach den Jahrhunderten, in denen das christliche Europa Angriffen von aussen widerstand, eine Zeit folgte, in der es von innen bekämpft wurde. Es waren antichristliche Ideologien, welche in Form von staatlichen Strukturen und mit militärischen Mitteln sich daran machten, das Christentum auszurotten. Aber Europa als Christliches Abendland überlebte, bis jetzt.

Nach der Französischen Revolution konnte Europa, seine alten Grundlagen im Wesentlichen erneuern. Nach der Niederlage des Nationalsozialismus atmete Europa auf. Es war noch einmal davongekommen. Und nach dem plötzlichen Zusammenbruch der Sowjet Union rieben sich die europäischen Völker und ihre Politiker ungläubig die Augen. Europa war wie durch ein Wunder von einem Albtraum befreit. Durch alle drei Weltenstürme von der Französischen Revolution über den Nationalsozialismus bis zum Kommunismus wurde erneut deutlich, dass die Weltgeschichte nicht vom unvermeidlichen historischen Auf und Ab der Kulturen bestimmt wurde, auch nicht ausschließlich von ökonomischen Bedingungen. Nach jedem dieser Stürme lebte das Christliche Abendland wieder auf, wenn auch zunehmend in seiner geistigen und geistlichen Substanz geschwächt. Denn Gott leitet die

Weltgeschichte, und er wollte Europa. Die Frage, ob er es immer noch will, oder ob er seine Heilsgeschichte mit anderen Völkern weiterführt, wird uns später beschäftigen.

1. Die Französische Revolution als Aufstand gegen Gott

Die Französische Revolution verlief in Phasen und ist von komplexer Vielfalt. Im Unterschied etwa zur Russischen Revolution begann sie als Volksbewegung ohne klares Konzept und brachte erst im Verlauf der Aktionen Führer, Zielsetzungen und Strukturen hervor. Die etablierten Ordnungen, das absolutistische Königtum, die feudalen Strukturen des Staates und die Herrschaft der Kirche wurden durch neue ersetzt. Viele Vertreter des Ancien Régime wurden gefesselt unter die Guillotine gelegt, bis die Revolutionsführer selber geköpft wurden. Die Französische Revolution stürzte bald in ein Chaos und endete damit, dass Napoleon sich in der Kirche Notre Dame de Paris selbst zum Kaiser krönte. Dabei zeigte sich, wie gewaltig Rousseaus „Gesellschaftsvertrag" auf die Menschen dieser Jahre einwirkte, und wie sie aus dieser Schrift Zielsetzungen und Wegleitung für ihr Vorgehen fanden, auch für den Terror, die Massenhinrichtungen und die Verfolgung der Kirche. Von 1789 bis 1799 erschien der „Gesellschaftsvertrag" in 32 Auflagen![1]

Staatsordnung ohne Gott

Die Französische Revolution wollte die Aufklärung politisch umsetzen. Die Vernunft ohne Gott sollte die politischen Strukturen bestimmen. Nachdem Rousseau und andere erklärt hatten, dass die politische Entscheidungsbefugnis und also die Souveränität einer Gesellschaft beim Volk liege, schritt man zur Tat, um die Herrschaft des Volkes aufzurichten.[2] Und da alle Menschen frei geboren und gleich waren, wollte man auch die Freiheit und Gleichheit aller Bürger verwirklichen. Man glaubte, gestützt auf die Vernunft werde eine neue Zeit anbrechen, in der alle Übel der Menschheit überwunden werden. Der technische Fortschritt werde Armut, Hunger und Krankheit besiegen. Die noch vorhandenen Lasten von ungerechten Kompetenzen der Königsherrschaft und die ungerechten Steuern des Feudalsystems müsse man beseitigen.[3] Dann werde mit der neuen Zeit auch das Licht über der ganzen

Menschheit aufgehen; den Abschied vom christlichen Gottes- und Menschenbild werde man als Befreiung aus dem Gefängnis des finsteren Mittelalters feiern. Man war entschlossen, mit dem Verstand das von der ganzen Menschheit ersehnte Paradies zu verwirklichen. Dazu müsse man lediglich die Bevölkerung mit vernünftigen Ideen anleiten. Das Bewusstsein, ein grandioses Ziel in Griffnähe zu haben, das Gefühl der einmaligen weltgeschichtlichen Chance, der ganzen Menschheit den Aufbruch in eine neue, gute, freie, fortschrittliche und friedliche Zeit zu verschaffen, erklärt die ungeheure Dynamik der Ereignisse in Frankreich und ihre Auswirkungen auf Europa.

Niemand wird bestreiten, dass gesellschaftliche Veränderungen überfällig waren. Die Zeit der feudalen Strukturen war abgelaufen. Das Denken der Menschen hatte sich gewandelt. Man war sich dessen bewusst, dass alle Menschen politische Rechte haben, nicht nur die Herrschenden. Zudem war der französische Staat zu einem riesigen Beamtenapparat aufgebläht, der fünf bis sieben Mal mehr Beamte beschäftigte, als man benötigte,[4] und entsprechende Steuern einzog. Die Kirche war durch ihren Grundbesitz und ihre Verfilzung mit dem Staat selber zum Staat im Staat geworden.[5] Die staatliche Ordnung entsprach in keiner Weise dem Willen der Bevölkerung zur öffentlichen Mitbestimmung. In der Gründung der Vereinigten Staaten von Amerika, die Alexis de Tocqueville (1805-1859) später bewundernd schilderte, sah man eine Verwirklichung der eigenen Ideale und eine Ermutigung für den eigenen Umbau der politischen Strukturen.

Abschaffung des christlichen Gottes- und Menschenbildes

Ein Zeitalter der autonomen Vernunft einzuleiten, konnte nur durch radikale Entchristlichung erreicht werden. Der Ausdruck Entchristlichung empfiehlt sich vor dem der Säkularisierung. Denn Säkularisierung legt die Vermutung nahe, dass bei diesem Vorgang eine religiös neutrale Gesellschaftsordnung aufgebaut wurde. Doch den religiös neutralen Staat gab es in der Geschichte noch nie, auch dann nicht, wenn man dies angestrebt und behauptet hat. Und gerade die Französische Revolution hat keinen religiös neutralen Staat geschaffen, sondern war eindeutig gegen alles Christliche gerichtet und damit alles andere als neutral. Voltaire hat wohl in seinem berühmten Ausspruch über die Kirche „écrasez l`infâme" (zerschlagt die Abscheuliche) zum Ausdruck gebracht, was viele dachten. Dass die Kirche reich und mit dem Königtum verbunden war, hat diesen antichristlichen Ausbruch gefördert. Aber es ging damals nicht nur um Geld oder unangemessenen Einfluss von Bischöfen und Kardinälen. Die Katholische Kirche wurde weitgehend enteignet.[6] Es war eine vulkanische Eruption gegen die Botschaft der Bibel, ein Aufstand gegen den Gott, der sich in Christus offenbart. Das zeigte sich bald überdeutlich. Am 10. November 1793 wurde die Kirche Notre Dame de Paris, dieses Juwel christlicher Baukunst und ehrwürdiges Symbol des Glaubens, zum Tempel der Vernunft gemacht. Das Ballett der Oper wirkte mit, und eine Schauspielerin mimte die Göttin der Vernunft. Und schon am 23. November verabschiedete der Nationalkonvent ein Gesetz, das alle Gotteshäuser von Paris dem christlichen Kult entzog und zu Tempeln der Vernunft machte. Ähnliches geschah auf dem Lande. In manchen Orten vollzog sich die Demontage der Kirche bewusst beleidigend, etwa durch parodistische Prozessionen mit Betrunkenen in Priesterkleidern, mit Kühen, Ziegen und Schweinen, die mit kirchlichen Insignien geschmückt waren. Es kam zu massenhaften Abschwörungen, zur Verhöhnung des Christentums wie nie zuvor.[7]

Die Revolutionäre sahen jedoch bald ein, dass man dem Volk die Religion nicht einfach ersatzlos wegnehmen konnte und dass die reine Vernunftreligion als Ersatz für das Christentum untauglich war. Die Religion der Vernunft wurde daher mit starken nationalen Elementen und der Verehrung der Natur durchsetzt.[8] Robespierre ging noch einen Schritt weiter und pflegte den Kult des „Höchsten Wesens", (Etre Supreme), denn „gäbe es keinen Gott, so müsste man ihn erfinden".[9] Aber diese Versuche, Religiöses zu retten, änderten nichts am gemeinsamen Willen, das Christentum abzuschaffen. Die Entschlossenheit, sich grundsätzlich von jedem Bezug zur Bibel zu lösen, zeigte sich vor allem in der Schaffung einer neuen Zeitrechnung. Der bisherige Kalender „verewigte die Betrügereien der christlichen Kirche". Jetzt sollte alles anders werden. Die Republik beschloss, dass mit dem 22. September 1793 eine neue Weltzeit mit einer neuen Zeitrechnung begann. Das Jahr zerfiel in zwölf Monate zu je 30 Tagen. Die restlichen fünf Tage wurden am Ende des letzten Monates angehängt und zu einer Reihe von nationalen Feiertagen erklärt. Jeder Monat hatte an Stelle der Wochen drei Dekaden zu zehn Tagen. Der letzte Tag der Dekade war Ruhetag. Die Monate erhielten neue Namen, welche die Wohltaten der Natur oder die Ideale der Revolution wiedergaben. Die Tage wurden einfach gezählt: Primidi, duodi, etc.[10]

Unsere Zeitrechnung stammt bekanntlich aus dem christlichen Verständnis der Weltgeschichte. Für das Christentum beginnt mit dem Kommen Jesu die neue Weltzeit. Die Geschichte wird daher eingeteilt in die Zeit vor Christus und in die nach ihm. Mit der Einführung eines neuen Kalenders erklärte die Französische Revolution, dass jetzt eine neue, die eigentlich gute Zeit der Menschheit beginnt. Vorher war Finsternis, jetzt geht das Licht auf in Freiheit, Gleichheit und Brüderlichkeit, und zwar ohne den Gott der Bibel. Vielen Europäern ist dieser Aspekt der neuen Zeitrechnung der französischen Revolution nicht bewusst, oder sie halten ihn für eine Kuriosität, der man keine tiefere Bedeutung zumessen dürfe. Napoleon hat denn auch schon auf den 31. Dezember 1805, also nach zwölf Jahren, diese Zeitrechnung abgeschafft.[11] Aber im Beschluss zu einer neuen Zeitrechnung lag der eindeutige Wille zu einem Neuanfang der Weltgeschichte, und zwar zu einer Weltzeit ohne Christus. Denn erst die Abschaffung des Christentums, so die Überzeugung der Französischen Revolution, zerbricht die Ketten einer persönlichen Knechtung durch den Gott der Bibel und macht den Weg frei zum Paradies durch die Entfaltung der autonomen menschlichen Vernunft.

La Grande Terreur

Die Ereignisse der Revolution machten sehr bald deutlich, dass die von Gott losgelöste Vernunft die Menschen in den Abgrund führt. Das gilt auch und gerade dann, wenn sie meinen, für sich und andere Besseres zu erkämpfen. Noch im Juni 1789 hatte Mirabeau, der gemäßigte und früh verstorbene Revolutionsführer, ausgerufen: „Welches Glück, diese große Revolution wird ohne Morde und Tränen auskommen!... Wir dürfen hoffen, die Geschichte der Menschheit zu beginnen."[12] Doch der weitere Verlauf der Französischen Revolution bestätigt, dass der von jeder Bindung an Gott losgelöste Verstand früher oder später auch dazu benützt wird, Grausamkeiten zu erfinden und Massenhinrichtungen zu rechtfertigen.

Am 10. August 1792 stürmte das aufgeheizte Volk von Paris die Tuilerien, das Stadtschloss des Königs. Die Schweizergarde tötete etwa 100 Pariser Bürger und verletzte 270. Darauf verbot der König die Verteidigung in der Meinung, dadurch weiteres Blutvergießen verhindern zu können; die Schweizer Gardisten, welche dem König unbedingten Gehorsam geschworen hatten, legten gehorsam ihre Waffen nieder und liessen sich töten. Etwa

600 wurden vom rasenden Mob sofort umgebracht; 80 von ihnen erst nach der Gefangennahme. Der sonst revolutionsfreundliche Beobachter Oelsner schildert dazu fast unglaubliche Gräuel: „Noch am Morgen des elften habe ich Weiber in den Leichnamen wühlen und die leblosen Teile verstümmeln sehen."[13] In der Folge riefen Revolutionsführer wie Danton und Robespierre zur Volksjustiz gegen die Feinde der Revolution auf. Die durch Hass entfesselte Grausamkeit richtete sich auch gegen völlig Unbeteiligte. In den Pariser Gefängnissen wurden 1300 Männer und Frauen als Gegenrevolutionäre und Vaterlandsverräter ermordet. Dabei waren 67% aus nichtpolitischen Gründen eingekerkert gewesen. Und das war nur der Anfang.[14] Der Journalist Jean Paul Marat betrieb in seiner Zeitung „Ami du Peuple" hemmungslose Mordhetze, bis er 1793 selber von einer Frau im Bad ermordet wurde. Schon im Juli 1790 schrieb er: „500 oder 600 abgeschlagene Köpfe würden Ruhe, Freiheit und Glück verbürgen."[18] Offenbar war man zur Überzeugung gelangt, dass Vernunft nicht ausreichte und man Gewalt einsetzen musste, um Liberté, Fraternité und Egalité zu sichern. Die folgenden Berichte über Gewalt und Terror sind sehr unvollständig. Dennoch zeigen sie, was für Kräfte durch Ideologien in den Menschen entfesselt werden können.

Der populärste Führer der Revolution war Maximilien de Robespierre (1758-1794). Er galt als aufrichtig und unbestechlich. Sein Idealismus richtete sich ganz nach Rousseaus Ideen.[15] Seine Vision war das tugendhafte Volk. Und um dieser Vision willen musste man – wie Rousseau lehrte – notfalls auch grausam sein, denn der Weg dorthin führt durch den Kampf gegen das Böse. So begründete Robespierre auch im Parlament das Todesurteil gegen den König Ludwig XVI.: „Ihr habt keineswegs ein Urteil für oder gegen einen Menschen zu fällen, sondern eine Maßnahme zum Wohle des Volkes zu treffen."[16] Der König wurde am 19. Januar 1793 auf der Place de la Révolution (früher Place Royale, heute Place de la Concorde) guillotiniert. Sein Blut wurde in einem Gefäß unter der Guillotine gesammelt. Als der Henker den abgeschlagenen Kopf an den Haaren in die Höhe hielt, jubelte das Volk: "Es lebe die Nation, es lebe die Republik!" Der erwähnte Oelsner berichtet: „Die Weiber wollten Königsblut an ihren Fingern, die Männer an ihren Säbeln. Die Kleider des Delinquenten wurden in die ersinnlich kleinsten Fetzen geteilt... am Ende ist die Carmagnole ums Schafott getanzt worden."[17]

Am 6. April 1793 wurde die Macht von einem Gremium übernommen, das sich den schönen Namen „Wohlfahrtsausschuss" zulegte. An dessen Spitze stand Danton, der öffentlich erklärt hatte: „Seien wir schrecklich, damit das Volk es nicht braucht. Dies ist ein Gebot der Humanität"![18] Der Wohlfahrtsausschuss übertrug einem Exekutivgremium, das „Konvent" genannt wurde, diktatorische Vollmachten. Ein riesenhafter Polizeiapparat wurde geschaffen. Am 16. Oktober 1793 wurde auch Königin Marie Antoinette auf der Place de la Révolution guillotiniert – Paris war in einem Blutrausch. In zweieinhalb Jahren wurden über 1000 Personen unter dem Beifall der Zuschauer guillotiniert. Ein Vertreter des Konventes erklärte: „Es ist auf kein Glück zu hoffen, solange der letzte Feind der Freiheit atmet. Man muss nicht nur die Verräter bestrafen, sondern die Gleichgültigen, jeden, der passiv ist und nichts für die Revolution tut." Das hieß Gesinnungsterror. Wer niemanden als Verräter denunzierte, musste befürchten, als Passivist zu gelten und deswegen vor Gericht zu kommen. Um Todesurteile leichter und schneller fällen zu können, beschloss der Konvent ein Sondergesetz: Ein Gerichtsverfahren konnte, ganz nach Rousseau, abgeschlossen werden, wenn die Geschworen nach drei Tagen zum Schluss kamen, dass ihr Gewissen für ein Urteil genügend erleuchtet sei, denn es sei ohnehin schwierig, Verschwörern ihre Verbrechen nachzuweisen. Ein verheerendes Gesetz, das Massenhinrichtungen Tür und Tor öffnete.[19]

Im September 1793 begann auch das Jahr des Terrors, (La Terreur), dem sich später der Große Terror anschloss (La Grande Terreur).[20] Frankreich war von äußeren Feinden bedroht und führte Krieg gegen England, Belgien und Holland. Zum Kampf gegen die Feinde wurde eine „levée en masse", eine Massenaushebung, beschlossen. Es wurde – zum ersten Mal in der Geschichte – ein allgemeiner Volkskrieg verkündet, in welchem die ganze Nation uneingeschränkt in den Dienst der Verteidigung gestellt wurde. Durch die große Zahl von Soldaten eröffneten sich neue Möglichkeiten der Kriegsführung, weil man weniger Rücksicht auf Verluste nehmen musste.[21] Die Mobilisierung gegen die äußeren Feinde wurde verbunden mit der Vernichtung der inneren Feinde, der Royalisten und der Gegenrevolutionäre. Da sich Hunger ausbreitete, forderte das Volk: „Gesetzgeber! Setzt den Terror auf die Tagesordnung!" Brotkarten wurden eingeführt.[22] Zur Kontrolle des Volkes benützte man den Polizeiapparat auch für Schauprozesse.

Der Terror weckte in verschiedenen Regionen Frankreichs Widerstand, der brutal unterdrückt wurde. Die Revolution wandelte sich zum Bürgerkrieg. In Marseille wurden 800 guillotiniert; in Bordeaux wurden 300 Todesurteile vollstreckt. Die Stadt Lyon musste 66 Tage lang belagert und beschossen werden. Dann wurden 1962 Todesurteile vollstreckt. Dabei erfand man die Fusilladen. Die Opfer mussten ihre Gräber selber schaufeln. Dann wurden sie aneinander gefesselt, und man schoss mit Kanonen auf sie. Anschließend musste ein Drittel noch mit Gewehren erschossen werden.[23] Der Nationalkonvent befahl sogar, die Stadt Lyon zu zerstören. Am grausamsten war die Niederschlagung des Aufstandes in der ländlichen Vendée. Ein Jahr lang war die Armee damit beschäftigt. Es gab Hinrichtungen ohne Urteil und „Nojaden" (Massenertränkungen). General Westermann meldete schließlich dem Wohlfahrtsausschuss: „Es gibt die Vendée nicht mehr... unser freies Schwert hat sie getötet mit ihren Frauen und Kindern."[24]

Der Historiker E. Schulin berichtet, dass von März 1793 bis August 1794 im Ganzen 16 594 Menschen hingerichtet wurden. Dabei sind die Massenhinrichtungen in Lyon und anderswo nicht eingerechnet. In überfüllten Gefängnissen, Klöstern, Kirchen und Rathäusern, in denen während dieser Monate eine halbe Million Menschen zusammengetrieben wurde, starben Tausende an Seuchen und Unterernährung. In der Vendée kamen etwa 600 000 ums Leben, 117 000 galten als verschwunden.[25] Es kam auch zum Gegenterror, dem „weissen Terror" der Royalisten. Sie gingen nicht minder grausam vor und rächten sich z. B. in Lyon blutig an ihren Gegnern.[26] Bekanntlich richtete sich die Revolution immer mehr auch gegen viele ihrer Führer. Wie andere vor ihm wurde Robespierre mit 21 Anhängern am 28. Juli 1794 guillotiniert.[27] So entfesselte die Französische Revolution eine lange Reihe von Blutorgien. Dabei hielt der Wille, Frankreich von gläubigen Christen zu reinigen, nach der Revolution an. Auch unter Napoleon wurden missliebige Personen entfernt. Neu war die Deportation nach Guyana, was man die „trockene Guillotine" nannte. Zu den missliebigen Deportierten gehörten auch 1800 katholische Priester.[28]

Chaos und Kaisertum Napoleons

Je länger die Revolution dauerte, desto unglaubwürdiger wurde sie. Von 1794 bis 1799 regierte ein Direktorium mit diktatorischen Vollmachten. Terror und Gegenterror hörten nicht auf. Allgemeine Enttäuschung machte sich breit. Die Ideale der Revolution hatten sich als trügerisch erwiesen. Ein Kommentator stellte damals fest. „Anfangs triumphierte die Idee von der Freiheit und der konstitutionellen Monarchie, zuletzt die Idee von der Gleichheit, Brüderlichkeit und der Republik, doch zu Beginn des Direktoriums glaubte man an nichts mehr…"[29] Die Armee besiegte die äußeren Feinde Frankreichs. Die Steuern aus den eroberten Gebieten machten einen Viertel des Staatsbudgets aus.[30] An die Stelle der revolutionären Ideale wurden Nationalismus und Begeisterung für militärische Siege zur Identität Frankreichs erhoben. Dennoch griff ein Gefühl der Unsicherheit um sich, und man fürchtete ein Chaos. Deshalb entschloss sich eine kleine Gruppe, Napoleon zum starken Mann zu machen und so Frankreich zu retten. Sein Aufstieg war kometenhaft. Am 9. und 10. November 1799 wurde ein Staatsstreich inszeniert, bei dem Napoleon Bonaparte (eigentlich Napoleon Buonaparte, geb. 1769 in Ajaccio, Korsika, gest. 1821 auf St. Helena) zum Konsul für zehn Jahre mit weitreichenden Vollmachten bestimmt wurde. Am 2. August 1802 wurde er durch Volksabstimmung zum Konsul auf Lebenszeit, am 18. Mai 1804 zum Kaiser proklamiert, am 2. Dezember 1804 krönte er sich selbst in der Kathedrale Notre Dame de Paris. Nach der Scheidung von seiner ersten Frau Joséphine heiratete er am 1. April 1810 Marie-Louise von Österreich, die Tochter von Franz II., Kaiser von Österreich. Damit heiratete Napoleon nicht nur die Tochter des Erzfeindes von Frankreich. Er stieg auch auf zum Mitglied des europäischen Hochadels und verriet auf diese Weise die Ideale der Revolution. Die waren offenbar in ganz Frankreich schnell vergessen.

Napoleon war genialer und rücksichtsloser Feldherr, dem lange niemand widerstehen konnte. Obwohl die Revolution eine Diktatur und Ungezählten den Tod gebracht hatte, verstand es Napoleon, Soldaten aus vielen Ländern für seine Kriege zu begeistern. Am meisten gilt das wohl für seinen Feldzug gegen Russland, der für den Grossteil dieser Männer mit Hunger, Kälte und Tod endete. Die Faszination Napoleons war gepaart mit militärischem Verstand und schier unermüdlicher Schaffenskraft. Er konnte auf seinen Reisen in einer Kutsche schlafen, die mit halsbrecherischer Geschwindigkeit über holperige

Strassen durch die Nacht raste – so schnell, dass man auf den Umspannstationen, in denen die schaumbedeckten Pferde gewechselt wurden, Wasser auf die heißen Räder gießen musste! Wie sehr es seinem Charisma gelang, Soldaten mit begeisterter Siegesgewissheit zu Höchstleistungen anzustecken, schildert der Biograph Vincent Cronin in seinem Buch „Napoleon" am Beispiel des Russlandfeldzuges: „Am 24. Juni 1812 sah Napoleon zu, wie die ersten Regimenter der Grande Armée beim (lithauischen) Kowno den Njemen (auch Memel) überschritten… Acht Tage lang marschierten seine Truppen über drei Pontonbrücken. Da zogen die Italiener vorüber, auf deren Uniformen gestickt war: „Gli uomini liberi sono fratelli" (Die freien Menschen sind Brüder)..: Ferner kamen Bayern, Kroaten, Dalmatiner, Dänen, Holländer, Neapolitaner, Norddeutsche, Sachsen und Schweizer… alles in allem waren es zwanzig Volksgruppen – insgesamt 530 000 Mann… Jeder Division folgte ein sechs Meilen langer Tross: Rinder, Wagen mit Weizenmehl, Maurer, die Öfen bauten, Bäcker, die Brot buken. Unter anderem wurden 28 Millionen Flaschen Wein und 2 Millionen Flaschen Branntwein mitgeführt – 1000 Kanonen und ein Mehrfaches dieser Zahl an Munitionswagen, ferner Feldlazarette, Tragbahren und Verbandzeug… Jeder höhere Offizier hatte seine eigene Kutsche und noch zwei oder drei Planwagen für Bettzeug, Bücher, Karten und so fort. Die Gesamtzahl der Wagen betrug 30 000, die der Zug- und Kavalleriepferde 150 000. Die Stimmung der riesigen Armee war ausgezeichnet. … Manche Offiziere meinten sogar, die Armeen würden bis nach Indien vorstoßen, und sie sahen sich schon mit Seide und Rubinen zurückkehren."[31] Bekanntlich endete dieses triumphale Unternehmen in einer unvorstellbaren Katastrophe und war der Anfang vom Ende von Napoleons Kaisertum, das 1815 mit seiner Niederlage in der Schlacht von Waterloo in Belgien beendet wurde. Er starb 1821 auf der Atlantik-Insel St. Helena.

Bewertung

Im Urteil über die Französische Revolution und Napoleon herrscht Uneinigkeit. Oft wird die Revolution glorifiziert. So urteilte der große Immanuel Kant 1798 positiv über die Revolution, obwohl er vom Terror, den Massenhinrichtungen und dem Kampf gegen die Kirche wusste. Dennoch schrieb er: „Die Revolution eines geistreichen Volks… mag gelingen oder scheitern; sie mag mit Elend und Gräueltaten… angefüllt sein… Ein solches Phänomen der Menschheitsgeschichte vergisst sich nicht mehr, weil es eine Anlage und ein Vermögen in der menschlichen Natur zum Bessern aufgedeckt hat, ..." Und Kant meinte hoffnungsvoll, „die Begebenheit sei zu groß, ... als dass sie nicht den Völkern, bei irgendeiner Veranlassung günstiger Umstände, in Erinnerung gebracht und zu Wiederholung neuer Versuche dieser Art erweckt werden sollte."[32] Kants positives Urteil passt schlecht zu seinem kategorischen Imperativ, der forderte, dass sich jeder so verhalten soll, dass sein Verhalten zu einem allgemeinen Gesetz erhoben werden kann. Seine Hoffnung auf „günstige Umstände" zur „Wiederholung neuer Versuche dieser Art" hat sich unter Lenin, Stalin, Hitler, Pol Pot und anderen etc. voll erfüllt.

Vincent Cronin beschäftigte sich nicht mit der Französischen Revolution, wohl aber mit dem Mann, den sie hervorgebracht hat. In seinem Buch schildert Cronin Napoleon als das Jahrhundertgenie, das er zweifellos war. Aber was sollen wir von einem Genie halten, das seine Fähigkeiten vor allem dazu benützt hat, Kriege zu führen, und Millionen von Menschen den frühen Tod gebracht hat? Zwar hat Napoleon den Code Civil, das vielleicht bedeutendste Gesetzeswerk der Neuzeit in Auftrag gegeben. Es wurde von einer vierköpfigen Juristenkommission ausgearbeitet und trat 1804 in Frankreich in Kraft. Vielen Ländern in West- und Südeuropa, aber auch in Nord- und Südamerika diente es als Vorbild. Dennoch gilt: Napoleon hat Europa keine demokratische Ordnung verschafft. Und nach seinem Tod fand Frankreich sehr lange keine politische Stabilität. Das vermochte auch die Wiedereinführung der Monarchie unter Louis XVIII. nicht dauerhaft zu ändern. Nach den napoleonischen Kriegen war Europa von Hunger und Armut geplagt. Ganze Horden von Bettlern zogen durch die Länder. Aus seinem Glauben heraus hat Johann Heinrich Pestalozzi (1746-1827) sich der zahllosen Waisenkinder der Revolution angenommen und sein christliches Erziehungskonzept im Roman „Lienhard und Gertrud" dargestellt.

E. Schulin fasst sein Urteil über die Französische Revolution nüchtern, aber doch positiv zusammen: „Die erste Große Revolution hat den wesentlichen Umbruch geleistet... und hat das Revolution-Machen als innenpolitisches Mittel verfügbar gemacht... Sie hat das neue Bewusstsein von politischer Demokratie in Frankreich geschaffen, mit Hilfe der Aufklärung und des englischen und amerikanischen Vorbildes."[33] Auch Schulin meint also, dass man letztlich die ungeheuren Opfer an Menschen in Kauf nehmen müsse. Dazu müssen wir festhalten: Der Umbruch war gewiss überfällig. Doch gerade die von Schulin genannten Vorbilder USA und England zeigen, dass demokratische Umgestaltungen auch anders erreicht werden konnten.

Die Bibel gibt eine einfache und vernünftige Methode zur Beurteilung von Menschen und Ereignissen. Dazu das schon zitierte Wort aus Matth. 7,16: „An ihren Früchten werdet ihr sie erkennen." Man soll also wie in einem Labor ein Experiment beobachten, dann feststellen, was geschieht und anschließend das Resultat bewerten. Was hat die Französische Revolution den Menschen tatsächlich gebracht? Haben Freiheit und Demokratie triumphiert? Im Gegenteil. Die Diktatur des Revolutionsterrors wurde von der Diktatur des Kaisertums abgelöst. Und wie stand es mit der Gleichheit und Brüderlichkeit? Nach den Willkürmorden der Revolution folgte ein blutiger Bürgerkrieg, der von den napoleonischen Kriegen abgelöst wurde und in einem gigantischen Desaster endete. Die Gleichheit bestand vor Allem darin, dass man im Gleichschritt marschierte, um in den Schlachten die Brüder auf der Gegenseite umzubringen. In der Französischen Revolution sind ungeheure, zerstörerische Kräfte entfesselt worden, die Europa unendlich viel Leid und Zerstörung, Hunger und Armut gebracht haben. Sie war ein Großversuch im Namen der Gottlosigkeit und zugleich ein Vorspiel von dem, was antichristliche Ideologien im 20. Jahrhundert anrichten sollten.

Frankreich selber kam lange nicht zur Ruhe. Nach der Niederlage bei Waterloo wechselten unterschiedliche Staatsformen und Verfassungen, oft erschüttert durch blutig unterdrückte Rebellionen. 1852 gelang es Napoleon III. , einem Neffen Napoleons I., sein Präsidentenamt in ein erbliches Kaisertum umzuwandeln, das er sich sogar durch ein Plebiszit bestätigen ließ. Allerdings endete auch dieses Kaisertum in einer Niederlage, und zwar im deutsch-französischen Krieg von 1870. Erst die 3. Republik (1870-1940) brachte dem Lande Stabilität, doch erst nachdem 1871 im Aufstand der „Pariser Kommune" 25 000 Kommunarden von der Nationalgarde getötet worden waren.

Immer wieder wird behauptet, die Demokratie sei eine Folge der laizistischen Bewegung, welche nach der Französischen Revolution in vielen Länder Europas Fuß fasste. Dabei wird absichtlich oder aus Unkenntnis übersehen, dass die laizistische Bewegung nicht denkbar ist ohne die reformatorische

Lehre vom Priestertum aller Gläubigen und den von Calvin entwickelten demokratischen Kirchenstrukturen. Und aus dieser Sicht einer gottgefälligen Gesellschaftsordnung kam es 1787, also vor dem Ausbruch der Französischen Revolution, zur Gründung der Vereinigten Staaten von Amerika.

Auch die Menschenrechte werden oft als Resultat der Französischen Revolution reklamiert. Tatsächlich formulierte die Assemblée Constituante in der Präambel zur Verfassung, welche am 26. August 1789 verabschiedet wurde, wesentliche Menschenrechte.[34] Doch diese Verfassung wurde vom Kaisertum Napoleons abgelöst. Nicht die Französische Revolution hat zuerst die Menschenrechte als Teil einer staatlichen Verfassung erklärt. Denn erstens haben die USA haben schon 1776 eine Menschenrechtserklärung in die Virginia Bill of Rights aufgenommen. Zweitens darf man nicht übersehen, dass die Erklärung über die allen Menschen innewohnende Würde aus dem Schöpfungsbericht der Bibel stammt. Die Würde des Menschen besteht in seiner Gottebenbildlichkeit, die von Gott allen Menschen ohne Rücksicht auf Geschlecht, Hautfarbe oder Rasse zugesprochen wird. Auch Gottes vergebende Liebe in Jesus Christus gilt allen Menschen ohne jeden Unterschied. Und drittens war es der italienische Humanist Giovanni Pico della Mirandola, welcher im Jahr 1486 als 23-Jähriger eine „Rede über die Würde des Menschen" verfasste, und die man auch das „Manifest der Renaissance" genannt hat. Die heute viel zitierten Menschenrechte stammen aus dem christlichen Menschenbild.

2. Der marxistische Kampf gegen das Christentum

Lenin (1870-1924)

Zu Lebzeiten war Karl Marx der Arbeiterschaft unbekannt. Sein Manifest von 1848 las kaum jemand. Aber rund 40 Jahre nach seinem Tod wurden Marx und sein Geschichtsverständnis zur Wissenschaft erhoben. Gestützt auf diese Lehre sollte ein Weltreich zur Erlösung der Menschheit von allem Übel aufgebaut werden. Doch sein „wissenschaftliches Geschichtsverständnis diente zur Rechtfertigung der umfangreichsten und grausamsten Unterdrückung und Vernichtung von Menschen aller Zeiten.

Lenin, mit bürgerlichem Namen Wladimir Iljitsch Uljanow, geb. 22. August 1870 und gestorben am 21. Januar 1924, stammte aus einer bürgerlichen und tiefgläubigen orthodoxen Familie.[35] Noch als Revolutionär konnte er sich für Beethoven begeistern und machte nach dem Besuch eines Klavierkonzerts gegenüber seiner Frau, Nadeschda Krupskaja, die Bemerkung: „Ich kenne nichts Schöneres als die Appassionata und könnte sie jeden Tag hören. Eine wunderbare, nicht mehr menschliche Musik."[36] Auch gefiel ihm die bürgerliche Schweiz, in der er sich mehrmals aufhielt, und er lobte ihre Kultur.[37] Seiner Frau berichtet er aus dem innerschweizerischen Sörenberg in, dass er sogar in diesem entlegenen Bergdorf sehr gut arbeiten könne: „Die Post funktioniert mit schweizerischer Pünktlichkeit... Man kann jedes gewünschte Buch aus den Berner und Zürcher Bibliotheken erhalten. Man schreibt einfach an die betreffende Bibliothek eine Postkarte... nach zwei Tagen erhält man das in einer Kartonmappe verpackte Buch."

Lenin mordete auch nicht aus allgemeiner Gefühlskälte. Wie irgendein guter Sohn sorgte er sich sehr um seine kranke Mutter.[38] Er bereicherte sich nicht persönlich. Im Exil verzichtete er auf ein Gehalt durch die Bolschewiki und hielt Referate, um etwas zu verdienen.[39] Aber alle diese menschlichen Normalitäten hinderten ihn nicht daran, als orthodoxer Marxist ohne Rücksicht auf Verluste, die Macht zu ergreifen und alle Gegner zu vernichten, die sich ihm bei der Verwirklichung der klassenlosen Gesellschaft in den Weg stellten oder das vielleicht hätten tun können. Während des ersten Weltkrieges lebte Lenin mit seiner Frau als Emigrant in Zürich, wo das Paar bei der Schuhmacherfamilie Kammerer eine einfache Unterkunft fand. Deutschland hoffte, Russland durch die Förderung einer Revolution schwächen und so seine Ostfront entlasten zu können. Darum sorgte Deutschland dafür, dass Lenin am 9. April 1917 zusammen mit 30 Emigranten von Zürich in einem Eisenbahnwagen durch Deutschland reisen konnte. Von Sassnitz auf der Insel Rügen ging es per Schiff nach Stockholm und am 13. April von dort nach Petersburg, wo Lenin triumphal empfangen wurde.

Allerdings waren nicht alle führenden Bolschewiki von ihm begeistert. So nannte Bogdanow Lenins Thesen „Wahnvorstellungen eines Irrsinnigen". Doch Lenin ließ sich davon nicht beeindrucken. Die Partei der Bolschewiki zählte damals 80 000 Mitglieder. Auf einer Konferenz machte Lenin deutlich, was er vorhatte: „Wir sind alle einig darin, dass die Macht in den Händen der

Sowjets der Arbeiter- und Soldatendeputierten liegen muss… Eine solche Macht ist die Diktatur, das heißt, sie stützt sich nicht auf das Gesetz, nicht auf den formalen Willen der Mehrheit, sondern direkt, unmittelbar auf Gewalt."[40] Ähnlich erklärte er, gestützt auf sein marxistisches Menschenbild, am 22. Januar 1918 vor seinen Sowjet-Delegierten: „Noch keine einzige Frage des Klassenkampfes ist in der Geschichte anders als durch Gewalt entschieden worden… Deshalb, Genossen, antworten wir auf alle Vorwürfe und Anklagen, wir praktizieren den Terror, die Diktatur, den Bürgerkrieg – jawohl… der Mann mit dem Gewehr …wird erbarmungslos die Herrschaft der Ausbeuter niederschlagen."[41] Entsprechend schrieb die bolschewistische Zeitung „Rotes Schwert" am 18. August 1919: „Wir haben eine neue Moral. Unser Humanismus ist absolut, denn er gründet sich auf den Wunsch nach Abschaffung jeder Unterdrückung und Tyrannei. Uns ist alles erlaubt, denn wir sind die Ersten in der Welt, die das Schwert nicht um zu unterdrücken und zu versklaven erheben, sondern im Namen der Freiheit und zur Abschaffung des Sklaverei… Wir wollen die Bourgeoisie als Klasse vernichten."[42]

Ähnlich wie bei der Französischen Revolution waren zu Beginn der Russischen Revolution 1917 viele von einer überschwänglichen Begeisterung erfüllt. Der Erste Weltkrieg Krieg, die Revolution und ihr eigener Terror waren für sie die letzten Zuckungen einer vergehenden Zeit. Diese Begeisterung hielt überraschend lange an. In diesen Ereignissen, so fühlten viele Revolutionäre, war die Befreiung der Menschheit von allen Übeln nicht mehr Utopie, sondern Wirklichkeit geworden. So berichtet der griechische Schriftsteller Nikos Kazantzakis, dass er „bei der Zehnjahresfeier der roten Oktoberrevolution in solche Ekstase geraten sei, dass er seinen Nachbarn, einen chinesischen General, umhalst habe; die beiden umarmte dann ein riesenhafter Schwarzer, und alle zusammen weinten vor Glück. Wie lange währte dieser göttliche Rausch? Wie viele Jahrhunderte? Ich (Kazantzakis) drückte den chinesischen General in meine Arme, der Neger umarmte uns beide, und ich fühlte, wie die Schranken niedergerissen wurden, wie Namen, Länder, Rassen verschwanden, die Menschen sich untereinander vereinten… Ich schwur, meinem Leben eine einheitliche Linie zugeben, mich von den tausend Sklavereien zu erlösen, die Furcht und die Lüge zu überwinden und auch den anderen zu helfen… Es soll den Menschen kein Unrecht mehr geschehen, wir sollen allen Kindern der Erde saubere Luft, Spielzeug, eine gute Ausbildung... gewähren."[43] Auch viele europäische Intellektuelle waren von der neuen Zeit begeistert. Unter den Berühmtheiten, die sich für Solidarität und Freundschaft mit der Sowjetunion einsetzten, finden sich Namen wie André Gide, Albert Einstein, Romain Rolland, Erwin Piscator, Stefan Zweig, Thomas und Heinrich Mann, Käthe Kollwitz etc. Dabei, so Michail Ryklin, stößt man bei diesen Verteidigern der Sowjetunion keineswegs auf naives Unwissen, sondern auf die Überzeugung, zur geschichtlichen Bewertung berechtigt zu sein. Der Schriftsteller George Bernhard Shaw notierte im Bericht über seine Sowjetunionreise von 1931: „Unsere Frage ist nicht töten oder nicht töten (in Anspielung auf die Worte Hamlets), sondern wie die richtigen Leute zum Töten auswählen."[44]

Dieser intellektuellen Verblendung gegenüber dem Bolschewismus stellt Gottfried Mai die Bilanz von 20 Jahren Bolschewismus entgegen: „Die ersten zwei Jahrzehnte der Sowjet Macht haben allein im russischen Volk zwischen dreißig und fünfunddreißig Millionen Tote an Menschenopfern gefordert. Die Bolschewiken rühmen sich selbst, in den Jahren nach der Revolution 28 Bischöfe, 1215 Priester, 6 000 Mönche, 55 000 aktive Offiziere, 55 000 Polizeioffiziere und Beamte, 350 000 russische Soldaten, 350 000 akademisch gebildete Personen des öffentlichen Lebens und 50 000 Handwerker und Bauern liquidiert zu haben."[45] Mehrere Millionen starben während der Hungersnot, welche absichtlich durch die landwirtschaftliche Zwangskollektivierung hervorgerufen wurde.

Stalin (1878-1953)

Josef Stalin, mit Geburtsnamen Iosseb Bessarionis dse Dschughaschwili, wurde am 18. Dezember 1878 in Georgien geboren und ist am 5. März 1953 in Moskau gestorben. Es gelang ihm nach dem Tod Lenins, seine Konkurrenten auszuschalten und alle Macht auf sich zu vereinigen. Er führte Lenins Art des Klassenkampfes zur „Befreiung der Menschheit von jeder Form der Unterdrückung" konsequent weiter, mit dem Unterschied, dass zu seiner Zeit die staatliche Maschinerie zur Erschießung von Verdächtigen, zur Terrorisierung des ganzen sowjetischen Herrschaftsbereiches und zur Deportation ganzer Bevölkerungsteile reibungslos funktionierte. Der Historiker Jörg Baberowski stellt zudem fest, Josef Stalin habe nicht nur aus Gründen der marxistischen Ideologie Erschießungslisten zusammengestellt, er habe auch persönliche Freude am Töten gehabt.[46] Er und sein Aussenminister Wjatscheslaw Molotow verschickten im Juli 1937 zu Anfang der „Grossen Säuberungen" Telegramme mit genauen Instruktionen, wer zu erschiessen und wer zu deportieren sei. Stalin unterschrieb persönlich die Todeslisten mit insgesamt 40 000 Namen, welche ihm der Chef des Geheimdienstes, Nikkolai Ezov, vorlegte.[47] Erst während des „Grossen Vaterländischen Krieges" gegen Nazideutschland kam es zu einer gewissen Zurückhaltung der orthodoxen Kirche gegenüber, deren Unterstützung Stalin brauchte.

Doch der allgemeine Terror ging unvermindert weiter, und zwar vor Allem in der Armee. Oft wurden Soldaten und Offiziere lediglich darum erschossen, um anderen Schrecken einzujagen. Offiziere schickten ihre Soldaten wie Vieh in das Maschinengewehrfeuer der deutschen Angreifer. In der Nähe von Stalingrad kam es zu Desertionen. Der Kommandeur ließ die schwächsten Einheiten antreten, verfluchte die Soldaten als Feiglinge, ging die Reihen der Soldaten ab und schoss jedem zehnten Mann mit seinem Revolver ins Gesicht. Zwischen 1941 und 1945 wurden 994 000 Soldaten von Militärgerichten verurteilt, 157 000 endeten vor einem Erschiessungskommando.[48] Soldaten opferten sich im Krieg in aussichtslosen Lagen aus Angst, der Staatsapparat würde sich sonst an ihren Familien rächen. 1944 wurden 40 000 Lastwagen und Güterwaggons, die eigentlich für den Krieg dringend gebraucht wurden, eingesetzt für die Deportation von „verdächtigen Nationen" wie Krimtataren, Inguschen, Don-Kosaken, Karatschaier, Balkaren, Kalmyken, Mescheten, Griechen, Bulgaren, Armenier von der Krim, türkische Mescheten, Kurden aus dem Kaukasus und andere.[49] Von den Deportierten starb schon ein großer Teil während des Transportes. Weitere starben auf Grund völlig ungenügender Versorgung an den Zielorten. Wie der Terror gegen die ganze Bevölkerung im kommunistischen „Paradies der Arbeiter und Bauern" organisiert wurde, hat Alexander Solschenizyn im „Archipel Gulag" eindrücklich geschildert. Auch bei Stalin hat die von Rousseau ausgestreute Saat vom unter Umständen nötigen „Zwang zur Freiheit" und vom „Tod für Staatsfeinde" ihre grauenhaften Früchte getragen.

Haben sich die Millionen von Opfern, Folter und Hunger gelohnt? Westeuropa, die USA und viele andere Staaten haben bewiesen, dass wirtschaftliche Entwicklung und soziale Gerechtigkeit ohne staatlichen Terror um ein

Vielfaches besser gelingen. Doch Lenin, Stalin und Chruschtschow ging es nicht nur um wirtschaftliche Besserstellung und gerechtere Verteilung der Güter. Sie wollten das marxistische und gottlose Paradies. Ihre einmalige Anstrengung, die Welt von Gott zu befreien, rechtfertigte in ihren Augen jede Grausamkeit.

Mao Tse-tung (1893-1976)

Ausnahmsweise wenden wir uns jetzt einer Entwicklung zu, die nicht zur eigentlichen Geschichte Europas gehört. Aber es war das aus Europa nach China exportierte materialistische Menschenbild und das marxistische Geschichtsverständnis, welche Mao Tse-tung zur chinesischen Revolution anleiteten. Die gewaltigen politischen Umformungen des Riesenreiches hatten und haben entsprechende Rückwirkungen auf die Welt und damit auch auf Europa.

Mao ist wohl der Einzige, der in seiner abgrundtiefen Bosheit die Verbrechen Stalins übertraf. Das Buch „Mao" von Jung Chang und Jon Halliday, geschrieben nach jahrelangen Recherchen, räumt mit den letzten Illusionen über Mao auf. Hier können nur wenige Fakten dieser Marxismus-Katastrophe wiedergegeben werden. Maos erklärtes Ziel war, die ganze Erde zu kontrollieren.[50] Dabei war ihm klar, dass er dazu die Persönlichkeit der Menschen, ihren Drang nach Freiheit brechen und sie bis in ihre Gedanken hinein kontrollieren musste. Und er zögerte nicht, jedes Mittel anzuwenden, um das Riesenreich total zu unterwerfen und seinem Denken gefügig zu machen. China sollte den Klassenkampf auf der ganzen Welt bis zum gelobten Ziel anführen. Dass China dabei zum Rivalen der russischen kommunistischen Weltrevolution wurde, hat Mao nicht gestört. Jede Form von Religion und Philosophie sollte mit der Wurzel ausgerottet werden.

Christen sind noch heute vor Anhängern von anderen Religionen und Dissidenten bevorzugte Opfer der chinesischen kommunistischen Partei. Maos Terror war gigantisch, und Millionen fielen ihm zum Opfer. Er plante und organisierte persönlich Terrorkampagnen. Einmal waren von einer solchen Kampagne 14,3 Millionen Männer und Frauen betroffen. Davon wurden 715 000 verurteilt, viele zum Tod. Mao machte klar, dass auch mehr getötet werden könnten, aber man müsse seine Zustimmung haben, wenn es mehr als 5 % der Verurteilten wären. Solche Kampagnen bezeichnete er als „glückliche Ereignisse."[51] Nachdem er einen Bericht über grausame Folter-methoden gelesen hatte, notierte er im März 1927, er habe (beim Lesen) eine Ekstase gefühlt, die er bisher nie erfahren hätte. .. bei der Beschreibung der Brutalität habe ihn eine Erregung erfasst, und ein Stoß von Adrenalin habe ihn durchfahren. Aus ihm sei es herausgebrochen: „Wunderbar. Es ist wun-derbar."[52]

Maos wirtschaftliche Ideen, welche China vorwärts bringen sollten, waren dermassen katastrophal, dass Millionen Hungers starben. Mao wusste, dass die chinesischen Bauern zu den ärmsten der Welt gehörten. Jede Kür-zung ihrer Nahrungsmittel hatte zwangsläufig zur Folge, dass eine große Zahl verhungerte. Er fuhr trotzdem fort, Nahrungsmittel in grossem Stil zu exportieren, um Devisen für die Revolution zu erhalten. Seine Reaktion auf Berichte von verhungernden Bauern schildert Halliday so: „Mao kümmerte das nicht. Er machte abweisende Bemerkungen wie: Die Leute haben pro Tag nur drei Blätter zu essen? Na und? Dann ist das halt so!"[53] Allein 1960 starben 22 Millionen vor Hunger.[54] In der sogenannten Kulturrevolution von 1965-1975, wurde die Jugend gegen die ältere Generation aufgehetzt. Zahllose Intellektuelle wurden nur darum gefoltert oder aufs Land zur Feld-arbeit geschickt, weil sie gebildet waren. Hunderttausende von fähigen Leu-ten wurden umgebracht, mit entsprechenden Folgen für die Wirtschaft und Verwaltung des Landes.

Durch Maos Kampagnen wurden in vielen Menschen dämonische Kräfte losgebunden. Halliday schreibt: „Die Behörden organisierten Modell-Tötun-gen, um dem Volk zu zeigen, wie man maximale Grausamkeit anwendet; in gewissen Fällen überwachte die Polizei diese Tötungen. In der allgemeinen Atmosphäre von geförderter Grausamkeit brach Kannibalismus in mehreren Teilen der Provinz aus... Die Praktik begann mit den gewöhnlichen mao-istischen Denunzierungsversammlungen. Die Opfer wurden anschließend getötet, und gewisse Teile ihres Körpers – Herzen, Leber, manchmal Penisse – wurden herausgeschnitten, oft bevor die Opfer tot waren, und an Ort und Stelle gekocht und gegessen. Man nannte das „Menschenfleischbankette". Von einem 86-jährigen berichtet Halliday, dass er am helllichten Tag die Brust eines Jungen aufgeschlitzt hatte, weil er der Sohn eines Grundbesit-zers war. „Ja, ich habe ihn getötet... Die Person ist ein Feind... ha, ha. Ich mache Revolution, und mein Herz ist rot. Sagte nicht der Vorsitzende Mao: Entweder töten wir sie, oder sie töten uns? Du stirbst und ich lebe, das ist Klassenkampf."[55]

Marx behauptete, die Veränderung der Produktionsbedingungen würden der Menschheit Freiheit und Wohlstand bringen. Warum ist genau das Gegenteil eingetroffen? Hat sich darin nicht vor aller Welt erwiesen, dass der Kampf gegen Gott nur in einem Absturz in eine von Menschen gemachte Hölle enden kann? Und: Die Sowjetunion verschwand ohne Blutvergießen, und die Kirche in Russland blüht neu auf. In China sind durch die kommunistische Revolution die Massen vom traditionellen Ahnenkult und dem Universismus des Tao weitgehend abgeschnitten worden, um das marxistische Reich aufbauen zu können. Aber es geschah, was Mao nicht vorausgesehen hatte und, was er nicht wollte: Durch die Vertreibung der ausländischen Missionare und die Leidensbereitschaft der chinesischen Christen gilt heute das Christentum nicht mehr als fremde Religion. Das ist wohl einer der wichtigsten Gründe, weshalb es in China so rasant wächst wie noch nie in ganzen Kirchengeschichte. Gott hat den brutalen Versuch zur Ausrottung des Christentums dazu benutzt, um die Voraussetzungen für ein nie gekanntes Wachstum der Kirchen zu schaffen. Heute besuchen in China schätzungsweise 80 Millionen die öffentlichen und heimlichen Gottesdienste, das sind mehr als im „Christlichen" Abendland. Selbst die Regierung gibt durch die Schaffung von sog. Wirtschaftszonen, in denen kapitalistische Privatwirtschaft erlaubt ist, die marxistische Ideologie Stück für Stück preis. Reichtum ist die Folge. Sind das nicht handgreifliche Zeichen dafür, dass Gottes gnädige Bewahrung auch die gottlose Welt mit einschließt? Er hat dafür gesorgt, dass die über eine Milliarde Menschen langsam aus dem Terror der marxistischen Staatstheorie herauswachsen und ein menschenwürdiges Leben führen können. Ich erwarte, dass noch in diesem Jahrhundert China zu einem wichtigen, auch missionarisch aktiven Zentrum des Christentums wird.

3. Adolf Hitler (1889-1945) – „Verhinderung" der Heilsgeschichte

Adolf Hitler wurde am 20. April 1889 als Sohn des Zollbeamten Alois Hitler und seiner Frau Clara geb. Pölzel in Braunau am Inn in Oberösterreich geboren. Er besuchte unter anderem eine Klosterschule, hatte auch Gesangsunterricht und „berauschte sich am glanzvollen Prunk der kirchlichen Feste". Die christliche Lehre beeindruckte ihn derart, dass er offenbar auch den Gedanken, Priester zu werden, nicht ausschloss. Jedenfalls war es damals für ihn ein erstrebenswertes Ziel, in ein Kloster einzutreten und Abt zu werden. Er hatte in allen Fächern durchgehend die Note 1 und war auf bestem Weg ein ruhiger, im katholischen Glauben verwurzelter Bürger zu werden.[56] Nach dem Tod seiner Eltern übersiedelte er nach Wien, bewarb sich zweimal vergeblich an der Kunstakademie als Maler, lebte zeitweise ohne festen Wohnsitz und brachte sich mit Gelegenheitsarbeiten durch. Seine Überzeugung, dass die Juden die Wurzel allen Übels seien, verfestigte sich bereits zu dieser Zeit.[57] Er entzog sich 1909 dem Wehrdienst durch Flucht, wurde im April 1913 in München von der Polizei aufgespürt und von den österreichischen Behörden in Salzburg als kriegsuntauglich befunden. „Ich wollte nicht für den habsburgischen Staat fechten." Vielleicht hing diese Entscheidung damit zusammen, dass im habsburgischen Vielvölkerstaat auch viele Juden lebten. Doch dann meldete er sich freiwillig bei den deutschen Behörden zum Kriegsdienst und war überglücklich, als er angenommen wurde. „Als ich mit zitternden Händen das Schreiben (der bayerischen Behörden) geöffnet hatte und die Genehmigung meiner Bitte las, …kannten mein Jubel und meine Dankbarkeit keine Grenze."[58] Er kämpfte im Ersten Weltkrieg im Bayerischen Reserve-Infanterie-Regiment 16, wurde im Dezember 1914 mit dem Eisernen Kreuz ausgezeichnet und im Verlaufe des Krieges zweimal verwundet.

In der turbulenten Nachkriegszeit trat er in München der Deutschen Arbeiterpartei bei und hielt viele öffentliche Vorträge, in denen er sein Gedankengut entwickelte und verbreitete. Da er unerwarteten Erfolg hatte, wurde er zum Vorsitzenden gewählt. Jetzt machte er aus der Deutschen Arbeiterpartei die Nationalsozialistische Deutsche Arbeiterpartei (NSDAP). Gegen anfänglichen Widerstand gelang es ihm, in dieser Partei jede Form von demokratischer Mitsprache abzuschaffen. Er hält in seinem Buch „Mein Kampf" fest: „Die junge Bewegung ist ihrem Wesen nach antiparlamentarisch, das heißt, sie lehnt im allgemeinen wie in ihrem eigenen inneren Aufbau ein Prinzip der Majoritätsbestimmung ab."[59]) Hitler erhielt in seiner Partei diktatorische Vollmacht und setzte ein System unbedingter Disziplin und blinden Gehorsams durch. Da er politisch Erfolg hatte, wurde sein Prinzip der absoluten Verantwortlichkeit des Führers mit absolutem Gehorsam ihm gegenüber immer mehr auch innerlich von seinen Parteimitgliedern akzeptiert.[60] Dann begannen die Ereignisse sich fast zu überschlagen: Seine Partei erzielte am 10. April 1932 bei der Reichspräsidentenwahl 37 % der Stimmen! Am 4. Januar 1933 wurde Hitler zum Reichskanzler ernannt. Im Ermächtigungsgesetz vom 23. März 1933 entmachtete sich die Legislative, das Parlament, selbst zugunsten der Exekutive.

Das Ermächtigungsgesetz wird oft als ein Versagen der Demokratie angesichts der sich türmenden Probleme Deutschlands bezeichnet. Diese Beurteilung trifft zu, greift aber zu kurz. Es war auch ein Versagen bei der geistlichen Beurteilung von Hitlers Denken, der in seinem Buch „Mein Kampf" seine politischen Ziele, auch seinen Hass auf die Juden klar angekündigt hatte. Die Folgen einer gottlosen Tyrannei konnte man im kommunistischen Russland beobachten. Das Ermächtigungsgesetz war ein eklatanter Verrat an der über Jahrhunderte vom Christentum geprägten Geschichte Deutschlands, ein Verrat am biblischen Gottes- und Menschenbild, der die Weichen zum Zweiten Weltkrieg gestellt hat. Die Kommunistische Partei Deutschlands wurde verboten. Die anderen Parteien lösten sich „freiwillig" auf. Das Prinzip von Hitlers Führungsautorität und unbedingtem Gehorsam wurde in der Verwaltung durchgesetzt und zur Quelle des Staatsrechtes. So hielt der Rechtsgelehrte E.R. Huber in seinem zeitgenössischen Buch „Verfassungsrecht des Großdeutschen Reiches" fest: „Der Führer vereinigt in sich alle hoheitliche Gewalt des Reiches; alle öffentliche Gewalt im Staat wie in der Bewegung leitet sich von der Führergewalt ab… Die Führergewalt ist umfassend und total…"[61] Hitler befahl die Aufrüstung und besetzte 1936 das seit 1920 unter der Verwaltung des Völkerbundes stehende Saarland. Am 9. November 1938 wurde "von oben" die Kristallnacht ausgelöst. In ganz Deutschland wurden viele Synagogen verwüstet und verbrannt und Juden ermordet. Am 30. Januar 1939 kündigte er für den Fall eines neuen Krieges die Vernichtung der jüdischen Rasse in Europa an. Am 1. September 1939 begann der zweite Weltkrieg mit dem Überfall auf Polen. Am 30. April 1945 beging Hitler gemeinsam mit Eva Braun im Bunker unter der Reichskanzlei in Berlin Selbstmord.

Es ist hier nicht der Platz, die ganzen Kriegsereignisse zu berichten, die schließlich zur weitgehenden Zerstörung vieler europäischer Städte und zum Tod von Millionen von Soldaten und Zivilisten geführt haben. Auch Hitlers Terrorherrschaft, die Spitzelsysteme, die Verbrechen der SS (Sturmstaffel) und der Gestapo (Geheime Staatspolizei), die Volksgerichtshöfe und ihre Willkürurteile, die Verfolgung und Deportation von Andersdenkenden in Konzentrationslager, zunächst von Kommunisten und Gewerkschaftern, dann auch von Christen, die Ermordung von Behinderten, und die ganze Maschinerie, die zur Vernichtung von sechs Millionen Juden nötig war, schließlich der sich formierende Widerstand und das Attentat vom 20. Juli 1944, das und vieles mehr ist in Zeitungen, Büchern und Zeugnisberichten beschrieben worden. Uns interessiert vorerst Hitlers Weltbild und die in der Weltgeschichte einzigartige Mission, zu der er sich bestimmt wusste, und mit der er seine Diktatur und ihre Entsetzlichkeiten rechtfertigte.

Einzigartige Mission

Hitler war nicht nur von seiner Genialität überzeugt. Er sah sich als Erwählten mit der Aufgabe, die Welt ein für alle Mal vom Übel des Judentums zu befreien. Dabei ist nicht klar, von wem er sich erwählt fühlt, aber sicher nicht vom Gott der Bibel. Die Weltgeschichte war für ihn, ganz nach Darwin, ein Kampf der Rassen ums Überleben. Die Germanen waren zu Herrenmenschen bestimmt.[62] Deshalb musste alles unternommen werden, diese Rasse auch zu erhalten. In der Erziehung musste der Jugend die Reinhaltung des Blutes als Lebensziel eingeimpft werden. Heinrich Himmler (1900-1945) wurde damit beauftragt, von deutschen Familien eigentliche Zuchtbücher anzulegen. Mitglieder der SS durften erst nach eingehender biologischer Prüfung der Partner heiraten.[63] Durch Rassenhygiene und Eroberungskriege, in denen Völker unterworfen oder vernichtet werden, wollte Hitler zur Weltherrschaft, aber nicht um der Herrschaft willen, sondern um dadurch die Kultur der Menschheit für immer zu sichern! Ja, Sie haben richtig gelesen. Hitler schrieb: „Die Rassenfrage gibt nicht nur den Schlüssel zur Weltgeschichte, sondern auch zur menschlichen Kultur überhaupt." Und: „Die Blutsvermischung und das dadurch bedingte Senken des Rassenniveaus ist die alleinige Ursache des Absterbens aller Kulturen."[64]

Vernichtung des auserwählten Volkes

Hitler hat den Antisemitismus nicht erfunden. Als sich im Ersten Weltkrieg die deutsche Niederlage abzuzeichnen begann, suchte man nach Sündenböcken und fand sie bei den Juden, die pauschal verdächtigt wurden, heimliche Verbündete der Feindmächte zu sein. Um den Vorwurf zu erhärten, die Juden würden sich dem Militärdienst entziehen, ordnete das preußische Kriegsministerium schon im Herbst 1916 eine Judenstatistik an. (H. Winkler: Geschichte des Westens S.60) Da das Ergebnis diese Diffamierung schlagend widerlegte, veröffentlichte man das Resultat erst nach dem Krieg. Damit soll nicht gesagt werden, dass Antisemitismus vor allem ein deutsches Phänomen sei. Die Geschichte belegt dies leider nur allzu eindeutig. Aber mit dieser Zählung hatte das Kaiserreich, also der Staat, dem Antisemitismus Vorschub geleistet.

Warum aber hat Hitler die Juden zur Wurzel allen Übels erklärt? Sicher nicht, weil sie genetisch besonders minderwertig wären. Bekanntlich fanden sich schon zu seiner Zeit unter den deutschen Nobelpreisträgern und führenden Künstlern unverhältnismäßig viele Juden. Hitler war nicht materialistischer Atheist wie Marx und seine Anhänger. Auf seine Weise war er religiös und konnte von der Vorsehung reden. Seine fanatische Verfolgung der Juden war eine eindeutige Kampfansage gegen Gott. Er wusste, dass gemäß der Bibel die Juden das von Gott erwählte Volk sind und dass die Heilsgeschichte Gottes untrennbar mit den Juden verknüpft ist. Gott hat Abraham zugesagt, dass er ihm und seinen Nachkommen das verheißene Land geben werde. (1. Mose 12,1ff) Im Juden Jesus kam Gott selber als Versöhner auf die Welt. Und Paulus schreibt in Römer Kapitel 9-11, dass das Weltgericht und die Vollendung der Heilsgeschichte unter der Herrschaft von Christus erst kommen werden, nachdem die Juden Christus angenommen haben. Die Weltgeschichte ist also mit dem Los der Juden verbunden. Aber wenn es Hitler gelingt, die Juden auszurotten, dann kann Gott seine Heilsgeschichte nicht zu Ende führen! Dann kann er die Juden nicht in Israel sammeln, wie er das versprochen hat. Ohne die Juden kann Gott seine Pläne zur Vollendung der Welt mit dem Tausendjährigen Reich (Off. 20,1-6) nicht erfüllen. Hitler wollte nichts weniger als die Vollendung des Reiches Gottes verhindern.

Hitlers Kampf war nicht nur gegen die Juden gerichtet war, sondern gegen den Gott der Juden und Christen. An die Stelle der jüdisch-christlichen Ethik sollte die germanische oder arische treten. An die Stelle des

Reiches Gottes setzte Hitler sein eigenes, nämlich das „3. Reich" (nach Rom und dem Heiligen Römischen Reich Deutscher Nation). Es sollte in unübersehbarem Gegensatz zum 1000-jährigen Reich der Offenbarung des Johannes Kapitel 20 ein Tausendjähriges Reich des Nationalsozialismus sein. Der Marxismus wollte das Paradies ohne Gott erzwingen. Hitler wollte das Paradies gegen Gott. Und er sah sich selber dazu bestimmt, im kosmisch verstandenen Endkampf der arischen und der jüdischen Rasse für die richtige Entscheidung zu sorgen. Nicht umsonst lautete der offizielle und erzwungene Gruß auf der Strasse und zu Beginn jeder Veranstaltungen, auch jedes Gottesdienstes „Heil Hitler" mit der doppelten Bedeutung: „Heil für Hitler", und „Heil kommt von Hitler". So wird verständlich, was Hitler schon in „Mein Kampf" schrieb: „Siegt der Jude…, dann wird seine Krone der Totentanz der Menschheit sein, dann wird dieser Planet wieder wie einst vor Jahrmillionen menschenleer durch den Äther ziehen… So glaube ich im Sinne des allmächtigen Schöpfers zu handeln: Indem ich mich des Juden erwehre, kämpfe ich für das Werk des Herrn."[65] Da Hitler mit „dem Herrn" sicher nicht den Gott Abrahams, Isaaks und Jakobs meinte, bleibt wohl nur dessen Widersacher.

Merkwürdigerweise und völlig unlogisch verschmolzen in Hitlers Denken der bolschewistische Marxismus und das Judentum zu einer letztlich nicht verständlichen Einheit. Er sprach von der jüdischen Lehre des Marxismus und sah seine göttliche Mission darin, die Menschheit vor dem Untergang durch Judentum und Marxismus zu retten. „Wie so oft in der Geschichte ist in diesem gewaltigen Ringen Deutschland der große Drehpunkt. Werden unser Volk und unser Staat das Opfer dieser blut- und geldgierigen jüdischen Völkertyrannen, so sinkt die ganze Erde in die Umstrickung dieser Polypen."[66] Sein Wille, durch die Vernichtung der Juden auch das Christentum auszurotten und das Kreuz durch das Hakenkreuz zu ersetzen, dokumentieren zahllose Berichte und die systematische Verfolgung von nicht angepassten Christen. Noch in seinen letzten Äußerungen, in den auf Veranlassung von Martin Borman, Hitlers Privatsekretär, aufgezeichneten "Bunkergesprächen", hält er an seiner Mission fest und rechtfertigt sich angesichts der Niederlage: „Ich habe gegen die Juden mit offenem Visier gekämpft. Ich habe ihnen bei Kriegsausbruch eine letzte Warnung zukommen lassen. Ich habe sie nicht im Ungewissen darüber gelassen, dass sie, sollten sie die Welt von neuem in einen Krieg stürzen, diesmal nicht verschont würden – dass das Ungeziefer in Europa endgültig ausgerottet wird… Die jüdische Eiterbeule habe ich aufgestochen, wie die anderen. Die Zukunft wird uns ewigen Dank dafür wissen." Und er wiederholte noch am 2. April 1945: „Man wird dem Nationalsozialismus ewig dafür dankbar sein, dass ich die Juden in Deutschland und Mitteleuropa ausgelöscht habe."[67]

Der Nerobefehl

Hitler handelte bis zuletzt gemäß der von ihm als welthistorisches Gesetz erkannten Rassentheorie. Als er einsah, dass die Niederlage nicht mehr abgewendet werden konnte, zog er den logischen Schluss: Nicht er hatte die Katastrophe herbeigeführt, sondern das deutsche Volk war nicht die Herrenrasse, auf die er gezählt hatte, denn sonst wäre es in diesem Kampf nicht unterlegen. Wenn aber dieses Volk in der einmaligen weltgeschichtlichen Stunde versagte, dann sollte es untergehen. Am 18. März 1945 gab er anlässlich der Lagebesprechung mit seinen Generälen einen Befehl, der in seiner Ungeheuerlichkeit in der Weltgeschichte wohl einmalig ist. Er befahl, die westdeutschen Invasionsgebiete „sofort hinter dem Hauptkampffeld beginnend, von sämtlichen Bewohnern zu räumen". Die in diesen Gebieten wohnenden Deutschen sollten auf einen Todesmarsch gesetzt werden, der ihnen jede Überlebensmöglichkeit genommen hätte! Auf den Einwand eines Generals, sämtliche Verkehrswege seien zusammengebrochen und der Befehl nicht ausführbar, antwortete Hitler, „dann sollten sie zu Fuß marschieren." Auch das sei nicht zu organisieren, warf der General ein, dazu sei Verpflegung notwendig, der Menschenstrom müsse durch wenig besiedelte Gebiete geleitet werden, auch hätten die Menschen nicht das nötige Schuhwerk. Er kam nicht zu Ende. Unbeeindruckt wandte sich Hitler ab.[68] Am Tag darauf gab er den sog. „Nerobefehl", in welchem vollends deutlich wurde, dass er den Untergang des deutschen Volkes wollte. Der entscheidende Absatz des Befehls lautet:

„Alle militärischen Verkehrs-, Nachrichten-, Industrie – und Versorgungsanlagen sowie Sachwerte innerhalb des Reichsgebietes, die sich der Feind für die Fortsetzung seines Kampfes irgendwie sofort oder in absehbarer Zeit nutzbar machen kann, sind zu zerstören." Dieser Befehl richtete sich keineswegs nur gegen die anrückenden feindlichen Armeen. Denn dem protestierenden Rüstungsminister Speer erklärte Hitler in eisigem Ton:

„Wenn der Krieg verloren geht, wird auch das Volk verloren sein. Es ist nicht notwendig, auf die Grundlagen, die das deutsche Volk zu seinem primitivsten Weiterleben braucht, Rücksicht zu nehmen. Im Gegenteil ist es besser, diese Dinge zu zerstören. Denn das Volk hat sich als das schwächere erwiesen, und dem stärkeren Ostvolk gehört ausschließlich die Zukunft. Was nach diesem Kampf übrig bleibt, sind ohnehin nur die Minderwertigen, denn die Guten sind gefallen." Diese Einschätzung war nicht kurzfristig aus der Situation heraus geboren, so dass man einwenden könnte, man dürfe sie nicht allzu sehr gewichten. Schon am 27. November 1941, als die Möglichkeit eines Scheiterns zum ersten Mal aufgetaucht war, hatte Hitler gesagt: „Ich bin auch hier eiskalt. Wenn das deutsche Volk einmal nicht mehr stark und opferbereit genug ist, sein Blut für seine Existenz einzusetzen, so soll es vergehen und von einer anderen stärkeren Macht vernichtet werden. Ich werde dem deutschen Volk keine Träne nachweinen."[69]

Das Unglaubliche und Erschreckende in der Konsequenz seines Denkens verschlägt einem die Sprache. Einen Tag vor seinem Selbstmord am 29. April 1945 hielt er in seinem politischen Testament fest, dass die Juden die Schuldigen in diesem Ringen seien, und schrieb als letzten Satz : „Vor allem verpflichte ich die Führung der Nation und die Gefolgschaft zur peinlichen Einhaltung der Rassegesetze und zum unbarmherzigen Widerstand gegen den Weltvergifter aller Völker, das internationale Judentum."[70] Hitlers Kampf war ein Kampf gegen Gott. Eigenartigerweise hat Hitler genau das Gegenteil von dem erreicht, was er wollte. Er wollte die Juden vernichten und Gottes Heilsplan unmöglich machen. Aber 1945, nach zwölf Jahren, war sein 1000-jähriges Reich am Ende und Deutschland zerstört. Die Juden hingegen erhielten drei Jahre später ihren Staat, und zwar in dem Land, das Gott vor 4000 Jahren Abraham versprochen hatte! Die Entsetzlichkeiten, welche Hitler den Juden zugefügt hatte, haben Hunderttausende von Juden darin bestärkt, nach Israel einzuwandern. Und die Leiden der Juden waren ein wesentlicher Grund, weshalb die Uno den Staat Israel trotz der voraussehbaren Probleme anerkannte. Si scheiterte Hitlers Plan, die Juden auszurotten und dadurch den Heilsplan Gottes zunichte zu machen. Die Juden erhielten einen Staat, und zwar nicht irgendwo, sondern in dem Land, das Gott dem Abraham und seinen Nachkommen vor über 3000 Jahren verheißen hat. Hitlers Pläne endeten in einem entsetzlichen Abgrund. Gottes Heilsplan triumphierte.

Wenn, wie viele glauben, die Geschichte der Völker keinen Sinn hat, dann sind die Ereignisse um und mit Hitler mit ihren vielen Millionen Toten nichts anderes als ein weiteres Glied in der sinnlosen Geschichte der Menschheit, die in den Büchern als dunkle Jahre verzeichnet werden. Aus biblischer Sicht jedoch sind sie vielleicht die deutlichsten Hinweise darauf, dass Gott die Geschichte steuert. Der Teufel unternimmt alles, um Gottes Plan unmöglich zu machen. Doch Gott bleibt der Herr über alle Dinge.

IX. Die Rettung des christlichen Menschenbildes

m Zweiten Weltkrieg und dem späteren Zusammenbruch der Sowjetunion bewährte sich die Überlegenheit des christlichen Weltbildes über die Ideologien des Nationalsozialismus und des Kommunismus, die sich beide auf ein darwinistisches Menschenbild stützten. Dabei müssen wir Europäer uns immer wieder vor Augen halten, dass Europa sich nicht aus eigener Kraft aus der Tyrannei befreit hat, sondern von den USA gerettet worden ist. Der Sieg des christlichen Menschenbildes war zwar ziemlich total, aber nicht nachhaltig, sondern machte bald einer allgemeinen Orientierungslosigkeit Platz.

1. Der Zweite Weltkrieg – Sieg der Freiheit im Westen

Was den Zweiten Weltkrieg betrifft so dürften wohl die üblichen Kategorien für das Verständnis historischer Abläufe nicht mehr greifen. Ich bin auch nirgends einer geschichtlichen Darstellung begegnet, welche auch nur versucht hätte, den Wahnsinn dieser Jahre durch die Beschreibung der Ereignisse in ihrer zeitlichen Folge in irgendeiner Weise einer Deutung zuzuführen oder gar sinnvoll zu machen. Wenn wir jedoch die Geschichte verstehen als einen Bericht über das Handeln Gottes mit den Menschen, dann wird das Gesamte dieser Jahre und der nachfolgenden Zeit mindestens in Teilen verständlich. Dann macht der Zweite Weltkrieg Gottes Einwirken in die Geschichte besonders deutlich. Denn er zeigt, wie Gott die Menschen, die sich von ihm abwenden, ihrem eigenen Hochmut überlässt und gerade auf diese Weise die Geschichte lenkt. So redet Paulus, wie berichtet, im Römerbrief davon, dass Gott gelegentlich die Menschen „dahin gibt", also sich selber überlässt; ähnlich wie der Vater im Gleichnis seinem Sohn das Erbe austeilt und ihn ziehen lässt, wohl wissend, dass er bei den Schweinen enden wird. In diesem Zusammenhang gehört das Wort von Paulus im 2. Korintherbrief 4,4: „Ihnen, die nicht glauben, hat der Gott dieser Weltzeit die Gedanken verfinstert, sodass sie das Licht nicht sehen, das aufleuchtet durch die Verkündigung des Evangeliums."

Millionenfach haben in diesen Jahren Menschen in allen vom Krieg betroffenen Ländern und darüber hinaus die Frage gestellt, wo ist Gott? Kann man mitten in diesem sinnlosen Morden und Zerstören an Gott festhalten? Beweisen nicht die Vernichtungslager, dass es Gott nicht geben kann? Wenn diese Fragen gestellt werden, vergisst man konsequent, dass Gott millionenfach aufgefordert wurde zu verschwinden, ja dass man ihn verflucht und für nicht existent erklärt hat. Wenn man Gott davonjagt, dann ist es nicht logisch, sich darüber zu wundern, dass er sich zurückzieht. Denn Gott zwingt die Menschen nicht in seine Gemeinschaft. Er überlässt sie ihren eigenen Entscheiden. Allerdings auf Grund seiner Barmherzigkeit überlässt er die Menschen nicht ganz ihrer eigenen Bosheit. Wenn sie ihn verfluchen, verbirgt er sich und behält doch alle Fäden in seiner Hand. Aus biblischer Sicht wird gerade im Zweiten Weltkrieg deutlich, wie Gott seine Feinde so lenkt, dass sich ihre Bosheit nicht so auswirken kann, wie sie das eigentlich wollten. Er bewahrt die Völker vor dem totalen Absturz in den Abgrund ihrer eigenen Pläne. Weder Hitler noch Stalin noch Mao haben ihre Ziele erreicht. Darüber hinaus zeigt der Zweite Weltkrieg, wie wir sehen werden, mit was für einer ungeheuren Wucht das christliche Menschenbild Völker bewegen und Kriege entscheiden kann. Das Ringen mit dem Nationalsozialismus und dem Marxismus ist durch die Opferbereitschaft von Völkern, die im christlichen Menschenbild verwurzelt waren, entschieden worden

2. Hinweise auf Gottes Herrschaft

Ich füge jetzt am Beispiel Hitlers einige Beobachtungen an, welche sehr unvollständig, aber dennoch deutlich zeigen, wie Gott im Zweiten Weltkrieg in das hineinwirkt, was Menschen eigenverantwortlich beschließen und unternehmen:

1. Hitlers Schicksal veranschaulicht beispielhaft, wie Gott Aufrührer ihrem eigenen Wahn überlassen kann. Hitler ging an seinem eigenen Konzept zu Grunde. Das zeigen Beobachtungen von wichtigen militärischen Entscheiden, für die er gemäß seinem Führungsprinzip die alleinige Entscheidungskompetenz auch dann in Anspruch nahm, wenn er sich gelegentlich mit Vertrauten beriet. Wenn er sich 1938 nach dem Anschluss von Österreich und der Tschechoslowakei mit einem Großdeutschland zufrieden gegeben hätte, dann hätten England und Frankreich ihn wohl gewähren lassen und keinen Krieg erklärt. Hitler hätte seine Macht konsolidieren können. Die übrige Völkerwelt hätte sich vermutlich damit abgefunden. Das änderte sich, als Polen angegriffen wurde, und England und Frankreich Deutschland den Krieg erklärten. Es ist auch nicht ganz auszuschließen, dass sogar dann noch Hitlers Armeen eine Chance auf Sieg gehabt hätten, wenn sie „nur" gegen England und Frankreich hätten kämpfen müssen. Frankreich war ja schnell erledigt.

Aber das war Hitler nicht genug. Seine Rassentheorie und seine Mission zur „Rettung der Kultur" und zur Ausrottung der Juden ließen eine solche Beschränkung nicht zu. Wäre die von Gott losgelöste Vernunft jene unfehlbare Leiterin zu Frieden und Wohlstand, als die sie seit der Aufklärung bis heute gepriesen wird, dann hätte sich Hitler ganz anders verhalten müssen. Doch in seiner maßlosen Selbstüberschätzung benutzte er seine Vernunft, um die Weltherrschaft zu erkämpfen. Am 22. Juni 1941 erklärte er der UdSSR den Krieg und eröffnete so den Zweifrontenkrieg. Heute wissen wir, dass damit die Niederlage Hitlers begann. Aus damaliger Sicht sah dies freilich ganz anders aus. Sowohl der britische wie auch der amerikanische Generalstab rechneten mit einer raschen Niederlage der UdSSR.[1] Die im Winterkrieg mit Finnland 1939 gezeigte russische Schwäche ließ kaum eine andere Erwartung zu. Und deutsche Teilnehmer am Russlandfeldzug berichteten mir, dass sie „mit großer Zustimmung gegen den gottlosen Feind im Osten marschiert seien". Tatsächlich stürmten am Anfang die Armeen Hitlers auch in den weiten Ebenen Russlands von Sieg zu Sieg. Kaum jemand zweifelte an der Unfehlbarkeit der Befehle des Führers.

2. Die andere, schon damals völlig unbegreifliche Fehlentscheidung traf Hitler ebenfalls im Jahr 1941. Japan hatte am 6. Dezember mit dem Überfall auf Pearl Harbour den Krieg mit den USA eröffnet. Schon am 11. Dezember erklärte Hitler den USA den Krieg! Auf diese Erklärung hatten die USA unter Präsident Roosevelt nur gewartet. Schon vorher hatten sie England mit Waffenlieferungen massiv unterstützt. Die Kriegserklärung durch Hitler an die USA grenzt ans Absurde oder Lächerliche. Offenbar war Admiral Dönitz für die Kriegserklärung an die USA, um die amerikanischen Versorgungsschiffe für England durch die lange Zeit sehr erfolgreichen deutschen U-Boote ungestört angreifen zu können. Aber Deutschland hatte keinen einzigen Langstreckenbomber, welcher der USA hätte Schaden zufügen können! Und vor Allem wusste jedermann, dass das Eingreifen der USA im Ersten Weltkrieg die Niederlage von Deutschland-Österreich besiegelt hatte. Trotzdem hat Hitler den Krieg erklärt. Sein Prinzip, gemäß dem er auf Grund seiner Genialität sich auch für solche Entscheide allein die Befugnis und die Verantwortung vorbehielt, beschleunigte seinen Untergang.

Der Autor Sebastian Haffner meint dazu, man sei versucht zu sagen, es war ein „Wahnsinnsakt".[2] Vielleicht, so überlegt Haffner, ließ Hitler die erfolgreiche Gegenoffensive der russischen Armee vor Moskau ahnen, dass „kein Sieg mehr errungen werden konnte." Dann wäre seine Kriegserklärung an die USA so etwas wie eine Trotzreaktion. „Aber selbst als Verzweiflungstat beobachtet, macht die Kriegserklärung an Amerika keinen rechten Sinn."[3] Das bedeutet, es gibt dafür keine einleuchtende militärische Erklärung. Denn die Bündnistreue mit Japan reicht als Argument für die Selbstvernichtung nicht hin. Ich sehe hier die Hand Gottes, der Hitler sich selbst überließ, als er das „minderwertige Sklavenvolk im Osten" angriff und die USA einlud, in den Krieg einzutreten. Das ist nur zu verstehen, wenn wir annehmen, dass „der Gott dieser Welt (und das ist wohl der Teufel) hat seine (Hitlers) Gedanken verfinstert." (2. Kor. 4,4).

Zudem, und das wird oft übersehen, hat Gott durch Hitlers Kriegserklärung an die USA die Leidenszeit der von den Nazis beherrschten Völker drastisch verkürzt.

3. In diesem Krieg verloren die USA 292 000 Mann, England 264 000, Frankreich 210 000. Zudem verschuldeten sich diese Staaten massiv, um die Rüstung zu bezahlen. Es steht außer Zweifel, dass in diesem Krieg mehr als in allen früheren Kriegen in erster Linie für die Erhaltung der Freiheit und für die Würde des Menschen gekämpft wurde. Die USA hatten auch die Möglichkeit des Isolationismus, d. h. sich selber genug zu sein und sich nicht um die Nöte Europas zu kümmern. Die einmalige Kampf- und Opferbereitschaft der Alliierten ist in erster Linie aus ihrem Willen zur Freiheit und Würde des Menschen zu erklären. Sie wollten Europa nicht der Tyrannei überlassen. Das christliche Menschenbild war der eigentliche Motivator für den Aufbau dieser geschichtlich einmaligen Kriegsmaschinerie, welche die Alliierten zum Siege führte. Dass die lange vor dem Friedensschluss sich abzeichnende Auseinandersetzung mit dem Kommunismus die Alliierten im Aufbau ihres Kriegspotentials bestärkte, ist kein Widerspruch gegen diese These, sondern sie bestätigt, dass der Westen lange vor dem Ende des Zweiten Weltkrieges sich bereit machte, auch der neuen Bedrohung der Freiheit durch den Marxismus entgegenzutreten. Aus dem Willen zur Freiheit hat der Westen die Kraft gewonnen, auch der kommunistischen Expansion Halt zu gebieten.

4. Am 6. Juni 1944 landeten die alliierten Streitkräfte (Operation Overlord) in der französischen Normandie. Es war die größte jemals in Gang gesetzte Militäroperation. Beteiligt waren über 6 000 Schiffe und Landungsboote, 4 190 Jagdflugzeuge, 3 440 schwere Bomber, 930 mittlere und leichte Bomber, 1360 Gruppentransporter und Frachtmaschinen, 1070 Maschinen des Küstenkommandos, 520 Aufklärungsflugzeuge und 80 Rettungsflugzeuge.[4] Es waren Amerikaner, Briten, Franzosen, Polen, Kanadier und Angehörige von weiteren Commonwealth Staaten beteiligt, die an fünf Strandabschnitten landeten. Die Truppen waren hoch motiviert, denn sie kämpften gegen ein Unrechtsregime und für Gerechtigkeit und Freiheit. Trotz dieses gewaltigen Einsatzes von Truppen und Kriegsmaterial war der

Erfolg dieser Landung keineswegs von Anfang gesichert. Die deutsche Armee hatte die Zeit genutzt und mit dem „Atlantikwall" ausgezeichnete Befestigungen gebaut und Bunker mit weitreichenden, großkalibrigen Geschützen zur Bekämpfung alliierter Schiffe ausgerüstet. Die Alliierten hatten die Strandabschnitte für die verschiedenen Landungscorps mit Namen versehen. Vor Allem den amerikanischen Truppen an der „Omaha Beach" gelang es an dem ersten entscheidenden Tag, dem D-Day, (Decision Day) trotz schwerer Verluste lange Zeit nicht, die steile Küste zu nehmen. Der Erfolg der Landung und damit der Verlauf des Krieges hingen in der Schwebe. Die verschiedenen Truppenteile mussten sich sofort zu einem grossen Brückenkopf vereinigen, um deutschen Angriffen erfolgreich widerstehen zu können.

Die deutsche Armee war seit langem in Bereitschaft; nur wusste sie nicht, an welchem Ort die Landung erfolgen würde. Sie hatte deshalb etwas zurückgestaffelt eine Panzertruppe zusammen gezogen, die bereit stand, um am Ort der Landung die Angreifer ins Meer zurück zu werfen. Die deutsche Armee musste unbedingt verhindern, dass die Amerikaner sich an Land festsetzen konnten. Jede Stunde zählte. Doch an diesem 6. Juni 1944 schlief Hitler länger als sonst. Man hatte Angst, den Führer zu wecken. Was sollte man ihm sagen? Man hatte von den Ereignissen in der Normandie noch keine klare Vorstellung. Hitler hielt zunächst die Aktion in der Normandie für ein Ablenkungsmanöver. Denn die deutsche Abwehr ahnte nicht, dass die Alliierten ganze schwimmende Häfen mitbringen würden, und erwartete daher den Angriff an einem der wichtigen Häfen wie Calais. Erst als klar wurde, dass in der Normandie die lang erwartete Landung der Alliierten stattfand, befahl Hitler den Einsatz der 12. Panzerdivision „Hitlerjugend". Das war um 15 Uhr.[5] Die deutschen Panzer brachten später den Alliierten schwere Verluste bei, aber für eine Vernichtung der Landungstruppen war der entscheidende Zeitpunkt verpasst. Schuld war wieder das Führerprinzip Hitlers. Er allein konnte die Panzer in Bewegung setzen.

5. Beide, die Sowjet Union und Nazi Deutschland hatten sich die Vernichtung des Christentums zum Ziel gesetzt. Aber auf Grund ihrer Ideologien verbündeten sich die beiden antichristlichen Bewegungen nicht, um

gemeinsam das Christentum auszurotten. Stattdessen fielen sie übereinander her und versuchten, sich gegenseitig zu vernichten. Auch so kann Gott auf den Gang der Geschichte einwirken und seine Feinde schwächen.

6. Am 20. Juli 1944 wollte Claus Schenk Graf von Stauffenberg, motiviert durch seinen katholischen Glauben und im Einverständnis mit anderen Verschwörern, Deutschland vor dem Untergang retten und versuchte, Hitler im Führungsbunker, „der Wolfsschanze" in Rastenburg, durch eine Bombenexplosion zu töten. Das Attentat misslang aus drei Gründen. Einmal wurde die Besprechung mit dem Führer kurzfristig in eine Holzbaracke verlegt. Sodann hatte Stauffenberg aus Zeitgründen nur eine der zwei in seiner Mappe versteckten Bomben scharf machen können. Drittens beugte sich Hitler genau im Augenblick der Explosion über die auf dem Tisch liegenden Karten, so dass der Tisch ihn zusätzlich vor der Druckwelle schützte. Bei der Detonation gaben die Holzwände nach, so dass die Wucht der Druckwelle nicht wie in einem Betonbunker alle Anwesenden tötete, sondern sie entwich zum grossen Teil nach aussen. Noch am Nachmittag führte Hitler Italiens Diktator Benito Mussolini in die zerstörte Holzbaracke und erklärte ihm triumphierend, er sei „wie durch ein Wunder" gerettet worden.[6]

Es war, wie wenn Hitler, auf den schon mehrere Attentate verübt worden waren, von einer finsteren Macht bewahrt würde. Die Abwesenheit Gottes schien sich grausam zu bestätigen. Stauffenberg und mit ihm viele von denen, die im Vertrauen auf Gott den Sturz Hitlers vorbereitet hatten, wurden hingerichtet, unter ihnen auch der Theologe Dietrich Bonhoeffer. Sie alle haben wesentlich dazu beigetragen, Deutschlands Ehre zu retten. Bei der Bewertung des Attentats weisen manche darauf hin, dass ein Teil dieser Verschwörer nicht nur Hitler töten, sondern auch die bedingungslose Kapitulation Deutschlands verhindern und einen ehrenvollen Frieden aushandeln wollten. Das wäre vermutlich für Deutschland keine gute Lösung gewesen. Denn es ist schwer vorzustellen, wie unter diesen Umständen Deutschland sich vom Nationalsozialismus hätte befreien können. Sogar nach der bedingungslosen Kapitulation und dem radikalen Neuanfang unter alliierter Besatzung mit Entnazifizierungsprogrammen war man auf grosse Teile der vorhandenen Verwaltung mit vielen ehemaligen Parteigenossen angewiesen, um überhaupt eine funktionierende Gesellschaft aufbauen zu können. Der echt demokratische Neuanfang Deutschlands von 1949 wäre kaum zu Stande gekommen. Ich vermute, Gott wollte den völligen Zusammenbruch dieser antichristlichen Ideologie. Dem Versuch, die Heilsgeschichte Gottes durch eine hitlersche Heilsgeschichte zu ersetzen, hat Gott vor aller Welt seine Antwort erteilt.

7. Noch am Abend des Attentats erklärte Hitler am Radio: „Diesmal wird nun so abgerechnet, wie wir das als Nationalsozialisten gewohnt sind." Und am 3. August verkündete SS-Reichsführer Heinrich Himmler am Radio: „Die Familie Graf Stauffenberg wird ausgelöscht bis ins letzte Glied."[7] Aber 60 Jahre später konnte die Witwe Nina Schenk Gräfin von Stauffenberg ihren 90. Geburtstag feiern, und zwar im Kreise von 43 (!) Nachkommen. Unter ihnen war auch die jüngste Tochter von Claus Schenk Graf von Stauffenberg, welche seine Frau Nina nach dem Tode ihres Mannes in Gefangenschaft geboren hatte.[8]

3. Wiederaufbau im Zeichen des christlichen Menschenbildes

In der Folge werden eine Reihe von Begebenheiten in Erinnerung gerufen, welche hauptsächlich für den Wiederaufbau Deutschlands, aber auch für die erfolgreiche Auseinandersetzung mit der sowjetisch-kommunistischen Bedrohung Europas von Bedeutung waren, und die schließlich zum Zusammenbruch der Sowjetmacht und zum totalen Sieg der Freiheit führten.

Deutsche Wiedergutmachungspolitik

Die Bundesrepublik Deutschland hat sich bald nach dem Krieg ihrer schuldhaften Verantwortung für die unter Hitler begangenen Verbrechen gestellt. Deutsche Bischöfe sind mit dem Eingestehen von Schuld vorangegangen. So schrieben die die katholischen Bischöfe in ihrem Hirtenbrief vom 23. August 1945: „...Furchtbares ist schon vor dem Krieg in Deutschland und während des Krieges durch Deutsche in besetzten Ländern geschehen... Viele leisteten durch ihre Haltung den Verbrechen Vorschub..." Der Rat der Evangelischen Kirche in Deutschland bekannte in einer Erklärung vom 19. Oktober 1945: „… wir klagen uns an, dass wir nicht mutiger bekannt, nicht treuer gebetet, nicht fröhlicher geglaubt und nicht brennender geliebt haben…"[9] Auch der westdeutsche Staat hat öffentlich Schuld eingestanden, bei verschiedenen Gelegenheiten um Vergebung gebeten und zur Wiedergutmachung mehrere Gesetze beschlossen, durch welche vor Allem Opfer des Nationalsozialismus oder deren Angehörige Entschädigungszahlungen erhielten. Damit hat die Bundesrepublik ganz im Sinne des christlichen Menschenbildes bestätigt, dass Schuld nicht nur eine persönliche Dimension für das Gewissen von Einzelnen umfasst, sondern auch im Zusammenleben der Völker eine Realität darstellt, die man nicht ignorieren kann. Beim Ausdruck Wiedergutmachung muss man daran erinnern, dass Geld keine eigentliche Wiedergutmachung ist. Denn durch Geld kann eine Hinrichtung nicht wieder gut gemacht werden. Aber Zahlungen waren der Ausdruck für den staatlichen Willen, Schuld anzuerkennen und damit auch seelische Wunden zu heilen. Dasselbe gilt für die friedenstiftende Kraft der Bitte um Vergebung, auch gegenüber Völkern. Gesamthaft wandte die Bundesrepublik die enorme Summe von rund 66 Milliarden für Zahlungen an Naziopfer auf.[10] Manche Beobachter haben darauf hingewiesen, dass diese doch beträchtlichen Summen das westdeutsche Wirtschaftswunder nicht gebremst haben.

Hervorgehoben werden muss, wie die Bundesrepublik ihre besondere Schuld gegenüber den Juden und dem Staat Israel anerkannt und ihre Solidarität mit Israel auch in jüngster Zeit wieder bestätigt hat. Der noch junge deutsche Staat, der sich gerade von seiner Niederlage erholte, hat u. a. Milliarden an den jungen Staat Israel gezahlt, was diesem in seiner kritischen Phase des Aufbaus wesentlich geholfen hat. Wir erinnern uns an das Versprechen, das Gott Abraham gegeben hat und in dem es heißt: „Segnen will ich, die dich segnen, und wer dir flucht, den will ich verfluchen." 1. Mose 12, 3 Nach der bedingungslosen Kapitulation am Ende des Krieges folgte für die Deutschen eine Zeit der Entbehrungen und des Hungers. Doch dann begann ein beispielloser Aufstieg zur wirtschaftlichen Weltmacht. Sollte dieser Wandel nicht auch damit zu tun haben, dass Gott zu seinem Wort steht und Westdeutschland gesegnet hat wegen seiner Hilfe an Israel?

„Care Pakete" und Marshallplan

Für den Wiederaufbau Europas war die als Marshallplan (European Recovery Program)– bekannte Finanzhilfe der USA, – so benannt nach ihrem Urheber G.C. Marshall – die 1948 einsetzte, besonders wirkungsvoll. Denn nach dem Krieg folgte zunächst eine wenig bekannte Phase, in der die siegreichen Alliierten Deutschland bestraften. Dazu gehört die unmenschliche Behandlung von deutschen Kriegsgefangenen auf den Rheinwiesen und an anderen Orten ohne jeglichen Schutz vor dem Regen, ohne Toiletten etc. Ein Überlebender berichtet: „Die Menschen lagen auf der nackten Erde, die bald vom Regen aufweichte und sich in Schlamm verwandelte... Die Ruhr breitete sich rasant aus und forderte die ersten Verluste... Jeden Morgen wurden die in der Nacht verstorbenen Kriegsgefangenen gesammelt und an einem Platz am Drahtzaun deponiert, wo sie dann täglich auf einen LKW verladen ... wurden. Nur bei den Russen hatte man von ähnlichen Zuständen gehört. Wir fassten es als eine bewusste Bestrafung dafür auf, dass wir für Hitler gekämpft hatten."[11]

Diese Behandlung von Kriegsgefangenen entspricht leider dem, wie Sieger sich fast immer verhalten, und ist aus historischem Blickwinkel gesehen ziemlich normal. Sieger wollen sich rächen, die Besiegten demütigen und schwächen, um zukünftige Kriege zu verhindern. In der Geschichte wohl einmalig ist jedoch, dass die Stimmung in den USA bald umschlug und riesige Mengen an Lebensmitteln in die Besatzungszone importiert wurden. Allein bis April 1946 führten die Amerikaner für umgerechnet 578 Millionen Euro Lebensmittel in ihre Zone. Und das war erst der Anfang. Eine vor allem durch private Spenden ermöglichte weitere Hilfsaktion waren die sogenannten Care-Pakete mit hochwertigen Lebensmitteln, von denen mehrere Millionen von den USA aus an private Adressen in Deutschland geschickt wurden und im Hungerwinter von 1947 große Not linderten und viele Leben retteten. Die USA erkannten, dass sich mit der Sowjetunion eine Auseinandersetzung riesigen Ausmaßes anbahnte. Sie brauchte in Europa sowohl politische Verbündete wie auch kaufkräftige Handelspartner.

Durch den Marshallplan leisteten sie an verschiedene Länder Europas Aufbauhilfe in Form von Gütern und Krediten im Gesamtwert von 12,4 Milliarden Dollar, was einem heutigen Geldwert von etwa 100 Milliarden entspricht.[12] Davon flossen 1,5 Milliarden nach Westdeutschland. Es sollte so rasch wie möglich wieder auf die Beine kommen. Die Güter und Kredite entfalteten zwar ihre stimulierende Wirkung für die deutsche Wirtschaft zunächst mit Verzögerungen, u. a. bedingt durch die Bürokratie der drei Besatzungszonen. Sie trugen aber wesentlich dazu bei, dass Deutschland nach dem Verlust der Eigenstaatlichkeit die eigene Handlungsfähigkeit wieder zurückgewann. Der deutsche Wirtschaftshistoriker Werner Abelshauser fasst zusammen: „In seinem Kernbereich leistete der Marshallplan aber im wahrsten Sinne des Wortes Hilfe zur Selbsthilfe. Er hat Westdeutschland in die Lage versetzt, aus eigener Kraft wieder aufzustehen und damit zur Stabilisierung Westeuropas beizutragen."

Nach dem Ersten Weltkrieg auferlegten die Sieger Deutschland riesige Reparationszahlungen. Dies war bekanntlich ein wichtiger Grund für die große Arbeitslosigkeit in Deutschland, welche Hitler für seinen Aufstieg benützte und seine Machtergreifung entscheidend förderte. Jetzt handelten die Alliierten anders. Sie gaben den besiegten Feinden zu essen, halfen beim Wiederaufbau und liessen Westdeutschland auch politisch erstarken. Die Sieger richteten die Besiegten auf und machten sie zu Freunden und Verbündeten. Sie handelten gemäß dem christlichen Liebesgebot. Dass sie dabei selber auch profitierten, ist kein Widerspruch. Im Gegenteil. Das christliche Menschenbild ist auch ökonomisch sinnvoll.

Allgemeine Erklärung der Menschenrechte

Am 10. Dezember 1948 genehmigte die Uno-Vollversammlung im Palais Chaillot in Paris die Allgemeine Erklärung der Menschenrechte. Sie sollen vor allem die Rechte des Individuums vor staatlicher Willkür und Unterdrückung schützen. Insofern entsprechen sie weitgehend den Rechten, die sich aus dem christlichen Menschenbild ableiten. Auch wenn sie von vielen Staaten und Diktatoren ständig missachtet werden und islamische Staaten sie nur insofern anerkennen, als sie der Scharia nicht widersprechen, so sind die Menschenrechte doch ein wichtiges Instrument im Kampf um individuelle Freiheiten geworden. Sie erfüllen Millionen mit Selbstwertgefühl, stärken deren Mut zu Forderungen nach Freiheit und zwingen manche Machthaber zu moderaterem Vorgehen. Die Forderungen der Allgemeinen Erklärung der Menschenrechte wurden 1966 zudem verstärkt, indem die Uno sie auch in den „Internationalen Pakt über bürgerliche und politische Rechte" aufnahm. Die Wirkung dieser Abkommen zeigte sich unter anderem in der Art und Weise, wie die Sowjetunion auf Aufstände in Europa reagierte. Die spontane ostdeutsche Rebellion gegen die kommunistische Diktatur vom 17. Juni 1953 wurde sofort im Keim erstickt. Auch der Aufstand der Ungarn von 1956 wurde von russischen Panzern blutig unterdrückt. Beim Prager Frühling von 1968 hingegen zögerte Moskau mehrere Wochen. Beim Einmarsch der Ostblocktruppen nahmen die DDR und Rumänien nicht teil. Die kommunistische Partei der Tschechoslowakei ihrerseits beschloss, keinen Widerstand zu leisten. Bei den Kämpfen fielen nur 98 Tschechen und Slowaken und etwa 50 Soldaten der Invasoren.[12] Die Ideen der Menschenrechte, der Freiheit und des Respektes gegenüber dem Individuum hatten ihre Wirkung sowohl in Moskau als auch in Prag getan.

Berliner Luftbrücke

Am 23. Juni 1948 teilte die Nachrichtenagentur der sowjetischen Besatzungszone Berlins der Öffentlichkeit mit: „Die Transportabteilung der sowjetischen Militärverwaltung sah sich gezwungen, aufgrund technischer Schwierigkeiten den Verkehr aller Güter- und Personenzüge von und nach Berlin morgen früh, sechs Uhr, einzustellen." Da die von den Westmächten verwalteten Besatzungszonen Berlins nur durch sowjetisch besetztes Territorium der späteren DDR erreichbar waren, wurde damit Westberlin mit 2,2 Millionen Einwohnern von jeder Zufuhr von Nahrungsmitteln, Medikamenten, Heizmaterial, Baustoffen etc. abgeschlossen. Die Stadt war noch weitgehend zerstört und auf regelmäßige Lieferungen unbedingt angewiesen. Die Herausforderung der Westmächte durch Moskau war unmissverständlich: Entweder Berlin aufgeben oder eine militärische Konfrontation riskieren. Die Welt hielt den Atem an. Doch dann geschah, was Moskau für unmöglich gehalten hatte: US-Präsident Harry Truman entschied, Berlin durch eine Luftbrücke zu versorgen, und der Plan gelang. Während elf Monaten landete Tag und Nacht alle drei Minuten ein Transportflugzeug in Berlin. Total wurden 2,34 Millionen Tonnen transportiert, davon 1,44 Millionen Tonnen Kohle, 490 000 Tonnen Nahrungsmittel und 160 000 Tonnen Baustoffe zum Ausbau der Flughäfen und zum Neubau eines Kraftwerkes.

Zum Namen „Rosinenbomber" kamen die Luftbrückenflugzeuge durch den englischen Piloten Gail Halvorsen. Dieser band Süßigkeiten und Kaugummi aus seiner Ration an selbst gebastelte Fallschirme und warf sie vor der Landung am Flughafen Tempelhof für die am Flughafenrand wartenden Kinder ab. Die heimlichen Abwürfe wurden bald von vielen Piloten nachgeahmt und lösten viel zusätzliche Sympathie aus. Doch die Luftbrücke forderte auch ihre Opfer. 41 Briten, 31 Amerikaner und 6 Deutsche verloren bei Unfällen ihr Leben. Trotz der gigantischen Hilfe starben auch zahlreiche Berliner an Mangelernährung und Tuberkulose. Gesamthaft jedoch war die Luftbrücke ein ungeheurer Propagandaerfolg der Alliierten. Sie demonstrierte deren Fähigkeit und Entschlossenheit zur Verteidigung der Freiheit und der Menschenrechte, auch mit friedlichen Mitteln. Am 12. Mai 1949 gab die Sowjetunion klein bei und ließ die Versorgung Berlins auf dem Landweg wieder zu. Die Freiheit hatte gesiegt.

Soziale Marktwirtschaft

Auch die soziale Marktwirtschaft, die vor Allem durch den deutschen Wirtschaftsminister Ludwig Erhard umgesetzt wurde, ist eine Auswirkung des christlichen Weltbildes von einmaligen, historischen Ausmassen. Zur sozialen Marktwirtschaft gehören die freie Preisgestaltung für Güter und Leistungen, Privateigentum an Produktionsmitteln und Gewinnstreben als Leistungsanreiz. Diese sind jedoch durch staatliche Gesetze mit dem Prinzip des sozialen Ausgleichs verbunden. Dieses Wirtschaftskonzept, in welchem Freiheit und Nächstenliebe mit gesellschaftlicher Solidarität verbunden werden, hat in unterschiedlicher Ausprägung in allen westlichen Ländern Eingang gefunden. Die soziale Marktwirtschaft hat sich gegenüber der kommunistischen Planwirtschaft mit Freiheitsberaubung, Verstaatlichung der Produktionsmittel und Behinderung der Kreativität als turmhoch überlegen erwiesen. Sie hat schließlich dem Westen auch erlaubt, jene Rüstungsschritte zu vollziehen, die dem Ostblock seine Unterlegenheit vor Augen führten und die kommunistischen Führungsgremien zum Umdenken zwangen. – Allerdings muss man heute hinzufügen, dass die Europäische Union (EU) die Marktwirtschaft Schritt für Schritt einschränkt und die Gesellschaft zunehmend staatlicher Reglementierung unterwirft.

Dahinter steht jenes vom Sozialismus und Darwinismus geprägte Menschenbild, das der Westen unter enormen Opfern überwunden hat oder glaubte, überwunden zu haben.

Schlussakte von Helsinki 1975

Die Schlussakte von Helsinki sind ein Ergebnis der Konferenz für Sicherheit und Zusammenarbeit in Europa (KSZE). Unterzeichner waren 35 Staaten: Die USA, Kanada, die Sowjetunion und alle europäischen Staaten außer Albanien. Die erste Konferenz begann am 3. Juli 1973 in Helsinki. Ziel der langen und komplizierten Verhandlungen war es, das Zusammenleben der Staaten, die durch den Eisernen Vorhang getrennt waren, zu regeln und berechenbar zu machen. Für die westlichen Staaten war der sogenannte Korb 3 wichtig. Dieser schrieb die Achtung der Menschenrechte, einschließlich der Gedanken-, Gewissens- und Religionsfreiheit fest. Unmittelbar nach der Konferenz von Helsinki im Jahr 1975 galt in den Augen vieler der Ostblock als der eigentliche Gewinner. Denn erstmals wurden die Grenzen der osteuropäischen Staaten, insbesondere Polens und der DDR in einem internationalen Vertrag anerkannt, das Prinzip der Nichteinmischung in die inneren Angelegenheiten eines Staates festgeschrieben und die vom Osten gewünschten Handelsbeziehungen geregelt. Erst später zeigte sich, dass von dem sich mit den Menschenrechten befassenden Korb 3, der von den kommunistischen Staaten als unwichtig betrachtet worden war, eine unerwartete Dynamik ausging. Korb 3 wurde die Grundlage für die Arbeit vieler Dissidenten und Menschenrechtsorganisationen. Sie konnten sich darauf berufen, dass ihre Machthaber das Dokument unterzeichnet hatten. Dadurch trugen die Schlussakte von Helsinki wesentlich dazu bei, die kommunistische Machtbasis langsam auszuhöhlen. Die kommunistischen Diktatoren haben diese „Nebenwirkung" der Konferenz von Helsinki unterschätzt. Die Geschichte hat gezeigt, wie sehr sie sich getäuscht haben. (Nach dem Fall des Eisernen Vorhanges wurde die KSZE 1994 in Budapest umbenannt in Organisation für Sicherheit und Zusammenarbeit in Europa OSZE.)

Gründung der EU

Schon ab 1950 begann die „Europäische Gemeinschaft für Kohle und Stahl" die Länder Europas wirtschaftlich und politisch zusammenzuführen. Dieser Prozess kam im Jahre 1992 durch den Vertrag von Maastricht mit der Gründung der EU, die heute 28 Länder umfasst, zu einem vorläufigen Abschluss. Die Weltgeschichte kennt keinen ähnlichen Vorgang. Im Gegenteil: In der arabischen Welt sind mehrfach Versuche zum Zusammenschluss von Ländern unternommen worden, die alle scheiterten. Und Russland musste zusehen, wie die in der Sowjetunion zusammengefassten „Bruderländer" sich bei der ersten Gelegenheit verselbstständigten.

Weltweit haben Unabhängigkeitsbewegungen von verhältnismäßig kleinen Regionen Konjunktur, und einigen ist auch die staatliche Unabhängigkeit gewährt worden. In Europa jedoch haben sich 28 Länder zu einer politischen Union zusammengeschlossen und damit wichtige Teile ihrer nationalen Hoheit aufgegeben. Ausgangspunkt des ganzen Planes war der Wille, in Zukunft Krieg unter europäischen Völkern für immer zu verhindern. Dass damit auch wirtschaftliche Vorteile verbunden sein könnten, spielte zwar von Anfang eine wichtige Rolle, war aber zweitrangig. Dieser Zusammenschluss war nur möglich auf Grund eines gegenseitigen Grundvertrauens. Denn ein Zurück in die nationale Unabhängigkeit war realistischerweise nicht denkbar.

Dieses Vertrauen basierte letztlich auf dem Wissen um die gemeinsamen Werte, welche gemeinsame Zielsetzungen ermöglichen. Es waren und sind die Werte, für welche Karl der Große die Grundlagen gelegt hat. Die Gründerväter der EU, zu denen Winston Churchill, Walter Hallstein, Jean Monnet und Paul-Henri Spaak gerechnet werden, waren ganz in der christlich-abendländischen Tradition verwurzelt. Dies gilt insbesondere von drei hervorragenden katholischen Persönlichkeiten, ohne die die EU nicht geworden wäre: Konrad Adenauer (1876-1967), in dessen Arbeitszimmer ein Kruzifix stand;[13] Alcide de Gasperi (1881-1954), erster Premierminister im Nachkriegs Italien bis 1953, der sich schon in seinen Studienjahren als christliche Führungspersönlichkeit auszeichnete; und Robert Schuman, (1886-1963), der aus Luxemburg stammend mehrere Positionen in der französischen Regierung innehatte und von dem das Wort stammt: „Die Demokratie (der Europäischen Gemeinschaft) wird eine christliche sein, oder sie wird nicht bestehen bleiben."[14] Leider hat sich die EU immer mehr von diesem christlichen Fundament entfernt. Heute, da die negativen Seiten der EU immer deutlicher werden, dürfen wir nicht vergessen, dass die EU zusammen mit der äußeren Bedrohung durch den kommunistischen Ostblock den Völkern Europas einen bisher noch nie erfahrenen inneren Frieden gebracht hat.

Kuba-Krise – US-Präsident John F. Kennedy

Durch das Scheitern von Chruschtschows Versuch, Berlin den Viermächtestatus zu entziehen, und durch die sowjetisch-chinesischen Spannungen der 50er Jahre drohte der Sowjetunion eine Schwächung ihrer internationalen Vormachtstellung innerhalb des kommunistischen Blocks. Vermutlich um diese Machtposition wieder zu sichern, begann die UdSSR im Mai 1962, in Kuba mit atomaren Sprengköpfen bestückbare Mittelstreckenraketen und 40 000 Soldaten zu stationieren. Damit baute sie eine massive, direkte Bedrohung der USA auf und forderte diese zu einer Machtprobe heraus. Sollte dies der Auslöser für den lange gefürchteten Atomkrieg werden? US-Präsident John F. Kennedy (1961-1963) handelte entschlossen und klug zugleich. Er drohte zwar mit militärischem Eingreifen, wenn die Raketen nicht abgebaut würden, beschränkte sich aber zunächst auf eine Seeblockade und das Überfliegen von Kuba mit modernen Kampfflugzeugen. Die Welt hielt während der 13 Tage vom 16. bis zum 28. Oktober den Atem an. Dann liefen die erlösenden Meldungen durch die Welt: Die Sowjetunion begann mit dem Abbau der Raketenstationen. Diese Episode war mehr als nur eine Machtprobe zwischen zwei verfeindeten Militärmächten. Es war zugleich eine Bedrohung der westlichen freiheitlichen Kultur durch ein totalitäres System. Die USA machten, ähnlich wie in Berlin, mit den der Situation angemessenen Mitteln klar, dass sie bereit waren, für Freiheit und Demokratie zu kämpfen, und hielten sich doch in der Anwendung ihrer Machtmittel zurück. Die USA haben mit ihrem Einsatz über Kuba die Sowjetunion in die Schranken gewiesen und damit auch Europa vor einer weiteren Ausdehnung der kommunistischen Einflusssphäre geschützt.

Willy Brandt – Kniefall in Warschau

1970, mitten im Kalten Krieg, reiste der Willy Brandt (deutscher SPD-Bundeskanzler von 1969-1974) nach Warschau. Zwischen Polen und Deutschland herrschte Eiszeit. Brandt wollte das deutsch-polnische Verhältnis verbessern, wie dies seiner Ostpolitik entsprach. Am 7. Dezember, einem kalten, grauen Tag, besuchte er u. a. das Mahnmal zum Gedenken an den jüdischen Ghetto-Aufstand von 1943. Nach der üblichen Kranzniederlegung zupfte er noch einmal an der Schleife, wie sich das bei solchen Gelegenheiten gehört, und trat zurück, um die angemessene Schweigepause zu beobachten. Dann plötzlich fiel er auf die Knie. Brandt folgte offenbar einer spontanen Eingebung. Diese Geste ist sehr unterschiedlich gedeutet worden. Die Verbände der Vertriebenen in Deutschland empfanden sie als Verrat an ihren Leiden. Weltweit jedoch weckte sie sehr viel Sympathie. Mit diesem Kniefall bat der deutsche Bundeskanzler stellvertretend für ganz Deutschland um Vergebung für die unter Hitler an Polen begangenen Verbrechen. Obwohl schon von Kind auf im sozialistischen Gedankengut erzogen, brachte Brandt durch diesen Kniefall vor der ganzen Welt zum Ausdruck, dass das Zusammenleben der Völker nicht nur von militärischen und wirtschaftlichen Faktoren, sondern auch von moralischen Kräften bestimmt wird.[15] Das Eingestehen von Schuld und die Bitte um Vergebung können zu politischen Machtfaktoren werden. Im sozialistischen Gedankengut kommt die Bitte um Vergebung nicht vor. Aber Brandt war, trotz sozialistischer Überzeugungen in einem vom Christentum geprägten Land aufgewachsen. Beim Gedenken an die ermordeten Juden bewegte ihn die christliche Botschaft von Schuld und Vergebung zu dem Kniefall, der weitere Schritte zur Versöhnung einleitete.

Helmut Schmidt (1918) – NATO – Doppelbeschluss

Die Politik von Helmut Schmidt, (SPD – Bundeskanzler von 1974-1982) war gekennzeichnet durch den unbedingten Willen, der sowjetischen Bedrohung zu widerstehen und die freiheitliche Demokratie zu verteidigen. Mitte der 70er Jahre ersetzte die Sowjetunion ihre auf Westeuropa gerichteten atomaren Mittelstreckenraketen durch moderne SS-20 Raketen mit größerer Sprengkraft. Schmidt sah dadurch das strategische Gleichgewicht in Europa in Gefahr und entschloss sich zum Handeln. Er war es, der die Westmächte, die USA, Frankreich und England zu Gegenmaßnahmen aufforderte. Das Gleichgewicht der Abschreckung musste wieder hergestellt werden. Am 12. Dezember 1979 verabschiedete die Nato den sog. Nato-Doppelbeschluss. Dieser sah Verhandlungen mit der Sowjetunion über den Abbau der Mittelstreckenraketen vor. Im Falle eines Scheiterns wollten die USA nach vier Jahren ebenfalls Mittelstreckenraketen in Europa stationieren. Gegen diesen Nato-Doppelbeschluss protestierte in Deutschland die sog. Friedensbewegung, die Hunderttausende mobilisieren konnte. Denn im Falle eines Krieges wäre die Bundesrepublik zur Hauptkampfzone geworden. Die große Frage war, ob die Bundesregierung dieser Stationierung von neuen Mittelstreckenraketen auf ihrem Gebiet zustimmen und damit, trotz erhöhter Bedrohung, Verteidigungswillen demonstrieren würde. Die Verhandlungen mit der Sowjetunion blieben ergebnislos. Deshalb stimmte der Deutsche Bundestag am 22. November 1983 über die Stationierung von US-Raketen auf ihrem Gebiet ab. Helmut Schmidt gewann die Abstimmung, weil er für den Fall eines Scheiterns mit seinem Rücktritt gedroht hatte. So stellte Schmidt die Verteidigung der Freiheit über sein eigenes Schicksal, weil dies seinem Staatsverständnis entsprach. Wahrscheinlich hat ihn seine Entscheidung im Nato-Doppelbeschluss die Kanzlerschaft gekostet.[16]

Papst Johannes Paul II. – Gebete der Gläubigen

Die Papstwahl von Kardinal Karol Wojtyla (1920-2005), Erzbischof von Krakau, am 16. Oktober 1978 überraschte die Welt. Sie war ein deutliches Zeichen dafür, dass die Katholische Kirche in der Auseinandersetzung mit dem Kommunismus Position beziehen und ihren geistlichen Einfluss auch in politischen Angelegenheiten zum Einsatz bringen wollte. Im März 1979 veröffentlichte Johannes Paul II. seine Antrittsenzyklika „Redemptor Hominis" (Versöhner des Menschen), die ihn als Papst der Menschenrechte erscheinen ließ. Er rief denn auch besonders durch seine Predigten während seiner Polenreisen das christliche Weltbild Gläubigen und Ungläubigen in Erinnerung und ermutigte seine Landsleute, daran fest zu halten. Damit forderte er weit über die Grenzen Polens hinaus Millionen von Christen auf, sich nicht vom kommunistischen Materialismus beeindrucken und sich nicht durch finanzielle Anreize verführen zu lassen, sondern am Glauben an den Herrn aller Geschichte festzuhalten. Indem der Papst das christliche Weltbild dem materialistischen Menschenbild entgegensetzte, hat er wesentlich dazu beigetragen, die Kirchen zu stärken, die materialistische Weltsicht zu hinterfragen und damit auch die Position der Machthaber zu schwächen.

Nicht vergessen darf man in diesem Zusammenhang, dass in allen kommunistischen Ländern eine Untergrundkirche lebte, die auch zum Martyrium bereit war. Einfache Gläubige schrieben heimlich Bibeln ab, vervielfältigten sie mit primitivsten Mitteln, oder sie hatten den Mut, Bibeln und Neue Testamente, welche von speziellen Kurieren hinter den Eisernen Vorhang geschmuggelt wurden, entgegen zu nehmen und heimlich zu verteilen. Mit ihrem Glauben trugen auch sie dazu bei, dass im ganzen kommunistischen Block der Widerstand gegen Unterdrückung und staatlich befohlene Gottlosigkeit, aber auch die Hoffnung auf Freiheit langsam, aber stetig erstarkten.

Ronald Reagan (1911–2004) – SDI-Verhandlungen

Die SDI (Strategic Defence Initiative) wurde von dem 1980 zum Präsidenten der USA gewählten Reagan am 23. März 1983 ins Leben gerufen. Sie sah die Errichtung eines Raketenabwehrsystems vor, das die sowjetischen Interkontinentalraketen abfangen und so einen Schutzschild gegen die wachsende atomare Bedrohung durch die Sowjetunion bilden sollte. Reagan war als Christ ganz verwurzelt in den westlichen Werten der Freiheit und bereit, der ständigen sowjetischen Aufrüstung entgegenzutreten. Bereits im November 1985 traf sich Reagan mit dem sowjetischen Generalsekretär Michail Gorbatschow in Genf zu Verhandlungen. Obwohl die USA erst an der Produktion eines solchen Abwehrsystems arbeiteten (es wurde später wegen zunächst unüberwindbarer technischer Schwierigkeiten aufgegeben und erst von Bush jun. wieder aufgegriffen), setzte sich offenbar bei Gorbatschow die Erkenntnis durch, dass die Sowjetunion technologisch mit dem Westen nicht Schritt halten konnte. Die Folge waren Abrüstungsverhandlungen. Am 8. Dezember 1987 unterzeichneten Reagan und Gorbatschow den Vertrag zur Abschaffung der amerikanischen und sowjetischen Mittelstreckenraketen in Europa (INF Intermediate Range Nuclear Forces). Damit war in dem ständigen Machtkampf zwischen dem kommunistischen Ostblock und den USA bzw. dem Westen wieder ein Sieg für die Freiheit errungen worden. Dieser war entscheidend der Festigkeit einer Person, in diesem Falle dem US-Präsidenten, zuzuschreiben. Reagan hat sich, gegen viele Gegner im eigenen Lager und in Europa, für die SDI entschieden und war bereit, für die Verteidigung der Freiheit auch ein Risiko einzugehen.

Es entsprach Reagans Grundüberzeugungen, als er sich bei seinem Berliner Besuch vom 12. Juni 1987 zur Berliner Mauer begab und im Vertrauen auf die Wirkung von Worten Michail Gorbatschow, Generalsekretär der KPdSU (Kommunistischen Partei der Sowjetunion) aufforderte: „Kommen Sie zu diesem Tor! Öffnen Sie dieses Tor! Herr Gorbatschow, reissen Sie diese Mauer nieder." (Mr. Gorbatschow, tear down this wall!) Reagan besuchte regelmäßig den Gottesdienst einer presbyterianischen Kirche und bezeichnete sich selber als wiedergeboren („born again"). Daraus erklärt sich seine Überzeugung, dass moralische Werte und der Appell an menschliches Mitgefühl auch in der Politik wesentliche Faktoren sind.

Michail Gorbatschow (1931) – Glasnost und Perestroika

Die weltgeschichtliche Bedeutung von Gorbatschow kann man kaum überschätzen. Heute ist er für viele Europäer zu einem freundlichen Mann aus dem Osten herabgesunken, der sich für Umweltschutz, gute deutsch-russische Beziehungen und für Musik interessiert. Für jene, die sich seiner politischen Rolle erinnern, war seine Wahl zum Generalsekretär des KPdSU zunächst ein geschichtlicher Ablauf, wie es deren viele gibt. Zwar trifft es zu, dass schon seine Vorgänger, Andropow und Tschernenko, Reformen einführten oder es wenigstens versuchten. Aber die gewaltigen historischen Umwandlungen, die Gorbatschow auslöste, hat zum Zeitpunkt seiner Wahl niemand geahnt. Noch 1983 waren die Spannungen zwischen dem Ostblock und dem Westen so, dass die Sowjetunion das Flugzeug der zivilen Luftfahrtgesellschaft Korean Air, Flug Nr. 007, das sich auf Grund von Pilotenfehlern in den sowjetischen Luftraum verirrt hatte, ohne Zögern durch Kampfflugzeuge abschiessen ließ. Der Oberste Sowjet hat diese Umwandlung, die schließlich zur Abschaffung der Sowjetunion führte, nicht gewollt, auch Gorbatschow selber nicht, mindestens zunächst nicht. Aber er sah die wirtschaftliche Unterlegenheit der kommunistischen Welt, und er begriff, dass diese nur durch ein neues Denken behoben werden konnte. Daher löste er die Bewegungen Glasnost (Offenheit) und Perestroika (Umbau) aus.

Seine Schilderungen von wirtschaftlichen Reformen lesen sich wie Ausführungen eines Schülers von Ludwig Erhard und seiner Marktwirtschaft. Seine Forderungen nach Rechtsstaatlichkeit und zum Schutz der Menschen vor staatlichem Missbrauch würden jedem westlichen Politiker Ehre machen.[17] Dennoch war Gorbatschow überzeugter Kommunist. Er wollte Reformen, um das kommunistische System zu retten, nicht um es abzuschaffen. Er gab auch gegenüber Präsident Reagan nicht einfach nach, sondern verhandelte jahrelang und zäh. Aber es war ihm ernst mit seiner großartigen Vision einer Erneuerung des Systems durch Öffnung und Umbau. Doch die Reformen lösten eine Kettenreaktion aus, die er nicht mehr kontrollieren konnte und dann offensichtlich auch nicht mehr aufhalten wollte. Wahrscheinlich realisierte er dabei, dass das kommunistische System die Freiheit nicht ertrug und nur durch Zwang aufrechterhalten werden konnte. In der Folge leitete Gorbatschow 1991 selber die Auflösung der Sowjetunion ein.

Dass durch die Wahl von Gorbatschow eine Persönlichkeit an die Macht kam, welche mit der Gewaltherrschaft früherer Zeiten nichts mehr zu tun haben wollte, entspricht nicht dem normalen historischen Ablauf der Dinge. Was wäre, wenn an Stelle von Gorbatschow ein Hardliner gewählt worden wäre, oder wenn, was schon oft geschehen ist, er sich nach der Wahl zu einem Diktator entwickelt hätte, um das System zu retten? Was, wenn der Putschversuch 1991 von Altkommunisten gelungen wäre? Die Wahl von Michail Gorbatschow zum Generalsekretär der Kommunistischen Partei der Sowjetunion (KPdSU) und das Scheitern des Putsches halte ich für Fügungen Gottes, der dem gottlosen System ein Ende machte. Michail Gorbatschow lässt sich mit dem persischen König Cyrus vergleichen, der als Heide den Juden die Heimkehr in ihr Land erlaubte, (Esra 1,1ff) ohne zu ahnen, dass er damit die Verheißung Gottes für sein Volk erfüllte. Ein Stück weit sehe ich auch Boris Jelzin in einer solchen Funktion. Es lohnt sich, die Ereignisse in Erinnerung zu rufen, die zum Zusammenbruch der Sowjetunion führten.

Am 18. März 1985 wird Michail Gorbatschow mit 54 Jahren zum zweitjüngsten Generalsekretär der KPdSU gewählt. Am 27. Februar 1986 löst er auf dem Parteitag den Prozess von Offenheit und Umbau aus. Er bekennt sich zu den politischen Fehlern der Partei unter Stalin und ihren Verbrechen während des Zweiten Weltkrieges. 1988 wird er Vorsitzender des Präsidiums des Obersten Sowjets und verkündet noch im selben Jahr, dass die Breschnew-Doktrin aufgegeben wird, gemäß welcher die Satellitenstaaten nicht über ihre eigene Staatsform bestimmen dürfen. Die Neuerung führt zu Aufbrüchen in osteuropäischen Staaten. Am 6. Oktober 1989, als die Krise der DDR in vollem Gange ist, besucht Gorbatschow Ostberlin. Er macht der DDR-Führung klar, dass sie für ihren Machterhalt nicht auf sowjetische Unterstützung zählen kann. Er rät der DDR-Führung, die Zeichen der Zeit zu erkennen und nachzugeben. Berühmt sind seine Worte zum DDR-Staatsratsvorsitzenden Erich Honecker, dem er am 5. Oktober 1989 vor laufenden Kameras sagte: „Ich glaube, Gefahren warten nur auf jene, die nicht auf das Leben reagieren. Und wer die vom Leben ausgehenden Impulse – die von der Gesellschaft ausgehenden Impulse – aufgreift und dementsprechend seine Politik gestaltet, dürfte keine Schwierigkeiten haben." Zwei Tage später sagte er zu Honecker: "Wer zu spät kommt, den bestraft das Leben." Damit tritt Gorbatschow eine Lawine los, die schließlich die Berliner Mauer wegfegt. Am 14. März 1990 wird Gorbatschow zum Präsidenten der UdSSR gewählt. Am 19. August 1991 versuchen Reformgegner mit einem Teil des Militärs, Gorbatschow zu stürzen. Dank dem mutigen Eingreifen von Russlands Präsidenten Boris Jelzin – auf einem Panzer stehend, vom Volk und von ergebenen Truppen umgeben – gelingt es, die Putschisten auszuschalten. Die Sowjetrepubliken erklären ihre Unabhängigkeit. Die KPdSU wird von Jelzin auf russischem Boden verboten. Diesen Satz muss ich wiederholen: Die Partei, welche gemäß der „wissenschaftlich gesicherten" Lehre des Marxismus der Welt den endgültigen Frieden und das Ende aller Armut bringen sollte, vor der Kontinente zitterten und um derentwillen der Westen Armeen aufstellte und horrende Rüstungsausgaben tätigte, die Partei, die Millionen von Toten auf dem Gewissen hatte, und welche die Weltpolitik und das tägliche Leben in Ost und West für viele Jahrzehnte beeinflusste, wird auf russischem Boden durch eine einfache schriftliche Verfügung von Präsident Boris Jelzin verboten! Am 25. Dezember 1991 tritt Michail Sergejewitsch Gorbatschow als Präsident der Sowjetunion zurück, und am 31. Dezember vollzieht der Oberste Sowjet die Auflösung der Sowjetunion! Es gibt in der Weltgeschichte keine Parallele, in der ein Riesenreich in so kurzer Zeit ohne gewaltsame Einwirkung von aussen einfach in sich zusammenfiel und seine Selbstauflösung beschloss.

Die meisten politischen Beobachter begründen diesen Zusammenbruch mit der wirtschaftlichen und militärischen Überlegenheit des Westens, mit dem die ineffiziente kommunistische Staatswirtschaft nicht konkurrieren konnte. Der christliche Westen hatte eine Welt geschaffen, die sich dem gottlosen Weltverständnis als weit überlegen erwies. Die Sowjetunion brach unter der Last ihrer eigenen Probleme zusammen. Es war eine Implosion. Andere sehen die Ursache dafür in den Reformen von Präsident Gorbatschow, welche dem auf Gewalt aufgebauten System die Grundlage entzogen. Wieder andere meinen, es seien moralische Werte und Kräfte vertreten von mutigen Journalisten und Dissidenten wie Andrei Sacharow, Atomphysiker und Friedensnobelpreisträger, gewesen, welche den Zusammenbruch der Sowjetunion bewirkt haben und denen der materialistische Marxismus nichts entgegen zu setzen hatte. Noch eine weitere Gruppe sieht in der Glaubenstreue und in den Gebeten der Christen auf beiden Seiten des Eisernen Vorhanges jene Kräfte, welchen die Mächte des Bösen schließlich unterlagen. Ich verstehe den unerwarteten Zusammenbruch des sowjetischen Riesenreiches aus dem Zusammenwirken aller dieser Kräfte und Umstände. Der Wille der Menschen zur Freiheit, der durch die Schöpfung in den Ebenbildern Gottes anlagemäßig vorhanden ist, hat sich auf vielfältige Weise durchgesetzt, auch im Denken von Jelzin und Gorbatschow. Und Gott als Herr über Gläubige und Ungläubige hat es u. a. durch Gorbatschow so gefügt, weil er die Welt vom selbstverschuldeten Terror der gottlosen, marxistischen Ideologie befreien wollte.

Der Fall der Berliner Mauer

Die Fluchtwelle der DDR-Bürger in den Westen hatte die DDR-Regierung zur Errichtung der Berliner Mauer am 13. August 1961 und zum Bau eines mit Todesfallen gesicherten Zaunes entlang der ganzen Grenze zur Bundesrepublik bewogen. Die DDR wurde zum Gefängnis. Aber die Ereignisse, welche im Sommer und Herbst 1989, dem Wendejahr, zum Fall der Berliner Mauer und 1990 zur deutschen Wiedervereinigung führten, demonstrierten der ganzen Welt das Urbedürfnis nach Freiheit, das Gott in seine Ebenbilder gelegt hat. Der Freiheitswille war wie eine Flutwelle, welche die Dämme überschwemmt und einreisst. Aber lange vorher hatten kleine Rinnsale die Dämme aufgeweicht. Bekannt sind vor Allem die Montagsdemonstrationen in Leipzig. Aber auch in vielen anderen Städten der DDR versammelten sich Gläubige und andere, darunter viele von der Partei beorderte Aufpasser in den Kirchen, lernten das „Vater Unser", legten Schritt für Schritt ihre Angst vor dem als allmächtig erfahrenen Staat ab und wurden zu „mündigen Bürgern".[18] So sprach Pfr. Joachim Gauck in Rostock am 9. November zu 40 000 Menschen.[19] Nach seiner Rede erfuhren sie, dass soeben die Mauer gefallen war. Dass diese Wende der Dinge möglich wurde, war noch wenige Monate davor völlig undenkbar.

Noch im Jahr zuvor hatte die Führung der SED (Sozialistische Einheitspartei Deutschlands) den Ernstfall vorbereitet: Wer wo wen verhaften sollte, wurde genau festgelegt, mit Lageskizzen der Wohnungen und Fotos der Betreffenden. Die Liste enthielt 84 572 Namen. Internierungslager, „Zuführungszentren" genannt, wurden vorbereitet, um jeden Widerstand niederschlagen zu können.[20] Dass diese Pläne nicht zur Ausführung kamen, lag auch am veränderten Verhalten der SED. Ihre Funktionäre wussten, dass sie bei einer Auseinandersetzung mit dem Volk nicht auf die sowjetischen Panzer hoffen konnten. Eine Folge dieser Politikänderung Moskaus war die Ausreisebewegung. Tausende von Ostdeutschen flohen über die Tschechoslowakei und Ungarn. Am 2. Mai 1989 hatte die ungarische Regierung begonnen, die Grenzanlagen zu Österreich abzubauen. Am 27. Juni zerschnitten der ungarische Aussenminister Gyula Horn und sein österreichischer Amtskollege Alois Mock vor Kameras den Elektrozaun an der Grenze. Hunderte von Deutschen versuchten, auf diesem Weg in den Westen zu gelangen. Andere kletterten über die Mauern von westlichen Botschaften, wo sie unter primitiven hygienischen Verhältnissen ausharrten, um Visas zu erhalten. Am 30. September erschien der deutsche Aussenminister Hans Dietrich Genscher auf dem Balkon der deutschen Botschaft in Prag und sagte zu der Menge der Wartenden: „Ich bin gekommen, um Ihnen zu sagen, dass Ihre Ausreise…" Der Rest ging unter im Aufschrei und Jubel derer, die nur noch glücklich waren, das Paradies der Arbeiter und Bauern verlassen zu können.[21] Dynamik dieser Ausreisebewegung verstärkte den Wandel im Verhalten der Machthaber wie auch den Mut der Demonstranten.

Ganz offensichtlich glaubte die Mehrheit der Parteimitglieder und der Volkspolizisten in der DDR nicht mehr an die marxistisch-leninistische Lehre von der unaufhaltsamen geschichtlichen Entwicklung zum kommunistischen

Paradies. Jeden Tag kontrastierte das Westfernsehen die Unfreiheit und Mangel-wirtschaft der DDR mit der Freiheit und dem Wohlstand der demokratischen Welt. Darum haben Parteifunktionäre und einfache Bürger mitgeholfen, den Untergang des Regimes zu beschleunigen. So erlaubte man bei den Kommu-nalwahlen vom 7. Mai 1989 auch Oppositionellen, an der Kontrolle der Wahl-zettel teilzunehmen. Diese konnten sogar Wahlfälschungen an die Staatanwalt-schaft melden.[22] Den Veranstaltern von Demonstrationen gelang es, die Polizei von ihren friedlichen Absichten und ihrer Gewaltlosigkeit zu überzeugen. Ver-schiedene SED-Bezirksleitungen gaben sogar den Befehl an die Polizei nicht zu schiessen. Joachim Gauck berichtet, dass in Rostock die Staatssicherheit seit Mitte Oktober, die gewaltsame Unterdrückung der Demonstrationen nicht mehr ernsthaft erwog. Das wussten jedoch Pfr. Gauck und seine Mitstreiter nicht.[23] Es kam dort auch zu einer „Sicherheitspartnerschaft" zwischen der Bürgerbewegung und der Volkspolizei, sodass die Bürgerbewegung das Stasi-Gebäude vor gewaltbereiten Jugendlichen schützte, bis sie es später friedlich und mit Hilfe der Volkspolizei selber besetzten und so die Vernichtung der Akten verhinderten.[24] Es war eine Bewegung, die Hunderttausende erfasste, welche den aufrechten Gang wagten, die aber auch grosse Teile der Träger des staatlichen Machtapparates infizierte.

Der innere Zerfall der DDR war viele Jahre vorher durch Christen und Bürgerrechtler vorbereitet worden, welche dem Staat die innere Legitimi-tät absprachen. Bei der Kanalisierung des Freiheitswillens spielten die Kir-chen eine zentrale Rolle. Die Ereignisse in Leipzig wurden zum Symbol. Die Leipziger Friedensgebete begannen 1982, wie der Diakon Günter Johannsen berichtet, als er aus Platzmangel in den gottesdienstlichen Räumen eine Ver-sammlung von Jungen und eine von Älteren zusammenlegte. Daraus wur-den die Friedensgebete in der Nikolaikirche. Als die Zahl der Teilnehmer zunahm, wurde Pfarrer Christian Führer mit der Leitung betraut, mit dem andere Pfarrer zusammenarbeiteten. Im Laufe des Jahres 1989 wurden aus den Montagsgebeten die Montagsdemonstrationen, die immer mehr Zulauf fanden.

Am 5. Oktober besuchte Gorbatschow die DDR und hinterliess seine bekannte Botschaft: „Wer zu spät kommt, den bestraft das Leben." Von besonderer Bedeutung war das Montagsgebet vom 9. Oktober.[25] Aus der SED-Zentrale hatte man zunächst die Weisung herausgegeben, die

Konterrevolution zu zerschlagen. Die Polizei wurde mit Waffen und Munition ausgerüstet. Die Feuerwehr färbte das Wasser der Wasserwerfer, damit man die Rädelsführer später an der Farbe identifizieren konnte. Die Organisatoren der Nikolaikirche fürchteten Gewalt und richteten ein Lazarett für Verwundete ein. Die Spannung am Nachmittag von Stunde zu Stunde. Der Dirigent Kurt Masur und andere richteten über das Radio einen Appell an alle, auf Gewalt zu verzichten. Die Bereitschaftspolizei ging in Stellung. Stasi-Mitarbeiter fürchteten bei einem Sturm auf die SED-Zentrale an der „runden Ecke" von wütenden Demonstranten erschossen zu werden. In der Nikolaikirche versammelten sich rund 2000 Leute, darunter viele, die von der SED dazu befohlen waren. Pfr. Führer predigt über den Text: „Liebet eure Feinde." (Matth.5,44) Dann ist der Gottesdienst zu Ende. Alle wissen, jetzt beginnt die Montagsdemo, aber wer erwartet sie vor der Kirchentür? Wird die Polizei alle verhaften? Kommt es zu Schiessereien? Doch wie sie die Türe öffnen, erwarten sie 10 000 Sympathisanten, viele mit brennenden Kerzen. Die Menge wächst rasch auf 70 000.[27] Die Polizei hält sich zurück. Sie hat alles erwartet, nur nicht Betende mit Kerzen. Man hört den Ruf: „Wir sind das Volk". Der Zug bewegt sich auf einer ringförmigen Strasse durch die Innenstadt. Doch was wird passieren, wenn sie am Stasi-Gebäude, an der runden Ecke, vormarschieren? Die Spannung wird fast unerträglich. Doch es geschieht nichts. Gemäß einem überlieferten Zitat sagte der Volkskammerpräsident Horst Sindermann im Rückblick auf diese Situation: „Wir hatten alles geplant. Wir waren auf alles vorbereitet. Nur nicht auf Kerzen und Gebete."[26] Ruhig schreiten die Demonstranten an der runden Ecke vorbei. Dann bemächtigt sich ihrer ein Gefühl ungeheurer Freude. Es ist wie im Traum. Sie haben es gewagt, Freiheit zu fordern, und es ist gelungen.

Am 18. Oktober trat Erich Honecker nach Aufforderungen des DDR-Politbüros von allen seinen Ämtern „aus gesundheitlichen Gründen" zurück. Als er 1990 obdachlos wurde, nahm ihn Pfarrer Uwe Holmer, Leiter der diakonischen Anstalten Lobetal bei Berlin samt seiner Frau auf.[27] Am 9. November – dem Jahrestag der Kristallnacht von 1938, in welcher die Nazis jüdische Geschäfte und Synagogen geplündert und viele Juden umgebracht hatten – verlas das Politbüromitglied Günter Schabowski am Fernsehen vor laufender Kamera, dass ab sofort Privatreisen ins Ausland beantragt werden könnten. Auf die Frage eines Journalisten, wann das in Kraft trete, antwortete Schabowski: „Das tritt nach meiner Kenntnis ...ist das sofort, unverzüglich." Die Szene wurde ab 1900 Uhr auch über die DDR- Fernseh-kanäle ausgestrahlt. Schon gegen 2030 Uhr trafen die ersten DDR-Bürger am Grenzübergang Bornholmer Strasse ein. Noch verlangten die Grenzbe-amten ein gültiges Visum. Doch immer mehr Menschen versammelten sich und forderten die Öffnung der Grenze. Schließlich gaben die diensthaben-den Offiziere nach. Der Damm war gebrochen. Tausende strömten in den Westteil von Berlin. Um 00 Uhr waren alle Grenzübergänge der Stadt offen. Die Mauer war gefallen. Die Menschen waren wie berauscht von der plötzli-chen Freiheit. Fremde umarmten sich, Tränen in den Augen. Auch die übri-gen Grenzübergänge der DDR zur Bundesrepublik wurde in dieser Nacht geöffnet. Aus unscheinbaren Anfängen des Glaubens, Hoffens, Betens und der kleine Schritte war über Nacht eine mächtige Volksbewegung gewachsen und hatte sich, begünstigt durch veränderte Machtverhältnisse, politische Bahn gebrochen. Pfr. Gauck fasste deshalb zusammen: „Die Mauer fiel erst, als ihre Bauherren fielen. Vor der Einheit kam die Freiheit."[28]

Helmut Kohl (1930) – Die deutsche Wiedervereinigung

Der westdeutsche Bundeskanzler (1982-1998) Helmut Kohl erkannte rasch die einmalige, historische Stunde zur Wiedervereinigung. Unterstützt von Aussenminister Hans Dietrich Genscher, setzte er alles daran, umgehend eine geordnete und völkerrechtlich anerkannte Wiedervereinigung der bei-den deutschen Staaten in die Wege zu leiten. Es wurden auf vielen politi-schen Ebenen fast ununterbrochen Gespräche geführt und zahlreiche Konfe-renzen abgehalten. Die zu überwindenden Probleme rechtlicher, politischer, militärischer und wirtschaftlicher Natur waren so komplex, dass hier nur die allerwichtigsten Aspekte dargestellt werden können. Die Haupthindernisse für die Vereinigung der beiden Staaten lagen pikanterweise nicht in Moskau, sondern in Washington, in Paris und in London. Die englische Premiermi-nisterin Margrit Thatcher ärgerte sich gemäß Spiegel: „Zweimal haben wir die Deutschen geschlagen! Und jetzt sind sie wieder da!" Auch der französi-sche Premierminister, François Mitterand, fürchtete ein politisch und wirt-schaftlich noch stärkeres Deutschland. Die USA stimmten zu unter der

Bedingung, dass das Gebiet der DDR auch zum Bereich der NATO gehören würde. Zur totalen Überraschung des Westens machte Gorbatschow keine Schwierigkeiten. Schon im Mai erklärte er in Washington an einer Sitzung mit Präsident Bush sen., die Deutschen hätten das Recht, selber über die Mitgliedschaft in einem Bündnis zu entscheiden. Die Amerikaner glaubten, sich verhört zu haben, aber Gorbatschow wiederholte seine Ansicht. Er hatte ganz andere Probleme. Die Sowjetunion war einem Staatsbankrott nahe und brauchte dringend Geld. Für einen Riesenkredit kam nur Deutschland in Frage. Nach zähen Verhandlungen einigten sich Kohl und Gorbatschow auf 15 Milliarden D-Mark. Der Spiegel beziffert die Gesamtkosten, welche Westdeutschland im Zusammenhang mit der Wiedervereinigung, incl. Hilfe für den Abtransport der russischen Truppen etc. aufbrachte, auf 55 Milliarden D-Mark.[29] Am 23. August 1990 stimmte die Volkskammer der DDR dem Einigungsvertrag zu. Am 3. Oktober wurde die Wiedervereinigung Deutschlands vollzogen und die DDR durch Beschluss der Volkskammer abgeschafft. Der Tag wurde zum Tag der deutschen Einheit und ersetzte den Nationalfeiertag der Bundesrepublik vom 17. Juni, dem Tag des Aufstandes in der DDR. Die Wiedervereinigung war ein Sieg der westlichen Kultur und Zivilisation und historisch einmalig.

Das ungewollte Kreuz

Ende der 60er Jahre wurde in Berlin, direkt am Alexanderplatz im damaligen Osten, der fast 400 m hohe Fernsehturm gebaut. DDR-Staatsratsvorsitzender Walter Ulbricht, ein besonders engagierter Kämpfer gegen alles Christliche und ließ sogar Kirchen, soweit sie ihm im Wege standen, abreissen. Er wollte den Fernsehturm, denn dieser sollte den Triumph des Marxismus sichtbar machen. Daher wurde der Turm mit einer riesigen Metallkuppel gekrönt. Der Standpunkt am Alexanderplatz garantierte, dass man diese Errungenschaft des real existierenden Sozialismus auch in Westberlin nicht übersehen konnte. Als die metallfarbene Kugel fertig war, staunten die Leute. Im Sonnenlicht zeichnete sich auf allen Seiten der Metallkuppel je nachdem von welcher Seite man den Turm betrachtete, ein riesiges leuchtendes Kreuz ab. Infolge der Krümmung der Kugel spiegelte sich die Sonne nicht wie auf einer Fläche, sondern durch die Brechung des Lichtes in der Gestalt eines Kreuzes ab. Wie immer man die Kugel betrachtete, immer sah man das Kreuz. Für mich ist das ein Zeichen für die Liebe Gottes, mit der er auch über einer gottlosen Welt waltet. Er hat die Anstrengungen der Kleinen und Grossen, welche den Wiederaufbau in Europa im Zeichen des christlichen Weltbildes geleistet haben, gesegnet und vieles gelingen lassen.[30]

Die Rumänische Revolution

Die Dramatik des Jahres 1989 fand ihren Abschluss in der teilweise blutigen Revolution in Rumänien. Dort hatte Diktator Nicolae Ceausescu den Freiheitswillen des Volkes besonders grausam unterdrückt. Er wollte Rumänien zum kommunistischen Musterstaat machen, nannte sich Conducator (Führer) und betrieb einen krankhaft anmutenden Personenkult. Um den Staatsbankrott zu vermeiden, verordnete er dem Volk drastische Sparmassnahmen, sogar die Rationierung von Grundnahrungsmitteln. Fleisch war so selten, dass es nicht rationiert wurde. Wenn es Fleisch gab, dann meist nur Schweinsfüße. Die Temperatur in den fernbeheizten Wohnungen wurde im Winter auf 12 Grad gedrosselt, manchmal wurde überhaupt nicht geheizt. Die Säuglingssterblichkeit lag bei 26,9%, im europäischen Durchschnitt bei 9,8 %. Ansätze zu organisiertem Widerstand wurden von der Securitate (Geheimpolizei) im Keim erstickt, wobei besonders grausame Foltermethoden angewendet wurden. Zahllose Geistliche, mutige Gläubige und Dissidenten starben in Folterkellern, Haftanstalten und Lagern. Doch, im Wissen, dass die Sowjetunion nicht zugunsten des Regimes eingreifen werde, wagten 1989 auch Rumänen die Revolution. Sie nahm ihren Anfang in friedlichen Versammlungen des reformierten Pfarrer Lazlo Tökes im ungarisch-sprachigen Timisoara. Diese waren oft von bis zu 600 Personen besucht, weil er es wagte, das Regime verhalten zu kritisieren.

Am 16. Dezember 1989 waren vor der Wohnung Haus von Pfarrer Tökes 1000 Personen versammelt, als um 13:00 Uhr Miliz und Securitate den Befehl erhielten, die Protestierenden auseinanderzutreiben, notfalls mit Gewalt. Daraus entstand ein Volksaufstand gegen die Machthaber, welcher vor allem die Städte erfasste. In Bukarest fanden Massenversammlungen statt, denen sich auch sonst regimetreue Arbeiter anschlossen. Am 21. Dezember kam es zu heftigen Auseinandersetzungen zwischen den Aufständischen und den Sicherheitskräften. Am Morgen des 22. Dezember versammelte sich wieder eine große Menschenmenge im Bukarester Stadtzentrum. Ceausescu floh mit seiner Frau und zwei Leibwächtern in einem Helikopter vom Dach des Zentralkomitee – Gebäudes. Beide wurden jedoch in einem Versteck aufgespürt und ausgerechnet am Weihnachtstag, dem 25. Dezember, nach einer kurzen „Gerichtsverhandlung" zum Tod verurteilt. Nachdem ein Arzt festgestellt hatte, dass sie gesund und schuldfähig seien, wurden beide durch Personen aus ihrem eigenen Umfeld erschossen.

Als die Nachricht von der Hinrichtung Ceausescus von den Medien verbreitet wurde, saß ich mit meiner Frau und unserem jüngsten Sohn vor dem Fernseher. Wir waren sprachlos und staunten ungläubig. Was für ein Jahr! Wir schauten einander mit strahlenden Gesichtern an und waren doch unfähig, unsere Freude angemessen auszudrücken. Wir waren wie in einem Freudentaumel. In wenigen Monaten hatte die ganze Welt sich verändert, eine riesige Drohkulisse war eingestürzt wie ein Kartenhaus. Den Ostblock, vor dem sich die ganze Welt gefürchtet hatte, gab es nicht mehr. Die Welt war über Nacht von einem Alptraum befreit. Die gottlosen, kommunistischen Tyrannen waren gestürzt, wie es im Lobpreis der Maria heißt: „Er hat Macht geübt mit seinem Arm; er hat zerstreut, die hochmütig sind in ihres Herzens Sinn; er hat Gewaltige von den Thronen gestoßen und Niedrige erhöht." (Luk. 1,51f.) Die Apostelgeschichte bestätigt, dass auch die Feinde Gottes letztlich seinen Willen erfüllen müssen. Mitten in der Not der Verfolgung deutet die Gemeinde in einem Gebet, was die Römer und die Hohen Priester durch die Kreuzigung Jesu erreicht haben: „Sie (die Feinde Gottes) haben getan, was deine Hand und dein Ratschluss im Voraus festgesetzt haben, dass es geschehe." (Apg. 4,28) Der Sieg des christlichen Abendlandes mit Freiheit und Demokratie Freiheit war total, der Weltfriede von keiner Seite bedroht. Der Ostblock, vor dem sich die ganze übrige Welt gefürchtet hatte, war verschwunden. Es war wie ein Hauch von Paradies.

Viele haben aus dem überraschend glücklichen Ausgang der gigantischen Auseinandersetzungen des 20. Jahrhunderts die falschen Schlüsse gezogen. Statt für diese Rettung dankbar zu sein, hat die EU ihre christliche Grundlage verleugnet und Gott aus ihrem Verfassungsentwurf gestrichen. Andere, unter ihnen namhafte Historiker wie Francis Fukuyama liessen sich blenden und sprachen vom „Ende der Geschichte". Denn, so ihre Argumentation, wenn alle Völker demokratisch und rechtsstaatlich verfasst sind, werden sie keinen Krieg beginnen und der ewige Frieden ist gesichert.[31]. Vor Allem die Bürgerkriege in Afrika liessen diese Sicht bald als Illusionen erkennen. In Europa hingegen waren es antichristliche Bewegungen, denen es gelang sich ins christliche Abendland einzuschleichen, sich fest zu setzen und den Verrat fortzusetzen.

X. Europas Orientierungslosigkeit

ls späte Folge des Verrates am christlichen Gottes- und Menschenbild griff in Europa eine geistliche und geistige Orientierungslosigkeit um sich, die vor Allem die führenden Schichten der Gesellschaft erfasste. In einer militärischen Auseinandersetzung ist Orientierungslosigkeit der Truppe der Anfang einer kopflosen Flucht. Das ist im geistigen Bereich nicht anders.

Europa ist heute bedroht wie nie zuvor. Es befindet sich in einem Prozess der Selbstauflösung. Freiheit und rechtsstaatliche Demokratie sind historisch einmalige Errungenschaften Europas, von denen die ganze Welt profitiert. Das sind seine Kronjuwelen. Jetzt hingegen ist Europa auf dem besten Weg, genau diese Kronjuwelen wegzuwerfen und sich in neue Knechtschaften zu begeben. Nach dem Zweiten Weltkrieg waren die Kirchen voll. Es gab eine allgemeine Dankbarkeit. Man hatte das Grauenhafte überlebt, und im Westen war die Freiheit gerettet. Den Aufbau der Demokratie in Deutschland und Italien nahmen Sieger und Besiegte ernst. Zwischen Liberalen, Humanisten, Atheisten und den Kirchen herrschte ein Burgfriede. Der Glaube an Gott und seine Schöpfungsordnung als Grundlage der Gesellschaft wurde öffentlich nicht in Frage gestellt. Das änderte sich dramatisch, als die Studentenunruhen und Krawalle der 68er-Jahre anfingen, diese Ordnung zu erschüttern und abzuschaffen. Erst mit der Zeit merkte man, dass sich die 68er und die späteren Bewegungen nur vordergründig gegen die bürgerliche Gesellschaft richteten. Ihr eigentliches Ziel war und ist die Zerstörung des Glaubens an den Gott der Bibel und seine Schöpfungsordnung. Denn, wenn es keine Schöpfungsordnung mehr gibt, dann gibt es auch keinen Schöpfer. Auf unterschiedliche Weise wollen diese Bewegungen dem Menschen einreden, er sei nicht das Ebenbild Gottes. Leider haben die Kirchen keine erfolgreiche Verteidigungsstrategie gegenüber diesen Angriffen entwickelt. Und wenn der Mensch erst einmal sein Selbstverständnis verloren hat und nicht mehr weiß, wer er ist, fällt er in völlige Orientierungslosigkeit. Diese Entwicklung hat dazu geführt, dass Europa zunehmend die Fähigkeit verliert, seine Bevölkerung und seine Werte und Zukunftsvisionen immer neu zu generieren und so seine eigene Zukunft zu erhalten. Ich nenne das Europas Selbstkastration. Europa ist impotent geworden.

1. Zerstörung der christlichen Werte

Die 68er-Revolution

Die bürgerliche Gesellschaft wurde durch die 68er-Revolution überrascht. Einer der wichtigsten Vordenker, Herbert Marcuse, sah im gewonnenen Wohlstand eine neue Form der Versklavung. In völliger Verkennung der Macht der Gewerkschaften meinte er, der Wohlstand mache die Arbeiter abhängig und bereit, sich zu unterwerfen. Die „gesellschaftliche Umorganisation der parlamentarischen Demokratie bewirkt einen autoritären Führerstaat und kommt nur kleinsten gesellschaftlichen Gruppen zugute", so Markuse.[1] Menschliche Bindungen (sprich Ehe und Familie) waren für Marcuse „unterdrückende Kollektivitäten"[2], der Wohlfahrtsstaat eine „historische Missgeburt" und das Leben in einer sozialen Pyramide eine „unmenschliche Existenz".[3] Harte Arbeit war keine sinnstiftende, genuin menschliche Tätigkeit, sondern ein Hindernis für die Erkenntnis der Wahrheit und damit auch ein Hindernis auf dem Weg zur Freiheit.[4] Daraus ergab sich für die Gewinnung echter menschlicher Freiheit die Forderung nach dem Umsturz der Gesellschaft: „...die Welt, in der wir lebend uns vorfinden – muss begriffen, verändert, sogar umgestürzt werden, ..."[5] Damit leiteten Marcuse und die anderen Vordenker und Mitläufer der 68er-Bewegung den direkten Angriff auf die göttliche Schöpfungsordnung und die staatliche Ordnung in die Wege. Denn unbestreitbar gehören die göttlichen Ordnungen von Ehe und Familie, aber auch die Arbeit und der Staat mit seinen Verantwortlichkeiten und den notwendigen Strukturen zu einem sinnvollen Leben und einer solidarischen Gesellschaft.

Die feministische Bewegung

Nach dem Abklingen der Studentenunruhen setzte der Feminismus zum Angriff auf das biblische Menschenbild an. Während Marcuse noch von unterdrückenden Kollektivitäten redet, benennt der Feminismus ganz klar Ehe und Familie als entscheidende Hindernisse, die es zu beseitigen gilt. Ende des 19. Jahrhunderts forderten Frauen Zugang zu akademischen Studien. Frauen aus Pfarrhäusern gründeten Vereine für Frauenwohl und Frauenzeitschriften. Frauenrechtlerinnen forderten politische Rechte.[6] In diesen Auseinandersetzungen um die politische Emanzipation der Frau wurde das christliche Verständnis von Mann und Frau als von Gott geschaffene, komplementäre Form der menschlichen Existenz nicht angetastet. Als der Feminismus auftauchte, waren die politischen Rechte der Frauen in den meisten europäischen Ländern verwirklicht, auch wenn es vor Allem am Arbeitsplatz noch viele Ungerechtigkeiten gab. Doch der Feminismus wollte nicht nur Gleichberechtigung. Seinen führenden Vertreterinnen ging und geht es um die Aufhebung der Ehe als innige Gemeinschaft von Mann und Frau. Feministinnen lehnen die Ehe mit den unterschiedlichen Rollen von Mann und Frau als von Gott gegebene Identität und Kinder als ein Geschenk Gottes ab: „Was heute die Natur der Frauen genannt wird, ist etwas Künstliches – das Ergebnis erzwungener Unterdrückung..." Das Verhältnis zwischen Mann und Frau in der Ehe sei eine Form moderner Sklaverei: „Die Ehe ist die einzige wirkliche Leibeigenschaft, welche das Gesetz kennt."[7] Die Hausarbeit wird als „Gefängnis für Frauen und als Tod bei lebendigem Leib" qualifiziert.[8] Die Unterschiede im Wesen von Männern und Frauen seien, so heißt es, keineswegs angeboren, sondern das Resultat der Tradition. „Wir werden nicht als Mädchen geboren – wir werden dazu gemacht", schrieb 1977 Ursula Scheu,[9] Schon 1949 hatte Simone de Beauvoir geschrieben: „Der Mensch ist keine natürliche Spezies: Er ist eine historische Idee. Die Frau ist keine feststehende Realität..."[10] Diese Sicht wurde zum gesellschaftspolitischen Programm: Wir werden nicht als Mädchen geboren – wir werden dazu gemacht. So sei „das Geschlecht kein unhintergehbares Schicksal, sondern ein Resultat von Erziehung und kulturellen Einflussnahmen."[11]

Aus der negativen Bewertung der Ehefrau und Mutter und sowie aus der Behauptung, weibliches bzw. männliches Verhalten wäre nicht angeboren, sondern anerzogen, ergab sich die Forderung nach einem Neuverständnis von Ehe und Familie. Die Selbstentfaltung der Frau war gleichbedeutend mit dem Abbau der partnerschaftlichen Bindung von Mann und Frau und an die Kinder. Um sich selber zu finden, so wurde gelehrt, müsse die Frau die Partnerschaft mit ihrem Mann in Konkurrenz verwandeln. Gute, vorbildliche Frauen waren nur die beruflich erfolgreichen. Kinder wurden eine Last, die man möglichst vermeiden sollte. Eheliche Treue wurde zum Zeichen der Sklaverei. Es galt: „Wer zweimal mit demselben pennt, gehört schon zum Establishment", und das war nicht nur ein lustiger Spruch. Die Einführung der Antibabypille 1962 in Europa hat diesem Verhalten gewaltigen Vorschub geleistet. Auch Alice Schwarzer schlägt in diese Kerbe, wenn sie meint, die „Zipfelträger" seien Repräsentanten der Macht, die Gebärmutter der Frauen symbolisiere die Ohnmacht. „Männlichkeit und Weiblichkeit sind nicht Natur, sondern Kultur." Männer und Frauen sieht Alice Schwarzer als Opfer ihrer eigenen Rollen, die durch ihr eigenes Handeln daran mitwirken, ein bestimmtes Verhalten als männlich oder weiblich festzuschreiben.[12] Der Feminismus bekämpft das Konzept der Ehe und Familie als Selbstverhinderung und ist daran, einen radikalen gesellschaftlichen Umbau in Gang zu setzen. Er befindet sich dabei in diametralem Gegensatz zur biblischen Schöpfungsordnung.

Gleichgeschlechtliche Partnerschaften

Im Fahrwasser dieser Bewegungen zur Überwindung jeder persönlichen Identifizierung mit dem angeborenen Geschlecht gelang es den Vereinigungen von Homosexuellen und Lesben überraschend schnell, die öffentliche Diskriminierung zu überwinden und gesellschaftliche und rechtliche und teilweise auch kirchliche Anerkennung von gleichgeschlechtlichen Partnerschaften zu erreichen. Damit haben sie nicht nur die überfällige Beseitigung ihrer gesellschaftlichen Diskriminierung erreicht. Zusammen mit dem Feminismus ist es ihnen vielmehr gelungen, das biblische Menschenbild als Orientierungsmaßstab weitgehend aus dem Bewusstsein der Öffentlichkeit zu verdrängen, ja es mit negativem Vorzeichen zu versehen. Für viele linke Kreise ist das christliche Ehe- und Familienbild zum Zeichen einer gesellschaftsfeindlichen, den Fortschritt behindernden Haltung geworden.

Gender Mainstreaming

Aber es kam noch besser. Die Gender Mainstreaming Bewegung, auch Genderismus genannt, setzte zur endgültigen Abschaffung der angeborenen geschlechtlichen Identität an. Im Folgenden zitiere ich aus einem Artikel der Autorin Gabriele Kuby:

„Die Gender-Ideologie, die den geschlechtsvariablen Menschen schaffen will, soll durch staatliches Handeln zum „Hauptstrom" der Gesellschaft werden. .. Es gehöre zur Freiheit des Menschen, sein Geschlecht und seine sexuelle Orientierung zu wählen. Nicht zwei Geschlechter gebe es, sondern mindestens sechs: Mann und Frau jeweils in der Ausgabe heterosexuell, homosexuell, bisexuell. Es geht um die Schaffung eines von der Natur „emanzipierten" neuen Menschen. Der philosophische Hintergrund dieser die Natur missachtenden Verdrehung der Wirklichkeit ist der Relativismus. Er leugnet die Erkennbarkeit von objektiver Wahrheit, so dass es keine verbindlichen Maßstäbe für gut und böse und folglich auch keine Orientierung des staatlichen Handelns der Gemeinschaft geben kann. Gender Mainstreaming ist eine Kulturrevolution mit totalitärem Anspruch, welche die Familienzerstörung und den Aussterbekurs der Gesellschaft weiter vorantreibt. ... Der Siegeszug des Gender Mainstreaming seit 1995 ist beispiellos. An den meisten Universitäten der westlichen Länder wird Gender-Theorie gelehrt[13] und es werden dafür ständig neue akademische Stellen geschaffen... In diesem Zusammenhang kommt dem Sexualkundeunterricht entscheidende Bedeutung zu: In Wort und Bild werden Kinder schon in der Volksschule durch die offiziellen Lehrpläne zur Frühsexualität in jeder beliebigen Variante animiert und zu Verhütungsexperten ausgebildet – mit Abtreibung als problemloser Option." Soweit Gabriele Kuby.[14]

Alle diese Bewegungen suchen letztlich die Abschaffung der biblischen Schöpfungsordnung. Aus der Gleichgültigkeit gegenüber Gott ist erklärte Feindschaft geworden. Die Humanität hat Gott ersetzt. Schon der französische Philosoph Auguste Comte (1789-1857) hat erklärt, das Christentum sei unmoralisch und antisozial,[15] eine Meinung, die heute zunehmende Akzeptanz erfährt. In seinem Buch „Der Gotteswahn" bezeichnet Richard Dawkins den Gott der Bibel als Monster und zitiert zustimmend Gore Vidal mit den Worten: „Das große unsagbare Übel im Mittelpunkt unserer Kultur ist der Monotheismus. Aus einem barbarischen bronzezeitlichen Text, der unter dem Namen Altes Testament bekannt ist, haben sich drei menschenfeindliche Religionen entwickelt: das Judentum, das Christentum und der Islam."[16] Und Dawkins ist nicht allein mit dieser Ansicht. Sein Buch war auch in deutscher Übersetzung ein Bestseller!

Ohne Herkunft keine Zukunft

Europas Identität ist während einer über 1500 jährigen Geschichte durch das Christentum geprägt worden. Die EU hat jedoch im Entwurf zu einem Vertrag über eine Verfassung mit keinem Wort diese christliche Herkunft erwähnt. Jeder Mensch bezieht seine Identität aus seiner Geschichte. Wer sein Gedächtnis verliert, verliert auch seine Identität; so ergeht es auch den Völkern! Wie ein Mensch ohne Gedächtnis nicht weiß, wer er ist, so wissen auch die Völker der EU vielfach nicht mehr, wer sie sind. Man hat sich von Gott und dem christlichen Menschenbild als gesellschaftlicher Norm verabschiedet. So ist eingetroffen, was schon der russische Schriftsteller Fjodor Dostojewski (1821-1881) in seinem Roman „Die Brüder Karamasov" vorausgesagt hatte: „Ohne Gott ist alles erlaubt." Da es keinen Gott gibt, der Maßstäbe setzt, kann jeder und jede Gruppe eigene Normen setzen oder auch abändern. Nichts ist verbindlich. Nietzsche hat auch diese Situation erkannt und lapidar zusammengefasst, als er sagte: „Nichts ist wahr".[17] Ohne Gott kann und darf es keine absolute Wahrheit geben. Damit befindet sich die europäische Gesellschaft in der totalen Orientierungslosigkeit, bzw. im Relativismus. Jede Norm und jede Wahrheit gilt nur, insofern sie von jemandem dafür gehalten wird. Es ist ähnlich wie im alten Rom. Jeder darf seinem Gott anhangen oder auch ihn verlassen. Doch niemand darf behaupten, dass es einen lebendigen Gott gibt, der über allen steht und dem alle verantwortlich sind. An etwas absolut Wahres zu glauben, wird von der Gesellschaft zunächst mit öffentlicher Diskriminierung geahndet und zunehmend durch Gesetze unter Strafe gestellt. Europa nähert sich immer mehr einer Diktatur des Relativismus. Damit verliert Europa auch seine Zukunftsfähigkeit. Denn Europa will nicht auf seine eigene Geschichte zurückgreifen, um eine Vision für die Zukunft zu entwickeln, weil diese Vergangenheit nicht ohne Gott verstanden werden kann. Bekannt ist der Satz: „Ohne Herkunft keine Zukunft." Doch das ist doch nur die halbe Wahrheit.

Es gilt auch: Ohne Gott keine Ewigkeit. Die heutigen Menschen wollen nur die Gegenwart. Aber ohne Ewigkeit verliert man die Gegenwart, die Zukunft und die Ewigkeit.

2. Spaß ohne Verantwortung

Da es keine letzte Autorität gibt und also nur relative Werte, wird es immer schwieriger, Verantwortung zu begründen. Relative Werte machen auch die damit verbundenen Verantwortlichkeiten relativ. Sie haben die Tendenz, veränderbar zu werden und sich den jeweiligen Umständen oder Personen anzupassen. Wo alles erlaubt und relativ ist, Autorität und Verantwortung wechselnden Mehrheiten unterworfen sind, wird der Rechtsstaat unterhöhlt und die Gesellschaft destabilisiert. Korruption der Verantwortungsträger ist die logische Folge dieser Relativierung der Werte, und über Korruption berichten unsere Medien fast jeden Tag. In der allgemeinen Orientierungslosigkeit kann der Sinn des Lebens logischerweise nur darin bestehen, möglichst viel Spaß zu haben. Schon der Apostel Paulus attestiert der römischen Gesellschaft, dass sie lebt nach dem Grundsatz: „Lasst uns essen und trinken, denn morgen sind wir tot." (1.Kor. 15, Vers 32) Heute nennen wir das die Spaßgesellschaft. Manche Fernsehsendungen sind wenig mehr als öffentlich geförderte Oberflächlichkeit.

Sexualisierung

Die Aufforderungen des Feminismus zur egoistischen Lebensgestaltung und die Lehren des Genderismus zur frühkindlichen, umfassenden Sexualisierung wurden vielfach aufgenommen, wie ein Schwamm Wasser aufsaugt. Das tönt bekannt. Schon in 2. Mose 32, 6 wird beschrieben, wie sich das Volk Israel ein goldenes Kalb machte und es an Stelle Gottes anbetete. Das Kalb war eigentlich ein junger Stier und symbolisierte Fruchtbarkeit und sexuelle Potenz. Nachdem das Volk dem Stier geopfert hatte, „setzte es sich, um zu essen und zu trinken. Dann standen sie auf, um sich zu vergnügen." Die Sexualisierung der Gesellschaft wird vor allem in den Medien unterschwellig und immer öfter auch ganz offen propagiert. Sex zu jeder Zeit, an jedem

Ort, in jeder Form und in jeder möglichen Beziehung wird zunehmend zur selbstverständlichen Verhaltensnorm. Wer andere Ansichten vertritt, gilt als Feind der Gesellschaft. Dabei wird selbstverständlich alles getan, um von jeder Verantwortung frei zu bleiben, wie es J. J. Rousseau vorgelebt hat, indem er seiner Frau gegenüber jede Verantwortung ablehnte. Sex ohne Verantwortung im „One Night Stand", der auch keine bindenden Gefühle wecken soll, ist typisch für unsere Spaßgesellschaft. Alles ist gut, solange es Spaß macht. Diese Haltung betrifft direkt die Zukunftsfähigkeit Europas: Man gewöhnt sich an eine Gestaltung des Lebens ohne Verantwortung.

Infantilisierung

Leben ohne Verantwortung ist typisch für die Phase der Kindheit. Ein Kind hat das Recht, zu essen, zu spielen und zu lernen, ohne dafür arbeiten zu müssen. Erwachsen werden heißt, die Verantwortung für sich selber zu übernehmen, sein Leben nach eigenem Willen zu gestalten und durch eigene Arbeit zu verdienen. Der Heranwachsende muss lernen, dass vor dem Lebensgenuss die Arbeit und die Überwindung von Hindernissen kommen. Wenn er diese Fähigkeit nicht lernt, bleibt ein Teil seiner Persönlichkeit kindlich und wird also nicht erwachsen. Psychologen reden dann von einer infantilen Person. Sie kann zwar 30 oder 40 Jahre alt sein, verhält sich aber ganz oder teilweise wie ein Kind. Daraus entwickeln sich viele sekundäre Persönlichkeitsprobleme. Vor Allem sind solche Personen in Ehe und Beruf wenig belastbar. Sie sind teils unwillig, teils unfähig, die Herausforderungen des Lebens anzunehmen und zu bewältigen. Sie brauchen psychologische Beratung und oft auch medikamentöse Stützen.

Symptomatisch für diesen Spaß ohne Verantwortung ist das Komasaufen, das unter Jugendlichen immer beliebter wird, wobei die Krankenversicherung die Spitalbehandlung bezahlt. In Deutschland stieg die Zahl der stationären Behandlung alkoholisierter Kinder im Alter von 10 bis 20 Jahre von 9 514 im Jahre 2000 auf 23 165 im Jahre 2007.[32] Beim Suchtverhalten von Jugendlichen und Erwachsenen kommen durch das Internet bisher unbekannte Süchte dazu. Neben Alkohol-, Drogen- und Medikamentensucht, Ess- und Magersucht, sind neu die Sucht, Pornobilder zu sehen, die perverse Lust an pädophilen Grausamkeiten oder schlicht der suchthafte Zwang zum Surfen im Internet.

Wenn Eltern sich selber nicht als Ebenbilder Gottes verstehen, auf welches Ziel hin sollen sie ihre Kinder erziehen, woran sollen sie sich orientieren? Es ist nur logisch, dass sich parallel zur Orientierungslosigkeit und Ratlosigkeit die Zahl der offiziell autorisierten Lebensberater rasant vergrößert hat. In der Stadt Zürich arbeiten rund 250 Pfarrer und Prediger. Die Zahl der mit Titeln wie Psychiater, Psychotherapeut und Psychologe ausgerüsteten Lebensberater beträgt gemäß Eintragungen im Telefonbuch der Stadt Zürich über 1500. Dabei sind die vielen anderen selbsternannten Lebensberater nicht inbegriffen, auch nicht die Hellseher, Hexen, Kartenleger und Pendler. Das Bedürfnis nach Hilfe für die Bewältigung des Lebens ist gigantisch, ebenso der Gebrauch und Missbrauch von medikamentösen Stützen für die Heerscharen von schwachen und unterentwickelten Personen, welche mit den Anforderungen des Erwachsenenlebens nicht zu Rande kommen und die Sozialwerke belasten.

Die psychische Verunsicherung zeigt sich zunehmend auch in den Schulen. Die Unterrichtspersonen verzichten auf jede Erziehung, weil ja niemand weiß, auf welches Menschenbild eine Erziehung ausgerichtet sein soll. So beschränkt man sich meist auf Wissensvermittlung. Dann ist Respektlosigkeit der Schüler gegenüber Eltern, Lehrern und Kameraden ganz logisch. Wenn Eltern ihre Kinder als Gottes Geschenk empfangen und als Gottes Ebenbilder erziehen, wird ihnen mit der Zeit die unverlierbare Würde bewusst, welche ihnen, aber auch ihren Eltern, Geschwistern, Kameraden und Lehrern eigen ist. Vielleicht dämmert ihnen auch eines Tages, dass auf ihrem Gesicht die Herrlichkeit Gottes sich widerspiegeln möchte. Wenn man jedoch Kinder schon früh wissen lässt, dass sie hoch entwickelte Affen sind, dann werden sie das mit der Zeit auch glauben. Und dann sehen diese Kinder auch in ihren Eltern, Geschwistern, Kameraden und Lehrern hoch entwickelte Affen. Warum sollten sie sich nicht als hoch entwickelte Affen benehmen? In 2008 hat der Kanton Zürich hat 49 zusätzliche Schulsozialarbeiter eingestellt, weil ohne diese Hilfe offenbar ein normales Lernen nicht mehr gewährleistet ist.

Die Infantilisierung der Gesellschaft ist in vollem Gange und wird gefördert, indem die sozialen Auffangnetze immer weiter ausgebaut werden. Kaum taucht ein gesellschaftliches Problem auf, so fordern viele Politiker mehr Geld vom Staat. Aber viele Probleme werden durch mehr Geld eher vergrößert als verkleinert. Kai Diekmann redet in diesem Zusammenhang von der Hängematte des Versorgungsstaates.[18] Man fördert das Prinzip „Rechte ohne Pflichten", Genuss ohne Verantwortung, Spaß auf Kosten anderer. Man kann Drogen konsumieren oder sich ins Koma saufen, der Staat kommt für die Entziehungskuren und die Kosten in den Intensivstationen auf. Man nimmt das Recht auf sexuelle Kontakte in Anspruch. Wenn eine Schwangerschaft eintritt, hat der Staat ja schon eine Hilfe bereitgestellt; liest man eine Geschlechtskrankheit auf, zahlt die Krankenkasse. Die Grundhaltung Genuss ohne Verantwortung fördert die Angst vor der Verantwortung einer Ehe mit Familie und damit auch die Eheunfähigkeit, weil sie den Prozess des Erwachsenwerdens behindert und die Infantilisierung verstärkt. Der Bevölkerungswissenschaftler Prof. Herwig Birg schreibt dazu: „Die Infantilisierung ist weit fortgeschritten, heute muss niemand mehr lernen, erwachsen zu werden, jeder kann z. B. seine eigene Ausbildung und Erziehung ernst nehmen oder sie als ein überflüssige Last abschütteln, jeder kann heiraten, Kinder haben und sich wieder scheiden lassen, ohne für die Folgen seines Verhaltens wirklich einstehen zu müssen, denn die Gesellschaft übernimmt lebenslang eine schützende Vaterrolle."[19]

Verweigerung von Kindern

Diese Grundeinstellung von Genuss ohne Verantwortung spiegelt sich auch in anderen Lebensbereichen: Viele Ehepaare entscheiden sich bewusst gegen Kinder und lassen andere für ihre Rente bezahlen. Sie leben also im Alter von den Kindern anderer Eltern. Lebensgenuss ohne Verantwortung? Ich glaube, man nennt dieses Verhalten parasitär.

Die Missachtung von Ehe und Familie, die Verächtlichmachung der Mutterschaft und die Zerstörung der sexuellen Identität durch den Genderismus und die damit erzeugte Orientierungslosigkeit haben zu einem massiven Rückgang der Geburten in allen europäischen Ländern geführt. Die wirtschaftlichen und politischen Folgen des Geburtenrückgangs sind unabsehbar. Für die Erhaltung der Bevölkerung auf dem jetzigen Niveau sind im Durchschnitt 2,1 Kinder pro Frau notwendig; aber in Italien und Spanien liegt die Geburtenrate etwa bei einem Kind. Das bedeutet: Die Bevölkerung in diesen Ländern schrumpft in jeder Generation um die Hälfte!

Für Deutschland hat Christian Leipert einen Rückgang der Bevölkerung bis 2050 um 12,5 Millionen ausgerechnet, obwohl er dabei eine Zuwanderung von jährlich 200 000 Personen mit berücksichtigt! Die Zahl der Deutschen selbst, ohne Einbürgerungen, wird sogar schätzungsweise um 20 Millionen abnehmen![20]

Da es immer weniger Junge im Verhältnis zu den Älteren gibt, wird die Zahl der Erwerbstätigen in Deutschland bei moderater Zuwanderung von heute 41 Millionen schon im Jahre 2040 auf 26 Millionen sinken![21] Das Verhältnis zwischen denen, welche als Erwerbstätige in die Sozialversicherungssysteme einzahlen, und jenen, die als Rentner und Pflegebedürftige davon leben müssen, wird immer schlechter. Gemäß Professor Herwig Birg wird sich die Zahl der über 80-Jährigen, zu der die weitaus am meisten Pflegebedürftigen gehören, vom 1998 bis 2050 von 3 Millionen auf 9,9 Millionen mehr als verdreifachen.[22] Man kann schon seit Jahrzehnten voraussehen, dass die Sozialversicherungssysteme diese Lasten nicht tragen können. Die finanziellen Probleme werden möglicherweise noch verstärkt, wenn viele junge Menschen in die USA und nach Kanada auswandern werden, um den drohenden Beitragszahlungen zu entfliehen. Zwar versucht man durch die Schaffung von Kinderbetreuungsstätten und die Erhöhung des Kindergeldes die Geburtenrate positiv zu beeinflussen. Aber bis jetzt zeigt sich keine echte Wende.

Manche Leser werden die Schuld für die niedrigen Geburtenraten dem Staat in die Schuhe schieben, welcher junge Familien viel zu wenig unterstütze. Das trifft gewiss ein Stück weit zu. Tatsächlich gilt sehr oft, dass für junge Ehepaare Kinder eine Armutsfalle sind. Doch dann müssen wir sofort fragen: Weshalb diese mangelhafte Hilfe? Die Gesellschaft war noch nie so reich wie heute und kann sich dennoch keine Kinder leisten! Geld ist offenbar vorhanden, aber nicht für Kinder. Es sind denn auch nicht die unteren Einkommensschichten, welche am wenigsten Kinder haben, sondern die Gutverdienenden. Wenn sich das Leben im Spaß von heute und morgen erschöpft, wozu soll man Kinder aufziehen? Die Zahl der Abtreibungen beträgt in Deutschland rund 130 000 pro Jahr.

Schuldenkrise

Als 2008 die amerikanische Bank Lehman Brothers mit über 28 000 Mitarbeitern Insolvenz anmelden musste, löste dies eine internationale Finanzkrise aus. Eine ganze Reihe von europäischen Großbanken verlor durch die Insolvenz so viel Geld, dass sie mit staatlicher Hilfe, also mit Geld der Steuerzahler, gerettet werden mussten. Die Banken waren für die nationalen Volkswirtschaften von so eminenter Bedeutung, dass deren Zusammenbruch sich zur nationalen Katastrophe ausgewirkt hätte. Sie waren „too big to fail". Aus der Bankenkrise wurde bald Schuldenkrise von Staaten. Denn 2010 musste die EU Griechenland vor dem Staatsbankrott retten. Um die horrenden Beträge aufbringen zu können, mussten die EU-Staaten Bürgschaften von Hunderten von Milliarden Euros beschließen, für deren Verbindlichkeit die EU-Staaten und also wieder die Steuerzahler anteilmäßig Verantwortung übernehmen mussten. Zwar verbot das EU-Vertragswerk eine Zahlungen zur Schuldentilgung eines EU-Staates. Doch die EU setzte sich kurzerhand darüber hinweg.

Damals wurde dem Normalbürger bewusst, welche gigantischen Schuldberge die meisten EU-Staaten, die USA und Japan angehäuft hatten. Politiker versprachen Besserung. Man suchte staatliche Regelungen zur Kontrolle der Banken, damit in Zukunft nie mehr der Steuerzahler für deren spekulative Geschäfte gerade stehen müsse. Doch die Schuldenberge stiegen weiter massiv. Die Zentralbanken vieler Staaten, so der USA und der EU versorgten die Wirtschaft mit extrem billigem Geld, indem sie durch Beschluss der Bankräte Milliarden aus dem Nichts schufen, sog. „fiat money" nach dem lateinischen „fiat lux" – es werde Licht. Dadurch sank das allgemeine Zinsniveau so stark, dass die Staaten die Zinsen für ihre riesigen Schuldenberge bezahlen konnten, oft indem sie neue Schulden aufnahmen. Finanzexperten sind heute der Ansicht, dass die grossen Schuldenstaaten gar nicht die Absicht haben, ihre Schulden zurück zuzahlen. Gegenwärtig stört das kaum jemand, denn die Wirtschaft im Westen bleibt vorläufig stabil. Doch für die massive Ausweitung der Geldmenge durch das billige Geld zahlen vor Allem der Mittelstand und die kleinen Sparer, denn sie erhalten kaum Zinsen für ihr Erspartes. Am meisten verlieren die Rentner. Denn bei der Festsetzung der Prämien haben die Versicherungen mit normalen Zinsen gerechnet, die jetzt fehlen. Das heißt, der Mittelstand und die sog. kleinen Leute bezahlen die Zeche mit den Milliarden, welche ihnen für ihre Spareinlagen und für ihre Rentenversicherungen entgehen. Und die Jungen werden für die zunehmende Zahl von Rentnern bezahlen, wenn die angesparten Renten nicht ausreichen.

Fragen wir schließlich, wer denn diese staatlichen Überschuldungen zu verantworten hat, so sind es die Politiker von links und rechts. Um wiedergewählt zu werden, versprachen sie den Wählern soziale Verbesserungen, d. h. mehr Geld, das die Staaten jedoch mit immer neuen Schulden finanzieren mussten. Und schuld sind aber auch die Wähler, vor Allem linke und Gewerkschaften, welche nicht auf die Stimme der Warner hören, sondern einfach mehr Geld in der Tasche wollten. Der auf diese Weise erzielte soziale Fortschritt ist in meinen Augen das Resultat einer verantwortungslosen Haltung von Mehrheiten der Bevölkerung. Mit den immer neuen Schulden sollten neue Arbeitsplätze geschaffen werden, doch bisher mit kaum feststellbaren Resultaten. Die Arbeitslosigkeit, vor Allem der Jungen bleibt enorm hoch, bis zum 50%! Hinzu kommt, dass gemäß EU-CRIM-Bericht vom17. März 2012 in der EU 3600 (!) kriminelle Vereinigungen tätig sind. Doch diese erschreckende Zahl von organisierten Verbrechern sorgt weder unter den verantwortlichen Politikern noch in den Medien für besondere Aufregung. Offenbar sieht kaum jemand, dass sowohl die Überschuldung wie auch die Zunahme krimineller Vereinigungen langfristig die wirtschaftliche Stabilität bedrohen und das Rechtsethos untergraben. Damit wird der Rechtsstaat beschädigt, ohne den keine Wirtschaft blühen kann. Der Abschied von absoluten Werten ist nicht kostenneutral. Er beschleunigt den Niedergang der Gesellschaft.

3. Rettung durch muslimische Familien?

Westeuropa kann nicht hoffen, die Zuwanderung aus den neuen EU-Ländern könne langfristig den Bevölkerungsverlust ausgleichen. Denn dort sind die Geburtenraten eher noch niedriger. Hingegen besteht die konkrete Gefahr, dass Muslime das Bevölkerungsdefizit ausgleichen werden. Zwar hat man in der Politik erkannt, dass die früher bedenkenlos geförderte Zuwanderung keine Lösung bringt. Denn der Großteil der Muslime ist für den europäischen Arbeitsmarkt zu wenig ausgebildet, viele sind arbeitslos. Oft handelt es sich um eine Einwanderung in die Sozialsysteme. Aber die Geburtenrate der bereits in Europa lebenden Muslime ist so hoch, dass sich ihr Bevölkerungsanteil rasch vergrößert. Zunehmend werden sie auch eingebürgert, erhalten dadurch Stimm- und Wahlrecht und sind Mitglieder von Volksparteien. In Dänemark, Holland und Deutschland gibt es bereits Pläne für die Gründung von muslimischen Parteien. In Deutschland denken Muslime offen darüber nach, dass sie möglicherweise bis 2020 den Bundeskanzler stellen werden und im Bundesverfassungsgericht ein Moslem sitzt.[24] Islamexperten schätzen, dass Ende des 21. Jahrhunderts Europa islamisch sein wird. Herwig Birg hat ausgerechnet, dass bis im Jahre 2050 der Ausländeranteil in Deutschland ohne Staatsbürgerschaftswechsel auf 27,9 % steigen wird, der Anteil der unter 20-jährigen Ausländer wird sich von 11,4% auf 38,1% erhöhen.[25] Die Blindheit diesen Problemen gegenüber veranschaulicht ein Zitat des ehemaligen deutschen Bundeskanzlers Gerhard Schröder von der rot-grünen Regierungskoalition: Die Verfassung dürfe nicht „zur Betriebsanleitung für die Durchsetzung des gesunden Volksempfindens" werden.[26]

Dass Muslime in Europa das Ziel einer Machtübernahme verfolgen, haben ihre Führer oft und offen bestätigt. Prof. Bassam Tibi, selber Muslim, hat sein Buch „Der neue Totalitarismus »Heiliger Krieg« und westliche Sicherheit" nur darum geschrieben, weil er den gutgläubig-naiven Westen vor der geistigen Kapitulation warnen wollte. Einem ähnlichen Ziel dient sein Buch „Islamische Zuwanderung – die gescheiterte Integration". Auch darin versucht er den Europäern die Augen dafür zu öffnen, dass ein großer Teil der muslimischen Zuwanderer gar nicht im Sinne hat, sich zu integrieren. Dennoch hofft Tibi auf einen pluralistischen Euroislam. Bisher allerdings vergebens. Von Islamisten bedroht, fühlte er sich in Deutschland nicht mehr sicher und ist in die USA ausgewandert. Ähnlich Ayaan Hirsi Ali, die aus Somalia stammende mutige Kämpferin für Demokratie und Freiheit. Sie hat Holland vor jedem Zugeständnis gegenüber den Forderungen der Muslime gewarnt.[27] Ihre Auswanderung in die USA muss schon eher eine Flucht genannt werden. Und Udo Ulfkotte dokumentiert in seinen Büchern, wie vor allem Türken in Deutschland äußerst erfolgreich Strukturen aufbauen, die eine Türkisierung Deutschlands vorbereiten. Dafür muss ein Zitat aus einem in Deutschland erscheinenden Jugendmagazin genügen: „Dieses Land ist unser Land, und es ist unsere Pflicht, es positiv zu verändern. Mit der Hilfe Allahs werden wir es zu unserem Paradies auf der Erde machen, um es der islamischen Umma (weltweite Bruderschaft der Muslime) der Menschheit zur Verfügung zu stellen."[28] Selbstverständlich denken nicht alle Muslime so. Aber die Zukunft wird nicht von moderaten Muslimen bestimmt, sondern von den politisch aktiven Minderheiten, die den anderen zeigen, wohin die Reise geht.

Längst haben sich muslimische Minderheiten daran gewöhnt, ihre Rechtsprobleme intern durch eigene Räte gemäß der Scharia und ohne offizielle Richter zu regeln. Damit werden die Parallelgesellschaften gefestigt. Zudem haben verschiedene Länder angefangen, die Scharia als Rechtsquelle zu berücksichtigen und entsprechende Urteile zu fällen. Nicht selten werden polygame Familienverhältnisse als rechtsgültig anerkannt, wenn etwa die Eheschliessung in einem muslimischen Land stattgefunden hat, und es werden entsprechende Sozialleistungen für mehrere Frauen und deren Kinder gezahlt. Diese faktische Anerkennung der Scharia als Rechtsquelle hat weitreichende Konsequenzen. Frau Prof. Andrea Büchler hat darauf hingewiesen, dass in unserem Rechtsverständnis das Individuum Rechtspersönlichkeit hat und jeder vor dem Gesetz gleich gestellt ist. Wir kennen keine Gruppenrechte, also Rechte, welche nur für eine Gruppe von Bürgern gelten. Für uns sind die Menschenrechte genau darum unverhandelbar, weil sie die Einzelperson gegenüber gesellschaftlicher oder staatlicher Vereinnahmung schützen.

Dieses Tolerieren der schleichenden Islamisierung ist letztlich nicht erklärbar, außer mit der Verleugnung der eigenen Geschichte und Identität. Europa ist stolz auf Freiheit, Demokratie und Wohlstand. Die islamische Kultur hingegen unterdrückt systematisch Freiheit und Demokratie. In vielen islamischen Ländern sind Armut und Analphabetismus weit verbreitet. Warum also diese Angst vor klaren Worten und politischen Entscheiden zum Schutz von Freiheit, Demokratie und Wohlstand? Man könnte an die Verteidiger von Troja beim griechischen Dichter Homer erinnern. Die Griechen belagerten Troja jahrelang vergeblich. Schließlich griffen sie zu einer List, bauten ein großes hölzernes Pferd, in dem sich einige Kämpfer versteckten, während das Herr scheinbar abzog. Die naiven Trojaner zogen das hölzerne Pferd in die Stadt und, weil es für das Tor zu groß war, brachen sie sogar einen Teil ihrer Befestigung ab. In der Nacht stiegen die Griechen aus ihrem Versteck, öffneten die Tore, und so wurde Troja erobert. Ein Gymnasiast hat in diesem Zusammenhang an Max Frischs Biedermann und die Brandstifter erinnert. Biedermann weiß, dass die zwei aufdringlichen Besucher sein Haus anzünden wollen. Aber er hat Angst, ihnen entgegen zu treten. Er redet mit ihnen. Er beginnt den Dialog und versucht, die zwei durch immer neues Nachgeben von ihrem Vorhaben abzubringen. In der Hoffnung, die Brandstifter durch freundliches Zureden umstimmen zu können, händigt er ihnen schließlich selber die Streichhölzer zum Brand aus.

Viele Meinungsführer meinen offenbar, sich genau so verhalten zu müssen. In diesem Zusammenhang kommt mir ein Sprichwort in den Sinn, das ein Bauer aus dem Kanton Zürich in ganz anderem Zusammenhang mir sagte: „Nur die allergrößten Kälber wählen ihre Metzger selber." Aber am umfassendsten, meine ich, schildert Psalm 1 die Situation. Er vergleicht die Menschen, welche die Beziehung zu Gott aufrecht halten, mit einem am Wasser gepflanzten Baum, dessen Blätter nicht verwelken und der seine Frucht bringt zu seiner Zeit. Dagegen sind Menschen, welche die Beziehung zu Gott aufkündigen, wie Blätter, die der Wind verweht und deren Weg ins Verderben führt. Die Mehrheit der EU-Parlamentarier hat die christlichen Wurzeln Europas verleugnet und verraten. Damit ist es auf bestem Weg, seine Identität zu verlieren und orientierungslos zu werden wie Blätter im Wind. Der Niedergang Europas hat längst begonnen.

4. Demokratie in Gefahr

Nordeuropäer verbanden bisher die Vorstellung von Korruption meist mit Südeuropa oder Afrika. Doch auch wir Nordeuropäer mussten uns an Korruption und Skandale gewöhnen, z.B. in Großkonzernen. Sogar sonst ehrwürdige und korruptionsresistente Teile der Gesellschaft können offenbar dieser Entwicklung nicht widerstehen. In Deutschland wurde beispielsweise im Zusammenhang mit der Verleihung von Doktortiteln ein Verfahren gegen 100 Hochschullehrer eröffnet.[29] Die Zeitschrift Selecciones (spanische Ausgabe von Readers Digest) erwähnt neun europäische Länder, in denen höchste Regierungsbeamte wegen Korruption angeklagt wurden, darunter der Premierminister von Portugal. Die beste diesbezügliche „Leistung" wird Jacques Barrot attestiert. Er war im Jahr 2000 von einem französischen Gericht wegen Vertrauensmissbrauch verurteilt worden. Gegenwärtig ist er europäischer Kommissar für Justiz mit der Aufgabe, die Korruption zu bekämpfen![30] Der Spiegel schätzt das Volumen der Schattenwirtschaft in Bulgarien auf fünf Milliarden Euro. Von über zwei Millionen Fällen von Korruption im Jahre 2008 wird berichtet. Zwei Stadtverordnete wurden ertappt, als sie das Geld für eine Baugenehmigung entgegennehmen wollten.[31]

Diese Sammlung ist ziemlich zufällig, aber wir erinnern uns daran, dass im März 1999 die Europäische Kommission in Brüssel in corpore wegen Korruption zurücktreten musste. Der EU-Angestellte Paul van Buitenen, der diesen Rücktritt durch jahrelang gesammelte Unterlagen ausgelöst hatte und der dafür mit einem Disziplinarverfahren und Gehaltskürzungen „belohnt" wurde, erklärte: „Was ich aufgeschrieben habe, ist nur ein Teil dessen, was ich weiß."[32] Gemäß NZZ vom 24. März erklärte ein englischer Parlamentarier gegenüber Lobbyisten, man könne ihn mieten wie ein Taxi, sein Tagessatz sei Fr. 4800.– . Korruption ist der Untergang des Rechtsstaates und damit eine tödliche Bedrohung der Demokratie und der Freiheit. Es wundert nicht, dass unter diesen Umständen das Vertrauen in die Politiker allgemein auf einen fast absoluten Tiefpunkt gefallen ist. Ohne Gott gibt es nur die relative Ethik, die letztlich jeder für sich interpretieren kann. Diesen moralischen Relativismus, diese Missachtung von absoluten moralischen Normen haben Politiker und Medien über Jahrzehnte als

Fortschritt propagiert. Langsam lernen wir: Demokratie funktioniert nur mit einem Minimum an Werten, die von der ganzen Bevölkerung hochgehalten werden.

Es kommt aber noch besser. Die Demokratie ist, so die gängige Meinung, die Staatsform, die mit jedem politischen Problem fertig wird. Die Mehrheit entscheidet, und langfristig ist das immer im Interesse aller. Darum ist die Demokratie wie ein unzerreißbares Sicherheitsnetz. Es kann nichts schief gehen, also muss man sich keine ernsthaften Sorgen für die Zukunft machen. So denkt die Mehrheit der Europäer. Doch vielleicht muss man sagen: So dachte die Mehrheit. Zunehmend werden nicht nur Politiker und ihre Parteien in Frage gestellt. Vielmehr gerät die Demokratie selber ins Misstrauen. Zunehmend gewinnen Steuerzahler den Eindruck, dass Regierungen ihre Steuern benützen, um sie hinters Licht zu führen, indem sie Informationen manipulieren oder zurückhalten und Volksabstimmungen zu wichtigen Entscheidungen verhindern. Ohnehin werden 84 Prozent aller Gesetze der EU-Mitgliedländer in Brüssel entschieden.[33] Hat vielleicht Prof. Birg recht, wenn er vermutet, dass Parteien es den Wählern durch soziale Wohltaten bewusst ersparen, die Mühen des Erwachsenwerdens auf sich zu nehmen, um desto eher an der Macht zu bleiben? So bleiben die Wähler unmündig und von den Parteien abhängig. Birg wörtlich: „Für eine machtbesessene Partei kann es deshalb verführerisch sein, die Macht so zu verwenden, dass die Gefahr, sie zu verlieren an der Wurzel – also beim Volk – bekämpft wird. Ein wirksames Mittel hierzu ist die Schwächung der Urteilsfähigkeit der potentiellen Wähler durch das Zurückhalten von Informationen und durch unterlassene Aufklärung."[34]

Diese Vermutung bestätigt ein Bericht von der in den USA herausgegebenen Zeitschrift Time der schildert, wie die Uno bei der weltweiten Verbreitung der „richtigen" Information mit „gutem Beispiel" vorangeht: In der Uno-Delegation, welche im August 2009 zur Beobachtung der Wahlen nach Afghanistan geschickt worden war, stellte ein Mitarbeiter fest, dass von den 7 000 Wahllokalen 1500 in Gebieten standen, die von den Taliban beherrscht waren und daher von niemandem kontrolliert werden konnten. Zudem stellte er massive Wahlfälschungen fest, die alle die Wiederwahl von Präsident Karzai begünstigten. Als er mit verschiedenen Methoden gegen diese Manipulationen protestierte, wurde er angewiesen, die Angelegenheit fallen zu lassen und, als er sich nicht fügen wollte, von UNO- Generalsekretär Ban Ki Moon seines Postens enthoben. Die Uno hatte für diese Wahlen sage und schreibe $ 300 Mio aufgewendet.[35] Damit haben die Steuerzahler nicht nur dem „richtigen" Kandidaten zum Sieg zu verhelfen. Sie haben auch dafür bezahlt, dass sie über das Resultat der Wahlen von der Uno irregeführt werden sollten. Die offiziellen Medien haben sich dennoch mit den Wahlfälschungen beschäftigt, weil ein unbestechlicher Journalist die Wahrheit in die Öffentlichkeit brachte. Insofern ging die Rechnung der Uno nicht auf. Aber die Absicht zur Irreführung durch Uno-Generalsekretär Ban Ki Moon war klar. Demokratie lebt vom Vertrauen zwischen der Bevölkerung und den Regierungsverantwortlichen. Lügen von Seiten der Regierenden zerstören dieses Vertrauen nachhaltig.

Gewiss treffen diese Vorwürfe nicht auf alle Politiker zu. Aber Tatsache ist, dass ein Grossteil der Europäer das Vertrauen in ihre eigenen Regierungen verloren hat, ja sogar grundsätzlich der Demokratie als Staatsform mit wachsendem Misstrauen begegnet. Der Schriftsteller Albrecht Müller ist von der Manipulation der öffentlichen Meinung durch Konzerne und Behörden so überzeugt, dass er urteilt: „Unsere Demokratie befindet sich am Rand ihrer Existenz."[36] Oder wie sollen wir das Verhalten der griechischen Regierung gegenüber der EU verstehen? Wenn zutrifft, was im Focus vom 22. Februar 2010 steht und in ähnlicher Form durch alle Medien ging, dann hat die griechische Regierung sich den Zugang zur Eurozone mit gefälschten Zahlen erschlichen. Mit anderen Worten, die griechische Regierung hat die EU und alle ihre Bürger betrogen. Man darf fragen, wie das möglich war. Entweder haben die zuständigen Beamten, welche die Prüfung der griechischen Staatsfinanzen vor dem Beitritt untersuchen und eine Empfehlung abgeben mussten, schluderig gearbeitet. Das wäre ein Zeichen von Unfähigkeit. Oder aber, die griechischen Beamten und die EU-Verantwortlichen haben bewusst diesen Betrug dem EU-Parlament und allen Wählern verschwiegen, weil sie Griechenland unbedingt dabei haben wollten. Erst als in der Finanzkrise von 2009 klar wurde, dass der griechische Staat pleite war und man in der EU Wege suchen musste, um den Staatsbankrott aufzuhalten, konnte man die wahren Zahlen der griechischen Staatsverschuldung nicht mehr verheimlichen. Wie in aller Welt können Behörden von ihren Bürgern Ehrlichkeit fordern, wenn sie selber mit solchen Irreführungen, die man vielleicht besser Lügen nennen sollte, vorangehen?

Zu diesen Betrügereien von demokratisch gewählten Behörden an höchster Stelle kommt eine zunehmende Behinderung der Meinungsfreiheit hinzu, welche ebenso die Demokratie in ihren Grundfesten erschüttert. Diese Einschränkung erreichte im August 2004 einen Höhepunkt. Der Politiker Prof. Dr. Rucco Buttiglione war von Italien als Vizepräsident der Europäischen Kommission und als Kommissar für Justiz, Freiheit und Sicherheit nominiert worden. Bei einer offiziellen Befragung über seine Einschätzung der Homosexualität antwortete der gläubige Katholik, dass er Homosexualität für eine Sünde halte, sich aber als EU-Kommissar in seiner Arbeit an die Gesetze der EU halten werde. Diese Äußerung war der Hauptgrund für seine Ablehnung durch einen Ausschuss der EU. Damit hat sich die EU klar für die Meinungsdiktatur entschlossen. Den Trend, die Meinungsfreiheit einzuschränken, unterstützen in vielen Ländern sog. Antirassismusgesetze. Durch sie wird das Recht auf Meinungsäußerung, aber auch die Religionsfreiheit gelegentlich empfindlich eingeschränkt. Wer andere als die offizielle Meinung vertritt, riskiert Gefängnis. Faktisch richten sich diese Gesetze oft gegen das Christentum. Ausgerechnet in den USA und in Kanada sind viele Gesetze zum Schutz von Homosexuellen vor Diskriminierungen erlassen worden, welche auch private Meinungsäußerungen über Homosexualität unter Strafe stellen. Die prominente Abtreibungsgegnerin Janet Folger orientiert darüber in ihrem Buch: „The Criminalization of Christianity". Der Relativismus in der öffentlichen Meinung wird verteidigt mit dem Hinweis auf die Toleranz, von der die Demokratie lebt. Doch wir befinden uns in einem Trend, welche den Relativismus zur allein erlaubten Grundhaltung macht und damit in die Nähe einer totalitären Ideologie rückt.

Ziemlich sicher haben wir in Europa noch Schlimmeres zu erwarten. Die EU hat am 12. Dezember 2007 die schon vorher beschlossene Grundrechte-Charta verbindlich proklamiert und in die EU-Verfassungsvorlage, den Vertrag von Lissabon, übernommen. Im selben Jahr wurde die „Europäische Union für Grundrechte"(Fundamental Rights Agency) mit Sitz in Wien errichtet. In einem Referat, das dem Autor vorliegt, bezeichnet der Wirtschaftswissenschaftler Christian Zeitz diese Grundrechteagentur als „Speerspitze von Gesellschaftstransformation und Islamisierungsbegünstigung". Die Agentur begreift sich als eine Art letztinstanzliche Autorität, die auf die Veränderung des nationalen wie supranationalen Rechtsbestandes in Europa einwirkt. Sie besitzt gemäß Zeitz keine wie auch immer geartete Oberbehörde, der gegenüber sie rechenschaftspflichtig wäre. Für die Agentur bedeutet Toleranz, die Vielfalt der Kulturen zu akzeptieren und alle als gleichwertig zu behandeln sind. Deshalb müssten „Aktivitäten in Angriff genommen … werden, um die Menschen von den Vorteilen des Zusammenlebens in einer von Vielfalt geprägten Gesellschaft zu überzeugen". So wird Multi-Kulti zum offiziellen EU-Programm. Eigentlich könnte man meinen, ein Blick in die Geschichte der Balkanstaaten müsste die Europäer eines Besseren lehren. In Afrika ist das Multi-Kulti-Stammesdenken (Tribalism) ein Hauptgrund für Bürgerkriege.[37]

Dessen ungeachtet hat der Direktor dieser Europäischen Grundrechteagentur als wichtigstes Anliegen seiner Amtszeit den „Kampf gegen die Islamophobie" genannt. Jede Kritik am Islam soll verboten werden. Die Erwähnung der Türkenkriege als Aggression gegen Europa oder der Hinweis auf moslemische Hintergründe von einschlägigen Straftaten sollen bereits den Tatbestand einer Diskriminierung erfüllen. Geschichtsschreibung darf sich also nicht mehr an Fakten orientieren. Man müsse, so heißt es, den Moslems Zeit geben, unsere Werte zu übernehmen. Nimmt man dazu, dass dieselbe Grundrechteagentur die permanente Migration zur Staatsdoktrin erhoben hat, dann heißt das auf Deutsch, dass alle Barrieren zum Zuzug von Personen mit islamischem Hintergrund eingerissen werden sollen. Wie wichtig diese Agentur für Grundrechte für die EU ist, zeigt die Zahl der Mitarbeiter. Für 2010 soll sie auf über 100 steigen. Zeitz sieht in diesem Unterfangen, das nie einer öffentlichen Diskussion unterzogen wurde, die „denkbar weitreichendste kulturelle und gesellschaftliche Transformation der letzten Jahrhunderte". Er urteilt: „Sie (die EU) hat die Zerstörung der eigenen kulturellen Basis zum Staatsziel erklärt." Die Diktatur des Relativismus wird auf diese Weise per EU-Gesetz erzwungen. Was ist wohl das Entsetzlichere, die planmäßige Zerstörung unserer Kultur oder die Unverfrorenheit, mit der Politiker mit scheindemokratischen Mitteln die Freiheit Europas untergraben oder die Passivität, mit der die Wähler sich ihre Rechte beschneiden lassen. Wie weit sind wir noch entfernt von einer Kriminalisierung des Christentums in Europa? Die Folgen des Verrats am christlichen Gottes- und Menschenbild sind noch gar nicht absehbar.

5. Die Hybris der EU

Die europäische Union hat sich nicht nur von den christlichen Werten als staatstragendes Fundament verabschiedet. Sie, oder mindestens viele ihrer obersten Politiker und Führungskräfte, wollen durch die EU eine neue Weltzeit herbeiführen. Das klingt zwar absurd. Aber ich denke, man sollte ernst nehmen, was der Präsident der EU Kommission, Jean Claude Juncker, am 22. August 216 im Europäischen Forum in Alpbach gesagt hat. Er meinte: Grenzen „seien die schlimmste Erfindung, die Politiker je gemacht haben". (So Manfred Kleber, Internet 22. August 2016) Diese Aussage verdeutlicht Frans Timmermanns, niederländischer Diplomat und seit 1. November 2014 Erster Vizepräsident der EU-Kommission, als er sich am 4. April 2016 zum Thema „Grundrechte" (EU Fundamental Rights Colloquium) an alle Mitglieder des EU-Parlaments wandte. Er forderte sie auf, ihre Anstrengungen zu verstärken, um monokulturelle Staaten auszuradieren und den Prozess der Umsetzung der multikulturellen Diversität bei jeder einzelnen Nation weltweit zu beschleunigen. Niemand sollte sich berufen auf eine „Vergangenheit, die nie existiert hat". Die Masseneinwanderung von moslemischen Männern sei ein Mittel zu diesem Zweck. Kein Land solle der unvermeidlichen Vermischung entgehen. Man sollte sicherstellen, „dass nirgends mehr homogene Gesellschaften bestehen bleiben." Denn die Zukunft der Menschheit beruhe auf einer vermischten Superkultur.

Dieses Ziel kann nur erreicht werden, wenn jede Form von Identität von Personen und Nationen verschwindet. Und genau dafür hat die EU schon 1975 im Zusammenhang mit dem Europäisch-Arabischen Dialog (EAD) die Grundlagen gelegt. An der Sitzung der Vollversammlung vom 7.-8. Juni 1975 wurde die Parliamentary Association for Euro-Arab Cooperation (PAEAC) beschlossen. Diese enthält Bestimmungen zur Förderung der arabischen Einwanderung in die EU mit voller arbeitsrechtlicher Gleichstellung der Zuwanderer mit EU-Bürgern. (Bat Yeor: The Euro-Arab Axis S. 63ff). Die von Merkel ausgerufene Willkommenskultur von 2015, als rund eine Million Menschen illegal einwanderten, war also kein spontaner humanitärer Akt. Es war die günstige Gelegenheit für die lange beabsichtigte Einwanderung von Arabern, um die Identität der Deutschen mit der eigenen Kultur zu schwächen.

Darüber hinaus arbeiten die EU-Verantwortlichen an der weiteren Schwächung der persönlichen Identität durch die Genderideologie. Sie soll die sexuelle Identität als unverrückbare Gegebenheit und entscheidende Prägung des Charakters zerstören. Durch die Kitas soll Gender zur staatlichen Erziehungsgrundlage werden und die Entstehung eines Selbstbewusstseins als Mann oder Frau von Anfang verhindern. Zusätzlich senkt Gender die Geburtenrate. Wenn ein Mann nicht sicher ist, ob er in wenigen Jahren sich vielleicht als Homo oder als Frau fühlt, zeugt er keine Kinder. Die niedrige Geburtenrate ist offenbar gewollt.* Sie rechtfertigt die Absicht, für die Stützung der Wirtschaft das Land weiter für Zuwanderer zu öffnen und auf diese Weise die nationale Identität zu schwächen.

Ebenso wird jede Religion, für viele die stärkste prägende Kraft für das persönliche Verhalten und Entscheiden, zur relativen Wahrheit erklärt. Sie enthält Wahrheit nur, insofern jemand daran glaubt. Aber als relative Wahrheit bzw. als private Meinung darf man sie als staatstragende Kraft aushebeln. Auch hier hilft die Masseneinwanderung von Menschen mit anderen religiösen Bindungen. Sie reduziert den öffentlichen Einfluss der christlichen Tradition auf die Gesellschaft. Die verschiedenen EU-Programme machen Sinn: Menschen ohne starke Identität mit schwachem Charakter, oder sollte ich besser sagen Charakterlose, lassen sich leichter von oben manipulieren und leisten weniger Widerstand gegen die Errichtung einer Welt ohne Grenzen. Dazu passen Versuche, das Kreuz ganz aus der Öffentlichkeit zu verbannen ebenso wie die mit Milliarden geförderte

---

)* Prof. Herwig Birg hat schon vor 20 Jahren die Bundesregierung auf die dramatischen sozialen Folgen der niedrigen Geburtenrate aufmerksam gemacht, ohne dass die Bundesregierung etwas dagegen unternommen hat. Die finanzielle Bevorzugung der Kitas vor der Heimbetreuung von Kindern hat das Problem noch verschärft.

transnationale Zusammenarbeit von Grenzregionen, um Grenzen zum Verschwinden zu bringen.

Allerdings das Ziel, alle Völker Europas in einem großen Einheitsstaat zu vereinigen, ist in ziemlich weite Ferne gerückt. Viele EU-Staaten besinnen sich auf ihre nationale Identität und verweigern Zusammenarbeit. In allen Gliedstaaten der EU wächst die Zahl der EU Kritiker. England ist daran, die EU verlassen. Die EU ist mit internen Auseinandersetzungen beschäftigt, durch Streite und Uneinigkeiten gelähmt. Nicht wenige ihrer Politiker fürchten heimlich das Ende des großen Traums.

Das erinnert mich an die Geschichte vom Turmbau zu Babel in der Bibel (1. Mose 11, 1-9) Die Menschen wollten „sich einen Namen machen", indem sie einen Turm bauten „bis in den Himmel". Dann wäre ihnen nichts mehr unmöglich. Doch Gott gab ihnen unterschiedliche Sprachen, sie verstanden einander nicht mehr, fingen an zu streiten, und der Turm blieb eine Ruine. Von diesem Turm gibt ein berühmtes Bild vom holländischem Maler Piet Breughel d. Ä. (1525 – 1569). Spiralförmig steigt er immer höher bis in die Wolken. Nach vorne ist er offen, unfertig. Man sieht hinein in die mittelalterlichen Bögen, welche den Bau tragen.

Vor einigen Jahren standen meine Frau und ich vor dem Gebäude des EU- Parlamentsgebäudes in Strassburg. Sofort fiel uns auf, wie der runde Mittelteil von einer Stahldekoration ummantelt wurde, der aber vorne ein grosses Stück frei ließ. Beide mussten wir an das Bild von Breughel denken. Später berichtete ein englischer Freund, der diese merkwürdige Lücke für einen Film festhielt, er habe eine vorbeigehende Journalistin gefragt, ob die Ähnlichkeit mit dem Bild von Breughel Zufall oder Absicht sei. Ihre Antwort: „Natürlich Absicht." Darauf der Engländer: „Aber damals ging doch alles schief." Worauf sie erwiderte: „Ja, aber wir machen es besser."

Der Hochmut von EU-Führern ist für mich erschreckend. In Europa wollen offenbar viele Millionen eine neue Weltordnung ohne Gott. Das Gebäude ist in meinen Augen eine in Beton gegossene Kampfansage an den Schöpfer. Es gibt wohl für Politiker und Medienbeobachter viele Gründe für die Zerstrittenheit der EU. Ich erkenne darin die Hand Gottes. Er lässt die Menschen auf ihrem Weg in die Gottferne scheitern in der Hoffnung, dass sie innehalten und zum ihm umkehren, damit er sie vor noch größerem Schaden bewahren kann.

Zum Schluss

ir sind am Anfang dieses Buches von der Frage ausgegangen, warum Europa reich und frei ist. Wir haben gesehen, dass Europas Freiheit in der Selbstoffenbarung Gottes und dem sich daraus ergebenden Menschenbild begründet ist. Daraus sind Freiheit, Wohlstand, rechtsstaatliche Demokratie und Toleranz gewachsen. Demokratie und Toleranz sind also eine Folge des christlichen Selbstverständnisses von Europas Bürgern. Der demokratische Staat ist die Rechtsstruktur, welche ihrerseits Freiheit und Toleranz garantiert. Doch diese Struktur ist nicht unerschütterbar oder unkorrumpierbar. Sie garantiert die Werte der Freiheit und Toleranz nur solange, als die Mehrheit seiner Bürger entschlossen ist, diese Werte zu pflegen und für sie einzustehen. Wenn in den Herzen der Bürger diese Werte erschüttert werden oder verloren gehen, können sie die Demokratie langfristig nicht stützen.

Der erwähnte Wirtschaftswissenschaftler Paul Collier zeigt denn auch, dass in Afrika die demokratischen Staaten für Misswirtschaft und innere Konflikte anfälliger sind als autokratisch regierte, weil die dominierenden Ethnien die Demokratie missbrauchen, um ihre Teilinteressen durchzusetzen, Rechte von Minderheiten zu unterdrücken und Reformen zu verhindern.[39] Wir erinnern uns an Hitler, der durch einen demokratischen Prozess an die Macht gelangte. Ernst Wolf Böckenförde, ehemals Richter am Bundesverfassungsgericht in Deutschland, sagt dazu: „Der freiheitliche, säkularisierte Staat lebt von Voraussetzungen, die er selbst nicht schaffen kann."[38] Mit anderen Worten, die Demokratie lebt vom verinnerlichten Wertekonsens ihrer Bürger. Der Philosoph Hans Jonas formuliert es so: „Ohne sittliche Normen gibt es kein gesellschaftliches Zusammenleben."[39] Sittliche Werte stammen aber immer aus einem Glauben. Dazu der amerikanische Journalist Christopher Caldwell: „Wir verdanken die Europäische Zivilisation den Menschen, die an Jesus Christus glaubten."[40]

Es ist nur logisch, dass auch das andere gilt: Wenn der Glaube und die Werte verschwinden, dann verschwindet früher oder später auch die Demokratie, und mit ihr die Freiheit, der Wohlstand und die Toleranz. Es klingt wie Prophetie, was schon Dostojewski (1821-1881) schrieb: „Der Westen hat Christus verloren, darum stirbt er, das ist der einzige Grund."[41] Gott hat Europa gewählt, gefördert und beschützt. Wenn sich Europa noch weiter von ihm abwendet, so kann er es dem selbst gewählten Weg in den Niedergang überlassen. Ein Fernsehkommentator hat in anderem Zusammenhang das witzige Wort geprägt: „Gestern standen wir noch am Abgrund. Heute sind wir schon einen Schritt weiter." Leider könnte mit diesem Witz die Lage Europas zusammengefasst werden. Ich bin zutiefst überzeugt, dass Europa tatsächlich der Sturz in den Abgrund droht. Aber ich glaube auch, Gott gibt Europa noch eine Chance, wenn sich viele ihm zuwenden und ihn um die Gnade zu einer Wende bitten, damit nach dem Verrat neue Dankbarkeit und Glaubenstreue Raum gewinnen.

Sicher ist, dass sich in der ganzen westlichen Welt ein gigantischer geistlicher Kampf abspielt. Von seinem Ausgang wird auch die Zukunft Europas bestimmt. Paul Levi, ein Jude, der den Holocaust überlebt und darauf katholisch wurde, hat dem Generalsekretär des Europarates, einem italienischen Christdemokraten vorgeschlagen, die 12 goldenen Sterne auf dunkelblauem Grund als Motiv für die Europafahne zu nehmen. Wohl nur ganz wenige wissen, dass damit an das letzte Buch der Bibel erinnert wird. Dort ist in Offenbarung Kapitel 12 von einer Frau die Rede, die sowohl die Mutter Jesu als auch die Kirche symbolisiert. Sie ist bekleidet mit der Sonne, der Mond ist unter ihren Füßen und auf ihrem Haupt ein Kranz von zwölf Sternen. Sie wird im Kampf mit dem Drachen aufs Äußerste bedrängt, aber nicht überwunden. Das bedeutet, dass die Kirche Jesu Christi auch in den letzten Auseinandersetzungen überleben wird. Wie sie in Europa überlebt, hängt von der Entscheidung jedes Einzelnen ab.

Ich freue mich, dass die Zahl der besorgten Christen in Europa wächst, immer mehr Organisationen sich für eine neue Hinwendung zu Gott einsetzen und z. B. seit 1980 christliche Schulen in Deutschland und der Schweiz wie Pilze aus dem Boden schiessen. Wir dürfen Hoffnung schöpfen auf eine europäische christliche Renaissance, wenn wir das Wort beherzigen, das Petrus einer grossen Menge sagte: „So tut nun Busse und bekehret euch, damit eure Sünden getilgt werden, auf dass Zeiten der Erquickung vom Angesichte des Herrn kommen." (Apg. 3,19) Wir haben keinen Grund aufzugeben und zu resignieren. Paulus ermutigt die von Heidentum umgebene, von Verfolgung bedrohte und zweifelnde Gemeinde von Korinth, indem er auf den auferstandenen Herrn Christus hinweist und als Schlussfolgerung anfügt: „Darum, meine lieben Brüder, werdet fest, unerschütterlich, allezeit reich im Werk des Herrn, weil ihr wisst, dass eure Arbeit nicht vergeblich ist im Herrn." (1. Kor. 15,58)

Literaturverzeichnis

Teil 1: Der Aufstieg

I Voraussetzungen der Freiheit

1 Burckhardt: Weltgeschichtliche Betrachtungen S. 191
2 Ebda S. 282
3 Ebda S. 249 ff
4 Oswald Spengler: Der Untergang des Abendlandes S. 30
5 Ebda S. 29
6 Ebda S. 140
7 Ebda S. 28f
8 Joseph D. Unwin: Sexual Regulations and Human Behaviour
9 Ebda S. 12
10 Ebda S. 12
11 Ebda S. 13
12 Arnold Toynbee: Menschheit und Mutter Erde S. 15
13 Ebda S. 16
14 Ebda S. 502, 503
15 Arnold Toynbee: Das Christentum und die Weltreligionen S. 69f
16 Ebda S. 73
17 Michael Stürmer: Welt ohne Weltordnung S. 224
18 Ebda S. 220 f
19 Ebda S. 228
20 Paul Kennedy: The Rise and Fall of the Great Powers S. XVI
21 Ebda S. XVII
22 Ebda S. XXIV
23 David Signer: Die Ökonomie der Hexerei S. 76
24 Ebda S. 11
25 Ebda S. 13 f
26 Kurt Hübner: Das Christentum im Wettstreit mit den Weltreligionen S.4
27 Ebda S. 8
28 Ebda S. 33 f
29 Ebda S. 39
30 Ebda S. 45
31 Ebda S. 42
32 Ebda S. 37
33 Ebda 42 f
34 Paul Kennedy: The Rise and Fall of the Great Powers S. 6f
35 Ebda S. 9
36 Kurt Hübner: Das Christentum im Wettstreit mit den Weltreligionen S. 54
37 Ebda S. 61
38 Ebda S. 59
39 Ebda S. 63
40 Toby E. Huff: The Rise of Early Modern Science S. 243-247
41 Ebda S. 247
42 Ebda S. 258
43 Ebda S. 263
44 Ebda S. 282 S. 266, 269
45 Ebda S. 283
46 Ebda S. 284 f
47 Ebda S. 80, 75
48 Ebda S. 111
49 Robert Spencer: The Politically Incorrect Guide to Islam S. 96
50 Toby E. Huff: The Rise of Early Modern Science S. 89
51 Ebda S. 70 f
52 Bernhard Lewis: Der Untergang des Morgenlandes S. 205
53 Toby E. Huff: The Rise of Early Modern Science S. 80 f
54 Ebda S. 92 f, 72, 108

55 Benedikt Peters: Der 11. September, der Islam und das Christentum S. 63

56 Bat Yeor: Der Niedergang des orientalischen Christentums unter dem Islam S. 139

57 Arthur Peacocke: Evolution the disguised Friend of Faith? S. 94f

58 Otto Betz: Hildegard von Bingen S. 69

59 Zitiert nach Mark Gabriel: Motive Islamischer Terroristen S. 189

60 Ebel/Thielmann: Rechtsgeschichte, 3. Aufl. S. 23

61 Wikipedia 31.01.09 Friedrich II

62 Michael Henderson: Die Macht der Vergebung S. 181

63 Ebda S. 184

64 „Scham/Schuld" Akademie für Weltmission Matthias Boeddinghaus S. 12

65 NZZ vom 8. Juni 2007

66 Time June 2008 S. 22

67 Egon Flaig: Weltgeschichte der Sklaverei S. 158

68 Hugh Thomas: The Slave Trade

69 Ebda S. 559

70 Robert C. Davis: Christian Slaves, Muslim Masters

71 Hugh Thomas: The Slave Trade S. 738

72 NZZ 12. März 2009

73 NZZ 21. Dez. 2005

74 Fazal Sheik: Ladli S. 7

75 Christa Meves: Aufbruch zu einer christlichen Kulturrevolution S. 165

II. Anfänge freiheitlicher Strukturen

1 Bo Reicke/Leonhard Roth: Biblisch-historiches Handwörterbuch S. 154

2 Wikipedia 5.04.09

3 Peter G. Stein: Römisches Recht und Europa S. 14 ff

4 Putzger: Historischer Weltatlas S. 42

5 Hartwin Brandt: Konstantin der Grosse S. 43 f

6 Ebda S. 45

7 Ebda S. 17

8 Ebda S. 56 f

9 Ebda S. 54

10 Ebda S. 48

11 Ebda S. 50

12 Ebda S. 59 und 86

13 Ebda S. 77

14 Ebda S. 116

15 David Bosch: Transforming Mission S. 202

16 Hartwin Brandt: Konstantin der Grosse: S. 119

17 Ebda S. 117

18 Ebda S. 160 f

19 Ebda S. 165 f

20 Ebda 166

21 Ebda S. 54

22 Manfred Clauss: Konstantin der Grosse und seine Zeit S.39 f Beck

23 Ebda S. 89

24 Hartwin Brandt: Konstantin der Grosse S. 95

25 Ebda S. 127

26 Ebda S. 137

27 Ebda S. 137 ff

28 Ebda S. 140

29 Ebda S. 144

30 Religion in Geschichte und Gegenwart Stichwort Caesaropapismus

31 Walter Pohl: Die Völkerwanderung S. 111

32 Ebda S. 53 und 107

33 Arnulf Krause: Die Geschichte der Germanen S. 155

34 Walter Pohl: Die Völkerwanderung S. 73

35 Arnulf Krause: Die Geschichte der Germanen S.159

36 Walter Pohl: Die Völkerwanderung S. 205f

37 Putzger: Historischer Weltatlas S. 51

38 Walter Pohl: Die Völkerwanderung S. 136

39 Ebda S. 143

40 David Bosch: Transforming Mission S. 193 f

41 Walter Pohl: Die Völkerwanderung S. 131 f

42 Ebda S. 206

43 Dieter Hägermann: Karl der Grosse S. 197
44 Putzger: Historischer Weltatlas S. 55
45 Dieter Hägermann: Karl der Grosse S. 454, 462, 577
46 Ebda S. 288
47 Ebda S. 197
48 Ebda S. 199
49 Ebda S. 289
50 Ebda S. 292
51 Ebda S. 293
52 Ebda S. 289

53 Der Kiebitz 3-4/02 Heft 66
54 Dieter Hägermann: Karl der Grosse S. 664
55 Ebda S. 577 ff
56 Ebda S. 579 f
57 Ebda S. 288
58 Ebda S. 422 ff
59 Ebda S. 594 f
60 Ebda S. 287
61 Ebda S. 409
62 Ebda S. 533
63 Boris Körkel, Wikipedia 29.2.2000

III. Früchte der Freiheit

1 Jürgen Wolf: Colloquia Ademica, Mainz 2004 S. 6 ff
2 Ebda S. 19
3 Ebda S. 10
4 Ebda S. 16 f
5 Rodney Stark: The Victory of Reason S. 38 ff
6 Thomas E. Woods: How the Catholic Church Built Western Civilization S. 33
7 Rodney Stark: The Victory of Reason S. 44
8 Thomas E. Woods: How the Catholic Church Built Western Civilization S. 36
9 Rodney Stark: The Victory of Reason S. 44
10 Dieter Hägermann: Karl der Grosse S. 664
11 Fighting Techniques of the Medieval World S. 249
12 Thomas E. Woods: How the Catholic Church Built Western Civilization S. 5
13 Ebda S. 28
14 Wikipedia, Michael Hamann 12.01.2008
15 Rodney Stark: The Victory of Reason S. 53
16 Thomas E. Woods: How the Catholic Church Built Western Civilization S. 66
17 Hans Conrad Zander: Kurz gefasste Verteidigung der Inquisition
18 Thomas E. Woods: How the Catholic Church Built Western Civilization S. 23
19 Wikipedia 3.09.09
20 Rodney Stark: The Victory of Reason S. 10
21 Wikipedia 3.09.09
22 Rodney Stark: The Victory of Reason S. 53

23 Ebda S. 54
24 Ebda S. 14
25 Thomas E. Woods: How the Catholic Church Built Western Society S. 84
26 Leonardo Benevolo: Die Stadt in der europäischen Geschichte S. 91
27 Rodney Stark:The Victory of Reason S. 83
28 Ebda S. 136 ff
29 Leonardo Benevolo: Die Stadt in der europäischen Geschichte S. 89
30 Alan Schmidt: Wie das Christentum die Welt veränderte. S. 113 ff
31 Edith Ennen: Frauen im Mittelalter S. 34 f
32 Ebda S. 35 f
33 Souad: Burned Alive – A Victim of the Law of Men
    James Brandon and Salam Hafez: Crimes of the Communitiy - Honour –based violence in the UK, und viele andere
34 Edith Ennen: Die Frau im Mittelalter S. 44
35 Ebda S. 97
36 Ebda S. 203 ff u. a. m.
37 Ebda S. 97
38 Ebda S. 135, 163 f
39 Ebda S. 171
40 Ebda S. 193 f
41 Ebda S. 76 - 79
42 Peter Brown: Die Entstehung des christlichen Europa S. 196
43 Edith Ennen : Frauen im Mittelalter S. 79

44 Otto Betz: Hildegard von Bingen S. 46,
    52, 60, 94 f, 123 f
45 Edith Ennen: Frauen im Mittelalter S. 118
46 Ebda S. 114f
47 Ebda S. 63
48 Ebda S. 83, 212
49 Ebda S. 216
50 Ebda S. 219
51 Ebda S. 208
52 Ebda S. 236
53 Edith Ennen: Frauen im Mittelalter S. 221
54 Ursula Koch: Elisabeth von Thüringen
55 Edith Ennen: Frauen im Mittelalter S. 183 f
56 Ebda S. 237
57 Ebda S. 173
58 Anton Rozetter: Klara von Assisi S. 287
59 Ebda S. 328
60 The Oxford Illustrated History of
    Britain S. 129 ff
61 Alexander Demant: Sternstunden der
    Geschichte S. 133 ff
62 Ebda S. 147 ff
63 Armin Sierszyn: 2000 Jahre
    Kirchengeschichte Bd 2 S. 155 ff
64 Ebda S. 160 ff
65 Ebda S. 243

66 Ebda S. 247 ff
67 Ebda Bd 3 S. 50ff
68 Ebda S. 78 f
69 Ebda S. 186
70 Religion in Geschichte und
    Gegenwart S. 541 ff
71 Alvin J. Schmidt: Wie das Christentum
    die Welt veränderte S. 267 f
72 Max Weber: Die protestantische Ethik
    und der Geist des Kapitalismus S. 116-131
73 Armin Sierszyn: 2000 Jahre
    Kirchengeschichte Bd 3 S. 302 f
74 Ebda S. 262 f
75 Ebda S. 150 f
76 Ebda S. 387 ff
77 Friedrich Dürrenmatt: Schweizergeschichte
    S. 263
72 Max Weber: Die protestantische Ethik und
    der Geist des Kapitalismus S. 116 – 131
73 Armin Sierszyn: 2000 Jahre
    Kirchengeschichte Bd 3 S. 302 f
74 Ebda S. 262 f
75 Ebda S. 150 f
76 Ebda S. 387 ff
77 Friedrich Dürrenmatt: Schweizergeschichte
    S. 263

IV. Abwehr nicht muslimischer Eroberer

1   Putzger: Historischer Weltatlas S. 54
2   Wikipedia 31.08.09
3   Putzger Historischer Weltatlas s. 78
4   Michael Weiers: Geschichte der
    Mongolen S. 85 ff
5   Ebda S. 65
6   Ebda S. 77
7   Ebda S. 101
8   Ebda S. 98 f
9   Ebda S. 93
10 Ebda S. 146
11 Ebda S. 108
12 Ebda S. 106
13 dtv Atlas zur Weltgeschichte S. 179
14 Fighting Techniques of the Medieval
    World S. 140

15 Jan von Flocke Wikipedia 19.06.08
16 Fighting Techniques of the Medieval
    World S. 135
17 Hans-Heinrich Nolte: Kleine Geschichte
    Russlands S. 44; Edith Ennen: Die
    europäische Stadt des Mittelalters S. 69
18 Thomas R. P. Mielke: Karl Martell S. 514 ff
19 Dieter Hägermann: Karl der Grosse S. 646
20 Fighting Techniques of the Medieval World
    S. 73 f
21 Zoé Oldenbourg: The Crusades S. 564
22 Ebda S. 90
23 Fighting Techniques o. t. Medieval World S. 87
24 dtv Kara Mustafa vor Wien S. 32
25 Zoé Oldenbourg: The Crusades S. 12
26 dtv-Atlas zur Weltgeschichte S. 153

V. Abwehr der muslimischen Expansion

1   Bat Yeor: Islam and Dhimmitude
2   dtv-Atlas zur Weltgeschichte S. 150 f
3   Bat Yeor: Der Niedergang des orient-
    ischen Christentums unter dem Islam
    S. 108-117
4   Robert Davis: Christian Slaves, Muslim
    Masters S. 125 Vgl. : German Llona
    Rementaria: Fundador Y Redentor Juan de
    Mata, Gründer des Trinitarierordens
5   Bat Yeor: Der Niedergang des orient-
    ischen Christentums unter dem Islam S. 112
6   Zoé Oldenbourg: The Crusades S. 238
7   Standardwerk Hans Eberhard Mayer:
    Die Geschichte der Kreuzzüge 10. Auflage
8   Zoé Oldenbourg:; The Crusades S. 73
9   Putzger: Historischer Weltatlas S. 65
10 Zoé Oldenbourg: The Crusades S. 94
11 Ebda S. 138 ff
12 Ebdsa S. 65
13 Ebda S. 60.
14 EbdaS. 531 ff
15 Ebda S. 459
16 Ebda S. 296 ff
17 dtv-Atlas zur Weltgeschichte S. 151
18 Zoé Oldenbourg: The Crusades S. 91
19 Ebda S. 515
20 dtv-Atlas zur Weltgeschichte S. 135
21 Raymond Carr: Historia de Espana S. 87 f
22 Ebda S. 103-109
23 Ebda S. 110
24 dtv-Atlas zur Weltgeschichte S. 209
25 Bat Yeor: Der Niedergang des orient-
    ischen Christentums unter dem Islam S. 124
26 Ebda S. 270
27 Steven Runciman: The Fall of
    Constantinopel S. 76, 134
28 Ebda S. 76
29 Ebda S. 98-102
30 Ebda S. 149
31 Ebda S. 77
32 Ebda S. 138 f
33 Ebda S. 16 ff
34 Ebda S. 19 ff
35 Isabelle Schleich: Die Belagerung Wiens
    durch die Osmanen (1529) S.12
36 Welt Online 01.07.08
37 Isabelle Schleich: Die Belagerung Wiens
    durch die Osmanen (1529) S. 14
38 Ebda S. 15
39 Ebda S. 16
40 Ebda S. 17
41 Ebda S. 13
42 Ernle Bradford: The Great Siege S. 29
43 Ebda S. 41
44 Ebda S. 87
45 Ebda 85
46 Ebda S. 144
47 Ebda S. 26
48 Ebda S. 133
49 Ebda S.146
50 Ebda S. 174
51 Ebda S. 192
52 Ebda S. 179
53 Ebda S. 170 ff
54 Ebda S. 197 f
55 Ebda S. 220
56 Angus Konstam: Lepanto 1571 S. 37 f
57 Ebda S. 45
58 Ebda S. 38 f
59 Ebda S. 48
60 Ebda S. 61f
61 Ebda S. 88
62 Ebda S. 90
63 Putzger: Historischer Weltatlas S. 90, 95
64 Melchior Verlag: Die Türken-Belagerung
    von Wien S. 14
65 Ebda S. 16
66 Ebda S. 18
67 Ebda S. 8
68 Ebda S. 21 f
69 Ebda S. 20 f
70 Karas Mustafa vor Wien dtv S. 61
71 Melchior Verlag: Die Türken-Belagerung
    von Wien S. 41 f

72 Ebda S. 87
73 Ebda S. 72, 83
74 Genaue Schilderung Melchior Verlag: Die Türken-Belagerung von Wien S.87ff und Kara Mustafa vor Wien dtv S. 75 ff
75 MelchiorVerlag: Die Türken-Belagerung von Wien S. 104 f
76 Kara Mustafa vor Wien dtv S. 93 f
77 Ebda S. 14 u. a. m.
78 Ebda S. 87
79 Melchior Verlag: Die Türken-Belagerung von Wien S. 72
80 Ebda S. 96
81 Ebda S. 110, 112
82 Ebda S. 112-120
83 Kara Mustafa vor Wien dtv. S. 115 f
84 Ebda S. 43
85 Ebda S. 67 f

86 Ebda S. 84
87 Ebda S. 82, 85, 116
88 Ebda S. 95 f
89 Melchior Verlag: Die Türken-Belagerung von Wien S. 43
90 Ebda S. 66
91 Ebda S. 77, 87, 92
92 Kara Mustafa vor Wien dtv S. 112
93 Melchior Verlag: Die Türken-Belagerung von Wien S. 86 f
94 Ebda S. 103
95 Ebda S. 100 ff
96 Kara Mustafa vor Wien dtv. S. 79 ff
97 Ebda S. 81
98 Ebda S. 79 f
99 Melchior Verlag: Die Türken-Belagerung von Wien S. 117 f

VI. Missionierung der Welt

1   J. Herbert Kane: A Concise History of the Christian World Mission S. 12 bzw. 13
2   Ebda S. 124
3   Ebda S. 57 ff
4   Ebda S. 65
5   Ebda S. 57
6   Ebda S. 58 f
7   Ebda S. 60 ff
8   Ebda S. 62 ff
9   Ebda S. 65 ff
10 Ebda S. 67
11 Ebda S. 68
12 Ebda S. 69 ff
13 Ebda S. 74

14 Ebda S. 75
15 Ebda S. 76
16 Ebda S. 78
17 Ebda S. 79 f
18 Ebda S. 84 ff
19 Wikipedia 27.10.09
20 Paul Collier: Wars, Guns and Votes S. 51 ff
21 Time 7. Dec. 2009 S. 42
22 Neue Zürcher Zeitung: 24.10.09 S. 26
23 J. Herbert Kane: A Concise History of the Christian World Mission S. 141
24 Ebda S. 100
25 Ebda S. 99
26 Ebda S. 143 f

Teil 2: Der Verrat

VII. Vordenker der Gottlosigkeit

1 Hans Poser: René Descartes S. 18 ff
2 Ebda S. 62
3 Ebda S. 83 f
4 Ebda S. 85
5 Ebda S. 95
6 Ebda S. 149
7 Ebda S. 150
8 Ebda S. 157
9 Ebda S. 158
10 Ebda S. 155
11 Jean-Jacques Rousseau: Emile, Reclam, S. 9 ff (Einleitung)
12 Id. Gesellschaftsvertrag S. 149
13 Id. Emile S. 48
14 Ebda S. 199 f
15 Ebda S. 180
16 Ebda S. 185
17 Ebda S. 187
18 Ebda S. 196
19 Ebda S. 189
20 Ebda S. 198
21 Ebda S. 200
22 Ebda S. 201f
23 Ebda S. 5
24 Ebda S. 10
25 Ebda S. 12
26 Id. Emile S. 80
27 Ebda S. 52
28 Ebda S. 63 f
29 Id. Gesellschaftsvertrag S. 17
30 Ebda S. 18
31 Ebda S. 22
32 Ebda S. 21
33 Ebda S. 35
34 Ebda S. 26
35 Ebda S. 147
36 Ebda S. 30
37 Id. Emile S. 8
38 Ebda S. 33
39 Ebda S. 27
40 Ebda S. 28 ff
41 Ebda S. 84
42 Id. Gesellschaftsvertrag S. 20
43 Ebda S. 30
44 Ebda S. 33
45 Ebda S. 42
46 Juan Gutierrez zitiert nach Emilio Nunez: Liberation Theology S. 269
47 J. J. Rousseau: Gesellschaftsvertrag S. 139
48 Ebda S. 38
49 Ebda S. 35
50 Ebda S. 21
51 Ebda S. 17
52 Ebda S. 39
53 Volker Gerhardt: Immanuel Kant S. 257
54 Ebda S. 223
55 Ebda S. 291
56 Ebda S. 307 f
57 Ebda S. 253
58 Ebda S. 345
59 Ebda S. 344
60 Ebda S. 262
61 Ebda S. 208
62 Johannes Hemleben: Darwin 15. Auflage S. 117
63 Ebda S. 36, 59, 69
64 Ebda S. 100 f
65 Ebda S. 105
66 Ebda S. 126 f
67 Edith Düsing: Nietzsches Denkweg S. 483
68 Richard Friedenthal: Karl Marx S. 38 f
69 Ebda S. 50
70 Ebda S. 51
71 Ebda S. 85
72 Ebda S. 251
73 Ebda S. 417
74 Ebda S. 126 ff
75 Karl Marx: Vorwort zur politischen Ökonomie zitiert nach Wikipedia 9.12.08
76 Richard Friedenthal: Karl Marx S. 282

77 Ebda S. 284 f
78 Ebda S. 334
79 Ebda S. 247
80 Ebda S. 335
81 Edith Düsing: Nietzsches Denkweg S. 88
82 Ebda S. 36 f
83 Ebda S. 89
84 Ebda S. 192
85 Ebda S. 402 f
86 Ebda S. 482 f
87 Ebda S. 208
88 Ebda S. 68
89 Ebda S. 255
90 Ebda S. 43
91 Ebda S. 333
92 Ebda S. 58
93 Friedrich Nietzsche: Der Wille zur Macht S.125
94 Ebda S. 688
95 Edith Düsing: Nietzsches Denkweg S. 343
96 Ebda S. 343

97   Ebda S. 465
98   Ebda S. 45
99   Ebda S. 53, 409
100 Ebda S. 375
101 Ebda S. 378
102 Ebda S. 111 f
103 Friedrich Nietzsche: Der Wille zur
     Macht S. 155, 640
104 Edith Düsing: Nietzsches Denkweg S. 310 ff
105 Friedrich Nietzsche: Der Wille zur
     Macht S. 93
106 Edith Düsing: Nietzsches Denkweg S. 345
107 Friedrich Nietzsche: Der Wille zur
     Macht S. 52
108 Edith Düsing: Nietzsches Denkweg S. 326 f
109 Friedrich Nietzsche: Der Wille zur
     Macht S. 175
110 Ebda S. 582
111 Edith Düsing: Nietzsches Denkweg
     S. 506 -518

VIII. Terroristische Ideologien gegen Gott

1   Ernst Schulin: Die Französische
    Revolution S. 181
2   Ebda S. 81
3   Ebda S. 59 ff
4   Ebda S. 165
5   Ebda S. 112
6   Ebda S. 112 ff
7   Ebda S. 232
8   Ebda S. 113 f, 232
9   Ebda S. 235
10 Ebda S. 239
11 Ebda S. 240
12 Ebda S. 129
13 Ebda S. 128
14 Ebda S. 129
15 Ebda S. 205
16 Ebda S. 214
17 Ebda S. 216
18 Ebda S. 219
19 Ebda S. 224 f

20 Ebda S. 222; 236
21 Ebda S. 223 f
22 Ebda S. 251
23 Ebda S. 226
24 Ebda S. 227
25 Ebda S. 229
26 Ebda S. 248
27 Ebda S. 237
28 Ebda S. 257
29 Ebda S. 248 f
30 Ebda S. 258
31 Vincent Cronin: Napoleon S. 404 f
32 Ernst Schulin: Die Französische
    Revolution S. 264
33. Ebda S. 265
34 Ebda S. 81
35 Hermann Weber: Lenin S. 13 ff
36 Ebda S. 80
37 Ebda S. 93
38 Ebda S. 81

39 Ebda S. 74
40 Ebda S. 107 ff
41 Gottfried Mai: Lenin – Die pervertierte Moral S. 183 f
42 Ebda S. 172
43 Michail Ryklin: Kommunismus als Religion S. 59 f
44 Ebda S. 74 ff
45 Gottfried Mai: Lenin –Die pervertierte Moral S. 177
46 Jörg Baberowski: Der rote Terror S. 16
47 Ebda S. 11
48 Ebda S. 228 ff
49 Ebda S. 237
50 Jung Chang und Jon Halliday: Mao S. 415, 444, 587
51 Ebda S. 412 f
52 Ebda S. 42 f
53 Ebda S. 400

54 Ebda S. 471
55 Ebda S. 566
56 Christian Zentner: Hitlers Mein Kampf S. 33
57 Ebda S. 42
58 Ebda S. 63 f
59 Ebda S. 97
60 Ebda S. 89
61 Ebda S. 99
62 Ebda S. 160 f
63 Ebda S. 108 und Rauschning: Gespräche mit Hitler S. 36
64 Christian Zentner: Hitlers Mein Kampf S. 29, 146
65 Ebda S. 29
66 Ebda S. 162
67 Ebda S. 175 f
68 Sebastian Haffner: Anmerkungen zu Hitler S.180
69 Ebda S. 181 f
70 Christian Zentner: Hitlers Mein Kampf S. 176

IX. Die Rettung des christlichen Menschenbildes

1 Sebastian Haffner: Anmerkungen zu Hitler S. 133
2 Ebda S. 135
3 Ebda S. 137
4 Wikipedia Operation Overlord 10.12.09
5 Antony Beevor in Weltwoche Nr. 37 2010 S. 42 ff
6 Joachim Fest: Staatsstreich S. 265
7 Ebda S. 278 und 305
8 Konstanze von Schulthess: Nina Schenk Gräfin von Stauffenberg S. 160
9 Die Kirchen im Dritten Reich Bd 2 S. 253 f
10 Der Spiegel Nr. 2 2009 S. 17
11 Wikipedia 22.12.08
12 Haus der Geschichte der Bundesrepublik Wikipedia 3.02.12
13 Henning Köhler: Adenauer S. 448
14 Zitiert nach Jörg Gutzwiller: Das Herz etwas zu wagen S. 291
15 Willy Brandt: Erinnerungen S. 352 f
16 Helmut Schmidt: Menschen und Mächte S. 230 ff

17 Michail Gorbatschow : Perestroika S. 129, 132
18 Joachim Gauck: Winter im Sommer – Frühling im Herbst S. 207
19 Ebda S. 221
20 Ebda S. 217
21 Ebda S. 200
22 Ebda S. 198
23 Ebda S. 209
24 Ebda S. 210
25 Christian Führer: Und wir sind dabei gewesen S. 212 ff
26 Ebda S. 219
27 Idea Spektrum 41/2010 S. 31
28 Joachim Gauck: Winter im Sommer – Frühling im Herbst S. 221
29 Der Spiegel Nr. 39 2010 S. 50
30 Wikipedia Ulrich Zurkuhlen: Das ungewollte Kreuz
31 Francis Fukuyama: Das Ende der Geschichte

X. Europas Orientierungslosigkeit

1 Herbert Marcuse: Kultur und Gesellschaft S. 92 ff
2 Ebda S. 70
3 Herbert Marcuse: Der eindimensionale Mensch S. 72 f
4 Ebda S. 145
5 Ebda S. 139
6 Margret Karsch: Feminismus für Eilige S. 41
7 Ebda S. 51f
8 Ebda S. 92
9 zitiert nach R. Becker-Schmidt/ Gudrun - Axeli Knapp: Feministische Theorien S. 31
10 Simone de Beauvoir: Das andere Geschlecht S. 59, 367 ff
11 R. Becker-Schmidt/Gudrun-Axeli Knapp: Feministische Theorien S. 30 f
12 Margret Karsch: Feminismus für Eilige S. 188 f
13 Vgl. Heike Kahlert: Gender Mainstreaming an Hochschulen
14 abgedruckt im Magazin Zukunft CH, 5/2008
15 Henri de Lubac: The Drama of Atheist Humanism S. 181 f
16 Richard Dawkins: Der Gotteswahn S. 53, 66
17 Henri de Lubac: The Drama of Atheist Humanism S. 62
18 Kai Diekmann: Der grosse Selbstbetrug S. 99
19 Herwig Birg: Die demographische Zeitenwende S. 203 f
20 Christian Leipert: Demographie und Wohlstand S. 59
21 Ebda S. 211
22 Herwig Birg: Die demographische Zeitenwende S. 187
23 Albert Müller: Meinungsmache S. 93
24 Udo Ulfkotte: Der Krieg in unseren Städten S. 35
25 zitiert nach: Stefan Luft: Abschied von Multikulti S. 32
26 Der Spiegel 9.3.1992 nach Paul Stern: Von Deutschland nach Absurdistan S. 369
27 Ayaan Hirsi: Ich klage an
28 Udo Ulfkotte: Der Krieg in unseren Städten; S. 35
29 FAZ vom 24. Aug. 2009 S. 9
30 Selecciones Juli 2009
31 Der Spiegel Nr. 27, 2009 S. 87
32 Paul van Buitenen: Korruptionskrieg in Brüssel Rückseite
33 Weltwoche Nr. 30, 2009 S. 11
34 Herwig Birg: Die demographische Zeitenwende S. 204 f
35 Time 19. October 2009 S. 28 f
36 Albrecht Müller: Meinungsmache S. 14
37 Paul Collier: Wars, Guns and Votes S. 41 ff
38 E.W. Böckenförde: Staat, Gesellschaft, Freiheit S. 60 f
39 Hans Jonas in Herwig Birg: Die demographische Zeitenwende S. 207
40 Christopher Caldwell: Reflections on the Revolution in Europe S. 159
41 Nach Henri Lubac: The Drama of Atheist Humanism S. 304

Das Z-Magazin
Ausgaben über Islam, Gender und Meinungsbildung im Schuber

**Zeitgeschehen: Nachschlagewerk kompakt. Schreibt, was
andere verschweigen. Für alle, die Bescheid wissen wollen.
Für Leser, die sich vom Mainstream nicht bevormunden lassen**

Die Entwicklung der Gesellschaft verstehen. Was macht der Islam, was
die Genderideologie, was die postfaktische Meinungsbildung mit uns?
400 Seiten kompetente Impulse, was der Einzelne tun kann; die Mut
machen, für christliche Werte einzutreten. Resignieren ist nicht angesagt! Leseproben und weitere Infos auf: www.ZwieZukunft.de

Artikelnummer: 453104018
3 Magazine im Schuber, 400 Seiten, vierfarbig
ISBN: 9783944764122
Format: 19,5 x 26 cm

€ 19,95   Einzelausgaben à € 7,95

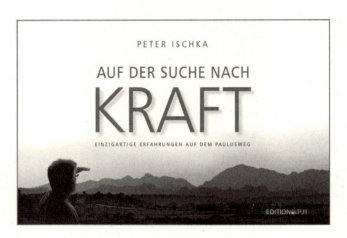

Auf der Suche nach Kraft
Einzigartige Erfahrungen auf dem Paulusweg

Liest sich, als wäre es die Fortsetzung der Apostelgeschichte. Herrliche Panoramafotos zum spannenden Text. Für Menschen, die spirituelle Erfahrungen suchen und sie auch erleben wollen.

Die Leidenschaft der ersten Christen spüren. Geschichte & Gegenwart verschmelzen in diesem Reisebericht. Höhlenkirchen jener Kappadokier, die am ersten Pfingstfest die Kraft erlebten. Die sieben apokalyptischen Gemeinden entdecken. Der Autor erlebt selbst wovon die Apostelgeschichte berichtet: Christ wird aus Gefängnis befreit. Nierensteine sind nach Gebet im Ultraschall nicht mehr zu sehen. Jesus begegnet Muslimen in Träumen. Leseprobe auf http://shop.agentur-pji.com

Artikelnummer: 453103778
Gb., 160 S., inkl. 32 S. Panorama-Farbfotos und s/w Fotos
ISBN: 9783944764016
Format: 26 x 17 cm

€ 17,95

Wie geht Einheit
Nicht überall, wo`s draufsteht, ist Einheit drin

Für alle, die sich fragen, warum es so viele unterschiedliche christliche Konfessionen gibt. Ein Augenöffner, der hilft eigene traditionelle Hindernisse zu überwinden. Sehr praktisch, einfach und nachvollziebar.

Über Einheit der Christenheit gibt es viele Meinungen. Man lässt sich gerne durch schillernde Imitationen etwas vorzutäuschen. Dieses Buch zeigt, wofür Jesus in dem finalen Gebet in Johannes 17 wirklich gebetet hat. – Erstaunlicherweise nicht um Einheit direkt. Er betete für drei Dinge, *damit* Einheit überhaupt möglich werden kann. Wenn diese fehlen, bleibt Einheit weiterhin nur ein Traum. Das Buch enthält eine Anleitung zum persönlichen „Einheits-Entwicklungs-Labor". Leseprobe auf http://shop.agentur-pji.com

Artikelnummer: 453103779
Pb., 92 S., vierfarbig
ISBN: 9783944764146
Format: 14,8 x 21 cm

€ 12,95